档案文献·甲

抗战时期的四川
——档案史料汇编（上）

四川省档案局（馆） 编

主　　　编：丁成明　胡金玉
副　主　编：周书生　刘海锦
编　　　辑：林　红　张洁梅　陈　翔
　　　　　　王晓春　李泽民　刘严付

图书在版编目(CIP)数据

抗战时期的四川——档案史料汇编 / 四川省档案局(馆)编. —重庆：重庆出版社，2014.7
ISBN 978-7-229-08209-3

Ⅰ. ①抗… Ⅱ. ①四… Ⅲ. ①抗日战争—史料—四川省 Ⅳ. ①K265.06

中国版本图书馆CIP数据核字(2014)第134237号

抗战时期的四川——档案史料汇编
KANGZHAN SHIQI DE SICHUAN——DANGAN SHILIAO HUIBIAN
四川省档案局(馆) 编

出 版 人：罗小卫
责任编辑：曾海龙　吴立平　林　郁
责任校对：何建云
装帧设计：重庆出版集团艺术设计有限公司·吴庆渝　陈　永

重庆出版集团 出版
重庆出版社

重庆长江二路205号　邮政编码：400016　http://www.cqph.com
重庆出版集团艺术设计有限公司制版
重庆华林天美印务有限公司印刷
重庆出版集团图书发行有限公司发行
E-MAIL:fxchu@cqph.com　邮购电话：023-68809452
全国新华书店经销

开本：740mm×1030mm　1/16　印张：107　字数：1581.89千
2014年7月第1版　2014年7月第1次印刷
ISBN 978-7-229-08209-3
定价：214.50元

如有印装质量问题，请向本集团图书发行有限公司调换：023-68706683

版权所有　　侵权必究

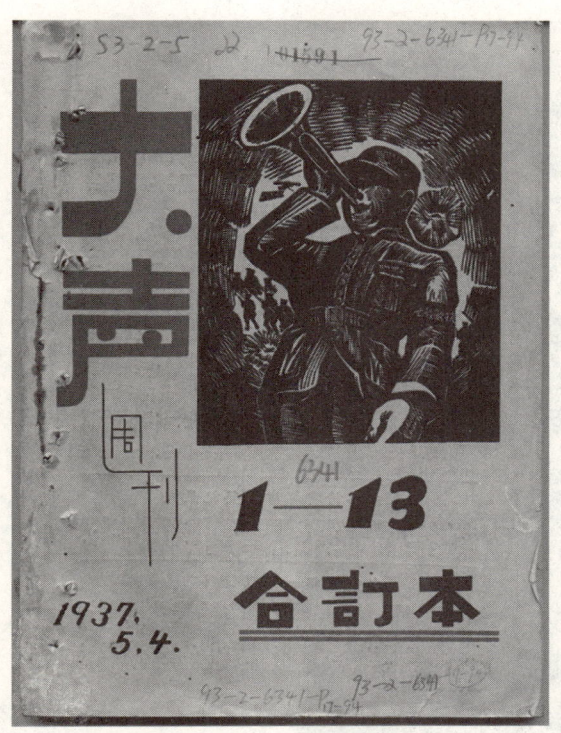

◀ 中共党员车耀先创办的抗日救亡刊物——《大声周刊》(1937年)

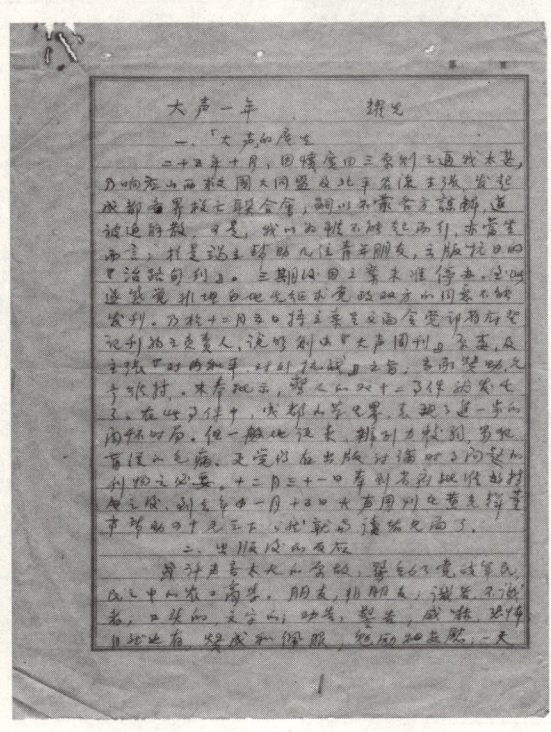

◀ 车耀先手稿《大声一年》(1938年)

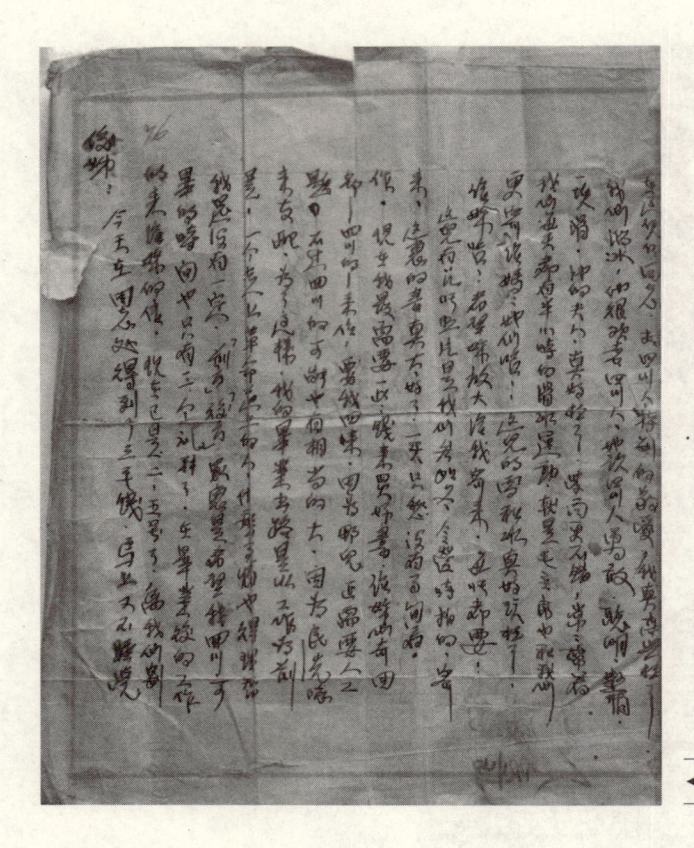

◀ 张露萍烈士家书（1938年）

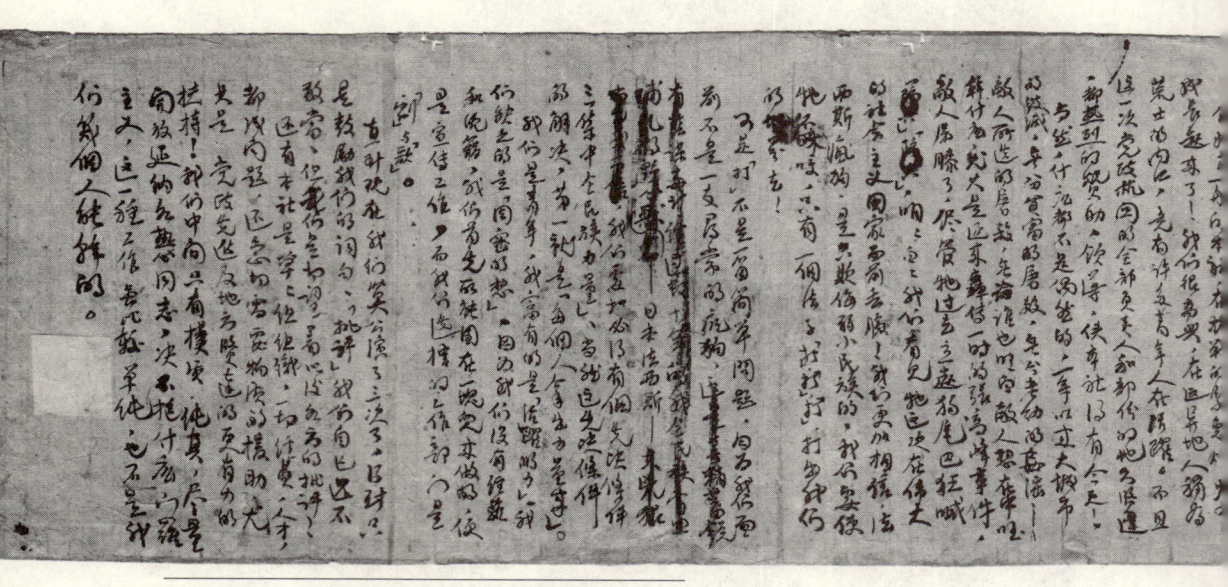

▲ 内江县兴华救亡歌剧社成立大会宣言（1938年）

◀ 内江县兴华救亡歌剧社教唱救亡歌曲的场面及所使用的歌本（1938年）

▲ 内江县兴华救亡歌剧社解散时全体成员合影（1939年）

▲ 自贡市抗日歌咏团成立合影（1937年）

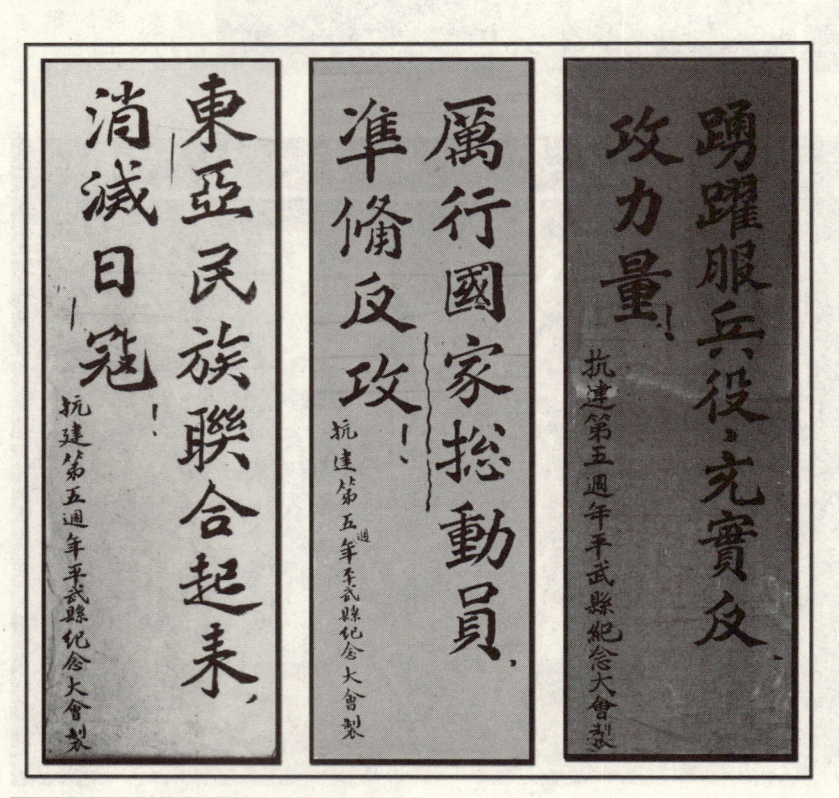

▲ 平武县印发的抗战宣传标语（1942年）

▲ 成都市民在少城公园举行宣读国民抗敌公约大会

▲ 国立四川大学抗敌兵役宣传团成员在灌县合影（1939年春）

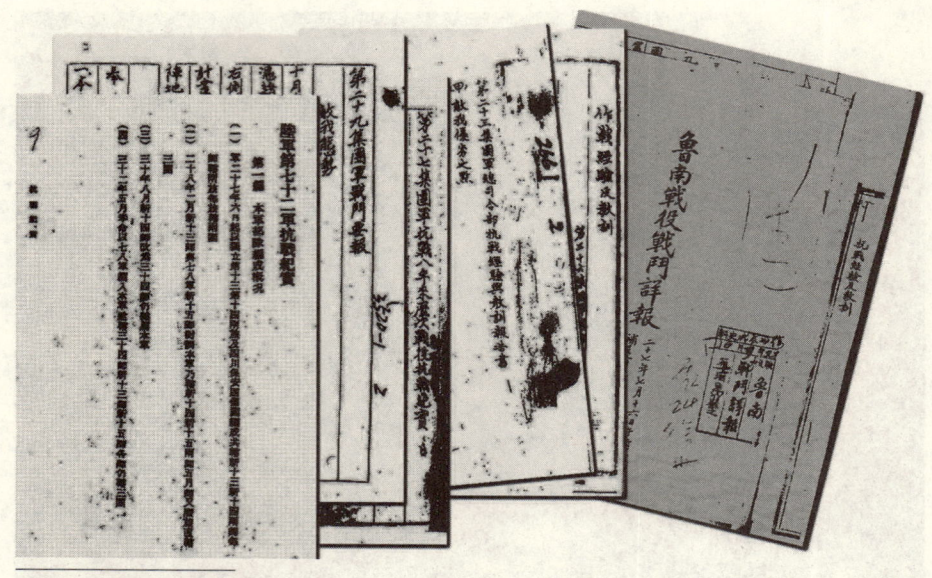

▲ 川军出川抗战档案

▲ 扛着"精忠报国"旗的川军将士出川远征

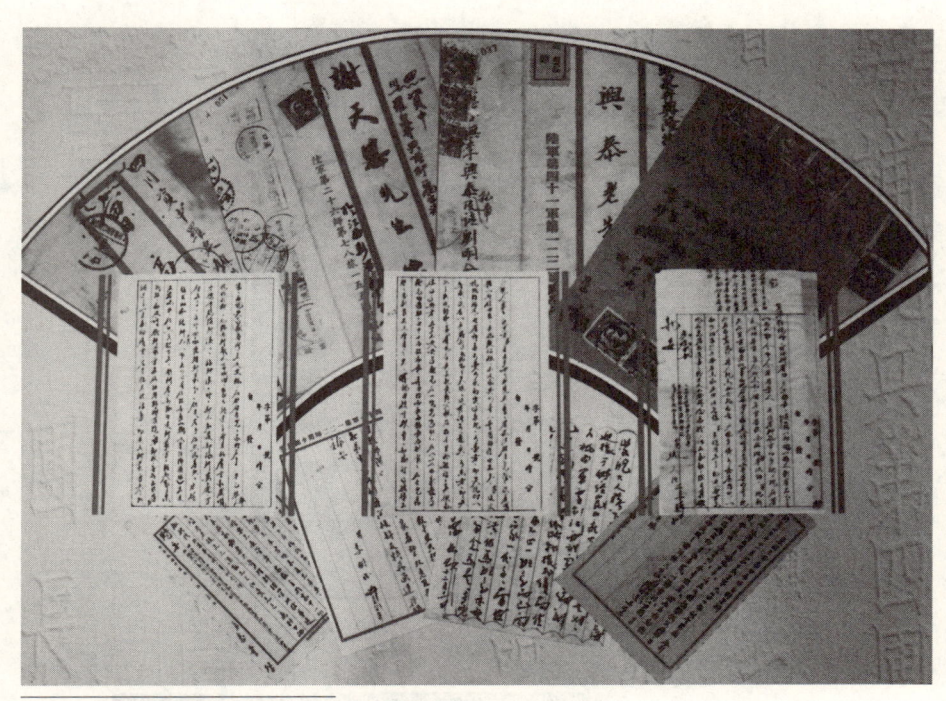

▲ 川军将士从前线寄回的家书

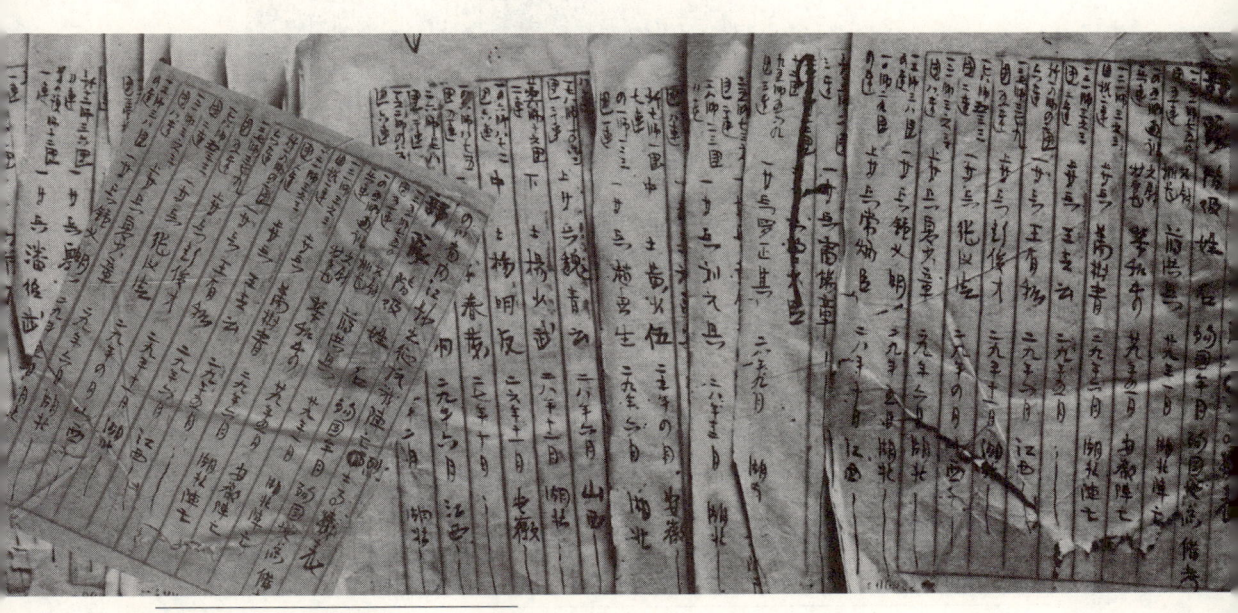

▲ 内江县出征抗战阵亡烈士事迹表

▲ 渠县从军的知识青年到重庆入营

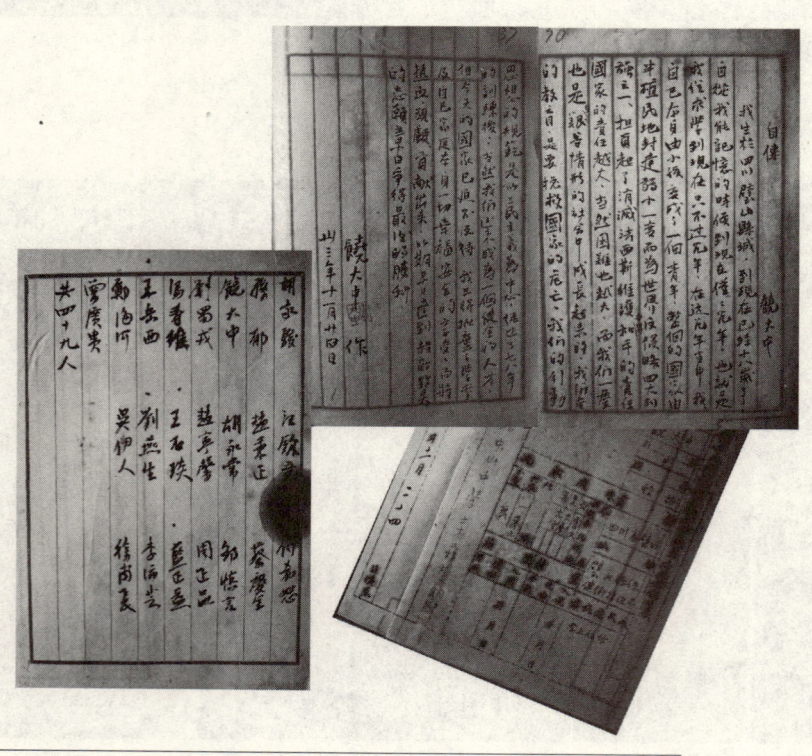

▲ 自贡市第三次参加远征军姓名册及饶大中的自传和填表（1944年）

▲ 新津县农民为新津机场美国空军士兵送猪(1944年)

▲ 建立在四川山间防空洞内的军工厂,图中的伞是用来防洞顶漏水的

▲ 四川黑白猪鬃量丰质优,为全国之冠,抗战期间运销各同盟国作枪炮及机器刷,为我国战时经济作出了特殊贡献。图为工人在整理猪鬃

▲ 抗战时期,四川出动50余万民工修筑后方飞机场。图为民工正在拖石滚碾压机场跑道

▲ 成都妇女坐在河床上为修建机场劈鹅卵石

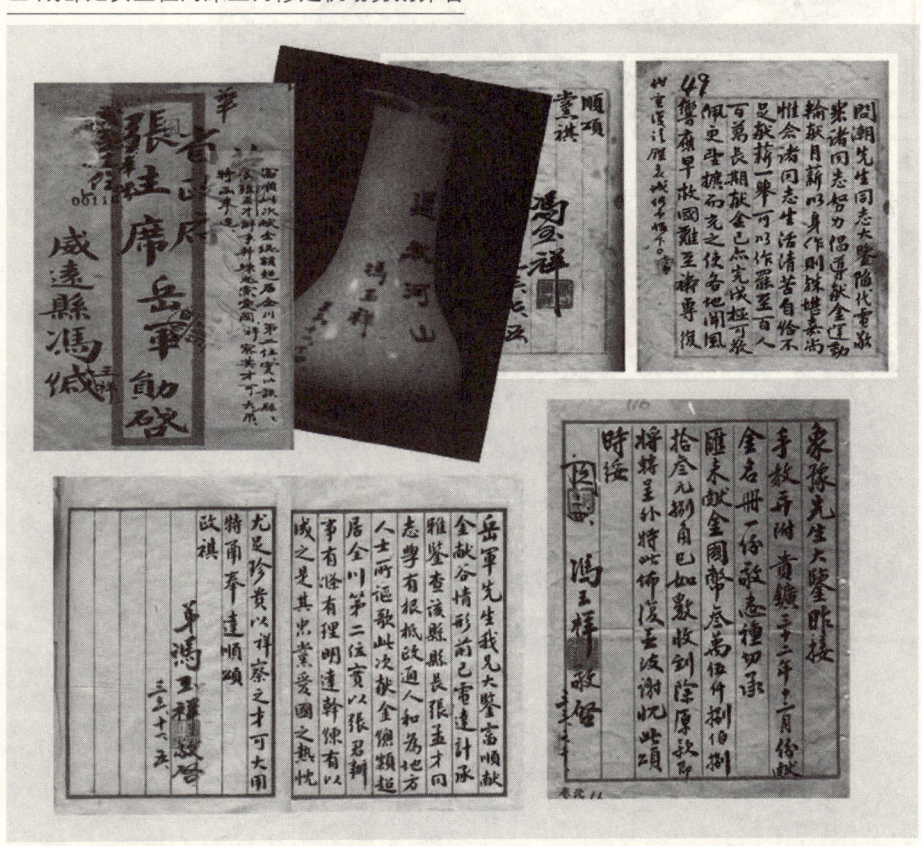

▲ 冯玉祥为开展节约献金写给四川省政府、自贡市党部及内江企业家的亲笔信和他捐献的花瓶（1944年）

▲ 献金抗日

▲ 车夫献金

▲ 乞丐也捐出自己的一顿饭钱（原件存中国第二历史档案馆）

▲ 日机空袭四川常经航路图（1940年）

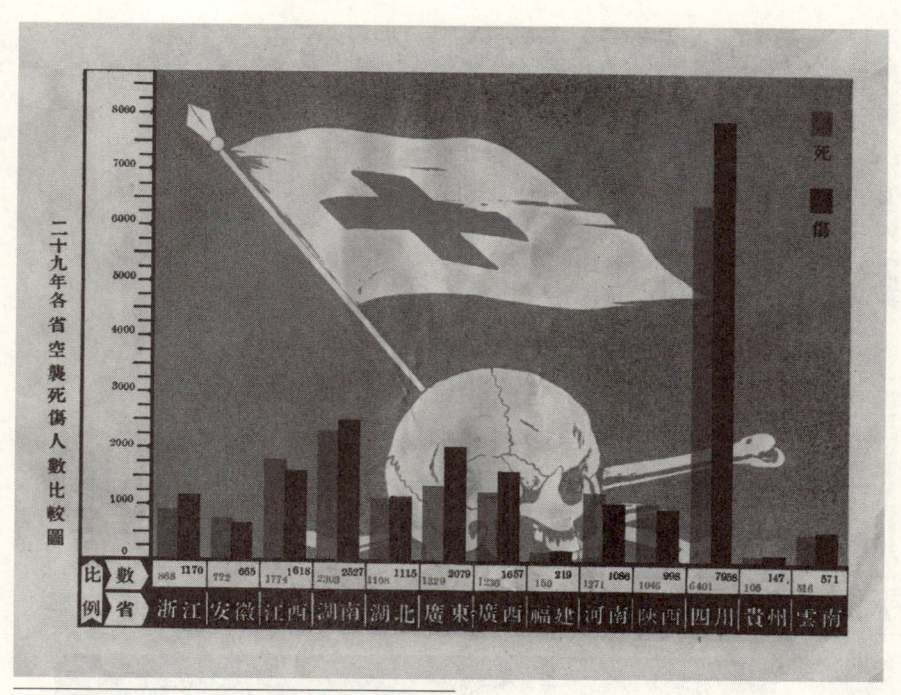

▲ 日机轰炸各省死伤人数比较图（1940年）

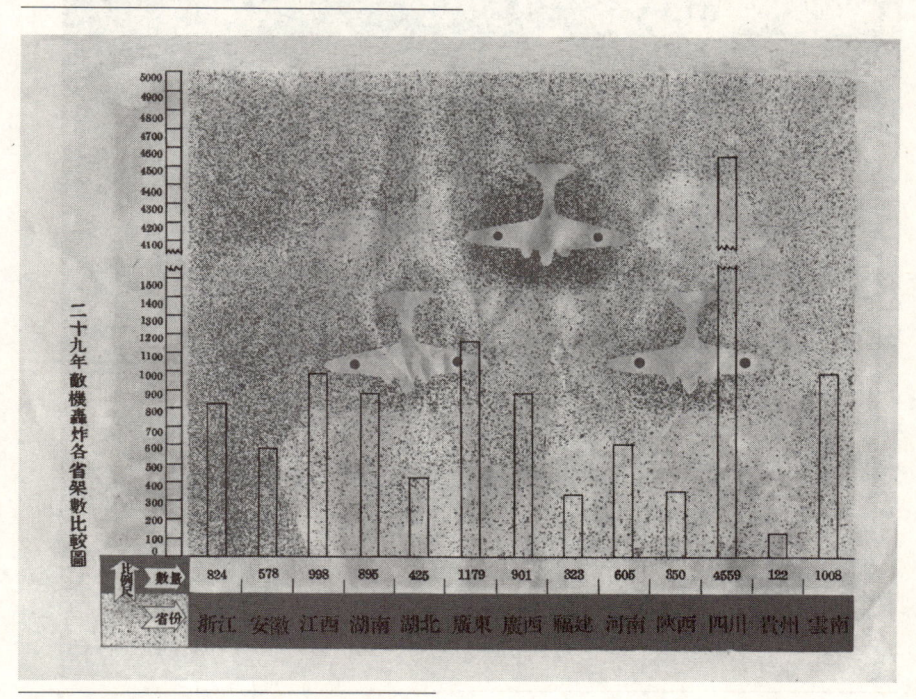

▲ 日机轰炸各省架数比较图（1940年）

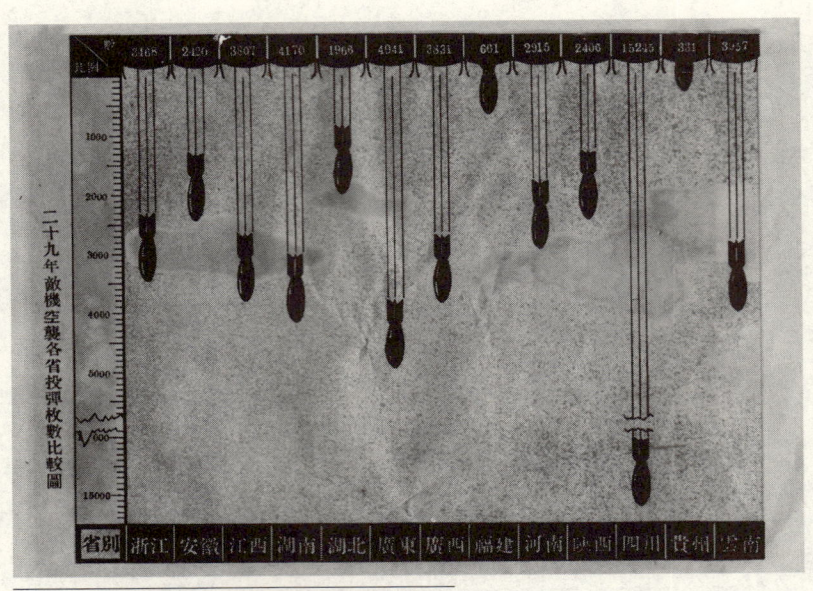

▲ 日机轰炸各省投弹枚数比较图（1940年）

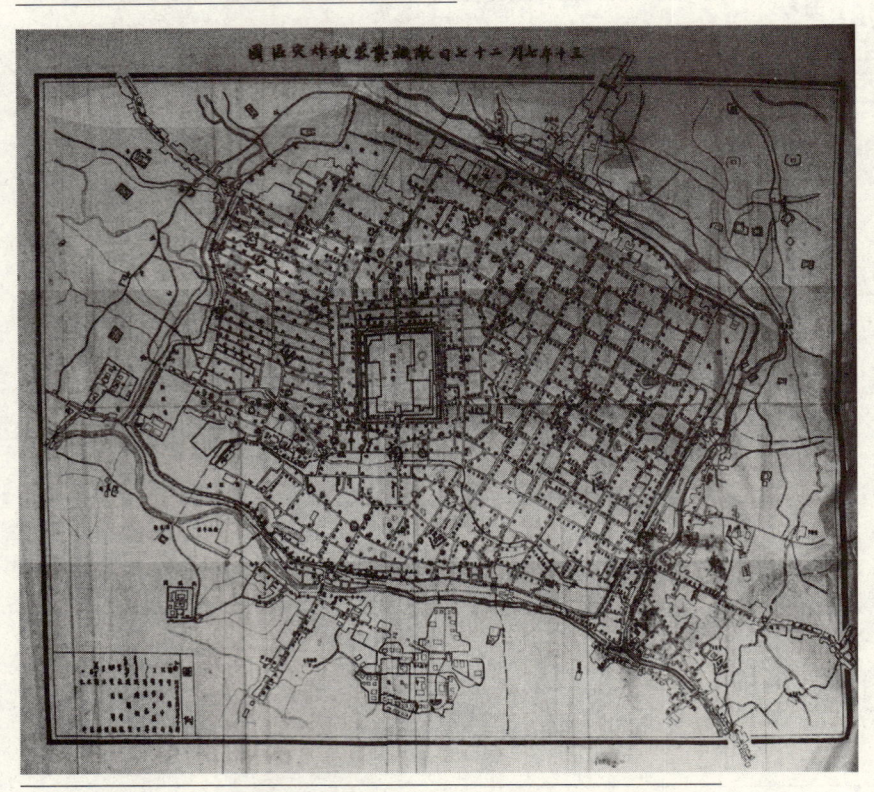

▲ 1941年"7.27"日机轰炸成都灾区图（1941年）

▲ 成立空袭服务队（原件存中国第二历史档案馆）

▲ 在防空洞里躲避空袭的市民（原件存中国第二历史档案馆）

▲ 忠县被日机轰炸后的惨状（1941年8月19日拍摄）

▲ 孤儿院舍被轰炸之惨状（原件存中国第二历史档案馆）

▲ 日机轰炸乐山城区后的惨景(1939年)

▲ 内迁乐山的武汉大学被日机轰炸后的情景(1939年)

▲ 梁山（现重庆梁平）县府监狱被炸后的惨死同胞（1939年）

▲ 宜宾南门内街被炸后的惨景（1941年）

▲ 日机轰炸后市民在清除瓦砾恢复交通（原件存中国第二历史档案馆）

◀ 永利化工厂迁川后开工生产（原件存中国第二历史档案馆）

◀ 成都纺织工业合作社女工用改良的美式纺纱机纺纱（原件存中国第二历史档案馆）

▲ 邛崃河改河工程（1944年）

▲ 抗战时期的国立四川大学（原件存中国第二历史档案馆）

▲ 抗战时期华西协和大学接纳了从战区迁川的五所大学。图为该校一角（原件存中国第二历史档案馆）

▲ 抗战时期金陵女子文理学院迁址成都。图为该校师生在川西教妇女姐妹识字唱歌（原件存中国第二历史档案馆）

《中国抗战大后方历史文化丛书》

编纂委员会

总 主 编：章开沅
副总主编：周　勇

编　　委：（以姓氏笔画为序）
山田辰雄　日本庆应义塾大学教授
马振犊　中国第二历史档案馆副馆长、研究馆员
王川平　重庆中国三峡博物馆名誉馆长、研究员
王建朗　中国社科院近代史研究所副所长、研究员
方德万　英国剑桥大学东亚研究中心主任、教授
巴斯蒂　法国国家科学研究中心教授
西村成雄　日本放送大学教授
朱汉国　北京师范大学历史学院教授
任　竞　重庆图书馆馆长、研究馆员
任贵祥　中共中央党史研究室研究员、《中共党史研究》主编
齐世荣　首都师范大学历史学院教授
刘庭华　中国人民解放军军事科学院研究员
汤重南　中国社科院世界历史研究所研究员
步　平　中国社科院近代史研究所所长、研究员
何　理　中国抗日战争史学会会长、国防大学教授
麦金农　美国亚利桑那州立大学教授
玛玛耶娃　俄罗斯科学院东方研究所教授

陆大钺	重庆市档案馆原馆长、中国档案学会常务理事
李红岩	中国社会科学杂志社研究员、《历史研究》副主编
李忠杰	中共中央党史研究室副主任、研究员
李学通	中国社会科学院近代史研究所研究员、《近代史资料》主编
杨天石	中国社科院学部委员、近代史研究所研究员
杨天宏	四川大学历史文化学院教授
杨奎松	华东师范大学历史系教授
杨瑞广	中共中央文献研究室研究员
吴景平	复旦大学历史系教授
汪朝光	中国社科院近代史研究所副所长、研究员
张国祚	国家社科基金规划办公室原主任、教授
张宪文	南京大学中华民国史研究中心主任、教授
张海鹏	中国史学会会长，中国社科院学部委员、近代史研究所研究员
陈晋	中共中央文献研究室副主任、研究员
陈廷湘	四川大学历史文化学院教授
陈兴芜	重庆出版集团总编辑、编审
陈谦平	南京大学中华民国史研究中心副主任、教授
陈鹏仁	台湾中正文教基金会董事长、中国文化大学教授
邵铭煌	中国国民党文化传播委员会党史馆主任
罗小卫	重庆出版集团董事长、编审
周永林	重庆市政协原副秘书长、重庆市地方史研究会名誉会长
金冲及	中共中央文献研究室原常务副主任、研究员
荣维木	《抗日战争研究》主编、中国社科院近代史研究所研究员
徐勇	北京大学历史系教授
徐秀丽	《近代史研究》主编、中国社科院近代史研究所研究员
郭德宏	中国现代史学会会长、中共中央党校教授
章百家	中共中央党史研究室副主任、研究员
彭南生	华中师范大学历史文化学院教授
傅高义	美国哈佛大学费正清东亚研究中心前主任、教授

温贤美　四川省社科院研究员
谢本书　云南民族大学人文学院教授
简笙簧　台湾国史馆纂修
廖心文　中共中央文献研究室研究员
熊宗仁　贵州省社科院研究员
潘　洵　西南大学历史文化学院教授
魏宏运　南开大学历史学院教授

编辑部成员（按姓氏笔画为序）

朱高建　刘志平　吴　畏　别必亮　何　林　黄晓东　曾海龙　曾维伦

总 序

章开沅

我对四川、对重庆常怀感恩之心,那里是我的第二故乡。因为从1937年冬到1946年夏前后将近9年的时间里,我在重庆江津国立九中学习5年,在铜梁201师603团当兵一年半,其间曾在川江木船上打工,最远到过今天四川的泸州,而起程与陆上栖息地则是重庆的朝天门码头。

回想在那国破家亡之际,是当地老百姓满腔热情接纳了我们这批流离失所的小难民,他们把最尊贵的宗祠建筑提供给我们作为校舍,他们从来没有与沦陷区学生争夺升学机会,并且把最优秀的教学骨干稳定在国立中学。这是多么宽阔的胸怀,多么真挚的爱心!2006年暮春,我在57年后重访江津德感坝国立九中旧址,附近居民闻风聚集,纷纷前来看望我这个"安徽学生"(当年民间昵称),执手畅叙半个世纪以前往事情缘。我也是在川江的水,巴蜀的粮和四川、重庆老百姓大爱的哺育下长大的啊!这是我终生难忘的回忆。

当然,这八九年更为重要的回忆是抗战,抗战是这个历史时期出现频率最高的词语。抗战涵盖一切,渗透到社会生活的各个层面。记得在重庆大轰炸最频繁的那些岁月,连许多餐馆都不失"川味幽默",推出一道"炸弹汤",即榨菜鸡蛋汤。……历史是记忆组成的,个人的记忆会聚成为群体的记忆,群体的记忆会聚成为民族的乃至人类的记忆。记忆不仅由文字语言承载,也保存于各种有形的与无形的、物质的与非物质的文化遗产之中。历史学者应该是文化遗产的守望者,但这绝非是历史学者单独承担的责任,而应是全社会的共同责任。因此,我对《中国抗战大后方历史文化丛书》编纂出版寄予厚望。

抗日战争是整个中华民族(包括海外侨胞与华人)反抗日本侵略的正义战争。自从19世纪30年代以来,中国历次反侵略战争都是政府主导的片面战争,由于反动统治者的软弱媚外,不敢也不能充分发动广大人民群众,所以每次都惨遭失败的结局。只有1937年到1945年的抗日战争,由于在抗日民族统一战线的旗帜下,长期内战的国共两大政党终于经由反复协商达成第二次合作,这才能够实现史无前例的全民抗战,既有正面战场的坚守严拒,又有敌后抗日根据地的英勇杀敌,经过长达8年艰苦卓绝的壮烈抗争,终于赢得近代中国第一次胜利的民族解放战争。我完全同意《中国抗战大后方历史文化丛书》的评价:"抗日战争的胜利成为了中华民族由衰败走向振兴的重大转折点,为国家的独立、民族的解放奠定了基础。"

中国的抗战,不仅是反抗日本侵华战争,而且还是世界反法西斯战争的重要组成部分。

日本明治维新以后,在"脱亚入欧"方针的误导下,逐步走上军国主义侵略道路,而首当其冲的便是中国。经过甲午战争,日本首先占领中国的台湾省,随后又于1931年根据其既定国策,侵占中国东北三省,野心勃勃地以"满蒙"为政治军事基地妄图灭亡中国,独霸亚洲,并且与德、意法西斯共同征服世界。日本是法西斯国家中最早在亚洲发起大规模侵略战争的国家,而中国则是最早投入反法西斯战争的先驱。及至1935年日本军国主义者通过政变使日本正式成为法西斯国家,两年以后更疯狂发动全面侵华战争。由于日本已经与德、意法西斯建立"柏林—罗马—东京"轴心,所以中国的全面抗战实际上揭开了世界反法西斯战争(第二次世界大战)的序幕,并且曾经是亚洲主战场的唯一主力军。正如1938年7月中共中央《致西班牙人民电》所说:"我们与你们都是站在全世界反法西斯的最前线上。"即使在"二战"全面爆发以后,反法西斯战争延展形成东西两大战场,中国依然是亚洲的主要战场,依然是长期有效抗击日本侵略的主力军之一,并且为世界反法西斯战争的胜利作出了极其重要的贡献。2002年夏天,我在巴黎凯旋门正好碰见"二战"老兵举行盛大游行庆祝法国光复。经过接待人员介绍,他们知道我也曾在1944年志愿从军,便热情邀请我与他们合影,因为大家都曾是反法西斯的战士。我虽感光荣,但却受之有愧，因为作为现役军人，未能决胜于疆场，日本就宣布投降了。但是法国老兵非常尊重中国，这是由于他们曾经投降并且亡国，而中国则始终坚持英勇抗战，并主要依靠自己的力量赢得最后胜利。尽管都是"二战"的主要战胜国，毕竟分量与地位有所区别，我们千万不可低估自己的抗战。

重庆在抗战期间是中国的战时首都，也是中共中央南方局与第二次国共合作的所在地，"二战"全面爆发以后更成为世界反法西斯战争远东指挥中心，因而具有多方面的重要贡献与历史地位。然而由于大家都能理解的原因，对于抗战期间重庆与大后方的历史研究长期存在许多不足之处，至少是难以客观公正地反映当时完整的社会历史原貌。现在经由重庆学术界倡议，全国各地学者密切合作，同时还有日本、美国、英国、法国、俄罗斯等外国学者的关怀与支持，共同编辑出版《中国抗战大后方历史文化丛书》，这堪称学术研究与图书出版的盛事壮举。我为此感到极大欣慰，并且期望有更多中外学者投入此项大型文化工程，以求无愧于当年的历史辉煌，也无愧于后世对于我们这代人的期盼。

在民族自卫战争期间，作为现役军人而未能亲赴战场，是我的终生遗憾，因此一直不好意思说曾经是抗战老兵。然而，我毕竟是这段历史的参与者、亲历者、见证者，仍愿追随众多中外才俊之士，为《中国抗战大后方历史文化丛书》的编纂略尽绵薄并乐观其成。如果说当年守土有责未能如愿，而晚年却能躬逢抗战修史大成，岂非塞翁失马，未必非福？

2010年已经是抗战胜利65周年，我仍然难忘1945年8月15日山城狂欢之夜，数十万人涌上街头，那鞭炮焰火，那欢声笑语，还有许多人心头默诵的杜老夫子那首著名的诗："剑外忽传收蓟北，初闻涕泪满衣裳！却看妻子愁何在？漫卷诗书喜欲狂。白日放歌须纵酒，青春作伴好还乡。即从巴峡穿巫峡，便下襄阳向洛阳。"

即以此为序。

庚寅盛暑于实斋

（章开沅，著名历史学家、教育家，现任华中师范大学东西方文化交流研究中心主任）

序

伟大的抗日战争是近代以来中国人民反对帝国主义侵略第一次取得完全胜利的民族战争，创造了世界战争史上半殖民地弱国打败帝国主义强国的奇迹，为世界反法西斯战争的最后胜利做出了巨大的历史贡献。

《抗战时期的四川——档案史料汇编》作为各省区历史文化档案史料汇编的分册，由四川省档案局组织编辑，以四川省各级国家综合档案馆馆藏档案为主，结合中央档案馆、第二历史档案馆、解放军档案馆保存的有关四川的相关档案，坚持需要与可能相结合、历史与现实相结合、档案史料与文献资料相结合、全面与重点相结合的原则，反映了抗战时期四川、西康基本情况、中国共产党推动的四川抗日救亡运动、四川对抗日战争的贡献、日机大轰炸造成的灾难和损失、抗战时期四川经济与社会情况，真实再现四川从1937年7月"七七"卢沟桥事变爆发到1945年8月抗战胜利的八年抗战的历史全貌，讴歌四川人民的杰出贡献，弘扬四川儿女竭诚报国的抗战精神。

一、抗战时期四川、西康基本情况

据民国四川省政府统计处1941年12月统计，四川省位居中国之西南，扼长江之上游，为康藏出入之咽喉；东邻湖南、湖北，南接贵州、云南，西连西康，北与青海、甘肃、陕西相接壤。省境西起东经101°31′46″，当松潘之草地；东至东经110°11′9″，在巫溪县之小桥驿；南起北纬27°38′27″，当古蔺县之月亮山；北至北纬34°6′26″，在松潘县之沙拉尼嘎。四川省之东面，以巫溪、巫山、奉节、万县、石柱、丰都、黔江、酉阳等八县与湖北为界；以酉阳、秀山两地与湖南为邻。省之南面，以秀山、酉阳、彭水、南川、綦江、江津、合江、古蔺等八县与贵州相接；以古蔺、叙永、兴文、珙县、高县、筠连、宜宾、屏山、雷波等九县与云南为界。省之西面，以雷波、峨边、洪雅、名山、邛崃、大邑、崇庆、懋功、靖化、理番、松潘等十一县与西康为界。省之北面，以松潘界青海，以松潘、平武、昭化三县界甘肃，以昭化、广元、南江、通江、万源、城口、巫溪等七县与陕西为邻。

四川省全省幅员东西相距约800公里，南北约700公里。全省土地面积为303678.99平方公里，是全国总面积的2.6%，除蒙古、西藏两地外，面积居全国各行省的第九位。依据民国政府内政部统计处编印的《全国行政区划及土地面积统计》内四川省各县的面积数字，1939年末划西康雅安、汉源、盐源、昭觉、会理、荥经、芦山、西昌、冕宁、天全、宁南、越巂、宝兴、盐边等14县与两个设治局的面积总数为66500余平方公里。

抗战爆发后，上海淞沪抗战失败已成定局，在首都南京遭受巨大威胁的形势下，国民党中央和国民政府自料南京无法坚守，为坚持长期抗战，做出了迁国民政府于重庆办公的重大决定。1937年11月20日，国民政府公开发布《国民政府移驻重庆办公宣言》，称"国民政府兹为适应战况，统筹全局长期抗战起见，本日移驻重庆，此后将以最广大之规模，从事更持久之战斗，以中华人民之众，土地之广，人人本必死之决心，以其热血与土地凝结为一，任何暴力，不能使之分离，外得国际之同情，内有民众之团结。继续抵抗，必能达到维护国家民族生存独立之目的"。阐明了迁都重庆、继续抗战、争取国家民族生存独立的决心。12月1日，国民政府正式在重庆开始办公。11月21日，四川省政府主席刘湘代表全川民众，致电国民政府主席林森，表示竭诚欢迎。由此，四川由中国的西南边地成为腹地，成为中国抗战大后方政治、经济、军事、文化、社会、外交活动的中心地域，中国抗战的最大后方战略基地。四川承担了接纳和安置内迁的政府机关、工矿企业、高等学校、社会文化团体以及难民的重任，成为中国最大的避难所；输送了大量的兵员、壮丁、粮食和物质，成为中国抗战的输血管，成为民族复兴根据地。

国府迁渝后，蒋介石十分重视川康的稳定和建设，1939年亲自兼四川省府主席，兼理川政，直接控制四川。其后由亲信张群长期任川省主席直至抗战结束。同时,于1939年元旦,正式成立西康省政府,所辖地为川西及西藏东部,省会设在康定,基本稳定了四川藏区,为中国抗日战争胜利提供了稳定的大后方。他提议国民参政会组成川康建设期成会,赴川康实地考察,制定《川康建设方案》。亲拟《施政纲要》,在川康进行新县制实验。这些措施对稳定川康政局,改善川康财政,为抗战提供人财物支持取得了一定效果,但也加重了川康人民负担,且建设蓝图均停留在纸面上,未见大的成效。

二、中国共产党推动的四川抗日救亡运动

四川党组织在党中央的领导下,紧紧依靠四川人民,壮大党的队伍,在全国抗战后方基地发动群众开展抗日救亡运动,争取四川实力派,团结民主党派,发展抗日民主运动,为抗日战争的胜利做出了重大贡献。

一是恢复和发展党组织,奠定广泛的群众基础。1938年1月10日,中共四川省工作委员会在成都正式成立。1938年11月,根据党的决定结束省工委,撤销重庆市委和成都市委,分别成立川西、川东两个特委,川西特委因西康建省,改名为川康特委。经过一年多的努力,到1939年,川东、川康党员人数发展到8000多人。党的组织已从狭小的圈子走了出来,具有了广泛的群众基础。1939年1月,中央决定在重庆成立南方局,直至1946年5月,在长达8年的时间里,四川党组织在南方局的领导下,组织和推动抗日救亡运动。

二是加强上层统战,推动川军出川抗战。着力开展对四川实力派和进入四川后的国民党军政要人的统战工作,建立最广泛的抗日民族统一战线。毛泽东、朱德、刘伯承亲笔致信刘湘、刘文辉、邓锡侯、潘文华、杨森等,周恩来多次与刘文辉等人会晤,或派代表做他们的工作。董必武、林伯渠等与刘文辉、潘文华会晤,坚定他们坚持抗日的信心。先后指派张曙时、李一氓、罗世文等人,力促刘湘以民族大业为重,联共抗日,与蒋介石合作"统一川政"。刘湘派出了30多万人的部队上前线,加快了四川抗战基地的形成。在抗战八年中,先后出川参加抗日的部队,共有6个集团军,总兵力达300余万人。同时,稳定川军留川部队。联络刘文辉、邓锡侯两部力量,共同抵制张群主川,迫使王缵绪下台,保卫抗日宣传阵地《华西日报》(刘湘创办的四川省政府机关报),稳定了四川后方局势。通过长期、耐心、深入的工作,使川康当局始终保持了抗战爱国立场,为巩固和发展抗日统一战线创造了条件。

三是强化组织领导,掀起抗日救亡运动新高潮。在国共合作较好的1937年7月至1938年8月之间,中国共产党的全面抗战路线得到社会各界的拥护,全国出现了团结抗战的新局面。国民党未采取办法限制救亡运动,四川原有的秘密抗日救亡团体挺身而出,公开进行抗日救亡活动。随着党组织的恢复和发展,形成了抗日救亡团体的领导核心,四川党组织通过学委、文委、妇委直接领导或影响"民先队"、"海燕社"、"四川省各界抗敌后援会"、"四川青年救国联合会"等抗日团体,组织抗日集会、举办群众游行、发起献金救国、兴办抗日报刊,掀起了声援华北抗战、欢送川军出川抗战、出钱出力支援前线的热潮,开创了抗战文化宣传的新局面,建立了巩固的抗日宣传阵地。

四是坚持团结抗战,开展人民民主运动。按照党中央实行民主政治的要求,四川党组织声援和推动学生罢课、工人罢工、农民暴动等,掀起民主运动的新高潮。同时,加强党的建设,开展勤业、勤学、勤交友的"三勤"活动,做到职业化、社会化、合法化,转变党的组织方式和斗争方式,在城市和农村建立"据点",组织社团,形成了党的秘密外围组织。参加整风运动和党的七大,建立党的公开交通和秘密交通。

在抗战中,川籍共产党人车耀先、黄宪章、康乃尔、张露萍等,至死不渝坚持抗战,显露出蜀国儿女的英雄本色。

三、四川对抗日战争的贡献

抗日战争时期,四川是国民党统治的"大后方",是支撑中国半壁河山的后方基地。在国家民族处于生死存亡的危难之秋,四川人民以强烈的民族意识、保卫国家的高度责任感、不怕牺牲的英雄主义气概以及厚朴负重、吃苦耐劳的精神,对全国抗战做出了重大牺牲和贡献。

一是出兵最多。抗战八年,四川出兵总计约340万人,征兵数量占全国20%以上,正面战场抗日军队每五、六人中就有一个四川人,平均每17个四川人中就有一人上前线。八年抗战,川军将士北出剑门,东越巫峡,转战7万里,足迹遍及大江南北13个省市,参加了中国战场抗击日军的28个大型会战、战役,守卫全部前线战场1/5的国土,伤亡、失踪64.6万余人,其参战人数之多,牺牲之惨烈,位居全国之首。

二是出钱最多。抗日战争期间,全国大部分省市沦陷,民国的财政开支主要靠四川。四川承担了民国50%的财政支出。八年抗战民国政府总支出为14640余亿元(法币),四川负担约4400亿元,占30%以上。仅以四川的公债为例,从1937年8月第一次认购1900多万元的救国公债开始,又先后认购、发行过"建设"、"军需"、"同盟胜利"、"兴业"等战时公债数十种,每次多在1亿元以上,如1940年5月才发行了建设公债,8月又发行兴业公债1个亿,而各种捐款、税款更是名目繁多。

三是贡献物资最多。粮食是抗战的主要物质条件之一。抗日战争时期,尽管四川粮食生产还不足以满足本省7000多万人用粮的需求,但是为了保障抗日军粮的供应,四川人民节衣缩食,交纳沉重的田赋。从1941年至1945年,四川田赋共征收谷物8404万石,占全国征收谷物总量的1/3以上。抗战全面爆发后,沿海产盐区相继沦陷后,食盐紧张,作为川盐主产区的自贡,1937年至1941年间共增产200万担,外调满足湘鄂等省的食盐需要。四川各地的工厂加紧生产,为抗日前线提供了大量的武器弹药、服装和其他各种物资。四川各地还开展了各种捐献活动,为抗战捐钱、捐衣、捐飞机,为支撑抗战取得最后胜利提供了重要的物质保障。

四是出力最多。为了保障抗战运输通畅,四川动员250万民工抢修川陕、川黔、川滇、川湘四条公路干线。民工们用錾子、锄头、扁担等简陋工具开山辟岭,挖土运石,昼夜赶修,付出了大量艰苦的劳动。抗战期间,四川新建扩建空军基地33处,也动用了大量的民工。1943年12月,为了紧急修建和扩建新津、邛崃、彭山、广汉4个战略轰炸机机场和5个驱逐机机场,四川动员了29个县50余万民工抓紧施工,经过半年的艰苦努力,终于完成了修建任务。这些机场立即在抗战中派上用场。1944年6月中旬至年底,美国B29轰炸机群从成都平原各机场起飞,共对日本本土和日本占领地投弹3626吨。

此外,四川还先后接纳和安置国民政府和国民党中央各类机关57个,各级公务人员5000人,迁川工矿企业700家、工人10000多人,迁川高校48所、师生20000多人,还有成千上万来川的难民。因此,1945年10月8日重庆《新华日报》特发表《感谢四川人民》的社论,称赞四川人民"对于正面战场送出了多少血肉,多少血汗,多少血泪!"1946年5月7日《新民报》发表了题为《莫忘四川》的社论,文中说:"四川对于抗战的贡献是特殊的。抗战期间,四川不仅为中枢政府所在,容纳了所有全国性的行政机关,养活了不愿做奴隶的官民,就以支持抗战一事而论,征兵征粮,以四川的负担为最重;出钱出力,又总是率先倡导。假如没有四川,我们就不能想象抗战何以能支持如此之久。"

四、日机大轰炸造成的灾难和损失

1938年10月,日军占领武汉,迫于战线延长和物资消耗,侵华日军停止对中国正面战场进攻,发动所谓的"制空进攻战",妄图摧毁中国政府及人民的抗战意志,迫使国民政府投降。"为防敌机空袭,减少其所发生之危害,以卫护国家安全,保障人民生命财产",民国四川省政府在1937年后,组织开展全民防空,成立防空指挥部,组织防空协会、防空救护团,宣传防空知识,开展防空演习,进行灯火与交通管制等。1938年底,武汉、广州相继失陷以后,重庆、成都等后方城市成为日军的主要轰炸对象。四川省防空指挥部立即做出了果敢的决定,疏散市区人口,全省防空司令部发布人口疏散办法,下令加紧疏散人口,由于政府对疏散工作付出的巨大努力及广大市民的积极配合,在日机轰炸时人员伤亡大大减少。

然而,防空疏散,难以抵御日军的狂轰滥炸,从1938年2月18日轰炸重庆开始,至1944年12月18日在万县、梁山、成都等地投弹为止,日空军对四川施行历时7年的轰炸,尤其是1939年至1941年,连续3年对四川重庆、成都施行惨无人道的轰炸,给四川人民带来深重的灾难。

据民国四川省政府统计处汇核统计,1938—1944年的7年间,日本侵略者至少出动飞机7380架次以上,对四川的66个市、县进行了至少321天的战略轰炸和扫射,投下的炸弹至少有26826枚。除1942年四川未遭轰炸外,其余6年都遭到过日本飞机的大轰炸。四川民众被炸伤26000余人,被炸死22500余人。日本对四川的大轰炸,造成了民众巨额的财产损失。民国四川省政府统计处依据58个市、县呈报的财产损失项目统计,被炸毁的房屋有23.32万余间,炸毁衣服34.6万余件,炸死牲畜2100余头,炸毁粮食3.47万余石,炸毁田园80余亩、树木1.82万余株,炸毁汽车60余辆、人力车140余辆、木船3500余艘、汽船13艘、什物97.59万余件,损失现金7729.8万余元。人口伤亡所用医药费和埋葬费以及各项财产损失,按照1945年的物价指数折算,至少损失1500.64亿元。其中不包括遭轰炸的新繁、荣县、荣昌、眉山、夹江、屏山、江安、中江8县市的损失以及全省各项公有财产的损失。

五、抗战时期四川经济与社会

全面抗战爆发,特别是国府迁渝后,随着人口、资金内迁,以及政府政策扶持等,四川经济社会各方面发生了变化。

在财政金融方面,抗战初期,四川省级财政负担着支撑地方政府开支、协同中央开发四川经济、支援抗战等重担。主要财政收入以田赋、营业税及债款为大宗。岁入与岁出相较颇有盈余。抗战日久,军费开支愈大,为增加国家财政收入,国民政府规定从1941年秋季起,将田赋收入划归国家财政,并实行田赋征收实物。四川地方财政失去这一主要税源后,遂提高税率及增加苛捐杂税,极大地加重了人民的负担。同时,为支应浩繁费用,国民政府实行通货膨胀政策,滥发纸币,造成四川金融市场紊乱,物价暴涨,许多工厂、商号倒闭。

在工矿业方面,抗战时期,国民政府组织了大规模的工业企业内迁。到1940年6月,沿海沿江内迁的民营工矿企业共有245家,物资共9万余吨。内迁工业带动了原有工业的发展,使全省工业出现了初步繁荣的局面,形成了以重庆为中心的、门类相对齐全的、当时全国最重要的工业区。到1942年,全省符合工厂法标准的厂矿已达1654家,占国民党统治区资本总额的52.3%;有工人10.8万名,占全国工人数的44.7%。同1937年的工业相比,5年间厂矿和工人数都增加约15倍,资本增加526倍以上。到1943年底,以蒋、宋、孔、陈四大家族为代表的官僚资本,约占四川工业资本的63%。

在农业方面,抗战时期,由于国民政府采取了兴修水利、开垦荒地、改良品种、推广先进技术、发放农贷等措施,为扩大农业再生产创造了一定条件。据统计,1938年四川产棉90万担,约为上年产量的1倍。1939年全川粮食又获丰收。1944年春秋两季的收获,可供全省人民两年食用。尽管四川农业有所发展，粮食产量增多，但在地主、高利贷者和政府苛捐杂税的盘剥下，广大农民仍然过着穷困的生活。

在商业方面，抗战的初期和中期，省外工矿企业和各种人员纷纷迁川，消费市场需求增大，外国洋行势力萎缩，国民政府对民营商业采取扶持政策，促进了四川商业的发展。到1942年底，加入重庆商业同业公会的达120多个行业、15000余家商号，各公司商号拥有的资本总额已超过上海。抗战后期，由于省外商贸渠道受阻，政府对商业实行统制政策，官僚资本和大批官员搜刮民财，黑市泛滥，货币贬值，物价暴涨，众多商号倒闭，商业趋于冷落。

在交通运输业方面，抗战时期，四川政府在国民政府支持下，兴修和发展公路运输，筹建铁路，发展航运，开辟航空网，建设无线电台和乡村电话，使四川交通落后面貌有所改善。截至1945年，全省公路干线、支线达6600余公里，通轮船江河1112公里，通木船江河6493公里，驿运路线1904公里。积极筹建川滇、成渝等铁路。自1940年起至1945年6月止，四川无线电台曾通报49万次，达3364万字。全省县村电话线路共有46488公里，交换机484架，电话机3635座。除边区9县外，均可通讯。

国民政府迁都重庆后，以重庆为中心建立了航空交通网，先后开辟了重庆至昆明、兰州等7条航线，还开辟了"飞越驼峰"航线，即从印度汀江飞越喜马拉雅山到昆明，再到四川的宜宾、泸州。这些航线，对支持全国的抗战起到了重大作用。

在文化教育方面，为适应战时需要，四川政府在国民政府的支持下，接纳迁川学校，发展基础教育、社会教育和职业教育，推动抗日文化宣传，培养战时人才。八年抗战期间，先后落脚四川的高校有56所，占内迁高校总数124所的45.2%。在川高校占据中国高校的半壁江山，四川成为战时中国高等教育的中心。

抗战期间，四川的基础教育和职业教育得到发展。1937年抗战爆发时，四川全部中等学校267所，学生共有73529人。到1945年，四川中等学校增加到671所，学生人数增加到247728人（不含重庆的中等学校）。1937年四川有各类小学20303所，学生约135万人，教职人员约4万人，到1945年，已发展到小学43341所,学生人数353万人,教职工约12万人。

中国人民的抗日战争,是人类战争史上的奇观,中华民族的伟大壮举。在这场民族解放的战争中,四川人民付出了巨大的牺牲,作出了巨大的贡献。在抗日战争胜利之际,《新华日报》发表《感谢四川人民》的社论。社论说:"在八年抗战之中,这个历史上最大规模的民族战争之大后方的主要基地,就是四川。自武汉失守以后,四川成了正面战场的政治军事财政经济的中心。随着正面战场内移的军民同胞,大半居于斯、食于斯、吃苦于斯、发财亦于斯。现在抗战结束了,我们想到四川人民,真不能不由衷地表示感激。"

回首往事,我们牢记历史、不忘过去;展望明天,我们珍爱和平,开创未来。今天,中华民族正面临着难得的发展机遇,以习近平为总书记的党中央绘制了民族复兴的美好蓝图,四川人民将继续发扬团结奋斗、自强不息、坚韧不拔、竭诚报国的民族抗战精神,为同步全面建成小康社会、实现中华民族伟大复兴而努力奋斗!

《抗战时期的四川——档案史料汇编》编写组

编辑说明

一、本书所辑档案资料从1937年7月抗战全面爆发起,至1945年8月日本战败投降止,个别事件作适当的上溯或下延。

二、本书共三册,分为五章。每一类的档案大体按时间排列,时间以公元纪年。

三、为保持文章的整体性、连续性,所辑档案一般均原文照录,个别与主题明显无关部分,酌予删节,并加注说明。说明采用脚注形式。

四、档案标题均为编者所拟,一件一题或一组一题。

五、档案由编者标点分段,必要时略加注释。

六、档案中的繁体字改为简体字,古体字改用今字,异体字改用现在通行的正体字。年份的使用尊重原文;档案中的数字,改为阿拉伯数字的,多位数字之间,不用分隔符。

七、加工符号的使用:

1. 错别字的校勘用"〔〕",内注明正确字;

2. 增补漏字用"［］",内注明增补的字;

3. 整段删节者,以〈上略〉、〈中略〉、〈下略〉标明之;段内部分内容删节者,以〈……〉标明之;文件附件删略者,以〈略〉标明之。

4. 脱落、污损、残缺或模糊难辨的字,经考证恢复者,用□表示,内注明恢复的字;经考证无法判明者,以相应数量的□代之。

八、民国档案与文献多为竖排,原稿中的"如左"、"如右",在改为横排后均变成了"如左〈下〉"、"如右〈上〉"。此种情况在正文中一律按现行排版改正之。

九、本书收录以四川省档案馆所藏档案文献为主体,为免烦琐一律不注明出处;外馆所藏档案及图片,在文末或图片下注明出处。

目 录

总序 ··· 1

序 ··· 1

编辑说明 ··· 1

第一章 抗战时期四川、西康基本情况

一、西康建省

（一）建省筹备

1. 国民政府公布《西康建省委员会组织条例》(1935年2月2日) ········ 3

2. 西康建省委员会成立宣言(1935年7月22日) ···················· 4

3. 西康建省委员会关于委员宣誓就职及启用印信日期呈(1935年7月24日) ·· 6

4. 西康行政督察专员公署厘定各县等级呈(1936年8月24日) ········ 7

5. 西康建省委员会酌加各县行政费训令(1937年6月10日) ·········· 8

6. 西康建省委员会检发西康各县政府组织规程、组织系统表(1937年6月30日) ·· 9

7. 西康建省委员会请缓设、裁撤行政督察专员公署呈(1937年9月10日) ·· 11

8. 西康建省委员会主席刘文辉关于接管划归西康省各县(设治局)政务致四川省政府主席王缵绪电(1938年8月11日) ·················· 12

9. 西康建省委员会段班级、杨永浚转呈刘文辉核定四川补助西康政费电(1938年8月16日) ·· 12

10. 西康建省委员会拟呈西康建省方案(1938年) ···················· 12

（二）疆域划分

1. 西康建省委员会致四川省政府商请从速办理省界划分咨(1938年6

月11日）……………………………………………………………………35

2. 四川省政府、西康建省委员会呈请行政院核定川康两省划界办法呈文（1938年6月26日）……………………………………………………35

3. 西康籍参政员叶秀峰、萧铮、洪陆东、黄季陆提案（1938年6月）……37

4. 行政院关于川康划界、西康省名的训令（1938年7月30日）………38

5. 将四川宁、雅两属划归西康电一组（1938年8—9月）………………39

6. 刘文辉告宁、雅两属父老昆季书（1938年9月1日）…………………41

7. 西康建省委员会望雅、宁两属人民于西康建省后各安生业布告（1938年9月1日）…………………………………………………………43

（三）绰斯甲归属之争

1. 西康建省委员会请四川省政府更正绰斯甲归属函（1936年12月8日）…………………………………………………………………………45

2. 苏耿光请刘湘力争绰斯甲主权电（1936年12月20日）………………46

3. 刘文辉与邓汉祥、嵇祖佑辩绰斯甲归属函（1936年12月31日）……46

4. 于竹君向嵇祖佑报告绰斯甲纠纷情形函（时间不详）…………………47

5. 懋功县长幸蜀峰应对绰斯甲局势建议签呈（1939年10月）…………47

6. 理番县徐剑秋转绰斯甲土司请制止康军进逼呈（1939年11月4日）…49

7. 刘文辉致贺国光电一组（1939年末）……………………………………50

8. 刘文辉请张群查办十六区专员煽惑土头函（1940年12月13日）……51

9. 蒋介石关于绰斯甲头人阿生马献旗输诚的训令（1941年4月14日）…52

（四）西康省政府成立

1. 行政院准予西康建省电（1938年11月28日）…………………………53

2. 刘文辉等为成立西康省政府致中央各部院会、各军集团军及各师长电 ……………………………………………………………………………53

3. 西康省政府成立宣言（1939年1月1日）………………………………54

4. 蒋介石训词（1939年1月1日）…………………………………………56

（五）西康省人口、土地与行政区划

1. 改隶西康省之十四县、二设治局户数与人口统计表（1938年）………57

2. 宁属概况(1939年)……………………………………………………58
3. 西康省行政区划与各属情形(刘文辉 1940年8月28日)…………60
4. 康属十九县辖地一览(1940年)……………………………………61
5. 西康疆域(郭沅卿 杨仲华 1943年)………………………………64

二、四川省情

(一)国府迁渝

1. 国民政府发布移驻重庆办公宣言训令(1937年11月20日)………66
2. 四川乐至县等竭诚拥护国府移渝进行持久抗战电(1937年11—12月)
   …………………………………………………………………………67
3. 四川铜梁县民众大会欢迎国府迁渝宣言呈(1937年12月1日)……68
4. 重庆各界庆祝重庆陪都建立宣传大纲(1940年9月27日)…………70

(二)人口、土地、行政区划

1. 四川省疆界与面积(四川省政府统计处 1941年12月)……………71
2. 四川省七年(1938—1945年)来户口之演变(四川省民政厅 1945年)…76
3. 1944年四川省各县市户口分布(四川省民政厅 1945年)…………76
4. 1944年四川省土地面积及耕地面积(四川省民政厅 1945年)……81
5. 1945年四川省行政区划(四川省民政厅 1945年)…………………87
6. 1935—1945年四川省各县等级变更(四川省民政厅 1945年)……87

(三)政治组织

民意机关

1. 抗战时期四川省临时参议会组成人员名单(1949年)………………93
2. 抗战时期国民参政会川籍参政员姓名录(1949年)…………………96
3. 1939—1945年四川省临时省参议会及省参议会参议员人数(四川省
   民政厅 1945年)……………………………………………………97
4. 1939—1945年四川省第一、第二届临时省参议会及第一届省参议会参
   议员履历(四川省民政厅 1945年)…………………………………97
5. 1939—1944年四川省第一、第二届临时省参议会各次大会议案分类
   (四川省民政厅 1945年)……………………………………………99

6.1942年及1945年四川省各县市临时参议会及参议会参议员人数(四川省民政厅 1945年)……100

7.1945年四川省各县市参议会参议员履历(四川省民政厅 1945年)……103

8.1942—1943年四川省各县市临时参议会各次会议议案分类(四川省民政厅 1945年)……104

9.1945年四川省各县市乡镇民代会会数及代表人数(四川省民政厅 1945年)……105

10.1945年四川省各县市乡镇民代表会代表履历(四川省民政厅 1945年)……108

11.截至1945年底止四川省各县市公民宣誓登记人数(四川省民政厅 1945年)……110

行政机关

1.抗日战争期间四川省政府组织沿革表(1949年)……116
2.1945年四川省政府组织系统(四川省民政厅 1945年)……118
3.1945年四川省政府秘书处组织系统(四川省民政厅 1945年)……119
4.1945年四川省政府民政厅组织系统(四川省民政厅 1945年)……120
5.1945年四川省政府财政厅组织系统(四川省民政厅 1945年)……121
6.1945年四川省政府教育厅组织系统(四川省民政厅 1945年)……122
7.1945年四川省政府建设厅组织系统(四川省民政厅 1945年)……123
8.1945年四川省政府保安处组织系统(四川省民政厅 1945年)……124
9.1945年四川省政府社会处组织系统(四川省民政厅 1945年)……125
10.1945年四川省政府地政局组织系统(四川省民政厅 1945年)……126
11.1945年四川省政府卫生处组织系统(四川省民政厅 1945年)……127
12.1945年四川省政府禁烟善后督理处组织系统(四川省民政厅 1945年)……128
13.1945年四川省政府会计处组织系统(四川省民政厅 1945年)……128
14.1945年四川省政府统计处组织系统(四川省民政厅 1945年)……129
15.1945年四川省政府设计考核委员会组织系统(四川省民政厅

1945年）……………………………………………………………129

16. 1945年四川省银行组织系统（四川省民政厅　1945年）…………130

17. 1945年四川省立教育学院组织系统（四川省民政厅　1945年）…131

18. 1945年四川博物馆组织系统（四川省民政厅　1945年）…………132

19. 1945年四川省通志馆组织系统（四川省民政厅　1945年）………132

20. 1945年四川省水利局组织系统（四川省民政厅　1945年）………133

21. 1945年四川省驿运管理处组织系统（四川省民政厅　1945年）…134

22. 1945年四川省粮食增产总督导团组织系统（四川省民政厅　1945
　　年）…………………………………………………………………134

23. 1945年度四川省政府暨省属各级机关单位员役编制数额（四川省
　　民政厅　1945年）…………………………………………………135

24. 1945年12月四川省政府各厅处局会现有职雇员人数（四川省民
　　政厅　1945年）……………………………………………………137

25. 1945年四川省各区行政督察专员兼保安司令公署组织系统（四川省
　　民政厅　1945年）…………………………………………………138

26. 1945年四川省各区行政督察专员兼保安司令公署职雇员役人数及
　　月支俸给标准（四川省民政厅　1945年）………………………139

27. 1945年四川省各县行政组织系统（四川省民政厅　1945年）……140

28. 四川省各县政府历年（1941—1945年）科室设置比较（四川省民政厅
　　1945年）……………………………………………………………141

29. 四川省各县政府历年（1937—1945年）员额设置比较（四川省民政厅
　　1945年）……………………………………………………………141

30. 1945年四川省各县县政府职雇员员额及月支俸给标准（四川省民政
　　厅　1945年）………………………………………………………142

31. 四川省历年（1939—1945年）县市局长履历（四川省民政厅
　　1945年）……………………………………………………………144

32. 四川省历年（1940—1944年）县市局长异动人数（四川省民政厅
　　1945年）……………………………………………………………146

33. 四川省历年（1939—1944年）县市局长任职期限（四川省民政厅
　　1945年）……………………………………………………………146

34. 四川省历年(1938—1944年)县市局长奖惩(四川省民政厅 1945年)……147

35. 1940—1945年四川省各县市区署人员设置及月支俸给标准(四川省民政厅 1945年)……148

国民党四川省党部和社会团体……150

1. 抗日战争期间中国国民党四川省党部组织沿革表(国民党四川省党部 1949年)……150

2. 四川省历年(1942—1945年)人民团体分类(四川省民政厅 1945年)……152

3. 四川省历年(1943—1945年)人民团体干部及会员训练人数(四川省民政厅 1945年)……153

三、四川省、西康省施政概况

(一)川康建设期成会提交川康建设方案

1. 川康建设方案(国民参政会川康建设期成会 1939年9月14日国民参政会第四次大会通过)……154

2. 国民参政会川康建设期成会组织规则(1939年10月25日奉议长核定)……186

(二)四川省施政概况

1. 1937年7月20日四川省政府委员会第161次会议记录:议案五——主席交议据法制室修正本府合署办公施行细则案……188

2. 四川后方国防基本建设大纲(1937年四川省政府制定)……211

3. 1938年5月24日四川省政府委员会第231次会议记录:议案七——主席交议《整理川政意见书》案……217

4. 四川省施政纲要(1939年12月5日制定)……221

5. 四川省政府、川康绥靖主任公署关于抄发调整省政府与绥靖公署职权原则的训令(1940年4月27日)……225

6. 关于新县制实施九大问题及其解决之道的报告(璧山县县政府秘书陈一 1941年1月28日)……227

7. 四川南川巴县等县民关于乡镇保甲征收派款扰害间阎呈(1941年8月21日)……233

8. 张群报告办理户籍及人事登记困难情形致行政院呈(1943年9月)…235
9. 四川省实施新县制成绩总检讨(1943年 四川省民政厅厅长 胡次威)
   …………………………………………………………………………239

(三)西康省施政概况

1. 西康省施政总纲十七条(西康省政府1939年1月1日公布) ………271
2. 完成西康建省之意义及今后施政之中心骨干(刘文辉 1939年1月
   1日在西康省成立大会上的讲话)…………………………………273
3. 三年来西康新县制之实施(洪孙宜 1943年12月)………………282
4. 西康建省五年来之政治经济文化建设述要(张为炯 1944年5月)…295
5. 六年来之西康省临时参议会(节录)(西康省临时参议会议长 胡恭
   先 1946年4月3日)………………………………………………297

第二章 中国共产党推动的四川抗日救亡运动

一、中国共产党领导和影响的群众组织

1. 中国共产党成为抗日救亡团体的领导核心………………………305
2. 成都"民先"的抗日救亡活动………………………………………309
3. 四川自贡抗敌后援会成立宣言(1937年7月21日)………………314
4. 四川各界抗敌后援会关于成立大会的通电(1937年7月23日)…315
5. 四川各界抗敌后援会通电各省市一致对日经济绝交(1937年8月1
   日)……………………………………………………………………316
6. 四川民众华北抗战后援会呈请中央立刻对日宣战通电(1937年8月
   1日)…………………………………………………………………316
7. 四川省各界抗敌后援会宣传队组织规则(1937年8月1日)………317
8. 中央社关于四川各界抗敌后援会召集成都市民大会的报导(1937年
   8月8日)……………………………………………………………318
9. 四川省抗敌后援会为检送标语致四川省会警察局函(1937年8月9
   日)……………………………………………………………………318
10. 国立四川大学抗敌后援会成立大会纪闻(1937年8月14日)……319

11. 四川省各界抗敌后援会根绝仇货委员会组织章程(1937年8月24日)
　　　　　　　　　　　　　　　　　　　　　　　　　　　　320
12. 四川省抗敌后援会为抗敌话剧宣传周事宜致四川省会警察局函
　　(1937年8月27日)　　　　　　　　　　　　　　　　　321
13. 四川省抗敌后援会呼吁全面抗战快邮代电(1937年8月28日)…321
14. 四川省抗敌后援会总章(1937年8月)　　　　　　　　　　323
15. 四川省抗敌后援会为呈欢送川军出川抗日办法函(1937年9月3日)
　　　　　　　　　　　　　　　　　　　　　　　　　　　　332
16. 国立四川大学抗敌后援会唤起民众共同抗日致成都市政府函
　　(1937年9月29日)　　　　　　　　　　　　　　　　　333
17. 四川各界抗敌后援会自贡分会成立致四川省盐务管理局的公函
　　(1937年10月18日)　　　　　　　　　　　　　　　　334
18. 川康绥靖公署四川省政府指令印发仇货《调查证》训令(1937年11
　　月11日)　　　　　　　　　　　　　　　　　　　　　　334
19. 国立四川大学抗敌后援会各组人员表(1937年12月31日)…335
20. 四川省各界抗敌后援会宣传周工作分配表(1937年)　　　336
21. 四川省政府转饬调查"民先队"下乡宣传情形密令(1938年1月26
　　日)　　　　　　　　　　　　　　　　　　　　　　　　337
22. 成都市督察室杜正中密查"民先"组织情形呈(1938年3月3日)…337
23. 成都市政府调查"民先成都总队"活动情形呈(1938年3月14日)…338
24. 国立四川大学抗敌后援会简章(1938年3月25日)　　　　338
25. 国民党成都市人民团体临时指委会为成都市文化界救亡协会会员
　　大会致四川省会警察局公函(1938年3月26日)　　　　　340
26. 四川省会警察局制止成都市文化界救亡协会会员大会开会训令
　　(1938年3月27日)　　　　　　　　　　　　　　　　　340
27. 成都市警察局西区分局报告制止成都市文化界救亡协会会员大会
　　情形呈(1938年3月28日)　　　　　　　　　　　　　　341
28. 四川省会警察局为严禁成都市文化界救亡协会召开会议致国民党
　　市人民团体指委会公函(1938年3月29日)　　　　　　　341

29. 国立四川大学抗敌后援会刊布敦促川军出川抗日与川军将领来往
   电文(1938年4月26日) ···342
30. 四川省党部等阻挠川浙等省人民组织文化抗敌救亡团体有关文
   电(1938年4—6月) ···343
31. 国立四川大学抗敌后援会理学院办事处战时民众常识讲习班计划
   书(1938年5月12日) ···343
32. 成都市学生抗敌协会筹备会为召开成立大会致警察局长函(1938年
   6月23日) ··344
33. 成都市警察局西区分局报告成都市学生抗敌协会成立大会情形
   呈(1938年6月27日) ···344
34. 国立四川大学抗敌后援会赴嘉峨服务团出发前向报馆送登稿
   (1938年8月1日) ···345
35. 成都市警察局西区分局报告文化界救亡协会等十三团体欢迎前线
   抗战将士开会情形呈(1938年8月1日) ···345
36. 内江县兴华救亡歌剧社举行成立大会的公函(1938年8月9日) ···346
37. 国民党省执行委员会为制止成都市学生抗敌协会召开会议致四川
   省会警察局公函(1938年12月8日) ···347
38. 四川省政府制止召开"一二·九"纪念会并勒令解散"学抗"的训
   令(1938年12月8日) ···348
39. 督察员侯德新报告制止成都市学生抗敌协会开会经过情形呈
   (1938年12月9日) ···348
40. 成都市警察局南区分局报告制止成都市学生抗敌协会开会情形
   呈(1938年12月10日) ···351
41. 四川省会警察局关于制止成都市学生抗敌协会开会情形致省党部
   执委会函(1938年12月22日) ···352
42. 四川大学抗敌后援会工作报告(1938年) ···352
43. 国民党成都市人民团体临时指导委员会转饬注意"民先队"等活动
   函(1939年1月11日) ···354
44. 四川省旅外剧人抗敌演出队为筹集下乡宣传经费举行公演致成都
   市府呈(1939年2月15日) ···354

45. 四川省政府保安处查禁"群力抗敌宣传社"致警察局函(1939年2月23日) ……354
46. 吴天嘏、闻化鱼等筹组内江抗敌剧团的呈(1940年1月16日) ……355
47. 成都民先简史及工作总结(1945年7月) ……356
48. 对"民先队"之根本救济办法 ……366

二、统战工作

1. 中国共产党联合社会各界推动川军出川抗战的经过 ……367
2. 中国共产党与四川上层人士稳定川军留川部队的作用 ……373
3. 中国共产党对刘文辉的统战工作 ……376
4. 中国共产党对邓锡侯与潘文华的统战工作 ……379
5. 川康特委关于任务策略的报告(1939年11月25日) ……381
6. 四川省政府注意陕北抗大学生来川活动密令(1940年5月21日) …381
7. 四川省政府抄中共鼓动川省政潮情形的密电(1940年7月2日) …382
8. 川康特委关于统战工作的报告书(1940年8月20日) ……384
9. 四川省政府令各机关县市严防共产党发展组织电文(1941年8月3日) ……384
10. 四川省政府严密防范延安特务混入军队拉拢军官等情密令(1942年3月13日) ……385

三、救亡宣传活动和民主运动

(一)抗日救亡刊物与宣传活动

1. 成都邮检所检送陈劲秋致胡绩伟信函原文呈(1937年2月28日) …386
2. 四川省会警察局侦缉队调查胡绩伟及《力文》《大声》等刊情形呈(1937年3月15日) ……386
3. 张曙时给中央的报告(1937年12月20日) ……387
4. 成都市政府李仲耕调查《星芒》周报社情形签呈二件(1938年2—3月) ……388
5. 《时事新刊》社登记申请书(1938年3月) ……389
6. 《成都战时学生旬刊》社登记申请书(1938年5月) ……389

7. 中统局关于重庆文化救国团体及共产党人活动情况的通报(1939年
   8月3日) ……………………………………………………………390
8. 《通俗文艺》登记申请书(1939年8月23日) ……………………394
9. 《时事新刊》社为请求资助致成都市政府呈(1939年10月14日) …394
10. 军委会办公厅关于执行《新华日报》违检案件处理步骤方案与战时
    新闻检查局往来文电(1940年2月) …………………………………395
11. 《新华日报》社为各地方当局阻挠破坏发行事致国民党中央宣传部
    函件(1940年3月4日) ……………………………………………397
12. 四川省政府饬知查禁《时事新刊社》密令(1940年3月28日) ……399
13. 四川省政府追缴《时事新刊》社登记证训令(1940年4月27日) …399
14. 生活书店总经理徐伯昕要求撤封成都、桂林、贵阳及昆明等地书店
    呈(1941年2月15—28日) …………………………………………399
15. 军委会办公厅关于抵制《新华日报》发行量猛增办法与国民党中央
    宣传部往来函电(1941年2—3月) …………………………………401
16. 国民党中央图审会与四川省政府为查封生活书店、《新华日报》书刊
    部及读书生活出版社事致行政院呈(1941年3月5日) ……………402
17. 战时新闻检查局一九四三年检扣《新华日报》稿件统计图表(1944年
    1月) …………………………………………………………………404
18. 战时新闻检查局一九四四年一至六月检扣《新华日报》稿件报告
    书(1944年7月) ……………………………………………………409
19. 重庆新闻检查处检扣《新华日报》刊发应放弃一党专政与组织联合
    政府等稿件的有关文件(1944年10月) ……………………………411
20. 李中襄为对《新华日报》采取派员监版印刷事致蒋介石呈(1945年2
    月13日) ……………………………………………………………414
21. 军统局关于派员参加压制《新华日报》函(1945年3月12日) ……415

(二)坚持抗战,推动民主运动

1. 承德芳关于四川中江县农民暴动情形报告(1938年12月12日) …415
2. 四川省执委会检送南充丝业公司制丝厂工潮概述及处理经过函
   (1940年8月6日) …………………………………………………419

3. 盐务总局关于调查川东川北各场盐工动态及预防工人罢工办法报告密呈(1940年10月30日) ……430
4. 顾建中等关于郑俊德调查川北乐至简阳河边三场盐工情形及防止工人罢工办法报告呈(1940年12月7日) ……441
5. 蒋介石孔祥熙关于防止川东川北盐业工人罢工的电令(1940年6月—1941年3月) ……447
6. 王伯臣等关于四川犍为盐场工人罢工电呈(1941年2—3月) ……449
7. 四川大学学生散发的倒孔运动特号外(1942年1月) ……458
8. 中统局关于青年党张澜等在蓉言论的情报(1943年11月5日) ……461
9. 中统局关于四川生丝公司第一制造厂女工罢工情形函(1944年1月) ……461
10. 复兴商业公司等关于南充县猪鬃厂工人要求提高工资进行罢工电(1944年9—10月) ……463
11. 关于抗议国民党特务警察迫害成都市立中学学生有关文件(1944年11月) ……465
12. 郑忠华抄送成都学运情报密函(1944年12月11日) ……470

四、部分川籍中共党员的抗日活动

1. 车耀先申办《先声周刊》的申请书和登记表(1937年8月9日) ……471
2. 川康绥靖公署为传讯黄宪章、康乃尔致川大校长公函(1937年12月7日) ……472
3. 教育部查明康乃尔等代电(1937年12月7日) ……472
4. 教育部武汉办事处查处凤凰山事件致四川大学公函(1937年12月8日) ……473
5. 四川大学孟寿椿等七十六人为请释黄宪章致校长函(1937年12月15日) ……473
6. 四川大学参加机场慰劳的学生为请释黄宪章致校长函(1937年12月16日) ……474
7. 四川大学校长张真如致教育部代电稿(1937年12月16日) ……475
8. 四川省政府转饬处理凤凰山事件公函(1938年1月5日) ……476

9. 张露萍写给亲人的信(1938年2月5日) ……………………477
10. 王达非等申办《国难三日刊》的登记申请书(1938年4月18日) …478
11. 车耀先写《大声周刊》停刊词(1938年8月13日) …………478
12. 四川省会警察局检送四川大学慰劳飞机场工人的重要教职员学生姓名册呈(1938年8月16日) ………………………479
13. 张露萍写给亲人的信(1938年) ……………………………480
14. 车耀先写《大声一年》(1938年) …………………………480
15. 四川省政府转饬调查车耀先在蓉活动情形密令(1939年1月7日) ………………………………………………………482
16. 车耀先之妻报告其夫被逮捕情形呈(1940年3月17日) ……482
17. 四川省政府为查明车耀先被捕情形密令(1940年3月19日) …483
18. 成都市少城镇镇长报告车耀先被捕情形呈(1940年4月1日) ……483

第三章 四川对抗日战争的贡献

一、抗战宣传与动员

1. 顾祝同报告刘湘表示四川愿出兵参战密电(1937年7月16日) ……487
2. 川康绥靖公署主任刘湘为民族救亡抗战告川康军民书(1937年8月26日) ……………………………………………………487
3. 四川省政府秘书长邓汉祥谈川军出兵经过(1937年10月4日) …488
4. 四川大学抗敌后援会刊布敦促川军出川抗日与川军将领来往电文(1938年4月26日) ………………………………………489
5. 四川省政府制发川军抗战周年纪念宣传纲要(1938年11月) …490
6. 四川省抗战救亡宣传纲要(1938年底) ……………………492
7. 内江伍学文作四季杀敌歌(1939年3月26日) ……………497
8. 梁山聚奎镇各界纪念"七七"抗战两周年大会宣言(1939年7月7日) ………………………………………………………498
9. 梁山县反汉奸宣传文(1939年7月7日) …………………500
10. 抗战金钱板——日寇侵华暴行(1939年夏) ………………503

11. 荣县程慕仁作"反日"儿歌(十二首)(1939年夏) ……………504
12. 荣县反日大会制作的"反日"传单(1939年夏) ……………506
13. 四川省慰劳抗战将士委员会工作概况(节录)(1945年) ……506
14. 感谢四川人民——重庆《新华日报》社论(1945年10月8日) ……528

二、川军出川抗战

(一)第七战区

1. 中央社报道刘湘抵汉口并将赴南京晋见蒋介石消息(1937年11月10日) ……………529
2. 第七战区司令长官刘湘致蒋介石报告(1937年11月20日) ……530

(二)第二十二集团军

1. 孙震、邓锡侯报告一二四师等部在阳泉平定一线战况密电(1937年10月) ……………530
2. 邓锡侯、孙震致蒋介石密电(1938年3月18日) ……………531
3. 第二二集团军滕县战役战斗详报(1938年春) ……………531
4. 四十一军一二四师三七〇旅鲁南战役战斗详报(1938年7月16日) ……………541
5. 陆军第四十五军战斗详报(1938年7月30日) ……………545
6. 陆军第四十五军鲁南战役报告书 ……………547
7. 陆军第四十一军八年抗战纪实 ……………549

(三)第二十三集团军

1. 陆军第五十军范子英部机密作战日志(1943年4—6月) ……………560
2. 第二十三集团军抗战经过要录 ……………572

(四)第二十七集团军

1. 陆军第二十军与淞沪会战(1937年) ……………592
2. 第二十军杨森部淞沪会战战斗要报(1937年11月) ……………594
3. 杨森致蒋介石密电(1938年6月8日) ……………596
4. 李品仙致蒋介石密电(1938年6月19日) ……………597

5. 第二次长沙会战第二十七集团军作战经过概要报告书(1941年10月) ……………………………………………………………………597
6. 杨森致徐永昌密电(1941年12月20日) ……………………601
7. 杨森致徐永昌密电(1941年12月21日) ……………………601
8. 杨森致徐永昌密电(1941年12月23日) ……………………602
9. 杨森致徐永昌密电(1941年12月24日) ……………………602
10. 杨森致徐永昌密电(1941年12月25日) …………………603
11. 杨森致徐永昌密电(1941年12月27日) …………………604
12. 杨森致徐永昌密电(1941年12月29日) …………………604
13. 杨森致徐永昌密电(1941年12月30日) …………………605
14. 蒋介石致杨森等密电稿(1942年1月6日) ………………605
15. 第二十七集团军总司令部反击作战计划(1942年4月) ……605
16. 第二十军杨汉域部参加长衡会战密电(1944年5月27日—9月4日) ……………………………………………………………………607
17. 第二十七集团军长衡会战战斗详报(1944年9月) …………620
18. 第二十军参加桂柳会战机密日记(1944年10月30日—11月2日) …632
19. 第二十军杨汉域部参加桂柳会战密电(1944年10月31日—12月9日) ……………………………………………………………………649
20. 杨森关于集团军各部作战任务及行动部署密电(1944年11月5日) ……………………………………………………………………659
21. 杨森关于所部各军师防守柳州阻敌进犯命令(1944年11月8日) ……………………………………………………………………660
22. 杨森关于立门关附近对敌作战部署等情密电(1944年11月27日) ……………………………………………………………………661
23. 杨森命所部第二十、第二十六两军在水扛一带阻敌前进令(1944年12月1日) …………………………………………………………661
24. 第二十七集团军杨森部桂柳会战战斗要报(1944年12月) ……662
25. 第二十七集团军参加武汉会战、长沙会战的经过 …………668

(五)第二十九集团军

1. 第二十九集团军二十七年战斗要报 ………………………… 684
2. 陆军第四十四军三年来作战经过概要 ……………………… 690

(六)第三十集团军

1. 王陵基关于该部在武宁一带作战经过概要报告(1939年4月28日)
   ……………………………………………………………………… 694
2. 王陵基致蒋介石、何应钦密电(1939年9月26日) ………… 698
3. 王陵基与蒋介石往来密电(1939年9月) …………………… 698
4. 王陵基报告所部在塘埠修水附近战况密电(1939年10月1日) …… 699
5. 王陵基致蒋介石密电(1939年10月3日) …………………… 699
6. 王陵基致蒋介石等密电(1939年10月5日) ………………… 700
7. 王陵基致蒋介石密电(1939年10月10日) ………………… 700
8. 王陵基与蒋介石往来密电(1939年10月) ………………… 701
9. 第三十集团军参谋长张志和谈川军江西之役(1939年底) … 703
10. 王陵基致蒋介石代电(1942年1月26日) ………………… 707
11. 第三十集团军参加第三次长沙会战快邮代电(1942年1月) … 708
12. 陆军第七十二军各次会战(战役)经过 …………………… 711

(七)第三十六集团军

1. 李家钰致蒋介石密电(1941年5月3日) …………………… 757
2. 第三十六集团军作战经验及教训(1942年4月) …………… 757

(八)附录

川康军出川抗战各部队团长以上主官姓名驻地一览表(1943年4月) … 760

三、人财物支持

1. 内江县非常时期征兵程序(1938年11月) ………………… 763
2. 民工总队长李信之为征调石滚滚压民工人数致新津县长赵宗炜签呈(1938年12月14日) ……………………………………… 764
3. 大巴山脉阵地构筑军队及民工粮秣补给计划表(1938年底) … 765
4. 四川省1938年至1944年义务劳动人数统计表 …………… 768

5. 四川第四区专员王锡圭为修建邛崃桑园机场所占田亩先行给价致省政府主席王缵绪呈(1939年5月24日)……768
6. 民国二十九年至三十三年四川省历年推行地方建设工事成绩……769
7. 四川省1940年至1944年推行地方建设工事成绩统计表……770
8. 民国三十至三十四粮食年度四川省粮食征借统计表……771
9. 1941年至1945年四川省粮食征借统计表……772
10. 民国三十一年元旦新津县长赵宗炜告全县民众及壮丁书(1942年1月1日)……772
11. 四川兼理主席张群等为优厚修筑机场民工待遇致新津县政府训令(1942年1月)……773
12. 内江县妇女会为组织纺织工厂救济贫苦征属致内江县长呈(1942年5月10日)……774
13. 四川省二十九年度捐献军粮委员会关于举办汇献军粮及给奖典礼的公函(1942年6月19日)……774
14. 1942年同盟胜利美金公债运送数额表……775
15. 成都市筹募1942年同盟胜利公债核计标准表……776
16. 新津县政府征兵布告(1943年7月10日)……778
17. 创办四川省出征军人家属妇女工业院缘起(1943年8月10日)……778
18. 安岳县政府关于白水乡龙头寺僧永正自愿离佛从军、捐款救国呈(1943年12月15日)……779
19. 成都市政府主席余中英对出发远征军的演讲(1943年12月27日)……779
20. 四川省政府兼理主席张群为优待参加远征军之各大中小学生及公教人员办法致财政厅训令(1943年12月)……780
21. 邛崃机场督导员徐竞存陈报征地及发款情形致四川省特种工程征工总处快邮代电(1944年2月7日)……780
22. 征属王梅氏为男丁出国抗战请予豁免征工致广汉县政府呈(1944年4月13日)……781
23. 四川省政府兼理主席张群等为检发修正非常时期各县抢修机场民

工大队组织暂行办法致广汉县政府训令(1944年7月26日)……781
24. 四川省第十三区专员兼司令林维干转饬广汉征工协修机场快邮代电
　　(1944年9月22日)………………………………………………783
25. 自贡市第三次参加远征军姓名册(1944年11月)…………………784
26. 自贡市民华熟之送子参加青年军快邮代电(1944年)………………785
27. 四川特种工程委员会主任委员张群等为征调鸡公车扩建机场致新
　　津县长赵宗炜快邮代电(1945年1月30日)………………………785
28. 西康省征委会关于报送征集从军人数代电(1945年1—2月)………786
29. 张群等关于四川省征集知识青年从军人数统计快邮代电(1945年
　　8月14日)……………………………………………………………787
30. 抗战期间各省壮丁配额统计表(1945年)……………………………788
31. 抗战期间各省历年实征壮丁人数统计表(1945年)…………………789
32. 1945年三八节各县征募军鞋分配表…………………………………790
33. 四川省知识青年志愿从军征集委员会组织规程………………………794
34. 成都市志愿参加驻印远征军办法………………………………………796
35. 绵广师管区远征军绵阳志愿学生队出征宣言…………………………796
36. 内江县政府关于报送抗战殉国烈士事迹表致四川省政府呈…………797
37. 广汉县抗日阵亡将士名录………………………………………………804

四、捐产献金

1. 中国航空建设协会四川省分会为发展航空建设充实国防力量征求会
　　员告民众书(1940年6月)…………………………………………812
2. 成都女青年会关于拟举行献金活动的呈(1942年6月30日)………815
3. 四川省各界妇女捐献妇女号飞机委员会成立情形呈(1943年5月) 816
4. 夹江县各界为响应冯玉祥节约献金救国运动告民众书(1943年12月)
　　………………………………………………………………………818
5. 冯玉祥给爱国朋友的第十封信(1944年5月14日)…………………819
6. 内江县立中学熊楚材关于献金的呈(1944年6月18日)……………824
7. 冯玉祥为国民节约献金向自贡市各界的讲话(1944年6月29日)…825

8. 冯玉祥给爱国朋友的第十二封信(1944年7月22日)⋯⋯⋯⋯⋯829

9. 自贡市政府关于节约献金经过情形的呈(1944年8月10日)⋯⋯839

10. 内江县凌家乡村民李德鳌捐产献金情形(1944年9—10月)⋯⋯841

11. 四川省1944年度七七劳军献金运动预定各县市局献金额 ⋯⋯842

12. 民国三十三年冬至三十四年春四川省各县市办理冬令救济⋯⋯847

五、接纳安置

1. 四川省政府秘书长邓汉祥为金陵大学移蓉借用小天筑房舍致刘湘签呈(1937年9月14日)⋯⋯⋯⋯⋯⋯⋯⋯⋯⋯⋯⋯⋯⋯⋯⋯848

2. 成都市政府主任委员嵇祖佑为东方实用补习学校迁让校址困难拟具两益办法致刘湘呈(1937年10月6日)⋯⋯⋯⋯⋯⋯⋯⋯⋯848

3. 四川代主席王缵绪为增拨战时儿童保育分院致新津县长快邮代电(1938年6月27日)⋯⋯⋯⋯⋯⋯⋯⋯⋯⋯⋯⋯⋯⋯⋯⋯⋯850

4. 四川省历年救济院所数及收容人数(1942年至1945年)⋯⋯850

5. 1938年至1941年迁川工厂数量统计表(1945年)⋯⋯⋯⋯851

6. 抗战期间迁川工厂概况统计(1945年)⋯⋯⋯⋯⋯⋯⋯⋯852

第四章 日机大轰炸造成的灾难和损失

一、四川的防空准备

(一)防空组织和机构

1. 川康绥靖公署令成、渝两地设防空指挥部(《四川月报》1937年8月)⋯⋯⋯⋯⋯⋯⋯⋯⋯⋯⋯⋯⋯⋯⋯⋯⋯⋯⋯⋯⋯⋯⋯⋯861

2. 成、渝、万筹备防空情形(《四川月报》1937年8月)⋯⋯⋯862

3. 防空法(1937年8月19日)⋯⋯⋯⋯⋯⋯⋯⋯⋯⋯⋯⋯862

4. 四川省防空司令部编制"民间消极防空与设施"讲义(1937年10月)⋯⋯⋯⋯⋯⋯⋯⋯⋯⋯⋯⋯⋯⋯⋯⋯⋯⋯⋯⋯⋯⋯864

5. 第九区督察专员为遵办防空事宜恳请省库拨款致四川省主席电(1938年8月29日)⋯⋯⋯⋯⋯⋯⋯⋯⋯⋯⋯⋯⋯⋯⋯⋯876

6. 成都区灯火管制实施规则(1938年10月)⋯⋯⋯⋯876

7. 四川省各县消极防空设备最低标准(航委会1939年1月8日公布)… 879
8. 成都市拆除火巷实施办法(1939年6月21日) …………… 880
9. 灌县县政府为调拨高射炮到都江堰用以防空致四川省主席电(1939年11月30日) ………………………………………… 882
10. 灌县县政府为本县防空情形致四川省政府主席呈(1940年4月6日) ……………………………………………………… 882
11. 成都县政府为办理防空设备经过情形致四川省政府呈(1940年4月16日) ……………………………………………………… 883
12. 四川省公务员、雇员、公役遭受空袭损害暂行救济办法(1940年8月16日) ……………………………………………… 884
13. 郫县县政府为健全本县防空机构并赍呈救济办法致四川省政府主席呈(1940年9月8日) ……………………………… 887
14. 防空警报信号大纲(1941年3月) ……………………………… 889
15. 四川防空警报信号实施细则(1941年3月) …………………… 890
16. 四川省政府关于厂方在空袭期间停工复工及工资给付方面训令(1941年9月30日) ……………………………………… 892
17. 四川省防空司令部工作报告(1943年5月) …………………… 893
18. [四川]省各地防护团组织规则(草案) ……………………… 902
19. 重庆市机器脚踏车传播警报暂行办法 ………………………… 904
20. 成都市设置信号球灯辅助警报办法 …………………………… 905

(二)防空疏散

1. 在省各机关团体学校疏散办法(1939年1月) ……………… 906
2. 四川省政府会计处为本处办理防空疏散及消防等事宜致四川省政府呈(1939年2月28日) ……………………………… 906
3. 第九区行政督察专员为防空袭搭建疏散厂棚房屋致四川省政府电(1939年11月5日) ………………………………………… 907
4. 成都市疏散人口办法(1939年11月10日) …………………… 909
5. 蒋中正为四川及成都疏散人口事宜致四川省政府密电(1940年2月1日) ………………………………………………………… 911

6. 四川省政府关于全川及成都近期疏散人口训令(1940年3月4日)… 911

7. 四川省疏散重要城市人口临时委员会关于本会疏散人口所遇实际困难公函(1940年3月7日) …………………………………………… 911

8. 川康绥靖主任公署为抗战重镇市区疏散及治安事宜致成都市长电(1940年5月) …………………………………………………………… 914

9. 四川省会贫民疏散住宅区管理教养办法(1940年6月5日) ………… 915

10. 国民政府军事委员会成都行辕为沿江及沿公路各重要城镇疏散事宜致四川省政府电(1940年8月7日) ………………………………… 918

11. 四川省第九区行政督察专员公署发给各员役疏散费领据名册 … 918

12. 国民政府军事委员会成都行辕为转呈四川省沿江沿公路各重要城镇疏散概况致四川省政府电(1940年12月5日) …………………… 920

13. 蒋中正为减轻抗战损失严令市民从速疏散致四川省政府电(1941年8月31日) ……………………………………………………………… 929

14. 华阳县政府为本县疏散实施情形致川康绥靖公署及四川省政府呈(1941年12月31日) ……………………………………………… 929

15. 四川省各县、市紧急疏散实施办法纲要草案(1941年) …………… 930

16. 四川省会警察局造呈疏散机关调查清册(1942年4月) ……………… 931

17. 四川省防空司令部为在蓉各机关厂栈人口物资疏散致四川省政府电(1942年5月) ……………………………………………………… 936

18. 四川省重要城市人口疏散办法 ……………………………………… 936

19. 四川省重要城市人口强迫疏散办法 ………………………………… 940

20. 四川省重要城市物资疏散办法 ……………………………………… 941

二、日军的作战计划及对川轰炸概况

(一)日军的作战计划及实施

1. 日军大规模轰炸重庆前四次轰炸报告书(1939年) ……………… 942

2. 日空军中、北战场作战范围与区域(1940年) …………………… 944

3. 日空军轰炸四川的战略战术(1940年) …………………………… 945

4. 日本陆海军"101号"作战协定 …………………………………… 946

5. 日军101号作战执行情况报告书(1940年) ……………………… 948

6. 101号作战统计(1940年)……………………………………… 955

(二)日机轰炸概况

1. 四川省政府关于附发"抗战损失查报须知"训令(1939年8月28日)… 955

2. 日机空袭四川各地概况(1940年)…………………………… 961

3. 四川省营业税局为下属各地局、所被炸情形致省政府主席呈(1941年10月15日)…………………………………………………… 962

4. 日军飞机近年来炸毁基督教堂学校医院情况表(1942年)……… 964

5. 中央通讯社《参考消息》有关日机近年来空袭四川各地消息选录(1944年)……………………………………………………………… 966

6. 四川抗战以来伤亡及财产损失情况(1945年)………………… 971

三、日机轰炸成都及川西区

(一)日机轰炸成都

1. 四川省政府为严防汉奸潜入内地活动密令(1938年9月2日)…… 973

2. 成都县政府为征调民工补填日机轰炸毁坏北机场情形致四川省主席呈(1938年11月10日)…………………………………………… 974

3. 四川省会警察局长为日机轰炸成都而驰赴灾区致四川省政府报告(1939年10月2日正午十二时于省会警察局)………………… 975

4. 成都县政府为本县二区复兴联保第七保居民被炸伤亡致四川省政府呈(1940年5月23日)…………………………………………… 975

5. 成都县政府为本县境内遭受日机两夜轰炸及抚恤情形致四川省政府电(1940年5月31日)………………………………………… 976

6. 四川省防空司令部关于近期防空注意事项训令(1940年6月6日)… 978

7. 成都县斑竹园"5·18"人口伤亡调查表……………………… 979

8. 成都县天回镇六保六甲"5·19"人口伤亡调查表…………… 980

9. 成都市政府为日机"7·24"空袭致四川省防空司令部呈(1940年8月9日)……………………………………………………………… 980

10. 成都市防护团"10·4"空袭详报(1940年)………………… 982

11. 成都市防护团"10·5"空袭详报(1940年)………………… 985

12. 成都空袭慰问队十月四日、五日慰问灾区工作报告(1940年)… 987

13. 成都防护团"10·12"空袭详报(1940年) ………………………… 989
14. 成都县政府为"10·5"日机袭蓉震毁县区房屋致四川省政府呈
    (1940年10月15日) ……………………………………………… 992
15. 成都市防护团"10·27"空袭详报(1940年) ……………………… 993
16. 成都市政府为日机空袭饬令碾户立即停碾致四川省政府呈(1940
    年11月8日) ……………………………………………………… 996
17. 成都市防护团为填报"7·27"空袭表致四川省防空司令部呈(1941年
    7月27日) ………………………………………………………… 996
18. 四川省会警察局为查报"7·27"日机轰炸成都致四川省政府主席
    电(1941年) ……………………………………………………… 997
19. 成都市长顺上镇"7·27"日机空袭死伤人员登记册(1941年) … 1001
20. 成都市"7·27"空袭紧急会议记录(1941年7月28日) …………… 1002
21. 四川省会空袭紧急救联处造报成都市医疗院所轻重伤民暨死亡人
    数表(1941年8月6日) …………………………………………… 1004
22. 四川省卫生实验处为在被炸区域施行消毒致四川省政府呈(1941年
    8月16日) ………………………………………………………… 1005
23. 成都市防护团为"7·27"日机袭蓉详报致四川省政府呈(1941年8月
    28日) ……………………………………………………………… 1005
24. 四川省赈济会视察员奉令发放"7·27"灾民特恤金报告(1941年9月
    4日于叶家院本府办公处) ……………………………………… 1010
25. 成都县政府为"7·27"日机空袭伤亡赈济情形致四川省政府呈
    (1941年9月15日) ………………………………………………… 1012
26. 四川省会空袭救联处为发放"7·27"特恤金并呈缴余款清册致四川
    省主席呈(1941年9月16日) …………………………………… 1013
27. 成都县为日机空袭机场等地致四川省防空司令部呈(1941年9月
    16日) ……………………………………………………………… 1013
28. 成都市棺木集放、掩埋地暂定清册 ……………………………… 1014

(二)日机轰炸川西

1. 简阳县政府为日机在县属两区投弹致王陵基电(1939年6月16日)
   …………………………………………………………………… 1015

2. 温江县政府为日机空袭本县致四川省政府主席呈（1939年11月9日） ………………………………………………………………………… 1015

3. 简阳县政府为报抗战时期本县人口伤亡及住户财产损失致四川省政府呈（1940年2月20日） ………………………………………… 1016

4. 崇庆县政府为日机扫射王场机场情形致四川省政府主席电（1940年10月） ………………………………………………………………… 1018

5. 新繁县政府为日机空袭本县致四川省防空司令部电（1940年10月14日） …………………………………………………………………… 1019

6. 崇庆县防空支会为日机袭击王场机场致四川省防空司令部电（1940年10月26日） ……………………………………………………………… 1020

7. 崇庆县政府为本县王场机场防空善后意见致四川省政府电（1940年10月30日） ……………………………………………………………………… 1020

8. 松潘县县长为本县被日空袭情形电恳拨款救济致四川省政府电（1941年6月） …………………………………………………………………… 1021

9. 双流县政府为日机空袭县属簇锦镇及受灾情形致四川省政府主席电（1941年6月9日） …………………………………………………………… 1022

10. 松潘县长为日机轰炸城郊恳请迅拨款项救济灾民致四川省政府主席电（1941年6月24日） ………………………………………………………… 1022

11. 松潘县长为县城梗日被炸致四川省政府主席电（1941年6月25日） ………………………………………………………………………… 1023

12. 第十六区行政督察专员为松潘被炸缺医少药致四川省政府兼理主席电（1941年6月25日） ……………………………………………………… 1023

13. 松潘县军法看守所附设监狱造呈空袭伤亡表（1941年6月25日）… 1023

14. 简阳县政府为日机空袭县城疏散地致四川省主席张群电（1941年7月） ………………………………………………………………………… 1024

15. 第十六区行政督察专员为松潘被炸损失情形致川康绥署电（1941年7月4日） ………………………………………………………………… 1024

16. 双流县政府为灾民钟玉廷惨遭日机轰炸致四川省政府呈（1941年7月5日） ……………………………………………………………………… 1024

17. 松潘县政府为日机空袭及善后详情致四川省政府呈(1941年7月6日) …… 1025

18. 第十六区行政督察专员为救治松潘灾民情形致四川省政府主席电(1941年7月7日) …… 1027

19. 松潘县政府为本县看守所长发妻遇难看守伤亡转恳抚恤致四川省政府呈(1941年7月10日) …… 1028

20. 松潘县政府为转呈县财委被炸遭焚损失公款一案致四川省政府呈(1941年7月11日) …… 1028

21. 四川省卫生实验处为奉令速发大批药品寄松潘救济致四川省主席呈(1941年7月12日) …… 1029

22. 华阳县政府为日机在中兴镇投弹致四川省防空司令部呈(1941年7月31日) …… 1030

23. 四川省卫生实验处遵派医疗副总队长陈历荣携带药品飞抵松潘致四川省主席电(1941年7月31日) …… 1030

24. 崇庆县政府为民工王海成死于日机扫射致四川省防空司令部呈(1941年8月8日) …… 1031

25. 简阳县政府为日机袭蓉烧毁县属贾家乡民房致四川省政府呈(1941年8月8日) …… 1031

26. 简阳县政府为本县遭日机空袭致四川省防空司令部呈(1941年8月20日) …… 1033

27. 松潘县政府为复查抚恤军法看守所被炸员役致四川省政府呈(1941年8月21日) …… 1034

28. 华阳县政府为"7·27"日机袭蓉女看守所被炸致四川省政府呈(1941年8月27日) …… 1034

29. 四川省卫生处为陈历荣前往松潘救治伤民情形致四川省主席呈(1941年10月8日) …… 1035

30. 新津县政府为永商乡遭日机轰炸受灾惨重致四川省政府主席呈(1942年1月3日) …… 1038

31. 松潘县政府为本府员役王钧五等抚恤情形致四川省政府呈(1942年2月5日) …… 1039

32. 新津县政府为日机窜入县境投弹致四川省政府电(1944年9月9日)
　　…………………………………………………………………… 1040

33. 新津县防护团为日机袭扰机场致四川省防空协导委员会呈(1944年9月21日) ………………………………………………… 1040

34. 新津县县长为日机空袭机场致四川省政府主席电(1944年10月4日)
　　…………………………………………………………………… 1040

35. 新都县政府为不明国籍飞机在本县投弹致四川省政府主席电
　　(1944年10月17日) …………………………………………… 1041

36. 松潘县政府统计室调查本县抗战期间损失情形致四川省政府统计处呈(1946年4月1日) ……………………………………… 1041

四、日机轰炸重庆及川东区

(一)日机轰炸重庆

1. 四川省政府关于疏散重庆市区人口训令(1938年10月)………… 1042
2. 重庆市疏散人口办法(1938年10月) ………………………………… 1043
3. 重庆自来水股份有限公司为制水场被炸致重庆市蒋市长呈(1939年5月5日) …………………………………………………… 1044
4. 日本当局收集重庆大轰炸情报(1939年6月) …………………… 1045
5. 日机轰炸外国驻渝机构的报道(1941年7月) …………………… 1051
6. 重庆卫戍总司令部就日机两天空袭情形通报(1940年5月20日10时30分于观音岩本部) ……………………………………… 1054
7. 重庆市空袭服务救济联合办事处第10号通报(1940年5月28日)
　　…………………………………………………………………… 1055
8. 重庆卫戍总司令部就日机袭渝通报(1940年5月28日于重庆观音岩本部) ………………………………………………………… 1058
9. 日空军俘虏清水纪、阪本一郎供词(1940年9月) ……………… 1059
10. 四川省政府驻渝办事处为本处职员住寓被炸致四川省政府电
　　(1940年9月17日) …………………………………………… 1062
11. 四川省政府驻渝办事处为本处白象街临时办公地点被炸致四川省政府电(1940年11月18日) …………………………………… 1063

12. 陪都空袭救护委员会关于日机空袭伤亡损失通报(1941年8月)… 1064

(二)日机轰炸川东

1. 南川县政府为日机空袭投弹致四川省主席电(1939年1月) …… 1080
2. 奉节县县长为日机二次空袭转恳拨款赈济致四川省政府电(1939年7月13日) ……………………………………………………… 1081
3. 第九区督察专员为日机文日午后空袭奉节县城致四川省政府电(1939年7月14日) …………………………………………… 1081
4. 第九区行政督察专员为奉节县城被炸损害惨重致川康绥靖公署呈(1939年7月25日) ………………………………………… 1081
5. 南川县政府为日机投弹炸毁民居致四川省政府主席电(1939年8月) ………………………………………………………………… 1082
6. 第九区行政督察专员为日机空袭忠县转致四川省政府主席呈(1939年8月25日) ………………………………………………… 1083
7. 奉节县政府造具"9·30"日机空袭损毁物品清册(1939年10月)… 1084
8. 奉节县县长为陷晚日机多架狂炸数十里区域致四川省政府电(1939年10月3日) ………………………………………………… 1085
9. 南川县县长为日机狂炸城区致四川省政府主席电(1939年10月14日) ……………………………………………………………… 1085
10. 南川县政府为日机狂炸城区情形致四川省政府呈(1939年10月18日) ………………………………………………………………… 1086
11. 南川县空袭紧急救济联合办事处为日机空袭投弹致四川省政府主席代电(1939年10月19日) ……………………………………… 1088
12. 南川县政府为从优抚恤防护团总干事王洪德致四川省政府主席呈(1939年10月21日) ……………………………………………… 1088
13. 奉节警备司令为日机狂炸内外城区致四川省政府秘书长电(1939年10月26日) ……………………………………………………… 1089
14. 奉节县县长为日机空袭县城内外损毁房屋致四川省政府主席电(1939年10月27日) ………………………………………………… 1090
15. 奉节警备司令为日机狂炸县城后的善后处理情形致四川省政府秘书长电(1939年11月6日) …………………………………… 1090

16. 奉节县政府为"10·24"日机夜袭城区办公地址致四川省政府主席
呈(1939年11月9日) ………………………………………………………… 1091
17. 奉节县县长为日机投下似同玻璃瓶的物具情形致四川省政府主席
电(1939年12月) …………………………………………………………… 1092
18. 四川省防空司令部为从优抚恤王洪德因公殉职给南川县政府公
函(1939年12月13日) ……………………………………………………… 1092
19. 忠县县政府为白银坪遭日机轰炸情形致四川省政府电(1940年7月)
………………………………………………………………………………… 1092
20. 邻水县政府为日机在袁双镇投弹致四川省防空司令部呈(1940年7
月14日) ……………………………………………………………………… 1094
21. 綦江县政府为日机空袭及本县救济详情致四川省防空司令部呈
(1940年7月20日) …………………………………………………………… 1094
22. 合川县政府为本县遭日机轰炸致四川省防空协会电(1940年7月
25日) ………………………………………………………………………… 1097
23. 南川县政府为日机滥肆轰炸城区致四川省政府代电(1940年8月
3日) ………………………………………………………………………… 1098
24. 南川县政府为本县七月俭日被炸转恳拨款救济致四川省政府主席
电(1940年8月5日) ………………………………………………………… 1099
25. 广安县政府为日机轰炸本县致四川省政府电(1940年8月7日)
………………………………………………………………………………… 1099
26. 南川县政府为七月俭日县城被炸情形致四川省政府电(1940年8月
13日) ………………………………………………………………………… 1100
27. 第十区行政督察专员为"8·2"日机滥施轰炸广安县城致四川省政府
主席呈(1940年8月24日) ………………………………………………… 1100
28. 广安县政府为表报被炸损失并恳求拨款赈济致四川省政府主席
呈(1940年8月28日) ……………………………………………………… 1101
29. 璧山县政府为呈报"9·13"空战我机损毁及飞行员损伤详情致四川
省主席电(1940年9月) …………………………………………………… 1102
30. 广安县政府为本月三日县城遭炸损失救济情形致四川省政府呈
(1940年9月7日) …………………………………………………………… 1104

31. 南川县政府为日机七月轰炸简师校旧址损失房屋器具情形致四川省政府呈(1940年10月3日) …… 1105

32. 广安县县长为"9·3"日机滥炸本县城致四川省政府兼理主席呈(1940年11月1日) …… 1106

33. 四川省赈济会为办理渠县县政府科员王肇禹等空袭受损应予救济公函(1941年1月7日) …… 1108

34. 广安县政府为发放委座私人赈款致四川省政府呈(1941年5月17日) …… 1108

35. 第九区行政督察专员为忠县被炸致四川省政府主席电(1941年5月20日) …… 1109

36. 第九区行政督察专员为万市被炸情形致四川省行辕主任电(1941年5月24日) …… 1109

37. 忠县县政府为日机空袭及善后情形致四川省政府主席呈(1941年5月25日) …… 1109

38. 万县县长为日机先后侵入本县市空投弹情形致四川省政府主席电(1941年5月26日) …… 1110

39. 梁山县防护团为日机多架轰炸市区机场致防空司令邓锡侯电(1941年6月7日) …… 1110

40. 万县空袭服务救济联合办事处为"5·22"日机空袭抚恤救灾致四川省政府呈(1941年6月29日) …… 1111

41. 第九区行政督察专员为佥日日机在忠县投弹致四川省主席等急电(1941年6月30日) …… 1112

42. 奉节县空袭服务救济联合办事处造报永安镇"7·7"被炸受伤姓名表册(1941年7月) …… 1112

43. 第九区行政督察专员为佥日日机多架空袭忠县致四川省政府主席电(1941年7月2日) …… 1114

44. 第九区行政督察专员为佥日日机轰炸万市市区致四川省防空司令电(1941年7月4日) …… 1114

45. 忠县防护团为本县城区遭日机轰炸致四川省防空司令部呈(1941年7月11日) …… 1115

46. 奉节县空袭服务救济联合办事处造报县属永安镇"7·7"空袭死亡人员姓名表册(1941年7月18日) ……………………………… 1116

47. 第九区行政督察专员为"8·5"日机轰炸云阳云安镇致四川省政府电(1941年8月5日) ……………………………… 1117

48. 丰都县政府为日机在城区空袭投弹致四川省赈济会电(1941年8月10日) ……………………………… 1117

49. 云阳县政府为填报"8·2"云安盐场遭空袭伤亡报告致四川省政府呈(1941年8月15日) ……………………………… 1118

50. 合川县防护团为敌机空袭本县致四川省防空协会呈(1941年8月16日) ……………………………… 1118

51. 南川县政府为日机滥肆轰炸城区致四川省政府主席电(1941年8月18日) ……………………………… 1119

52. 忠县县长为日机空袭投弹损毁民居致四川省政府电(1941年8月22日) ……………………………… 1119

53. 丰都县政府为日机空袭城区致四川省政府电(1941年8月22日) ……………………………… 1119

54. 第九区行政督察专员为日机窜入云阳县城投弹致四川省主席电(1941年8月24日) ……………………………… 1120

55. 丰都县政府为日机空袭投弹致四川省政府电(1941年8月25日) ……………………………… 1120

56. 忠县县政府为日机"8·19"轰炸情形致四川省政府主席呈(1941年9月) ……………………………… 1120

57. 忠县县政府为"8·23"日机两次轰炸县城情形致四川省政府主席呈(1941年9月) ……………………………… 1122

58. 万县县长为日机三次空袭泊江华轮及城郊致四川省政府主席电(1941年9月) ……………………………… 1123

59. 第九区行政督察专员为日机空袭损毁泊江华轮致四川省防空司令部电(1941年9月6日) ……………………………… 1123

60. 四川省赈济会为忠县八月号日被炸损失情形给该县县政府公函(1941年9月10日) ……………………………… 1124

61. 忠县空袭受灾调查登记表(1941年9月15日) ······················· 1124

62. 丰都县政府为报送抗战损失统计表致四川省政府电(1941年9月27日) ······················· 1125

63. 忠县县政府为日机轰炸城北情形致四川省政府呈(1941年10月) ······················· 1128

64. 忠县县政府为"7·27"日机轰炸情形致四川省政府呈(1941年10月30日) ······················· 1129

65. 第九区行政督察专员为忠县被炸及筹集防空救济金致四川省政府呈(1942年4月17日) ······················· 1132

66. 万县县长为敬日午前日机在本县多处投弹致四川省政府主席电(1943年2月24日) ······················· 1134

67. 万县县政府为三月铣日日机两批窜入市空轰炸致四川省政府主席电(1943年3月) ······················· 1134

68. 万县县政府为发放"3·16"赈恤各费清册致四川省政府呈(1943年4月20日) ······················· 1135

69. 梁山县防护团为本县遭日机反复轰炸扫射致邓锡侯电(1943年6月8日) ······················· 1136

70. 万县防空指挥部为"5·10"日机夜袭梁平情形致四川省政府主席电(1944年5月22日) ······················· 1136

五、日机轰炸川南、川北区

(一)日机轰炸川南

1. 第七区行政督察专员为泸县被炸及办理善后情形致四川省政府代电(1939年1月) ······················· 1137

2. 第七区行政督察专员为日机空袭泸县市区致四川省政府主席电(1939年1月10日) ······················· 1137

3. 第七区行政督察专员为日机轰炸泸县致四川省政府主席呈(1939年9月) ······················· 1138

4. 日机空袭泸县被焚文卷清册(1939年9月11日) ······················· 1138

5. 泸县为日机轰炸本县城区致四川省政府电(1939年9月12日) ··· 1144

6. 泸县县政府为"9·11"日机空袭及办理善后事宜致四川省政府呈

(1939年9月18日) …… 1145

7. 第七区行政督察公署为本署全部办公家具悉遭焚毁致四川省政府呈(1939年9月25日) …… 1148

8. 第七区行政督察专员关于日机空袭泸县致四川省主席报告(1939年9月28日) …… 1148

9. 泸县为本府被炸乃移城西忠山武侯祠内办公致四川省政府主席呈(1939年10月2日) …… 1153

10. 泸县空袭紧急救济联合办事处为日机炸泸致四川省赈济委员会电(1939年10月3日) …… 1153

11. 第七区行政督察专员为日机轰炸泸县致四川省政府主席电(1939年10月4日) …… 1154

12. 旅省同乡筹赈委员会为泸县遭日机轰炸需增拨赈款致四川省政府呈(1939年10月19日) …… 1154

13. 泸县县长为微日日机在西会菴投弹致四川省主席电(1940年7月12日) …… 1155

14. 成都行辕为日机轰炸泸县希查核拨款救济致四川省政府电(1940年8月) …… 1155

15. 泸县专员、县长为日机袭泸致蒋主席电(1940年8月3日) …… 1155

16. 泸县专员、县长为日机两次袭泸再致四川省政府电(1940年8月4日) …… 1155

17. 四川省战时服务团团员林昌瑶关于日机轰炸隆昌县城及善后处理报告(1940年8月7日) …… 1156

18. 隆昌县政府、县空袭救济联合办事处为日机轰炸乞恳各慈善团体救济致四川省政府呈(1940年8月9日) …… 1157

19. 泸县专员、县长为日机先后轰炸城内致四川省政府电(1940年8月13日) …… 1158

20. 泸县防空指挥部关于日机空袭及救济情形报告(1940年8月15日) …… 1158

21. 泸县专员、县长为日机折返空袭致四川省政府电(1940年8月17日) …… 1160

22. 重庆赈济委员会为日机轰炸泸县派员赈济慰问致四川省政府电
（1940年8月17日） ·· 1160

23. 隆昌县长为县政府惨遭日机轮番轰炸暂设办公地点致四川省政府
主席电(1940年8月19日) ··· 1160

24. 四川省防空司令部为转请拨款救济隆昌灾民致四川省政府电
（1940年8月22日） ·· 1161

25. 四川省防空司令部为日机轰炸泸县转请拨款赈济灾民致四川省政
府呈(1940年8月22日) ·· 1161

26. 第七区行政督察专员为派员处理合江县被炸善后情形致四川省政
府主席电(1940年9月) ·· 1162

27. 四川省赈济会为自贡等被日机轰炸县份发放救济费报告(1940年
9月) ··· 1163

28. 泸县县长为日机袭泸及经过情形致四川省政府主席呈(1940年9月
13日) ·· 1163

29. 第七区行政督察专员为合江县被炸及伤亡情形致四川省政府主席
呈(1940年9月16日) ··· 1164

30. 四川省防空司令部为泸县被炸转恳拨款赈济灾民致四川省政府
电(1940年9月26日) ··· 1165

31. 泸县县政府为本府职员遭受空袭损害恳准动用县救灾准备金报销
致四川省民政厅呈(1941年1月7日) ······································· 1165

32. 宜宾县政府为日机空袭莱坝机场致四川省兼理主席张群电(1941年
6月2日) ··· 1166

33. 泸县专员、县长为日机空袭城区致四川省政府电(1941年7月28日)
··· 1166

34. 自贡市政府为本市被炸及善后情形致四川省防空司令部电(1941年
8月) ··· 1167

35. 宜宾县县长为本县遭受日机轰炸致四川省政府主席电(1941年8月)
··· 1168

36. 富顺县县长为日机在舒平乡投弹致四川省防空司令部电(1941年
8月) ··· 1168

37. 宜宾防空指挥部为本日日机侵入市空投弹轰炸致委员长电(1941年
    8月11日) ……………………………………………………… 1169

38. 宜宾县政府为县城被炸议决抚恤事宜致四川省政府电(1941年8月
    24日) ……………………………………………………………… 1169

39. 视察员为日机两次轰炸内江情形致四川省防空司令部呈(1941年
    9月) ……………………………………………………………… 1169

40. 阆中县防空指挥部为日机往返轰炸本县致四川省防空司令部呈
    (1941年9月1日) ……………………………………………… 1170

41. 泸县防护团为日机袭泸及救济情形致四川省政府主席报告(1941年
    9月19日) ………………………………………………………… 1171

42. 仁寿县防护团为乡民李廖氏被炸身亡致四川省防空司令部呈
    (1944年10月) …………………………………………………… 1172

43. 乐山县政府为日机在苏稽乡轰炸扫射致四川省防空司令部呈
    (1941年10月14日) ……………………………………………… 1172

(二)日机轰炸川北

1. 三台县政府为本县被炸及善后情形致四川省防空司令部呈(1940年
   7月26日) ………………………………………………………… 1173

2. 盐亭县政府为日机轰炸县城致四川省防空司令部呈(1941年7月
   29日) ……………………………………………………………… 1175

3. 阆中县防护团为本县被炸情形致四川省防空协会呈(1941年8月1日)
   …………………………………………………………………… 1175

4. 三台防护团为本县被炸及损失情形致四川省防空协会呈(1941年8月
   7日) ……………………………………………………………… 1176

5. 阆中县政府为本市被炸损失情形致四川省防空司令部电(1941年8
   月28日) …………………………………………………………… 1177

6. 苍溪县防护团为表报本县被炸情形致四川省防空司令部呈(1941年
   9月17日) ………………………………………………………… 1177

六、附录

1. 日机空袭四川大事记(1938—1944年) ……………………………… 1178
2. 1939年乐山县"8·19"大轰炸受害者自诉 ………………………… 1193

第五章 抗战时期四川经济与社会

一、战时四川经济概况

（一）经济施政情形及经济调查

1. 四川金融商业近况(1937年10月)……………………………1211
2. 四川省建设厅重拟本年度中心工作(1937年10月)……………1213
3. 四川省政府拟定开发雷马屏等县三年计划(1937年10月)………1216
4. 西康省交通及商业概况(1938年2月)…………………………1218
5. 周纲仁核拟甘绩镛折陈整理四川财政金融意见签呈(1938年8月13日)……………………………………………………………1222
6. 四川省政府提倡手工纺纱(1937年12月)………………………1230
7. 仁寿县属缉获私征卡税匪徒(1942年9月6日)…………………1230
8. 四川农业改进所编四川糖业现况(1943年)……………………1231

（二）"经济统制"物品专卖

经济统制

1. 四川省省务会议核议秘书长邓汉祥关于战时粮食与物品统制提议（1937年8月17日）……………………………………………1240
2. 新新新闻评论统制粮食物品(1937年8月23日)…………………1241
3. 中央令四川省政府统制汽车及司机(1937年8月)………………1242
4. 四川省政府为统制煤炭产销草拟煤炭管理处组织大纲及实施管理纲要(1937年10月)…………………………………………………1243
5. 四川省政府统制船只(1937年10月)……………………………1245
6. 川康绥靖公署规定管制陆空交通办法(1937年12月)……………1246
7. 四川省动员委员会统制商业方案(1938年2月)…………………1246
8. 国民党中央军事委员会重庆行营制定物品统制办法(1938年7月)……………………………………………………………………1247
9. 四川丝业公司经理范崇实管理贸易办法建议(1938年8月19日)……………………………………………………………………1248

10. 兼理四川省主席蒋介石检发《为实施粮食管理告全川民众书》电（1940年9月7日）……1250

11. 四川省建设厅签呈《非常时期四川省各市县统制有线电讯器材办法》（1940年12月17日）……1256

物品专卖

1. 财政部为消费品专卖事给四川省政府代电（抄件）（1942年5月30日）……1261

2. 川康区食糖专卖工作报告（1943年12月）……1262

3. 西康省政府关于火柴专卖事致财政部咨（1944年6月6日）……1268

二、抗战时期四川的财政金融

（一）财　政

概　况

1. 财政部电咨四川省政府整理战时地方财政（1937年8月）……1270

2. 四川省政府补助边远县份区署经费统计（1937年8月）……1271

3. 财政部转录军政部关于解决四川财政与军费问题意见致关吉玉代电（1937年9月17日）……1272

4. 抗战时期四川财政工作大纲（1937年11月）……1273

5. 财政厅长刘航琛关于二十七年四川财政之展望（1938年1月）……1274

6. 四川国省两税截然划分（1938年1月）……1275

7. 四川省省务会议核议西康省请增补助费一案（1939年11月3日）……1276

8. 财政厅长甘绩镛向省务会议报告总裁核示整理四川财政纲领及二十九年财政施政计划经过（1940年1月5日）……1276

9. 四川省省务会议关于分年递减契税附加税办法决议（1940年9月27日）……1279

10. 财政部饬知四川等省财政厅希迅速设置督导员以便整理自治财政训令（1943年3月17日）……1281

税　务

1. 四川省政府关于陈述整理田赋经过致行政院呈（1938年8月13日）

....1282

2. 四川省财政厅签呈营业税局拟具本省营业税积极推进步骤(1937年8月14日)..1283

3. 四川省各县二十六年下季田赋附加税率表(四川省政府1937年8月)..1284

4. 四川省财政厅签呈确定灾区及边远县份临时国难费征收标准(1937年9月24日)..1285

5. 四川省财政厅签呈举办战时利得税各项办法(1937年9月27日)..1286

6. 四川省财政厅签呈征收娱乐场所救国捐(1937年10月8日)……1288

7. 四川省政府关于催征旧欠粮款提奖办法电(1937年10月)……1289

8. 财政部核定四川出口货物改运粤纳税办法(1937年10月)………1290

9. 四川省非常时期营业税暂行办法(1937年10月)………………1290

10. 奢侈品及印花税等增高税率(1937年11月)……………………1292

11. 四川省政府令泸、遂等县筹办房捐(1937年11月)……………1292

12. 中央令四川省营业税悉数作战费(1937年12月)………………1293

13. 四川省政府征收营业税布告(1938年1月20日)………………1293

14. 四川货物运滇出口滇省征税六成(1938年1月)…………………1293

15. 四川省政府令各专署协助推行营业税务电(1938年3月4日)…1294

16. 四川省政府减征田赋通令(1938年6月10日)…………………1294

17. 四川省政府令营业税局整理营业税(1938年8月13日)…………1295

18. 四川省省务会议关于渝市营业税划归市有决议(1940年1月31日)..1296

19. 四川省财政厅关于加强专员县长催征田赋责任提案(1940年11月12日)..1298

20. 西康省会各界征收田赋实物宣传大会标语及宣言(1941年11月25日)..1298

21. 四川省政府关于加强土地移转推收训令(1942年1月10日)……1301

22. 隆昌县田赋负担过重之情形暨应请减少派额理由书(1943年6月

□日）……………………………………………………………1302

公　债

1. 委员长电四川省政府令短期内募足救债(1937年10月)………1305
2. 四川省政府令有力负担将士均须认购救债(1937年11月)……1305
3. 四川省财政厅长刘航琛等发起礼品救债化运动(1937年11月)…1306
4. 劝募救债四川分会编制通俗歌词(1937年11月)………………1306
5. 四川省政府规定结束救债办法(1938年2月)……………………1306
6. 四川省1939年建设公债条例(1939年8月31日)………………1307
7. 西康省1940年地方金融公债条例(1940年4月29日)…………1308
8. 四川乐至酢户倪和兴等反对摊派同盟胜利公债及同盟胜利美金公债呈
　（1943年7月）……………………………………………………1309

(二)金融

概　况

1. 财政部与重庆银钱业公会为救济川省金融来往电(1937年7—8月)
　………………………………………………………………………1310
2. 刘湘等会拟维持渝市金融办法呈及蒋介石批(1937年8月12日)
　………………………………………………………………………1312
3. 刘湘要求按原商定办法救济渝市金融代电及财政部签条(1937年8
　月15日)……………………………………………………………1314
4. 四川各地银根奇紧(1937年8月)…………………………………1314
5. 四川省政府拟定战时管理银钱业办法(1937年10月)……………1315
6. 泸县商会关于金融枯窘代电(1937年11月13日)………………1315
7. 成都市政府宣布维持金融办法(1938年1月)……………………1316
8. 四联总处转陈内江支处考察该区行庄放款子金过高并拟订平抑利息
　三项办法函(1942年2月18日)……………………………………1316
9. 成都市商会陈请政府开放银行信用放款业务呈暨财政部批(1942年
　7—8月)……………………………………………………………1318
10. 吴兴周考察成都区银行业务报告(1944年10月19日)…………1320

国家金融垄断组织的扩张

1. 中国银行设立石桥办事处(1937年12月)……………………………1331
2. 四联总处关于摊汇款项比例公函(1940年2月)……………………1332
3. 四联总处为增高存款利率事致各分支处函(1940年9月7日)……1332
4. 四联总处为奉委员长手令于四川各乡镇限期分设各行储蓄支行函
   (1941年1月3日)……………………………………………………1333
5. 成都四联分处为蓉市放款限额事致总处代电及总处复电(1943年6
   月)……………………………………………………………………1334
6. 抗战以来国家银行在川之分布(1943年)……………………………1335
7. 中国农民银行自流井支行关于富顺分处改组办事处公函(1945年6
   月15日)………………………………………………………………1336
8. 四川省国家银行统计表(1945年)……………………………………1337

国家银行控制下的商业行庄及其他金融机构

1. 川康平民商业三银行合并(1937年9月)……………………………1338
2. 重庆证券交易所八、九月期货延期交割(1937年10月)……………1339
3. 四川省金融公司登记表(1937年12月)………………………………1340
4. 重庆证券交易所准备复业(1938年2月)……………………………1341
5. 四川省政府关于筹设农工银行训令(1939年9月1日)……………1341
6. 四川省银行为不再重复认购川康兴业公司商股致省政府呈(1941年
   9月29日)……………………………………………………………1342
7. 成都震亚信托股份有限公司申请成立呈(1943年1月23日)………1343
8. 财政部为聚丰钱庄申请设立南充、新都分庄批示(1943年4月)……1343
9. 成都市银钱行号一览表(1943年)……………………………………1344
10. 成都市银行与中央信托局合办小工业贷款事项公函及四联行成都
    分处复函(1944年4—5月)…………………………………………1348

货　币

1. 中央银行调法币入川(1937年10月)…………………………………1349
2. 财政部令四川各地不得拒用交通行法币(1937年12月)……………1349

3. 西康省银行发行藏币节略及财政部参事厅钱币司关于藏币发行办法修正案(1938年)……1349

4. 成都商业银行领钞专函及成都四联分处批(1939年4月)……1352

5. 四川省财政厅关于查禁奸商操纵铜币及救济辅币缺乏提案(1939年12月26日)……1353

三、抗战时期四川的工农商业

(一)工矿业

概 况

1. 四川省政府开发全川矿产(1937年9月)……1354

2. 军事委员会第三部为保护美籍油矿师入川查察油矿致四川省政府电(1937年12月22日)……1356

3. 省政府设立四川地质调查所(1938年2月)……1356

4. 内江工业调查(1938年5月6日)……1358

5. 四川省棉纺织推广委员会造具推广各县木纺机(七七手纺机)第二次统计表(1939年12月)……1359

6. 蓉郊咏霓湾工业概况(1942年10月3日)……1360

7. 李紫翔著《抗战以来四川之工业》(节录)(1943年)……1362

8. 李为宪关于成都工业的考察报告(1944年3月6日)……1375

9. 四川省矿权统计表(截止1945年10月底)……1384

10. 四川工厂开工年份统计表(1945年)……1385

厂矿内迁

1. 蒋介石关于速办抢移物资及调整工业致张群等代电(1937年9月3日)……1385

2. 工矿调整委员会与四川省政府迁移工厂合作办法(1938年2月)……1386

3. 四川省财政建设厅关于津贴迁川工厂运输保险费提案(1938年3月8日)……1387

4. 省外工厂移川问题近讯(1938年4月)……1388

5. 迁川工厂调查(1938年5、6月)……1388

6. 翁文灏关于纺织工业等内迁困难折呈(1938年□月□日) …………1389

7. 经济部工矿调整处为中元造纸厂在宜宾租购厂地事公函(1939年6月22日) ………………………………………………………1391

8. 迁入四川工厂数量及名称统计(1940年5月) …………………1392

"国营"及官商合办事业

1. 全川产棉县份筹设民生工厂(1938年1月) ……………………1395

2. 植物油灯公司在四川成立分厂(1938年2月) …………………1395

3. 经济部及四川建设厅等筹组中国药产贸易公司(1938年7月) ……1396

4. 四川酒精厂近况(1938年8月) ………………………………1396

5. 内江筹设制糖公司(1938年8月) ……………………………1397

6. 经济部合办事业机关概况表(选录)(1938年11月15日) ………1397

7. 四川丝业股份有限公司运送机械药品等货过境请免税呈及四川省政府咨(1939年3月) …………………………………………1399

8. 经济部合办事业机关概况表补编(选录)(1939年10月□日) ……1400

9. 经济部关于成立川康兴业股份有限公司致四川省政府电(1940年8月6日) ……………………………………………………………1402

10. 经济部资源委员会在川工厂统计表(1940年) …………………1403

11. 川康兴业特种股份有限公司业务报告(1940年) ………………1403

12. 经济部拟三年来四川省民营钢铁事业(1943年) ………………1407

民营工矿业与工人状况

1. 阆中县总工会关于丝业公司统制产茧剥夺工农生计致经济部呈(1939年2月) …………………………………………………1409

2. 四川省财政厅救济资中糖业提案(1940年1月31日) …………1411

3. 仁寿县冶铁小工厂资金不敷申请贷款致成都四联分处呈(1940年8月) …………………………………………………………………1411

4. 乐山县缫丝业职业工会为丝厂停办工人失业请求救济呈(1941年7月□日) …………………………………………………………1412

5. 四川省执委会经济部工矿调整处等关于救济永川停闭铁厂收容失业工人函呈(1941年12月—1942年2月) ………………………1413

6. 万源县总工会等关于民营铁厂倒闭工商失业情形致国民政府呈(1942年4月20日) …… 1415

7. 岳池县棉纺织工业职业工会关于福生宝庄拥纱不发织工破产恳请政府救济呈(1942年8月31日) …… 1417

8. 中江县烟业公会及卷烟生产合作社关于苛税摧残卷烟破产工人失业情形呈(1943年5月□日) …… 1418

（二）农业

概　况

1. 灌威茂松筹设林场(1937年11月) …… 1423
2. 乐山县农民所得所付物价指数(1942年) …… 1423
3. 四川主要农产品年产价值(1939年12月16日) …… 1428
4. 四川省主要农作物种植面积、产量统计表(1945年) …… 1428
5. 四川省牲畜数量统计表(1945年制) …… 1431

农业金融

1. 四川农田水利贷款会派员查勘水利工程(1938年3月) …… 1431
2. 四川农合会筹设各县合作金库计划纲要(1938年5月) …… 1432
3. 四联总处为松潘绵羊生产贷款事给成都分处代电(1940年5月29日) …… 1433
4. 成都四联分处为四川农业改进所以国库补助费作抵透支贷款致总处请示电(1940年11月22日) …… 1433
5. 成都四联分处四川省农业金融促进委员会检发县农业金融促进委员会组织通则函(1941年1月15日) …… 1434
6. 四联总处视察四川省农贷报告书(选录)(1942年8月) …… 1435
7. 四川农业特种股份有限公司为制造新式农具申请贷款致中中交农四联总处公函(1944年1月18日) …… 1444
8. 四联总处为规定增加农贷利率事致各分支处函(1944年5月1日) …… 1444
9. 潼南县农业推广所为贷款收购晚稻以备推广呈(1944年7月13日) …… 1445

农业改良推广增加生产

1. 四川省战时增加粮食生产办法(1937年10月) ……………… 1445
2. 四川省政府派员指导粮食生产(1937年11月) ……………… 1450
3. 松茂灌等县增加农产(1937年11月) …………………………… 1452
4. 四川省稻麦改进所绵阳试验分场刘绍邦速成堆肥试验呈(1938年4月30日) ……………………………………………………… 1452
5. 四川省政府为西充县政府恳请转饬四川稻麦改进所发给优良麦种训令(1938年6月7日) ……………………………………… 1453
6. 四川省农业改进所农业化学组签呈推广速成堆肥法(1938年9月13日) ……………………………………………………………… 1454
7. 四川省政府为奉委员长令多种杂粮增加粮食生产训令(1939年4月1日) ………………………………………………………………… 1454
8. 四川省农业改进所为推广经济林饬各地采集林木种子训令附省农业改进所森林果木组呈(1939年10月2日) ……………… 1455
9. 四川省农业改进所推广养鱼饬令选址训令(1940年1月27日) … 1456
10. 财政部贸易委员会为蚕丝、桐油、羊毛增产经费报销事致四川省农业改进所代电(1941年11月17日) ………………………… 1457
11. 四川省粮食增产委员会为三十一年继续办理粮食增产工作致四川省农业改进所公函(1942年1月29日) ……………………… 1457

垦　务

1. 四川可垦区域调查(1937年11月) …………………………… 1457
2. 四川省政府奖励商民垦殖雷马屏峨(1938年1月) …………… 1458
3. 西康省农场在川招雇垦民及农工(1938年2月) ……………… 1458
4. 四川省政府制定垦荒大纲及实施规则(1938年2月) ………… 1459
5. 四川省垦务委员会为成立检送组织规程并请刊登公报公函(1939年12月12日) ……………………………………………………… 1462
6. 四川省垦务委员会关于拟定垦民登记办法致四川省政府呈(1940年4月5日) ……………………………………………………… 1462
7. 四川省建设厅关于设置雷马屏峨垦务局提案(1940年1月31日) … 1463

8. 四川省政府关于请中央补助川省移垦事业费致成都四联分处公函(1940年7月)……1464

水利建设

1. 四川省水利局关于筹拨都江堰岁修款项提案及省务会议决议(1937年11月11日)……1464

2. 涪江易家堰开工(1937年11月)……1465

3. 四川之农田水利振兴工作(1938年5月)……1465

4. 四川省建设厅签呈都江堰工程经费摊筹情形(1938年7月26日)…1466

5. 阆中县关于七里坝水利灌溉工程测量经过情形致省政府呈(1938年8月11日)……1469

6. 四川省政府扩大兴办水利(1938年8月)……1470

7. 都江堰工程处为堰工短缺致四川省水利局代电(1939年4月14日)……1471

8. 四川省政府关于派水利人员到梓潼县测勘训令(1941年4月9日)…1472

9. 四川省水利局所办灌溉工程粮食增产月报表……1473

10. 四川省农田水利工程统计表(1939—1945年)……1474

(三)商业

概　况

1. 灌县山货药材跌价(1937年8月)……1475

2. 内江市面萧条(1937年11月)……1476

3. 四川省水利局关于管理碾米限制碾白程度减少粮食消耗提案及省务会议决议(1937年12月13日)……1476

4. 四川省各县同业公会统计(1937年12月)……1478

5. 雷马屏峨四县设置边民商场办法(1940年3月1日)……1479

6. 国家总动员会议关于成都棉纱黑市猖獗致物资局公函(1942年7月16日)……1479

7. 四川省政府为抄送叙永县参议会请放宽信用放款限额提案致财政部咨(1942年12月22日)……1480

8. 四川省管理牙业行纪规则(1943年5月31日)……1482

禁运资敌物资、查禁敌货

1. 四川省根绝仇货规则(1937年9月) ·················· 1484
2. 川康绥靖公署四川省政府印发仇货《调查证》训令(1937年11月11日) ·· 1486
3. 四川省肃清仇货委员会密告惩奖暂行规则(1938年1月)······ 1487
4. 四川省肃清仇货委员会造报拍卖没收仇货价格数量清册(1938年6月6日) ·· 1488
5. 四川省肃清仇货委员会造呈补报拍卖万镒长仇货价款清册(1938年6月20日) ·· 1489
6. 四川省肃清人仇货委员会关于处理仇货情况致省政府呈(1938年7月12日) ·· 1490
7. 四川省肃清仇货委员会关于查处蓉市六号仇货致省政府呈(1938年9月1日) ·· 1491
8. 经济部为禁运砒石雄黄资敌事致四川省政府代电(1939年12月26日) ·· 1492
9. 四川省政府为禁运资敌物品干辣椒在境内运销事代电及经济部复电(1941年5—6月) ······································ 1493

公司登记成立

1. 西康官商筹组康藏贸易公司(1937年8月) ············· 1493
2. 四川省商业公司登记表(1937年12月) ················ 1494
3. 成都平原米粮公司之组织经过(1937年11月5日) ········ 1495
4. 筹备设立成都民享实业股份有限公司申请备案致四川省建设厅呈(1943年8月) ··· 1499
5. 资阳设立国通企业股份有限公司致四川省建设厅呈(1944年11月1日) ··· 1499
6. 成都启昌进出口贸易股份有限公司为成立请予备案致四川省政府呈(1945年1月20日) ·· 1499
7. 成都组织怡太贸易股份有限公司呈(1945年4月7日) ······ 1500

物　价

1. 新新新闻评论成都市物价问题(1937年9月4日) ········· 1500

2. 四联总处为密查成都囤积货物情形致成都分处电(1940年3月21日) ………………………………………………………………………1502

3. 四川省政府关于运米平价致成都市府训令(1940年5月7日)……1502

4. 四川省各县物价合同战前四五十倍(1942年9月3日)…………1502

5. 一年来成都市二十二种基要商品莅售物价指数上涨率民国三十三年十二月与三十二年十二月比较(1945年1月15日)……………1503

6. 成都市重要零售物价统计表(1937—1945年)…………………1504

对外贸易

1. 四川蚕丝业近讯(1937年8月)………………………………… 1510

2. 三台生丝出口统计(1937年8月)……………………………… 1511

3. 四川贸易局成立(1937年9月)………………………………… 1512

4. 西康二十六年七月份进出口统计(1937年9月)……………… 1513

5. 川丝改销安南(1937年12月)………………………………… 1513

6. 对外贸易调整委员会及国际贸易局陈光甫等飞渝协商川货出口办法(1937年11月)………………………………………………… 1514

7. 自流井积极增加盐产(1938年2月)…………………………… 1515

8. 重庆出口商请改善统制外汇办法(1938年6月)……………… 1516

9. 四川二十七年五月来棉纱进口统计(1938年6月)…………… 1517

10. 四川桐油贸易社售油表(1938年7月15日制)……………… 1518

11. 财政部为禁止进口物品销售致四川省政府电(1940年10月24日) …………………………………………………………………1518

12. 阆中县关于前往苗圃登记购买桑苗布告(1944年2月10日)……1519

四、抗战时期四川的交通运输业

(一)公路

公路建设

1. 四川省政府令公路局整理全川公路(1937年8月)……………1521

2. 四川省政府拟修川滇路(1937年9月)…………………………1521

3. 四川省公路局关于修筑川滇东路训令(1938年3月8日)……1522

4. 川黔康三省公路工程进行近况(1938年7月)……………………1524

5. 四川省政府拟定整理全川公路计划(1938年7月)……………1526

6. 四川省已成公路长度统计表(1945年10月)…………………1527

公路运营

1. 四川公路局关于板车改装汽轮训令(1938年4月22日)………1531

2. 宜宾县商会为驮运所制止商运呈省政府电(1939年4月19日)…1532

3. 国民政府军事委员会为整顿交通事致四川省政府代电(1939年4月27日)………………………………………………………1532

4. 四川省建设厅关于整治叙昆大道驮运布告(1939年4月)………1533

5. 四川省政府关于查报各公路板车数目训令(1940年5月4日)…1534

6. 公路局关于增加客货运价致川省公路局临时整理委员会公函(1940年10月17日)……………………………………………1534

7. 四川省公路运量统计表(1942—1944年底)……………………1535

8. 四川省公路车辆统计表(截至1945年6月底止)………………1535

9. 四川省政府为配拨汽车致战时运输管理局代电(1945年7月30日)………………………………………………………………1535

驿 运

1. 四川省驿运管理处呈请成立川西支线总段往来代电(1941年1月)………………………………………………………………1536

2. 四川省驿运管理处新渝支线总段为成立内江段站呈(1941年2月23日)……………………………………………………………1537

3. 四川省驿运管理处为重新调整各总段机构训令(1942年5月9日)…1538

4. 四川驿运管理处川东支线总段为配拨板车来往文(1942年3—4月)………………………………………………………………1538

5. 行政院秘书长抄送康藏驮运股份有限公司章程函(1943年11月7日)……………………………………………………………1539

6. 交通部关于康藏驮运公司与各机关洽送物资未成情形公函稿(1944年7月25日)………………………………………………1541

7. 四川省驿运营运路线统计表(截至1945年10月底)……………1544

(二)筹建铁路

1. 四川省政府之铁路计划(1937年7月) …………………… 1545
2. 成渝铁路征地界外采取石料及损害附着物补偿暂行办法(1937年7月) ………………………………………………………… 1546
3. 成渝铁路近讯(1937年8月) ………………………… 1546
4. 刘湘关于拟筑成昆铁路致法国驻蓉领事信(1937年9月21日) … 1547
5. 国民政府特许川滇铁路股份有限公司条例(1938年1月21日) … 1548
6. 四川省财政建设民政三厅关于成渝铁路用地地价提案(1938年9月9日) ………………………………………………………… 1549
7. 川滇铁路公司为请注册并恳转咨经济部登记呈(1940年6月22日) ………………………………………………………… 1553
8. 川滇铁路公司股东暨已缴银数清单表(1943年4月26日) …… 1560

(三)航运、航空

航 运

1. 四川省政府与水利会商定测量川江水道办法(1938年2月) …… 1561
2. 国民政府军事委员会保护航运致四川省政府训令(1938年7月15日) ………………………………………………………… 1562
3. 沈绳一撰四川合众轮船股份有限公司调查报告(1944年3月) … 1562
4. 四川省内河船只统计表(1945年6月底止) ……………… 1567
5. 四川省内河航线里程统计表(1945年6月底止) ………… 1568

航 空

1. 川康绥靖公署令成渝两地设防空指挥部(1937年8月) ……… 1569
2. 中航公司增加汉渝渝蓉班次(1937年9月) ……………… 1570
3. 中航公司渝嘉线试航成功(1938年4月) ………………… 1571
4. 渝嘉线开航(1938年5月) ……………………………… 1571
5. 欧亚航空公司增加蓉昆汉蓉班次(1938年8月) ………… 1571
6. 军事委员会运输会议关于空运终点扩至宜宾案已获美方同意并请着手筹办代电(1943年6月3日) ……………………………… 1572

(四)电讯

1. 四川省建设厅关于非常时期扩充本省乡村电话线路提案(1937年8月17日) …………………………………………………………… 1574
2. 四川省建设厅关于增设无线电分台提案(1940年9月10日) …… 1575
3. 四川省第一区行政专署关于双流县整理电话机线致省政府呈(1940年9月23日) …………………………………………………… 1576
4. 四川省各无线电台发报字数统计表(1940年—1945年6月底)…… 1577
5. 四川省乡村电话设备统计表(1944年12月) ……………………… 1577

五、抗战时期四川的文化教育

(一)教育

概　况

1. 成都市小学及民教概况(1937年10月) ………………………… 1580
2. 四川省教育厅关于补助县立私立学校及文化团体经费十足发放提案及省务会议决议(1937年11月19日) ……………………………… 1582
3. 教育部饬教育厅改进四川教育(1937年11月) ………………… 1582
4. 四川省政府关于各学校统一意志齐整步调通令(1937年12月) … 1583
5. 四川省政府阐发寒假战训意义通电(1937年12月) …………… 1584
6. 四川省改革教育三年计划(1938年2月) ……………………… 1585
7. 四川省教育厅关于创设西南联合印书馆提案(1938年10月6日) ………………………………………………………………… 1587
8. 四川省教育厅关于扩充地方教育经费提案(1938年11月1日) … 1588
9. 阆中县拟定学区分划图致四川省政府呈(1939年2月11日) …… 1588

迁川学校

1. 平津大学生到川中大学借读(1937年8月) …………………… 1589
2. 战区学生来川借读办法公布(1937年10月) …………………… 1589
3. 四川省教育厅关于补助上海光华大学迁川建筑费提案(1937年12月9日) ……………………………………………………………… 1590
4. 第六区专员公署为所属各界请迁川大学移设一二所于宜宾代电及教育部复电(1938年3—4月) ……………………………………… 1592

5. 迁川各大学近况(1938年4月) ……………………………………1592
6. 武汉大学嘉定分部开课(1938年5月) ………………………1594
7. 四川省教育厅关于补助金陵女子文理学院提案(1938年7月4日)
   ……………………………………………………………………1594
8. 南溪县李庄镇士绅为将孝妇祠依法由国立同济大学租定祈令南溪征
   收局转饬分柜迁让呈(1941年3月29日) ……………………1595
9. 国立同济大学为将李庄禹王宫土主庙两处房屋借作教室致第六区专
   员公署公函(1941年10月27日) ……………………………1597

大中小学教育

1. 四川省教育厅酌改三所省立师范学校为省立乡村师范学校提案
   (1937年7月20日) ……………………………………………1597
2. 四川省教育厅关于委托国立四川大学代办省立成都高级农业职业学
   校提案(1937年8月3日) ……………………………………1598
3. 四川省建设教育两厅订定整理农林实验校办法(1937年8月)……1598
4. 教育部饬教育厅改进四川私立中学(1937年11月) ………………1599
5. 四川省教育厅关于利用战区优良教师在川筹建一所临时中学提
   案(1937年12月24日) ………………………………………1600
6. 四川省教育厅关于迁移小学至郊县并增设省立临时小学提案(1938
   年2月25日) ……………………………………………………1600
7. 四川省各区县小学数目比较(1938年4月) ………………………1601
8. 四川二十七年中学毕业生统计(1938年) ………………………1601
9. 四川省立小学一览表(1940年4月) ……………………………1602
10. 绵竹县府禁止各乡镇中心学校校长无故离职训令(1941年1月16日)
    ……………………………………………………………………1604
11. 四川省历年公私立中等学校概况表(1937年度至1944年度)……1604

社会教育及边区教育

1. 四川省立边民小学一览表(1939年度) ………………………1605
2. 四川省县市私立民教馆分布表(截至1939年度) ………………1606
3. 战时四川民众学校之实施(1940年3月) ………………………1607

4. 四川省电化教育巡回施教队状况表(1939年度) ……………1611

5. 四川省历年社会教育概况表(1937年度—1944学年度) …………1611

(二)文化宣传

1. 四川农村教育服务车促进会报告工作情况并申请补助经费等有关文件(1938年11月□日)……………………………………………1612

2. 教育厅签呈拟设四川省立教育科学馆(1939年4月25日) ………1621

3. 绵竹县民育电影院恳请映放电影呈(1939年7月)………………1621

4. 四川省教育厅关于划拨川大旧址地皮作省立图书馆提案(1939年10月17日)………………………………………………………………1622

5. 军委会政治部孩子剧团为请求赴四川农村工作致郭沫若函(1939年11月4日)………………………………………………………………1623

6. 郭沫若签报孩子剧团川东川南工作报告呈(1939年11月16日) …1624

7. 四川省报纸、通讯社及杂志社登记一览表(1937年10月—1941年3月)……………………………………………………………………1628

8. 四川省教育厅戏剧歌曲编审委员会暂行规章草案(1940年9月10日)……………………………………………………………………1633

9. 成都市书店概况登记表(1942年) ………………………………1634

后记 ………………………………………………………………1640

第一章
抗战时期四川、西康基本情况

一、西康建省

（一）建省筹备

1. 国民政府公布《西康建省委员会组织条例》（1935年2月2日）

第一条 西康在省政府成立前，设西康建省委员会，筹备建省事宜并执行政务。

第二条 西康建省委员会直隶于行政院，并受中央主管部、会之指挥、监督。

第三条 西康建省委员会于不抵触中央法令范围内，得发布命令并制定单行规程。但关于限制人民自由、增加人民负担者，非经国民政府核准，不得执行。

第四条 西康建省委员会设委员五人至七人，由国民政府简派，并于委员中指定一人为委员长。

第五条 左〈下〉列各款事项，应由委员会议决之：

一、关于建省计划及发展地方经济、文化事项；二、关于地方行政区域之划定及变更事项；三、关于本省预算、决算事项；四、关于地方官吏呈请中央任免事项；五、关于增加人民负担事项；六、关于处分省公产或筹划省公营事业事项；七、关于地方绥靖事项；八、其他建省委员会认为应议决事项。

委员会会议时，以委员长为主席。

委员会之议决案，由委员长执行之。

第六条 委员长因故不能执行职务时，由委员互推一人暂行代理其职务，期间以二个月为限，并呈报行政院备案。

第七条 西康建省委员会设左〈下〉列各处、科：

一、秘书处:掌理机要、文牍、庶务、会计及不属于其他各科事项;

二、民政科:掌理关于全省官吏之任免、宗教、礼俗及其他民政事项;

三、建设科:掌理全省实业、交通、水利及其他经济建设事项;

四、财政科:掌理全省财政事项;

五、教育科:掌理全省教育、文化事项;

六、保安科:掌理全省警卫、治安事项;

前项所列各处、科,如有减并之必要时,得由委员会呈请行政院核准减并之。

第八条　西康建省委员会设秘书长一人,简任;秘书二人,荐任;科员十二人至三十人,委任。

第九条　西康建省委员会因事务之需要,得酌用专门技术人员并得酌用雇员。

第十条　西康建省委员会因事务之必要,呈请行政院核准,得设立附属机关。

第十一条　西康建省委员会之行政经费,应编制概算书,呈行政院转请依法核定之。

第十二条　西康建省委员会会议规则及各处、科办事细则由该委员会定之,呈报行政院备案。

第十三条　本条例自公布日施行。

2. 西康建省委员会成立宣言(1935年7月22日)

西康东界川省,南接缅、滇,北连青海,西邻藏、卫,当国防之重镇,位西陲之中心。年赋虽所入萦微,而宝藏深储、地方待发;人口虽视腹地为稀,而体力健全、精神团结;其捍卫国家、复兴民族,与他省负荷之责任,初无二致。溯自逊清末叶,因应国情倡议建省,迁延岁月,竟以无功。民国成立以还,复值政象靡宁,迄未实现。迨我国民政府重奠邦基,统一五族,民十七经中政会议始复决定为省单位之一,迄今七年间恒以事会多虞,未遑建置。迩来国难日深,开发西北既为国家重要政策,参与政治复为康民新兴要求,建省实行,不容再缓。顾以造端宏大,困难滋多,因地理、民俗、疆域、物力俱有特殊情形,难与察、绥各区改省相提并论,不得不有过渡机关专负规划经营之责。故中枢所授本会之使命,与本会所持之职志,厥惟树立建省规模,兹特就荦荦大者撮要言之:

(一)交通之开发也。查西康虽与内地接壤,而人民习于故常,绝少往来,语言不通,习尚不同。而政化不进,地利不辟,民智不开,在在皆为交通未尽开发所阻碍。故欲建立行省,增进人民福利,非急从交通下手,其道未由。本会于中枢领导之下,拟先完成成康马路,次及南北中各干线与支线之公路,并整理推广水陆空航行邮电等项,化板滞为通灵,便庶政之推进,命脉机括,胥系于兹。

(二)资源之点查也。西康一隅之力,本不足自荷建省责任,无论现在与将来,均有赖于中枢以整个政策为之协济。其资源所在,如畜牧、农林、矿产,皆具可为之价值。本会在中枢领导之下,首常〔当〕确实调查,次则详密设计,一面即择要试办,以作新省建设之基础。

(三)疆界之厘定也。西康省界,公私记载特详,无取繁征博引,要当先事厘定。谨按中枢颁发建省委员会条例规定,得由本会建议,将来自当遵照办理,仍必多方讨究,广集思益,呈明中枢为适当之核定。

(四)地方制度之决定也。西康虽于清末改土归流,地方制度实际多因仍旧,人民之组织与负担皆未能尽符法制。本会于中枢领导之下,当继续川康边防总指挥部调查户口工作,试行乡间制度,以确定人民权利义务法律上之准则。

(五)教育方针之决定也。历来西康教育普遍成为佛教教育,文化为五明文化,人生为超世人生;普通民众多具好善恶恶,勤苦耐劳,寡欲知足之美德;优秀分子多具深广智慧、博大胸襟与峻洁行为,故虽地带荒寒而社会极为安定,推本寻源,实在于此。只以注重出世之故,普遍民众每不娴于生产技能,优秀分子多不富于政治兴趣,以故衣食住行不免滞于困苦。将来交通发达,庶政推进,西康文化必且蒸蒸日上。第在新陈递嬗之交,对教育方针慎择得宜,固不难发扬优美文化,以增进康民福利;不得其宜,则固有者破坏无余,新兴者难乎为继。推其所至,诚恐利未见而害先滋,故本会于中枢领导之下,尤兢兢致意于此。今后当本康民旧有信仰,尊崇佛教为精神教育,以作康民指导人生行为之原动力,而以职业教育补其生产能力之不逮,用树新省文化之初基。

(六)自卫能力之培养也。西康人民以多数信佛之故,富于牺牲性质。于自卫身家外,尤具舍身卫教之精神。其体力复不似内地人民之孱弱,而高原畜牧习于勤动,富有勇健可用之资,是以川康边防总指挥部曾编组民兵七营。本会于中枢领导之下,当继续推广,并按保安制度审酌时地与民情从事编组,加意训练,以为新省民众自卫之倡导。

(七)各地人材之延揽也。西康智识阶级多数即为喇嘛,故喇嘛亦即地方绅士,其中学行并美更能系属一方人心者,所在多有。虽平昔不甚措意政治,而世出世智,类皆圆融。至于新兴青年,复多奋发有为之器。故本会为广求俊彦计,于中枢领导之下,当不分僧俗一致延揽,共图治理,既期措施悉当于人心,复为新省网罗多数之人材。

凡诸所陈,卑无高论,第就本会职权所及,适应地方实际需要,一本苦干之精神,权为低度之希望。文辉等材辁在钜,深愧弗胜,崇实黜华,相期振勖,所望贤达先进匡督不逮,幸惠韦弦,俾资范矩,是则文辉等所不任其企祷者已。敬布区区,伏维昭察。

西康建省委员会委员长刘文辉　委员诺那、向传义、刘家驹、张静、冷融、段班级

3. 西康建省委员会关于委员宣誓就职及启用印信日期呈（1935年7月24日）

为呈报就职日期仰祈鉴核事。窃二十三年十二月二十九日奉钧府院电令,任命文辉等为西康建省委员会委员,并指定文辉为委员长。二十四年二月九日又奉到行政院训令,颁发《西康建省委员会组织条例》。各等因。奉此,时以军事关系,现始筹备就绪,遵于二十四年七月二十二日,敬谨宣誓就职,暂就雅安治城成立西康建省委员会,并电呈钧部、府、院、会,于印信未颁到以前,暂刊木质印信一颗,文曰"西康建省委员会印",随即启用。至向委

传义、刘委员家驹因事旅外,张委员静抱病未痊,均未能如期赶到,容再补行宣誓就职,合并呈明。所有遵令在雅设立西康建省委员会宣誓就职暨启用印信日期,理合具请钧部、府、院、会俯赐查核,指令祗遵。〈下略〉

4. 西康行政督察专员公署厘定各县等级呈(1936年8月24日)

为呈复事。案奉钧座号午电,准内政部咨催迅予依法厘定县等案,饬于文到五日内将全康各县面积人口财赋分数逐一列表电呈。等因。奉此,伏读电示甘孜升一等县,丹巴升二等县,义敦升三等县,仰见宪虑周详,至为钦佩。其余各县,或因情形特殊,或因地居偏僻,论财赋虽可升降,论情势又当保留,既不能依照未经测量之面积,复不能根据从前估报之人口。职谨审时度势,于各县表列备考栏详细说明不能升降应保持原案之点,盖关外情形特殊,难与内地相题〔提〕并论,理合缮表赍呈钧览,俯赐采择。除电呈外,伏乞察夺,指令祗遵。谨呈西康建省委员会委员长刘

附: **厘定各县等级表**

县别	面积(方里)	人口	地粮(石)	杂税(元)	等级	备考
康定	48021	38012	989	3864	1	康定为川康枢纽、军事政治等中心,虽财赋等平均分数较少,实有保留一等县之必要。
理化	35070	47967	826	835	1	理化为康南中心,又为交通枢纽,占军事上重要位置,仍应保留一等县。
巴安	151400	54069	2911	1859	1	巴安辖地、财赋、人口因半数在河西,故其平均数较少,但为进藏要道,仍应保留为一等县。
甘孜	50000	44622	2671	3998	1	甘孜原系二等县,因为北路中心,各种平均数均强,有升一等县之必要。
德格	93400	25743	1392	2240	1	德格与巴安情形无异,仍应保留为一等县。
泸定	4420	51332	734	10174	2	泸定各项平均数虽多,但其地多汉人,实易治之县,应仍为二等县。
丹巴	2800	37662	776	1651	2	丹巴原系三等县,因各项平均数较多,可升为二等县。
道孚	47800	37385	763	1650	2	道孚原列二等县,应仍旧。

续表

县别	面积（方里）	人口	地粮（石）	杂税（元）	等级	备考
瞻化	117600	60387	993	1826	2	瞻化因系偏邑,虽各项平均数较多,似应仍为二等县,俟将来再定。
炉霍	16000	24504	1409	2004	2	炉霍各项平均数仅符二等县,不能升降。
白玉	2914	20615	1056	3021	2	白玉为边远难治,似应仍为二等县,暂时无升降之可能。
石渠	2000	32410	114	13467	2	同上
邓柯	12000	31100	1438	3048	2	同上
定乡	15140	28300	2788	502	2	同上
稻城	3055	25538	1561	130	2	同上
雅江	13770	20694	380	281	2	雅江一县,论其财赋种种,均似可降为三等县,但该县为南路要道,似应暂时保留为二等县。
九龙	13770	22411	397	233	3	九龙人口财赋种种均不及他县,且系偏邑,应保留三等。
德荣	35300	21581	913	1023	3	德荣粮税不能照额征收,虽为边远难治,实无力升为二等,可暂保留三等县。
义敦		16140	202	764	3	义敦人民强悍,粮税仍不能照额征收,裁并已久,上年复治,委员至今未到任,但其地当南路交通要道,关系重要,可升为三等县。

说明:查各县员司大半不知计算面积方法,故于所报面积不无差异,即知计算方法,然亦系估计数,并非实地测量,故不能作标准;人口一项,仍系估计数,且近来又被赤匪扰乱,人口增减在所不免,仍不能作标准;惟粮税而论,亦系照从前厘定之额,考其结果仍有轻重之分,且边远县份又不能照额征收。现所拟者,系参酌财赋等情形、与乎现势关系,分别拟定。

5. 西康建省委员会酌加各县行政费训令(1937年6月10日)

令西康行政督察专员公署。照得县长乃亲民之官,俸给本养廉之费,重禄所以劝士,枵腹自难从公。查西康僻处边陲,素称贫瘠,曩因限于财力,原订各县政费,已较内地为低,又援例一律七成支领,变乱纷乘,相沿未改。在操守谨严者,尚能廉隅自重,而蔑视官常者,不免巧取病民,驯〔甚〕至借口政费不足,组织力求苟简,敷衍因循,视官廨如传舍,致政务日趋颓靡,人民鲜蒙福利,殊非所以涤除旧习,促臻上理也。

今当建省伊始,各项政务亟应积极推动,自宜酌加政费,健全县政机构,以便策划进行。兹特规定自本年七月份起,各县府应领政费暂照原案增为九成支领,其他地方行政各费,仍照旧例办理。须知边区财力,本极有限,自经减免二十五年份粮税以后,政费尤感拮据,在此万分困难之际,犹必须增订俸给,不惜超越预算者,原为促赴事功兼恤民隐起见。各该县长务即振刷精神,力图治理,并应清白乃心,洁身自爱,整躬率属,以期化民成俗。举凡旧有陋规浮费,立予革除净尽,树廉洁政府之先声,俾人民增加信仰官厅之好感,庶推行一切政令,自无扞格之虞。倘敢习为贪墨,暗肆敲榨,或县府组织不全,不能推动政务,一经明密调查属实,定予从严撤惩,不稍宽贷。〈下略〉

6. 西康建省委员会检发西康各县政府组织规程、组织系统表(1937年6月30日)

西康各县政府组织规程

第一条　本规程依照"县组织法"暨"剿匪省份各县政府裁局设科办法大纲"之规定,并参酌本省情形制定之。

第二条　县政府设县长一人,由建省委员会民政科提出合格人员二人至三人,经委员长核定任用之,综理县政、监督所属机关及职员。县长资格另定之。

第三条　县政府设秘书一人;分设三科,以数字别之,各科置科长一人,由建省委员会核委,或由县长提出合格人员、呈请建省委员会核定任用之;并酌设科员、办事员、警佐、技士、督学,由县长遴选合格人员委任、呈报建省委员会备查。

第四条　县政府秘书室及各科之职掌。第一科掌理户籍、警卫、消防、防疫卫生、保护森林渔猎、管理宗教礼俗差徭及其他不属于各科之民政事项。第二科掌征税、券债、管理公产及其他地方财政等事项。第三科掌学校、图书馆、博物馆、公共体育场、公园与土地、农矿、森林、水利、道路桥梁工程、劳工、公营业等事项及其他文化社会及公共等事业。

第五条 各县未设法院以前，县长兼办司法案件，其属于监狱部分暂由第一科兼职。

第六条 二、三等县司法案件由县长兼办，一等县秘书得兼任承审员，辅助县长办理司法案件。

第七条 各县科员、办事员，由县长视事务之繁简得伸缩增减，呈报建省委员会备查。

第八条 各县政府得酌用通事、翻译。

第九条 县政府各科应合署办公，对外行文概用县长名义。

第十条 各县政府得照本规程拟定办事细则，呈报建省委员会备案。

第十一条 县政府设县政会议，以下列人员组织之：1.县长；2.秘书；3.各科长。

第十二条 下列事项应经县政会议审议：1.县预算决算事项；2.县公债事项；3.县公产处分事项；4.县公共事业之经营管理事项。县长认为有必要时得以其他事项交县政会议审议。

第十三条 县政会议"会议规则"由该会议拟定，呈报建省委员会备查。

第十四条 县政府于不抵触中央及省之法令范围内，得发布县令，并得制定县单行规则。

第十五条 本规程自公布日施行，并分别呈咨行政院、内政部备案。

附： **县政府组织系统表**

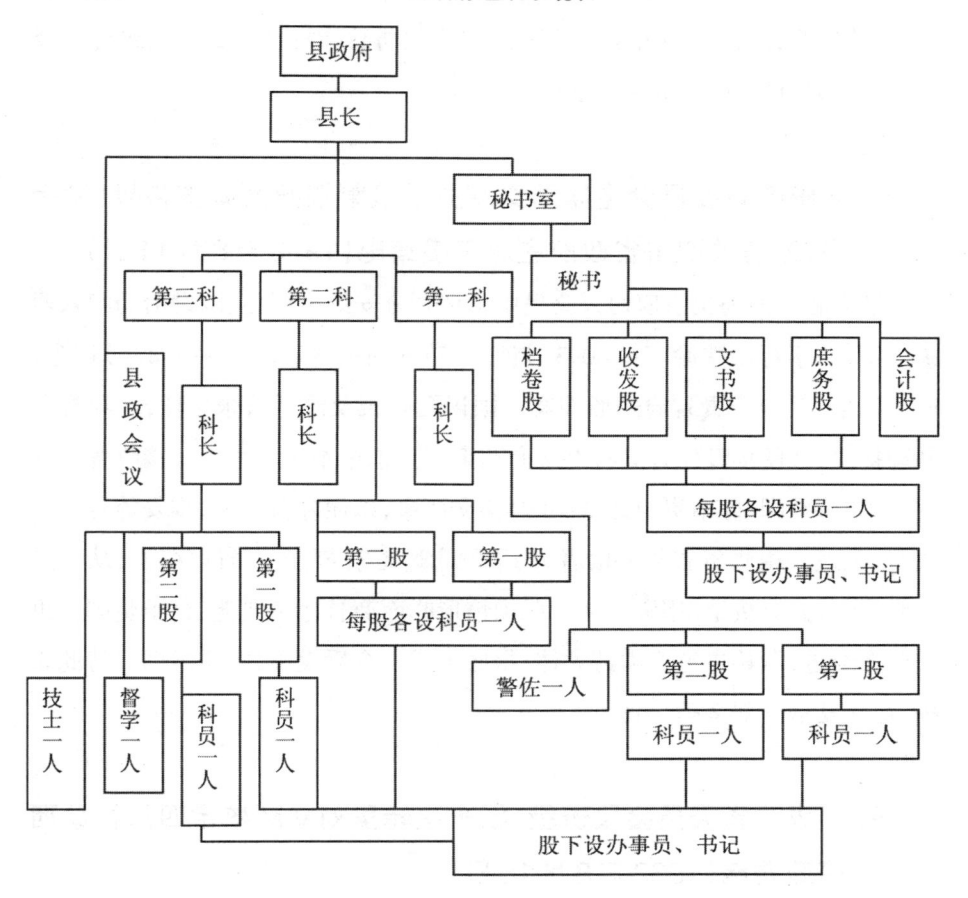

```
县政府
 │
县长
 ├─────────────────────────────────┐
 │                              秘书室
 │                                │
 │                               秘书
 ├──第三科  ──第二科  ──第一科   ├─档卷股
 │   │       │       │          ├─收发股
 │  科长    科长    科长         ├─文书股
 │                                ├─庶务股
 县政会议                         └─会计股
                                  每股各设科员一人
                                  股下设办事员、书记

第三科：第二股、第一股（技士一人、督学一人、科员一人、科员一人）
第二科：第二股、第一股、每股各设科员一人
第一科：第二股、第一股、警佐一人、科员一人、科员一人
股下设办事员、书记
```

附注：

1. 各县未设立法院以前，县长兼办司法案件，其属于监狱部分暂由第一科兼代。
2. 一等县秘书得兼任承审员，辅助县长办理司法案件。
3. 各种县科员、办事员，视事务之繁简，得伸缩增减。
4. 各种县视本身情形如何，得酌用通事及翻译。
5. 各种县行政人员，官等、官俸另定之。

7. 西康建省委员会请缓设、裁撤行政督察专员公署呈（1937年9月10日）

窃查本省行政督察专员区，业经另行规划，其第一区行政督察专员公署，前经呈请钧院鉴核准设巴安,并呈请简派陈启图为专员在案。兹因政费拮据,拟请暂缓设置,以节开支。至前经川康边防总指挥部设置之西康行政督察专员公署,自亦应予裁撤。〈下略〉

8. 西康建省委员会主席刘文辉关于接管划归西康省各县(设治局)政务致四川省政府主席王缵绪电(1938年8月11日)

径启者。前与贵省府协议会呈中枢请划雅安等十四县、两设治局归入西康一案,兹奉行政院渝字第6093号训令,转奉国民政府渝密字第89号训令,业经照准,并分令贵省府遵照在案。顷谒孔院长及渝行营张主任,均嘱遵令办理接收,裨便早日建省。特电奉商两事:一、拟于本年九月一日接收各县局政务,如荷赞同,即请贵府通令,届时移交西康,以便筹备。二、雅安等县各项政费,在过去由贵省省款补助者,仍请顾念边省瘠苦,由贵省府统筹,从九月份起,按月充分拨给,用资挹注。此项情形昨面商甘厅长典夔,允予赞同。再查此案经过,深赖贵省府力持大体,得底于成。今后设施,尤盼维助。特此布臆,切候复示。刘文辉。真。

9. 西康建省委员会段班级、杨永浚转呈刘文辉核定四川补助西康政费电(1938年8月16日)

泸定。急转委员长钧鉴:兹接四川省府王主席致钧座删省财电,文曰:查雅安等县局划归贵会后,关于补助政费问题,业就该区内收支两方核算,每月约不敷银二万元弱。兹决定从九月份起,按月由本府补助贵会政费三万元。特达查照。谨转呈鉴察核示,以便拟复。职班级、永浚叩。铣印。

10. 西康建省委员会拟呈西康建省方案(1938年)

查西康地位,内屏川、滇,外控藏、卫,北通青海、新疆而密为支援,南接缅甸巫山而直当冲要,诚我国西陲国防之重心,在历史上与国家安危相关联者,盖千余年于兹矣。唐代吐蕃、南诏屡酿巨患,而边筹棘手。宋代西番寝衰,而西夏勃兴,劳师糜饷,国力大耗,遂为契丹所乘;南诏分裂,大理继起,大渡河外悉为捐弃之地。元代乃先平大理,返定西番,分其地以为郡县,封其高僧而为帝师,由是西陲稍靖。明清因之,赖以宁谧,然皆袭用羁縻维系一时,未尝采积极政策彻底治理。故惟清代盛时,尚有廓尔喀之侵入、金川酋之据乱,用兵至数年之久,耗帑达万万之巨,国家所费既多,后患仍难尽弭。时无强邻,犹可暂安。迨乎近世,国家多故,经营不及,边民携贰,政府之鞭长莫及;外人乘隙,侵略之野心未已。边患潜滋,隐忧日广。兼以消息不灵,平时不为国人所注意;交通未便,临变复感救济之困难。是以深识世界潮流及亚洲情势者,每谓由大陆背面袭击之侵略,其为患我国,实有甚于由海洋直捣之侵略,诚非过论。故复兴中国,必先巩固西部国防,早日健全西康省制,始可以言内卫外攘也。清末怵于英、俄狡谋,亦曾锐意经营,略著成效,惜其规制未宏,基础不立,偶遭挫折,前功遂弃。鼎革以还,又值国家多故,未遑远虑,藏方内侵,疆土大削,康局益复臬兀不安。设有他虞,匪特甘、新岌岌难保,即川、滇亦在在堪虞。此充实西康、健全藩卫,吾国上下所当协力会心、急起直追者也。惟其经营难易之原因,情势变迁之结果,振衰起颓之转机,适应需要之缓急,以及建制伸缩之影响,用度增损之准则,实有非躬历其境、身当其冲者所能措施咸宜也。兹值统一告成、民族复兴之伊始,举凡建立行省、树立新基,皆国家百年大计所系,而此后成败利钝之关键,尤视乎今日虑始之筹谋为何如。谨就历年治边经验考虑所及,胪具方案,并揭櫫要点,为我中枢一缕陈之:

一曰,西康宜以国家的力量经营,方能有成也。在昔赵尔丰鉴于西康自谋发展之不易,而抗疏陈词曰:"大凡创造一物,必需几费经营,乃能完全美善。而将来地方富庶利益仍在国家。外人每得一地,皆由国家自出帑金极力缔造,糜费在所不惜。盖其所见者,获利在远而不顾目前小费也。如伊黎〔犁〕、新疆、云、贵等省,开辟已二百余年,至今仍恃各省协济;云、贵亦仍赖川中助款,是皆地不足以养其民,民不足以养其官。而先朝必建置之者,非仅侈开拓之功,实皆固疆圉之计。故年年糜费金钱,至今虽数千万而不惜。夫财力足则功效速而利益大,财力绌则时机失而贻误多,此实国家受其影响,于边务大臣无与也。"夷考其时清廷之于赵氏,信任专笃,力排梗阻,既可一意经营,复有乃兄赵尔巽督川优予供给,使其从容展布,宜无间然。而犹必为之说者，诚以为国启宇之图，当有宏识远览之慨，赵氏老成谋国，殆亦未可厚非。

惟查赵氏之经边也，载于档案。其由户部拨给者，有如：江海、江汉两关之税款百余万两；指由川藩库开支之俄、法赔款四十八万两，英、德赔款五十五万两。其由川省协助者，有如：油、糖两税每岁供银四十八万两。滇省复另有协饷，以备常年开支。他如开垦建设之大宗经费，则又特别受济于中枢，俾用度有余而运用自如。更就宣统三年度支部核定之川滇边务经费观察，其初步预算已有三百四十九万五千余两，约合国币四百八十四万余元。是以赵氏能于数年之间收复全康境土，而厉行改土归流政策。版图之广，东自打箭炉起，西至丹达山止，计程三千余里；南抵维西、中甸，北至甘肃、西宁，计程四千余里。已设治及拟设治者共有三十余县，逐渐增设，可得八九十县。其已设治各县，可征之粮约三万余石，可征之税约藏洋十一万五千余元，益以盐税藏洋三万余元、茶课十万余元、常杂各税十万余两、矿税万余两，又合国币五十余万元。若全康悉能征收赋税，加以川省常年协款补助，则行政方面已不患于竭蹶；军事底定后，更酌划一部分军费为逐年建设之用，则次第举办，亦不难渐增完备；西康至今或已大有可观。

乃草创未就而局势屡更，继其后者每况愈下。始而以协拨各款遽告停止，尚与川省联为一气，并月支盐税十余万元。继则盐款减至八万元，犹为按目可恃的款，且以川省近边各县赋税划归边区直接经收、自行挹注。然负责经边者，又复徒事内争，无由振拔，西康边事遂乃溃决而难于收拾。

文辉拜命防边，适当边区残破之后，维时从事整理，尚有赖于川省内地数十县之供给。但自二十二年夏秋以后，既减之盐款即已分厘未拨，边县之税收复又交还川省，今则专恃西康荒凉寂寞之十余县区之赋税，以供给各项要需。即无赤匪之扰乱，已不能支持艰局，独□过去三十年来，因西康既耗之财用固无论矣。而西康事乃一再蹉跌，甚至金江以东之残局亦几不保，可为太息。迩者，内外情势日迫，譬诸琴瑟不调，不改弦而更张之不可鼓也。故必以国家之力提挈经营，择有经验而勇于负责之大员，课以专责，假以时日，一方面资以庶政兴革之必需而责以成效，一方面排除事业进行之障碍而严其考核，庶几所用虽巨，所就必宏；费在一时，利在永久。若仍从事鲍系，而听西康自谋，微论目前之西康断无自足自立之道，即欲保持残局、暂维现状，亦已无可为谋。而世变方殷，藏情诡谲，未来之患更难胜言。此实经营西康之最大关键。文辉溯往察来，又不能以在位之故而竟引嫌不言也。

二曰，西康情势变迁，以后应及时以谋根本救济也。查西康自民七丧师失地以还，疆土人口损失过半，人民生计日蹙，政府收入锐减。益以藏军频年东窥，斫丧殆尽，边境防务薄弱堪虞。其金沙江以东，形势仅完；邓柯、德格、白玉、石渠四县，亦经文辉督部恢复。然现在实辖之区域合计不过十九县，其中人口经初步调查，结果虽有六十四万余丁口，除俄洛、绰斯甲两部六万九千余，及各县夷匪约三分之一尚未就理外，实仅有四十二万六千余丁口。复遭赤匪扰害，死亡又十分之二。是西康目前实辖人口，已不过三十余万耳。此十九县中，县长能彻底行使职权者，为康、泸、丹、九四县；道、炉、巴、理、雅、甘、瞻七县次之；邓、德、白、石四县又次之；乡、稻、得、义四县，则县长虽能到任，而政令能否推行，犹视土酋之意向为转移。若非临之以兵，实未易于尽服也。至于全康各项税收，前经整理结果，虽有四十余万元，然丧乱之余，大非昔比。文辉为体恤商艰、休养民力起见，已次第核减茶课为八万余元，并蠲除历年积票，裁撤各地厘卡，实行一税制，减低出口税率至百分之三，又分别豁免各县粮税，故目前收入，全年已不足二十万元矣。支出则因生活程度高涨，增于往岁数倍。行政机关之开支不敷甚巨，赈灾救急费用更无着落。以言交通，则西康本境，山谷高深，行旅感崎岖荒寒之苦，运输惟人兽力役是赖，凡百困难，莫不随以俱来。往年台站乌拉稍经整顿，近复毁坏缺乏，而川康公路、航空又遽难实现，上自行军、施政，下至通商、惠工，胥受其制。而乌拉病民，莫为之替，滞留要公，贻误戎行，尤有无可奈何之叹，诚全国各省中所仅见者也。以言生活，则康民衣食住行之资本极薄弱，生产技术又甚幼稚，平日已少余裕，一经丧乱，更复十室九空、流离四散，而夹坝横行，商旅裹足，生机不绝如缕。以言文化，则康人尊崇喇嘛，驯服土司，迷信特深，盲从极易。其在高尚喇嘛，虽以善人向善为务，而恪守清规、陷于消耗；其卑劣者，则怙恶肇乱，无所不为。安分之土司，虽以率民守法为怀，然亦惟知自保；狡黠者则放纵恣睢、乘隙思逞。将欲力挽颓风，惟期教育宣传。而人才、经费，同苦缺乏，迄今尚无大效。且土司虽经改流,势力根株仍在,频年官军散失之械弹、政府遗漏之粮税,胥为其抗乱凭借之资。野番、夹坝,从而附和,不肖喇嘛,随之勾结,竟成积重之势。军队威信、行政权力,在边事窳劣时期剥丧已甚,仅余之一线功能,复因共匪经年之蹂躏、宣慰人员多方之煽惑,人民生计、地方秩序迨已摧毁无余。劫后余黎,渴盼来苏,又以缓不济急而未获尽慰,一般民众遂陷于彷徨无归之状态。倘国家迄无根本办法及时救济,正恐威日替而德日衰,势愈岌而变愈大,一经奸人利用,溃堤决防,则收拾之难,将十百倍蓰于今日矣。是以欲康区人民之自力更生,决非地方政府之空言绥抚、现有军队之虚声镇摄所能收效。允宜健全省政府组织,由国家专力经营,因势利导,转危为安,化险为夷。此就现时紧迫情势言,西康实有从速成立省府、健全省政组织之必要者也。

三曰,西康亟宜正式建省,以资提挈也。西康建省之议,创自清末,早在热、察、绥、青、宁夏建省之先。但傅嵩炑之奏方入,而清室已倾,遂归搁置。民国已还,牵于中、英交涉,康、藏纠纷,荏苒未就,贻误良多。溯自北伐完成,中央为保全国家领土,发挥民族主义,对于边疆尤极注意,乃于十七年九月五日第一五三次中央政治会议决议:"热河、察哈尔、绥远、青海、西康,均改行省;省政府之组织,委员暂定五人,设民政、财政两厅,并得酌设建设厅、教育厅,余照《省政府组织法》办理。"嗣又于十八年九月二十五日第一九七次中央政治会议决议:"咨请国民政府迅行规划组织西康省政府。"仰见中枢讦谟宏远,遐迩咸钦。惟热、察、青、宁诸省早经建置就绪,而西康一隅竟因种种障碍迄未实现,致使西陲要区,一切瞠乎人后。当黄专使慕松赴藏时,曾将康、藏民众要求意见归纳为:(一)划清康、藏界限以免纠纷;(二)力谋康、藏亲善以固国防;(三)充实军政经费以建西康省治;(四)实行开矿垦荒计划以裕民生;(五)发展康、藏邮电事业以利庶政;(六)扩充文化事业以革陋俗;(七)恢复康、藏交通以便商贾。电呈在案。中央对此七点,亦已发交有关部会审核,其结果,仍以积极建设西康省治为务,在未建省以前先设西康建省委员会以为过渡办法,乃由二十三年十二月二十五日第一九二次行政会议简派西康建省委员会委员,并于二十四年二月二日由国民政府正式公布西康建省委员会条例在案。文辉等拜命以来，未尝不勉竭鲁钝，冀效驰驱，然而两年中亦只图为补苴罅漏之计。若夫恢复疆宇，充实边区，使文化、物质两有进展，以副我中枢经边勤远之大猷者，则实愧未能。今者中央剿匪成功，国家统一告成，安内攘外，固边为急，西康关系綦重。故欲发展其物力、人力，使军事、政治、文化、经济诸大端悉为有条理之进步，舍正式建省无由资其提挈。即为对藏之初步，亦非完成省治无以建威消萌。且使西康领土由放任而即于保全，由保全而进于充实，西康民众由羁縻而入于保育，由保育而期于畀倚，进以内联各省而外摄藏、卫，北助青、甘而南御缅甸，俾为我西陲国防之支柱者，胥惟建省是赖。此实为国家宏远久大之图，非徒计一时一隅之利害已也。

四曰，西康正式建省，宜酌增近边各县，以臻健全也。西康建省，为国家充实边区、同化边民之百年大计，然倡议虽早，徒以地旷人稀、财赋艰窘，言形势则回旋不足，言设施则力薄易匮，故清末锐意经营，卒以规模未宏、体制难言而不克实现。民国以还，康、藏累起纠纷，疆土日蹙，祸患日深。中央惩后儆前，亟行建省；复慎重其事，先成立建省委员会从事筹备，凡所巩固国防、开发边区者，胥惟今后建省之条件是视。而根本上最要之条件，则为新省疆域之区划。斟酌适宜，可收事半功倍之效，否则本境虽多方努力，中央虽尽量助济，终难弥补其本身天然之缺憾，而不免糜财耗日，荏苒无成。盖西康既已沦没之土地，在中央对藏不能用兵以前，地方官吏亦未敢侈言规复，致挠大计，而现状单位仅有十九县，人口不过四十余万，地方税收以前最旺时亦四五十万，自经赤匪扰乱以后，地方残破，百业摧颓，益以免粮减税、罢除繁苛，近则全康收入并此亦以不足矣。欲以残余之人力、财力，担当国家发展西陲之重任，实为至难。前此经营维系，端赖国库之支给、邻省之协助，三十年中合计已达一万万元左右。但历来除赖数兵勉强撑持空虚而外，实际并无设施；偶有设施，亦多半途而废，莫竟全功。匪特财力难乎为继也，人力之缺乏、后盾之薄弱，大为主因。若仍故辙相循，是直奉国家艰窘之财力，徒供边区消极之耗费；所谓巩固国防，已不获尽如国人所期，而时厪中央西顾之虑，遑言同化民族、开发边区。故深识远虑之士以为，边疆分省问题须于中国全民族之利益一点着眼，对于西康建省，多主张援热河、察哈尔、绥远、宁夏、青海等省划入邻近之河北、山西、甘肃多数腹县以为新省主干之先例,将四川边远县分,在历史、地理、文化诸方面与康区颇有关联者,划入西康新省区域以内,如西北之松潘、茂县、汶川、理番、懋功、靖化六县,正西之雅安、芦山、天全、荥经、汉源、宝兴六县,西南之越西、冕宁、西昌、会理、宁南、昭觉、盐源、盐边八县,与西康合并,恰为完整匀称之天然区域,以臻于健全。盖必如是,乃能增厚其基础,发展其效能,使国防设施与开发事业同时并进,以达于充实与垂久之一途。此在学理、事实需要种种方面均有正确之依据,谨择其显著者陈之于次:

(甲)就地理形势言。政治区划及经济区划,必以自然区域为依据,然后治理始易,联系始密,进步乃速,发展乃大。盖山之所环,水之所绕,自然地理成为一区,其气候、物产大抵相类,交通路线大抵相连,民质民性大抵相宜,生活需要大抵相依,自然互资利赖、易相感通,关系因之而切,结合因之而固,可使人尽其才、地尽其利。政治地理合为一区,则四维完备、百脉贯通,以之施政,可期和同;以之保民,可期乂安;以之成教,可免参差;以之御乱,可免猜疑;共贯同条,趋向一致,令行禁止,自易为功。此古今中外建置沿革之大准则,亦专门学者所极力主张而期其逐步实现者也。

川省之宁、雅两属及松、理、茂、汶、懋、靖各县,其间山脉,由岷山之羊膊岭起,迤逦而南为邛崃山脉,纵贯松、理、茂、汶、懋之境及雅属各县而达于大渡河北岸,恰与宁属之山衔接,古人所谓"岷山导江"即以岷山为成都盆地与西部山地之天然界线。山脉之西,渐入于高寒地带,为耕、牧二业之过渡区域,而林、矿二业则与西康为整个体系。其间之水,南北纵流,湍激多峡,亦与康境河川相似。宁属之山,为发脉于康定西南明雅贡噶之大凉山系,盘纡于金沙江大曲间,与邛崃山系同为四川大盆地之西弦。宁属之水,如安宁河、打冲河等,复导源康境,联成一气。故此等区域之生活情形、发展需要,实与西康相得益彰。虽进化之先后不齐、程度有别,其所待于新省区成立后之垦殖、经营则一也。此就地理形势言,宜将以上三属划入康省以臻于健全者,一也。

(乙)就政治形势言。四川宁、雅、松、理、汶、靖等属,其在土司制度下所沿之习惯,在部落社会中所受之影响,犹多存在,举凡地权、地粮之规划整理,治匪、治夷之布置进行,与夫民族之调融、生活之改善、工商业之指导与保护,咸以隶于同一行政单位,因地制宜,始易进步。若夫最关重要之交通组织,则康南、康北、康雅、康宁、康灌五大干线,均以康定为中枢,距离分布亦颇匀称,将来向西南、西北推进,以联络滇、青与金沙江以西要地,于国防及经济上咸有价值。欲其成一完整统系而谋设备管理之便,能宅中图治,而又与军事配备、经济发展相辅并行,尤有同隶一省之必要。况经营康、藏之最感缺乏者,首为粮食与人口,而邛崃山脉之温暖区域,及紧接西康之宁属地面,粮食之产量颇丰,人口之增殖亦速。资其粮则事无不兴,宜其力则功无不举,以政治为经、交通为纬,自然易于调适。若以分属两省之故,在川则苦鞭长莫及,在康则为鸿沟所制,不特为通力合作之累,亦且使西康发展因而濡滞;即上列三属之人力、物力亦陷于阻塞,不能资为边区开发之先进干部,而反沦为川省施政之尾闾僻壤。观于上列三属二十县中,人口总数已在二百万以上,而困顿之状数十年如一日,教育、建设诸大端,与川、康大多数县分相较,尤瞠乎其后;至于此二十年之财赋,就民国十五年所出之四川财政核算,正粮总数仅与邛崃县相当,税契总数仅与资中县或江津县相当,烟酒税总数仅与崇宁县相当,油税总数仅与彰明县相当,肉税总数仅与邛崃县相当,其他各税皆微或且全无。是以此二十年中,言政治,则以难以治理之故,繁缺仅占七县之多;复以地不重要之故,简缺竟占十县之多,中缺才二三县耳;言财赋,则各县征收局列于六等(每年收入在五万元以下者为六等)者只有一县,列于七等(每年收入在四万元以下)、八等(每年收入在三万元以下)者亦各只有一县,其余咸列于九等(每年收入在二万元以下)或不列等,并有无征收机关者,综计其额,尚不及四川之一次等县分。而管理之费,即以治夷一项而论,已足全耗之而无余。最有望之采矿业,虽亦有甚旺之时,然秩序未臻安定,多归停顿,其沦为夷巢匪薮,鸦片出产之场、捐税繁苛之境,病国病民,徒供不肖之徒滋为弊乱,有由来矣。是以惟有健全之行政,然后可期健全之行政设施;有健全之行政设施,然后可望健全之地方发展。此诚施政之大经、求治之正轨也。顾昔日苟且羁縻之计,本非国家经远之图。兹幸中央积极注意国防、西康建置行省,以上各县夙为四川施政所不易者,一转移间便可资为新省发育之主干。所谓合则两美、离则两伤,顺应自然,无逾于此。此就政治情势观察,宜将以上三属划入西康省区,专意经营,以臻健全者,二也。

（丙）就经济情形言。建设新省,其省区之划分,宜注重经济发展之需要,已成为一种普遍趋势。欧洲著名学者多主张使国内分区,每一区域皆有其地理上之个性,换言之,即成为一经济区域是也。各区域之首府即为该区域天然之经济中心与文化中心,依此建省可以增加国家全体之政治力量。德国新宪法中且规定:各联邦领土可因联邦重大利益之要求,由联邦政府主持,按照经济及文化利益伸缩变更、重新分配,以巩固国家而使国内统一之维系更增密切。其在我国,总理之《建国方略》《实业计划》已先着眼于此,而政府之筹划、学者之主张亦有同一趋向。查内政部颁布之《划分条例》已郑重申言:"同属国家疆土,属甲属乙,本无此疆彼界之分。"倘能由中央政府确定勘划界线原则,以土地天然形势及行政上管辖之便利为立疆定界之标准,所有违背时代精神、偏重历史观念、富于封建思想之部落纷争自可迎刃而解。本此推求,所谓谋行政管辖之便利,而以土地天然形势为标准,进一步即足以促进经济之发展。西康建省宜增划宁、雅、松、理、茂、汶、懋、靖等地,俾能同臻于健全,已如上述矣。经济发展为充实边区、巩固国防之基本条件。西康与上举各地,在国家宏规远图之下,所占之地位若何,体系较大,诚不敢妄为论列,仅就此等地方当前之需要而言。其经济之发展,一方面固视乎本境之生产状况如何,一方面尤视乎生产、消费之联系如何及生产品之吐纳如何。生产、消费之联系不密,则缓急失宜、衰旺靡定,而源流两方交受其弊。生产品之吐纳不活动,则一地之蕴藏纵富、生产力纵强,仅能达于自给自足之程度而止,余额即归无用,而有货弃于地之叹。又西康全部,几于纯赖康定为唯一之经济中心,而无便利吐纳之其他都市,与为经济上密切之联系,因之产场、销场咸随之而转移。故大失活动之机能,尤不易得增进效能之组织。其大宗必需物品,如茶叶、布匹、粮食之属,仰赖于宁、雅、松、茂、理、懋等地者至切,而此等地方之倚西康为生者亦至密。乃因经济生命与货物进出之枢纽未隶于整个统一之下,生产与消费两方面不能获调适之益,工商业不能获联络之效,于是改良制造、便利运输、酌济盈虚、交通有无诸要务,莫不同受梗阻,经济遂难臻于稳固、趋于振兴。是以康南之巴安、理化,康北之德格、甘孜等地,本可渐成为繁荣之市场，竟以受此扼制而不能发展；宁属之粮食及雅州、松潘等地之茶叶，与夫他种产品，亦以销路失其把握之故，而滞歇衰败。其前途岌岌不保，其本身亦奄奄一息，尚何发展之足云。故言发展西康及上举各县之经济，必使雅安、荥经、汉源、西昌、会理、松潘、茂县、理番等与康定联为一气，构成经济之基本连环，有如健全之循环统系，然后能扩张其范围；必使本境所需之经济基本融为一体，构成生产之主要机能，堪以自由支配，然后能增大效能。有此符合经济条件之区域为基础，在最近之将来，可使以上各都市同臻发达；在相当时期内，各种开发事业，无论为国营、省营、民营及由本境自谋或由境外投资，皆有可循之途径而顺利进行矣。夫经济之进行，有分类以图功者，所谓物有本末是也；有分期以著效者，所谓事有先后是也。二者皆以分区得宜为张本。至于其发展之形式，必由腹地而及于边地，由本境而及于境外，由本国而及于外国，始可获经济之独立与自由。兹者康、藏因印茶侵销、外货流入之故，基本需要有受外人操纵之虞。康、藏既感自身之竭蹶，而与之有密切经济关系之地方，如上举各县属，亦有骎骎不振之势，经济倒退之现象渐增显著。是政治上之联系尚难免因之而失，遑言经济之合作与互助；现有之利源尚且不保，遑言产业之开发与振兴。故为挽回现状，而作亡羊补牢之计，既宜将上举各属与西康同隶一省，以助其自然结合而达其经济要求。至其在国计民生方面关系之重大，更无待详陈矣。此就经济地理上目前之需要及将来之发展着想，宜将以上三属划入西康省区共策进行，以臻健全者，三也。

（丁）就历史成例言。历史有基于自然之演进而当依据者，如政治文化之推进是也；有基于一时之现象而不当固执者，历代之因革变置及内政部分，所谓违背时代精神者是也。查四川为我国西部重镇，自元、明以迄于清，凡有新收复之区域，或新归附之部落，在西部者恒以附丽之而便镇摄、羁縻，故于政治、文化、经济诸大端之设施，未能深入普及。盖其用意，偏重于弭乱，而罕在于求治，惟以不生事端，勿扰内地为贵耳。及邻近之区，已有建省趋势，或因特殊需要，往往由四川划出若干地方以促成之，哀多益寡，资为先导。如：划遵义等地以完成贵州之建省，而苗民向化，人文蔚起，溪洞之蛮，不复为患；划东川、昭通等地于云南，使滇省有后援之利，无阻扰之虞，乃能注意极边，远及野人地带,为我国西南砥柱。此等先例,皆章章〔彰彰〕也。兹者,西康建省,需要殷切。溯其历史,唐代控制吐蕃、南诏,即以松、维、黎、雅为重镇,其地即今之松潘、茂县、雅安、汉源是也。宋代忽于远图,南则划大渡河而守,松、维一带,则逼处西夏,肘腋之患不除,对外乃以不竞。元代平大理,定吐蕃,于前藏置宣慰司都元帅府专理藏事,分其地为郡县。所谓前藏,大部分今之康境也。宪宗时尝于四川徼外碉门、鱼通、黎雅、长河、西宁设置安抚司,隶属吐蕃宣慰使。世祖又分其地为郡县,即今之天全、雅安、汉源、康定、宝兴、金汤是也。由此观之,以上诸地在昔因为一统治区域,故西陲以安,与今日情势固无大异也。明代初年,以四川地旷山险,控扼西番,特增置卫、所,如松潘建昌诸卫,天全□番招讨使,长河西、鱼通、宁远宣抚司等,并设朵甘、乌斯藏二指挥司,此亦足征以各地之宜合而治也。清初尚仍明代旧规,至雍正时,始厉行改土归流政策,建昌卫之改为宁远府、雅州之升为府、松潘之裁卫而龙安府同知治之、打箭炉之设同知,皆在是时,殆为建省之嚆矢矣。考之志乘,全川诸属,除叙州府略有少数土司□□□□□□至今,为雷、马、屏一带土司外,特以上举三属之土司为最多,总计达二百四十以上,而全康在名义上,咸属雅州统治,由建昌兵备道镇摄之,殆表现军民兼理之规制焉。即此足见以上三属与西康在历史上有深远关系,而改土归流政策之彻底推行,尤须合为一体,以统整之规划、齐一之政令治之之理之,始克奏效。盖隶于川省,既不能骤强之、使同于内地,又不能放任之、使背于政府,诚所谓缓急两难、宽严俱失、无益于一方而有害于全体也。若将此等地方划入西康,转移昔日捍卫内地之任务为化导边区之工作,庶于政教、习俗之因革损益,地方、人民之得失利弊,有统筹兼顾之余裕,无因循操切之失着。因势利导,善用其民,俾不至诱土人以作奸,亦不至诈土人以自利。两情惬恰,共焕新猷,则其进步亦自速矣。复考明、清两代省区之因革损益,综其要旨,或取其便于治理,或取其易于控制,或期于广狭匀称,或期于辅导有资,惟属积极之举,仍具消极之意。至于我中枢建议新省,则纯为积极性质。其首重边省而多划内地县分以使之健全者,盖边防、国防之供给当由全国共同担负之,边区之政治、文化当由国内优秀健全之分子以领导之,边区之经济工具当由国内投资以助长之。惟边区之同化作用及日常之基本工作,则赖近边之民以负荷之。是以青海建省,必划旧时甘肃、西宁道各县与和硕特等旗及玉树诸土司等境,而使之臻于健全;宁夏建省,必划旧时甘肃宁夏道各县与阿拉善旗及土尔扈特旗,而使之臻于健全;绥远建省,必划旧时山西道各县与伊克昭盟及乌兰察布盟,而使〔之〕臻于健全;察哈尔建省,必划旧时直隶口北道各县与锡林廓勒盟,而使之臻于健全;热河建省,必划旧时直隶热河道各县,与昭乌达盟及卓索图盟,而使之臻于健全。盖必如此,然后形势乃备,成效是期。即如口北道十县,以地形、水道、工业与夫生活习惯言,皆与北平有密切关系,而政府竟毅然划归察省,虽十县人民竭力请求复归河北省而政府亦不之许者,诚以就地方与国家之需要两相比较,当先国家而后地方也。大凡重要边地,应增划内地县份以为健全基础,然后能以迅速之工夫,使边区之经济、文化、军事、政治诸方面,得以早随内地省份齐驱并进,为国家有力之屏藩。是故由筹边历史之程序,而知政治方面之过去、现在、未来三阶段有相恃为用、相得益彰之关系;由建省历史之演进,而知国家措施之所特重与夫化边为腹之所必需,皆足以昭示西康省区之应增划内地县份毫无疑义。此就历史成例言,应将以上三属划入西康,以臻于健全者,四也。

(戊)就民族习性言。民族之意义,在边区关系最大。苟善用之,足以化异为同,增长整个国家之民族力量;不善用之,则徒以养成封建思想,增长各地民族之部落纷争。宁、雅、松、茂各属,在清初大部分尚为部落盘据之区,迭经康、雍、乾诸朝改流设治,或由土人汉化,或由汉人移居,历二百余年,渐成内地。就中雅属以路当西南孔道,同化较远,今仅有汉源赵侯庙一带略有猓猡遗族,宝兴硗碛一带略有西番遗族而已。盖往来频繁,自然水乳交融,彼此相忘也。宁远各属及松、理、懋、汶、茂各县,则以比较偏僻之故,同化较迟,然亦因改流之功,汉化较易,特因政治未能锐进,致尚有大多数之猓猡、薄猓子、番子,自为风气耳。以此诸区人民与西康之关系言,雅属各县人民,大抵具有向康区发展之趋势。唐代李韦防边所练之兵,清末赵尔丰经边所募之卒,多求资于雅属各县,已为明征。今巴安、理化一带之早期垦民,雅江之水手,关外各县之力夫,康定之商贩,乃至康境之教员、康定各校之学生,亦已〔以〕此等县份之人为多。由此推测,则其将来之发展,尤以向西康方面为最适宜而有望也。宁属之汉人,颇多在康定、九龙一带经商者,其间之猓猓民族,估计有百万左右,则颇为〔与〕康族混乱杂,如宁属木里一带为康族,而康境泸定、九龙及盐井、杂榆等境,则有猓猓,历史上吐蕃、南诏且累有联合,皆可见其昔日关系之深,现时杂居之广也。猓猓民族,无固有之高等文化,而易于受外人同化;无固定之宗教,而易于受佛教熏染。惟天性犷悍,而种类分布甚远,所谓野人地带大抵为此族支系所在。宁属夷患之不易根本解决,即由于其介居川、康边境,范围过广,难于穷治,近且为人利诱,后患尤须早弭也。松、理、茂、汶等境之人口,汉、蕃各半。其地山川险固,部落观念易于产生,昔年大、小金川曾酿巨乱,近时懋功八角哪〔喇〕嘛亦有据地之举。且其地介居川、康、甘三省边徼,由绰斯甲可通于俄洛野番,与木里介居川、康、滇边徼以通于稻城、定乡之匪数相似。绰斯甲土司之抗拒改流,倡言洗汉,亦与木里项①喇嘛之邀截军火、据地自雄相若。皆以距川窵远,鞭长莫及,而具浓厚之部落封建思想。此维赖适宜之政治力量,始足以杜其狡谋也。综上三区之民,或与西康土著原为一体而有种族上之联系,或因发展所向而有经济上之联系,或由历史上之渊源、宗教上之接近与乎治理上之便宜而有政治、军事上之联系,咸以划入一省区得以专理为宜。昔以分隶二省之故,以致措施不能一致,乃有此严而彼宽、彼张而此弛,全失轻重缓急之宜。欲收羁縻之效尚且不能,安望同化与团结?惟合为一省而纳入一定之轨则,斟酌全般情形,尽其辅翼匡直之功、惩奖诱掖之宜,以先进区域之民族扶植后进而视若兄弟,共同奋力于政治、文化、经济之发展,则汉人既不以隶于边省为耻、边民亦不以化于汉人为羞,同心同德,无猜无忌,相勖相助,共存共荣,则设施自易、开发自速。互相通婚而生之子女,亦可以居于上流地位,而奏同化之功。此诚民族文化发展之最要者也。且西康得此诸县之二百余万人口,加入于现有之三十余万人口,略可与新建诸省人口相埒,既不易陷于有土地、政事而无人民之现象,复能顺乎各种联系之自然契合而无喧宾争主之嫌;又以内地人口活动耐劳之性质、勇往进取之精神调剂西康民族好静之习、守旧之风,复以西康宗教驯化猓

---

① 项:原文如此,疑有误。

猓民族残犷好杀之俗。其足以增进建省前途之力量与生气而减少梗阻，可预期也。尤有进者，方今强邻窥伺，边情日亟，明侵暗诱，无孔不入，而边疆辽阔、边民蒙昧，国防设备既未易骤及，边民之国家观念复极其薄弱，威吓利诱之余即莫知适从。惟加入内地人民，施以领导，藉共同卫乡之观念，以达共同卫国之目的，庶可救济于无形。曩者台湾建省，因与内地之民不相联系，台民同化之功未深，故建省不久，偶遭外患，即归沦亡。新疆孤悬西北万里之外，强邻垂涎亦非一朝，而地域相连，又可朝发夕至，特因有甘肃之镇西府旧地以为联系，厥后建省，即隶属之，西域赖以保持至今。以西康而言，藏方无论矣，英人展界至高黎贡山以内，复利用野人为前驱暗中进行，不遗余力。西康处此情势之下，尤急需内地人民为之联系，共固疆圉，是又势所必然。此就民族习性言，应请将以上三属，划入西康，以臻于健全者，五也。

以上各端皆足证明，西康正式建省有待于宁、雅、松、理、茂、汶、懋、靖等属之划入，势理至为皎然。就四川言，即使其现有之面积、人口，已仅如旧时之河北、山西、甘肃等省，犹不可不划出相当地方，以顾全国家之重要建置，以竟其提携之义务。况民不加少，地不为蹙，而又顺应其天然形势也。就西康言，岂惟现在人口寥寥、回旋不足之情况需要如是，即将来金江以西之失地恢复，亦为必不可少之需要。不特目前之经营赖于是，即他年之经营亦莫不赖乎是。诚以西康建省之根本条件非此不备，国家巩固国防、开发边区之大计非此无由完成。今西康奉令建省，凡兹健全办法，当在中枢通盘筹划之中。而文辉犹不惮琐琐渎陈者，良以肩兹重负，其居使然。此关于康省辖境之区划，先有待于中央主持施行者也。

（一）军事。西康目前对内镇摄反侧，对外防止侵略，皆需有相当之兵力。而局势之能否安定，政令之能否推行，咸视此以为转移。查康区因紧连藏、卫，其大部分居民尚未与我同化，而藏方对我态度又若即若离，益以强邻垂涎窥伺匪伊朝夕，凡可以威胁而利诱者盖以无所不用其极。藏方亦利用外援，常思内犯。自占据金沙江西部以后，即于昌都设置边防督办，常派重兵沿江驻扎，俨然敌对势形。据最近调查，昌都附近有常备兵二千余名，冈拖渡口一带有常备兵三千余名，乘隙侵扰，狡谲多端。对中央则捏报军情，诬我开衅;对土司则多方忿恚,反对汉人。康境不逞之徒,每每乘之为乱。此诚西陲肘腋腹心之患,在平时已诸多可虑,一旦国家有事,不遑西顾,其危殆曷可胜言。故现有兵力,实未足以资应付。考清末赵尔丰《会陈练兵事宜折》中,谓:"川之屏藩在藏,而藏之后路在边。今日转移得失之数,一视兵力之厚薄如何。四川应练兵三镇,以二镇驻腹,以一镇驻边,其数万难再少,部筹谅亦相若。既定分配之数,即当各自为谋。其改隶边藏一镇,开办经费及常年额支兵饷,拟请即在部认一镇经费饷项之内划拨。此镇练成,不但为后路布置,藏有事固可以顾藏,川有事亦可以顾川,滇有事亦可以顾滇。盖地居二处之中,又附川、滇各夷巢之背,左提右挈,建威消萌,所关至巨。"揆之今后,尤为急需。若以川省现时兵额为例,则今昔相差,不可思议矣。兹者,国家励行民兵制度,固以自卫为原则。惟现在西康人口不过三十余万。壮年可用者,即包括喇嘛、妇女在内,亦不过十余万。而从事耕牧者须十之六七,从事运输者又需要十之三四,所余无几,自卫乏力,即勉强以应急需,亦不过十之一二,而势同乌合,缓急难恃。语文隔阂,指挥训练,事事困难。故目前西康边防,仍赖有相当之固定兵力,将来国防上之部署,尤须中央以整个的国力另为规划也。就现状言,金沙江沿岸,藏方兵力略如上述,我之配备,必期优越,方能制其野心。西康南路,素称难治,非有多数兵力,不足以资镇摄。北路野番,迄未向化,时出劫掠,现在亟应肃清匪患,将来收复辖境,增设县治,亦须有相当兵力,始能推进。至于中路之兼顾,后路之应援,与夫异日沿边防线之延展,在在均须适当兵力,分资配备,应如何统筹决定数额,当候中央之衡裁。第体察康境现况之需要,兼顾地方之事实,此刻至少亦须十二团以上之兵力驻戍康境,尤必精选勤练,充实素质,增添骑队,庶几措手足资,平、战无虑。此关于军事,应请鉴核施行者也。

(二)交通。交通为各项建设事业之母。西康最大缺憾,此居其一。若不于此着手,其他多属空言。惟西康建省,既以国防为重心,其交通建设,即当以适合国防条件为原则,而由国家担负经费,如俄国之西北利亚铁路然,因不仅顾及经济价值而已。谨分述如次:(甲)铁路。查川康及康藏铁路,清末早有拟议,总理更着〔著〕之《建国方略》中。兹者,国家鉴于内陆铁路之重要,而由西南铁路系着手。若能先将蓉康主要干线提早完成,尤于发展西陲、巩固国防有莫大之价值。边民仰望甚切,亟盼由中枢有关部、会审议筹划,从速着手。(乙)公路。查康雅、康宁两大公路及康南、康北二大干线之完成,其详细情形已见于前年呈请批准之开辟西康交通四年计划中,惟如何着手、何日动工尚未奉到明令。查川康公路之康雅一线业经测定,并由委员长行营成立预算、指拨经费、限期竣工,旋又陷于中止。此路在军事价值及经济价值两方面,均甚重要,在川康铁路未成以前,于西康关系尤巨。康宁公路由康定以通西昌、会理,已测有简捷易修之路线。此路若成,即就粮食一项而言,已可使宁属无所销售之余粮运济康东军民而得善价,康境则期以平粜而期调节,诚为双方之利。且此路南通昆明,并使西南交通脉络贯通愈广,其裨益更为宏大也。康南为旧时官道所经,今已渐就荒废,然其间若干地方既号难治,亦不能不赖乎交通。且此路由巴、安、盐井而南展,可通商务较旺之维西、阿墩,向西南延展,可通于垦殖之门空、杂榆一带,复为康藏捷径所在,而足防御缅甸亚山之进逼,则军事上之价值既重,经济上之价值亦非轻也。康北干线,通于界古、昌都二要枢,沿线各地居民较繁,产业亦较发达,现时由之而未往者且日渐增加,则其性质之重要更可知也。以上各地之修筑费用,以四年分期进行,每年约需二百万元。修筑愈早,则利益愈大,成效愈宏。惟赖中枢有以主持而促成之。(丙)航空。航空为交通捷径,于边区遐陬另有其广大作用,如军事上之侦察镇摄、地形之测绘等,皆显其特长。若能于泰宁、巴安、甘孜、德格、理化等处修筑机场,及早通航,则西康交通上之阻碍,赖以救济多矣。(丁)牧站联运。去军廿六年驻防康定时已另拟计划专案呈核。

(三)民政。建省急务,厥为制度之根本。户口、保甲之清查,政区之厘正,差役通病之改良,司法之筹备,惩奖之规定,是皆行政方面不可或缓之要图。文辉在康,对于现任行政官吏固已严加考核,县令守法奉公,勤慎将事,随时躬莅民间详察利弊,以化除官民阂隔为先着,以安辑劳徕为急务。官吏果有贪酷,不惜尽法以惩。复呈准委员长行营,于康定开办县政人员训练所,以宏造就。第一期招考具有相当资历而能力充足、体格健全者七十名,现已开始授课,并注意于康区民俗、语文之训练,期于官民遇事直接、不假舌人,藉免通译总保辗转欺朦〔蒙〕之积弊。第一期毕业后,更拟将现任人员分别调回、轮施训练,以为刷新吏治根本之计。

(四)民团。查西康民团向无合法组织,所有民间武力悉操诸土司头人之手,调整之方不可过急,应以渐进方式默化潜移。对于有力之土头,可录用者,暂委以民团相当名义,使之有名无实;可裁抑者,裁抑之。务期操纵在我,消患无形。同时,为使地方实权归于政府起见,在本省保安处未正式设置以前,先就建省委员会内成立民团整理处。一面调整康区原有自卫组织,划一其名称,确定其事权;一面开办保安、保甲干部训练班,更图调集汉、康青年入所受训,毕业后陆续派赴各县,深入民间,组织汉团,训练民众。并以戍康军队暂兼保安任务,分全省为四整理区,以驻防各该区之旅、团长兼任指挥官,以便督策进行,加强整理力量,藉收速效。其详细办法已专案呈请核示在案。

(五)宗教与教育。西康为喇嘛教盛行独尊之地,僧侣自为特殊阶级,固守积习,一般人民之精神生活、物质生活亦多仰其指导、受其支配。盖以土司威力所慑,一切更难自由,同化之功已多梗阻,且语言不同,好尚有别,更使内地文物难期水乳。然礼义廉耻之观感虽殊,仁爱忠信之趋向则一。苟善于因势利导,崇其教而渐易其俗,厚其生而渐移其习,稍假时日,亦未始无可收之效。昔之治康者昧于斯旨,处处与之异趋,遂成格格不入之势。尤以与喇嘛立于反对地位,只知压抑而增其疑忌,不知优容以获其勖助。此为同化无效之最大原因。盖千言万语诱之而不足者,片词只字离之而有余,此实办理边疆教育者所当深察而明辨之也。故边地教育,当注意广义的教育,而不宜专求诸形式。自赵氏以还,在边者未尝不频频言及教育,而思想语言之隔阂如故,种族意见之参差如故,实因其所取之教育方式及设备,首先与边民之观念不相近、生活不相适,遂使之不感兴趣与需要,而目为学差,相率逃避。初步如此,尚安望有更大之作用乎?故今后办理西康之教育,应当力矫前失。举凡与康人生活习惯□相违反之教材、教法,不宜遽然采用。应先多用康语设法善诱、广为宣传,增设学校,汉、藏语文同时并重,举办电化教育,使能了解近代文化及科学之威力,以期逐渐破除神权高于一切之传统思想。并本三民主义教育宗旨养成健全公民,更于实用、实物之中寓同情合作之意。举凡医药、工艺之需求,公务人员之任用,咸当使之明了与教育皆有密切之关系。而其中尤当注重者,为施教之人才及设备。此则非由国家多予补助,不易为功。查清末巴塘学务局呈报宣统二年已成立学堂将近百五十所,以后按年可以增五十所。故以二百所为预算之数,统男、女高等小学及各官话学堂,经常岁出,再三撙节,约需银六万一千五百三十八两八钱,连局中额支经费银一万二千三百两,全年实需银七万三千八百三十八两八钱。是当时金沙江以东各县之教育,仰给于库款者,已达十万余元之数。而今日康、泸、丹、九等人口较多之县尚不在内,且生活高涨,物价昂贵,每年纵由国库补助此数,其用途尚不及当时之半。今后高等教育、社会教育之所需,尚不与焉。故拟特增常年教育经费至少国币五十万元以上;其创办设备各费,请准予作为临时开支,随时请拨,以利进行。又,昔日之维系喇嘛、土司者,既有名位封号,复有衣单费、熬茶费、赏赉费、赡养费等。今宗教联系渐趋薄弱,根绝土司,尤须有以安慰之。故对于喇嘛、土司之待遇,寺庙之助修等,亦须特定经费,以资应用。拟并恳作为临时经费专案请发,务期事有实效、款不虚糜。余如边民观光内地及出外留学之奖励等,亦采如是办法。苟能于宗教、教育两端,得其要领,而更继之以通婚之提倡、新生活之推行,则同化之功效,不期宏而自宏矣。

(六)生产开发。西康之开发与繁荣,视乎开发之程度。此实与国防互为经纬、[与]政治同其消长,而为经营西康彻始彻终之要务。西康建省,自亦当以此为急切之谋。然言开发边区,千头万绪,有赖于专家指导进行者为多,未敢于此妄为侈陈。惟当择其易行者,竭力从事。如:勤调查,以明实际;广宣传,以事招徕;扶助现有各业,使得进展;诱导土人合作,以求互利;利用水力,以兴工业;改良农牧,以增生产;酌量筹办各种设备,若金融机关、试验场、传习所、介绍所之类,以利进行;尽力促成各种组织,若小规模之农牧矿业、小工业交易所、运输行之类,以期稳健。如是由小而大,由近而远,庶不致蹈空言无成之弊。其各项有国防性质及有国营价值之实业,则大焉者,当由国家之力量规划进行;次焉者,由本省政府督饬办理。以保护现有之工商业为初步,并奖励外来投资,逐渐扩充。查开展[发]西康之主要阻碍,莫过于资本缺少、粮食昂贵、人力缺乏、方式拙劣四者。资本缺少,可以国库助济、外资招募以补救之；粮食昂贵，可以开辟交通、改良运输以补救之。而人力缺乏，则有待于移民垦殖；方式拙劣，则有待于科学研究。斯二者，皆以试验与调查为初基。盖非有精密之调查、科学之指导，不足以厚民生而裕国计也。迨试验既审，调查既周，然后妥为规划，庶不致再蹈前辙，而西康之开发乃可以策进行。将来人力集，地利兴，然后扩及于他项相连带之工业，可利用之范围自能顺序就理、分途程功。现在已饬属着手于康定之木雅乡、道孚之泰宁乡筹设垦殖试验区，并征求专家以从事各种经济调查。惟试验区自以多设、善用为佳，调查范围亦以广包、深入为贵，然皆视经费多寡为转移。拟适应需要，别为专案呈请优予补助。

（七）建设计划。凡所设施，无不悉心考求、竭力从事，于准备务求妥善，于步骤务求适宜，期于日起有功。故对于经边人才之储备，则以训练培训为先，更积极整顿师范教育，增加名额，扩充内容，以期适合康民邀〔要〕求；对于各喇嘛寺，亦正从事招致声望素著之高僧大德，相与谘谋改善演教、阐教办法及寺庙管理规则；对于文化、经济之准备，则拟于最高省政机关内增设文化委员会及经济委员会，司搜集、调查、研究、设计之任务，而于试验区、试验场实行之。举凡地方文献之编译、方案之审拟、志乘之撰述、教科书之编订、法制之因革草创、教义之采择宣扬、风俗习惯之考察、语言人种之研究等事项，均由文化委员会主持；地质矿物之调查、动植分布生产之调查、工商业销〔消〕长之研究、生产销〔消〕费情形之考查、资本运用之指导、生产改善之指导、金融流通之设计、制造方法之介绍等事项，均由经济委员会主持；而各项文化组织、经济组织亦受此两种委员会之指导与考核，时时以求改善与进展。委员会中，皆罗致专家，实事求实，务使不致虚具形式。

至于进行步骤，应力求斟酌得宜，相资为用。如：住〔驻〕康军队，其第一步则注重军事训练，俾人与地相习，不为康境之艰险劳苦所制，而有迅速之行动、严正之纪律，足以应急变、树声威、消乱萌、导民众；其次，则施以职业训练，俾能供筑路之助、屯垦之用，作将来化兵为民之准备。交通之第一步为进行简易工作；其次，乃择各县较易修筑之重要路线，分段从事，同时并举，然后及于险峻之山岩、巨大之桥梁；更次，乃及于运输设备。政治之第一步，注重明瞭地方情形,化除官吏隔阂;然后期其信赖,使其乐从。宗教则第一步破除其与国内文化漠不相关之态度,然后诱其合作求其勷助。教育之第一步,注重引起边民向学之观念,然后因其需要妥为设备,以渐达于公民训练、职业训练之要求,自然可臻于文化教育之境地。经济第一步注意恢复康民生机,及保护西康现有工商业,然后从事于大规模之开发。

凡此皆属一定之程序,而皆有待于中央之力,以启其端。宏其绪,竟其功也。

结论:西康财力不足,宜暂由中央补助经费,以利进行也。查民力薄弱、难于自立之省份,用费巨大、不能自谋之设施,或由邻省协济以期均平发展,或由国库支给以期从容就绪,各国大抵相同;而瘠贫边区,易为内在之弱点所困、外来之侵袭所乘,尤赖国家特加培植;及其已达自立自谋之程度,犹必不时补充,期益臻于强固。西康正式建省,除目前急切需要应待中央接济外,关于经常及事业各费,在近数年内,仍望中央优予补助,以利进行。盖西康自清代收入版图以还,虽在羁縻政策之下,已由国帑支给若干必要费用。清末正式经营,开办维持各费,亦大部分仰给国库,小部分恃赖协款。其时国家财政状况内、外同一艰窘,亦必斟酌缓急需要而力顾之,故边事赖有可为。至宣统三年,始有度支部核定之川滇边务岁出预算,未及实行而清社已屋〔覆〕。此后二十余年中,西康治边费用,或由川省接济,或由在边当局据地自筹,终以来源无定、预算不立,军务日即于废弛,政事日趋于窳败。丧师失地,国家固受其害;筹粮借款,人民亦罹其殃。

兹既建为行省,正剥复绝续之交,而确立预算,以便按步设施,尤为经营一切之先务。西康因产业未兴、交通不便、供给缺乏、百物高昂,日常生活增于内地数倍,衣食两项根本之需要已占巨额。例如:食米一项,在清末及民国初年,名、雅等产地每斗价不过一元,每斗每站运费不过角余;今则产地每斗价已涨至三元左右,运费亦增三倍有余;昔年康境尚有本地余粮足资补助,自经赤匪扰乱,储藏已空,民食亦感不足矣。军装一项,价亦倍涨,而边地苦寒,所需尤较内地为多,纵不力求完备,亦当足备风雪,此费已属不赀。至于行政事业经费实际所需,亦不在少,盖边地设备多缺,人民程度不齐,推行政令耗用自多。教育、建设等项，亦皆毫无基础，不似内地各校院，有学田学产，复有学费、捐款及其他补助费等，边地则一无所资，尚须以多量实物、金钱奖励学子，其进行之难可想而知。其他事业，亦以无所凭借，或需专门人才特别准备者，尤觉着手莫由矣。即就一般工作而论，内地因组织灵便、监察易周、可收十分效率者，在西康缺乏此种便利则大有逊色，故所有设施大都较内地糜费而少功，是又事势所必然，故无如之何也。

乃以西康各项经费与邻近之四川相较，则相差殊巨。例如：四川二十五年度岁出总预算书所列之各县政费，小县亦多在十万元左右，而西康平均每县尚不及万元，全省收入合计尚不及四川一大县之数。以西康之教育经费言，全境数千里，人口四十余万，而本境自筹、中央补助之费，计共不满十万元。其远逊于四川一大县故不待论，即与邻接西康之僻小县份如汉源者相比亦不如之。盖汉源县纵横不过二百里，人口不及十万，其教育费乃在四万元以上也。西康教育一端尚且如此，其他各项之支出可知。且与内地比较，所以相悬绝者，内地则取精用宏，众擎易举；西康则事事草创，独立难支。是以非暂赖国库之补助，或邻省之协济，无能为役。

查宣三川滇边务国家岁出预算，已达库平银三百四十五万九千余两，实合国币四百八十四万二千余元。其中军费及陆军一镇之需，原定二百八十万两，较内地规定多一百万两，以符边区特别情形。陆军经费以外，尚有防营饷项、新军饷，及转运粮饷费等，共计二十四万七千余两，各项合计则军费一项约达国币四万元，行政费为二十五万余两。然其时仅有边务大臣衙门及知县数缺，委员十余额，以较今日，则当时实甚优厚也。此外即属民政、财政、学务、工程等费，然仅足供萌芽之用，且有多数要政未尝计及也。川边岁出预算之略具规模者，仅见于此。其后则并此而无之矣。民国二年尹昌衡任内之川边军费，仅有总数可稽，计川军十一营及陆军十二营之概算，岁出为库平银二百零二万两，而军米购运等费每月十四万五千两尚不在内，全年供给为三百五十二万两，约合国五百万元以上。至于各县政费，则就本县收入苟且维持而已，其他设施无力顾及也。民国三年以后，即漫无稽考，据《四川财政录》所载，则川边军费，在元、二年均系实支实报；三年度核定年支一百六十万三千六百元；六年度曾编专案预算送部；七年由镇守使造送预算，共列为二百二十一万九千七百一十八元，亦已编送专册，未经报部核准；八年度编制预算时，仍就其年度预算开列，编入川省临时支出门。查四川军费，在民国三年为七百八十余万，故供给川边者约当全额六分之一而强，七八两年规定为一千四百零七万余元，故与川边经费预算比较，则供给川边者亦为六分之一而强。此其大较也。然在民五以后，川边镇守使因举兵以事内争，而置边防于不问，各县知事亦多由营长之类兼理，复有私售枪支于敌人之举。类乌齐割草肇衅之内幕，即系因售枪而发生。于是西康之军事、政治全归败坏，以致丧师失地，不成形势也。厥后西康改为屯垦区域，所资以接济者则有自新津以达宁属之数十县收入，然其时戍军则减至一旅以下，政治则败坏已久、未能整顿，其他更难言及，西康仅苟延旦夕而已。十六年中央鉴于西康岌岌堪虞，乃以文辉兼顾康防，急为固圉绥边之图，历年以来亦全赖以川济康，用资挹注，终苦于一隅之力，所济有限，仅乃收复邓、德、白、石四县，完成金江以东之局面，以作初步设施。据此，足见西康本身，因未达于自给自立之程度，而必仰给于外；复以供给不足而苟延残喘，预算无定而百事难行。综计二十余年来，每年以西康名义所耗者恒在三百万元以上，而地方之各种供给尚不预焉。卒以未加统筹，政府无由监督，一任在边当局借口缺款毫无建树，坐听边事隳于冥冥之中。

　　文辉鉴往思来，既不敢苟且因循，以贻尸位之讥，由〔尤〕不敢避位引嫌，致遭寒蝉之诮，是以披沥上陈，应恳中央于近数年内，对于西康经费优予补助。其数额即以宣统三年核定之预算为设施最低标准，衡以今日生活程度，尚需加倍支给。西康前途，利赖是多。维〔惟〕以此种请求，与西康历来预算及实支额相形，不免过巨。然分析用途，则西康既为全国之重要国防所在，一误不堪再误。是虽为西康直接应负之责，间接当由全国担负，而与之唇齿相依、关系最近切之邻省仍当照旧协济。故于国防最关重要之军备费用及交通设施费用，当在中央统筹之下，使其分配比例，能顾及将来需要而定其标准，非仅依据成案而已。文化、教育诸大端为国家推行民权、扶植民族之业所在，必期其普遍发展，国家基础始得健全。边疆文化教育大抵落后，而以西康为最甚，其目下自动推进之力亦最薄弱，故在近数年内，尚赖国家特加重视，供给以必需之费用,非仅均摊而已。开发西康之各种准备程序,如调查、实验、奖励、补助等项,不特与西康一省之民生问题有关,且与国家经济之将来发展亦有关。盖以西康之情势而论,其臻于繁荣之途径,如移民垦殖、振兴工商等大规模事业,或有赖于国家之经营,或有待于境外之投资。是其初步费用虽由全国分担,其将来开发之益仍由全国共享,非仅一隅之利而已。国家政令之期于普遍实行者,积极方面如人口之调查、土地之整理等,消极方面如鸦片之禁绝、瘾民之革除等,须全国一致进行,西康亦当及时办竣,故其费用仰给国家,始易为力也。至于地方行政费用辄赖地方自筹,而西康固有元气极为薄弱,屡经丧乱,尤难恢复,办理善后、准备新设施,均须急起直追,已非曩时之因陋就简、虚有其表者所可奏功,反之地方行政不良、不能消弭隐患,设有变乱,所耗尤多,是以目前仍有待于补助。国家在暂时虽略增支出,然怀来柔远、启宇开疆,非仅增加行政效率而已。如上所陈国防方面,本以思患预防为原则,移事后救济之需,为事前设备之费,则收效甚大;政治、文化、经济诸方面,本以及时图谋为原则,积历年置诸虚耗之成数,为同时并举之用途,则奏功甚捷,诚一劳永逸之上策也。

  然治边者,仍当体中央筹款之艰难,极力撙节不生产之开支,而特别注重事业之发展,使款不虚縻、事有实效,尤当力谋逐年减轻国家之负担,使不致长期为累。例如:交通方面之费用,能于四五年内使各公路修筑完成、设备就绪,则每年可以减少二百余万元;开发之初步准备,于二三年内竣事后,每年又可减少数十万元;军队于一二年内装置、训练完备后,即转而从事屯垦一类事业,其所生产之粮食足以自给,则军费应可削减;各地方之碉堡、仓廒及其他建造完成之后,每年即只须少数保持之费;地方元气逐渐恢复、各项收入逐渐整理增加之后,教育行政等费亦可渐望自给,则国家补助之费可以逐渐减少。如是,多则十年,少则五六年,西康本身可以臻于自谋自给之一境;而边区开发之结果,又足以使其繁荣巩固,与内地同时进步,庶几可副国家建置康省之宏旨。

  所有经常及事业费用,除分别另列预算呈请鉴核外,此关于西康经费有赖于中央暂时优予补助以利进行者也。

(二)疆域划分

1. 西康建省委员会致四川省政府商请从速办理省界划分咨（1938年6月11日）

案准贵府民字第一六五四八号函开。奉行政院训令,川边二十一县改隶西康一案,经省务会议决议,公推吴委员景伯为川康划界会勘专员。等由;准此。自系为履行规定程序起见,除派本会委员王靖宇与贵府委员吴景伯商洽外,惟查川省疆域,素极完整,历史相沿,从少争议,根本上与其他省份之有插花瓯脱地者,殊不相侔。本会此次建议请划川边各县,完成西康省治,其所持理由,具载建议书中。而主要之点,尤有鉴于抗战情势,日迫一日,中央以沿海各省,受敌胁制,将筹划康缅滇青之交通网,与乎国际路线之新辟,所责望于边疆者,至重且巨,期于从速建省,促进新机,以负荷此重大责任。所请划拨各县,皆系整个区域,大都形势齐一,界限分明,事实昭然,无俟印证。且协议划界,更与两省互有争执,或发生新的纠纷必待勘定者,迥乎不同。故勘界程序,条例不无明文,而熟审时宜,手续似难求备。兹拟会同贵府呈请中央,俯念上开特殊情形,准予从速办理。并即就贵府与本会协商结果,将应行划入西康各县,按其固有疆域,定议分划,仍遵院令暨条例规定,绘图贴说,期共了然,盖亦执简御繁,殊途同归之一道也。如荷赞同,应请再行提经省务会议公决见复,以便会稿挈衔,呈候中央核准施行,实为公盼。此咨四川省政府。
〈四川省、西康省疆域图,略〉

2. 四川省政府、西康建省委员会呈请行政院核定川康两省划界办法呈文（1938年6月26日）

为遵令协议川康两省划界办法,仰祈核定实施,以完省治,而固国防事。窃查西康自民国十七年九月经第一五三次中央政治会议议决改建行省,迄未完成。近以国难严重,川省一隅,已成吾国民族最后复兴根据地。西康唇齿相依,不仅关系后防,且为国家西部国防之前线。中枢以沿海各省受敌胁制,将筹划完成康、缅、滇、青交通网,并新辟国际交通之安全路线,俾裕抗战能力。本会深维内外情势,建省实难再缓。惟建省之先决问题,厥为疆界。西康省界本未固定,即清末有所拟议,政府并未实行。追至民七,丧师失地过半。文辉受命于康事颓败之后,复当内外艰巨之秋,节经勉竭心力,收复邓、德、白、石四县领土,完成乡、稻、得、义四县统治。现在实辖疆域,仍仅金沙江以东之十九县,其金沙江以西各地,尚沦藏方。虽尺土寸地,均难视为弃置,而对藏问题中央具有成算,事关国策,自当在枢府领导之下,一秉讦谟,努力从事,职责有属,未敢告劳。第以现存凋残各县,匪惟建省不成形势,且人口经济条件种种不备,亦复着手无从。

伏查过去热、察、绥、宁、青海等省改建之初,率皆请划近邻腹县多处,以为新省主干,载诸政令,依据足资。爰本历史、地理、经济、文化各方面,择其与西康确有关联之宁、雅两属,及松、理、茂、汶、懋、靖等县,允宜划入西康。经本会说明理由,拟具建议书,于本年四月呈请中枢核定公布,以利进行。兹奉钧院汉字第二三〇七号指令:该省地瘠人稀,为完成建省计划,其疆域可予调整。所请划拨川边各县,应由该建省委员会及四川省政府,于适应国防设施、兵要地理及交通、经济情形之条件下,依《省市县勘界条例》第八条之规定办理。等因。本府亦同时奉令饬知在案。具仰中枢注意国防,慎重经始之至意。是西康区域,应予调整,在原则上已为中枢各院部会一致之认定。奉令前因,自应遵照,分别办理,用符规定。

惟查本会此次建议,唯一要点,盖有鉴于抗战情势,日迫一日,中枢责望于边疆者至巨,期于速完省治,促进新机,以负荷国防上重大责任。请划各县,无不地域完整,境界分明,既无犬牙交错之形,又无华离瓯脱之地。事实具在,考查不难。且根本与两省因辖境发生纠纷,必待重新勘定者迥然有别。复以宁、雅各地,山势绵亘,道路崎岖,往返周历不下数千里,其中大部分均近夷地,目前尤未易到达。而钧院开示之条件,类有图籍记载,足资印证。故勘界程序,条例虽有明文,而熟权时宜,手续似难求备。兹经本府、本会悉心推究,反复协商,并由本府于五月三十一日及六月十四日,先后提经第二百三十二次暨第二百三十五次省务会议决议,应恳钧院俯念上开特殊情形,准至若省、市、县区域之编制变更,实为各省时所恒有之事,本府以为同是国家疆土,属甲属乙,出自国家决定,无所用存尔疆我域之见。第查原建议书请划之松潘、理番、茂县、汶川、懋功、靖化、名山等七县,虽或因山川形势与康不无关联,或则距离四川省会甚近,若衡以交通商业状况,及行政管理方面,在康均不如在川较为便利而适当。按照前项《勘界条例》第二条之规定,应请中枢准予提出仍旧隶属于川。本会对于此点,认为本府兼筹并顾,具有理由,亦不复坚持原议,特表赞同。至于雅安、芦山、天全、荥经、汉源、宝兴等六县,及越西、冕宁、西昌、会理、宁南、昭觉、盐源、盐边等八县,又金汤、宁东二设治局,本府、本会查与西康壤地毗连,脉络贯通,实属自成形势,用即本此定议分划。所有以上列举各属,其相互境界,及与其他省县紧连地方,均属管辖分明,毫无紊乱。兹特根据考查所得事实情形,督同本府、本会委派专员,详稽图籍,将川康两省应划区域,按县各固有疆界,遵照钧院指示条件,并依前项条例第八条之规定,绘图贴说,力求详明。期在中枢亦可按图以索,两省形势,了然在目,既收执简御繁之效,藉免将来重勘之烦。一俟奉令核准以后,关于新旧界址,再行查照条例第十一条,于主要地点树立明显坚固之界标,并另绘区域界址详图三份,送部备查。案经会同商定,意见相同,除咨由内政部转呈钧院查核外,理合会衔具文,连同图说,呈请钧院,俯赐核呈国府,明令公布施行。

再查以上十四县、二设治局由川省划归西康,因文化及观感方面,本府之意,期有以厌服舆情,拟请中枢准将西康省改为建康省,用示系以西康与四川旧建昌道属之一部合为一省,并藉双方之力,以图建设。〈下略〉

3. 西康籍参政员叶秀峰、萧铮、洪陆东、黄季陆提案(1938年6月)

窃自抗战以来,中枢西迁,为后卫之西康,在形势上外控卫、藏,内附川、滇,北通青、新,其重要乃骤增;而在资源上,西康对国家危难之时应负之责任亦重。惟该省自中央十七年决定与青海、宁夏、热河、察哈尔、绥远同时建省以来，迄今为仍未能正式建立之一省。查其原因，可于下列表中见之：

省区	面积（公方里）[①]	人口	划入熟县	岁入	交通状况	经济文化概况
热河	173966	600余万	热河道十县	不详	全省交通便利	大体与内地无异
察哈尔	258815	200余万	口北道一县，兴和道数县	300余万元	有铁路、公路与车运	大半地方与内地无异
绥远	304058	200余万	归绥道八县，兴和道二县	200万元	有铁路、公路、航路与车运	大半地方与内地无异
宁夏	304051	100余万	宁夏道十县	400万元	有铁路、公路、航路与车运	熟县与内地无异
青海	728198	100余万	西宁道七县	100余万元	有公路与空运	熟县与内地无异
西康	181000	30余万	无	40余万元	无一切近代交通之设备	除康定、泸定两县，与内地相差极远

于上表中可见者，西康面积于边省并不甚大，而人口之少，乃不及内地之一县人口。既少，则一切开发进行无从加速；如骤欲增加人口，则食粮生产等问题又非一时所能解决。即如目前后防军事交通问题之筑路，即无处征工雇工，则本地又乏食粮之供应。边省报国之心不后内地，而凭借毫无，徒呼负责。此向来建设边省之所以划入熟县者，原因无非在于以熟县之人口与生产为建立之凭借也。故此时计及中枢之拱卫，及抗战中西康应有之供〔贡〕献，有亟须决定者：一、划入邻近可以供给食粮之熟县，而责以于西康作具体规模之移民工作。二、关于有关西康经济命脉生产品之出产地应划入该省，而责以通盘研究改良与推广。〈下略〉

4. 行政院关于川康划界、西康省名的训令（1938年7月30日）

令西康建省委员会。案奉国民政府二十七年七月二十五日渝字第八九号训令开：案准国防最高会议二十七年七月二十一日汉字第六五三号函开：据本会议秘书处案呈行政院函内称：查西康建省委员会呈请划拨川边二十一县归入西康一案，前经本院召集关系各部、会一再审查后，提出第三六四次会议决议：西康地瘠人稀，为完成建省计划，其疆域可予调整，所请划拨川边各

[①] 公方里：原文如此，亦作"方公里"，民国时期固定用法，今作"平方公里"

县，应由该建省委员会及四川省政府于适应国防设施、兵要地理及交通经济情形之条件之下，依《省市县勘界条例》办理，并经分令该建省委员会及四川省政府遵照在案。兹据内政部呈称，准四川省政府及西康建省委员会咨开：经两省协商拟将松潘、理番、茂县、汶川、懋功、靖化、名山七县仍隶川省，将雅安、芦山、天全、荥经、汉源、宝兴、越西、冕宁、西昌、会理、宁南、昭觉、盐源、盐边等十四县，金汤、宁东二设治局改隶西康，似可准予照办。至划界手续，既准咨明所划各县，无不地域完整，境界分明，且地段辽阔，履勘非短期所能竣事，以宁雅两属各县显明之旧县界为川康两省新省界，当无混淆不清之处，似可准予所请。俟本案核定后，再由两省依照前项条例派员履勘，于新省界主要地点树立界碑并绘具图说咨部核办备案。至原咨请将西康省改名建康省，似属可行。再西康疆域、省名既拟变更，可否同时成立省政府，撤销西康建省委员会之处，拟请一并核定。等情。并据四川省政府及西康建省委员会会呈到院。

经提出本院第三七二次会议决议：（一）川康划界，准照四川省政府及西康建省委员会会呈所请，转送国防最高会议核定。（二）西康更改省名，候建省筹备完全后再行呈候核办。抄检原件，请核定。等由。经本会议常务委员第八十九次会议决议通过，相应录案并抄捡原附各件函达，即希查照饬遵。等由准此。自应照办，除函复外，合行分别令仰该院转饬遵办。等因。奉此，查此案前录该委员会暨四川省政府会呈及内政部具呈，经提出本院第三七二次会议决议二点，函请国防最高会议秘书处转陈核定在案。兹奉前因，除分令四川省政府遵照及内政部知照，并呈复外，合行令仰遵照。此令。

5. 将四川宁、雅两属划归西康电一组（1938年8—9月）

八月十五日刘文辉致雅安、西昌专员电：查四川旧宁、雅两属除名山外，计十四县、两设治局，现奉中央明令划入西康新省区，并准四川省政府咨，定于九月一日移交，业经省府暨本会电令行知在案，应先录令布告。惟各该县局划入西康以后，自九月一日起一切政权系统直接属诸本会，所有行政税收机构、各级保安团队及省立各学校均应暂仍旧状，维持进行。除关于移交事宜应遵另令规定办理外，凡现在任职之各级行政官吏人员及保安团队，均着一律照常供职，各负责任，奋矢靖共，力维地方治安，注意当前要政，不得稍涉疏虞，致滋贻误。同为国家疆土，属甲属乙，勿庸自泥町畦；同系国家官吏，在川在康，均宜恪尽职责。本委员长循名核实，立贤无方。当此后防重要，尤盼共赴事功，勿存京兆五日之心，须知毫厘千里之误，协图治理，咸熙庶绩，有厚望焉。仍将奉电日期报查。西康建省委员会委员长刘文辉。有印。

八月二十六日刘文辉致张群电：渝。行营张主任岳公。△密。窃雅、宁两属遵奉中央明令，划归西康管辖，并准四川省政府来咨，定于九月一日交由本会接收，已分别电令饬遵在案。本会接收以后，关于全康行政督察机构，尚须通盘筹划，期归一律。所有四川原设之第十七、八两区行政专员应暂裁撤，昨经面呈，当荷允准，顷已分电雅安、西昌两专员遵照去讫。惟查各该专员所兼之区保安司令，职务重要，未可一日中辍。在西康过去办法，均系暂交驻军团旅长以上之官长兼任，曾经具报钧行营有案，拟恳俯准仍照原案，将雅安专员所兼之区司令一职，暂交驻雅张旅长巽中兼代，西昌专员所兼之区司令一职，暂交驻宁杨副师长学端兼代，用维现状。一俟将来改组以后，再行遵照通例办理，以符规制。兹因交接期迫，除由本会先行电令外，理合报请钧行营查核示遵。西康建省委员会委员长刘文辉。宥印。

八月二十八日刘文辉致雅安、西昌专员电：雅安王专员锡圭、西昌王专员旭东钧鉴：查雅、宁两属现奉中央明令，划归西康管辖，并准四川省政府来咨，定于九月一日正式移交，已经川府及本会分别电令饬遵在案。本会接收划入各县以后，关于督察行政机构，尚须另谋调整。在西康整个计划未经颁布以前，一切行政事务统由本会直接处理，所有四川原设之第十七、第十八两区行政专员应暂裁撤，希即遵照；并截至接收之前一日止，结束职务，撤销专署。一面将任内经管事项，逐一妥为清厘，分别列册，依照《交代通例》规定，属于专员任内者，雅安交由本会派员徐健、西昌交由本会派员杨学端点收结报；属于区保安司令任内者，雅安交由新委暂兼区保安司令之张旅长巽中点收结报，西昌应连同专员兼任之夷务指导区事务一并交由新委暂兼区保安司令之杨副师长学端点收结报。其原有两区司令部暨西昌夷务指导区，并着各该新委区司令分别情形，斟酌改组，专案报候核示。除呈报中央并分令外，合电遵照。西康建省委员会委员长刘文辉。勘蓉印。

九月五日王缵绪致西康建省委员会电：急。西康建省委员会公鉴：准贵会九月一日公函，嘱严电西昌王专员交出本兼各职等由，业已转饬雅安、西昌专员遵照将各该专员及保安区司令职务遵照交代在案。特复。四川省政府主席兼保安司令王缵绪。治省保民印。

6. 刘文辉告宁、雅两属父老昆季书（1938年9月1日）

宁、雅两属父老昆季均鉴：西康建省，倡议不自今日。清末经营康、藏，改土归流，即已树其初基。迨至国民政府定都南京，曾于民国十七年九月五日第一五三次及十八年九月二十五日第一九七次中央政治会议先后决议，与热河、绥远、察哈尔、宁夏、青海等区同改行省，并迅行规划组织。其热、察、绥、宁、青等省，早已告成，独康区因种种阻碍，荏苒迄今。然中央奠定边疆，充实国防之至意，固已彰彰在人耳目。洎抗战展开以后，寇入益深，国难日急，西康不特为目前国防之重镇，抑且系将来国际交通之重心。故我最高领袖，宵旰之余，乾纲毅断，特饬川康两省，调整疆域，完成省治。因即会同四川省府，遵照中央指示，于适应国防设施、兵要地理及交通经济等条件，详切敷陈，会衔呈请中央准将宁属八县、雅属六县（除名山）及金汤、宁东两设治局，划隶西康，经由行政院二十七年七月十九日第三七二次院议如请通过，并呈奉国防最高会议决议照准，复由行政院转奉国民政府二十七年七月二十五日渝密字第八九号令饬施行，于本年七月三十日分令川、康两省遵照在案。

良以此举关系国家大计，非徒一隅得失。统筹全局，悉出枢府，中间渊谋默运，诚非一般人民所得尽窥，而同为国家领土，属甲属乙，虽疆吏亦不容意存畛域也。矧所划各县，在全川一百五十余属中，只舍去边鄙之十余处已耳，人口财赋在川不嫌其加少，在康所益者尤系人口，而非财赋。因宁、雅两属，收不敷支，事实昭然，无论属川属康，均难语于自给自足。盖就粮赋而论，此十四县、两设治局全部岁入，仅只九万零七百余元（见四川财政厅二十六年统计），以作当地政务机关各项开支，不敷甚巨，故每年由四川省府经常补助之款尚多（正与川省府磋商手续，照案拨济）。是则宁、雅两属划康以后，不特无丝毫之接济，尚有赖于四川省府继续之增益，此认划界为以宁济康之错误，不能不为我两属父老昆季一申明也。

文辉受中央付托之重，惟有秉承宏旨，靖谧边陲，力图更生，遑计艰苦。今后一切措施，凡法令之所规定者，允宜因时因地，分别推行，期臻治理。其于地方建树，亦必权衡缓急，审酌财力，计其事功，上以纾国家之殷忧，下以慰人民之渴望。顾宁、雅两属，皆为辉部久戍之地，军民相与，本极禽然，中因差池，偶有乖戾，然薄德自反，欠〔歉〕疚良多，曾于辉部奉令接防之际，掬诚布告，度荷昭察。

比者与民更始，责在经边，用揭大经，聊当简约：一曰严肃军纪，绥靖地方，好恶同民，秋毫无犯。倘有越轨行动，无论为官为兵，均必尽法严惩，决不宽假。一曰澄清吏治。首重官方，苟涉贪污，国有常律，川之合江，康之炉霍，往事历历，可为昭鉴。至于土劣胥吏，痞棍奸氓，倘敢鱼肉人民，贼蠹乡里，一经察觉，或被告发，惟有严法以绳，勿任宽典幸邀。一曰地方文化事业，积极倡导振兴，以启豁人民智识，培养人民能力，增高人民道德，齐一人民意志，用以完成抗战建国之最大使命。一曰延揽当地人才，立贤无方，不限一格，期于共谋技术政治之建立与发展，用以内臻郅治，外固国防。一曰培植当地青年，注意奖掖，力宏造就，期成各种实用人才，以确立地方自治之基础。一曰国民经济建设，务于不增加地方负担之范围内，努力实施，以裕人民生计。上述各项计划，备于施政大纲，兹不琐赘。

惟是高山积于撮土，大海汇诸细流，一的同趋，群力易赴，所望我两属父老昆季，协予扶助，共济艰难。如有以硕画荩筹、昌言谠论，与夫当前利弊、积久民瘼来相告语者，文辉无不虚怀采纳，参酌施行。所谓忘己贵于改过，致理必在推诚，此则眷眷之私，尤不忘于梦寐者也。惟念寇焰方张，恶氛未戢，局势阽危，甚于累卵。我前线将士，现正出生入死，浴血沙场，以争取民族光宠；我后方人民，应如何破除私见，惕励身心，共谋精诚团结，以挽救国家之危亡。我宁、雅两属地方人民，无论在川在康，同属中华民国国籍，更宜无分彼此，自域町畦，想我两属父老昆季，不乏明达，必能仰体时艰，切鉴诚款。一般民众或有未尽释然者，更望相与诏勉，共励前修。同处惊涛骇浪之中，共懔复舟胥溺之痛,勿怀虞诈,协力支撑,乐利共谋,勤拳不任。此告。

7. 西康建省委员会望雅、宁两属人民于西康建省后各安生业布告(1938年9月1日)

案查民国十七年九月中央政治会议第153次决议,西康应与热、察、绥、青等特区同改行省;嗣于十八年九月,又经第197次中央政治会议决议,咨请国民政府迅行规划组织西康省政府。等因遵奉有案。其热、察、绥、青等省早经遵令建置,先后完成。西康则因种种窒碍,荏苒遂迄今兹。寇患寝深,国难益亟,四川一隅已成吾国民族复兴根据地,西康相依唇齿,同系国家后防,中央每廑忧勤,频劳西顾。本会深维内外情势,建省实难再缓。惟建省之先决问题,厥为疆域,应谋调整。数月以来,本会为此几经审虑,往复磋商,现已荷蒙中央最后之核定。

本年八月九日奉行政院渝字第6093号训令开:案奉国民政府二十七年七月二十五日渝字第89号训令开:案准国防最高会议二十七年七月二十一日汉字第653号函开:据本会议秘书处案呈行政院函内称:查西康建省委员会呈请划拨川边二十一县归入西康一案,前经本院召集关系各部、会一再审查后,提出第364次会议决议,西康地瘠人稀,为完成建省计划,其疆域可予调整。所请划拨川边各县,应由该建省委员会及四川省政府,于适应国防设施、兵要地理及交通经济情形之条件下,依《省市县勘界条例》第八条之规定办理,并经分令该建省委员会及四川省政府遵照在案。兹据内政部呈称:准四川省政府及西康建省委员会咨开:经两省协议,拟将松潘、理番、茂县、汶川、懋功、靖化、名山七县,仍隶川省;将雅安、芦山、天全、荥经、汉源、宝兴、越西、冕宁、西昌、会理、宁南、昭觉、盐源、盐边等十四县,金汤、宁东二设治局,改隶西康,似可准予照办。至划界手续,既准咨明所划县无不地域完整,境界分明,且地段辽阔,履勘非短期所能竣事,以宁、雅两属各县显明旧县界为川康两省新省界,当无混淆不清之处,似可准如所请。俟本案核定后,再由两省派员履勘,于新省界主要地点树立界标,并绘具图说,咨部核办备案。至原咨请将西康省改名建康省,似属可行。再西康疆域、省名既拟变更,可否同时正式成立省政府,撤销西康建省员会之处,拟请一并核定。等情。

并据四川省政府及西康建省委员会会呈到院,经提出本院第372次会议决议:(一)川康划界,准照四川省政府及西康建省委员会会呈所请,转送国防最高会议核定。(二)西康更改省名,俟建省筹备完成后,再行呈候核办。抄捡原件请核定。等由。经本会议常务委员第89次会议决议通过,相应录案并抄捡原附各件函达,即希查照饬遵。等由准此。自应照办,除函复外,合行令仰该院分别转饬遵照。等因。奉此,查此案前据该委员会暨四川省政府会呈,及内政部具呈,经提出本院第372次会议决议二点,函请国防最高会议秘书处转陈核定在案。兹奉前因,除分令四川省政府遵照及内政部知照并呈复外,合行令仰遵照。此令。等因。奉此。

八月二十三日,复准四川省政府咨民字第25644号内开:案查川康划界事宜,前经国民政府核定,并经本府联席会议决议,将雅安、芦山、天全、荥经、汉源、宝兴、越西、冕宁、西昌、会理、宁南、昭觉、盐源、盐边等十四县,金汤、宁东二设治局,自九月一日起,由贵会接收管辖。除分别呈报行政院、委员长行营,暨训令十七、十八两区专署各县府,并先行电饬遵照外,相应咨请查照办理为荷。等因。准此,所有雅安等十四县暨金汤、宁东两设治局,应自九月一日起由本会正式接收,归入西康管辖。

除将接收情形呈报中央,并录案分别电令宁、雅各县局遵照,仍饬现任各员照常供职,力图治理外,惟查省、市、县区域之编制变更,因时因地,本为各省恒有之事态,不独川康两省为然,宁、雅两属同为国家领土,隶川隶康,出自国家决定,无所用存尔疆我域之见。本会根据职权,遵令建省,原为仰秉枢谟完成国防大计,际兹艰虞遭会,深感来日大难,所望我两属人民,尊重国策,共济时艰,勿惑流言,各安生业。本委员长惟有一本与民更始之意,督同有司,黾勉图维。凡所设张举措,必期有以餍我两属喁喁之情也。切切此告。委员长刘文辉。

（三）绰斯甲归属之争

1. 西康建省委员会请四川省政府更正绰斯甲归属函（1936年12月8日）

案准内政部本年十月二十六日发五二三六号咨略开：准四川省政府咨，拟将绥、崇两屯及绰斯甲布土司，合并改置靖化县，已奉行政院指令准予照办，咨请查照。等由到会。案查绰斯甲布即绰斯甲，傅华封《西康建省记》称，绰斯系于宣统三年经川督赵尔丰、代理川滇边务大臣傅嵩炑准民政部咨，檄令该司改土归流，并饬由打箭炉厅派员收印，调查户口粮税，划归道孚县管辖。民元以来，历为道孚境内九区之一。民国三、四年间，绰凯、裕华等公司先后在该土区所辖二凯地方开设金厂，均系在川边立案办理。该土憎恶采金，曾于民国五年驱逐金厂，因畏讨伐，潜向二十八军输诚。其后该军重开二凯金厂，复被土司嗾使民众，逐厂杀官。自是以后，该土司依违川、康之间，骑墙观望，致贵省府误列屯区，划归靖化。

窃川、康同为我国领土，绰斯一部隶康隶川，均属一体，本无争执之必要，惟西康全部均属四川旧境，现既遵奉中央明令筹备建省，则川、康经界，自应有一明确标准，俾两省间之土司头人不致骑墙玩法。至其明确标准，向以曾经赵、傅两大臣改土归流之区域属康，未经改流者属川。绰斯既为赵、傅改流，且历隶道孚有案，当然应归康属。今忽呈准改隶靖化，讵得情理不平。若谓该土司原隶懋功为属川，则西康全土皆四川旧境。若谓该土司曾附二十八军为属川，则木里土司亦曾属附康、滇，且其地风俗习尚完全与康、藏相同，敝会在未征得贵府同意以前，亦决不敢径请中央划归康省。若谓其地势密接绥、崇，宜于合并，则金汤与康区之鱼通同一河谷，天然地势与宝兴隔阂，但以非赵、傅曾施改流之地，虽其逼近西康省会，敝省亦未便呈请划入康属也。

且敝会移康后，正着手改定行政区域，拟将绰斯、俄洛、色尔巴三地重行改流，分设三县，已具成议。准咨前由，曷胜惊异，除已呈请中央予以更正，仍将绰斯划归西康管辖，以正经界而利改流外，相应函请贵省府查照更正，并希见复为荷。此致四川省政府。

2. 苏耿光请刘湘力争绰斯甲主权电（1936年12月20日）

成都。督办刘钧鉴：色耳巴金矿之富，实为康冠，故职曾两次向钧座建议开采。昨杨叔明密向职云，建委会刻奉行政院明令，谓该处概归四川管辖，但自乾不服，业根据清末赵尔丰曾没收绰斯甲土司印信，援改流之理由认为应归西康管辖，已[向]行政院呈复力争。自乾并亲向职云，伊拟即派兵一营前往开采。此事于吾川财政前途关系极大，望钧座据理力争，勿失主权为祷。职苏耿光叩。哿午印。

3. 刘文辉与邓汉祥、嵇祖佑辩绰斯甲归属函（1936年12月31日）

鸣阶、述庚两兄勋鉴：二十一日大示奉悉。承示各节，自属实情。西康原称川边，现又在甫公绥靖区内，绰斯一地，属川属康，原无成见。惟因西康差徭制度迥异腹省，各县辖境住民向系平均负担，若其未经双方同意，遽予划割，则地方头人之差徭负担，必因之加重，纠纷立起，实为辉经边之累。前奉院令，敝会必分别呈缄行政院及贵省府请予更正者，实有不得已之苦衷。且查川康境界历以赵、傅改流与否为判，若就清代隶属问题言，则西康全部皆属川境，现在康定清末亦受雅州府管辖。至谓该土改流入康，迄未见诸实行，亦非绝对事实。查绰斯改流后，即划归道孚县管辖，为道孚九区之一，民三办理二楷〔凯〕金厂，系于道孚纳课。民二十三年该属色耳巴村民行劫于炉霍县境，复经邓前县长督队剿办，该村认纳差粮，并由西康屯殖总司令委任该土司为团务督察长，该土司曾呈报就职在案。不过因时局关系，改流犹未彻底耳。其情形恰与四川之有木里相似，虽盐源县府历来对于木里行使职权，因其未经赵、傅改流，现仍隶属川省。绰斯改流入康，既有成案，似不能以时局障碍，遽请划归川省管辖，尚祈兄等转陈鄙意，仍请由贵府根据本会前咨，转请政院更正为荷。专此。即颂政祺。

4. 于竹君向嵇祖佑报告绰斯甲纠纷情形函（时间不详）

述公厅座钧鉴：窃职前派联保主任孟和宣，壮丁总队副马丕丞赴绰斯甲，除马队长回县报告业经转呈外，兹复据孟主任报告，谨再转呈如次：（一）从前抢牛杀人各犯均经该土司拘到官寨，分别清还或赔偿命价，原告等俱满意而还。（二）奉命购买耕牛，该土司尚能极力帮助，此次带回牛只应请转饬各保长分给农民喂养。（三）该土司近奉西康建委会训令，饬就一、二、三区每区选派壮丁一名，自备枪支被服，到康受训，当时即严词拒绝，应请示以后类似事件，如何应付。（四）绰属色耳巴金厂，西康方面曾以唐杰名义呈请立案，行将着手开采，并拟派兵一团保护，该土司闻之甚为恐慌，力求转达政府，设法制止。（五）开采俄热金矿，该土司并未表示反对，又经反复陈说利害，不但对于政府命令有真正信仰，即对于自身问题亦有切实觉悟。（六）本人亲到俄热地方驻扎数日，提及金厂，土人即相顾色变（土人约百余家，枪支、马匹、粮食均比较充足），但性畏飞机，称为"天菩萨"，常戏叩以"政府若派天菩萨来开办金厂，将奈何"，皆默不作答。综观以上报告，（三）、（四）两点颇有注意价值，当由职告以西康争我绰斯甲及省府驳复经过。据该主任称：西康之争我绰斯甲者为色耳巴也，亦非专为色耳巴也，为俄热也，统而言之，为开金矿耳。今明争不得，竟不惜援用蛮家拴头之下策，使其受训，用心殊为阴险，愿我政府当局万勿以绰斯甲一块土视为无足轻重。倘有色耳巴而弃之，有俄热而又弃之，后之来者，将谓我认金穴作石田矣。今地方人望开俄热金矿，不啻小儿之望乳。乃或虑此时粮价太贵，不如姑待将来，或虑夷人未必心服，尚须详查情势。在政府通盘筹划，对于先后缓急之间，自不能不有所审慎，然我劫后灾黎，又何能缓须臾勿死而忍以待之也。既闻西康建委会毅然决然，不顾一切，窃恐民众难静易动之心理，不免一方艳羡，一方觖望等语。职因其言尚足以代表舆论，故谨撮其大概，连同报告，据以上闻，亦不敢壅遏下情之意云尔。专此。肃叩钧安。并贺年喜。

5. 懋功县长幸蜀峰应对绰斯甲局势建议签呈（1939年10月）

敬签呈者。窃查职县邻封靖化县所属夷地绰斯甲辖境二凯、烧热、俄热等地金矿丰富,入土不过寸许,即可采取矿苗,甚且俯拾即得,此边区人士咸知者也。有清中叶,年羹尧西征时,曾以兵工采取,用供军实,因获巨利,爰名其中之一部为金穴山。民国二年,北政府中人梁仕诒、朱家宝、张季直等亦经集资一百万元,在二凯地方设裕华公司,派梁毅任经理,开采金矿,所用矿工约一万二千余人,开采地带沿河约一百五十里,颇极一时之盛。不意至民国六年,因该地夷人倡乱,群起骚扰,遂致停工,经济部曾于二十七年十一月五日以川矿字13108号咨请川省府查复该公司一切情形在案。

本年国府明令将该绰斯甲划归西康后,康省府即派陈月江、周楚三、杜铁樵等三人为专员,办理接收,殊被该周锁土司严厉拒绝,历时数月,势成僵局。迭据靖化消息,及职县士绅等陈称,该土司自闻明令改划后,即坚决表示不愿接受,康省府数度派员前往接洽,均饷以闭门之羹,痛哭他往。该土司且迭次扬言,仍愿归川管辖,不愿划归西康,并云如明令收归国有,由部经营,伊极愿以地下蕴藏贡献国家,俾供抗战之助等语。征之夷人心理,一经信仰即牢不可拔,所谓"抚我则厚"实已深印于脑海中,似不能与寻常抗命之举相提并论。且众口一词,概属缙绅之辈,深谙其风土人情者,似亦非道听途说可比。复查该绰斯甲各地幅员辽阔,纵横约五六百里,其种族半为驯番,半为野番。野番为游牧生活,概逐水草而居。驯番则比较进化,脑筋思想,尚觉明白事体,如抚之有恩,实亦可供驱策。前清雍、乾时,阿桂征大金川、岳钟琪征西藏等役,该土司均曾立军功,有部案可查。

以职之愚,值此抗战建国,国库空虚,诚能因势利导,俯顺夷情,先派一夷族中声望素孚明达事体之人,衔命前往,晓谕利害,宣扬德威,俾其对国家民族更有深一层认识,心悦诚服,则该地矿权收归国有,由部经营,一切自不成问题,且与划归西康仍属一而二、二而一者。况所欲与聚,所恶勿施,好恶既未拂其性,自无或启边衅之虞。如蒙俯纳刍议,查有职县别思满屯守备古仕忠,世代读书,深明大义,该守备曾于民九毕业于前川督熊锦帆先生主办之讲武堂,才资文武,声望素孚,精明练达,颇识事体,拟恳令派该员驰往,给以相当名义,俾其宣慰抚绥,决能裨益国家而收怀远之效。职叨荷殊知,远膺边寄,逾越职守,情出由衷;妄渎之咎,本属不合,惟邻封密迩,闻见较详,如知而不言,何以对国家付托之重,用是不揣冒昧,迫切陈词。是否有当,伏乞鉴核令遵。谨呈四川省第十六行政督察专员谭,转呈兼主席蒋。

6. 理番县徐剑秋转绰斯甲土司请制止康军进逼呈(1939年11月4日)

　　成都。兼理主席蒋钧鉴:案据绰斯甲全权代表泽坑呈称:我们绰斯甲的人民在历史上向来是属于四川省所管,川西一般人所谓十八土,绰斯甲土司便是其中的一个,不但风俗习惯语言皆与各土相同,且在历来与各土就有休戚相关的密切关系。由此看来,应该归四川省管辖是很明显的。前次二十四军刘军长不明了绰斯甲在历史上与地理上与四川省有特殊的关系,要想在我们的地方内挖金,竟请中央政府将绰斯甲划归西康管理。在西康省固然也是中国的版图,我们绰斯甲的人民当西康省的百姓也就是中国的百姓,当然没有闲话可说。不过自从绰斯甲划归西康后,西康省政府对我们遭罹匪祸以后的绰斯甲人民不但没有丝毫的体恤,还认为我等蛮愚可欺,以至横征暴敛,不良待遇,随时加在我们绰斯甲的百姓身上,简直把我们当成一个化外的民族看待。近来又派遣了大批军队,不问我们同不同意,竟估着要开金厂,又要收我们的税捐;其势汹汹,很不规矩,扰得我们百姓昼夜不安,只好与他说好话,请他不要打我们。其他各土的头人和人民因为素来与我们有谊属关系,看见这种情形,大家都很抱愤不平,打算联合起来,用武力去对付。我们绰斯甲人民素来极服从政府,在我们未把苦衷向政府呈诉以前,极不愿意造些乱子,使政府有后顾之忧的。所以只好由大家举出代表,逃向原来管我们最宽厚仁爱的理番县政府,来泣诉我们被蹂躏的情形和我们不愿为西康当百姓的坚决心,务祈钧座将这几层意见转呈蒋委员长,火速制止刘军长,不要打我们,免得我们受害,并请委员长仍然将绰斯甲划归四川管理。不然我们各土的人宁愿全家拿跟他打死,不愿为西康省的百姓。想委座为消弭边患和厚爱边民起见,必能答应我们的请求吧。等情。

　　据此。查该呈所称各节确系实情,且该绰斯甲与边地各土联络一气,如西康派兵进逼,决以武力抵抗,现已集合各土开会,情势颇为严重。职恐因此管辖问题而酿成边患,除面见该代表晓以大义,嘱其转知该土各头人静候上峰解决勿得妄动外,并派员率领前来晋谒钧座,面呈一切,伏乞转请制止康军进逼,再行处理划界问题。〈下略〉

7. 刘文辉致贺国光电一组（1939年末）

十一月二十五日:成都。四川省府贺秘书长:养民电敬悉。△密。绰斯甲名归靖化管辖,实未应差纳粮,久同化外。该地土头骤闻划归本省,即其他呈请援例永远免除差粮①,当明白宣谕应差纳粮为人民对国家应尽之义务,断无永远豁免之理,只能于接收后眷念民艰,酌予体恤,转请申请减免。并饬接收专员周文藻会商靖化县府,共同剀切开导。嗣据周专员报称,该土头多已表示听命,惟仍有少数受部分行政人员指使,横生异议,似非借用武力,难望生效。复以值此抗战时期,不愿以接收区区一隅之地,对内轻启边衅,仍与会商和平处理,会呈勘划界地,绘具图说,顺利实行,已转咨内政部核转备案。不意该在外土头近竟派代表分向贵府请愿,捏称派队强开金矿、骚扰异常等语。本府奉命接收该地,始终用和平手段审慎处置,既未派队前往,何有强开金矿骚扰虐待情事？显系受人播弄,危言耸听,仍希查明事实,严谕制止,以期弭患无形为荷。弟刘文辉叩。有民印。

十一月二十七日:〈上略〉承示贵府开导绰斯甲代表郭头人等情形,具承关注,至感公谊。据查该地现由敝省特派人员周文藻等接收,尚称安静。该郭头人等或系别有用心,假借代表名义,耸动贵府听闻。二十四军从未开赴该地,现仅周文藻等带有少数护卫部队,约束亦严。中央在康设立金矿局,敝府曾派员前往该地代为查勘金矿,即使将来认为可以开采,亦当依法办理,人民不得拒绝,足征该郭头人等所呈各情出于虚构或误会,拟恳贵府再予严词开导,俾能各安本分,或竟置之不理,亦足以戢其淆惑听闻之诡计也。如何之处,仍请衡裁为荷。弟刘文辉叩。汉感印。

十二月八日:〈上略〉绰斯甲头人蒙剀切开导,听命回籍,至深感荷。以后自当仍本怀柔政策,加意抚绥,用副雅嘱。弟刘文辉。庚民印。

---

①编者注:此句原文如此

8. 刘文辉请张群查办十六区专员煽惑土头函（1940年12月13日）

岳公勋鉴：绰斯甲于二十七年下季奉命划隶康省，当派周文藻为该地接收专员，复派杜德珊为接收协办，并将界址更正图表咨请内政部转呈核示备案。旋准内政部咨复已核转行政院呈奉国民政府本年七月二十日渝文字第四四五九号指令，准予备案，即请查照。等由到府。是绰斯甲接收手续已告完备，方拟正式接管以利政务进行，嗣以该地位在川、青、康三省边界，土司头人夙未倾诚向化，骤以军队戍镇，虑失怀柔，如无实力为防，难期就范。故委靖化人杜德珊为特种保安大队长，于当地招收壮丁，实施组训，以维治安。

讵知本年六月四川第十六区行政督察专员严光熙忽给谕绰斯甲土司，略谓宣赈员钟可托行将来绰，仰即妥为接洽等语。查该地已于去冬接收竣事，今夏该专员忽有此种谕令，似此侵越范围，显系别有用意。本年八月二十五日午后一时，严专员复率懋功县国民兵团团副尹见刚、随员张立本并保安队四连、手枪队一连驰赴绰斯甲，旋趋靖化，面嘱保安大队长杜德珊入城商讨夷务，言毕即行。忽有靖化河西守备阿庆峰、靖化民孟华宇谓杜大队长曰：本人随严专员赴绰，老土司及大头人处皆拒不见，即邀小头人等作密室谈话，内情不明，恐有他变。未几，迭接靖化县长游辅国及张咏平来函，均谓奉专员谕促速入城商公。杜大队长乃率兵五名赴城，行至距城十二里处已届黄昏，乃入东门时已入夜，忽于灯影下四面乱枪阻击，杜大队长坠岩得免，随兵五名一死一伤。次日严专员即率队返茂，尹见刚、张立本亦举家随去。所有详细情形，曾经分别呈咨成都行辕、四川省政府依法查办以伸法纪，各在卷。

近又迭接接收专员周文藻前后微电，略称新任靖化米县长对于西康省府及杜大队长德珊有关人员肆意逮捕，枪杀数人，余俱逃避后山。严专员又派员谕令绰斯甲土司，嘱备款数万，交彼负责运用，定可仍还旧辖，乞商川府派员会同彻查。又云杜大队长部下人等均不能在绥立足，或逃丹巴，或匿大中，或来康定，近在康人员已达数十名，衣食艰难，乞予维系。各等情前来。可识情势汹汹，变本加厉，瞻望前途，殷忧无已。

窃以绰斯甲改隶问题经中央明令颁布于先，政院指令备案于后，具体解决允无纠纷可言,间有少数不肖土头虽欲从中梗命,冀免约束,势理皆不可能。盖中央德威遐敷,既不令再有化外顽民,亦不令有封建思想之官吏存在也。不意十六区专员严光熙曲庇绰地流氓尹见刚等,屡抗政令,便逞私图,煽惑土头,捕杀官吏,遗害边圉,破坏后防,法纪凌夷,舆情愤激。若不从速严惩,实无以正政轨而肃官常,幸乞严饬会查彻办,俾消隐患,至为感祷。专此。敬颂勋安。

9. 蒋介石关于绰斯甲头人阿生马献旗输诚的训令（1941年4月14日）

令四川省政府。张主任案呈：据绰斯甲头人阿生马来蓉呈称"绰斯甲为遵服中央明令划归西康,特献旗输诚,并请求保障四事,以安住牧"等情到辕。业经接见并剀切宣慰,暨以"呈悉。该土遵令归服西康,献旗输诚,深堪嘉许。关于请求保障四项,兹指示如左：一、乌拉差徭,准予照旧优待。二、土司待遇,自当与四川各土司同样办理。三、土司权益,亦准照四川各土司办理。四、请委泽□柯阿一节,暂勿庸议,候饬四川省政府转饬该管县政府核议再夺。至免派杜德珊、陈月江二人到绰一节,并候令饬西康省政府遵照。以上各项,仰即转知该土上下官民一体知照,仰体政府德意为要"等语批示在案。除分令西康省政府遵照外,合亟抄同原呈,令仰该省政府遵照办理。此令。

[附]绰斯甲头人阿生马呈

具报告绰斯甲头人阿生马,今于国民政府军事委员会委员长成都行辕主任张钧鉴：为具禀献旗输诚,爱戴国家,服从政令,并恳保障四事请求以安住牧事。情绰斯甲向隶川省管辖,因中央明令划归西康,同是国家领土,皆为政府赤子,敢不凛遵,以表历来恭顺之心。前由行辕视察员晏月到绰宣慰开导,绰土已倾诚拥护,遵命办理。惟有陈者,前由晏视察员代表本土对西康省府要求九条事项：(一)保存土司头人世袭制度。(二)永远免除乌拉。(三)请四川省府委六小姐泽□柯阿为松刚土妇。(四)豁免地粮二十年。(五)不征各项捐税。(六)调整接收人事。(七)缓期设治。(八)不派军队驻扎绰斯甲。(九)二凯、烧热等处现在挖金人员迅速撤回。曾荷西康刘主席面允尽量采纳履行。

兹头人等来省敬献锦旗,用答高厚之德,同时本着前九条原案约为下列请求四项:(一)从现时定案起,二十年之内一切建制乌拉请仍照旧四川管辖时代同样之优待办理。(二)今后二十年以下,请依四川理番所管之松、卓、党、梭四土司待遇同样办理。(三)永远保存土司头人世袭制度及其权益。(四)请四川省府委六小姐泽□柯阿为松刚土妇,并免派杜德珊、陈月江二人到绰。综上四项,务恳钧府明白定案,照允办理,以安住牧。头人等永戴国恩,竭忠拥护国家,保固边隅,敬献锦旗,恭祝钧座福禄无疆。具禀是实。

(四)西康省政府成立

1. 行政院准予西康建省电(1938年11月28日)

特急。康定。刘委员长:△密。西康准予建省,于二十八年一月一日成立省政府,业经本院第三九〇次会议决议,并呈报国民政府,函达行营,及以敬(二十四日)院一电饬知该会及四川省政府。前呈请将西康省改为建康省一节,康省与西藏毗连,界务未清,更改省名,恐滋误会,自宜暂用原名,以免纷更。特达。孔祥熙。俭院印。

2. 刘文辉等为成立西康省政府致中央各部院会、各军集团军及各师长电

〈上略〉案奉行政院敬一电开:兹经本院第三百九十次会议决议,西康省准予建省,于二十八年一月一日成立该省省政府,除呈报国民政府并函达行营外,特电知照。复于二十七年十二月二十五日奉国民政府电开:(一)任命刘文辉、段班级、李万华、叶秀峰、韩孟钧、王靖宇、格聪呼图克图、杨永浚、黄述为西康省政府委员。此令。(二)任命刘文辉兼西康省政府主席。此令。(三)任命段班级兼西康省政府民政厅厅长、李万华兼西康省政府财政厅厅长、韩孟钧兼西康省政府教育厅厅长、叶秀峰兼西康省政府建设厅厅长。此令。(四)任命王靖宇兼西康省保安处处长。此令。(五)任命张为炯为西康省

政府秘书长。此令。各等因。并奉颁西康省政府印及省主席官章各一颗。奉此,文辉等遵于二十八年一月一日在康定谨敬宣誓就职。除分呈咨行令告外,谨特电奉闻。刘文辉、段班级、李万华、叶秀峰、韩孟钧、王靖宇、格聪呼图克图、杨永浚、黄述、张为炯同叩。东印。

3. 西康省政府成立宣言(1939年1月1日)

西康建省,迄今而始完成,界泯华羌,民齐轨物,空前胜举,史册增光,士庶腾欢,星云兆庆,有由然矣。尝稽历代之治边者,囿于夷夏之见,固为群类之分,借爵赏以资羁縻,恃兵威而安反侧,相沿成习,寓意失平,情感靡遗,精诚自蔽,劳徕未已,猜忌旋生,历唐宋元明而至有清,莫不习循复辙,一成不易。洎乎满清末叶,赵尔丰、傅嵩炑经营康藏,始欲力矫成规,新谋建树,垦荒创学,改土归流,数载敷施,略见成效,建省之议,实昉于斯,然徒有励精图治之心,转昧于正本清源之义。康人奉行佛教,久而益虔,万众身心,全系于此,盖其人生乐于出世,文化基为五明。普通人民既不娴生产技能,智识分子亦不感政治兴趣,倘导循有法,则治理非艰,策励无方,则隔阂即起。值此风波动荡之会,新陈递嬗之交,如任固有者破坏无余,而新兴者将难为继,顾赵、傅两氏,虑不及此,致功行愈力,而扞格愈深,计虑愈周,而距离益远,人亡政息,势有固然。鼎革以还,国家多故,虽鞭长之莫及,实眷顾其未遑,间尝边政失修,戍军荡纪,人事倏扰,十有七年。迨文辉主政川中,兼领康事,亦以政务繁剧,烛照难周,吏不尽贤,军或逾范,驯至下情无以上达,上泽不能下敷,回首前尘,时深内疚!建会成立,三载于兹,虎尾春冰,常虞陨越,惩前毖后,讵求有功,行迹昭然,无待琐述。比以政府之决心,人民之努力,邻封之辅助,中枢之裁成,上下交孚,因缘聚契,建省大业,于以告功。至若宁、雅两区,近复划隶康省,昔为僻壤,今成腹心,位易要荒,责居领导,繁荣可待,利赖滋多,是皆过去情形,兹仅撮其梗概。

及今国难严重,环宇汹汹,正急于举国救亡,何有于西康建省?然而地方政府,耗心力,犯霜露,呼号奔走,以期其必成;中央当轴,排众疑,决大计,兼听独断,以促其实观者,盖有深切之意义存焉。溯自"七七"事变,寇焰方张,旧时版图，半沦战域，我全国国民，具抗战必胜、建国必成信心，曾于安全区域以内，尽力增加生产，发展交通，期以忍苦持久精神，博取最后胜利。康省东界川疆，西通藏卫，南邻印缅，北接甘青，形成国内政治轴心，抑亦国际路线交点，兼以农牧俱富，林矿并丰，无限地藏，立待开发。如辅以国防工业，示以现代楷模，西部藩篱，自臻巩固。矧我中央仁膏众庶，惠被遐荒，物与同胞，町畦失限，政行不忍，意切怀柔，尽等量以齐观，冀前驱而并驾，故毅然改治，聿观厥成，是又西康省政府成立之经过，不尽基于生产与国防两事已也。

吾人上膺国家付托之重，下系人民望治之殷，益以忧患寝深，职责綦巨，非矢忠无以报国，非抒诚无以抚民，非习劳无以资生，非协力无以御侮。往者中原富庶，物力畴丰，运际承平，烽烟不举，康区僻在西鄙，夙号高寒，给供曾赖以无忧，灾患亦恃以无虑。岂意畴昔之惠我者，现已划为游击战区；畴昔之安我者，现又重遭倭寇威胁。吾康处此时会，势宜自力更生，所望能以自给余资，得济前方匮乏，能以自卫余力，得备后起驰驱，望固过奢，心宁毋勉，力能共赴，事或有成。然康区在现状之下，物力既缺，人力尤微，而欲强事供张，无异束腹饰饱。此际惟有致力于披荆榛，驱虎豹，驾笮路，启山林，于颠连困顿之中，勉事于生产建设，境遇若此，舍是安图，从此愿与全康人民，共作艰苦之奋斗！

本此目的，拟订本年度施政计划大纲，项目多门，未暇详述。兹可提告于众者，厥为人事之整饬与事业之推行。关于人事者如严惩贪污，以清官守，必继之以贤能；穷治土劣。以正乡风，必征之于物望。举凡当地恶习，旧时陋规，迹近苛累，悉令屏除，法无亲疏，人宜自惕。再如全省人民，不论性别，或具卓识，或负专长，靡不尽量揽延，共图进取。关于事业者如经济建设方面，为筑路，为开荒，为牧畜，为造林，为兴水利，为启矿藏，为建工厂等，或举办已见成效，或设计尚待实施。凡服食之所需，资源之所出，莫不惟力是视，审择进行。如文化建设方面，为提倡识字运动，以减少文盲，为推广小学教育，以救济学龄儿童，为增设中等教育及职业教育，以培养青年智能，而期切于实用。其他属于财务行政暨保安行政者，为厉行一税制，以省烦苛，为实行预算制，以核名实，为普行军训壮训，以充实国民自卫能力等，俱应依法奉行，俾臻治理。上述各事,固多疏漏,自谓侧重实际,幸免夸张,是必具体化而有决心,始克逐件设施;强力化而有弹性,始克适应环境。细流汇海,撮土为山,尚有赖于吾康全体民众。

西康省治,建立于国家危急存亡之秋,任重千钧,端繁万绪,前途事业,剧感艰难。然事在人为,功因力就,与其侈言事功,何若慎使人力。倘位称其才者,因才而敬事,则事无不行;人胜其职者,在职以图功,则功无不克。故吾人常引以自励者三事:曰必听,曰必察,曰必行。听所以纳言,察所以虑始,行所以程功。常执以戒有司者三事:曰勿骄,曰勿惰,曰勿私。骄所以丧志,惰所以荒业,私所以败名。又常举以劝人民者亦三事:曰守分,曰守法,曰守约。分所以中节,法所以卫身,约所以戒侈。如各以三事自勉,奋志前趋,则振敝起衰,诚反掌间事。吾人于此,将以整齐步武,同跻于新西康之路。

4. 蒋介石训词(1939年1月1日)

西康据岷岭之高原,跨长江之上游,屏蔽川滇,控带藏卫,实为中国西南之奥区。前代政教不能及远,进步久滞。前清怵于边患,始置川滇边务大臣,且有改建行省之议。但以措置失当,坐树大梗。民国以来,国事日纷,无暇及于边计。国府成立,始于十七年九月宣布改省,维时川局未定,负责无人。二十四年始设西康建省委员会,以刘主席为委员长,主持其事,经营缔构,亦越三载,西康省政府于今年元旦实始成立。感经始之艰难,念成功之不易,故于刘主席暨省政府委员、厅长就职之日,略举数义,以相砥砺。

西康地势险阻,道路不修,民智闭塞,农产鲜少,兼与中央相距过远,政令不能下逮,民意亦未上达,在昔建省之艰,率由于此。今则川康公路旦夕可通,其他交通要道,亦当次第兴筑。省府行政经费,既由中央尽力补助,西南经济建设,亦在中枢规划之中。昔日所感之困难,皆已相当解决。尤以政府西迁,密迩康省,中央地方,无虞扞格,一切边政施设,自当以中央之力,予以促进。自今伊始,西康地方政治,建设事业之进度,惟视省府当局与地方人士之努力如何。

抑中正于此,尚有为诸君告者:前代政治,大率重内轻外,故其机构组织,亦偏重中央而略于省部,偏重上级而略于下层,偏重腹地而略于边远。人才所萃,亦在内而不在外,中央则患人才之多,各省则患人才之少,而边远之区为尤甚。各级官吏一至边疆,终日愁叹,去之惟恐不速。边事之坏,此为大端。今刘主席与省府同人对于西康,艰难缔造,匪伊朝夕,其爱康之心,自异寻常。所愿自今以往,视西康政治建设之事业,为终身之事业,锲而不舍,则西康之进步,固有出于寻常期待之外者。此为刘主席与省府同人告者一也。政治之刷新,必以建设廉洁政府为第一义,即在边区则尤要。稽之往史,自来边衅之开,与远人之叛,皆以镇抚之将吏躬行贪暴、诛求无厌为之端。诚以边荒之民,言语不通,习俗不同,主客之不安,军民之杂处,在在皆足以酿乱。但使长民者廉洁自励,有以深服边人之心,自能相感以心,相见以诚,主客之争,军民之衅,无自而作。故治边者尤在慎选官吏,树立廉洁政治。此为刘主席及省府同人告者二也。

以上两端,为自来治边之要义,亦即今日西康省政府成立以后施政之大端。大本既得,其他行政之措施、生产之建设,自能循序渐进,计日程功,无庸缕举。所望刘主席与省府同人,检讨既往,策励将来,俾西康之政府建设,蒸蒸日上。是所深望。

(五)西康省人口、土地与行政区划

1. 改隶西康省之十四县、二设治局户数与人口统计表(1938年)

县别	户数	男	女	总人口
雅安县	27432	67270	65231	132501
芦山县	8106	17038	18337	35375
宝兴县	3829	10612	10410	21022
天全县	21689	53390	55357	108747
荥经县	13401	37299	36221	73520
汉源县	20692	64445	58264	122709
金汤设治局	409	1156	988	2144

续表

县别	户数	男	女	总人口
西昌县	46943	119077	120229	239306
会理县	52497	142728	135679	278407
盐源县	11856	44817	40743	85560
越西县	18137	41943	42412	84355
冕宁县	21702	48774	40332	89106
宁南县	4920	12509	12884	25393
昭觉县				
盐边县				
宁东设治局				

注：数字来源于四川省民政厅最近之调查户口统计表。其中：昭觉县、盐边县未报；宁东设治局，系就西昌、昭觉、越西、冕宁等县各划入一部设立，其户数、人口数俱包括于上列各县统计数内。

2. 宁属概况（1939年）

一、宁属原在四川之西南边境，为越西、冕宁、盐源、盐边、会理、西昌、昭觉、宁南共八县又一宁东设治局，在前清均属于宁远府，即今之西昌。

二、东界大凉山脉，与峨、马、雷及滇之巧家等四县为界；南界滇之乐劝、元谋；西界泸定、贡噶及滇之永宁、华坪、永仁；北距邛崃山脉，与汉源、荥经两县交界；东北界四川之峨眉县。

三、四川之总面积，原为1290000方里，宁属则占其五分之一有多，为220000方里。未开垦之地，占全面积十分之六，而既开垦之地，则又未地尽其利。

四、大渡河横经宁属越西之北境，金沙江则纵贯冕宁、西昌、二盐及会理等五县，饶有灌溉之利，全长达1350里，其在上游之滇境内者，可通普渡河到昆明。

五、北阻高峰，南距大江，东拥大山，西连巨流。中间千里，衍为平原，田田畴畴，肥沃无伦，广阔达五万里之西昌平原，为川中有名之沃地，积水引渠，足资灌溉，而大凉山中之昭觉、宁南尚未开拓。

六、全境山田皆多砂土，砾石占百分之六十，黏土占百分之四十。东北部为半温带气候，中部为温带，北部属寒带，南部属半热带与半温带。农作物年可熟两次，不及温带之丰，惟寒带农作物年熟一次。通常自旧历八月即降雪，至次年二月雪始止。

七、种族以汉、夷为最多。夷族俗呼为"猓猡"，原因为"六罗"，大别之为六种，曰黑夷，曰白夷（号称之为"猓猡"），曰水田，曰梨苏，曰模梭，曰曲曲乌夷。其中，以猓猡为最多，水田次之，余则甚少。黑夷居统治之地位，白夷为被治阶级，人类之比为三与七。

八、人口总数，可考者，为2685530，汉人为766387，夷人为1919143，列表如左〈下〉：

县别	汉族人数	夷族人数
西昌	245812	485790
会理	271476	128053
越西	42476	197974
冕宁	90339	232638
盐源	64810	189124
盐边	25000	131112
宁南	25760	128415
昭觉	500	426037
合计	766387	1919143

九、越、西、会、冕大平原，年产稻约23000000石；越西、二盐及昭觉、宁南，年产玉蜀黍7000000石，年约二熟；豆、薯之属，年产均甚丰富。

十、牲畜中，产有名之建昌小马，约有120000头；牛次之，约有100000头。森林药材为数极广，几不可以数目计之也。

十一、据已知之金矿有十七处，铜矿九处，银矿十八处，铁矿二十六处，煤五十八处。例如冕宁及泸沽之红铁矿，含量为百分之七十，矿石全露地面，地质专家谓为长江上游第一优良铁矿。又如艳达金矿、会理白果湾铅矿等，产量皆甚丰富；冕宁所属泸宁管辖地，盖藏之铜矿，据确实考察，纯为鸡血铜，埋藏不深，极易开采，产量可采三千万吨。

3. 西康省行政区划与各属情形（刘文辉　1940年8月28日）

本省行政区域仍分为宁、雅、康三属，合计三十三县、三设治局。

建省前的西康，其境域即现在的康属。历代政府，以其僻处边荒，从来只采取羁縻政策，而不加以经营。洎前清末季，赵尔丰经营西康，始一变从来放任政策，而厉行改土归流，渐将西康土地从土司手中收归国有，并进而辟交通、办学校、开工厂、划垦区，拓殖经营，粗具基础。惜乎不久即值鼎革，变乱纷乘，不仅赵氏改土归流一切设施未能贯彻，而康区固有土地且日渐失丧，中经本人之惨淡经营，勉给金沙江以东之统治局面。故就康属之区划而言，应为三十三县，但现在实际管辖者不过金沙江东岸之十九县、一设治局；其西岸应如何规复，事关整个国策，又非地方政府所得而专行。

宁属地方共为八县、一设治局。东以牛头山脉及金沙江，与四川、云南为界；西与康属九龙及滇省中甸、永宁等县毗连；北与雅属汉源及川省峨边接壤。自汉关越西，即已置为郡县，迭因夷乱，未能敷政。降至南北朝时，全部沦为夷巢。元代始复招抚土酋，重建州县，隶属云南。明代改隶川省，逊清仍之。

雅属地方原为七县，现以名山县仍隶于川，实有六县、一设治局。此地原为康族居住，自汉武帝时即开为郡县，直到前清雍乾之际，始将其土司完全废除，而渐使康族同化。

综上三属地方之沿革，如就民国以来之建置而言，自系划川省之宁、雅两属以益西康；如追溯前清时代之建置，直等于划分四川为两省，与划分旧湖广省为湘、鄂省，同一事例也。

宁、雅、康三属，虽同隶一省，而情形各殊。其特殊之点，略述如次：

雅属建置较久，同化较早，现除宝兴略有西番遗族、汉源略有猓猓遗族外，其余则全为汉人，风俗习惯同于内地。关于管教养卫之政，凡内地所适用之法令，在雅属亦大致可以奉行。惟土地硗薄，人民贫苦，合六县、一设治局，人口才□□万，不及川省一中县，不能不谓为贫薄之区也。

康属人口约三十万，其中汉人及杂处康边之猓民共占人口总额五分之一，其余概属藏族。另在俄洛一带尚有未归化之野番，其确数无由统计。藏族康人,尚停滞于游牧时代及部落时代之生活,习于固陋塞野而不知变。目前在康区各县,土司头人尚握有统治人民及管辖土地之实权;康属各地优秀男丁,大都遣送寺庙学习喇嘛,寺庙遂有代表一地意见及解决一地纠纷之政治作用;康民生前余财及死后生产,大部奉献于寺庙,寺庙则以之经营商业或借贷人民,展转增殖;寺庙多强大武装,居民平时、遇外侮或外出经商行旅,均赖其保护。故康地政治上之管辖、精神上之教化、经济上之控制,均由寺庙喇嘛、土司头人操其实权。凡内地通行之政令,大都扞格不入,政府纵有良法美意,亦无由深及于人民。

宁区全境,汉人约九十余万,其余各族有猓猓、苗、西番、呷密、水田夷、么些等八种之多。除猓族外之六族,散居各县,其语言风俗,虽与汉人不同,然皆较为驯良,且为数不多,除西番、苗族各约四五万人外,余皆不过万人左右。而猓族为最强大,其人数向无确实调查,估计当在百万左右。宁属汉人所占地面,仅沿中间之通道一线,约占全宁面积四分之一,而猓族所占地面则约全宁面积四分之三,历汉、唐、明、清,常为边患。宁属之所谓夷患,实即猓猓一族之患也,而过去政府对于宁属夷患,复未谋根本之整治。清末以来,为患尤日剧烈,汉人之死于夷、奴于夷与财产之损失于夷者,不可纪极。因是汉人住地日蹙,熟地复成荒土,原有居民栗栗危惧,未来者更裹足不前。故宁属夷患不平,非但不足以言开发,即一切经常施行政设,亦无由推行。

此皆宁、雅、康三属在地理上、历史上及种族上所显现之差异也。

4. 康属十九县辖地一览(1940年)

康定县,下辖八区。第一区,辖城区及城东之菜园子、升航,城南之榆林宫。第二区,辖长春坝、安良坝、苏俄洛、白桑、柏桑、甲松、达然、自龙、八洽。第三区,辖西乌村、柯家日断、娃本村、将巴村、那龙马村、恶打村。第四区,辖洼西抗巴村、上将巴村、上恶打村、梭渣然西村、额西马村。第五区,辖阿太村、谷洼卡村、宜待村、吉曾村、木贞村、色恋绒村、玉龙村。第六区,辖瓦斯沟、日地、柳杨。第七区,辖鱼通。第八区,辖孔玉。

泸定县,下辖三区。第一区,辖河东、河西、烹坝、山风洲。第二区,辖冷碛、兴隆、化林坪、加郡、得安。第三区，辖磨西、复兴、咱威、杵泥。

丹巴县，下辖六区。第一区，辖城区、毛旦、坎旦。第二区，辖旄牛、东马、扎恩、东谷、井壁、各宗、吉宗、查纳、大马、白盖、永西、奎蓉。第三区，辖蒲鹄顶、吉巴、江达、格宗、羊马、梭坡、摹洛、大寨、中路、纳顶、边古、绒坝。第四区，辖三岔沟、黑风顶、火龙沟、太平桥、班古桥、半扇门、贡桃坪、阿娘沟、卞垭、喇嘛寺街、卡耳金约咱、上孟营、下孟营、九孟庄、上宅垄、下宅垄。第五区，辖巴底、巴极。第六区，辖革什咱、丹东。

雅江县，下辖四区。第一区——城区，辖麻子石、八角楼、卧龙石、白孜、江西村、甲灰村、噶拉村。第二区——宜马宗，辖宜马村、拉牙村、真打村、竹桑村、夺雅村、成奉村、水龙村、奔子绒、茨马绒、八衣绒。第三区——马崖，辖唐岗村、唐吉村、牙根村、谷吉村、马衣穴、热衣村、火哈村、两热村、夏熟村、子灰村、马灰村、博思村、半钟堂。第四区——崇西，辖西俄洛三村、崇西、根取卡、鲁窝村、志得、巴登村、牙霸村、唐俄村、麻即错、唐浞村。

瞻化县，下辖四区。河东区，辖甲拉溪、上吴日麻、中吴日麻、下吴日麻、一日沟、拉日麻、波兹、莫忒、然犀、热鲁、大盖洞达。河西区，辖鹤龙溪、博孜、古路、通消、洒日西、值日、麻日、披擦。上瞻区，辖饶禄、甲孜、谷日、色威、桑□、哈洼、亚恩、东大盖、西大盖、日巴、沙堆、阿色领大。下瞻区，辖甲溪、格日、洛古、朱倭、甲斯孔、曲衣纳西、曲衣弄居、曲衣增格、曲衣忙补、曲衣东泽、曲衣补巴绒、八溪。

九龙县，下辖四区。第一区，辖八阿龙村、呷耳村、华丘村、三岩龙村。第二区，辖斜卡村、踏卡村、乃渠村、乌拉溪村。第三区，辖毛茹厂村、淇木林村、魁多村、万年村。第四区，辖湾坝村、三垭村。

巴安县，下辖五区。中区，辖城区、磨房沟、茶树山、小巴冲、邦渣公、□格村、党村、鱼卡通。东区，辖红日工、东南多、亚海工、白日工、中咱村、多擦村、仁波村、雪波村、昌波村、中幸绒、地乌村、热思村、白松村、俄堆村、喜松材、次乌村。南区，辖上葛绒、下葛绒。西区，辖机里村、竹巴笼、水磨沟、拉洼村、洛碧工、波戈喜、甲英村。北区，辖茶马工、冲丹村、英戈工、桑隆喜、扛日洛、即翁村、莫多村、松多村、即多村、卯实村。

德格县,下辖五区。中区,辖更庆、柯鹿祠、龚垭。东区,辖玉隆、中杂村。南区,辖八乌、八邦、墨学、白垭。西区,辖银南、汪步顶、卡波松。北区,辖竹箐、马垄。

石渠县,下辖六区。中区,辖坝土村、菊母村、额马村、蒙拟村、木日村。东区,辖格则阿日村、起乌村、他须村、长村、温波杂思村。南区,辖瓦许村、长许干马村、长许贡马村、格他贡马村、温波杂你村。西区,辖阿泽村、拟蒙村、洽擦村、蒙萨村、茫格村。北区,辖色许村、格则贡马村、长洒贡马村、八若村、高日村。特区,辖格则村、称都村、香科村。

得荣县,下辖五区。中区——奔都保,辖奔都村、木更村、藏光村、雍雪村。东区——八日保,辖学巴村、日水顶村、冈雍村、拿江村。南区——古学保,辖古学村、若蛙村、必雍村、日瞻顶村。西区——日雨保,辖映勉村、日堆村、日渴村、雪堆村。北区——卡公保,辖梭堆村、那锁村、梭堆勤武村、八即村、梭密村。

白玉县,下辖三区。第一区,辖白玉、章都、麻绒、昌太四保。第二区,辖河坡、热加、赠科、登龙四保。第三区,辖盖玉、九马、三岩三保。

炉霍县,下辖六乡(木城、雅德、宜拜、宜木、斯木、朱倭)、二汉保(虾拉沱、瓦达)、二汉甲(新都村、纳里村)、一总保(罗科马)、二牛厂(穿科、仁达沟)。

义敦县,下辖四黄教喇嘛寺(西宁寺、乃哥寺、乃昔寺、滚噶寺)、一红教喇嘛寺(亚所寺)、九村(竭坝、章纳、告乌、萨足、达香、搓笼、夺打、勒苡、工日),以及扎口、中因、将军台站、水葱站、东军、麦干多、二郎湾、三坝、波密、松林口。

道孚县,下辖八区二村。城区(灵雀寺)、麻孜区(居日、尤龙、觉母寺、龙步沟、韩家沟)、孔撒区(固衣、大寨、约尾沟、将军梁子)、明正区(脚窝沟、明正沟、新疆沟)、鱼科区(鱼科寺、鱼科牧场)、格西区(沙湾、觉罗寺、龙步沟)、瓦日区(姚日、下甲斯空)、查坝区(上查坝——竹里,中查坝——俄底、亚卓、扎拖、夹拖、兹汤寺,下查坝——各底)、朱窝汤龙村(官寨子、龙灯坝、松林口、葛卡、朱窝牛厂、汤龙牛厂)、木茹村(瓦得、各噶山、葛卡寺、各扎寺)。

理化县,下辖城区、噶坝区(绒堆、补巴村、绒米、噶西马)、毛丫区(郎布拉、白龙拉、达其拉)、曲登区(哈勒库拉、朝龙拉、曲鲁拉)四区。城区又分东南西北四区;东区,辖甲洼、哈衣、纳中、小孜、路村;南区,辖德窝、拉波、恶黑、墨洼、日灰;西区,辖喇嘛丫、拉耳塘、垄坝、雄坝、邓波、荣母;北区,辖五花、濯取、卡工。

甘孜县,下辖五区。第一区,辖蒲玉隆乡、麻书乡、孔撒乡;第二区,辖日利乡、林葱乡、贡陇乡;第三区,辖杂科乡、朱倭乡、阿都乡;第四区,辖宜马乡、东谷乡;特区,辖大塘坝牛厂、燃锅牛厂、拉扎寺。

定乡县,下辖五区。第一区,辖上乡城各村;第二区,辖中乡城各村;第三区,辖下乡城上段各村;第四区,辖下乡城下段各村;第五区,辖大竹乡各村。

稻城县,下辖八区。城区及其附近,为稻上区、稻下区,另有巨龙区、木拉区、赤土区、日洼区、蒙目区、东义区。

邓柯县,下辖五区。第一区,辖城厢及浪拖、孙巴纳、雪巴纳等村;第二区,辖宕拖、者巴、者巴牛厂等地;第三区,辖麻呷、□基岭、俄滋等村;第四区,辖阿俗、亚丁、多跟、浪拖等村;第五区,辖仁各、重撒、呷登、娘古、热巴、洼日等村。

5. 西康疆域(郭沅卿　杨仲华　1943年)

西康为抗战时期新建之省,位于我国西南部。其疆域历经变迁,依土著之称谓,本"喀木"之旧壤(康藏土人以丹达山以西之人为"藏坝娃",以东为"康坝娃","康"为"喀木"之促音,故旧以丹达山为康藏界山)。全境土地,在清代归土司管理者十之五,界于呼图克图者十之一,流为野番者十之三,赏给西藏者十之一,疆领纷错,初无一定畛域。自光绪三十二年设立督办川滇边务大臣后,始将土司及呼图克图之地改土归流,野番之地征讨绥服,赏给西藏之地亦次第收回,统一全境,东定折多山与四川接壤(当时以康定、泸定二县属川),西以禄马岭与西藏分界(赵尔丰护送新军入藏,兵威所及,遂以为界),北枕青海,南临滇缅,规划府厅州县,议建西康为行省。惜辛亥川乱发生,主康无人,事遂终止。

民国二年,改西康为川边特别行政区域,裁原有府厅州制,划入康定、泸定,置县三十有二。民国三年,葱坡埂之役,太昭、嘉黎、硕督、察隅、科麦五县沦于西藏,康西遂以瓦合山为界。民国六年,边藏构兵,藏人大举内侵,迨民七绒坝岔停战条约缔成，康北以绒坝岔、康南以盐井为界，划地困守，疆土日蹙，边事不堪问矣。民国十七年九月，中央以西康关系国防，命与热、察、绥、宁同时建省，亦以失地未复，难以实行。民国十九年大白纠纷，藏军复乘衅占我甘、瞻两县，且伸张其势力于理化之穷、霞二坝，及炉霍县属之朱倭。嗣经二十四军大张挞伐，击退甘、瞻藏军，始收复民七沦陷之邓科、德格、白玉、石渠四县，而划金沙江为康藏之界线焉。

东北沦丧，中原吃紧，川康居高屋建瓴之势，遂为复兴民族之根据地，二十四年乃成立西康建省委员会，筹备建省事宜。抗战军兴，国府西移，西康建省益难延缓。惟以康区残存之十余县，经济贫弱，人口稀少，殊乏建设行省之条件，故于二十七年，援热、察、绥、宁、青等划入河北、山西、甘肃诸邻省若干腹县以建新省之先例，并依据地理、历史、民族各关系，呈准中央将四川宁属、雅属十四县、二设治局改隶西康，于二十八年元旦，中华民国建国纪念之日，正式建立新省。

于是西康疆域，东至雅安金鸡关，与四川分界；西至德格、巴安一带，暂与藏人划金沙江为守（康藏习惯上之界线，原在丹达山顶之鲁贡岭，失地未复，故暂划金沙江为守）；南至会理、盐边各县，与云南毗连；北至石渠一带，与青海接壤。

全境以习惯上分为康、宁、雅三区。康区即西康旧境，原辖三十二县，现辖康定、泸定、丹巴、九龙、道孚、炉霍、甘孜、瞻化、邓柯、德格、白玉、石渠（道孚以下八县习称康北）、雅江、理化、巴安、义敦、定乡、稻城、得荣（以上七县习称康南）十九县及泰宁设治局。宁区即旧宁远府辖境，现辖西昌、冕宁、会理、盐源、盐边、宁南、昭觉、越西八县，及宁东设治局，近复将西昌所辖之德昌划为德昌设治局。雅区即旧雅州府境，除名山属川外，现辖雅安、荥经、天全、芦山、宝兴、汉源六县及金汤设治局。

全省面积共351.521方公里，其中，康区占271.600方公里，宁属占44.940方公里，雅属占34.981方公里。

二、四川省情

（一）国府迁渝

1. 国民政府发布移驻重庆办公宣言训令（1937年11月20日）

国民政府训令　第七五一号

令国民政府政务官惩戒委员会

为令知事：查国民政府移驻重庆办公，业经于十一月二十日发表宣言。文曰：自卢沟桥事变发生以来，平津沦陷，战事蔓延，国民政府鉴于暴日无止境之侵略，爰决定抗战自卫。全国民众，敌忾同仇，全体将士忠勇奋发，被侵各省均有极急剧之奋斗，极壮烈之牺牲，而淞沪一隅，抗战亘于三月，各地将士闻义赴难，朝命夕至，其在前线以血肉之躯，筑成壕堑，有死无退，暴日倾其海陆空军之力，连环攻击，阵地虽化煨烬，军心仍如金石，临阵之勇，死事之烈，实足昭示民族独立之精神，而奠中华复兴之基础。迩者，暴日更肆贪黩，分兵西进，逼我首都，察其用意，无非欲挟其暴力要我为城下之盟，殊不知我国自决定抗战自卫之日，即已深知此为最后关头，为国家生命计，为民族人格计，为国际信义与世界和平计，皆已无屈服之余地，凡有血气无不具宁为玉碎、不为瓦全之决心。国民政府兹为适应战况、统筹全局、长期抗战起见，本日移驻重庆，此后将以最广大之规模，从事更持久之战斗，以中华人民之众、土地之广，人人本必死之决心，以其热血与土地凝结为一，任何暴力不能使之分离，外得国际之同情，内有民众之团结，继续抵抗，必能达到维护国家民族生存独立之目的。特此宣言，惟共勉之。等语。除通行外，合即令仰知照，并转饬所属一体知照，此令。

中华民国二十六年十一月二十日

主席　林　森

行政院院长　蒋中正

立法院院长　孙　科

司法院院长　居　正

考试院院长　戴传贤

监察院院长　于右任

(原件存中国第二历史档案馆)

2. 四川乐至县等竭诚拥护国府移渝进行持久抗战电(1937年11—12月)

四川乐至县电(11月26日)

重庆。国民政府主席林钧鉴：捧读钧府哿日宣言，并奉本省省政府漾电，敬悉钧座本日莅渝。伏以我政府为适应战况，统筹全局，长期抗战计，移驻蜀中，奠复兴之根据，坚抗战之精神。正义同情于友邦，胜筹可操于指顾。窃在末属，敢不力图奋勉，益励忠贞，竭献曝之诚，效涓埃之报。谨于本日召集全县机关法团暨四十万民众开欢迎大会，竭诚拥护并由到会全体民众提具议案如下：(一)请政府正式对日宣战；(二)实行本省刘主席提供政府采纳之后方国防基本建设各案；(三)实行统制全国经济，充实战费；(四)实行焦土抗战；(五)正法□□□、刘汝明及不战自退之将领，以肃军纪。以上各案，恳予俯赐采纳，分别实施，以张挞伐而扬国威。谨电致敬；伏乞睿察。四川乐至县县长臧尔寿暨全县机关法团并四十万民众谨叩。寝午。印。

龚伯凯等电(12月6日)

万急。重庆。国民政府主席林及各院院长钧鉴：此次倭寇侵华，占我平津，更进而胁迫我首都，政府西迁，表示长期抗战决心，宁为玉碎不为瓦全，为民族争生存，为国家争人格，无任钦仰，特派本会委员陈范畴同志代表前来欢迎并致敬礼。四川省抗敌后援会、中华国民拒毒会四川分会支会常务委员龚伯凯、申价屏。鱼。叩。

西康各界欢迎国民政府移渝大会电(12月6日)

重庆。国民政府主席林钧鉴：钧府号日移渝，以更大之决心为持久之抗战，遂听之余，无任振奋，谨于本月在康定开欢迎大会，所有到会民众咸具敌忾同仇之心，誓为竭诚拥护之举。谨此电闻，伏维明鉴。西康各界欢迎国民政府移渝大会叩。鱼。叩。

（原件存中国第二历史档案馆）

3. 四川铜梁县民众大会欢迎国府迁渝宣言呈（1937年12月1日）

十一月二十四日奉第三区专员公署转到省府漾电，恭悉国府移蜀，元首莅渝，昭示杀敌之决心，坚定长期之抗战，从此居高临下，旌旗争荼火之光；扫穴犁庭，声威挟风雷之气，最后胜利，必操诸黄帝子孙，现在迁移实是为国家至计，遥瞻字水，无任欢迎，当即召集各机关法团会商筹备一切，即于宥日在职县中市运动场开民众欢迎元首莅渝大会，届时到者千六七百人，莫不欢欣鼓舞，竭诚拥戴。除当日肃电欢迎外，理合检陈开会照片，并抄呈对文宣言标语具文呈报，伏候钧座鉴核示遵，无任屏营待命之至。谨呈

国民政府主席林

计呈照片一张、对文、宣言、标语各一件

四川铜梁县县长计显麟
中华民国二十六年十二月一日

铜梁县民众大会欢迎元首莅渝宣言

我们民众，在这与暴日全面抗战期中，而东西两战场，即频频传来"上海和太原的华军，因战略关系，相继退出"的警报，大家对于抗战的前途，不是很危虑的，很疑惧的么？可是现今的消息很好了，尤其是我们疾首蹙额的四川民众，得到空前的福音了，大家尽可一致的加紧抗战，不必有甚么忧虑疑惧了，倘还不信，我敢将报端的揭载，和长官的电令宣告出来：

（甲）报端的揭载有五：

1.国府移渝为适应战况统筹全局；

2.国府移渝为坚定长期抗战的决心；

3.国府移渝宁为玉碎毋为瓦全；

4.国府移渝办公处决设高工校、各院部设陶园；

5.国府移渝主席官邸设李子坝刘主席私邸。

(乙)本区专员公署的电令有二：

1.国府元首准于宥日（廿六）莅渝。

2.饬由县局召集民众大会表示欢迎。

蒋委员长说："四川为最后民族复兴的根据地"，今果实现了。今天元首莅渝，已算是最后胜利的决定了，就很值得我们的集会欢迎，很解得我们的忧虑疑惧了。历史告诉我们，民族斗争，有战无和，假如似宋对金和战不定，抗战不终，必至亡国无疑。我国府今既移渝，坚定长期抗战的决心，便和欧战时的法都，从巴黎移住宝图，得到最后的胜利一样，不是很好的消息么？我们四川向来僻处西陲，事事落后，年来虽然厉行新政，总多是虚有其名，未得实效。从今元首莅渝，凡有缺漏的地方，定会健全起来，凡被剥削的利益，定会复兴起来，不更是空前的福音么？只是消息既好，福音又到，我们民众就该在欢迎元首莅渝声中，全体动员，积极致力于农工商学各业务，来做长期军实的补充，来做抗战到底的准备，尤其要把现在的财力物力人力尽量献给国家，来做复兴民族的先驱，来做最后胜利的后劲。谨此宣言，希各努力。

廿六年十一月廿六日印发。

国府移渝标语

1.国府移渝是为适应战况，统筹全局。

2.国府移渝是为坚定长期抗战决心。

3.国府移渝是宁为玉碎毋为瓦全。

欢迎元首莅渝各处对文

亲爱精诚　欢迎元首

千军用命　万众决心　讲演台

国人皆曰时日曷不丧

元首明哉天风与之来　欢迎场

旋乾转坤　庆明星于元首

通权达变　负巨任以仔肩　县政府

元首莅渝抗战表示到底

中原多难一致拥戴起来　征收局

（原件存中国第二历史档案馆）

4. 重庆各界庆祝重庆陪都建立宣传大纲(1940年9月27日)

一、重庆陪都建立之经过

自我伟大神圣民族抗战展开以来，我政府为统筹全局坚持长期战争，毅然移都重庆。驹光飘瞥，忽忽已届三年！在此三年中，敌寇无日不想破坏我抗战建国之中枢，于去年"五三"、"五四"两日起开始向我战时首都施行惨无人道之轰炸！渝市人民在四十余次之残酷轰炸下，沉着应变，奋斗不懈，愈励敌忾之心，益坚抗战之志！此种伟大坚忍之精神，可以寒敌胆而正国际视听。我政府俯纳人民之要求，顺应抗战之趋势。爰于三年元月六日明定重庆为陪都，并督饬有关机关筹谋久远之规模，恢闳之建设，当不难早观厥成也。

二、庆祝陪都建立之意义

尝考史籍，一国都之建立，古今中外不乏先例。昔俄罗斯帝国曾以莫斯科为陪都，倭寇以西京为陪都。我国西周时代亦以洛阳为陪都，前清时代以盛京为陪都，其意义均在准备应付非常事变，适应战争需要。重庆绾毂西南，控扼江汉，在战略上有进攻退守之便利，在经济上有自足自给的宝藏，在交通上有水陆空运之建设，无论天时地利人力均占优势。今蒙政府明定为陪都，不仅使我重庆市民获得极大之光荣，尤其对于抗战建国获得一根据地，其必胜必成之功，盖可操左券之保证也。

三、陪都人民当前应有之急务

陪都各界定于十月一日举行热烈庆祝大典，吾人于欢欣鼓舞之余，除诚恳接受中央此种光荣赐予，矢志拥戴之外，尤应注意努力完成下列当前急务，以副中央期许，以答全民渴望。

1.积极建设：陪都过去惨遭敌机轰炸，亟应充实空防力量，扩大建设空军，以打击敌寇。当此建设陪都声中，吾人必须厉行"有钱出钱"、"有力出力"之抗建原则。努力航空建设，增加生产运动。踊跃参加兵役，建全自卫组织等。尽我国民天职,促进抗战胜利。

2.节约储蓄:节约储蓄为建设之本。无论人力财力物力,节约一分即多储蓄一分。以之进行建设始无匮乏之虞。四川为天府之国,物资丰富,然因一时未及普遍开发,尚有待吾人继续努力,今在"军事第一"、"胜利第一"目标下,吾人必须为事撙节,提倡俭约,以暂时拮据换取将来永远无穷之享受。一切醉生梦死之生活,皆应彻底革除。踊跃购买救国储蓄券,自身既直接可获稳固保证,国家亦间接增加巨大财富,诚属一举数得。

3.繁荣市面:近来市间发现极不合理现象,即各物价格飞涨不已,影响市面至巨。此殆由于一般奸商罔识大义,囤货居奇,投机取巧之所致。其行为之危害国家,直无殊于汉奸。凡我陪都人民,均负有平抑物价与检举奸商之任务,切望一致努力清除败类,然后市场赖以安定,正常秩序藉以维持,而陪都之真正繁荣始可期也。

上述当前任务固极艰苦,但抗战愈益接近胜利之时其艰苦程度亦愈加增。行都人民本其既往坚忍不拔之奋斗精神。在最高统帅直接领导之下,咬紧牙关向前迈进,为全国表率,达成吾人伟大之任务,而中华民族革命史中将留万世景仰之事迹自无待言矣!

重庆各界庆祝重庆陪都建立筹备委员会印发

(原件存中国第二历史档案馆)

(二)人口、土地、行政区划

1. 四川省疆界与面积(四川省政府统计处 1941年12月)

甲、疆界〈附《四川省地图》,略〉

四川省位居我国之西南,扼长江之上游,为康藏出入之咽喉;东邻湖南、湖北,南接贵州、云南,西连西康,北与青海、甘肃、陕西相接壤。省境西起东经101°31′46″,当松潘之草地;东至东经110°11′9″,在巫溪县之小桥驿;南起北纬27°38′27″,当古蔺县之月亮山;北至北纬34°6′26″,在松潘县之沙拉尼嘎。

省之东面，以巫溪、巫山、奉节、万县、石柱、丰都、黔江、酉阳等八县与湖北为界；以酉阳、秀山两地与湖南为邻。省之南面，以秀山、酉阳、彭水、南川、綦江、江津、合江、古蔺等八县与贵州相接；以古蔺、叙永、兴文、珙县、高县、筠连、宜宾、屏山、雷波等九县与云南为界。省之西面，以雷波、峨边、洪雅、名山、邛崃、大邑、崇庆、懋功、靖化、理番、松潘等十一县与西康为界。省之北面，以松潘界青海；以松潘、平武、昭化三县界甘肃，以昭化、广元、南江、通江、万源、城口、巫溪等七县与陕西为邻。

乙、面积

全省幅员东西相距约八百公里，南北约七百公里。全省土地面积据最近一次军事委员会军令部四川省陆地测量局之测算，为303678.99方公里（注一），当我国全国总面积之2.6%，除蒙古、西藏两地外，本省之面积居我国各行省中之第九位。

本省在民国二十八年未划雅安、汉源、盐源、昭觉、会理、荥经、芦山、西昌、冕宁、天全、宁南、越巂、宝兴、盐边等十四县与金汤、宁东两设治局于西康省以前，据曾世英氏廿五年之测算，全省土地面积为403634方公里（注二）。又据四川省建设厅廿七年之估计，全省土地面积为375617方公里（注三），与曾世英氏之测算数字相较，约差三万方公里。北平地质调查所发表之本省土地总面积数字，为394080方公里（注四），与曾世英氏之测算颇为相近。依据内政部统计处编印之《全国行政区划及土地面积统计》内四川省各县之面积数字，划西康之十四县与两个设治局之面积总数为66500余方公里（注五），如将此数自本省建设厅所估计之本省面积总数中减去，得三十一万余方公里，与四川省陆地测量局所测算之本省土地面积颇为相近。兹将四川省陆地测量局测算之本省各市县之土地面积列表如下，以资参考：

四川省各县市土地面积

区县市别	土地面积(方公里)	区县市别	土地面积(方公里)
总计	303678.99	荣昌	899.23
成都市	29.40	綦江	1839.07
自贡市		大足	1315.86
第一区共计	6896.92	璧山	810.93
温江	250.54	铜梁	1478.50
成都	384.69	第四区共计	8243.45
华阳	957.37	眉山	1034.24
灌县	1165.00	蒲江	501.25
新津	315.47	邛崃	1608.16
崇庆	1116.25	大邑	1081.42
新都	243.54	彭山	425.51
郫县	273.34	洪雅	1520.25
双流	237.65	夹江	413.54
彭县	1692.17	青神	409.24
新繁	158.55	丹棱	723.57
崇宁	178.35	名山	622.17
第二区共计	13628.57	第五区共计	18159.14
资中	1905.21	乐山	1866.58
资阳	1733.15	屏山	2891.22
内江	1599.01	马边	2624.04
荣县	1964.79	峨边	2737.76
仁寿	2616.35	雷波	4813.85
简阳	2501.62	犍为	1953.99
威远	780.60	峨眉	1271.70
井研	627.54	沐川设治局	……
第三区共计	19508.28	第六区共计	11494.55
永川	1288.34	宜宾	4230.25
巴县	3312.04	南溪	957.06
江津	3252.39	庆符	1076.76
江北	2472.02	江安	739.57
合川	2832.61	兴文	526.73

续表

区县市别	土地面积(方公里)	区县市别	土地面积(方公里)
珙县	934.73	第十区共计	10817.93
高县	1393.49	大竹	1826.31
筠连	341.75	渠县	1657.06
长宁	1294.57	广安	1707.36
第七区共计	17789.57	梁山	1706.80
泸县	2918.44	邻水	1896.52
隆昌	760.73	垫江	886.03
富顺	2206.14	长寿	1138.00
叙永	2915.58	第十一区共计	14478.02
合江	1329.23	南充	2637.26
纳溪	477.27	岳池	1859.48
古宋	598.39	蓬安	1638.82
古蔺	5538.82	营山	1764.40
第八区共计	36913.05	南部	2922.12
酉阳	9816.15	武胜	1079.37
涪陵	5520.56	西充	998.91
丰都	3860.06	仪陇	1577.66
南川	3029.01	第十二区共计	17292.04
彭水	5921.06	遂宁	1814.28
黔江	2935.52	安岳	2763.56
秀山	3557.49	中江	2468.11
石柱	2273.20	三台	2732.88
第九区共计	27318.04	潼南	1750.71
万县	3667.01	蓬溪	1975.73
奉节	4457.43	乐至	1157.74
开县	3699.81	射洪	1399.36
忠县	2014.49	盐亭	1236.67
巫山	2646.20	第十三区共计	10591.72
巫溪	3156.40	绵阳	3459.00
云阳	3369.33	绵竹	775.00
城口	4307.76	广汉	499.15

续表

区县市别	土地面积（方公里）	区县市别	土地面积（方公里）
安县	1580.00	第十五区共计	27449.07
德阳	610.35	达县	3548.81
什邡	743.55	巴中	4337.04
金堂	1411.60	开江	1040.36
梓潼	981.94	宣汉	4339.72
罗江	531.13	万源	4117.36
第十四区共计	28533.40	通江	4980.24
剑阁	3457.12	南江	4685.54
苍溪	2398.76	第十六区共计	35569.19
广元	6151.18	茂县	5183.30
江油	2125.00	理番	10897.00
阆中	1481.43	懋功	2410.00
昭化	1541.36	松潘	9921.69
彰明	345.00	汶川	4517.70
北川	1780.00	靖化	3639.50
平武	7253.55		

注一：系根据民国三十年军事委员会军令部四川省陆地测量局供给本处之材料

注二：见民国二十五年之《申报年鉴》

注三：见民国二十七年二月四川省建设厅编印之《四川省建设统计提要》

注四：北平地质调查所报告

注五：民国二十七年五月内政部统计处出版之《全国行政区划及土地面积统计》第33—37页

2. 四川省七年(1938—1945年)来户口之演变(四川省民政厅1945年)

年别	户数	人口数 共计	男	女	每户平均人数	性别比例	密度(方公里)
二十七年	7735955	46349257	24722323	21626934	5.99	114.31	152.78
二十八年	7759757	46402706	24306204	22096502	6.13	110.99	152.96
二十九年	7633792	46701847	24488765	22213082	6.11	110.24	153.94
三十年	7829682	46438490	24192029	22246461	5.93	108.75	153.08
三十一年	7806925	45922844	23641446	22281398	5.88	106.10	151.22
三十二年	7871800	46178899	23790357	22388542	5.87	106.26	152.22
三十三年	8042584	47500587	24530539	22970048	5.91	106.79	156.58

材料来源：根据民政厅所编各年《民政统计》及其统计室造送材料编制。

说明：重庆市于二十七年一月改为院辖市,本表未将其户口数列入。

3. 1944年四川省各县市户口分布(四川省民政厅 1945年)

区县市别	户数	人口数 共计	男	女	每户平均人数	性别比例	密度(方公里)
总计	8042584	47500587	24530539	22970048	5.96	107	156
成都市	113560	620302	368848	251454	5.47	146	14449
自贡市	42545	221086	122682	98404	5.17	128	1826
第一区共计	509987	2676950	1400404	1276546			
温江	36094	166915	85315	81600	4.62	104	666
成都	30402	151430	79824	71606	4.90	111	669
华阳	73257	465194	254702	210492	6.35	121	498
灌县	55553	296297	151942	144355	5.33	105	252
新津	27275	162190	84983	77207	5.92	110	515
崇庆	70687	384993	193317	191676	5.44	101	343
新都	30005	159187	85432	73755	5.31	116	654
郫县	38845	178366	93289	85077	4.58	109	652
双流	33210	153933	79219	74714	4.62	106	535
彭县	75967	365162	191202	173960	4.81	110	215
新繁	18601	101936	53891	48045	5.48	110	643

续表

区县市别	户数	人口数 共计	男	女	每户平均人数	性别比例	密度（方公里）
崇宁	20091	91347	47288	44059	4.56	108	512
第二区共计	04513	4815405	2469594	2345811			
资中	28927	704903	373267	331636	5.47	113	370
资阳	90365	540576	272005	268571	6.00	101	311
内江	95720	568192	283866	284326	5.94	99	356
荣县	89272	523145	260292	262853	5.87	99	272
仁寿	141164	966764	513113	453651	6.84	113	384
简阳	170088	985667	506736	478931	5.79	106	393
威远	57836	356349	178314	178035	6.21	100	456
井研	31141	169809	82001	87808	5.46	93	270
第三区共计	851324	5269354	2807376	2461978			
永川	61023	375872	203956	171916	6.14	118	292
巴县	135001	828352	440551	387801	6.13	114	284
江津	106793	839654	462131	377523	7.86	122	258
江北	96285	563285	296209	267076	5.85	111	260
合川	125384	710702	377633	333069	5.56	113	250
荣昌	55995	348956	179260	169696	6.21	106	389
綦江	64421	404068	212169	191899	6.22	110	220
大足	55248	360036	190554	169482	6.52	112	272
璧山	6921	340682	184299	56383	5.97	118	479
铜梁	74090	404346	208329	196017	5.45	106	273
北碚管理局	18163	93401	52285	41116	5.34	127	186
第四区共计	354113	1921844	959039	962805			
眉山	61946	372231	187875	184356	6.02	102	360
蒲江	18120	112274	54985	57289	6.13	96	224
邛崃	69747	60890	78248	182642	5.16	98	239
大邑	46463	248525	124041	124484	5.35	100	230
彭山	28834	146946	73171	73775	5.08	99	345
洪雅	32830	195333	100602	94731	5.95	106	128
夹江	32572	160376	80520	79856	4.92	101	382
青神	22729	115856	55286	60570	5.09	91	283

续表

区县市别	户数	人口数 共计	人口数 男	人口数 女	每户平均人数	性别比例	密度（方公里）
丹棱	16846	88465	44075	44390	5.24	101	122
名山	24026	120948	60236	60712	5.02	99	194
第五区共计	259467	1404675	705779	698896			
乐山	65298	338270	165098	173172	5.17	95	181
屏山	26885	128842	64109	64733	4.78	99	89
马边	8807	35995	18451	17544	4.08	105	14
峨边	8949	47391	23292	24099	5.30	96	17
雷波	10412	39916	20872	19044	3.93	105	8
犍为	87900	538272	274744	263528	6.13	104	275
峨眉	30510	169329	84561	84763	5.55	100	133
沐川	20706	106660	54652	52008	5.14	105	74
第六区共计	412762	2208109	1168417	1039692			
宜宾	145482	797462	416103	381359	5.47	109	188
南溪	51920	290425	153679	136746	5.60	111	307
庆符	34234	171263	87361	83902	5.00	104	159
江安	43288	239813	132073	107740	5.53	122	324
兴文	16575	82091	43938	38153	4.95	115	156
珙县	27953	140917	73094	67823	5.04	108	151
高县	36050	176022	91678	84344	4.88	109	126
筠连	15357	77762	40604	37158	5.06	109	227
长宁	41903	232354	129887	102467	5.55	126	180
第七区共计	578160	3333197	1730297	1602900			
泸县	169592	988216	522784	465432	5.82	112	339
隆昌	58305	327989	165930	162059	5.60	103	430
富顺	131644	772944	387359	385585	5.87	100	363
叙永	61308	316115	166907	149208	5.15	112	109
合江	61516	416536	225242	191294	6.76	117	178
纳溪	15743	82751	43942	38809	5.25	113	173
古宋	21213	107889	56757	51132	5.07	111	180
古蔺	58839	320757	161376	159381	5.46	101	57
第八区共计	531246	3212775	1672258	1540517			

续表

区县市别	户数	人口数 共计	男	女	每户平均人数	性别比例	密度（方公里）
酉阳	74993	499606	266370	233236	6.65	114	51
涪陵	136767	827537	435694	391843	6.06	111	188
丰都	82635	446036	221295	224741	5.40	98	116
南川	56302	319591	165251	154340	5.66	107	105
彭水	43144	287157	151769	135388	6.65	112	49
黔江	15932	136019	76048	59971	8.54	127	46
秀山	57138	345680	179106	166574	6.03	108	97
石柱	40815	226493	115737	110756	5.55	104	100
武隆设治局	23520	124656	60988	63668	5.30	96	111
第九区共计	542230	3279358	1668578	1610780			
万县	153696	850329	439666	410663	5.53	107	232
奉节	62855	408069	220146	187923	6.50	102	92
开县	85671	605768	291311	314457	7.06	92	164
忠县	75474	466724	229853	236871	618	97	231
巫山	41140	216012	119205	96807	5.25	123	82
巫溪	32924	166969	84335	82634	5.06	102	54
云阳	75367	474534	236062	238472	6.29	98	141
城口	15103	90953	48000	42953	6.01	112	21
第十区共计	506687	3139436	1588837	1550599			
大竹	82159	476658	250308	226350	5.80	112	260
渠县	104529	736480	371599	364881	7.04	102	445
广安	115250	658133	332004	326129	5.70	102	386
梁山	67151	389753	197001	192752	5.80	102	228
邻水	45771	328751	162082	166669	7.20	97	173
垫江	35400	230581	111941	118640	6.50	94	260
长寿	56427	319080	163902	155178	5.65	105	280
第十一区共计	632553	3790392	1953808	1831584			
南充	145568	771079	398390	372689	5.39	108	293
岳池	97525	560184	286688	273496	5.75	106	302
蓬安	61559	372043	196974	175069	6.04	112	227
营山	62787	390827	196771	194056	6.33	101	221

续表

区县市别	户数	人口数 共计	男	女	每户平均人数	性别比例	密度（方公里）
南部	93378	698704	364771	333933	7.47	109	238
武胜	60984	343040	175580	167460	5.62	105	318
西充	62917	335148	164377	170771	5.32	96	335
仪陇	47835	319367	170257	149110	6.65	114	202
第十二区共计	775195	5006183	2506450	2499733			
遂宁	93783	569914	274289	295625	6.07	93	330
安岳	100022	662691	324537	338154	6.65	96	239
中江	117644	826742	434627	392115	7.03	111	337
三台	136224	878268	445953	432315	7.12	103	321
潼南	50069	280199	138827	141372	5.60	98	160
蓬溪	87703	624570	315042	309528	7.10	102	316
乐至	64913	423052	207304	215748	6.52	96	366
射洪	78690	468059	230585	237474	5.95	97	335
盐亭	46147	272688	135286	137402	5.90	98	220
第十三区共计	430671	2368650	1254988	1113662			
绵阳	68578	379874	198726	181148	5.53	110	110
绵竹	53419	286302	157396	128906	5.37	122	369
广汉	51572	274486	146410	128076	5.32	114	550
安县	43714	212642	111835	100807	4.86	111	134
德阳	43434	198831	105154	93677	4.57	112	325
什邡	36163	201959	108514	93445	5.58	116	271
金堂	68325	488314	256156	232158	7.14	110	345
梓潼	32374	169142	88428	80714	5.22	109	174
罗江	33092	157100	82369	74731	4.75	110	296
第十四区共计	296828	1740674	892453	848221			
剑阁	41452	251147	130351	120796	6.06	108	79
苍溪	38581	250195	126092	124103	6.48	101	104
广元	34757	196920	98731	98189	5.67	100	62
江油	40309	207057	108087	98970	5.14	109	97
阆中	54315	387265	201767	185498	7.12	109	261
昭化	18144	96907	49199	47708	5.34	103	63

续表

区县市别	户数	人口数 共计	男	女	每户平均人数	性别比例	密度（方公里）
彰明	21334	104241	54764	49477	4.90	111	302
北川	8162	38281	19280	19001	4.68	101	21
平武	11793	56758	28576	28182	4.81	101	13
青川	9941	54918	27852	27066	5.50	103	15
旺苍设治局	18040	96985	47754	49231	5.36	97	32
第十五区共计	370048	2349427	1189741	1159686			
达县	123262	668796	333260	335536	5.42	99	188
巴中	71846	512591	260485	252106	7.13	103	108
开江	27554	212877	112261	100616	7.82	111	204
宣汉	71750	474759	241197	233562	6.60	103	109
万源	27845	151950	77691	74259	5.45	105	37
通江	23502	171773	86721	85052	7.30	102	34
南江	24289	156681	78126	78555	6.45	100	33
第十六区共计	30695	142770	70990	71780			
茂县	8329	37217	18491	18726	4.47	99	7
理番	5280	22932	11493	11439	4.34	100	2
懋功	3641	21652	9486	12166	5.94	78	9
松潘	6084	26915	14454	12461	4.43	116	3
汶川	4667	22560	11473	11087	4.83	103	5
靖化	2694	17494	5593	5901	4.25	95	3

材料来源：根据民政厅统计室造送材料编制。

4. 1944年四川省土地面积及耕地面积（四川省民政厅1945年）

区县市别	土地面积 方公里数	土地面积 市亩数	耕地面积（市亩）	耕地面积占土地面积百分比
总计	303368.18	455052270	87185582	19.2
成都市	42.93	64395		
自贡市	121.00	181500		
第一区共计	6840.99	10261485	4952939	48.3

续表

区县市别	土地面积 方公里数	土地面积 市亩数	耕地面积（市亩）	耕地面积占土地面积百分比
温江	250.54	375810	319875	85.1
成都	226.22	339330	253248②	74.7
华阳	933.91	1400865	808486②	57.7
灌县	1165.00	1747500	637520	36.5
新津	315.47	473205	281727②	59.5
崇庆	1116.25	1674375	646710	38.6
新都	243.54	365310	258462②	70.8
郫县	273.34	410010	332420	81.1
双流	287.65	431475	301461	69.9
彭县	1692.17	2538255	678765	26.8
新繁	158.55	237825	186340	78.3
崇宁	178.35	267525	247925	92.7
第二区共计	13586.57	20379855	8417488	41.3
资中	1905.21	2857815	923235	32.3
资阳	1733.25	2599875	1106747	42.6
内江	1599.01	2398515	1084723①	45.2
荣县	1922.79	2884185	780391	27.1
仁寿	2516.35	3774525	1404435	37.2
简阳	2501.82	3752730	1849139	49.3
威远	780.60	1170900	509460	43.5
井研	627.54	941310	759358①	80.7
第三区共计	19208.43	28812645	7813673	27.0
永川	1288.38	1932570	750258	38.8
巴县	2917.12	4375680	1243064	28.4
江津	3252.59	4878885	816538①	16.7
江北	2167.09	3250635	698813①	21.5
合川	2839.61	4259415	1140500	26.8
荣昌	899.28	1348920	579686①	43.0
綦江	1839.07	2758605	227635	8.3
大足	1315.86	1973790	708385	35.9
璧山	710.93	1066395	794112	74.4

续表

区县市别	土地面积 方公里数	土地面积 市亩数	耕地面积（市亩）	耕地面积占土地面积百分比
铜梁	1478.50	2217750	726420	32.8
北碚管理局	500.00	750000	128262	17.1
第四区共计	8243.45	12365175	4567572	36.9
眉山	1034.24	1551360	1176578	75.8
蒲江	501.25	751875	421940	56.2
邛崃	1503.26	2254890	824523②	36.6
大邑	1081.42	1622130	505680	31.2
彭山	425.51	638265	317772	49.8
洪雅	1523.25	2284875	184320①	8.1
夹江	419.54	629310	363095	57.6
青神	409.24	613860	319620	52.0
丹棱	723.57	1085355	215350	19.6
名山	622.17	933255	238694①	25.6
第五区共计	18159.14	27238710	4167962	15.3
乐山	1866.58	2799870	979955③	35.2
屏山	1445.22	2167830	635443①	29.3
马边	2624.04	3936060	203673①	5.2
峨边	2737.76	4106640	135475①	3.3
雷波	4813.85	7220775	142848①	2.0
犍为	1953.99	2930985	1097298	37.5
峨眉	1271.70	1907550	337827	17.7
沐川	1446.00	2169000	635443④	29.3
第六区共计	11494.55	17241825	4410736	25.6
宜宾	4230.25	6345375	1437641	22.7
南溪	957.06	1435590	580621	40.4
庆符	1076.76	1615140	776909①	48.1
江安	739.57	1109355	341914①	30.8
兴文	526.37	789555	293069①	37.1
珙县	934.73	1402095	156672①	11.1
高县	1393.49	2090235	179712①	8.9
筠连	341.75	512625	183398①	35.0

续表

区县市别	土地面积 方公里数	土地面积 市亩数	耕地面积（市亩）	耕地面积占土地面积百分比
长宁	1294.57	1941855	460800①	23.9
第七区共计	17710.57	26565855	4394259	16.6
泸县	2913.44	4370160	975053①	22.3
隆昌	760.73	1141095	574651	50.2
富顺	2127.14	3190710	924365①	29.0
叙永	2915.58	4373370	71418①	3.9
合江	2329.23	3493845	862650	24.7
纳溪	477.27	715905	159725	22.3
古宋	598.36	897540	233013	26.0
古蔺	5588.82	8383230	493384	6.0
第八区共计	36912.80	55369200	7965568	14.4
酉阳	9816.10	14724150	1616486①	11.0
涪陵	4400.50	6600750	743322	11.3
丰都	3860.00	5790000	1016525①	17.6
南川	3029.00	4543500	573235①	12.6
彭水	5921.00	8881500	1074586①	12.1
黔江	2935.50	4403250	286618①	6.5
秀山	3557.50	5336250	1520640①	28.4
石柱	2273.20	3409800	948326①	27.8
武隆设治局	1120.00	1680000	185830④	11.0
第九区共计	27317.80	40976700	3925114	9.6
万县	3667.00	5500500	812851①	14.8
奉节	4457.40	6686100	470016①	7.0
开县	3699.80	5549700	886579①	16.0
忠县	2014.40	3021600	632218①	21.0
巫山	2646.20	3969300	244244①	6.1
巫溪	3156.40	4734600	108749	2.3
云阳	3369.30	5053950	589824①	11.7
城口	4307.30	6460950	180633①	2.8
第十区共计	10817.60	16226400	5149741	31.7
大竹	1826.00	2739000	852495	31.1

续表

区县市别	土地面积 方公里数	土地面积 市亩数	耕地面积（市亩）	耕地面积占土地面积百分比
渠县	1657.00	2485500	970445①	39.0
广安	1707.30	2560950	458957①	17.9
梁山	1706.80	2560200	754388	29.4
邻水	1896.50	2844750	505831	17.8
垫江	886.00	1329000	685845	51.6
长寿	1138.00	1707000	921780③	54.0
第十一区共计	14477.70	21716550	6631184	30.6
南充	2637.20	3955800	760952	19.2
岳池	1859.40	2789100	925732	33.2
蓬安	1638.80	2458200	450662	18.3
营山	1764.40	2646600	971366	36.7
南部	2922.10	4383150	1638921	37.4
武胜	1079.30	1618950	669804	41.3
西充	998.90	1498350	963072	64.3
仪陇	1577.60	2366400	250675	10.6
第十二区共计	17291.91	25937865	7777762	30.0
遂宁	1814.28	2721420	1653350①	60.7
安岳	2768.56	4152840	1226250	29.5
中江	2458.11	3687165	1105130	29.8
三台	2732.88	4099320	1215233	29.6
潼南	1750.71	2626065	585267	22.3
蓬溪	1973.73	2960595	490830	16.6
乐至	1157.74	1736610	8430909	48.6
射洪	1399.30	2098950	375473	17.9
盐亭	1236.60	1854900	282320	15.2
第十三区共计	10591.60	15887400	5033096	31.7
绵阳	3459.00	5188500	848384	16.3
绵竹	775.00	1162500	650277	56.0
广汉	499.15	748725	527417	70.4
安县	1580.00	2370000	529618	22.4
德阳	610.30	915450	354816①	38.8
什邡	743.55	1115325	490908	44.0

续表

区县市别	土地面积 方公里数	土地面积 市亩数	耕地面积（市亩）	耕地面积占土地面积百分比
金堂	1411.60	2117400	959686	45.6
梓潼	981.90	1472850	223949①	15.2
罗江	531.10	796650	448041	56.3
第十四区共计	26533.15	39799725	5615881	14.1
剑阁	3457.10	5185650	604320	11.7
苍溪	2398.70	3598050	506880①	14.1
广元	3143.10	4714650	292560	6.2
江油	2125.00	3187500	230400①	7.2
阆中	1481.40	2222100	431309①	19.5
昭化	1541.30	2311950	784282①	34.0
彰明	345.00	517500	298479	57.7
北川	1780.00	2670000	84788①	3.2
平武	4231.55	6347325	296755①	4.7
青川	3022.00	4533000	1804800③	39.8
旺苍设治局	300800	4512000	281308④	6.2
第十五区共计	27448.80	41173200	5790836	14.1
达县	3548.80	5323200	557568①	10.5
巴中	4737.00	7105500	1692058①	23.8
开江	1040.30	1560450	396288①	25.4
宣汉	4339.70	6509550	555725①	8.5
万源	4117.30	6175950	790733①	12.8
通江	4980.20	7470300	231322①	3.1
南江	4685.50	7028250	1567142①	22.3
第十六区共计	36569.19	54853785	571771	1.4
茂县	5183.30	7774950	304128①	3.9
理番	10897.00	16345500	35942	0.2
懋功	2410.00	3615000	34099①	0.9
松潘	9921.69	14882535	30412①	0.2
汶川	4517.70	6776550	50688①	0.7
靖化	3639.50	5459250	116502①	2.1

材料来源：土地面积根据军令部四川省陆地测量局资料，耕地面积根据土地陈报数字。

①耕地面积根据国民政府主计处统计局二十一年统计月报所载估计数字。

②耕地面积根据土地清丈数字。

③耕地面积根据县政府报告数字。

④沐川系由屏山分治，武隆系由涪陵分治，旺苍系由广元分治，其耕地面积系依照所划分面积占原面积之比例计算者。

5. 1945年四川省行政区划（四川省民政厅　1945年）

区划别	等级	所在地	市数	所辖县数							所辖局数	
				共计	一等	二等	三等	四等	五等	六等	设治局	管理局
总计	—	—	2	139	26	34	37	29	10	3	1	1
成都市	—	成都	1	—	—	—	—	—	—	—	—	—
自贡市	—	自流井	1	—	—	—	—	—	—	—	—	—
第一区	丙	温江	—	12	—	3	7	2	—	—	—	—
第二区	丙	资中	—	8	5	2	—	1	—	—	—	—
第三区	丙	巴县	—	10	4	5	1	—	—	—	—	1
第四区	丙	眉山	—	10	1	1	1	4	2	1	—	—
第五区	丙	乐山	—	8	—	2	2	3	1	—	—	—
第六区	丙	宜宾	—	9	1	2	3	2	1	—	1	—
第七区	丙	泸县	—	8	2	3	1	—	2	—	—	—
第八区	乙	酉阳	—	9	1	3	4	—	1	—	—	—
第九区	乙	万县	—	8	1	4	—	2	1	—	—	—
第十区	丙	大竹	—	7	3	2	1	—	—	—	—	—
第十一区	丙	南充	—	8	2	1	2	3	—	—	—	—
第十二区	丙	遂宁	—	9	4	1	3	1	—	—	—	—
第十三区	丙	绵阳	—	9	1	3	3	2	—	—	—	—
第十四区	乙	剑阁	—	11	—	—	5	4	1	1	—	—
第十五区	乙	达县	—	7	1	2	3	1	—	—	—	—
第十六区	丙	茂县	—	6	—	2	2	2	—	—	—	—

材料来源：根据民政厅统计室造送材料编制。

6. 1935—1945年四川省各县等级变更（四川省民政厅 1945年）

区县市别	二十四年原定县等	二十七年改定县等	二十九年实施新县制厘定县等	三十年至三十四年设局改县后之县等
第一区共计	—			
温江	2	2	3	3
成都	1	2	3	3

续表

区县市别	二十四年原定县等	二十七年改定县等	二十九年实施新县制厘定县等	三十年至三十四年设局改县后之县等
华阳	1	1	2	2
灌县	1	1	3	3
新津	1	2	3	3
崇庆	1	1	2	2
新都	2	2	3	3
郫县	2	2	3	3
双流	2	2	3	3
彭县	1	1	2	2
新繁	3	3	4	4
崇宁	3	3	4	4
第二区共计				
资中	1	1	1	1
资阳	1	2	2	2
内江	1	1	1	1
荣县	1	1	1	1
仁寿	1	1	1	1
简阳	1	1	1	1
威远	2	2	2	2
井研	3	3	4	4
第三区共计				
永川	1	2	2	2
巴县	1	1	1	1
江津	1	1	1	1
江北	1	1	2	1
合川	1	1	1	1
荣昌	1	2	2	2
綦江	2	2	2	2
大足	2	2	2	3
璧山	2	2	2	2
铜梁	2	2	2	2
北碚管理局	—	—	—	—

续表

区县市别	二十四年原定县等	二十七年改定县等	二十九年实施新县制厘定县等	三十年至三十四年设局改县后之县等
第四区共计				
眉山	1	1	2	2
蒲江	1	3	4	4
邛崃	1	1	1	1
大邑	1	2	3	3
彭山	2	2	4	4
洪雅	3	3	4	4
夹江	3	3	4	4
青神	3	3	6	6
丹棱	3	3	5	5
名山	3	3	5	5
第五区共计				
乐山	1	1	2	2
屏山	2	1	2	3
马边	1	1	4	4
峨边	1	1	4	4
雷波	1	1	4	4
犍为	2	1	2	2
峨眉	3	2	3	3
沐川	—	—	—	5
第六区共计				
宜宾	1	1	1	1
南溪	2	2	3	3
庆符	2	3	4	4
江安	2	2	3	3
兴文	2	3	5	5
珙县	2	3	5	5
高县	2	3	4	4
筠连	2	3	6	6
长宁	2	3	4	4
沐双设治局	—	—	—	—

续表

区县市别	二十四年原定县等	二十七年改定县等	二十九年实施新县制厘定县等	三十年至三十四年设局改县后之县等
第七区共计				
泸县	1	1	1	1
隆昌	1	2	2	2
富顺	1	1	1	1
叙永	1	2	2	2
合江	2	2	2	2
纳溪	3	3	5	5
古宋	3	3	5	5
古蔺	3	2	3	3
第八区共计				
酉阳	1	1	2	2
涪陵	1	1	1	1
丰都	2	2	2	2
南川	2	2	3	3
彭水	2	2	3	3
黔江	2	2	3	3
秀山	2	1	2	2
石柱	2	3	3	3
武隆	—	—	—	5
第九区共计				
万县	1	1	1	1
奉节	1	2	2	2
开县	1	1	2	2
忠县	1	2	2	2
巫山	2	2	4	4
巫溪	2	2	4	4
云阳	2	2	2	2
城口	2	2	5	5
第十区共计				
大竹	1	2	2	1
渠县	1	1	1	1

续表

区县市别	二十四年原定县等	二十七年改定县等	二十九年实施新县制厘定县等	三十年至三十四年设局改县后之县等
广安	1	1	1	1
梁山	1	1	1	2
邻水	2	2	3	3
垫江	2	2	4	4
长寿	2	1	2	2
第十一区共计				
南充	1	1	1	1
岳池	2	1	1	1
蓬安	2	2	4	4
营山	2	2	3	3
南部	2	2	2	2
武胜	2	2	3	3
西充	3	3	4	4
仪陇	3	3	4	4
第十二区共计				
遂宁	1	1	1	1
安岳	1	1	1	1
中江	1	1	1	1
三台	1	1	1	1
潼南	2	3	3	3
蓬溪	2	3	2	2
乐至	3	3	3	3
射洪	3	3	3	3
盐亭	3	3	4	4
第十三区共计				
绵阳	1	1	1	1
绵竹	1	1	2	2
广汉	1	1	2	2
安县	2	2	3	3
德阳	2	2	3	3
什邡	2	2	3	3

续表

区县市别	二十四年原定县等	二十七年改定县等	二十九年实施新县制厘定县等	三十年至三十四年设局改县后之县等
金堂	2	2	2	2
梓潼	3	3	4	4
罗江	3	2	4	4
第十四区共计				
剑阁	3	3	3	3
苍溪	3	3	4	4
广元	2	2	2	3
江油	2	2	3	3
阆中	2	2	3	3
昭化	3	3	5	5
彰明	3	3	4	4
北川	3	3	6	6
平武	3	2	2	3
青川	—	—	4	4
旺苍	—	—	—	4
第十五区共计				
达县	1	1	1	1
巴中	1	2	1	2
开江	2	2	3	3
宣汉	2	2	2	2
万源	2	2	3	3
通江	3	2	3	3
南江	3	2	4	4
第十六区共计				
茂县	2	1	3	3
理番	1	1	2	2
懋功	1	1	4	4
松潘	1	1	2	2
汶川	3	2	4	4
靖化	2	2	2	3

材料来源：根据民政厅统计室造送材料编制。

（三）政治组织

民意机关

1. 抗战时期四川省临时参议会组成人员名单（1949年）

四川省临时参议会（第一届）

时间：1939年7月1日至1942年6月底

地点：成都文庙后街女子师范学校

议长：李肇甫　向传义（继李任议长）

副议长：向传义　唐昭明

秘书长：罗文谟

议员名单：

姓名	地区	姓名	地区
钟体乾	成都市	李惟建	成都市
王斐然	成都市	李星辉	成都市
冯若斯（女）	成都市	马秀峰	成都市
郭相	自贡市	刘启明	成都县
尹昌龄	华阳县	徐孝刚	华阳县
陈敬修	华阳县	蔡复之	温江县
戴克诚	新都县	陈国栋	郫县
王仲辉	灌县	范寓梅（女）	新津县
刘咸荥	双流县	周道刚	双流县
周绍芝	双流县	伍鎏	资阳
公孙长子	内江	董绍舒	威远
陈瑞林	内江	李为纶	简阳
方琢章	井研	向传义	仁寿
李肇甫	巴县	向楚	巴县
陈紫舆	巴县	胡子昂	巴县
李四荣（继：许群立）	江北	岳宝琪（女）	巴县
黄应乾	眉山	张凌高	璧山
魏楚华	彭山	兰守谦	青神
尹文静	乐山	董家骥	乐山
王伯常	屏山	唐昭明	犍为
魏崇元	峨眉	谢崇周	雷波
黄沐衡	江安	吕鹿鸣	宜宾

续表

姓名	地区	姓名	地区
梁叔子	长宁	余富庠	筠连
税西恒	泸县	杨兆蓉	泸县
李铁夫	叙永	黄肃方	隆昌
张颐	叙永	但周梅君(女)	合江
张朝隆	合江	王璞山	酉阳
肖湘	涪陵	罗承烈	涪陵
刘泗英	南川	田伯施	秀山
王兆荣	秀山	熊兰阶	石砫
邓季惺(女)	奉节	王复	开县
潘大逵	开县	唐宗尧	开县
牟幼南	忠县	刘鸿材	云阳
蒋肇成	云阳	李仲良	巫山
曾宝森	大竹	王子骞	大竹
张平江(女)	广安	余惟一	长寿
魏时珍	蓬安	王国源	西充
杨蜀尧	遂宁	李炳英	中江
李御	三台	唐绍虞	三台
喻培厚(女)	射洪	任望南	盐亭
陈斯孝	广汉	曾用修(继:彭家元)	金堂
周绍华	梓潼	蹇幼樵	江油
董铸仁	巴中	颜德基	开江
石体元	宣汉	向君卿	宣汉
罗桑喜饶	懋功		

四川省临时参议会(第二届)

时间:1943年6月至1945年11月

地点:成都文庙后街女子师范学校

议长:向传义

副议长:唐昭明

秘书长:罗文谟

议员名单:

姓名	地区	姓名	地区
钟体乾	成都市	李惟建	成都市
王斐然	成都市	冯若斯(女)	成都市
马秀峰	成都市	冯志翔	成都市

续表

姓名	地区	姓名	地区
曾德华(女)	自贡市	胡宪	自贡市
陈敬修	华阳	徐孝刚	华阳
刘启明	成都县	蔡复之	温江
戴克诚	新都	赵观白	温江
王仲辉	灌县	间永澍	郫县
范寓梅(女)	新津	罗竟忠	新津
刘咸荥	双流	宋益清	崇庆
林恕	资中	李季伟	彭县
喻培棣	内江	陈瑞林	内江
董绍舒	威远	李为纶	简阳
向传义	仁寿	杨鸣九	井研
		刘觉民	荣县
向楚	巴县	陈紫舆	巴县
程愚	巴县	岳宝琪(女)	巴县
龙灵	永川	刘宗华	江津
李四荣	江北	张映书(女)	荣昌
张凌高	璧山	胡信诚	璧山
杜志远	眉山	黄应乾	眉山
邓叔才	邛崃	黄稚荃(女)	大邑
魏楚华	彭山	尹文敬	乐山
江建熙	夹江	唐昭明	犍为
谢崇周	雷波	魏崇元	峨眉
王维纲	沐川	陈彰祺	宜宾
蔡翼公	宜宾	何培荣	庆符
曾省斋	隆昌	余富庠	筠连
杨兆蓉	泸县		
曹任远	富顺	张颐	叙永
李铁夫	叙永	杨伯谦	叙永
但周梅君(女)	合江	张朝隆	合江
刘扬	酉阳	王璞山	酉阳
罗承烈	涪陵	刘泗英	南川
张澍霖	南川	王兆荣	秀山
熊兰阶	石柱	程仲梁	万县
牟炼先	万县	邓季惺(女)	奉节
唐宗尧	开县	牟幼南	忠县
方兴成	忠县	蒋肇成	云阳
王子骞	大竹	曾宝森	大竹
张平江(女)	广安	胡鸿经	广安
余惟一	长寿	但永治	长寿

续表

姓名	地区	姓名	地区
李询蒭	长寿	但永治	长寿
张绳祖	南充	魏时珍	蓬安
陈任民	营山	邓华民	营山
刘挹清	南部	罗忠恕	武胜
陈谷生	仪陇	杨蜀尧	遂宁
李御	安岳	李炳英	中江
傅霖舟	三台	喻培厚(女)	射洪
马玉霖	绵竹	陈斯孝	广汉
刘庄	德阳	何静源	罗江
彭家元	巴中	颜德基	开江
梁列五	金堂	侯元坤	广元
龚连度	宣汉	苏苍生	懋功
	松潘		

2. 抗战时期国民参政会川籍参政员姓名录(1949年)

甲、第一届(任期自民国二十七年七月至民国三十年二月)

邵从恩(青神) 张澜(南充) 胡景伊(巴县) 李璜(华阳) 曾琦(隆昌) 谢健(隆昌)(以上六人均由国府遴选)

乙、第二届(任期自民国三十年三月至民国三十一年九月)

朱之洪(巴县) 胡子昂(巴县) 黄肃方(隆昌) 陈敬修(华阳)(以上四人由区域选出)

邵从恩(青神) 张澜(南充) 李璜(华阳) 曾琦(隆昌) 尹昌龄(华阳) 周道刚(双流) 晏阳初(巴中) 陈豹隐(中江) 吴玉章(荣县)(以上九人由国府遴选)

丙、第三届(任期自民国三十一年十月至民国三十四年六月)

朱之洪(巴县) 黄肃方(隆昌) 曹叔实(富顺) 但懋辛(荣县) 李琢仁(新都) 陈志学(宣汉) 彭革陈(南川) 刘明扬(万县)(以上八人由区域选出)

龙文治(涪陵) 胡仲实(巴县) 潘昌猷(仁寿)(以上三人由重庆市选出)

邵从恩（青神） 张澜（南充） 李璜（华阳） 曾琦（隆昌） 周道刚（双流） 晏阳初（巴中） 陈豹隐（中江） 胡霖（华阳）（以上八人由国府遴选）

3. 1939—1945年四川省临时省参议会及省参议会参议员人数（四川省民政厅 1945年）

届别	成立日期			正额参议员			候补参议员		
	年	月	日	共计	男	女	共计	男	女
临时省参议会									
第一届	28	7	1	70	64	6	35	31	4
第二届	32	6	1	100	90	10	50	44	6
省参议会	34	12	5	139①	138	1	135	133	2

材料来源：根据四川省临时省参议会及省参议会造送材料编制。

注：①崇庆、峨眉、云阳三县及沐爱设治局未选出参议员，故仅有139人。

4. 1939—1945年四川省第一、第二届临时省参议会及第一届省参议会参议员履历（四川省民政厅 1945年）

（一）性别

性别	第一届省临参议员		第二届省临参议员		第一届省参议员①	
	人数	百分比	人数	百分比	人数	百分比
总计	70	100.00	100	100.00	139	100.00
男	64	91.43	90	90.00	138	99.28
女	6	8.57	10	10.00	1	0.72

（二）年龄

年龄分组	第一届省临参议员		第二届省临参议员		第一届省参议员②	
	人数	百分比	人数	百分比	人数	百分比
总计	70	100.00	100	100.00	139	100.00
25岁以下	—	—	—	—	—	—
26—30	3	4.29	1	1.00	1	0.72
31—35	7	10.00	13	13.00	12	8.63
36—40	7	10.00	15	15.00	24	17.27

续表

年龄分组	第一届省临参议员 人数	第一届省临参议员 百分比	第二届省临参议员 人数	第二届省临参议员 百分比	第一届省参议员[2] 人数	第一届省参议员[2] 百分比
41—45	6	8.57	12	12.00	23	16.55
46—50	11	15.71	17	17.00	26	18.70
51—55	14	20.00	14	14.00	16	11.51
56—60	8	11.43	15	15.00	20	14.39
61岁以上	13	18.57	13	13.00	10	7.19
未详	1	1.43	—	—	7	5.04

(三)学历

学历	第一届省临参议员 人数	第一届省临参议员 百分比	第二届省临参议员 人数	第二届省临参议员 百分比	第一届省参议员[3] 人数	第一届省参议员[3] 百分比
总计	70	100.00	100	100.00	139	100.00
大学	35	50.00	51	51.00	64	46.04
专科学校	6	8.57	22	22.00	24	17.27
军事学校	10	14.29	10	10.00	25	17.98
中学	1	1.43	3	3.00	6	4.31
师范学校	2	2.86	2	2.00	7	5.04
职业学校	—	—	—	—	1	0.72
中央训练团					—	—
其他	7	10.00	12	12.00	8	5.77
未详	9	12.85			4	2.87

(四)经历

经历	第一届省临参议员 人数	第一届省临参议员 百分比	第二届省临参议员 人数	第二届省临参议员 百分比	第一届省临参议员[4] 人数	第一届省临参议员[4] 百分比
总计	70	100.00	100	100.00	139	100.00
党务	9	12.85	16	16.00	15	10.79
团务	—	—	—	—	1	0.72
行政	15	21.43	20	20.00	35	25.18
军事	10	14.29	18	18.00	16	11.51

续表

经历	第一届省临参议员 人数	第一届省临参议员 百分比	第二届省临参议员 人数	第二届省临参议员 百分比	第一届省临参议员④ 人数	第一届省临参议员④ 百分比
司法	2	2.86	4	4.00	—	—
教育	17	24.28	27	27.00	10	7.19
自治工作	—	—	—	—	52	37.41
工	—	—	1	1.00	1	0.72
农	—	—	1	1.00	—	—
商	2	2.86	4	4.00	3	2.16
自由职业	5	7.14	4	4.00	3	2.16
其他	2	2.86	4	4.00	—	—
未详	8	11.43	1	1.00	3	2.16

材料来源：根据民政厅造送材料编制。

注：①②③④崇庆、峨眉、云阳三县及沐爱设治局未选省参议员，故仅有139人。

5. 1939—1944年四川省第一、第二届临时省参议会各次大会议案分类（四川省民政厅 1945年）

议案类别	第一届	第二届
一般	9.26	7.55
民政	22.01	9.43
财政金融	17.45	12.08
建设	13.85	23.77
教育文化	15.57	15.28
保安	3.62	3.40
粮政	4.53	13.77
地政	1.07	0.94
兵役	5.77	6.42
其他	6.87	7.36

材料来源：根据四川省临时省参议会第一、第二届大会会议记录材料编制。

6. 1942年及1945年四川省各县市临时参议会及参议会参议员人数（四川省民政厅 1945年）

区县市别	临时参议会 正额参议员	候补参议员	参议会① 正额参议员	候补参议员	区县市别	临时参议会 正额参议员	候补参议员	参议会① 正额参议员	候补参议员
总计	2312	1156	4921	4921	井研	14	7	25	25
成都市	20	10	57	57	第三区共计				
自贡市	20	10	33	33	永川	20	10	61	61
第一区共计					巴县	20	10	98	98
温江	14	7	25	25	江津	20	10	97	97
成都	14	7	20	20	江北	20	10	84	84
华阳	20	10	50	50	合川	20	10	103	103
灌县	14	7	38	38	荣昌	20	10	47	47
新津	14	7	24	24	綦江	20	10	60	60
崇庆	20	10	—	—	大足	14	7	45	45
新都	14	7	20	20	璧山	20	10	50	50
郫县	14	7	30	30	铜梁	20	10	62	62
双流	14	7	23	23	北碚管理局	10	5	—	—
彭县	20	10	44	44	第四区共计				
新繁	14	7	12	12	眉山	20	10	54	54
崇宁	14	7	14	14	蒲江	14	7	—	—
第二区共计					邛崃	20	10	—	—
资中	20	10	64	64	大邑	14	7	37	37
资阳	20	10	70	70	彭山	14	7	15	15
内江	20	10	80	80	洪雅	14	7	27	27
荣县	20	10	77	77	夹江	14	7	25	25
仁寿	20	10	89	89	青神	10	5	26	26
简阳	20	10	107	107	丹棱	10	5	14	14
威远	20	10	37	37	名山	10	5	—	—

续表

区县市别	临时参议会 正额参议员	临时参议会 候补参议员	参议会① 正额参议员	参议会① 候补参议员	区县市别	临时参议会 正额参议员	临时参议会 候补参议员	参议会① 正额参议员	参议会① 候补参议员
第五区共计					纳溪	10	5	14	14
乐山	20	10	60	60	古宋	10	5	12	12
屏山	14	7	21	21	古蔺	14	7	48	48
马边	14	7	—	—	第八区共计				
峨边	14	7	—	—	酉阳	20	10	—	—
雷波	14	7	—	—	涪陵	20	10		
犍为	20	10	68	68	丰都	20	10	70	70
峨眉	14	7	24	24	南川	14	7	57	57
沐川	10	5	—	—	彭水	14	7	51	51
第六区共计					黔江	14	7		
宜宾	20	10	—	—	秀山	20	10	—	—
南溪	14	7	47	47	石柱	14	7		
庆符	14	7	31	31	武隆	10	5		
江安	14	7	33	33	第九区共计				
兴文	10	5	—	—	万县	20	10	94	94
珙县	10	5	24	24	奉节	20	10	50	50
高县	14	7	25	25	开县	20	10	—	—
筠连	10	5	—	—	忠县	20	10		
长宁	14	7	—	—	巫山	14	7		
沐爱设治局	—	—	—	—	巫溪	14	7	31	31
第七区共计					云阳	20	10	51	51
泸县	20	10	104	104	城口	10	5	—	—
隆昌	20	10	40	40	第十区共计				
富顺	20	10	116	116	大竹	20	10	61	61
叙永	20	10	57	57	渠县	20	10	75	75
合江	20	10	62	62	广安	20	10	91	91

续表

区县市别	临时参议会 正额参议员	临时参议会 候补参议员	参议会① 正额参议员	参议会① 候补参议员	区县市别	临时参议会 正额参议员	临时参议会 候补参议员	参议会① 正额参议员	参议会① 候补参议员
梁山	20	10	—	—	广汉	20	10	32	32
邻水	14	7	50	50	安县	14	7	27	27
垫江	14	7	—	—	德阳	14	7	28	28
长寿	20	10	48	48	什邡	14	7	22	22
第十一区共计					金堂	20	10		
南充	20	10	111	111	梓潼	14	7	27	27
岳池	20	10	73	73	罗江	14	7	21	21
蓬安	14	7	48	48	第十四区共计				
营山	14	7	42	42	剑阁	14	7	34	34
南部	20	10	71	71	苍溪	14	7	—	—
武胜	14	7	38	38	广元	20	10		
西充	14	7	—	—	江油	14	7	30	30
仪陇	14	7	28	28	阆中	14	7	30	30
第十二区共计			28	28	昭化	10	5	—	—
遂宁	20	10	57	57	彰明	14	7	18	18
安岳	20	10	72	72	北川	10	5	—	—
中江	20	10	84	84	平武	20	10		
三台	20	10	86	86	青川	14	7		
潼南	14	7	51	51	旺苍	10	5	—	—
蓬溪	20	10	58	58	第十五区共计				
乐至	14	7	45	45	达县	20	10	94	94
射洪	14	7	47	47	巴中	20	10		
盐亭	14	7	24	24	开江	14	7	24	24
第十三区共计					宣汉	20	10	81	81
绵阳	20	10	54	54	万源	14	7	31	31
绵竹	20	10	28	28	通江	14	7	23	23

续表

区县市别	临时参议会 正额参议员	临时参议会 候补参议员	参议会[①] 正额参议员	参议会[①] 候补参议员	区县市别	临时参议会 正额参议员	临时参议会 候补参议员	参议会[①] 正额参议员	参议会[①] 候补参议员
南江	14	7	23	23	懋功	14	7	—	—
第十六区共计					松潘	20	10	—	—
茂县	14	7	—	—	汶川	14	7	—	—
理番	20	10	—	—	靖化	14	7	—	—

材料来源：根据民政厅统计室造送材料编制。

注：①为三十四年已正式成立参议会之参议员人数，乐山及青神所列系省府规定名额。

7. 1945年四川省各县市参议会参议员履历（四川省民政厅1945年）

（一）年龄

年龄分组	人数[①] 共计	人数[①] 男	人数[①] 女	百分比 共计	百分比 男	百分比 女
总计	4814	4786	28	100.00	99.42	0.58
25岁及以下	8	8	—	0.17	0.17	—
26—30	262	259	3	5.45	5.38	0.07
31—35	775	763	12	16.10	15.85	0.25
36—40	1006	1002	4	20.89	20.81	0.08
41—45	728	724	4	15.12	15.04	0.08
46—50	674	672	2	14.00	13.96	0.04
51—55	503	502	1	10.45	10.43	0.02
56—60	314	314	—	6.52	6.52	—
61岁以上	214	214	—	4.45	4.45	—
未详	330	328	2	6.85	6.81	0.04

(二)资格

资格	人数② 共计	男	女	百分比 共计	男	女
总计	4814	4786	28	100.00	99.42	0.58
甲种公职候选人考试及格	—	—	—	—	—	—
甲种公职候选人检核及格	4725	4697	28	98.15	97.57	0.58
各种考试及格	—	—	—	—	—	—
铨叙合格	—	—	—	—	—	—
其他	—	—	—	—	—	—
未详	89	89	—	1.85	1.85	—

(三)党籍

党籍别	人数③ 共计	男	女	百分比 共计	男	女
总计	4814	4786	28	100.00	99.42	0.58
国民党党员	3228	3214	24	67.26	66.76	0.50
青年团团员	7	7	—	0.15	0.15	—
非党员团员	500	500	—	10.39	10.39	—
未详	1069	1065	4	22.20	22.12	0.08

材料来源:根据民政厅统计室造送材料编制。

注:①②③系99个县市所呈报参议员履历之人数。

8. 1942—1943年四川省各县市临时参议会各次会议议案分类① (四川省民政厅 1945年)

议案类别	第一次② 件数	百分数	第二次③ 件数	百分数	第三次④ 件数	百分数
总计	4373	100.00	3651	100.00	2883	100.00
民政	581	13.28	579	15.86	466	16.16
财政	523	11.96	559	15.31	433	15.02
教育	834	19.07	666	18.24	522	18.11
建设	655	14.97	626	17.15	436	15.12

续表

议案类别	第一次② 件数	第一次② 百分数	第二次③ 件数	第二次③ 百分数	第三次④ 件数	第三次④ 百分数
保安	163	3.74	80	2.19	37	1.28
社会	253	5.78	131	3.59	120	4.16
地政	49	1.13	42	1.15	60	2.08
粮政	522	11.94	316	8.66	308	10.69
卫生	103	2.36	94	2.57	65	2.26
禁政	38	0.87	10	0.27	9	0.31
计政	78	1.78	5	0.14	3	0.10
役政	243	5.55	300	8.22	240	8.33
田赋	154	3.52	53	1.45	56	1.94
其他	177	4.05	190	5.20	128	4.44

材料来源：根据民政厅统计室造送材料编制。

注：①本材料包括已呈报会议记录之各县市。②③④第一次会议召开于三十一年八至九月间，第二次会议召开于三十二年四至五月间，第三次会议召开于三十二年九至十一月间。

9. 1945年四川省各县市乡镇民代会会数及代表人数（四川省民政厅　1945年）

区县市别	会数	代表人数 共计	代表人数 男	代表人数 女	区县市别	会数	代表人数 共计	代表人数 男	代表人数 女
总计	3134	42130	42083	47	新都	14	201	200	1
成都市	—				郫县				
自贡市	9	180	177	3	双流	16	238	238	—
第一区共计					彭县				
温江	18	256	256	—	新繁	9	154	154	—
成都	14	45	45	—	崇宁				
华阳	35	651	650	1	第二区共计				
灌县	27	442	441	1	资中	45	626	625	1
新津	—				资阳				
崇庆	—	—	—		内江	57	854	853	1

续表

区县市别	会数	代表人数 共计	男	女	区县市别	会数	代表人数 共计	男	女
荣县	—	—	—	—	屏山	15	231	230	1
仁寿	64	1245	1245	—	马边	9	49	49	—
简阳	76	1397	1397	—	峨边	10	22	22	—
威远	26	397	397	—	雷波	—	—	—	—
井研	18	191	190	1	犍为	—	—	—	—
第三区共计					峨眉	17	256	255	1
永川	—	—	—	—	沐川	20	29	29	—
巴县	71	909	903	6	第六区共计				
江津	68	899	899	—	宜宾	—	—	—	—
江北	63	813	812	1	南溪	33	449	448	1
合川	63	785	784	1	庆符	22	288	288	—
荣昌	—	—	—	—	江安	23	389	387	2
綦江	—	—	—	—	兴文	14	121	119	2
大足	32	410	410	—	珙县	—	—	—	—
璧山	35	375	375	—	高县	18	164	163	1
铜梁	44	642	642	—	筠连	—	—	—	—
北碚管理局	8	128	128	—	长宁	22	66	66	—
第四区共计					沐爱设治局	—	—	—	—
眉山	38	561	560	1	第七区共计				
蒲江	15	22	22	—	泸县	—	—	—	—
邛崃	48	593	593	—	隆昌	28	323	322	1
大邑	27	263	263	—	富顺	—	—	—	—
彭山	—	—	—	—	叙永	40	493	487	6
洪雅	19	308	308	—	合江	44	593	591	2
夹江	18	255	254	1	纳溪	10	109	109	—
青神	—	—	—	—	古宋	9	137	137	—
丹棱	10	132	132	—	古蔺	35	410	410	—
名山	13	171	171	—	第八区共计				
第五区共计					酉阳	41	517	517	—
乐山	—	—	—	—	涪陵	—	—	—	—

续表

区县市别	会数	代表人数 共计	男	女	区县市别	会数	代表人数 共计	男	女
丰都	49	624	624	—	武胜	28	509	509	—
南川	—	—	—	—	西充	32	602	602	—
彭水	—	—	—	—	仪陇				
黔江	18	317	317	—	第十二区共计				
秀山	39	400	400	—	遂宁	40	697	697	
石柱	33	305	305	—	安岳	52	634	634	
武隆	—	—	—	—	中江	59	738	737	1
第九区共计					三台	60	1173	1173	
万县	—	—	—	—	潼南	36	418	418	
奉节	—	—	—	—	蓬溪	41	548	547	1
开县	56	706	705	1	乐至	32	556	556	
忠县	—	—	—	—	射洪	33	499	499	
巫山	—	—	—	—	盐亭	17	135	135	
巫溪	18	306	306	—	第十三区共计				
云阳	36	646	646	—	绵阳	38	646	646	—
城口	—	—	—	—	绵竹	20	253	253	—
第十区共计					广汉	23	334	333	1
大竹	—	—	—	—	安县	19	356	356	
渠县	53	936	935	1	德阳	20	299	299	
广安	65	193	192	1	什邡	16	249	249	
梁山	—	—	—	—	金堂	41	498	498	
邻水	35	474	474	—	梓潼	19	290	290	
垫江	20	261	261	—	罗江	15	247	247	
长寿	34	507	507	—	第十四区共计				
第十一区共计					剑阁	26	355	355	—
南充	78	1165	1164	1	苍溪	15	288	288	
岳池	53	824	822	2	广元	—	—	—	—
蓬安	—	—	—	—	江油	21	289	289	
营山	30	505	505	—	阆中	21	333	331	2
南部	50	748	748	—	昭化	10	128	128	—

续表

区县市别	会数	代表人数 共计	代表人数 男	代表人数 女	区县市别	会数	代表人数 共计	代表人数 男	代表人数 女
彰明	13	101	101	—	万源	25	215	215	—
北川	9	125	125	—	通江	—	—	—	—
平武	22	167	167	—	南江	17	23	23	—
青川	—	—	—	—	第十六区共计				
旺苍	14	52	52	—	茂县	13	121	121	—
第十五区共计					理番	—	—	—	—
达县	67	1111	1111	—	懋功	10	72	72	—
巴中	44	465	465	—	松潘	—	—	—	—
开江	12	191	191	—	汶川	10	74	74	—
宣汉	57	633	633	—	靖化	—	—	—	—

材料来源：根据民政厅统计室造送材料编制。

10. 1945年四川省各县市乡镇民代表会代表履历（四川省民政厅　1945年）

（一）年龄

年龄分组	人数 共计	人数 男	人数 女	百分比 共计	百分比 男	百分比 女
总计[①]	28266	28221	45	100.00	99.84	0.16
26—30	3160	3144	16	11.28[1]	11.12	0.06
31—35	4646	4630	16	16.44	16.38	0.06
36—40	5525	5517	8	19.55	19.52	0.03
41—45	4578	4574	4	16.19	16.18	0.015
46—50	4416	4415	1	15.62	10.62	0.004
51—55	3080	3080	—	10.90	10.90	—
56—60	1552	1552	—	5.49	5.49	—
61岁以上	1221	1221	—	4.32	4.32	—
未详	88	88	—	0.31	0.31	—

(二) 学历

学历	人数 共计	男	女	百分比 共计	男	女
总计[2]	26293	26253	40	100.00	99.85	0.15
大学	352	349	3	1.34	1.33	0.01
专科学校	295	294	1	1.12	1.12	0.004
普通中学	8599	8579	20	32.71	32.63	0.07
师范学校	972	959	13	3.70	3.65	0.05
职业学校	66	65	1	0.25	0.25	0.004
小学	4417	4416	1	16.79	16.79	0.004
中央训练团	8	8	—	0.03	0.03	—
省训团	39	39	—	0.15	0.15	—
区训练班	176	176	—	0.67	0.67	—
县训练所	119	119	—	0.45	0.45	—
私塾	9535	9534	1	36.26	36.26	0.004
其他	1468	1468	—	5.58	5.58	—
未详	247	247	—	0.94	0.94	—

(三) 经历

经历	人数 共计	男	女	百分比 共计	男	女
总计[3]	28266	28221	45	100.00	99.84	0.16
党务	23	23	—	0.08	0.08	—
行政	1795	1795	—	6.35	6.35	—
军警	84	84	—	0.30	0.30	—
教育	2946	2920	26	10.42	10.33	0.09
自治工作	328	328	—	1.16	1.16	—
团务	310	310	—	1.10	1.10	—
农	17303	17290	13	61.22	61.17	0.05
工	33	33	—	0.12	0.12	—
商	5020	5014	6	17.76	17.74	0.02

续表

经历	人数			百分比		
	共计	男	女	共计	男	女
自由职业	236	236	—	0.83	0.83	—
其他	33	33	—	0.12	0.12	—
未详	155	155	—	0.54	0.54	—

材料来源：根据民政厅统计室造送材料编制。

注：①③根据已呈报乡镇民代表名册之79县市材料编制。②79县市中成都、合川、巫溪、南部、安县、彰明、旺苍、自贡等8县市呈报名册中无学历一项，仅根据71县市材料编制。

[1]编者注：原件如此，应为"11.18"。

11. 截至1945年底止四川省各县市公民宣誓登记人数（四川省民政厅　1945年）

区县市别	登记人数		
	共计	男	女
总计	21814943	15272341	6542602
成都市	293496	189425	104071
自贡市	96645	56918	39727
第一区共计	1163548	815889	347659
温江	45874	41719	4155
成都	48707	35217	13490
华阳	366930	218686	148244
灌县	20021	11613	8408
新津	42273	34973	7300
崇庆	229364	206651	22713
新都	53858	38715	15143
郫县	33374	16229	17145
双流	64673	34983	29690
彭县	122818	92821	29997
新繁	80190	46685	33505
崇宁	55466	37597	17869
第二区共计	2672677	1796392	876285

续表

区县市别	登记人数		
	共计	男	女
资中	426216	296192	130024
资阳	345134	195266	149868
内江	390519	374212	16307
荣县	357706	201214	156492
仁寿	682367	424984	257383
简阳	210508	160794	49714
威远	216052	107369	108683
井研	44175	36361	7814
第三区共计	2941642	1978007	963635
永川	383045	240351	142694
巴县	348434	234161	114273
江津	533208	326626	206582
江北	384187	220525	163662
合川	187572	154314	33258
荣昌	221462	168155	53307
綦江	165364	138332	27032
大足	367698	232999	134699
璧山	118650	68151	50499
铜梁	201186	173318	27868
北碚管理局	30836	21075	9761
第四区共计	928792	564694	364098
眉山	143409	103726	39683
蒲江	43680	28521	15159
邛崃	125195	83574	41621
大邑	225992	128647	97345
彭山	21285	15713	5572
洪雅	175917	92716	83201
夹江	32159	19466	12693
青神	38056	25829	12227
丹棱	63576	35304	28272
名山	59523	31198	28325

续表

区县市别	登记人数		
	共计	男	女
第五区共计	591221	421213	170008
乐山	121060	110593	10467
屏山	42181	35485	6696
马边	25613	15049	10564
峨边	29322	21213	8109
雷波	21481	12940	8541
犍为	279030	171793	107237
峨眉	36268	27681	8587
沐川	36266	26459	9807
第六区共计	812240	533943	278297
宜宾	195524	136321	59203
南溪	148475	89145	59330
庆符	74858	60072	14786
江安	99583	63997	35586
兴文	43843	30803	13040
珙县	30020	25457	4563
高县	88530	46017	42513
筠连	53686	34188	19498
长宁	77721	47943	29778
沐爱设治局	—	—	—
第七区共计	1802920	1432482	370438
泸县	772876	761411	11465
隆昌	238802	132270	106532
富顺	249624	170303	79321
叙永	110801	65585	45216
合江	205490	154162	51328
纳溪	54515	40688	13827
古宋	21180	16315	4865
古蔺	149632	91748	57884
第八区共计	1194238	946817	247421
酉阳	389024	362355	26669

续表

区县市别	登记人数		
	共计	男	女
涪陵	170636	95293	75343
丰都	220198	185211	34987
南川	125238	111529	13709
彭水	51941	35554	16387
黔江	109299	64814	44485
秀山	—	—	—
石柱	57896	47049	10847
武隆	70006	45012	24994
第九区共计	1276813	948711	328102
万县	238019	182037	55982
奉节	238174	230663	7511
开县	129971	98199	31772
忠县	155366	104040	51326
巫山	92442	59108	33334
巫溪	46502	34285	12217
云阳	345705	221239	124466
城口	30634	19140	11494
第十区共计	1550957	1158438	392519
大竹	176464	108136	68328
渠县	225869	215806	10063
广安	530343	430496	99847
梁山	220429	115470	104959
邻水	79468	53698	25770
垫江	184964	121037	63927
长寿	133420	113795	19625
第十一区共计	967824	763443	204381
南充	31318	21558	9760
岳池	121603	90196	31407
蓬安	117408	88358	29050
营山	226421	175713	50708
南部	158960	153927	5033

续表

区县市别	登记人数		
	共计	男	女
武胜	80219	69783	10436
西充	113979	95071	18908
仪陇	117916	68837	49079
第十二区共计	2243745	1594748	648997
遂宁	435833	258527	177306
安岳	370702	251966	118736
中江	189849	159241	30608
三台	345585	314273	31312
潼南	120231	85368	34863
蓬溪	261701	172603	89098
乐至	193438	117115	76323
射洪	271007	193498	77509
盐亭	55399	42157	13242
第十三区共计	1299473	801098	498375
绵阳	85734	73665	12069
绵竹	153315	117045	36270
广汉	155980	91278	64702
安县	66077	57563	8514
德阳	92120	56409	35711
什邡	113563	64846	48717
金堂	533362	282412	250950
梓潼	28008	16519	11489
罗江	71314	41361	29953
第十四区共计	850696	564774	285922
剑阁	64270	52143	12127
苍溪	196097	116664	79433
广元	118210	105930	12280
江油	150959	80449	70510
阆中	73627	73117	510
昭化	101802	50637	51165
彰明	98491	52154	46337

续表

区县市别	登记人数		
	共计	男	女
北川	22277	11550	10727
平武	21958	20157	1801
青川	3005	1973	1032
旺苍	43106	21538	21568
第十五区共计	1035358	625014	410344
达县	327399	191124	136275
巴中	73311	64196	9115
开江	83349	67525	15824
宣汉	259778	141346	118432
万源	8724	52756	32968
通江	101043	51673	49370
南江	104754	56394	48360
第十六区共计	92658	80335	12323
茂县	25189	15840	9349
理番	3435	3361	74
懋功	3025	1998	1027
松潘	55028	54773	255
汶川	5981	4363	1618
靖化	—	—	—

材料来源：根据民政厅统计室造送材料编制。

行政机关

1. 抗日战争期间四川省政府组织沿革表（1949年）

改组时间	民国二十四年二月十日	民国二十七年五月八日	民国二十七年八月	民国二十八年十月七日	民国二十九年十月十八日
省府及主要部门负责人	主席刘湘（字甫澄，大邑人） 委员兼秘书长邓汉祥 委员兼民政厅长甘绩镛（继王又甫，稽祖佑） 委员兼财政厅长刘航琛 委员兼教育厅长蒋为纮、李全字（继李为纮，蒋志澄） 委员兼建设厅长郭有守 委员杜炳章、吴景伯、何文钦（继卢作孚，何北衡） 委员谢培筠、杜炳章 保安处长费东明，副处长高明鉴（继杨雨楼，韩全朴）王陵基	代理主席王缵绪（字治易，西充人） 委员兼秘书长邓汉祥 委员兼民政厅长稽祖佑 委员兼财政厅长甘绩镛 委员兼教育厅长杨廉 委员兼建设厅长何北衡 委员杜炳章，吴景伯，副保安处长刘兆藜，处长王元辉	主席王缵绪（字治易，西充人） 委员兼秘书长陈筑山 委员兼民政厅长饮威 委员兼财政厅长甘绩镛 委员兼教育厅长郭有守（继郭有守） 委员兼建设厅长陈国梁（继陈国梁） 委员稽祖佑，杜炳章，吴景伯 保安处长刘兆藜，副处长王元辉 会计长王耀（兼） 地政局长胡次威（继祝平）	兼理主席蒋中正（字介石，浙江奉化人） 委员兼秘书长贺国光 委员兼民政厅长饮威 委员兼财政厅长甘绩镛 委员兼教育厅长郭有守 委员兼建设厅长陈筑山 委员稽祖佑，杜炳章，吴景伯 保安处长刘兆藜、章吴景清 副保安处长王元辉 会计长王耀（兼）王照 地政局长祝平	兼理主席张群（字岳军，华阳人） 委员兼秘书长李肇甫 委员兼民政厅长胡次威（继陈开泗） 委员兼财政厅长甘绩镛（继石体元、邓汉祥） 委员兼教育厅长郭有守（继刘明扬） 委员兼建设厅长陈筑山（继胡子昂、何北衡） 委员兼社会处长黄仲翔 委员兼禁烟管理处长吴景伯 委员兼民众组训会秘书长沈鹏 委员兼物价管制会秘书长梁颖文 保安处稽祖佑、杜炳章（继冷薰南、余成勋） 会计长九王照（继余成原） 统计长李景清 田赋粮食管理处处长席新斋（继邓汉祥、彭纶），副处长王锡 主，简泰梁 粮政局长刘航琛（继何北衡、康宝志），副局长甘绩丕、赵述言 地政局长冯小彭（继张德光） 水利局长何北衡（兼） 公路局长牛锡光（继熊祈帆） 卫生处长陈鸣

续表

| 备注 | 刘湘民国二十七年一月病逝于武汉后，由邓汉祥代行主席职务 | 民国二十八年王缵绪请缨出川抗战后，蒋以行政院长兼理四川省政府主席，蒋驻渝期间主席由秘书长贺国光代行 | 张群以军事委员会成都行辕主任兼理四川省政府主席至民国三十六年五月十三日 |

2. 1945年四川省政府组织系统（四川省民政厅 1945年）

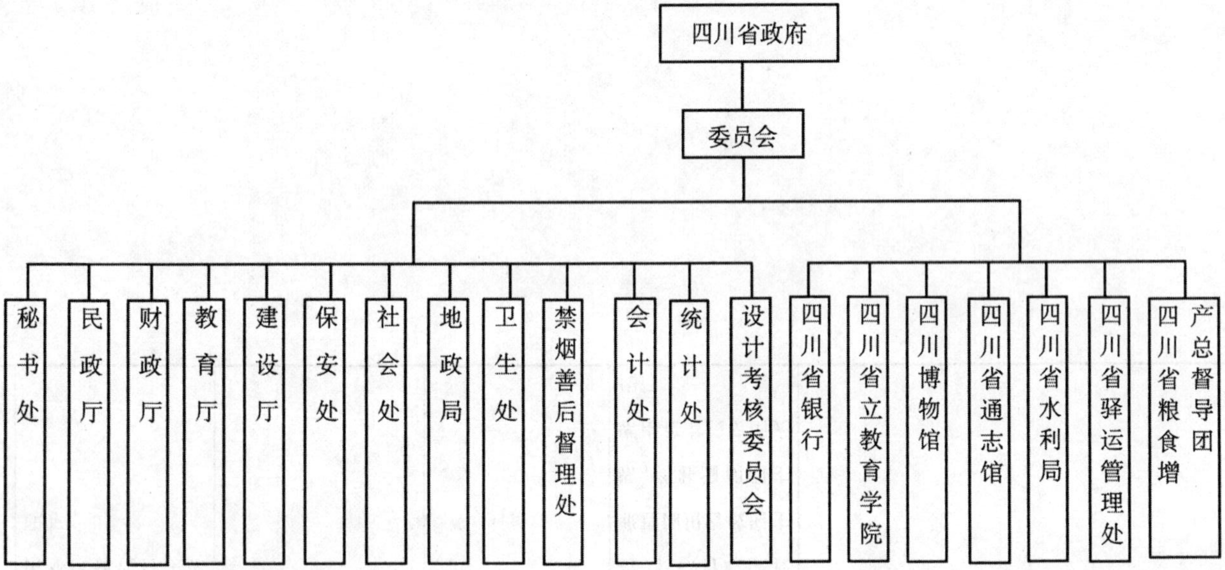

```
四川省政府 ── 委员会 ┬── 四川省粮食增产总督导团
                    ├── 四川省驿运管理处
                    ├── 四川省水利局
                    ├── 四川省通志馆
                    ├── 四川博物馆
                    ├── 四川省立教育学院
                    ├── 四川省银行
                    ├── 设计考核委员会
                    ├── 统计处
                    ├── 会计处
                    ├── 禁烟善后督理处
                    ├── 卫生处
                    ├── 地政局
                    ├── 社会处
                    ├── 保安处
                    ├── 建设厅
                    ├── 教育厅
                    ├── 财政厅
                    ├── 民政厅
                    └── 秘书处
```

材料来源：根据秘书处递送材料绘制。

3. 1945年四川省政府秘书处组织系统（四川省民政厅 1945年）

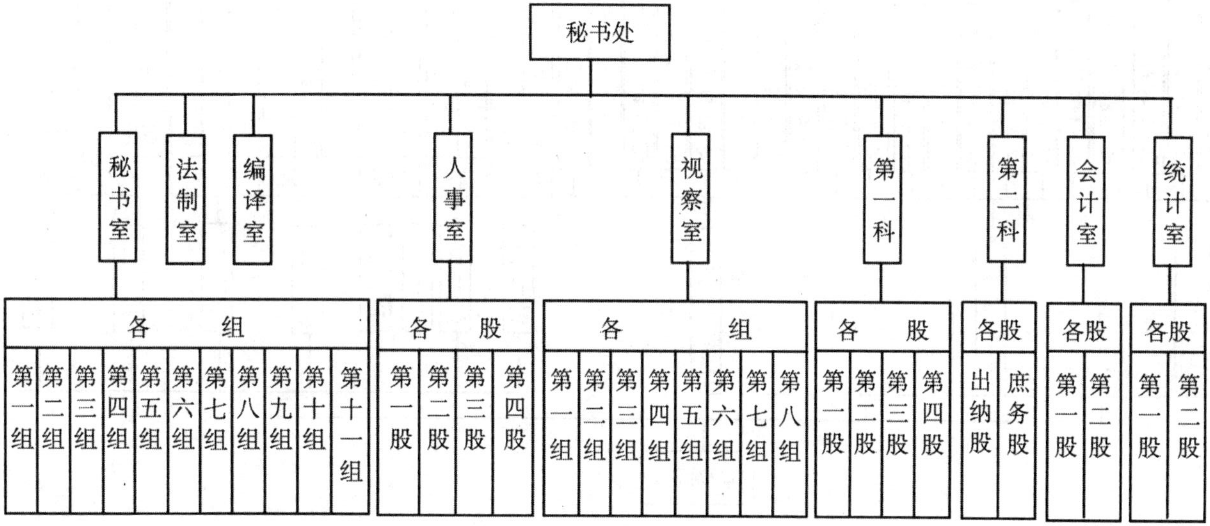

```
                                    ┌─ 统计室 ─── 各股 ─┬─ 第二股
                                    │                  └─ 第一股
                                    ├─ 会计室 ─── 各股 ─┬─ 第二股
                                    │                  └─ 第一股
                                    ├─ 第二科 ─── 各股 ─┬─ 庶务股
                                    │                  └─ 出纳股
                                    │                  ┌─ 第四股
                                    ├─ 第一科 ─── 各股 ─┼─ 第三股
                                    │                  ├─ 第二股
                                    │                  └─ 第一股
                                    │                  ┌─ 第八组
                                    │                  ├─ 第七组
                                    │                  ├─ 第六组
                                    ├─ 视察室 ─── 各组 ─┼─ 第五组
         秘书处 ─────────────────────┤                  ├─ 第四组
                                    │                  ├─ 第三组
                                    │                  ├─ 第二组
                                    │                  └─ 第一组
                                    │                  ┌─ 第四股
                                    ├─ 人事室 ─── 各股 ─┼─ 第三股
                                    │                  ├─ 第二股
                                    │                  └─ 第一股
                                    ├─ 编译室          ┌─ 第十一组
                                    │                  ├─ 第十组
                                    ├─ 法制室          ├─ 第九组
                                    │                  ├─ 第八组
                                    └─ 秘书室 ─── 各组 ─┼─ 第七组
                                                       ├─ 第六组
                                                       ├─ 第五组
                                                       ├─ 第四组
                                                       ├─ 第三组
                                                       ├─ 第二组
                                                       └─ 第一组
```

材料来源：根据秘书处递送材料绘制。

4. 1945年四川省政府民政厅组织系统（四川省民政厅 1945年）

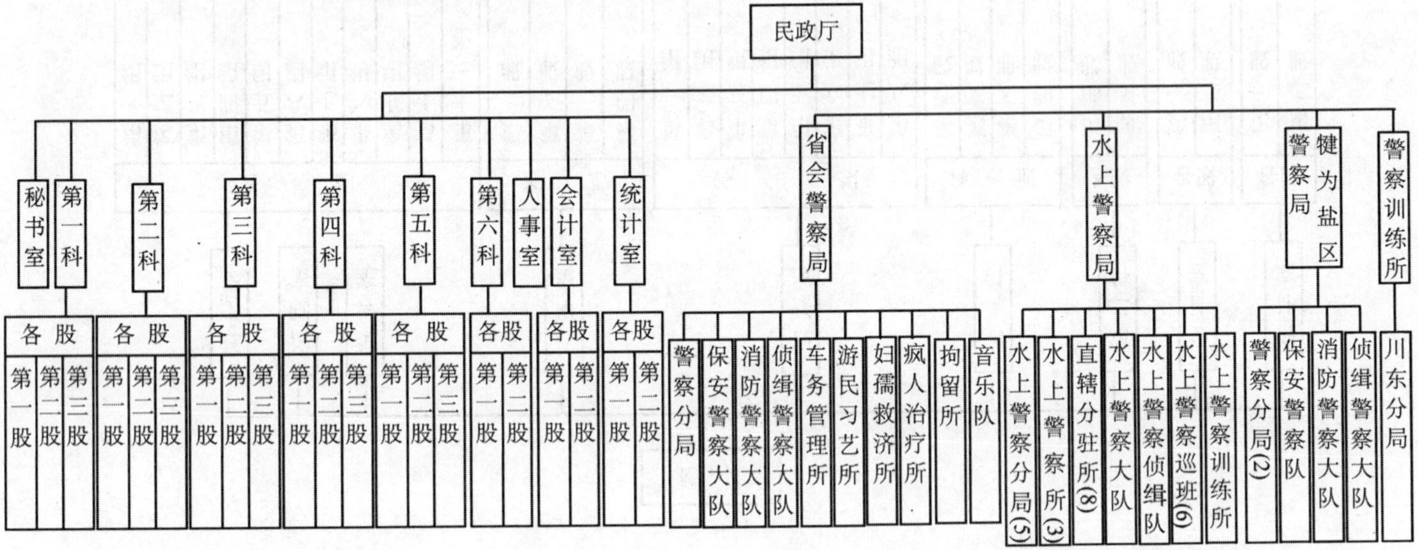

```
民政厅
├── 秘书室
├── 第一科 ── 各股（第一股、第二股、第三股）
├── 第二科 ── 各股（第一股、第二股、第三股）
├── 第三科 ── 各股（第一股、第二股、第三股）
├── 第四科 ── 各股（第一股、第二股、第三股）
├── 第五科 ── 各股（第一股、第二股、第三股）
├── 第六科 ── 各股（第一股、第二股、第三股）
├── 人事室
├── 会计室 ── 各股（第一股、第二股）
├── 统计室 ── 各股（第一股、第二股）
├── 省会警察局
│   ├── 警察分局
│   ├── 保安警察大队
│   ├── 消防警察大队
│   ├── 侦缉警察大队
│   ├── 车务管理所
│   ├── 游民习艺所
│   ├── 妇孺救济所
│   ├── 疯人治疗所
│   ├── 拘留所
│   └── 音乐队
├── 水上警察局
│   ├── 水上警察分局(5)
│   ├── 水上警察所(3)
│   ├── 直辖分驻所(8)
│   ├── 水上警察大队
│   ├── 水上警察侦缉队
│   ├── 水上警察巡班(6)
│   └── 水上警察训练所
├── 犍为盐区警察局
│   ├── 警察分局(2)
│   ├── 保安警察队
│   ├── 消防警察大队
│   └── 侦缉警察大队
└── 警察训练所 ── 川东分局
```

材料来源：根据民政厅造送材料绘制。

编者注：各机构后括号内所列数字表示已设立此表机构之总数，本部分表6、表7、表8、表10、表11、表27同。

5. 1945年四川省政府财政厅组织系统（四川省民政厅 1945年）

```
财政厅 ┬── 四川省印刷局
       ├── 统计室 ── 各股（第一股、第二股）
       ├── 会计室 ── 各股（第一股、第二股、第三股）
       ├── 人事室 ── 各股（第一股、第二股、第三股）
       ├── 第三科 ── 各股（第一股、第二股、第三股）
       ├── 第二科 ── 各股（第一股、第二股、第三股、公债股）
       ├── 第一科 ── 各股（第一股、第二股、第三股）
       └── 秘书室
```

材料来源：根据财政厅送送材料绘制。

6. 1945年四川省政府教育厅组织系统（四川省民政厅 1945年）

```
教育厅 ─┬─ 省立理番边民生活指导所
        ├─ 省立马边边民生活指导所
        ├─ 省立茂县边民生活指导所
        ├─ 省立幼稚园
        ├─ 省立科学仪器制造所
        ├─ 省立成都实验小学茶店子分校
        ├─ 省立成都实验小学校
        ├─ 各省立职业学校（23）
        ├─ 各省立师范学校（19）
        ├─ 各省立中学校（23）
        ├─ 省立南充民众教育馆
        ├─ 省立图书馆
        ├─ 省立科学馆
        ├─ 省立教育科学馆
        ├─ 省立会计专科学校
        ├─ 省立体育专科学校
        ├─ 省立艺术专科学校
        ├─ 各种委员会（22）
        ├─ 统计室 ── 各股（第一股、第二股、第三股）
        ├─ 会计室 ── 各股（第一股、第二股、第三股）
        ├─ 人事室 ── 各股（第一股、第二股、第三股）
        ├─ 考检室 ── 各股（第一股、第二股、第三股）
        ├─ 督学室 ── 各股（第一股、第二股、第三股）
        ├─ 第四科 ── 各股（第一股、第二股、第三股）
        ├─ 第三科 ── 各股（第一股、第二股、第三股）
        ├─ 第二科 ── 各股（第一股、第二股、第三股）
        ├─ 第一科 ── 各股（第一股、第二股、第三股）
        └─ 秘书室
```

材料来源：根据教育厅造送材料编制。

7. 1945年四川省政府建设厅组织系统（四川省民政厅 1945年）

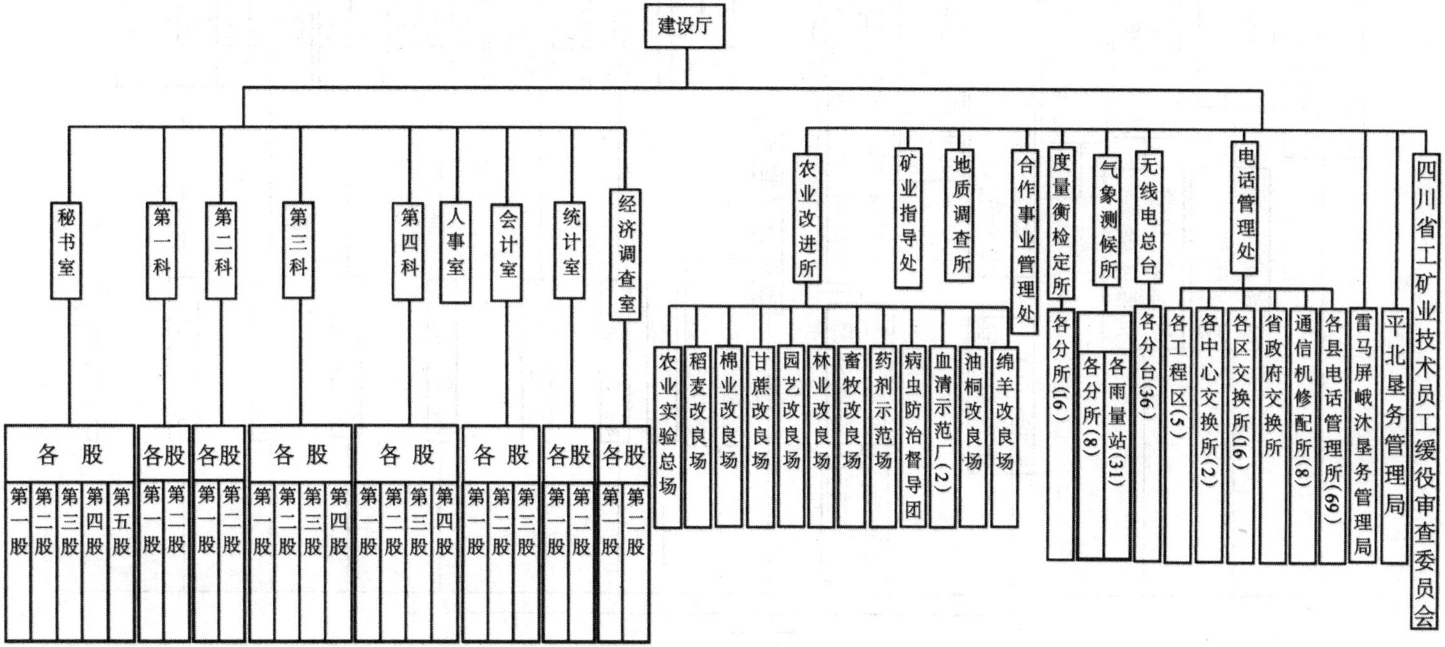

```
建设厅
├─ 四川省工矿业技术员工缓役审查委员会
├─ 平北垦务管理局
├─ 雷马屏峨冰垦务管理局
├─ 电话管理处
│   ├─ 各县电话管理所(69)
│   ├─ 通信机修配所(8)
│   ├─ 省政府交换所
│   ├─ 各区交换所(16)
│   ├─ 各中心交换所(2)
│   └─ 各工程区(5)
├─ 无线电总台 ─ 各分台(36)
├─ 气象测候所
│   ├─ 各雨量站(31)
│   └─ 各分所(8)
├─ 度量衡检定所 ─ 各分所(16)
├─ 合作事业管理处
├─ 地质调查所
├─ 矿业指导处
├─ 农业改进所
│   ├─ 蚕丝改良场
│   ├─ 油桐改良场
│   ├─ 血清示范厂(2)
│   ├─ 病虫防治督导团
│   ├─ 药剂示范场
│   ├─ 畜牧改良场
│   ├─ 园艺改良场
│   ├─ 甘蔗改良场
│   ├─ 棉业改良场
│   ├─ 稻麦改良场
│   └─ 农业实验总场
├─ 经济调查室 ─ 各股（第一股～第二股）
├─ 统计室 ─ 各股（第一股～第二股）
├─ 会计室 ─ 各股（第一股～第三股）
├─ 人事室 ─ 各股
├─ 第四科 ─ 各股（第一股～第四股）
├─ 第三科 ─ 各股（第一股～第四股）
├─ 第二科 ─ 各股（第一股～第三股）
├─ 第一科 ─ 各股（第一股～第二股）
└─ 秘书室 ─ 各股（第一股～第五股）
```

材料来源：根据建设厅统计室送材料绘制。

8. 1945年四川省政府保安处组织系统（四川省民政厅 1945年）

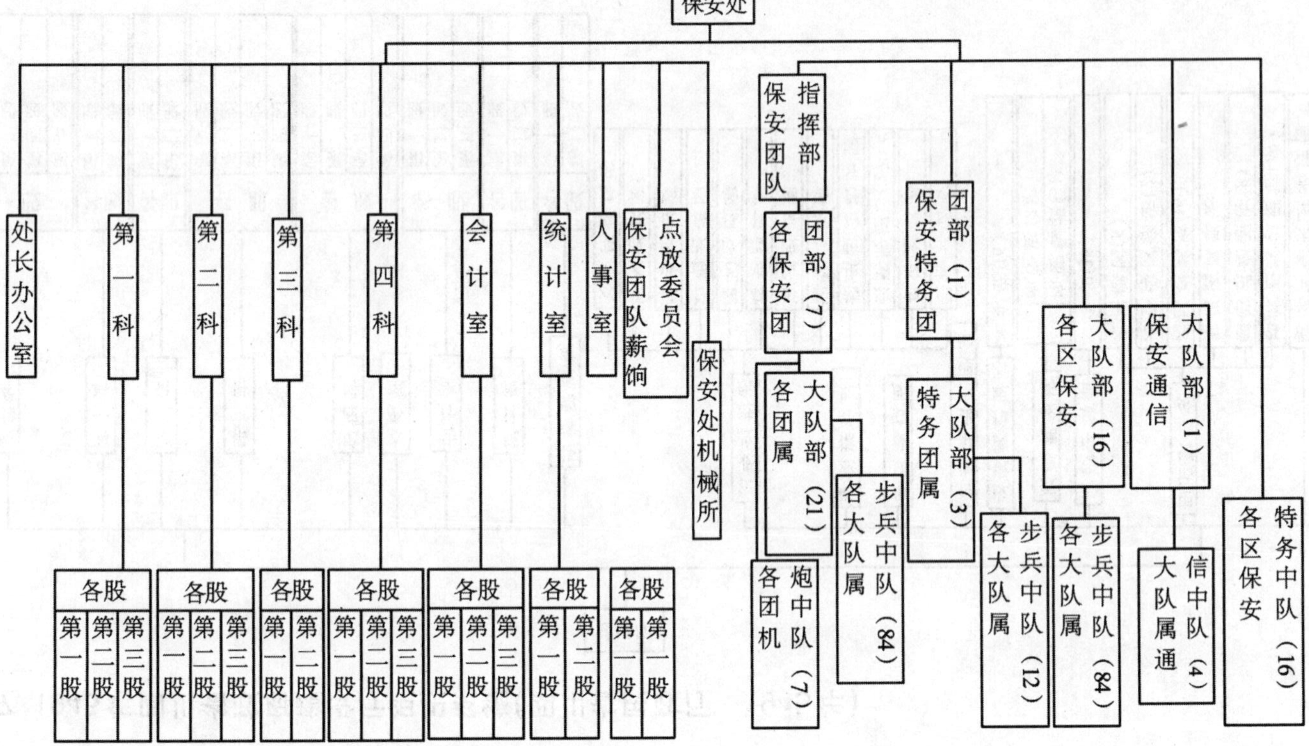

```
                                                              ┌─ 各特务中队 (16)
                                            ┌─ 各区保安 ─────┤
                                            │                └─ 大队属通信中队 (4)
                                            │
                              ┌─ 大队部 (1) ─┤
                              │  保安通信    
                              │              ┌─ 各大队属步兵中队 (84)
                              │  大队部 (16) ─┤
                              ├─ 各区保安    └─ 各大队属步兵中队 (12)
                              │
                ┌─ 保安团队 ──┤  团部 (1)     ┌─ 大队部 (3) ─── 特务团属
                │  指挥部     │  保安特务团 ──┤
                │             │                │              ┌─ 各大队属步兵中队 (84)
                │             │                └─ 大队部 (21) ─┤
                │             │  团部 (7)                      └─ 各团属炮机中队 (7)
                │             └─ 各保安团
                │
                ├─ 保安处机械所
                │
                ├─ 点放委员会 保安团队薪饷
                │
                ├─ 人事室
                │
                ├─ 统计室 ────── 各股 第一股 第二股
                │
   保安处 ──────┤ 会计室 ────── 各股 第一股 第二股 第三股
                │
                ├─ 第四科 ────── 各股 第一股 第二股 第三股
                │
                ├─ 第三科 ────── 各股 第一股 第二股 第三股
                │
                ├─ 第二科 ────── 各股 第一股 第二股 第三股
                │
                ├─ 第一科 ────── 各股 第一股 第二股 第三股
                │
                └─ 处长办公室
```

材料来源：根据保安处统计室速送材料绘制。

9. 1945年四川省政府社会处组织系统（四川省民政厅 1945年）

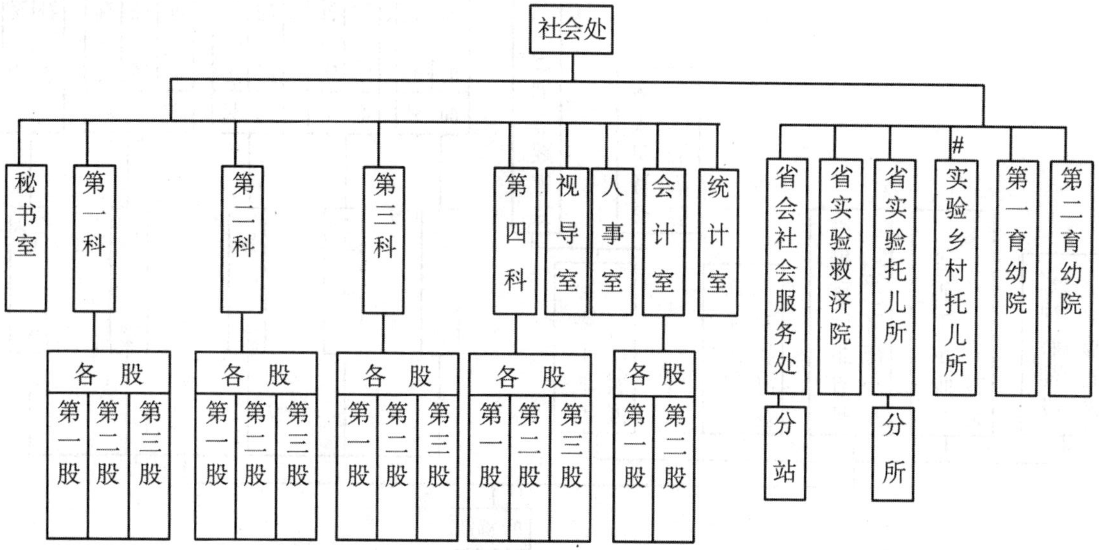

```
社会处
├── 秘书室
├── 第一科 ── 各股（第一股、第二股、第三股）
├── 第二科 ── 各股（第一股、第二股、第三股）
├── 第三科 ── 各股（第一股、第二股、第三股）
├── 第四科 ── 各股（第一股、第二股、第三股）
├── 视导室
├── 人事室
├── 会计室 ── 各股（第一股、第二股）
├── 统计室
├── 省会社会服务处 ── 分站
├── 省实验救济院
├── 省实验托儿所 ── 分所
├── #实验乡村托儿所
├── 第一育幼院
└── 第二育幼院
```

材料来源：根据社会处造送材料绘制。

说明：#系与金陵女子文理学院合办。

10. 1945年四川省政府地政局组织系统（四川省民政厅 1945年）

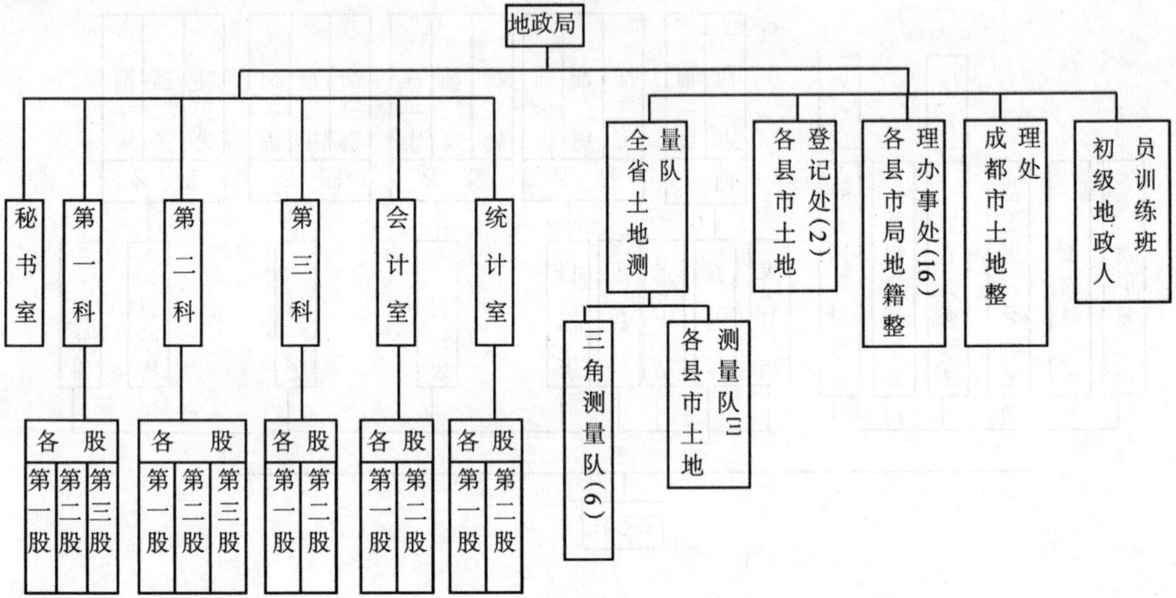

```
                                    ┌── 初级地政人员训练班
                                    │
                                    ├── 成都市土地整理处
                                    │
                                    ├── 各县市地籍整理办事处(16)
                    ┌───────────────┤
                    │               ├── 各县市土地登记处(2)
                    │               │
                    │               │              ┌── 各县市土地测量队[1]
                    │               └── 全省土地测量队 ─┤
                    │                              └── 三角测量队(6)
       地政局 ──────┤
                    │                        ┌── 第一股
                    ├── 统计室 ── 各股 ──────┤
                    │                        └── 第二股
                    │
                    │                        ┌── 第一股
                    ├── 会计室 ── 各股 ──────┤
                    │                        └── 第二股
                    │
                    │                        ┌── 第一股
                    ├── 第三科 ── 各股 ──────┤
                    │                        └── 第二股
                    │
                    │                        ┌── 第一股
                    ├── 第二科 ── 各股 ──────┼── 第二股
                    │                        └── 第三股
                    │
                    │                        ┌── 第一股
                    ├── 第一科 ── 各股 ──────┼── 第二股
                    │                        └── 第三股
                    │
                    └── 秘书室
```

材料来源：根据地政的造送材料绘制。

[1]编者注：原件有数量，但模糊不清，无法辨认。

11. 1945年四川省政府卫生处组织系统（四川省民政厅 1945年）

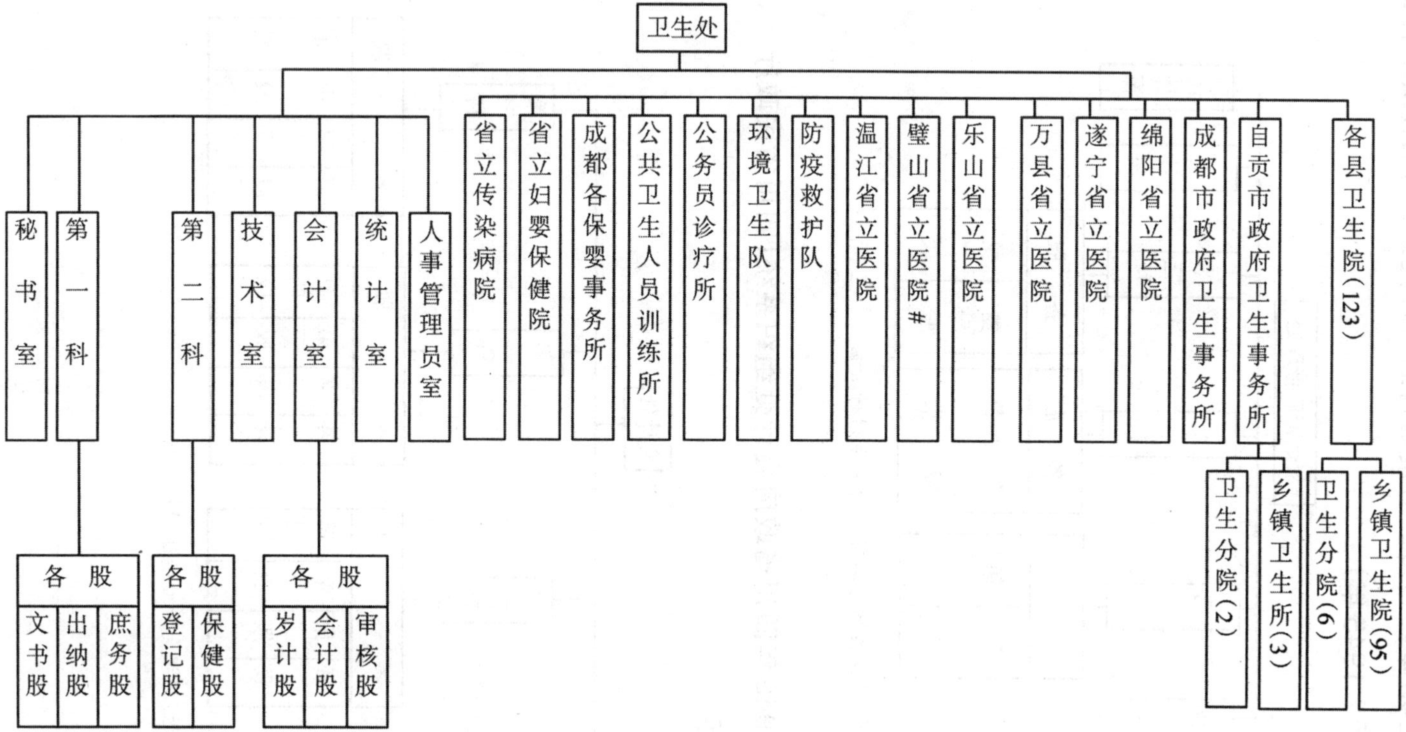

```
卫生处
├── 各县卫生院(123)
│     ├── 乡镇卫生院(95)
│     ├── 卫生分院(6)
│     ├── 乡镇卫生所(3)
│     └── 卫生分院(2)
├── 自贡市政府卫生事务所
├── 成都市政府卫生事务所
├── 绵阳省立医院
├── 遂宁省立医院
├── 万县省立医院
├── 乐山省立医院
├── 璧山省立医院 #
├── 温江省立医院
├── 防疫救护队
├── 环境卫生队
├── 公务员诊疗所
├── 公共卫生人员训练所
├── 成都各保婴事务所
├── 省立妇婴保健院
├── 省立传染病院
├── 人事管理员室
├── 统计室
├── 会计室 ── 各股（审核股、岁计股、会计股）
├── 技术室
├── 第二科 ── 各股（保健股、登记股）
├── 第一科 ── 各股（庶务股、出纳股、文书股）
└── 秘书室
```

材料来源：根据卫生处送造材料绘制。

说明：1. #为在筹备未正式成立之机构。

2. 本省现有内江、荣县、雷波、沐爱、兴文、安县、青川、万源、茂县、懋功、靖化等12县局未设卫生院（内江县卫生署设省公路卫生站）。

12. 1945年四川省政府禁烟善后督理处组织系统（四川省民政厅 1945年）

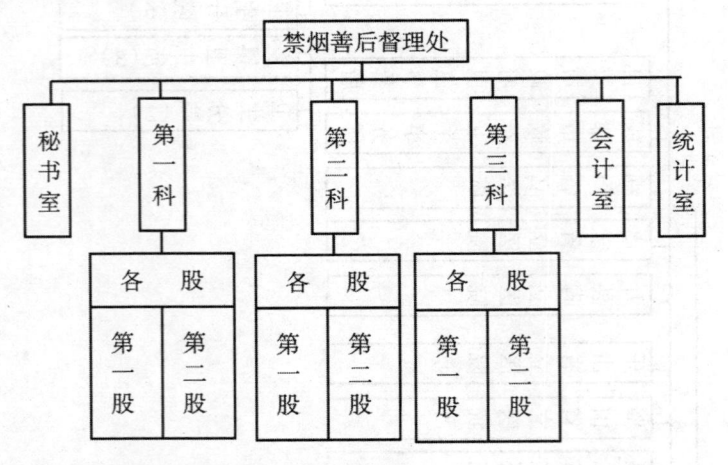

```
                    禁烟善后督理处
    ┌──────┬──────┬──────┬──────┬──────┐
   秘书室  第一科  第二科  第三科  会计室  统计室
            │      │      │
           各股    各股    各股
          ┌─┴─┐  ┌─┴─┐  ┌─┴─┐
         第一 第二 第一 第二 第一 第二
          股   股   股   股   股   股
```

材料来源：根据禁烟善后督理处造送材料绘制。

13. 1945年四川省政府会计处组织系统（四川省民政厅 1945年）

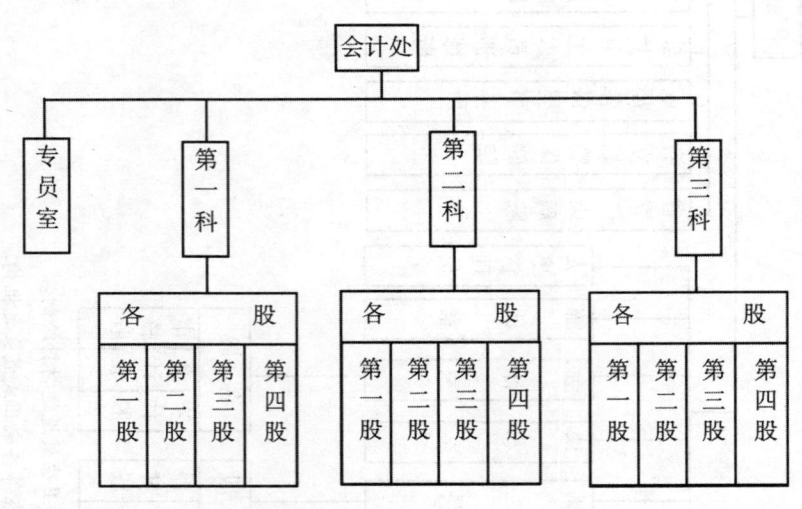

```
                    会计处
    ┌──────┬──────────┬──────────┬──────────┐
   专员室   第一科      第二科      第三科
              │           │           │
             各股         各股         各股
         ┌─┬─┬─┐    ┌─┬─┬─┐    ┌─┬─┬─┐
        第一第二第三第四 第一第二第三第四 第一第二第三第四
         股 股 股 股   股 股 股 股   股 股 股 股
```

材料来源：根据会计处造送材料绘制。

14. 1945年四川省政府统计处组织系统（四川省民政厅 1945年）

```
                    统计室
        ┌─────────┬──────┴──────┬─────────┐
       专员室    第一科         第二科     第三科
                  │              │          │
                 各股           各股        各股
              ┌──┼──┐      ┌──┼──┐   ┌──┬──┬──┐
             第  第  第     第  第  第   文  人  事  会
             一  二  三     一  二  三   书  事  务  计
             股  股  股     股  股  股   股  股  股  股
```

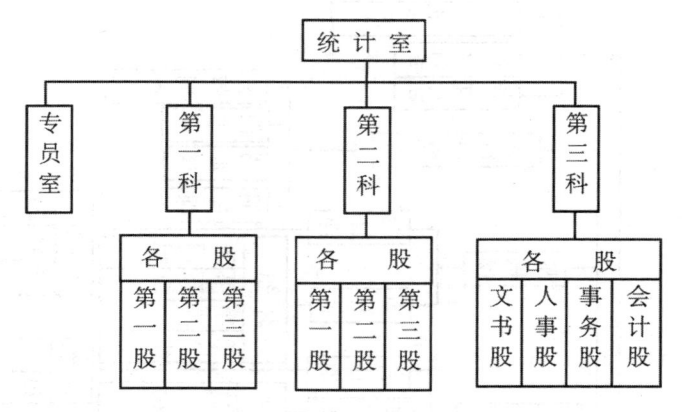

材料来源：根据统计处造送材料绘制。

15. 1945年四川省政府设计考核委员会组织系统（四川省民政厅 1945年）

```
          设计考核委员会
        ┌──────┼──────┐
       秘书   设计组  考核组
```

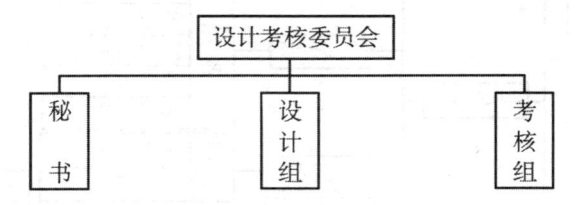

材料来源：根据设计考核委员会造送材料绘制。

16. 1945年四川省银行组织系统（四川省民政厅 1945年）

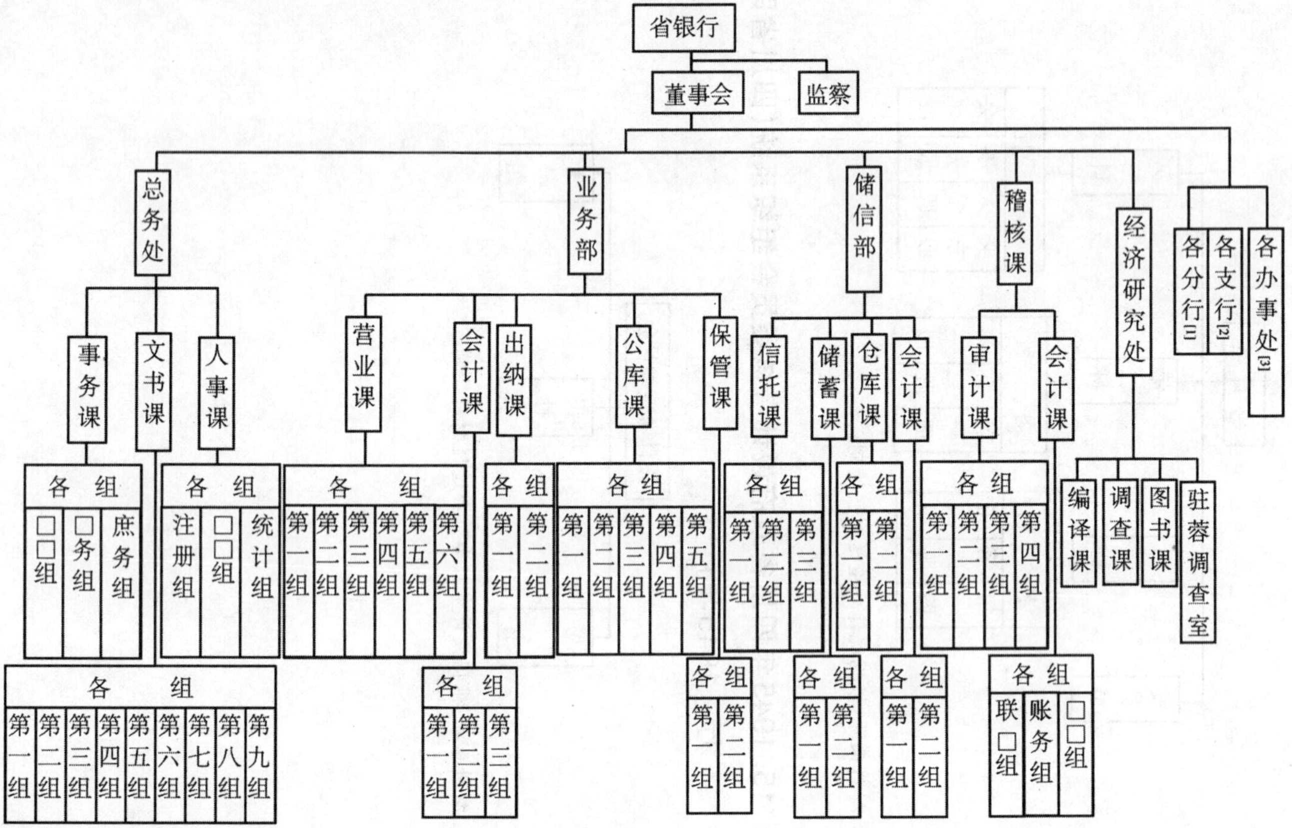

省银行
- 监察
- 董事会
  - 各办事处[3]
  - 各支行[2]
  - 各分行[1]
  - 经济研究处
    - 驻蓉调查室
    - 图书课
    - 调查课
    - 编译课
  - 稽核课
    - 会计课
      - 第四组、第三组、第二组、第一组、各组
      - 联账组、各组、□□组、□务组
    - 审计课
      - 第三组、第二组、第一组、各组
      - 第二组、第一组、各组
  - 储信部
    - 会计课：第三组、第二组、第一组、各组；第二组、第一组、各组
    - 仓库课：第三组、第二组、第一组、各组；第二组、第一组、各组
    - 储蓄课：第三组、第二组、第一组、各组；第二组、第一组、各组
    - 信托课：第三组、第二组、第一组、各组；第二组、第一组、各组
  - 业务部
    - 保管课：第五组、第四组、第三组、第二组、第一组、各组
    - 公库课：第四组、第三组、第二组、第一组、各组
    - 出纳课：第三组、第二组、第一组、各组
    - 会计课：第三组、第二组、第一组、各组
    - 营业课：第六组、第五组、第四组、第三组、第二组、第一组、各组
  - 总务处
    - 人事课：统计组、注册组、各组
    - 文书课：第九组、第八组、第七组、第六组、第五组、第四组、各组
    - 事务课：庶务组、□务组、□□组、各组；第四组、第三组、第二组、第一组

材料来源：根据财政厅送送材料绘制。

[1][2][3]编者注：原件此3项下有数字，但模糊不清，无法辨认。

17. 1945年四川省立教育学院组织系统（四川省民政厅 1945年）

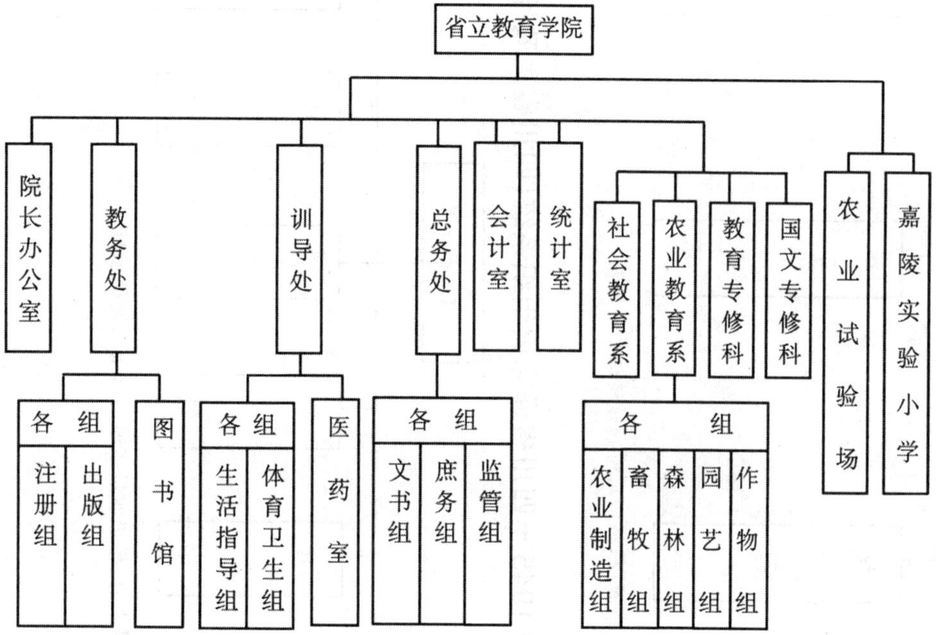

```
                                            ┌─ 嘉陵实验小学
                                            ├─ 农业试验场
                                            │                    ┌─ 作物组
                                            │      ┌─ 国文专修科   ├─ 园艺组
                                            │      ├─ 教育专修科   ├─ 森林组
                                            ├─ ────┤            各组─ 畜牧组
                                            │      ├─ 农业教育系   └─ 农业制造组
                                            │      └─ 社会教育系
                                            ├─ 统计室
                                            │                    ┌─ 监督组
                         省立教育学院 ────┼─ 会计室           各组─ 庶务组
                                            ├─ 总务处 ──────────└─ 文书组
                                            │                    ┌─ 医药室
                                            ├─ 训导处           各组─ 体育卫生组
                                            │                    └─ 生活指导组
                                            │                    ┌─ 图书馆
                                            ├─ 教务处           各组─ 出版组
                                            │                    └─ 注册组
                                            └─ 院长办公室
```

材料来源：根据教育厅送材料绘制。

18. 1945年四川博物馆组织系统（四川省民政厅　1945年）

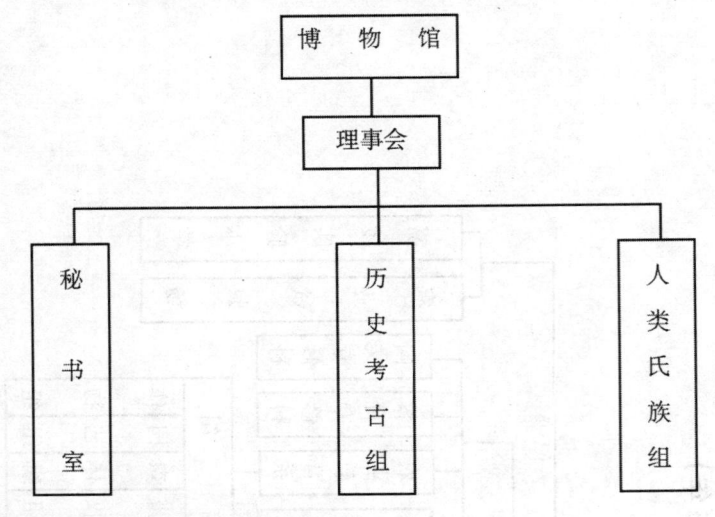

```
          博物馆
            │
          理事会
            │
    ┌───────┼───────┐
   秘书室  历史考古组  人类民族组
```

材料来源：根据四川博物馆造送材料绘制。

19. 1945年四川省通志馆组织系统（四川省民政厅　1945年）

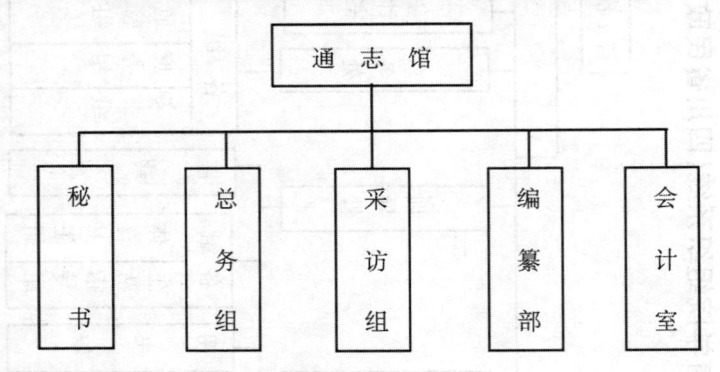

```
              通志馆
                │
    ┌─────┬─────┼─────┬─────┐
   秘书  总务组  采访组  编纂部  会计室
```

材料来源：根据四川省通志馆组织规程绘制。

20. 1945年四川省水利局组织系统（四川省民政厅 1945年）

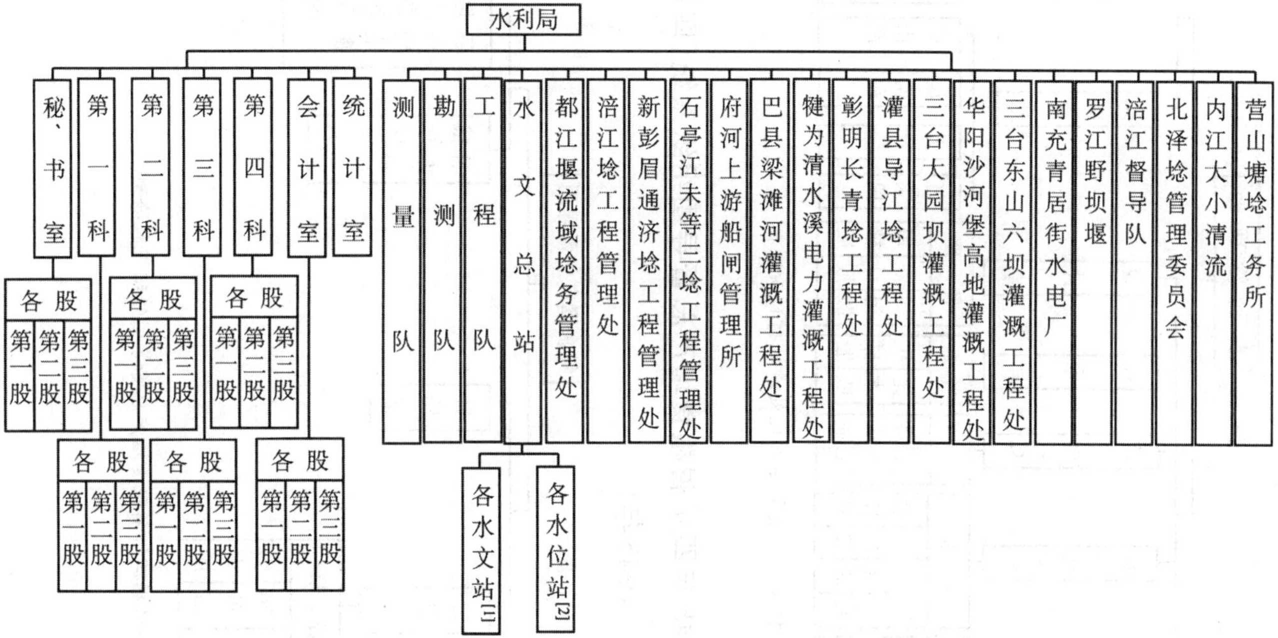

水利局
- 营山塘埝工务所
- 内江大小清流
- 北泽埝管理委员会
- 涪江督导队
- 罗江野坝堰
- 南充青居街水电厂
- 三台东山六坝灌溉工程处
- 华阳沙河堡高地灌溉工程处
- 三台大园坝灌溉工程处
- 灌县导江埝工程处
- 彰明长青埝工程处
- 犍为清水溪电力灌溉工程处
- 巴县梁滩河灌溉工程处
- 府河上游船闸管理所
- 石亭江未等三埝工程管理处
- 新彭眉通济埝工程管理处
- 涪江埝工程管理处
- 都江堰流域埝务管理处
- 水文总站
  - 各水位站[2]
  - 各水文站[1]
- 工程勘测队
- 测量队
- 统计室
- 会计室
- 第四科——各股 第一股/第二股/第三股
- 第三科——各股 第一股/第二股/第三股
- 第二科——各股 第一股/第二股/第三股
- 第一科——各股 第一股/第二股/第三股
- 秘书室——各股 第一股/第二股/第三股

材料来源：根据四川省水利局造送材料绘制。

编者注：原件数字模糊不清，无法辨认。

21. 1945年四川省驿运管理处组织系统（四川省民政厅 1945年）

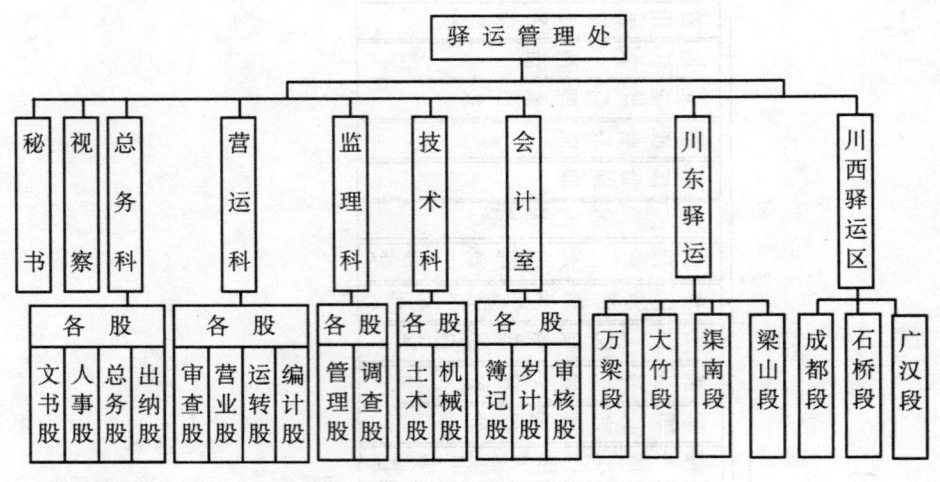

```
                                驿运管理处
    ┌────┬────┬────┬────┬────┬────┬──────────┬──────────┐
   秘书  视察  总务科  营运科  监理科  技术科  会计室   川东驿运    川西驿运区
                │    │    │    │    │
               各股  各股  各股  各股  各股
   ┌─┬─┐  ┌─┬─┬─┐  ┌─┬─┐  ┌─┐  ┌─┬─┐   ┌─┬─┬─┐      ┌─┬─┬─┐
  文 人 总 出  审 营 运 编  管 调   土 机   簿 岁 审   万 大 渠 梁   成 石 广
  书 事 务 纳  查 业 转 计  理 查   木 械   记 计 核   梁 竹 南 山   都 桥 汉
  股 股 股 股  股 股 股 股  股 股   股 股   股 股 股   段 段 段 段   段 段 段
```

材料来源：根据四川省驿运管理处造送材料绘制。

22. 1945年四川省粮食增产总督导团组织系统（四川省民政厅 1945年）

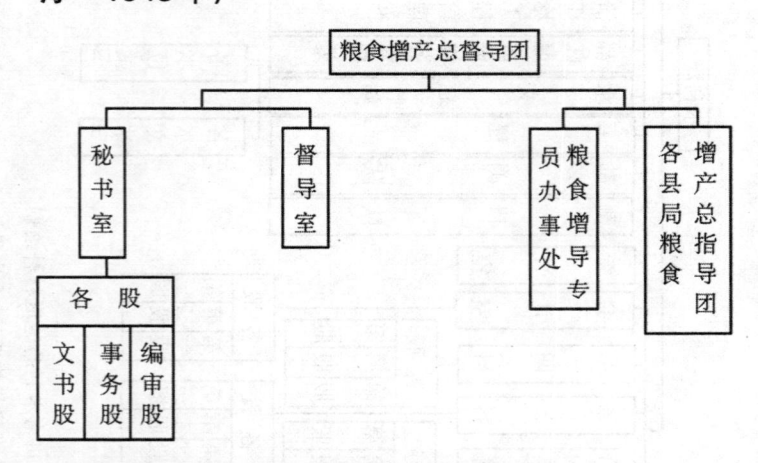

```
                  粮食增产总督导团
       ┌──────┬──────┬──────┬──────┐
      秘书室   督导室   粮食增导专   各县局粮食   增产总指导团
                        员办事处
        │
       各股
     ┌─┬─┬─┐
     文 事 编
     书 务 审
     股 股 股
```

材料来源：根据四川省粮食增产总督导团组织规程绘制。

23. 1945年度四川省政府暨省属各级机关单位员役编制数额[①]
（四川省民政厅　1945年）

机关名称	共计 机关数	共计 人员数 小计	共计 人员数 职员	共计 人员数 工役	本机关 机关数	本机关 人员数 小计	本机关 人员数 职员	本机关 人员数 工役
总计	331	18895	12028	6867	37	5536	3847	1689
委员会	1	75	65	10	1	75	65	10
秘书处	1	605	390	215	1	605	390	215
民政厅[②]	45	2614	1470	1144	1	354	260	94
财政厅	1	359	248	111	1	359	248	111
教育厅[③]	96	5640	3956	1684	1	456	365	91
建设厅	43	3099	1960	1139	1	452	316	136
保安处[④]	3	667	429	238	1	378	260	118
社会处	6	535	393	142	1	183	151	32
地政局	31	1474	634	840	1	85	66	19
粮政局[⑥]	39	475	353	122	1	289	215	74
卫生处[⑤]	12	603	441	162	1	94	76	18
禁烟善后督理处	1	108	77	31	1	108	77	31
会计处	1	122	90	32	1	122	90	32
统计处	1	93	69	24	1	93	69	24
物价管制委员会[⑦]	1	108	70	38	1	108	70	38
教育学院	1	229	126	103	1	229	126	103
博物馆	1	22	12	10	1	22	12	10
通志馆	1	23	19	4	1	23	19	4
水利局	8	799	443	356	1	256	189	67
驿运管理处	1	106	86	20	1	106	86	20
粮食增产总督导团	1	59	57	2	1	59	57	2
行政专员兼保安司令公署	16	1080	640	440	16	1080	640	440

续表

机关名称	附属机关 机关数	附属机关 人员数 小计	附属机关 人员数 职员	附属机关 人员数 工役	附属机关之所属机关 机关数	附属机关之所属机关 人员数 小计	附属机关之所属机关 人员数 职员	附属机关之所属机关 人员数 工役
总计	200	12086[1]	6491	3595	74	3273	1690	1583
委员会	—	—	—	—	—	—	—	—
秘书处	—	—	—	—	—	—	—	—
民政厅②	4	645	435	210	40	1615	775	840
财政厅	—	—	—	—	—	—	—	—
教育厅③	95	5184	3591	1593	—	—	—	—
建设厅	8	989	729	260	34	1658	915	743
保安处④	2	289	169	120	—	—	—	—
社会处	5	352	242	110	—	—	—	—
地政局	30	1389	568	821	—	—	—	—
粮政局⑥	38	186	138	48	—	—	—	—
卫生处⑤	11	509	365	144	—	—	—	—
禁烟善后督理处	—	—	—	—	—	—	—	—
会计处	—	—	—	—	—	—	—	—
统计处	—	—	—	—	—	—	—	—
物价管制委员会⑦	—	—	—	—	—	—	—	—
教育学院	—	—	—	—	—	—	—	—
博物馆	—	—	—	—	—	—	—	—
通志馆	—	—	—	—	—	—	—	—
水利局	7	543	254	289	—	—	—	—
驿运管理处	—	—	—	—	—	—	—	—
粮食增产总督导团	—	—	—	—	—	—	—	—
行政专员兼保安司令公署	—	—	—	—	—	—	—	—

材料来源：根据四川省三十四年度岁出单位预算书编制。

①四川省银行、四川省印刷局等省营事业机关均未列入。②附属机关及附属所属机关共有警察4277名未计入，惟川西北土官边民宣慰委员1人已计入本机关栏内。③附属机关中各级师范学校及职业学校共有公费生13198名未计入，惟各区师资训练班员役121人已记入。④各团队有官佐兵夫20927名未计入，惟保安处附员及服务员104人已列入本机关栏内。⑤各区省立医院共有警察15名未列入。⑥已于三十四年四月与四川省田赋管理处合并，改名为四川省田赋粮食管理处，直属于粮食部。⑦于本年九月裁撤，其业务并入建设厅，成立经济调查室负责办理。

[1]编者注：原件如此，应为"10086"。

24. 1945年12月四川省政府各厅处局会现有职雇员人数（四川省民政厅 1945年）

机关名称	共计	占总数百分比	各官阶人数			
			简任	荐任	委任	聘任	雇用
总计	2413	100.00	47	298	1502	48	518
委员会	32	1.3	6	—	—	25	1
秘书处①	386	15.9	1	42	221	—	122
民政厅②	257	10.6	1	22	177	—	57
财政厅	248	10.2	1	13	183	2	49
教育厅	363	14.9	1	37	223	—	102
建设厅	346	14.2	1	41	215	9	80
保安处③	260	10.8	30	96	128	—	6
社会处	149	6.2	1	16	108	—	24
地政局	62	2.6	1	8	40	—	13
卫生处	78	3.7	1	9	54	2	12
禁烟善后督理处	76	3.1	1	8	54	—	13
会计处④	87	3.6	1	3	52	5	26
统计处	69	2.9	1	3	47	5	13

材料来源：根据秘书处统计室造送材料编制。
①设计考核委员会人数已计入内。
②实习县长6人已计入荐任栏内。
③官阶系武职，根据现任军官文官比叙表所列，将官及上校为简任，中少校为荐任，尉官为委任。
④增加集中临时书记5名，已计入该处雇用人员内。

25. 1945年四川省各区行政督察专员兼保安司令公署组织系统（四川省民政厅 1945年）

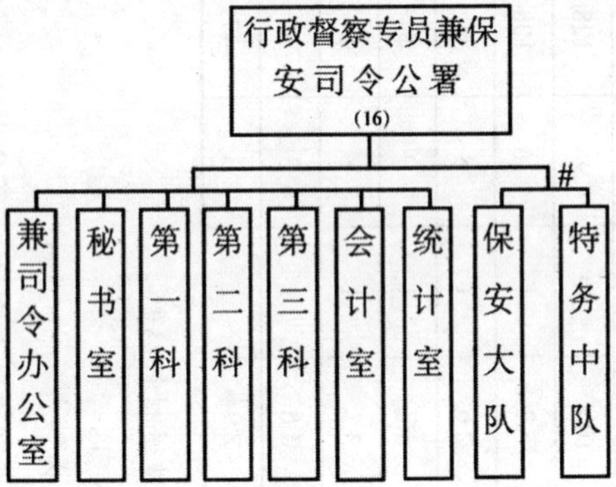

```
            行政督察专员兼保
            安司令公署
                 (16)
                  │
    ┌────┬────┬────┬────┬────┬────┬────┬────┐
   兼   秘   第   第   第   会   统   保   特
   司   书   一   二   三   计   计   安   务
   令   室   科   科   科   室   室   大   中
   办                              队#  队#
   公
   室
```

材料来源：根据四川省政府民政厅造送材料绘制。

说明：#系隶属于四川省政府保安处，但受行政专员兼保安司令之指挥。

26. 1945年四川省各区行政督察专员兼保安司令公署职雇员役人数及月支俸给标准①(四川省民政厅 1945年)

职别	人数	每人月支俸给(元)
总计	67	—
文职	48	—
专员兼司令	1	500
秘书	1	320
科长	3	220
会计主任	1	200
统计主任	1	200
视察	2	180～220
技士	1	200
技佐	1	140
科员②	7	100～140
办事员	7	80～100
书记③	9	50～55
公役	14	13
武职	19	—
副司令	1	154
参谋	2	100～124
军法助理员	1	100
副官	2	50～66
文书	2	24
号兵	1	9
卫兵	6	5～9
传令兵	2	5
炊事兵	2	4

材料来源：根据三十四年度四川省各区行政督察专员兼保安司令公署月支经费标准表编制。

①第五区另设轿夫3名,月支工饷15元;第十六区另设轿夫3名,每名月支15元;又马夫2名,每名支12元。均未列入。

②会计助理员1名及统计科员1名已计入内。

③统计室雇员1名已计入内。

27. 1945年四川省各县行政组织系统（四川省民政厅 1945年）

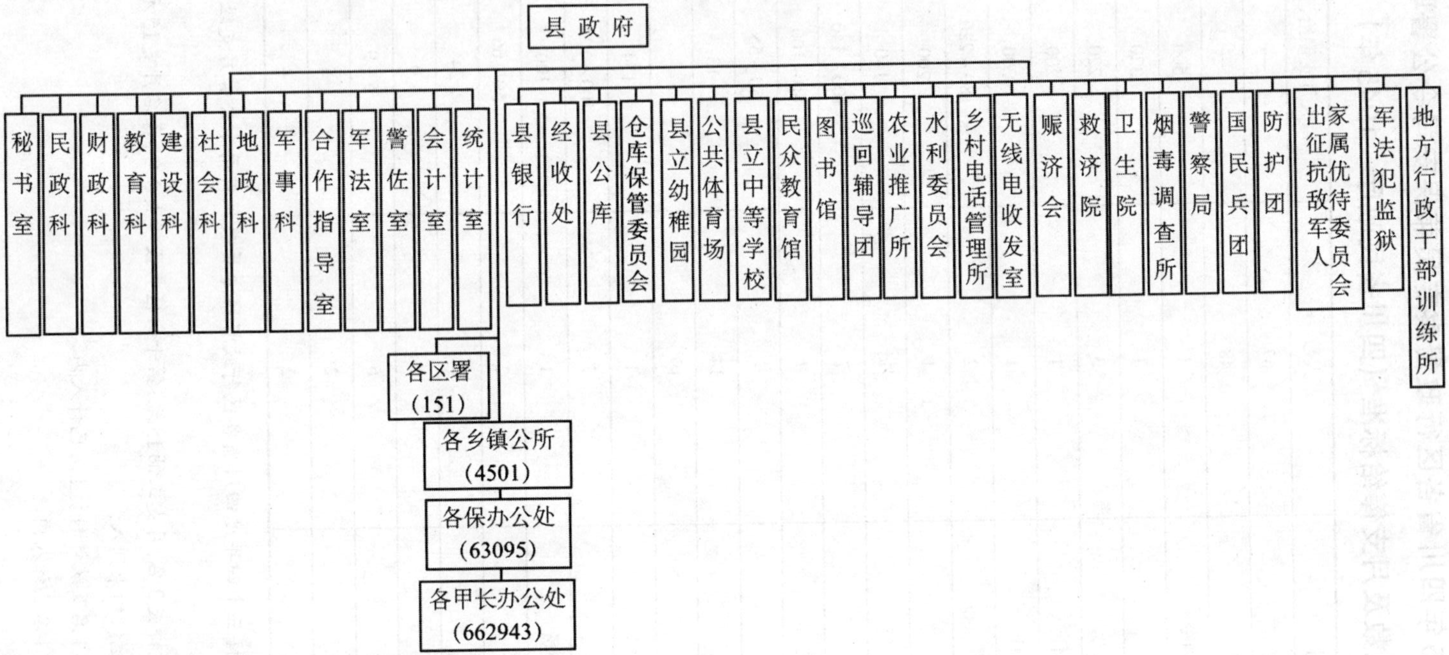

```
县政府
├── 地方行政干部训练所
├── 军法犯监狱
├── 出征抗敌军人家属优待委员会
├── 防护团
├── 国民兵团
├── 警察局
├── 禁毒调查所
├── 卫生院
├── 救济院
├── 赈济会
├── 无线电收发室
├── 乡村电话管理所
├── 水利委员会
├── 农业推广所
├── 巡回辅导团
├── 图书馆
├── 民众教育馆
├── 县立中等学校
├── 公共体育场
├── 县立幼稚园
├── 仓库保管委员会
├── 县公库
├── 经收处
├── 县银行
├── 统计室
├── 会计室
├── 警佐室
├── 军法室
├── 合作指导室
├── 军事科
├── 地政科
├── 社会科
├── 建设科
├── 教育科
├── 财政科
├── 民政科
└── 秘书室

各区署 (151)
各乡镇公所 (4501)
各保办公处 (63095)
各甲长办公处 (662943)
```

材料来源：根据四川省县政府及科室组织规程绘制。

说明：1. 以可能设置之科室及县得设警佐室，警佐室得设警察局属机关为例；
2. 未设警察局之县得设警佐室，但警察不满50人者，仅设警佐，不设警佐室。

28. 四川省各县政府历年(1941—1945年)科室设置比较(四川省民政厅 1945年)

单位：县

年别	秘书室	民政科	财政科	教育科	建设科	教建科	粮政科	军事科	社会科	地政科	边务科	警佐室	合作指导室	会计室	统计室
三十年	135	135	135	97	97	38	135	135	70	24	1	53	132	135	—
三十一年	137	137	137	117	117	20	137	135	72	25	3	95	133	139	115
三十二年	137	137	137	117	117	20	137	136	132	46	—	116	134	138	117
三十三年	137	137	137	102	102	35	137	—	75	47	—	85	67	137	137
三十四年	139	139	139	107	107	32	—	139	136	33	—	86	69	139	138

材料来源：根据民政厅统计室造送资料编制。

29. 四川省各县政府历年(1937—1945年)员额设置比较(四川省民政厅 1945年)

年别	一等县	二等县	三等县	四等县	五等县	六等县
二十六年	43	37	30	—	—	—
二十七年	43	37	30	—	—	—
二十八年	50	43	35	—	—	—
二十九年①	54~57	47~50	40~43	35~38	31~34	30~33
三十年②	56~69	50~63	43~55	37~49	32~44	31~43
三十一年③	60~69	54~63	46~54	41~49	36~45	35~44
三十二年④	60~69	54~63	42~55	36~49	36~45	35~44
三十三年	71~117	65~100	57~89	55~83	49~63	51~62
三十四年	75~86	69~80	61~70	52~61	47~55	46~54

材料来源：根据民政厅统计室造送资料编制。
①②③④指导员、督学员额未计算入内。

30.1945年四川省各县县政府职雇员员额及月支俸给标准①(四川省民政厅 1945年)

职别	一等县 员额	一等县 每人月支俸给(元)	二等县 员额	二等县 每人月支俸给(元)	三等县 员额	三等县 每人月支俸给(元)
总计	75~86	35~340	69~80	35~340	61~70	35~340
县长	1	340	1	340	1	340
秘书	1	180	1	180	1	160
助理秘书	1	100	1	100	1	100
科长	6~7	160	6~7	160	6~7	140
会计主任	1	160	1	160	1	140
统计主任	1	160	1	160	1	140
警佐	0~1	160	0~1	160	0~1	140
指导员	5	120	4	120	3	120
督学	5	100	4	100	3	100
技士	2~4	100	2~4	100	2~3	100
技佐	0~1	70	0~1	70	0~1	70
训练员	0~1	100	0~1	100	0~1	100
督察员	0~1	90	0~1	90	0~1	80
一级审核员	1	80	1	80	1	80
二级审核员	1	70	1	70	1	70
一等科员	8~10	80~100	7~9	80	6~8	80
二等科员	8	70~80	7	70	7	70
三等科员	10	60~70	9	60	7	60
一级事务员	6~8	50	5~7	50	5~6	50
二级事务员	5	45	5	45	4	45
一级雇员	7	40	7	40	6	40
二级雇员	6	35	6	35	5	35

续表

职别	四等县 员额	四等县 每人月支俸给(元)	五等县 员额	五等县 每人月支俸给(元)	六等县 员额	六等县 每人月支俸给(元)
总计	52~61	35~340	47~55	35~340	46~54	35~340
县长	1	340	1	340	1	340
秘书	1	160	1	140	1	140
助理秘书	1	100	~	~	~	~
科长	6~7	140	6~7	120	6~7	120
会计主任	1	140	1	120	1	120
统计主任	1	140	1	120	1	120
警佐	0~1	140	0~1	120	0~1	120
指导员	2	120	2	120	2	120
督学	2	100	2	100	2	100
技士	1~2	100	1~2	100	1~2	100
技佐	0~1	70	0~1	70	0~1	70
训练员	0~1	100	0~1	100	0~1	100
督察员	0~1	80	~	~	~	~
一级审核员	1	80	1	80	1	80
二级审核员	1	70	1	70	1	70
一等科员	5~7	80	4~5	80	4~5	80
二等科员	6	70	5~6	70	4~5	70
三等科员	6	60	5	60	5	60
一级事务员	4~5	50	4~5	50	4~5	50
二级事务员	4	45	4	45	4	45
一级雇员	5	40	4	40	4	40
二级雇员	4	35	4	35	4	35

材料来源:根据四川省三十四年度编审各县市地方概算编制标准编制。

①会计室、统计室、地政科、警佐室员额均计入内。如不设地政科之县,则少设科长、科员、技士、技佐、事务员各1人(一、二等县少设技士2人);不设警佐室之县,则少设警佐、训练员、督察员、科员、事务员各1人。又,合作指导室设置员额不详,未列入。

会计室各等科员与其他科室科员俸给不同,其一等科员每人月支100元,二等科员每人月支80元,三等科员每人月支70元。

粮政科自本年起与田赋管理处合并,改称为田粮管理处,直属于四川省田粮管理处。该科设置人员,本表未予剔除。

31. 四川省历年(1939—1945年)县市局长履历①(四川省民政厅 1945年)

(一)年龄

年龄分组	二十八年	二十九年	三十年	三十一年	三十二年	三十三年	三十四年
总计	135	135	138	142	142	142	143
31—32	13	10	5	4	5	5	3
33—34	18	17	15	21	23	14	12
35—36	32	35	31	23	27	26	9
37—38	18	15	29	30	27	22	19
39—40	10	14	18	13	15	20	23
41—42	11	11	6	12	13	19	19
43—44	10	7	6	8	8	8	11
45—46	11	10	8	9	6	9	12
47—48	4	6	7	12	8	8	9
49—50	4	8	7	6	6	6	2
51—52	4	2	2	1	1	1	3
53—54	—	—	1	2	2	2	2
55以上	—	—	—	1	1	2	3
未详	—	—	3	—	—	—	—

(二)籍贯

省市别	二十八年	二十九年	三十年	三十一年	三十二年	三十三年	三十四年
总计	135	—	138	142	142	142	143
四川	122	—	118	113	116	110	108
江苏	1	—	4	6	5	6	4
安徽	2	—	3	4	4	6	5
山东	1	—	2	2	2	2	1
河北	1	—	1	1	1	1	1
辽宁	1	—	—	—	1	2	1
广东	1	—	—	1	1	—	—
福建	1						

续表

省市别	二十八年	二十九年	三十年	三十一年	三十二年	三十三年	三十四年
湖南	1	—	2	3	3	3	—
云南	1	—	—	—	—	1	1
浙江	3	—	2	2	1	1	1
湖北	—	—	3	3	2	5	2
河南	—	—	1	2	1	—	4
贵州	—	—	1	2	2	1	—
西康	—	—	1	1	1	1	1
江西	—	—	—	1	1	1	1
重庆市	—	—	—	1	1	1	1
未详	—	—	—	—	—	1	12

(三) 学历

学历	二十八年	二十九年	三十年	三十一年	三十二年	三十三年	三十四年
总计	135	135	138	142	142	142	143
国内外大学	65	75	81	86	88	91	82
专科学校	23	25	22	29	24	21	20
军事学校	30	19	15	10	12	7	12
中等学校	10	7	7	7	8	10	6
其他	7	9	11	8	7	10	6
不详	—	—	2	2	3	3	17

材料来源:根据民政厅统计室造送材料编制。

①系根据各年十二月份在职县市局长履历统计。

32. 四川省历年(1940—1944年)县市局长异动人数(四川省民政厅 1945年)

年份	共计	升任专员	升任市长	调任	辞职	调省	免职	撤职	新设治	殉职	停职	病故	停止任用	未到任
二十九年	93	1	—	32	16	—	23	15	—	—	2	2	2	—
三十年	61	—	—	20	11	14	3	10	—	1	—	—	—	2
三十一年	66	—	—	23	6	20	5	3	4	—	—	1	—	4
三十二年	57	2	1	25	4	19	5	1	—	—	—	—	—	—
三十三年	59	1	—	21	6	14	5	10	—	1	—	1	—	—

材料来源：根据民政厅统计室造送材料编制。

33. 四川省历年(1939—1944年)县市局长任职期限①(四川省民政厅 1945年)

年别	共计	一年以下至满一年	一年以上至满二年	二年以上至满三年	三年以上至满四年	四年以上至满五年	五年以上
二十八年	135	91	33	7	4	—	—
二十九年	135	75	28	25	4	3	—
三十年	138	66	37	24	7	4	—
三十一年	142	64	44	24	5	5	—
三十二年	142	58	48	28	4	3	1
三十三年	142	79	29	17	10	5	2

材料来源：根据民政厅统计室造送资料编制。

①系以各年十二月份在职县市局长任职期间统计。

34. 四川省历年(1938—1944年)县市局长奖惩(四川省民政厅 1945年)

类别	项目	总计	二十七年	二十八年	二十九年	三十年	三十一年	三十二年	三十三年
奖	共计	1234	84	158	271	108	118	165	330
奖	嘉奖	607	58	80	85	57	82	105	140
奖	记功	361	15	60	122	17	22	30	95
奖	记大功	176	11	13	54	23	7	9	59
奖	记功三次	18	—	3	—	2	—	9	4
奖	记大功三次	8	—	—	—	2	3	1	2
奖	以专员存记	5	—	—	—	—	—	5	—
奖	申诫处分注销	7	—	—	—	3	2	1	3
奖	申斥处分注销	8	—	—	1	2	—	2	3
奖	奖状	3	—	—	—	—	—	—	3
奖	奖章	15	—	—	—	—	—	—	15
奖	记过注销	17	—	—	1	5	3	2	6
奖	记过三次注销	1	—	—	—	1	—	—	—
奖	记大过注销	6	—	—	3	1	—	1	1
奖	撤职注销	1	—	—	—	—	—	1	—
奖	晋级	1	—	—	—	—	—	1	—
惩	共计	2577	159	315	454	245	391	438	575
惩	申诫	1301	26	204	263	140	283	131	254
惩	记过	642	46	67	98	77	63	132	159
惩	记大过	194	25	25	47	22	28	19	28
惩	记过三次	61	1	1	12	4	8	6	19
惩	记大过三次	28	9	2	5	2	3	2	5
惩	减俸	20	16	—	1	—	2	1	—
惩	降级	1	1	—	—	—	—	—	—
惩	免职	3	—	—	—	2	—	1	—
惩	停职讯办	2	—	—	2	—	—	—	—
惩	撤职讯办	3	—	—	—	—	—	2	—
惩	撤职查办	18	—	1	6	5	—	1	4
惩	停止任用一年	14	—	—	1	13	—	—	—
惩	停止任用二年	1	—	—	—	1	—	—	—
惩	停止任用五年	1	1	—	1	—	—	—	—
惩	停止任用十年	1	1	—	—	—	—	—	—
惩	申斥	271	26	—	—	—	14	6	99
惩	撤职	26	7	—	8	—	7	—	3
惩	记功奖局注销	1	—	—	—	—	—	—	1

单位：次

材料来源：根据民政厅统计室逞送材料编制。

35. 1940—1945年四川省各县市区署人员设置及月支俸给标准（四川省民政厅 1945年）

职别	二十九年 甲种 员额	二十九年 甲种 每人俸给（元）	二十九年 乙种 员额	二十九年 乙种 每人俸给（元）	三十年 甲种 员额	三十年 甲种 每人俸给（元）	三十年 乙种 员额	三十年 乙种 每人俸给（元）	三十一年 甲种 员额	三十一年 甲种 每人俸给（元）	三十一年 乙种 员额	三十一年 乙种 每人俸给（元）	三十一年 丙种 员额	三十一年 丙种 每人俸给（元）
总数	8	8~120	6	8~100	8	8~120	6	8~100	11	12~160	8	12~140	6	12~120
区长	1	120	1	100	1	120	1	100	1	160	1	140	1	120
一级指导员	1	60	1	60	1	60	1	60	1	80	1	80	1	80
二级指导员	1	55	1	55	1	55	1	55	1	70	1	70	1	70
三级指导员	1	50	—	—	1	50	—	—	2	60	1	60	—	—
事务员	—	—	—	—	—	—	—	—	—	—	—	—	—	—
雇员	1	20	1	20	1	20	1	20	2	35	1	35	1	35
公役	3	8	2	8	3	8	2	8	4	12	3	12	2	12

续表

职别	三十二年 甲种 员额	三十二年 甲种 每人俸给(元)	三十二年 乙种 员额	三十二年 乙种 每人俸给(元)	三十二年 丙种 员额	三十二年 丙种 每人俸给(元)	三十三年 甲种 员额	三十三年 甲种 每人俸给(元)	三十三年 乙种 员额	三十三年 乙种 每人俸给(元)	三十三年 丙种 员额	三十三年 丙种 每人俸给(元)	三十四年 甲种 员额	三十四年 甲种 每人俸给(元)	三十四年 乙种 员额	三十四年 乙种 每人俸给(元)	三十四年 丙种 员额	三十四年 丙种 每人俸给(元)
总计	12	12~160	9	12~140	6	12~120	10	12~160	8	12~140	6	12~120	10	12~160	8	12~140	6	12~120
区长	1	160	1	140	1	120	1	160	1	140	1	120	1	160	1	140	1	120
一级指导员	1	80	1	80	1	80	1	80	1	80	1	80	1	80	1	80	1	80
二级指导员	1	70	1	70	1	70	1	70	1	70	—	—	1	70	1	70	1	70
三级指导员	2	60	1	60	—	—	1	60	1	60	—	—	1	60	1	60	—	—
事务员	1	45	1	45	—	—	1	45	1	45	—	—	1	45	1	45	—	—
雇员	2	35	1	35	1	35	1	35	—	—	1	35	1	35	—	—	1	35
公役	4	12	3	12	2	12	4	12	3	12	2	12	4	12	3	12	2	12

材料来源：根据民政厅统计室造送材料及四川省历年各县市地方概算编制标准编制。

国民党四川省党部和社会团体

1. 抗日战争期间中国国民党四川省党部组织沿革表（国民党四川省党部　1949年）

机构名称	成立与改组时间	领导人姓名（籍贯）	内部机构及负责人
四川省党部	民国二十五年六月	特派委员：曾扩情（威远）①；设计委员：曹叔实（富顺）、陈紫舆（巴县）、胡素民（威远）、冷曝东（大邑）、周遂初（长寿）、周荫棠（眉山）、李琢仁（新都）、李厚如（贵州）	书记长李厚如（继周遂初）；组织科长余富库；民运科长李徵梧；宣传科长董家骥；总务科长马力行；秘书董绍舒
四川省执行委员会②	民国二十七年十月	主任委员：陈公博（广东）；委员：王缵绪（西充）、曹叔实（富顺）、彭纶（古蔺）、冷曝东（大邑）、周遂初（长寿）、杨全宇（西充）、黄仲翔（成都）、李琢仁（新都）、余成勋（巴县）	书记长黄仲翔；组织科长余富库；社会科长李徵梧；宣传科长董家骥；总务科长刘仰山；秘书罗文谟
四川省执行委员会	民国二十八年二月	主任委员：黄季陆（叙永）；委员：王缵绪（西充）、陈紫舆（巴县）、曹叔实（富顺）、黄仲翔（成都）、何培荣（庆符）、徐书简（江苏）、彭纶（古蔺）、余成勋（巴县）、李琢仁（新都）、任觉五（灌县）、余富库（筠连）；负监察专责委员：曹叔实（富顺）③	兼书记长黄仲翔；兼财务委员彭纶；组织科长杨溥航；社会科长李徵梧；宣传科长易秋潭；总务科长刘楷伦；调查统计室主任何培荣；秘书董绍舒
四川省执行委员会	民国三十一年九月④	主任委员：黄季陆（叙永）；委员：王缵绪（西充）、陈紫舆（巴县）、李肇甫（巴县）、漆中权（江津）、徐书简（江苏）、黄仲翔（成都）、余富库（筠连）、余成勋（巴县）、李琢仁（新都）、李天民（华阳）、易秋潭（金堂）、王元辉（灌县）；负监察专责委员：陈紫舆（巴县）	秘书处，处长漆中权，下设秘书、文书科、事务科；组训处，处长余富库，下设组训、训练、党团指导、党籍登记4科；宣传处，处长余成勋，下设指导科、编审科、考核科、人事室、会计室、调查统计室；办事处，下设秘书、文书科、审查科、稽核科

续表

机构名称	成立与改组时间	领导人姓名(籍贯)	内部机构及负责人
四川省党部	民国三十四年四月⑤	主任委员:黄季陆(叙永);执行委员:漆中权(江津)、徐中齐(叙永)、李天民(华阳)、李肇甫(巴县)、徐书简(江苏)、罗文谟(荣县)、余成勋(巴县)、李琢仁(新都)、陈紫舆(巴县)、黄仲翔(成都)、李亚东(西充)、王元辉(灌县)、何北衡(罗江)、周璧城(荣昌)、李徵梧(资中)、余富库(筠连)、彭善承(广元);监察委员:陈斯孝(广汉)、李显威(苍溪)、曾省斋(筠连)、杨美霖(犍为)、许伯超(华阳)、顾鹤皋(铜梁)、李铁夫(叙永)	书记长:漆中权,下设秘书;秘书处,处长易秋潭,下设文书科、事务科;组训处,处长余富库(继陈紫舆),下设组织、训练、党团、党籍4科;宣传处,处长余成勋,下设指导科、编审科、考核科、人事室、会计室;监察委员会,下设秘书、文书科、审查科、稽核科

注:①民国二十五年十二月西安事变后曾扩情辞职,由设计委员会代行其职;民国二十六年五月,由设计委员曹叔实、周遂初、李琢仁为常务委员代行其职;同时改罗文谟为书记长。

②该年国民党举行临时全国代表大会,会后,各省党部改称执行委员会。

③民国三十年,省执行委员会始设负监察专责委员1名;次年实行党务督导员制,中央党部派驻四川省辖16个行政区党务督导员各1名。

④此时执行委员会并未改组,系因奉令扩大内部机构——增设处而进行人事调整。

⑤本年三月二十九日在成都召开第一次全省代表大会,四月四日改选,六月二十一日各委员就职。

2. 四川省历年(1942—1945年)人民团体分类(四川省民政厅 1945年)

团体类别	共计 团体数	共计 会员数	共计 团体会员数	三十一年至三十二年 团体数	三十一年至三十二年 会员数	三十一年至三十二年 团体会员数	三十三年 团体数	三十三年 会员数	三十三年 团体会员数	三十四年 团体数	三十四年 会员数	三十四年 团体会员数
总计	6519	804613	59980	4555	501319	47474	711	89334	4611	1253	213960	7895
职业团体	5283	647006	59524	3985	386814	47288	464	71273	4458	834	188919	7778
农会	1291	415773	1082	554	203727	566	241	55452	161	496	136594	355
渔会	20	3929	—	14	2641	—	2	161	—	4	1127	—
工会	1440	227304	1050	1183	180446	901	80	15660	76	177	31198	73
商会	130	—	2566	106	—	2197	13	—	163	11	—	206
同业公会	2402	—	54826	2128	—	43624	128	—	4058	146	—	7144
自由职业团体	760	39730	386	204	11738	116	193	11562	153	363	16430	117
教育会	677	30510	386	155	5027	116	183	10124	153	339	15359	117
新闻记者公会	5	331	—	1	54	—	1	178	—	3	99	—
律师公会	5	128	—	—	—	—	—	—	—	5	128	—
医师公会	12	570	—	7	408	—	1	67	—	4	95	—
药师公会	—	—	—	—	—	—	—	—	—	—	—	—
中医公会	61	8191	—	41	4249	—	8	1193	—	12	749	—
其他自由职业团体	—	—	—	—	—	—	—	—	—	—	—	—
社会团体	476	117877	70	366	102767	70	54	6499	—	56	8611	—
文化团体	101	11978	—	80	9168	—	9	1287	—	12	1523	—
宗教团体	44	11781	—	28	9001	—	8	801	—	8	1979	—
公益团体	103	27385	—	66	21578	—	26	3448	—	11	2359	—
卫生团体	32	37330	—	24	36871	—	4	206	—	4	253	—
慈善团体	121	16573	—	111	15504	—	4	501	—	6	568	—
兵役团体	4	187	—	2	71	—	—	—	—	2	116	—
妇女团体	71	12643	70	55	10574	70	3	256	—	13	1813	—
其他社会团体	—	—	—	—	—	—	—	256	—	—	—	—

材料来源：根据社会处统计室造送材料编制。

3. 四川省历年（1943—1945年）人民团体干部及会员训练人数
（四川省民政厅　1945年）

团体类别	共计 理监事	共计 书记	共计 会员	三十二年 理监事	三十二年 书记	三十二年 会员	三十三年 理监事	三十三年 书记	三十三年 会员	三十四年 理监事	三十四年 书记	三十四年 会员
总计	8675	1097	377058	387	19	177668	1994	178	33303	6294	900	166087
职业团体	8675	1097	372386	387	19	177668	1994	178	32796	6294	900	161922
农会	2660	359	240520	62	4	100413	323	52	20518	2275	303	119589
渔会	59	15	483	—	—	191	40	8	—	19	7	292
工会	2648	302	93412	185	7	68780	917	56	6826	1546	239	17806
商业团体	3308	421	37971	140	8	8284	714	62	5452	2454	351	24235
自由职业团体	—	—	2956	—	—	—	—	—	333	—	—	2623
教育会	—	—	2037	—	—	—	—	—	333	—	—	1704
医师公会	—	—	580	—	—	—	—	—	—	—	—	580
中医公会	—	—	339	—	—	—	—	—	—	—	—	339
社会团体	—	—	1716	—	—	—	—	—	174	—	—	1542
妇女会	—	—	1716	—	—	—	—	—	174	—	—	1542

材料来源：根据社会处统计室造送材料编制。

三、四川省、西康省施政概况

(一)川康建设期成会提交川康建设方案

1. 川康建设方案(国民参政会川康建设期成会1939年9月14日国民参政会第四次大会通过)

议长提:川康建设方案案

兹将川康建设期成会所拟川康建设方案九项,提出大会讨论,敬请公决。

川康建设方案目录

甲、总说明

乙、方案

(一)行政组织部分

(二)兵役部分

(三)治安部分

(四)财政民生部分

(五)经济建设部分

(六)禁烟禁毒部分

(七)教育部分

(八)夷务部分

(九)边区司法部分

甲、川康建设方案总说明

川康建设期成会,由议长向第三次大会提议通过后成立。继之有川康建设视察团之组织,由议长指定参政员二十一人,分东路南路西路北路及西康五组,于三月间先后出发,七月间返渝。每组送到视察报告,经过数度会议,凭分题讨论所得之结果,制为本方案。

有宜声明者,本方案唯一之根据,为川康建设视察团报告书。是项报告书,成于参政员二十余人一百余天之努力。凡所提出之问题,悉由实地视察所发见。凡所主张之方法,悉本事实所要求。川康两省,幅员广袤,种族复杂,地方状况随地而殊。此之所有,或为彼之所无(例如禁毒)。此以太过为嫌,彼或以不足为病(例如县长以下职权)。视察团尊重事实,期成会从而尊重之。有者勿遗,无者勿饰。以是,开卷之余,或不免感其凌杂。与一般方案,根据理论,灿然美备者不同。此宜声明者一。本方案资料之来源,既略具被人珍视之价值,读本方案者,宜一一追求其来历;否则将不明其用意所在,或且疑为无病而呻。因此,必须先检报告书第一篇第三章总意见书所汇列之意见一览,按其标注,检阅报告书原文,然后源头清澈,判断时不患粗疏。此宜声明者二。

本方案包罗既富,头绪不免纷繁。苟获决议通过,由政府一一付诸实行,诚为厚幸。而同人所尤希望者,则在荦荦大端,凡足以确立建设基础,或足以构成建设障碍者,望政府明断,毅然决然,兴之革之。则凡百困难,定将迎刃而解。更进而念及徒法不能自行,有治人乃有治法,所有施政者人选问题,尤值得特殊重视。同人仰维抗战后方责任之重,倒悬民众呼吁之急,与地方建设需求之切,区区之诚,对此不胜殷盼。

本提案内容:计分(一)行政组织,(二)兵役,(三)财政民生,(四)治安,(五)经济建设,(六)禁烟,(七)教育,(八)夷务,(九)边区司法九部分。敬请议长察阅后

以议长名义提请大会讨论决定。

另附川康建设视察团报告书(注:此文未见)。

国民参政会川康建设期成会

乙、川康建设方案

第一　行政组织部分

(甲)改划四川省区、川康两省行政督察专员区,及缩小县区、添设县治

四川一省,幅员广阔,人口众多,隶属一省政府,实感鞭长莫及,允宜缩小省区,添设省治,方为改革行政机构、提高行政效率治本之□。以四川之大,

可辟而为三省：以川西全部，及川北涪江流域之第十二行政区，嘉陵江流域之第十四行政区各县，划为一省，省治成都；以川东全部，及川北巴河流域之第十五行政区，嘉陵江流域之第十一行政区各县，划为一省，省治重庆；以川南全部各县划为一省，省治叙府。如此划分，则三省之人力富源经济，皆足以平均发展，且面积较小，交通便利，治理亦当较易矣。

惟改划省区，添设省治，所牵设之范围过广，筹备亦需时日，绝非短期内所能完成；而川康政治之改革，又刻不容缓。故除治本之道外，复兼筹治标之法。治标之法有四，兹胪列如左〈下〉：

子、划酉秀黔彭石五县，及湘黔鄂邻川县份，暂行成立特别区组织，负责消除积匪，稳定治安，开发生产，提高文化，其办法如次：

（1）特别区直隶中央，由中央特派军事政治兼长之大员为特别区长官，统辖军民两政，对境内文武官吏，有依法任免之权；

（2）调整县以下各级行政机构，并予县长以较大之权责（详细办法见次节）；

（3）指定该区域为抗战军队轮流整训休息之地，使经常有数师军队驻扎，以资镇压，驻防时，均受特区长官之节制；

（4）特区内所有发展经济，推进教育，及一切应兴应革重大事宜，由国防最高委员会拟具计划，交特区长官按照程序执行；

（5）特区设立后，六个月内成立临时参议会；

（6）特区行政经费，及各县地方经费，不足时，由中央拨款补助。

丑、四川省现有之十六个行政督察专员区，应依据行政经济交通及军事之需要，酌量裁并；并应扩大专员公署之组织，提高专员职权，使于事实上能成为代表省政府行政职权之分机关。其川东一区之专员公署，应移驻奉节，负川东奉节、巫山、巫溪等县剿匪之责。其他边远各县，如平武、北川、剑阁、昭化、苍溪、广元、巴中、南江、通江、万源、城口等县，应划为一行政督察专员区，简派专员，办理添设县治，招聚垦农，开发炼铁，培殖生产等事。

寅、现有之第十六行政督察专员区，地处川北边境，交通梗阻，文化落后，经济亟待开发，且境内松潘、理番、茂县及汶川各县，汉夷杂处，治理极感困难，应付行政督察专员以特权，使能发布政令，处理特殊紧急事务，以收因时因地制宜之功。

卯、西康宁属之西昌、越西、会理、冕宁、盐源、盐边、宁南、昭觉八县，在划归西康省管辖之后，原有行政督察专员区，即行裁撤，现实有恢复之必要；其专员公署之组织，并宜扩大，职权亦应提高，使成为西康省政府之分机关，统辖军民两政，实行既定政策。所有境内之夷务委员会、治夷部队、保安军队、垦殖委员会及宁属财政监督办公处等机关，或归管辖，或即裁撤，以一事权。

辰、四川多数县份，有面积过于辽阔、亟应添设县治者：如万源，南北广约四百里，东西长约三百十余里；如通江，南北广六百余里，东西长四百余里；如南江，南北广约五百余里，东西长约一百三十余里；如巴中，南北广五百余里，东西竟长达八百里；如广元，南北广四百余里，东西长五百余里；如平武，南北亦广五百余里，东西竟长达七百余里。此等县份，为巩固防务、发展生产、普及教育、提高文化计，皆须缩小面积，添设县治。在设治之初，中央或省府，应拨款补助，以为建设交通、发展生产之用。

(乙)调整省以下行政机构

子、扩大专员公署组织，加强行政督察专员职权：

(1)专员公署除秘书外，应设置四科，分管民财教建，以与省府之组织相适应，专署秘书及各科人数，皆须增加；

(2)各县县长执行法令遇有困难时，得依县长之请求，直接指示办法，不必转向省府请示；

(3)省府对于县行政人员之考核黜陟，须容纳专员之意见，专员并有临时派人暂代县局之权；

(4)各地由保安团改编之警卫旅，仍应受驻在区专员兼保安司令之指挥，不应仅取联络。

丑、为增进县行政效率，县行政系统应加调整，县政府组织亟应充实，县行政经费应予增加，县长职权应相当扩大，县长之任免惩奖应以切实考核之功过为根据，并应赶速成立县参议会，以为县政之监察机关：

(1)增进行政效率，首先调整行政系统：县政府现有之上级机关，多至三十余个，均可各就其立场，发布命令，限期完成，县政府安能一一举行，只好敷衍塞责。其改善之法：应将指挥县长之权，集中于省政府及专员公署，无论中央机关或其他高级机关，欲使县政府举办某事，皆须经由省政府，斟酌人力财力，转饬施行。

(2)县政府本身为中央及省政府各项政令之执行者，凡中央及省府所有之事务，县政府无不具备，而就川康两省现行之县政府组织而言，内部组织过于简陋，人员设置太少，薪俸尤薄，实不足以利推动。其改善之法：宜将县政府组织扩大，分设秘书室，民政、财政、教育、建设、军事、社会各科，及会计室等，增加人员，扩充经费；而县以内之行政机关，尤宜统一，如征收局、国民自卫总队部，应一律交由县政府裁并或接管。其禁烟室、合作指导室、度量衡检定室、教育视导员等，悉行合并于主管科，以一事权。

(3)省政府颁布政令，有时或未能顾及地方之特殊环境与事实，而严定详细办法，责其遵行，县长虽感觉政令与实际不合，又无权稍加变通，因之反使此项政令窒碍难行。其改善之法：只要于法令原意无违背，县政府得因环境之需要，制定单行办法施行，报请专员公署及省政府备查。

(4)县预备费未经省府核准以前，县长不得动支。往往遇有特殊事件，急需举办，但因开支款项，限于功令，往返请示，又为时间所不许可，遂使见事而不能办。其改善之法：县预备费在某一定限度内，遇有特殊紧急事件，准许县长撙节开支后报销；又在较多之某一限度内，准许县长呈准专员，开支后报销，以利事功，而增效率。

(5)县长任用必由铨叙，洵属慎重用人之意。但四川前在防区时代，政操军人，膺民社者，不经考试手续，即取得公务员之资格。故年来省府铨叙合格之人，其品性才识，未必均能胜任，又或短期受训，即使服官临民，结果亦鲜良好成绩。现当抗战建国时期，政治重于军事，县长之任用，亟应严格选择，吏治之败，官邪赂兴，自以清慎为尚。必须查其平素确无贪污卑鄙劣迹者，而后可用；平素既无劣迹矣，又必本古人敷奏以言之意，而加以考试，以觇其学识；又必本古人明试以功之意，而先之以差使，以观其经验。无论其资历合格，或无资历而有才能可以破格录用者，皆须经过上述之手续，而以无劣迹且有学识经验者为标准,庶川康吏治,可以澄清,而有新兴政绩之出现。

（6）上级政府对于县长之奖惩,自当以功过为根据。功过则以考核为依据。如考核失去正确,则功过发生错误,于是赏非其功,罚非其罪,固不当矣;倘并此而弃之,一切赏罚,全凭上级之喜怒好恶或私人关系,则为县长者,知奖惩无一定标准,进退不依据功过,官吏失其保障,遂不在业务上努力以求功,宁因循敷衍以免过,行政效率之减低,此为一重要原因。若能大公无私,考核周详,以功过为奖惩升撤之标准,循名核实,信赏必罚,则贤能者愈知奋勉,而奸滑取巧之辈,亦必努力于事功,而不敢稍有敷衍,行政效率自然增高。

（7）就现在情形而论,四川各县县长兼职,往往在二十个以上,倘一一过问,每日时间精力,耗去不少,县府重大事务,反感无暇处理之苦,于是多仅负名义,而所兼之职,遂无一事能切实推行。但有开支费用,交代仍应负责。其改善之法:县长所兼各职,应依其性质,在可能范围内,分别并入县府各科办理,在县府不过增加少数干员,即能各负专责,切实推进。

（8）各县佐治人员,应由县长依照中央规定资格标准,自行遴选保委,以专职责,且便统率。对县佐治人员之工作,并应加以保障,待遇亦应酌量提高,俾能养廉,兼以延揽优秀分子。

（9）为澄清吏治,促进县政建设计,须有民意机关为监督,各县临时参议会,有从速成立之必要。

寅、对于区署问题,本会第一届大会时,曾决议撤除。唯此次视察之结果,觉川康两省边地及幅员辽阔之县分,似应择要保留区署,而康省宁属地方,且有宜增设区署,扩大其职权,充实其组织之必要者。至内地各县,应按照户口地域,重划区境,其在县城百里以外者,得设置之,其不及一百里者,应一律裁并,直隶县政府,由县政府设置督导员数人,不设机关,经常下乡督政务之推进。应设区之地方,其区署之组织,宜加充实,人员应增加,待遇应提高,经费应充足,而区长人选,尤应严格选择当地公正士绅,或曾受充分训练之人员充任,以期下足以探索民瘼,传达舆情,上足以协助县府,推进政务。

卯、关于乡镇联保保甲问题,本会第一届大会曾经决议,主张乡镇区域,应酌量加以扩并,乡镇公所之组织应充实,职权应提高,乡镇长（联保主任）制应维持，以乡镇民大会为乡镇权力机关，首事会为决议及设计机关，乡镇公所（联保主任办事处）为执行机关，并主张确定保甲为乡镇之编制。此次视察之结果，认为此项决议，在四川有立即推行之必要。而就川省教育发展之情形而言，施行保教合一，以小学校长兼任保长，似尚无窒碍难行之处。

唯乡镇（联保）保甲之经费问题，实应严切注意，亟求解决。保甲为我国民众之基层组织，其制度本无可非议，乃因保甲长之不得其人，遂为世所诟病。而一考保甲长之所以不易得人，则不能不归根于其任务与待遇太不相应。就四川一省之情形而言，查川省规定，联保处经费每月四十八元，保长办公费每月二元，甲长全无，而此保长二元之办公费，几无一县不打折扣（联保经费同）。请人办理户口异动及填写表册，已不敷用，而办理兵役，征工催粮，禁烟及临时派捐收款等事，往往非逐日或隔日到联保办事处不可（距离十里或二十里不等），费时耗财，牵制本人事业，影响家庭经济，实在不小。且所承办之事，皆为一般人所不愿意，故社会上对于保甲长之批评，特别苛刻。工作如此其繁，待遇如此其薄，而又受一般社会最严厉之批评，无怪为有识自好者所不愿为，而为者大多非狡黠贪婪之人，即樵鲁无能之辈，欲保甲之有良好效果，是恶可能？此次视察川省，各县官绅无不以提高保甲待遇，方能得好保甲人员为言。然提高待遇，必须先筹确实可靠之经费，而经费之筹措，自以整理地政，将所增加之田赋，指作保甲专款，为根本办法。但在地政未整理就绪前，势不能不维持目前田赋附征之一法。唯保甲经费之附征，以全盘筹划，统收统支为宜。查川省政府已于本年令各县县政府，就所需保甲经费之多寡，即于各该县田赋附征。此种就地筹集之法。不但失去截长补短之功，且因稽核不易，易滋弊端，实足以加重人民负担，反不如由省府通盘计划，就全省田赋附征一年，指定为乡镇保甲专款，绝不移作他用；然后再就全盘加以支配之为愈。全省田赋一征，为数在七百万元上下，如将联保保甲编并加大（边区例外），并将乡镇保长之待遇略加提高，其支出总额亦不致超出七百万元，以田赋一征之数，统收统支，实无不足。苟能如此办理，则经费既有着落，待遇自可提高，乡村优秀分子，当不致视联保主任及保甲长之职位如敝屣，保甲人员质量自可逐步改进。如再加以确切之训练，以增进其执行职务之技能，则保甲功效之发挥,可指日而计矣。

第二　兵役部分

川康两省征兵,均系在中日战事既开之后试行。西康因本年始正式建省,故关于兵役一事,正办理准备基本工作,尚未实际征送壮丁。兹单就四川推行兵役情形而言:行政官吏保甲人员既未彻底明了兵役法令,又皆缺乏经验,民间对于兵役义务,更无相当认识。困难固然不免,弊害更是丛生。欲求今后执行顺利,不可不亟谋办法之改善。特就此次视察团所报告,列陈其改善之办法如左〈下〉:

(甲)征送

子、法令务须简单明白,切合实际,且勿轻易更改,使人迷乱,罔所适从。

丑、征送仍以抽签为最公平。但户口调查,必须详确,兵役宣传,必须普遍,事前筹备,事后统制,必须严密周至。抽签之后,如各县有因依照签号征调,而引起重大事端者,苟办理无误,上级政府应代为负责,慎重处理。

寅、重行整理壮丁名册。凡绅富子弟适龄壮丁,均须列入,不得漏列;凡适龄壮丁,除担任主管公事务,或高中以上肄业者外,一律加入抽签。要求缓役者,应先缴缓役金。

卯、配赋须求平允。有此保与彼保,此甲与彼甲,壮丁之数,相差甚远者。有因保甲编制不同,甲县以十户为一甲,而乙县以十五六户为一甲者,一律按保按甲征集,殊欠平允。宜就各该县壮丁全数量计算而征集之。

辰、实行征训合一,使训练壮丁常备队之人,同负征送责任,以受训者应征之多寡,为训练奖惩标准。如能每保组织自卫队,就地训练,平时保卫地方,征调时即于自卫队中选送,尤为一举两得。

(乙)验收

子、川民生活艰苦,因营养欠充,体格不健,大多数壮丁,皆与军政部所定标准不合,验收时剔退过多,送丁者深以为苦,应降低验收体格标准,以增加兵源数量。

丑、应变通申送团管区司令所在地验收之令,而由该管区派检验医生及接收壮丁军官到各县执行。免使不合格之壮丁,空劳跋涉,耗时耗费。

寅、军管区规定壮丁经验收后，始照其由县出发之程途计算，每名每日给口食费一角五分（被剔退者不予发给），致发生验送时待遇不良之坏象。应照军政部每一壮丁征集费二元之数实发，不得由军师管区克扣，并须于壮丁交付后，即予发给。

（丙）入营之待遇

子、新兵入伍，不无危惧观念，必先使其得到安适，如衣则应时更换，以免夏棉冬单，妨害健康。食必能饱，伙食费应按当地生活程度，酌量增加。住处尤须注意，使合卫生。

丑、壮丁新自田间来，言语举动皆多笨拙，官长须以和平忍耐之态度待之，严禁滥用威权，动加挞骂。

寅、义壮常备队皆无医药设备，病不得医，转相传染，其害甚大。各队所在之处，必须有医药设备，不得以无经费为辞。

（丁）家属之优待

子、优待谷系四川省政府一种临时办法。实行发谷之县实居少数。省府所定之优待费，为就粮税项下扣还之善后公债及缓役金，然善债为数甚微，缓役金实行亦难。只要无碍民生，于民无累，应准许随粮税附加，并请停付四川省省公债利息半年拨为优待基金，其优待费不足之县，则由中央拨款补助。

丑、省府规定出征军人家属之领优待费者，必须呈缴前方军队证明文件，殊不合事理。应责成各县健全优待委员会组织，按照征送壮丁名册，查明是否本人，发给优待券，免除其他手续。

寅、请军政部通令各军队，遇有官兵阵亡，应即查明籍贯报部，转饬县政府发给恤金。

（戊）逃避兵役之防止

子、应由省府通令改订保甲长年龄，以年满三十五岁以上之公正人士充任之。适龄壮丁不得充任保甲长。

丑、凡路局、船舶公司、矿场、盐场、工厂，不论官营私营，不准新招三十五岁以下之壮丁为工人。但经主管机关查明确为该场或厂不可缺乏之技术工人，得分期予以缓役之待遇。

(寅)通令各市县,凡及龄壮丁之因事离开县境十日以上者,应持政府发给之旅行证,其详细办法,由政府订定颁布之。

(己)志愿兵之募集

子、募集之志愿兵,以团为单位。

丑、某县募集之人,以在乡军官任之。

寅、军官须限本籍人,募来之志愿兵,亦须限同籍之丁,募集之志愿兵,即抵担该县之额配壮丁数。

卯、由正绅向县府具保,层转请委。奉令核准后,再令该承募志愿兵军官,定期召集,集中点验,依法给饷及征集费。

第三 治安部分

(甲)治本

子、人民教养之切实筹划

1.属于养者

(一)开发各地实业,以裕生产。

(二)多设贫民工厂,以收游民,使其得到职业。

(三)举办轻息贷款或无息贷款,以救济小贸、小手工业、小佃农等之失业。

2.属于教者

(一)推广民众教育,使一般乡愚得到国民常识,及科学常识,免为教匪所煽诱。

(二)厉行国民月会,注重教化,凡不服保甲管教之人,严行纠正之,养成善良风气,使皆以犯法为匪为耻。

丑、基层机构之整理

1.注意保甲长之人选,改善其待遇,并加以训练。

2.认真清查户口,实施人民登记。

3.实行十家连坐,但举发匪匪之人,必须予以保障。

寅、地方自卫力量之充实

1.自各县保安队收归省有后,人、枪、经费三者相随悉索以去,地方遂失自卫之力。继乃令各县另成自卫队，小县仅一中队，大县不过四中队，枪枝既感缺乏，经费尤难筹措，殊嫌力量单薄。而保安队自收归省有后，无裨益于地方治安，已为公认之事实。查随粮附征之保安经费，一年为数近七百万元，现在保安队只存十二三团，又由保安团改编之预备旅六个旅，全年饷粮，共计不过三百数十万元，尚余半数，应将各县自卫队至少扩编成三中队，其幅员辽阔，盗匪充斥之县，应量增为四或五中队。扩编经费之增额，即就保安经费酌拨补足。现有之保安团队，并宜逐渐裁减，将其人枪归还各县。至各县自卫队，仍沿旧例，略仿陆军编制法，大都集中城市，隔离乡村，与自卫性质不合。分配既有不均，巡哨仅同虚设。宜改用乡村警察办法，将一县划为若干区，即就现行联保区域，加以调整。而于联保公所所在地，就所有自卫队总额，平均配置若干人，常川驻扎，并施以简单之乡警训练，平时协同保甲清查户口，巡察匪类，有警除股匪由军团派队主剿外，其临时窃发之小匪，人地既所熟谙，不难就近扑灭。并规定各区联防办法，互相呼应，使全县自卫队，分之各有专责，仍不失通力合作之效。盖自卫队即为武装警察，主要职责，在防匪于未然，不仅以剿匪为能事也。更令各保将保内除应征调以外之壮丁及缓役免役者，至少须编练义务自卫队一分队，不离职业，不给伙食，配以保内私人所有之枪枝刀矛等，使负守望相助之责，以与常驻之自卫队相辅而行。

各县枪枝子弹，多感缺乏，不足自卫。应由省府将二十四年保安队编去之地方枪枝，发还各县。并由省府补充子弹，或指定机关，令各县备价购买。至私卖枪枝，必须严禁，虽部队长官不得例外。

（乙）治标

卯、社会不良团体之取缔

1.哥老会有不为匪之人，少有不与匪通声气之人。故哥老会势力大的地方，匪亦特别多，应严厉禁止其非法行动，并严令官吏与军团不得与之联络，免助长其声势。

2.如扇子队、金山寺、松杉等教匪，及国民自强社、月旦品乡会等，均以抗丁抗税，鼓惑人民，予治安上以威胁，必须从速设法破除其迷信，制止其蔓延。

辰、烟与毒之断然禁绝

1.制毒者,运毒者,运烟者,无论军团官吏、土豪劣绅,皆必与匪相勾结,匪遂有所凭据,以所得之财,换购武器,而扩大其势力。

2.吸烟吸毒而贫穷之人,大多流而为匪,故匪几无一人不吸烟吸毒,烟毒如不彻底禁除,土匪决无减少之日。

巳、军团清剿之严切责成

1.虽分区负责,匪如窜出区外,必须跟追,以消灭之为止。能肃清股匪之员,从优奖用。

2.如有清剿不力,或庇匪纵匪之事,查出即严行惩处。

午、县长职权之提高

1.须能指挥驻在该县之保安队及由保安队改编之警卫旅。

2.如捕获现行重要匪犯,经县长兼军法之审判,确合于法律条件,并取具当地公证,应准先行处决,一面电呈绥署备案,绝对禁止区长联保主任等自行擅杀,捏报格毙,以重人命。

3.凡与邻县交界,及插入邻县地方,匪徒最易逃匿,应奖励越境追剿,严惩互诿责任。

未、自新匪徒之处理

1.招匪成军,或编入保安团自卫队,希图以匪治匪,并许匪首做官,皆是奖励人民为匪,弊害甚大,应严行禁止。

2.凡受招抚准其自新之匪,须限定期间,令其尽数缴枪,其不尽数缴枪者,绝不许自新,自新后如查出尚有藏匿枪枝,应处以死罪,方足以塞匪路。

3.凡自新之匪,除老病者及幼童外,须尽数编送前方抗敌。其家属仍照优待条例办理,其不赴前方抗战者,须由保甲严密监视其行动。

第四 财政民生部分

川康两省,财政皆感支绌,同时皆感民生艰苦。康省交通不便,地旷人稀,且建省未久,故其财政及民生上之困难,自非意外。川省以土地肥饶、物质丰富著名全国,其人口之众,垦殖之勤,日常为世人所称道,何以亦陷于财政支绌、民生艰苦之境?同人等往日抱此疑问,甚为不解,今细读视察团之忠实报告,乃知此等事实之发生并非偶然。盖财政之最后来源必在人民,人民生活之安定改善,端赖财政经费所推进的行政之维护。如只知取诸人民而不谋所以维护民生之道,则民穷财尽之现象,固将无可避免也。同人等认为目前川康两省财政及民生之交敝,其原因虽甚复杂而多种,然其主要原因则在地方财务行政机构之不健全,地方预算制度之未真正实施,地方税制之混乱无章,地方金融机关之不充实,地方金融之窘迫,地方人民尤其农民生活上所受种种压力之过大,及地方救济事业之不发达七者。而此七种主要原因之所以能发生作用,则又在地方财政上无政策,无原则,只知为财政而管理财务行政,而不知为民生,为经济,为金融事业而运用财政。故此时欲立关于财政及民生部分之川康建设方案,应分两个方面:第一方面要确立原则,第二方面要定具体办法;二者在性质上虽可分而为二,在施行时却须同时并进。如此始收纲举目张之效。兹本此义,建议关于财政及民生部分之建设方案如左〈下〉:

(甲)原则方面

第一原则　应寓民生政策于财政政策之中,即地方财政政策不当只顾财政而当兼顾财政政策所能直接影响之民生。例如以收入方面言,现行之以滥粮摊加于有着之粮,曾经兵燹区域之契税,补课老契税,营业税及课轿夫等等,以支出方面言,地方救济设施经费太不充分,禁烟设□经费不足,兵役经费不足,保甲经费不充裕等等,俱有只顾财政不顾民生之流弊。此后应兼筹并顾,不但务使财政之收支不感受恶影响,并且努力使其民生方面亦发生好影响。

第二原则　应使在财政政策之中含有奖进或保护农工商业之意,即在财政政策之中应含有经济政策之意,以期税源得以充实,人民乐于捐输。例如现行过重过琐之苛捐杂税,应即撤废,过重之营业税及其附加应即减轻,对于合作社之捐税即应停止等等,皆为此种原则之适用,此后亟应努力向此方向进行。

第三原则　应使财政政策与货币金融政策同时并进,即应使财政政策与货币金融政策打成一片,以财政运用货币金融政策,同时即以货币金融事业推行财政政策。例如普遍的添设各银行分支行,迅速添设合作社,增加货币尤其辅币之流通数量,增加国家银行对地方银行之放款,同时增加政府对各银行之控制,励行减息政策,实行公库制度等等。皆所以使财政与货币金融打成一片之道,而可以补救过去缺层者,亟应努力推行。

(乙)具体办法方面

子、改革地方财务行政及其机构

(一)应撤征收局并入县府第二处办理(北路组);

(二)应增设会计主任,由省府径委,负表报稽核及管理票据之责,实行会计独立(北路组);

(三)健全□财委会之组织(北路组);

(四)各县征收粮税尚有浮收舞弊、擅加票费情事,亟应纠正(北路组、西路组);

(五)人民远道怀款纳粮,每在中途被匪洗劫,一面应多设分柜以便人民纳粮,一面应肃清匪类以推行庶政(北路、西路两组略同);

(六)□税如屠宰税糖税油□税等,应废除招商承包办法,庶几人民可免包商压迫(南路组);

(七)只准限期催粮,关于滞纳罚金制度,应即设法改良。对于实在无力完纳旧欠之粮户,亦应分别特免旧欠。

丑、实行地方预算制度

一、川康两省各县之县预算,类多收支不能适合,上级政府核定县预算,每增其虚额收入,以勉求收支平衡。实则虚收实支,积弊甚大,各县负债日增,政务因以停顿,亟应改正(南路组);

二、各县预算核定时期过迟,往往较法定时期迟三四月,致年度开始时尚无预算可资遵循,以致县政发生困难,预算势同虚设,亟应纠正(南路组);

三、县预备费之动支,依现行法须先经省府准许,以致应急之政务无从代办,此后应改正,准先支后报。(参考行政部分乙款丑项第四目)(北路组);

四、县教育经费不准拉移拖欠(南路组)。

寅、整理税制

一、应从速一面举办土地呈报,一面并确定田亩面积单位,实行清丈,以清粮户(东路、南路、西康三组);

二、川康各县多以滥粮摊加于有着之粮,应加改正(北路组);

三、营业税征收每常不应照章办理,苛征一无标准,甚至有征收轿夫与泥木工、石工匠者,病民之政,莫甚于此,亟应改善以解民困(东、南、北三组略同);

四、在川北兵燹之后,老契往往烧失,而现行法规定买卖田房无老契者须缴双重契税,颇为不情,应即停止以纾民困而裕税收(北路组);

五、宁属各县之县税收入,名目繁多,实涉苛细,应即统一征收,以免苛扰,并应由县府统收统支以清权限(南路组);

六、康属牲税应即巡回调查,切实加以整顿,以裕税收(西康组);

七、公路占地及水冲□□土地之粮,应即免除(北路组);

八、禁烟牌照费及禁烟执照费应即竭力减轻(北路组);

九、应彻底禁止保甲派款以免形成变相之捐税(东路组);

十、应核减盐税附加,以免食盐生产之增量感受影响(北路组);

十一、因整理税制而生之暂时收入,不足额应由中央补助。

卯、添设银行分支行,励行贷款

一、川省通南巴及其他边县,应添设银行分支行(北路组);

二、中央银行亟应在康定设立分行,并在甘孜、理化、西昌三处设立支行(西康组);

三、应以中央力量充实西康省银行,以谋解除康民所受重利盘剥之痛苦(西康组);

四、康省藏币亟应设法根本废除,以谋法币之统一行使(西康组);

五、在宁属各县,辅币缺乏,物价高涨,人民生活甚苦,且多纠纷;为励行法币制度、尊重法币价值计,尤须消灭基层之制钱制,必须供给大量辅币之外,鼓筹一分铜币,畅予流通(南路组)。

辰、取缔高利贷,普设合作社

民间债息与当息率太高,各地农民常有贱价售卖农产品(俗称卖预货或称售青山)以济急需之惨象。宜普设合作社,多放农村贷款,并应鼓励取缔高利贷,限制利率以二分为限,用解民困(东、南、西、北四组略同)。

巳、改善人民尤其农民生活上所受之种种压力

一、各地人民生活所最感痛苦者,莫过于匪患、夷患与烟毒三者,自须彻底铲除,此外征工,出力复须出钱,监工督工积弊重重,浮摊多派□地皆有,亦亟应彻底改善以纾民累(东、南、西、北四组略同);

二、盐煤矿工衣不遮体,食不得饱,稍不如意,鞭挞随之,生活困苦,牛马不如,亟应改善(南路组);

三、各县佃租息率,普通主六客四,甚有高至主八客二者,亟应严为取缔,定一佃租率之公平标准,又近年常有主方不到期满更换佃户者,佃户深以为苦,亦应规定须俟年限做满始能由主方解除佃约(东路组、北路组);

四、各县民对于征用土地、采买军谷及电杆等,常感主持者之多方挑剔,亟应改善(北路组);

五、西康乌拉应差制度,惨无人道,中央亟益力协助西康省政府去此弊制,或由中央按月补助乌拉万余元,期以三年完全废止。或由中央一次拨助乌拉专款若干,以办理康省驮运事项,即时废除此项弊政(西康组)。

午、扩大救济事业

一、凡受匪灾地方,如巫溪城口、酉阳等处,需赈甚急,应请政府拨款放赈(东路组、西路组略同);

二、西康省康属宁属各县,乡民住房多系人畜杂居,臭气熏蒸,每多病疫,兼之医药缺乏,病人尝多枉死,应即一面遍设医院,并采取巡回治疗之制,一面尤宜扩大卫生宣传,以纠正人民之不良习惯(西路组);

三、苦力、儿童及流浪丐童,所在多有,亟应设法教养(西路组)。

第五 经济建设部分

概述

经济建设案共四十二项,兹将性质比较相近者归成四项:

甲、关于川康经济事业之设施方针(一三、一四、一五、一六、一七、三七)六项

乙、现有之农、工、畜牧,急待扶助指导者(二、三、四、五、六、七、一八、一九、二〇、二一、二二、三四、三五、三七、三八、三九、四〇、四一、四二)十九项

丙、应即兴办及从速完成之工矿(一、八、十一)三项

丁、改进交通及运输之要点(九、二七、二八、三〇、一二、二三、二四、一〇、二五、二六、二九、三一、三二、三三)十四项

今后川康经济事业之设施方针,咸认注重民生为首要,如水利整理,农事改进,农村贷款,生计教育,日常生活必需品之调节(尤其在政府统制下之食盐),工资之均平,事极平常,实为川康建设之基本工作。宁属开发,尚属初期,故特提出由中央主持,行辕与省府合□调查、设计、督导、机构之方案,针对事实需求,必如是始能提纲挈领,进行无滞。其次如开辟荒地,以推广种植畜牧诸事,非仅增加国富,即目前难民生计问题,亦正赖以解决。

现有之农工畜牧,皆极度衰萎,急待扶助指导,徐图进展。川省之农业与康省之畜牧,构成川康经济基础。以言工业,尚未脱手工业时期,只可认为农牧附业,每个单位之能力,似极有限,然积少成多,蔚为一地方之特产,亦所在皆是,其于国民经济之价值,固未可以渺小视之。如大竹铜业及岷江流域之造纸,綦江一带之铁冶,川北之蚕丝,沱江流域之制糖,与散在川东、川北之小规模制盐,西康之皮革毛织,皆甚著名。但无一不苦于资金缺乏,利息太高,技术粗糙,贩卖不得法,毫无生趣。在战时外货来源断绝,此类必需物品,宜若可以畅销,乃事实竟不如此,政府亟当助以资金,并为改良技术,庶可利用目前之机会,建立将来发展之根底。西康牲畜事业之改进,头绪万端,宜从改良牲口之品种下手。病毒蔓延,不可不加预防。所产皮毛乳品,必须在技术上加以指导,始能提高质量。

应即兴办及从速完成之工矿,种类至多,就战时急需而言,如桐油机器榨油厂之设置,铜梁、大足、邻水、江北、云阳、奉节、南川、彭水、石柱等县之煤矿,与酉阳、秀山之朱砂矿,择要开采,皆应注意。长寿水电,既经施工多年,宜从速完成,以为促进川东工矿业之张本。

改进交通及运输之要点共十四项,属于水道之改进者占四项,可见水道之足重视,綦江水闸及打滩工程,视察团认为针对川省需求。乌江实通川黔两省,金沙江上游之濛沽可通叙府,安宁河横贯宁属中心,是等水道亟应提前整理,以通航运。大渡河及青衣江,均应设立河务局,统一河道行政,灌溉通航,赖以兼顾,利益至大。次则公路之修筑与整理,在铁路不普及之前,极属

重要。现在西昌至昆明公路为康省沟通国际唯一路线,必行从速修筑。西乐公路,由西昌经冕宁黄木厂等地而至乐山,沿途涧谷纵横,路皆陡削,于军旅行进,似非便利,是否适宜,尚宜慎选。越西地当孔道,而西昌至越西一段,已有路基,只须充实,似较省事。川湘公路之桥梁不够截直,山路□曲之处,则不够宽度,必须加紧补强,以利军运。康省交通,在目前唯有广开公路,地旷人稀,征工不易,宜组织大规模之筑路队,陆续推进。宁属公路,尚未完成,其驮运办法,宜仿昆明宜宾间成规,加以改良。开发川康富源,铁路建造,刻不容缓。成渝沿路煤铁矿产丰富,有克期完成之必要。西昌至叙府之铁路,预定有三条路线可循,宜实地详加勘测,择其效能最高者,即行兴修。西昌至泸沽与会理之铁路,能即兴工,于康省之开发,裨益匪浅。此外航空及无线电之开通,在康省颇感急切,修建飞机场以宁属泰宁属最适宜,无线电所需电台,可先运存雅安电局,取携亦便。次则增辟邮路,加快班期,添设喇嘛寺信箱,皆待实行。康省语言习惯,与内地不同,故邮务人员之养成,亦须注意。总之康省交通设施,在战时政治意义重于经济,故必得排除万难,赶急实行。

抗战期中川康农工矿业实施概要

在敌军未从中国败退以前,川康之经济建设,即全国经济建设之中心,非可视为寻常一省区之事业,自不待言。兹就视察团实地考察之结果,并参考政府提供之资料,撮述川康农工矿业实施之概要于次,以供参考。

农业

川省农业,向称发达,从前农民虽无科学素养,其适合科学原理之处正多,自中央农业实验所迁川以来,始根据学理,作种种有益之实验,如万县、涪陵等十县稻作之改良,成都平原十五县推广小麦良种,遂宁、简阳等县棉花之育种及栽培,与南部、安岳等县棉田面积之推广,彭山、眉山等县防治螟害之工作,皆适合时代之急需,川省农业改进之曙光,或将发皇于此矣。合作事业办理是否得宜,直接关系农村之兴废至切,现在农村凋敝,需求至殷,只以施行未久,人力资财,皆感不够,难期普及,为求近功,故不免重量而不重质,实惠未均,尚待改进。康省以畜牧为经济基础,自属环境使然,是否适于农耕,目前仅凭臆度,并无学术根据,殊难置信,全省仅有省立农场一所,更不足以言开发,滋可惜耳。

工矿

　　川省以地理关系,近代工业设施,在战前仅具萌芽,寥寥可数,及行都奠定,沿江工厂西迁,一时厂数突增,风气为之一变,唯工业在川康,既无深厚根基,举措非常吃力,机器材料,来自国外,新的如何购置,不足者如何补充,技术员工,需用迫切,既非一朝一夕所能养成,如何动手,交通阻隔,环境不佳,如何进行,皆属严重问题。世人往往以厂数增加,出品种类不少,引以自眩,未免认识不足。其实川康工业建设艰苦之前途,迄夫开始步行也。所堪庆幸者,即国人对于基本工业之重要,已看得很清,譬如钢、铁、机器、酸、卤等厂之设置,在平时已极不易,战时之内地,居然在短期之间先后成立,轻重缓急,恰如其分,确系一大进步,值得赞扬,将来之成败,固未可必,只要锲而不舍,决不致终无收获,殆无疑义。基本工业能够树立起来,其他自易为力。其次如用新法开凿深井,采取煤油盐卤,皆系根本要图,现在经济都在石油沟之探钻,已有大量煤气喷出,只待续开。永利公司之盐井不久亦将开工,于川康资源之开发,意义至关重大。矿业工作之繁难,不让工业,川省煤、铁、铜矿,已在开采,只须力求产量增加,当非甚难,新矿之发现与探试,殆为今后川康矿业界最急切之任务矣。

　　分析前述工矿实施概要,有可注意者,即现时工矿事业之组织,或属政府主办,或原与政府有关之官商合办,或将旧有事业稍加扩充,或系旧厂迁移入川,迄不闻有大规模之新的企业发生,其原因虽极复杂,是否与政府现行之经济政策有关,颇值得研究,国民正当之企业心,如此萎靡,尚何经济建设可言,关键所在,似有不容忽视者。

川康经济建设方案

　　川康之经济建设,既发端于战时,地理与环境皆迥异寻常,虽经纬万端,然非无头绪可寻,视察团调查之结果,咸认机构之确立,与设施之组织化,为先决条件,根本既立,其他兴革,自可迎刃而解,兹拟具方案,用备采择。

　　(一)为适应战时之川康经济建设,中央亟当有一统筹全局之机构,一切设施听其统率,而作最后决定,如此则时下纷歧之政令,不难调整。建设工作,始不至因人事摩擦发生阻滞,而令焦土抗战得不到有效之战果。

(二)经济、交通两部,既为经济事业之最高行政机关,凡属两部职权所属,无论名义如何,必须尽量统一于此。如农业促进会、工业合作协会之类。事关农工,即应隶属于经济部。水陆运输委员会,西南运输处之类,事关交通,即应隶属于交通部。其他不遑枚举。

(三)经济事业之统制,无论战时平时,皆有必要,无可否认。吾国统制制度之实施,只特种矿产,系开始于战前,其余皆因战时之必要,由各行政机关分别举办,机关林立,律令纷歧,人民莫知所从,徒滋纷扰,亟当调整,以期统一。

(四)川省除成都平原外,概属山地梯田,全赖雨水调匀,便于稻作,民国二十五年之大旱,可为殷鉴,塘堰蓄水,亦随地见其规模,但其储水量绝对不足以供灌溉之所需,稍遇亢旱,即饮水亦生严重问题,应由专家设计添置或浚深之。农家畜牧,必须改进,自不待言,其农业畜牧之副产,亦当极力提高。譬如猪鬃,目前为出口要品之一,川省农民,往往因猪肉无法处理,宁肯减少饲育;康省所产兽皮为数至巨,苦于保存无术,价值减低,政府设能将食盐变性,免除腌腊制皮用盐之税,并予以技术上之指导,不仅困难全消,且能增加生产。诸如此类,不胜枚举,切盼政府注意及之。

(五)川康森林,颇称丰富,滥施采伐,已成习惯,如此下去,将来水利、建筑以及纤维工业,必蒙大害,宜由政府明定伐木专章,严行取缔。蜡树为川西各县最适宜生长之木,田边地角,随可种植,蜡为农家副产,裨益农村经济良多,只以蜡虫不易移置,蜡叶遂听其萎□,天然之利,无法取得,殊为可惜,苟用科学方法培养蜡虫,农家购求甚便,繁殖即易,收益日自多,宜由政府加以提倡。

(六)川康遍产沙金,为抗战时期换取外汇之贵重资源,何以不试用新法采金,令人不解,目前完全用人力淘取者,虽随处皆是,唯因资金不足,不免受高利贷及收货商人之榨取,难期有效,合作事业是否能推广及此,亦值得考虑。采煤、制盐两种工业,在川省比较普通,使用工人较多,旧习相沿,于劳工生活,全不顾虑,多数劳工,苦不堪言,尤以童工为甚,几令视察者有人间何世之感，必须加以维护。再□□川康之轻工业应由主管机关予以技术之指导，务使物尽其力，用得其时。对于各小工业流动资金之贷款，须责成合作放款各组织统筹推广，普遍实施，即□远地方，亦在远弗遗。至于妨碍合作事业发展各因素，如"长项债务"、"课营业税"与土劣包揽等弊端，尤须彻底革除。

以上数则，皆属平淡无奇，虽在战时，似亦不难实施，设有比较健全之机构，统率全局，且将显而易见之错误，加以纠正。至统制各项事业，必须先肃清官僚主义，然后因势利导，事半而功不止一倍，相信川康经济建设不难立观厥成。

第六　禁烟禁毒部分

禁烟禁毒为抗战建国之基本要政。特在今日而言，禁止之道，似不在被禁者之如何能禁，而在禁之者之如何尽其职；更不在方法之如何求其完备，而在推行之如何收其实效。盖政府禁绝烟毒之政策与计划，久已堪称美善，而人民对于烟毒之深恶痛绝，亦已成为一种普遍之现象，然而推行至今，仍未见明验大效者，固非法的问题，实乃人的问题。此观于川康禁政情形而益可征信者也。视察团同人，此次视察川康各地，目睹禁政无效，烟毒流行，实由于名曰寓禁于征，实则征而不禁之故。中央禁烟法令既等于弁髦，禁烟计划，遂亦无从说起。吾人针对此点建议如左〈下〉：

（一）健全禁烟禁毒之机构。由中央特派大员为禁政督办；或即恢复总监部，负责督饬进行，以一事权而专责成。

（二）厉行中央颁订之禁烟禁毒法令。关于禁种、禁吸、禁运、禁售以及禁毒等事，凡中央已颁行之各种法令，均须严厉执行，不得阳奉阴违，或且假公济私，违即尽法以惩。

（三）中央统收烟土应宣布用途。为使民众了然政府禁烟决心，所收存土分期当众焚毁。至其他征取于烟禁之各项税收，应用之于戒烟方面，不得移作别用。

（四）提高各县公正士绅监督禁政之权，加强各县禁烟委员会之工作，以官吏有所畏惧，不敢舞弊营私。

以上四者，如能见诸实行，则烟毒肃清，自不难如限完成也。

第七　教育部分

川康地大物博,人民又勤俭耐劳,有识之士,咸称为民族复兴根据地,然既具有此种优越条件,其人民今日穷困之情状,乃有甚于瘠苦之省区者。其构成此种矛盾原因,虽极复杂,而历年当局对于教育之设施,未能计及其推行之难易,或未能适合其环境所要求,亦为重大之关键。值兹全国动员,抗战建国,自应使人尽其才,物尽其用,树立建国基础,增加抗战精神,是则于川康现行教育诸端,有确定及改善必要。至于川属雷、马、屏、峨四县,康省康宁两属,其土著习惯与知识,均与汉人不同,似应因地制宜,施以特殊教育,使其谋生有术,然后可以自助助人。爰举意见,分述如下:

一、县教育行政机构

甲、教育应单独设科。四川自二十四年裁局设科,教建合为县府第三科(西康省亦同此组织)。当此抗战建国期中,教育与建设均关重要。第三科组织过简,人员不敷分配,即科长未必能兼具教育、建设两种之学识与经验。虽有督学技士分责助理,但在外工作时间较多。其主持计划,仍赖科长,事务繁多,不免顾此失彼,似有单独设科以加强机能之必要。

乙、现行视导网制之应加研讨改善事项

1.川康现行视导网制,于每县设视导主任一人,下设视导员数人,县督学皆兼任视导员,是督学与指导员,皆以视察督导为主,以学校为对象,以视察调查为手段,以指导辅导为目的,以期改进教育,增进教育效能。但职务似同,而名位则异,其职权的划分,与行政的关系,皆欠明显。

2.从前行教委制时,每县有各乡教育委员,多者十余人,今改为视导员,仅划五六学区,除督学兼任视导外,只设指导员二三人,势难视导周到。

3.督学原定旅费,本感不敷,复兼视导员,不另支薪与旅费,只增加其视导时间,当更困难,不得已时,只有走马观花,聊以塞责,恐难收视导实效。

4.自改行视导网制后,已将从前教委撤销,但依四川推行义务教育计划,其义务教育办事处主任,系由教育委员兼任,现在应由何人接办,尚无明文规定。

二、县教育经费

甲、县教经费应确实专账保管。四川各县教费,自二十四年以后,均统筹统支,并入地方款内,由财委会负审核出纳之责(西康省亦仿此办法)。查各县教费,多属学产及肉税附加等比较易收之款,但遇其他征收税项收入短少时,财委会每挪作其他政费开支,致使教费无着。甚至财委会与第三科人员稍有意见,即借故握款不发,教育行政人员,往往拟具各种计划、各种办法,卒因财政人员从中作梗,无形搁置。川省府曾经饬令各县教费实行专账保管,唯各县尚未认真办到。应由政府再伸[申]前令,县教经费,由县组织保管委员负责保(原文如此,疑缺"管"字),并须公开账目,随时审核清算,以杜流弊。

乙、整理学产,当二十四年统一收支时,各乡学董有把持学产匿未具报者,或县府尚未清理,或欲行清理因畏劣绅势力而中止者,均应破除情面,切实清理,学产之田地,应切实照价议佃或标佃,不使有把持及低折情事。

三、关于小学教育

甲、提高小学教师待遇。小学教员待遇极薄,在富庶及中心县份,其月薪有超过三十元者,余多不及三十元,最低待遇月仅五元,年来物价昂贵,无论城市乡村,其生活程度,至少已增高一倍,其月领十元以内之薪金者,个人生活,尚难维持,赡养家属,更谈不到。应提高其待遇,最低限度,亦须能维持其生活。

乙、改善领薪办法。小学教师之低微薪金,大多数县份犹不能按月领得,每欠至三四月以上,或折扣发给,或每月仅发火〔伙〕食〔费〕数元,至领款尤极费时,每月到城领款一次或二次,每次等候二三日至四五日,或领四五元,或领二三元,甚至仅得一元,或竟至毫无所得。领到之款,每不敷旅费,亟应严格规定,按月发薪,并规定支发手续与时间,免乡村教师随时来城领款,废事耗时。

丙、确定任用资格及奖惩标准。小学校长之任用,多随县府与主管科之主观意见,未尽详审资历及办事能力,即有成绩优良者,亦不能久于其任,既无保障,更无奖惩之确定标准,似应明定选任校长,须以经验能力为准则,并规定任期,按照成绩考核。

丁、培植师资。各县小学师资,均感缺乏,虽由于师范人才缺少,亦因待遇过薄,不能维持生活,多改就他业。补救之方,除增高其待遇外,应利用寒暑假,调训现任教师,并登记之战区教师到各县工作。此外能于各县初中附设简易师范班,从事培植,尤更妥善。

戊、统一教材,补救书荒。小学教材,除属于地方特殊部分外,应完全统一(现时教材未统一,各县课程多不一致,如昭化高小列有英文)。各教科书,价值陡涨,又甚缺乏,不唯乡村贫苦学生无力购买,且亦不易购得,应由省教育机关,另行翻印,廉价出售,或准由商店用土版翻印,以供所求。

己、取缔私塾。凡私塾之不良者予以封禁。有成绩较佳者,改为代用小学,使授规定课程。

四、关于社会教育

甲、改善课材。各县通用之民校课本,系二十六年之出版物。内容非不丰富,唯以教授抗战时期之民众,嫌等慢性药剂。似应另编抗战以来,可歌可泣,而又含有最强烈刺激性之教材,并将现行重要法令,亦摘要编入,印发各县,以之教授民众。

乙、规定授课时期。民校授课时间,应绝对避开农忙时间。其就学年龄,应不加限制。卒业时间,应为活动的规定。

丙、鼓励来学。就学民众,除不征费供给课本外,纸笔墨费,亦应酌予补助,以资鼓励。

丁、奖励得力教师。民校教师,教授得法,使该校学生人数增加者,应予以奖励。

戊、普及群众。偏僻县份,书籍极少,应普设图书馆、民众教育馆,办理民众间事、问字、代笔等等。并充实其内容。

五、关于中等教育

甲、川省各县应统筹增设初级中学校或初级职业学校。川省各县,地广人稀。其高小学额,与初中校所,未能统筹配合。致使高小学生,每苦无处升学。确有通盘计划,分别增设初中学校,或设置初级职业学校之必要。

乙、各县初中毕业生多无出路,应统筹救济。各县历年初中毕业生,有力升学者,多为高中学额所限,其无力升学者,又苦无出路,青年苦闷,可想而知,亟应统筹兼顾,或于初中校内,添办高级职业班。倘认为必要时,应设置高中校，或高级职业校，以资救济。

六、关于边民特殊教育

甲、川属雷波、马边、屏山、峨边四县，及康省之康、宁两属各县，其土著语言文字，生活习惯，均与汉人不同，其教育之方法与教材，有因地制宜、因人施教之必要，其教育方针，必须与开发生产计划相配合。雷、马、屏、峨，及康、宁两属，其气候之适度，物产之丰富，矿类之众多，不独可认为川康之冠，即全国亦尚未多见。曩以地处偏僻，交通艰难，主政者皆视为边区，不加注意。今日政府，为抗战建国，开拓资源，则于当地物产之开发，人材之教育，必须通盘筹划，整个配合，始能达人尽其才、地尽其利之最高原则。而当地汉人子弟，与汉化土著之聪明有志者，亦复不少，宜如何造就，始能适应当地开发事业之需要，况同人所建议，系就大多数不通汉语之土著，于今日情势之下，应如何教育，俾使人能尽其用，用能尽其力，是则尤有赖于当轴之深思熟虑矣。

乙、其教材必须与其生活相适应。当地土著，其语言文字，均与汉人不同，康属毗连西藏，而宁属木里辖境又与康属九龙接壤。故当地商场交易，及社会交际，均用藏语藏文。能通汉语汉文者，百不一二。其男女专业农牧，男子能用土法制革，女子多擅毛织手工。雷、马、屏、峨及宁属各县，其男女亦从事农牧，并擅织毛制革手工。唯其语言文学，又与康属不同，通用猡猡语。于文字仅有不完备之猡猡经，只有专业巫师（土名"必母"者）始能认识。其能通汉语汉文者，更少于康属。帮以仅识藏语或猡猡语之小学生，骤然教以汉字课本，因言文之不同，其意义自难明了，烦苦即易于发生。尤以其历史环境生活习惯均与内地不同，若采取内地同样教材用作课程，必致扞格难通，不易领悟。而其所学，及〔既〕不能应其生活所需要，转不如专事农牧尚可自食其力。故多认入学为差徭之一种，谓其无益且有损也。近来康属各县，指定学额，强令入学，除泸定一县及康定之巴安一部系照送子弟入学者外，其余几全为雇人代替搪塞。其雇资之巨，至少每人每年藏洋六十元，甚有多至百元者。款由村保摊派，人民从无异词。官厅虽明知之，亦以事势如此，只好听其自然，藉以敷衍政令。而土著之贫寒者占百分之七十以上，平时男女在十岁左右即受雇为人牧牛羊，以求一饱，本无余暇入校求学。因此，在康属各县，多有受雇代富家子弟入校等于代役者。在此种种特殊情形之下,惟有授与适应其生活需要之教材,使之发生浓厚之兴趣,获得实际之效用,然后乐于就学。因上述种种,为易于推行起见,进而拟具办法如下:

丙、多设短期小学。于土著集居地区多设短期小学,俾学生得就近入学。其教师须以当地语言教学,其学生分儿童与成人两班,儿童以开发其常识、改善其不良习惯为目的,成年以改进其农牧技能为目的,并以不妨碍其劳作时间为原则,卒业期限定一年或一年半。

丁、编辑特殊教材。康、宁两属与雷、马、屏、峨四县,其土著生活习惯,大致相同,具如前述。而历史文化环境思想,则颇有差别。应分设三个边民学校教材编辑处(宁属木里通用藏语藏文可与康属同一教材),各将其特殊故事,及思想习俗,有足鼓励者,或须改善者,参以今日国民应有之基本常识,编作当地土语歌曲,用作教材,使学生易于领会及记忆,则其收效必宏。更制定粗浅汉语汉文课程(如我国人初习外国语文所用者),专以记账(应参以加减算术)通信为目的。至对于当地农牧缺点之改进,及当地土质气候宜于增植何种农产品,或增牧何种畜类,将其可能理由,及其普通技术,用通俗文字编作课程,于授课时,由教师意译教授,以增加其农牧之生产,改进其农牧之技能。

戊、设为优待方法,以鼓励来学。凡有到校就学者,除不征费外,并供给午餐(土著食料极简单,以包粟制饼或洋芋制饼,厚约半寸、大如满月,儿童一个,成人二个,以冷水伴食)。于四季考试有成绩优良者,给与奖品。

己、尽力筹划毕业后之出路。无论儿童或成年学生,于卒业后,其成绩优良者,得升送当地特设之初级农工职业学校,或进受小学师资训练。

庚、特设初级农工职业学校。当地小学校既采特编教材,用土语教授,于短期卒业后,学生之汉文汉语程度,恐尚使用不灵,断难升入其他普通学校。故为适应环境需要起见,有斟酌各县情形,分作数个特种教育区,每区宜特设初级农(包括畜牧)工(就当地各种原料所需要之手工技术)职校若干所,俾小学卒业生,有升学机会。在初级农工职校卒业后,除实地服务用其所学外,其成绩优良者,亦得使之升入专科,以求深造。

综上所述，均属当地实情。所拟意见，亦为针对时病，至于所贡边民特殊教育诸端，多属创举。事固平凡，要觉繁琐。然能权其轻重，不管其难易，慎于人选，行以毅力，则三年之后，曩所目为蛮夷者，虽不敢遽期同化，当亦可收空前之功。

第八 夷务部分

康省之越西、冕宁、西昌、会理、盐源、盐边、昭觉、宁南八县，俗称宁属。其土著种族，极为复杂。语言习惯，均与汉人不同。考之历代经边事绩，对于当地设施，均专重"防"字。能顾及"治"字者，尚未之见。所以历代边官，皆属武职。其整个组织，亦以武备为依归。洎夫清末，始知徒"防"之非计，乃命赵尔丰为川滇边务大臣，并经略西藏。时逾五载，军功政绩，均有可观。借其重"治"而不重"化"，未能兼及教养，致今日有人亡政息之感。民元以还，人事转变。经边政策，复趋于"防"。而当地防军，时常更动。劣绅地痞，得为所欲为。甚至勾结防军，以枪械弹药向土著交易烟土。大利所在，群相竞争。竟有专贩械弹换烟图利者。当地土著，既以猓族人数为最众（宁属八县猓族有二百万人），据地为最广，故其换得械弹亦最多，而当地遂以其实力为最强。各夷势力既增，为害更大，防卫更难。防军中除其环境有不得不努力者外，余多仅自为谋，甚且有转向汉人遇事藉端勒索，以饱私囊者。而不肖之县府官吏，其贪暴演成之罪恶，往往借口"夷患"，诿卸责任。此类官吏权威，等于当地酋长之专横。均可以一己喜怒，支配汉人之生死荣辱。其所以致此者，实由"天高皇帝远"之观念所造成，亦可谓为"天高皇帝远"之环境所引诱。故以为宁属偏处一隅，情形特异，应设置如专员类之机关（同人已另有建议），充实其组织，扩大其职权，慎重其人选，使就近督办军民政务。其自团以下官佐，县以下机层，于人事方面，亟应调整，并严定奖惩标准，切实执行。"有治法有治人"，实为今日整理宁属之中心问题。关于治夷善后诸端，查西康省政府，定有剿办宁属夷匪计划，经有拟定，报经中央批准施行。兹就视察所得，略为补充，缕述如下：

一、来归及征服之夷人，其善后事务有应明白规定者

甲、遵命来归之黑夷，其与白夷间关系，宜改善而不宜使脱离，并先事明

定处置办法,布告周知。黑夷自尊为贵族,终日挟枪作尚武运动,不事生产,凡垦牧与农工,均委于所属白夷。对白夷有认为忠勤者,则为之纳妇成家,并分地使足自给。白夷在其卵翼下,得安生活,亦有不复思蜀者。其能羁縻大部白夷,固自有道。然黑夷一旦失去白夷之劳力,其生计即发生问题,彼欲保留其白夷权利,以维生活,势必始终联合,以抗政府,诚恐旷日持久,转致夜长梦多。故对于来归之黑夷,即将其所有白夷,改为该黑夷之佃农或拥工之类,以保留其相互关系。其物产及田地之主权,仍属原主,唯须登记纳粮。其被征服者,则一切田产,均归公有,并须移住指定地区,但得就近领耕垦地,自食其力。其所有白夷,另行安置,给地自耕。此种处置办法,应先事明定,布告周知,使其怀德畏威,知所适从。

乙、被征服之黑夷,其田地物产充公外,尚须移住指定地区,但得领地自耕。其不受招抚之黑夷,当然以兵力剿办,彼所恃以抗我者,即因其地形险恶,彼熟习而我生疏,纵能不惜牺牲,强行进迫,使其降服,若降服之后,仍留原地,难保其不故态复萌,应使移住指定地区,由主管者按其人数给地自耕,但农产未收获前,其衣食问题,应由主管者酌量维持。

丙、为推行政教新设之区局,其行政系统,应有规定。该计划善后之设官治理,推行政教条文,有"各县野夷,无论兵力征服,或自动来归者,户口在二千户以上,三千户以下。地面纵横达百里者,即划为一政治指导区,设政治指导员一人,三个或四个政治指导区,即设一设治局,置设治局长一人,此种区局,即为将来设县及区之准备,又指导区以下之联保主任,即为指导员之重要佐治人员。盖以一指导员管理夷人三四千户初降之异族,其心尚未安定,不唯推行政教困难,且恐耳目不周,防范疏略,发生意外之虞"。按此计划程序,实为治夷根本之方,但在设治之初,未改县之前,其行政系统,是否仍属于原有县府,抑另属其他夷务机关,应明白规定,俾有专责,而利进行。

二、收复夷区之初步设施有应注意及注重者

夷区之一切设施,应适合夷人环境需要,并多方引导,使与社会发生联系,该计划中,亦以夷人环境习俗与汉人不同,须另制定夷地单行法,其计虑可谓周到,同人以为夷人因生活与语言,不同汉人,彼此接触机会太少,误会未由谅解,情感无从发生。其脑海中除孤立观念以外,不知宇宙间尚有其他社会环境者,致使其生活习惯及知识,均无从改进,亦由其不知所以改进也。无怪其对于地方之治乱,市场之荣枯,认为毫不相关。今为久远根本之图,须从事启发其普通常识,增进其对政府信仰,树立其经济基础,提高其经济生活,使其与汉人合成一经济联系,共同活动于各地市场,则利害一致,休戚同关,不独可以免乱,且足以共同防乱。今日越西县属之海棠、田坝,冕宁县属之沙□、泸沽,其夷人对汉人接近机会较多,其智识与生活即较优裕。彼从事畜牧农作之外,尚擅牛羊毛织小手工业,每年收入,所得甚丰。而各该地之治安维持,确以夷人为最出力。最近西昌征取民工建筑飞机场,曾由靖边司令部征集归化夷人八百名,送到当地共同工作,其工作效能,与服从守法,汉人多自认不及,于此可以类推,故主张多方引导,使其与今日之社会发生联系,得于无形之中,收教化之效,因于该计划中所极须另制定之外,对于收复夷区之设施,及经济教育应注重之点,分别说明。

甲、收复夷区初步设施应注意者

1.对夷族固有之生活习惯,不妨听其自由保存,不须急急改善,致起反感,将来诚信既孚,一切自易改进。

2.对初设治之夷区,只可征取极微之税率,切不宜遽征重税,而一切苛繁杂捐,绝不可有。

3.夷区归化后,宜切实提倡汉夷一家,不论何种何族,凡有烧杀掳掠行为,皆为法律所不许,凡安分守法者,皆受保护。

4.除夷区设治,另有规定外,宜就整个宁属地方,切实养成民众自治自卫力量,以立长治久安之基础。

乙、经济方面应注重者

1.设立贷款及汇兑机关,以振兴各种生产事业,并吸收现金,便利周转。

2.设立各种合作社,标定物价,公平交易,奖励小贩(如盐布针线之日用必需品)深入夷村,均须由政府严定章则(因过去常有汉人欺骗夷人事)免滋弊端。

3.供给技术人员,利用当地原料,发展小手工业,指导改良技术,增进农牧事业。

丙、教育方面应注重者

1.学校地址，应在政治指导区内，校长能通夷语更好，其教员则必须通夷语者，学生专收夷族青年，不得兼收汉生（汉夷智识习惯均不相同）。

2.其教学办法，除增进其知识、转变其思想外，并教以其所需要之生活技能，从事职业之训练。其不良之各种生活习惯，应耐烦劝诱，逐渐改善，不可遽施以严格之管理与责罚，致使畏避不前。

3.电影幻灯影片图画照片，均为民众教育之绝好工具，如能采用巡回教育队办法，施教于各校，则更易启发其兴趣，增进其知识。

一年以来，执行剿办宁属夷匪计划者，为宁属靖边司令部邓文富，查其所得成绩，虽未能尽如所期，然以有限之兵力财力，竟克臻此，亦属难能。邓为人尚诚实，多机警，熟悉夷情，其征剿夷匪，计胜后动，战不失机，夷匪甚畏之，汉人多赖之，确为今日宁属不可多得而又不可缺少之人。观察者，对其个人批评，则是非不一。然人非至圣，孰能万全，贵能补其所短，而用其所长，是在当轴之知人善任，近来宁属夷务，其政治之推进，要嫌迟钝，未能与军事配合进行，症结何在，似应注意改善。

第九　川康边区司法部分

川康边县，地域辽阔，人口稀少，民间如有纠纷，每苦无从申诉。兼以或则汉猓（猓族即夷族）杂处，或则汉康混居，生活固有不同，习惯尤多歧异。积极经济之建设，自应次第举办；消极纠纷之处理，更宜优先解决。方今边区害民之政，实以司法事件为最。县治窎远，无论控诉与审理，均感不易；民情复杂，欲求公断而持平，弥觉困难。为谋边区司法之改进，宜从治本与治标两方面图之。

甲、关于治本方面

（子）制定适合康猓民情之特别法规。西康省康、宁两属之康、猓两族，其民情风俗，生活习惯，与内地汉人，固迥不相同。如以同一法律绳之，每有扞格不入与处理失平之处。边务纠纷之起，固尝有缘于司法方面处理之失当者。

改进办法　斟酌康、宁各地情形,制定特别适用法规以为边地司法人员处理民刑案件之准据。

(丑)用康、猓文字翻译实用法典。康、宁两属之康人与猓人,其语言文字,均与内地汉人完全不同,康人、猓人根本上即不了解何谓法律? 更无论于遵守问题。

改进办法　应以康、猓文字,翻译实用法典。俾康人、猓人得知法律究为何物,庶几可以减少若干无谓之纠纷。

(寅)向康、猓、汉人普遍宣传法律常识。康、宁两族〔属〕之康人、猓人、汉人,日常杂处,有无时通,其间发生纠纷现象,自所难免。实则许多事实,在汉人虽认为不合情理,但康、猓两族又往往认为合于情理。法律观念既异,法律常识毫无,如不急谋挽救,纠纷自必日增。

改进办法　宜用口头或文字向康人、猓人、汉人普遍宣讲法律常识,解释普通法令,使均了解法律之普遍意义,习惯守法生活。此实边区司法建设之奠基工作。

乙、关于治标方面

(子)培植边区司法人才。边区民族复杂,情形特殊。任司法职务者,非特别了解边情,并粗通边民语文,即难免翻译通司从中舞弊,更无从收其实效。兼以边区生活较苦,行旅维艰,如未能培植有确能吃苦耐劳之司法人才,则边区司法,实难期其彻底推进。

改进办法　宜从速特别设所,训练边区司法人才,使能粗通边民语文,谙悉边区情形,习于边地生活,庶可推进边区司法。并须于边民中择尤培植司法人才,使任司法职务,俾收实际效果。

(丑)统筹边区司法经费。边地司法经费,无一县不拮据异常,捉襟见肘,遂与差役多方需索,人民不胜其苦,法官难求专才,审理每失其平。亟应予以改良,用纾民困。

改进办法　边区司法经费,应由省府统筹为原则,不足时则由中央补助之,按县配给。务使从事司法人员,生活得以保障,乃可安心服务而励廉隅。并应明令严禁警吏需索,以免人民之累。

(寅)改进边区司法机构。边区地广人稀,县境辽阔,交通不便,行旅艰难。人民苟有诉讼,候批具呈与传集人证,俱深感困难。如按照一般司法程序,每有一年半载不得一审及无从结案之现象。人民一经起诉,即有倾家之虞,欲结不可,欲罢不能。人民所感痛苦,莫此为甚。

改进办法 在经费可能条件之下,分设独立简易法庭于各区,否则可采用巡回审判制。

(卯)缩小边区司法单位。边区县份,往往地瘠民贫。县府人力财力,两均有限;一切政令,自难周达民间。唯县长有权兼理司法,人民遂常怀"有冤无处诉,虽诉亦难伸"之感。此固亟应加以改善者。

改进办法 宜提高边县现有必要区长之地位,至少使等于从前之县佐。并付与兼理初级司法之权(等于简易庭),以减除民众痛苦而增进司法效率。

决议:

一、行政组织部分,二、兵役部分,三、治安部分,通过。

四、财政民生部分,原则三点通过,关于具体办法,送行政主管机关依据所举各点,拟具实施办法,切实施行。

五、经济建设部分,六、禁烟禁毒部分,通过。

七、教育部分,除照案通过外,并补充左列六点意见:

1. 县教育经费,应力谋充实。各县征款,应与全县收入有确定之比例。收入增加时,教款亦应按照比较增加。

2. 县教育经费应确立专账保管办法。教育经费及学产收入,绝对不得移作他用。

3. 小学教员待遇,应按教育部规定小学教员薪水制度之原则,酌予提高。其贫苦县份,经费困难时,由省政府酌予补助。

4. 中等教育应注重养成职业上之技能,使与其他经济建设所需要之人才,有密切之联系。

5. 边民教育之推行,应尽先设置边疆师范学校,培养边疆教师,并赋以研究边民风俗习尚之职责,以为施教之依据。

6. 关于县教育行政机构(部分设局,至少限度应设专科)、视导制度及中等教育应行改进之点,应切实遵照教育部所颁法令及方案办理。

八、夷务部分,通过。余参政员家菊称:本案夷务部分,仅就宁属立言,对于松、理、茂一带夷民,亦应同等重视。

九、边区司法部分,通过。

十、关于本案,大会并通过左列总意见:

大会同人,甚赞同原案总说明末提两点:一、对于荦荦大端,凡足以确立建设基础,或足以构成建设障碍者,望政府决断,毅然决然,兴之革之,则凡百困难,将迎刃而解。二、徒法不能自行,有治人乃有治法。所有□政者人选问题,值得特殊重视。同人深知政府用人具有权衡苦心,然同时深信政府用人决不愿以一时曲意之周旋,留为兴革进行之障碍。同人更愿附陈两点:一、本案以川康建设为目标,然案中所主张之办法,与所根据之事实,不尽为川康所独有,政府如认为一般省份亦有采行之必要,希望施行时不以川康为限。二、浏览视察报告,包罗宏富,凡所记载,多系平时难得之珍闻,往往一时一地之事实。人民无量数之血泪存焉,国家民族之生命系焉,而不尽为提案所录及。希望各部会当局,取该项视察报告加以阅览,作为有力之参考资料。

2. 国民参政会川康建设期成会组织规则(1939年10月25日奉议长核定)

第一章　总纲

第一条　本规则系根据民国二十八年三月二日核定之川康建设期成会组织大纲订定之。

第二条　国民参政会川康建设期成会(以下简称本会)会址设于国民参政会内。

第三条　本会以议长为会长。

第四条　本会为办理经常设计、建议、视察与考核各种工作,并期督促有力起见,在四川省设四办事处,在西康省设二办事处,分负督促各省府推进建设之责。四川省之第一、第二、第三、第四各办事处,分设于成都、泸县、阆中、万县。西康省之第一、第二两办事处分设于雅安、西昌。先设立雅安办事处,其西昌办事处得斟酌情形暂缓设立。

第二章　会员及部门会员

第五条　本会由议长指定参政员二十五人至三十人为会员组织之,并由议长指定其中七人为常务会员,负责处理一切会务。

第六条　本会为增进工作效能起见,特设顾问会员十人(四川七人、西康三人)所有顾问会员由议长就川康两省参议会参议员及两省绅士聘任之)。

第七条　本会各顾问会员,除随时得向本会建议外,并得列席本会各种会议,有提议发言之权。

第三章　组织

第八条　本会会内设一秘书处,置主任秘书一人、秘书一人、干事一人、书记若干。主任秘书承会长之命,并受参政会秘书长之指导,办理本会秘书处一切事宜。

前项秘书处人员,由国民参政会秘书长秉承议长派充,或就国民参政会秘书处人员调任之。

第九条　本会各办事处,各置主任一人、顾问会员一人,由会长就本会会员、顾问会员中,分别指定各一人充任之。

第十条　本会各办事处,各设秘书一人、视察员二人、书记一人。各办事处之秘书、视察员,由各该办事处主任提请会长派充;书记由各办事处主任指定。

第四章　会议

第十一条　本会会议分:(一)会员全体会议,由会长及全体会员组成之。(二)常务会员会议,由会长及常务会员组成之。会员全体会议□期,常务会议至少每三个月召集一次。

第十二条　本会举行上列各种会议时,由会长就常务会员中指定一召集人召集之,会长如在开会时因事缺席,即以召集人代理主席。

第十三条　本会举行各种会议,得因必要邀请中央或地方各有关机关负责人或其代表列席,报告有关事项。

第十四条　本会秘书处主任秘书得列席本会各种会议。

第五章　工作范围

第十五条　本会任务,为督促政府推进川康政治经济各项建设,并负设计建议,及视察与考核之责,以增强抗战建国之力量。所有设计与建议,以及视察与考核之结果,由本会请议长咨请政府决行。

第六章　经费

第十六条　本会及各办事处经费,由议长提请政府核拨,并由参政会秘书处统领、转发,统办报销。

第七章　附则

第十七条　本规则依照国民参政会第三次大会关于组织川康建设期成会案之决议,由议长核定施行。

附:川康建设期成会会员名单

邵从恩、张澜、李璜、曾琦、黄炎培、晏阳初、吴玉章、陈豹隐、胡景伊、范锐、梁漱溟、杨端六、高惜冰、许孝炎、褚辅成、光升、张剑鸣、冷遹、林虎、余家菊、杨子毅、马亮、章伯钧、莫德惠、奚伦、王近信、姚仲良、沈钧儒、王造时

常务会员名单

邵从恩(兼召集人)、李璜、张澜、黄炎培、褚辅成、莫德惠、林虎

各办事处主任名单

万县:褚辅成　泸县:黄炎培　成都:李璜　阆中:张澜　雅安:林虎

顾问会员名单

李伯申、黄肃方、梁叔子、曾子玉、尹仲锡、魏时珍、徐申甫、谭用之

(二)四川省施政概况

1. 1937年7月20日四川省政府委员会第161次会议记录:议案五——主席交议据法制室修正本府合署办公施行细则案[①]

决议:照法制室修正案通过并呈请中央备查

附:法制室签呈,及修正本府合署办公施行细则

[①] 档案原件注:本次会议主席由省府秘书长邓汉祥代

案奉发交行政院令订省政府合署办公施行细则要点五项，令照各厅、处。关于此项要点函复意见，将原订本府《合署办公施行细则》整理修正，重提省务会议公决，再行咨报内政部，转呈行政院核准施行，等因。兹谨照各厅、处函复意见，分别整理修正如次：

一、关于组织及职掌。系遵据规程所定原则，按照现在实际需要从新划定。其详散见于各厅、处组织及职掌各条中。

二、关于经费管理、物料购办及文书处理。原订细则曾经遵照规程所定原则分别规定。其详散见于文书处理及会计庶务各章中。惟集中购办前为概括规定，兹列举为印刷、纸张、印红、簿据、笔墨、汽油、薪炭等项，以符法令。

三、关于职员名额。业经依照各厅处所开额数，将细则各条原定为若干人者一律确定，或设最低额及最高额，以免含混。

四、关于职员之名称、官等。亦经依照要点所示及各厅、处所开荐委各职，分别改订。

五、合署办公后组织系统员额表及经费支配表，附送备核。

至于要点一项，重新划定、厉行裁并三项，合署办公后人员经费较前为少、为省等。查本府合署办公前，系在防区制时代，省府形同虚设，人员经费概未依法办理，而一切设施更属无从谈及。统一政府告成，正值剿匪期间，组织规模一遵行营法令，实行合署办公；而于生产建设，又复积极推进。从前防区时代之省府组织，自不足以资比较，故合署办公前之组织系统员额表及经费支配表未予造送。此于呈报时，应请详为声明者也。

并查，关于典守印信、保管文件及收发缮校事项，原订细则于民政、教育两厅列在秘书室，财政、建设两厅又列第一科，职掌纷歧，应予划一。第以秘书既经设室，似应一律归其职掌以昭划一。以上整理修正各点是否有当，理合签呈主席核交省务会议议决，咨报内政部转呈行政院核准施行。

附呈整理修正本府合署办公施行细则一本

法制室　二十六年七月七日

案奉发交行政院颁发省政府合署办公暂行规程，饬即依照分别拟具施行办事等细则呈核一案。正拟具间，复奉发下行政院训令"一体饬将官等改拟于本府现行合署办公施行细则,以备咨部"一案。当查,关于省政府之组织及行动,照前行营所颁《剿匪省份省政府合署办公办法大纲》之规定,系采三级办法:以大纲为组织纲领,依据制定施行规则,并由施行规则订立省政府办事细则(此项办事细则业经汇编成册,刻正在整理中)。现在行政院所颁《省政府合署办公暂行规程》,乃取二级办法:以规程为组织纲领,由规程厘订施行细则。此项规程即等于前之大纲,施行细则即等于前之施行规则。但既名细则,斯不得不详,详则内容繁冗,易与事实发生龃龉,常有修改之必要,殊乏弹性。且此项细则,应呈报行政院备案,如常有修改亦感不便。故拟仿《湖北省政府合署办公施行规则》之例,以简要为主。其详细,准由本厅、处于此项细则之下自订办事细则,呈请主席核准施行。如此,既于合署办公之精神无违,又可使各厅、处斟酌事宜,从详规定。此种办法如蒙核准,职室当将各厅、处前送办事细则分别退还,请由主席令其另照规程及现拟之施行细则,拟定办事细则呈核。再关于联席办公及省政府委员会,似有订入必要,故于第四、第五两条规定联席办公;复设第六章,规定省政府委员会。第一百十九、第一百二十两条,规程第四条,关于各厅处对外行使职权,核与行营所颁大纲,略予扩大。兹依据规定第七十一条、一条,又依照院令,特将官等一节分别订入。此即现拟施行细则与前施行规则不同之处,全部共计一百二十三条。理合缮呈主席核交省务会议议决施行

法制室

四川省政府合署办公施行细则目录

第一章　总纲

第二章　组织及职掌

　　第一节　秘书处

　　第二节　民政厅

　　第三节　财政厅

　　第四节　教育厅

　　第五节　建设厅

第六节　保安处

第三章　文书处理

第四章　会计庶务

第五章　服务通则

第一节　办公及画到

第二节　请假及值日

第三节　考勤及奖惩

第六章　省政府委员会

第七章　附则

附：

一、四川省政府各厅处联席办公规则〈略〉

二、四川省政府总收发室收发文件规则及各厅处收发文件及检查规则〈略〉

三、四川省政府委员会会议规则〈略〉

四川省政府合署办公施行细则

第一章　总纲

第一条　本细则依据《省政府合署办公暂行规程》第十一条之规定制定之。

第二条　本府各厅处处理事务，除遵照前条《暂行规程》及其他有关法令外，依本细则办理。

第三条　左列各厅处同在省政府内合署办公：一、秘书处；二、民政厅；三、财政厅；四、教育厅；五、教设厅；六、保安处。

第四条　本府每日午前至少须定一小时联席办公。主席、各厅处长及主任秘书、秘书科长、各室主任，均应列席。关于主席提示办理及各厅处须请示并相互协商或会签事件，均于此时间决定之。

第五条　前条所举各事件经决定后，即由主管厅处单独或书同，拟稿呈核。联席办公规则另定之。

第二章 组织及职掌
第一节 秘书处

第六条 秘书处设左列各科室：一、秘书室；二、第一科；三、第二科；四、技术室；五、法制室；六、统计室；七、编译室。

第七条 秘书室之职掌如左〈下〉：

一、关于会议记录事项；

二、关于撰拟机要文电及管理卷宗并收发事项；

三、关于审核各厅处文稿事项；

四、关于监印、译电事项；

五、关于铨叙奖惩及抚恤事项；

六、关于颁发印信事项；

七、关于主席交办及不属于其他各厅处事项。

第八条 秘书室设主任秘书一人，荐任，综核各厅处送核文件，并核办秘书处文电事项；秘书三人至五人，荐任，撰拟机要文电暨编制议案及会议纪录事项；助理秘书二十二人，委任，分核各厅处送核文件并撰拟秘书处文电暨保管机要文电卷宗事项；科员，一等四人，二等九人，三等三人，委任；办事员四人，委任；雇员七人；分办秘书室各股事项。

第九条 第一科之职掌如左〈下〉：

一、关于本府文书之总收、总发及秘书处普通文稿之撰拟缮校事项；

二、关于党务一切文件事项；

三、关于新生活运动一切文件事项；

四、关于国防及空防一切文件事项；

五、关于中央委托各军政人员受训文件事项；

六、关于保管不专属一厅或一处之档卷事项；

七、关于行政诉愿、惩治盗匪及司法一切事项；

八、关于不属其他各科室事项。

第十条 第二科之职掌如左〈下〉：

一、关于本府各厅处及附属各机关之预决算及出纳事项；

二、关于购置修理及物品出纳并给养事项；

三、关于管理进退、公差、夫役、整理内务及清洁卫生事项；

四、关于邮票之粘贴、稽察及护照、封条等之填发事项；

五、关于本府交际交涉、宾客迎送及外宾翻译事项；

六、关于登记来宾、奉派代见、调查及代表出席事项；

七、关于文稿之撰拟事项；

八、关于值卫警兵之管理或接洽事项。

第十一条　第一、二两科，各设科长一人，荐任，管理各该科事务；科分三股，每股设股长一人，委任；科员一等十一人、二等十人、三等五人，办事员七人，委任；雇员共四十六人；分办各股事项。

第十二条　技术室职掌农工商矿、土木水利工程及其他各种专门技术事业之调查、设计、审核、验收及指导事项。

第十三条　技术室设技术专员四人至六人，荐任。由主席指派一人为主任，管理本府技术事务。技术专员分任各专门技术事项。技术员七人至九人，委任，辅助专员办理一切技术事项。

第十四条　法制室职掌法令之搜集、整理、修订、草拟、审核及解释事项。

第十五条　法制室设主任一人，荐任，管理本府法令编审事务；编审员三人，委任，分任编审事项。

第十六条　统计室职掌统计之编制及报告、年鉴之编拟及各种表格之调整事项。

第十七条　统计室设主任一人，荐任，管理本府统计一切事务；统计员三人，委任，分任设计、调查、编制、审核事项；二等科员一人，绘图员一人，调查员三人，事务员一人，办事员三人，均委任；雇员二人；分办文书缮校、绘图、计算、整理事项。

第十八条　编译室职掌编译本府公报、各种刊物、报告及保管图书事项。

第十九条　编译室设主任一人，荐任，管理本府编译事务；编译四人至五人，委任，分任本府公报及各种刊物、报告、编译事项；办事员三人至五人，委任；雇员三人；分办公报校对、发行、图书管理及缮写公文稿件事项。

第二节 民政厅

第二十条 民政厅设左〈下〉列各科室：一、秘书室；二、第一科；三、第二科；四、第三科。

第二十一条 秘书室之职掌如左〈下〉：

一、关于厅内文件之收发、登记、分配、传达及缮写、核对事项；

二、关于函电、文件之撰拟及电报之译发事项；

三、关于会议之通报、纪录及图书表册之管理、出版事项；

四、关于统计材料之搜集整理及编制图表册报事项；

五、关于汇编厅内工作周报、月报、年度报告事项；

六、关于厅内及所属机关之人事登记，并厅内职员功过考绩登记事项；

七、关于典守印信及档案编组管理事项；

八、关于审核各行政区市县民政部分经费事项；

九、关于审核各行政区市县临时动支事项；

十、关于宣传及其他不属于各科事项。

第二十二条 秘书室设主任秘书一人，荐任，综核全厅稿件、撰拟机要文电，并襄助厅长考核所属职员及其任免铨叙奖惩事项；秘书三人，荐任，分任审核稿件、撰拟文电、制作行政设计及编订行政报告事项；助理秘书二人，委任，襄办审核稿件、撰拟文电、制作行政计划及编行政报告事项；股长二人，撰拟重要文件，分配省务会议议决进行事件，办理审计、统计及监督指导所属职员分办各该股事项；科员一等二人至四人，二等七人至九人，三等十三人至十四人，委任；办事员八人至十人，委任；雇员三十八人至四十人；分办各事项。

第二十三条 第一科之职掌如左〈下〉：

一、关于督促各行政区市县推行政务事项；

二、关于所属公务人员之甄审考试、训练、存记荐举及考绩进退事项；

三、关于人民呈控所属官吏事项；

四、关于褒扬及抚恤事项；

五、关于行政区划、设治、移民及夷务事项；

六、关于行政诉愿及人民请愿事项；

七、关于各县市长及所属公务人员之交代事项；

八、关于考核县长兼理司法及承审员并各县司法经费囚粮整理审核事项；

九、关于各县调解委员会设置事项；

十、关于行政法令解释事项；

十一、关于厅内会计庶务事项；

十二、关于不属其他各科室事项。

第二十四条　第二科之职掌如左〈下〉：

一、关于古迹名胜之保存及祠庙产业之监督事项；

二、关于宗教礼俗事项；

三、关于民众团体之监督指导事项；

四、关于劳资及佃业争议事项；

五、关于土地行政事项；

六、关于仓储振灾及社会救济事项；

七、关于卫生行政事项；

八、关于禁烟事项；

九、关于公墓事项；

十、关于党政联系事项；

十一、关于新生活运动促进事项；

十二、关于医师审查登记事项；

十三、关于协助农村合作之推进及年成调查、粮食调节事项；

十四、关于保护牲畜事项。

第二十五条　第三科之职掌如左〈下〉：

一、关于地方自治及民众训练事项；

二、关于处理匪产及递解匪犯事项；

三、关于人民服工役及代办军运事项；

四、关于国籍、户籍、人口之调查统计事项；

五、关于保甲及自治区域之划分、变更并保甲经费之计划、分配、审核事项；

六、关于保甲及自治法规之解释审核事项；

七、关于保甲人员之训练、选举、考核、奖惩事项；

八、关于保甲及自治团体纠纷之处理事项；

九、关于警察之编制训练调遣及检阅事项；

十、关于警务之督促改进事项；

十一、关于邮电检查及防范查缉反动事项。

第二十六条 各科设科长一人，荐任，管理各该科事务。第一科分设四股，余分三股。每股设股长一人，委任；科员一等十九人至二十四人，二等二十三人至二十六人，三等二十人至二十一人，办事员十五人，均委任；雇员二人；分办各股事务。

第二十七条 民政厅设视察员七人，荐任二人，委任五人，视察各县行政。其服务规则另定之。

第二十八条 民政厅遇必要时得设技士一人，委任；技佐一人至三人，委任；办理技术事项。其服务规则另定之。

第三节 财政厅

第二十九条 财政厅设左列各科室：一、秘书室；二、第一科；三、第二科；四、第三科。

第三十条 秘书室之职掌如左〈下〉：

一、关于禁烟运、售、吸及缓禁事务之监督、考核事项；

二、关于会议记录事项；

三、关于编制统计报告及绘制各种图表事项；

四、关于撰拟机要文电事项；

五、关于核阅文稿事项；

六、关于金融之调节整理事项；

七、关于县市地方财政之整理及监督事项；

八、关于典守印信、保管文卷及收发、缮校事项；

九、关于厅长交办事项。

第三十一条　秘书室分置三组。设主任秘书一人,荐任,综理前条所举各事项;秘书三人至四人,荐任,兼任一、二、三组组长,分掌各事项;副组长三人,委任;科员一等一人,二等一人,办事员二人,委任;雇员三人;分办各事项。

第三十二条　第一科之职掌如左〈下〉：

一、关于征收人员之训练保证及附属一切公务员之考核暨提请保免、奖惩事项;

二、关于地方债务之整理及清理事项;

三、关于各项票据单照之制发事项;

四、关于各机关之交代事项;

五、关于行政诉愿及人民请愿事项;

六、关于厅内庶务事项;

七、关于不属其他各科室事项。

第三十三条　第二科之职掌如左〈下〉：

一、关于田赋之整理征收事项;

二、关于屠宰税之整理征收事项;

三、关于税捐之整理征收事项;

四、关于省地方税及营业税之整理征收事项;

五、关于各县市房捐之整理征收事项;

六、关于税务纠纷之裁处事项;

七、关于公产之保管、经营、调查、收益事项。

第三十四条　第三科之职掌如左〈下〉：

一、关于全省收入支出事项;

二、关于预算决算事项;

三、关于发放由省税开支各机关经费事项;

四、关于中央及地方振恤之核发事项;

五、关于视察指导各县市及所属各机关之会计事项;

六、关于省金库及省银行事项。

第三十五条　各科设科长一人,荐任,管理各该科事项。第一科分三股,第二科分五股,第三科分二股。每股设股长一人,委任;科员一等十五人,二等二十九人,三等二十四人,办事员二十四人,均委任;雇员四十六人;分办各股事项。

第三十六条　财政厅设"驻渝办事处",置秘书一人,荐任;股长三人,委任;科员十五人至二十人,办事员十人至十五人,委任;办理在渝一切收支并临时饬办事项。

第四节　教育厅

第三十七条　教育厅设左列各科、会、室:一、秘书室;二、督学室;三、第一科;四、第二科;五、第三科;六、各种委员会。

第三十八条　秘书室之职掌如左〈下〉:

一、关于会议记录事项;

二、关于撰拟机要文电事项;

三、关于核阅文稿事项;

四、关于所属公务人员之考核及提请任免奖惩事项;

五、关于调整各科、会、室工作事项;

六、关于典守印信、保管文卷及收发、缮校事项;

七、关于厅长交办事项。

第三十九条　秘书室设主任秘书一人,荐任,综理前条所举各事项;秘书三人,荐任,分掌各事项;助理秘书二人,科员二人,办事员三人,委任;雇员二人;分办指定事项。

第四十条　秘书室设统计员一人,委任;助理统计员四人,委任;办理统计事项。编审四人,委任,办理编审事项;图书室管理员一人,委任,管理图书事项。

第四十一条　督学室设督学八人,荐任;服务员二人,委任。必要时得聘请专门视察员一人至十人,荐任。依部颁《省市督学规程》,视察指导并设计改善全省教育事项。

第四十二条　第一科之职掌如左〈下〉:

一、关于直辖教育机关及地方教育行政人员之登记、任免、交代、考绩、奖惩、抚恤等事项；

二、关于文化事业及学术团体之提倡、奖励、设立、变更并监督事项；

三、关于考选事项；

四、关于各级学校防空与防护事项；

五、关于保存文献古物事项；

六、关于涉及全厅职掌之文件汇办事项；

七、关于地方教育行政不属各科室主管事项；

八、关于省教育经费之会计出纳事项；

九、关于本厅预决算之编制及会计出纳事项；

十、关于中央补助义务教育经费及联立学校经费会计出纳事项；

十一、关于教育款产及账目票据保管事项；

十二、关于公物之登记及保管庶务事项；

十三、关于本厅之风纪及整洁事项；

十四、关于公私立各级学校会计制度之改进及会计人员之考核事项；

十五、关于省教育经费及联立学校经费预算决算之编制审核事项；

十六、关于地方教育经费之审核及收支状况之调查事项；

十七、关于省立联立学校资产及地方教育款产整理事项；

十八、关于各级学校公费、免费学额及奖学金之核给事项；

十九、关于各级学校设备购置之核给事项；

二十、关于其他各项教育经费之审核事项。

第四十三条　第二科之职掌如左〈下〉：

一、关于高等教育事项；

二、关于中学教育事项；

三、关于职业教育事项；

四、关于职业补习教育事项；

五、关于中学教员检定及进修事项；

六、关于职业师资登记、检定、训练事项；

七、关于中学及职业学校校长、教员考绩、审核事项；

八、关于国内外留学事项；

九、关于军事训练及童军教练事项。

第四十四条　第三科之职掌如左〈下〉：

一、关于小学教育事项；

二、关于义务教育事项；

三、关于私塾之改良及取缔事项；

四、关于失学民众补习教育事项；

五、关于民众教育馆、图书馆等社会教育事项；

六、关于边民教育事项；

七、关于电化教育事项；

八、关于卫生教育及公共体育事项；

九、关于特殊教育事项；

十、关于新生活运动及其他特种教育事项；

十一、关于师范教育事项；

十二、关于小学教员检定、进修与义教、民教师资及特种师资训练事项。

第四十五条　各科设科长一人，荐任，管理各该科事项。第一、二科各分三股，第三科分四股。每股设股长一人，委任；科员五十二人至六十人，办事员二十五人至三十人，指导员二人，委任；雇员、书记三十四人至四十人；分办各股事项。

第四十六条　各种委员会，视事实之需要，分别设置。其办事细则另定之。

第五节　建设厅

第四十七条　建设厅设左列各科室：一、秘书室；二、第一科；三、第二科；四、第三科。

第四十八条　秘书室之职掌如左〈下〉：

一、关于会议记录事项；

二、关于撰拟机要文电事项；

三、关于编辑出版、发送消息及图书管理事项；

四、关于核阅文稿事项；

五、关于统计材料之征集、统计、规章之编拟，及报告、图表之编制、审查并保管、发表事项；

六、关于直接调查及参加统计室联合办公事项；

七、关于所属公务人员之考核及提请任免惩奖事项；

八、关于厅内之人事登记或特别登记事项；

九、关于拟定或审核规章事项；

十、关于整理各种工作报告及编辑事项；

十一、关于宣达厅内命令及一切对外发表事项；

十二、关于典守印信、保管文件及收发、缮校事项；

十三、关于厅长交办及不属其他科股事项。

第四十九条　秘书室分置三股。设主任秘书一人，荐任，综理前条所举各事项并勷佐厅长处理厅务；秘书二人，荐任，分掌各事项；助理秘书一人至二人，委任，勷办各事项。除统计股长专委人员担任外，其余文书、编审二股股长由秘书兼任。各股设科员一等二人，二等二人，三等七人，总编辑一人，编辑员二人，办事员一人，以上均委任；书记五人；分办各事项。

第五十条　第一科之职掌如左〈下〉：

一、关于工商业之保护、奖励、指导、调节及监督事项；

二、关于工业特许及发明物品请求专利之审核事项；

三、关于劝工、劝业场所之指导、监督及国货之证明、调查、推销、提倡、征集等事项；

四、关于会计师、技师之核转、登记及专门技术人员之特别登记事项；

五、关于工商争议及劳资纠纷事项；

六、关于工商业及金融之调查统计暨物价之调查调节事项；

七、关于物产及生产状况之调查统计及国货、外货之比较统计事项；

八、关于各县建设行政及工商行政诉讼事项；

九、关于厅内及所属机关预计决算之编制并对于所属机关预计决算及官公产之审核、稽查、清理等事项；

十、关于保管现金、契约、票据及有价证券事项；

十一、关于厅内及所属机关经费之领发、收支及应用物品之购置、保管、领发事项；

十二、关于庶务及不属其他科室文稿之撰拟事项。

第五十一条　第二科之职掌如左〈下〉：

一、关于各县乡村电话及架设电报线并长途电话事项；

二、关于各市县发电厂及广播收音事项；

三、关于新制度量衡检定制造机关之管理、考核及推行事项；

四、关于测量队之组织及仪器之设备保管并公共土木工程之测量实施事项；

五、关于水利行政调查统计及诉愿事项；

六、关于农田灌溉堤防塘堰及各项水利工程之计划预决算审核并监督事项；

七、关于水文测量站事项；

八、关于水运业务情形之调查统计及监督事项；

九、关于水运设备之统计调查事项；

十、关于水运之改善及纠纷之处理事项；

十一、关于市政、商埠、公用房屋、公园、公共体育场及民营建筑工程事项；

十二、关于市内道路、桥梁、沟渠、堤岸及其他公共土木工程事项；

十三、关于市内交通管理之监督及市政商埠之调查统计及繁荣事项；

十四、关于本省公路、铁路兴筑之测勘计划及施工监督事项；

十五、关于本省公路、铁路新筑工程及养路工程之预决算审核事项；

十六、关于本省公路铁路已成或新筑路线之调查统计事项；

十七、关于本省筑路章程规则之审订撰拟事项；

十八、关于本省已成路线之营业监督、整理改良及调查统计事项；

十九、关于各县旧有飞机场之调查统计、管理整顿及扩修事项；

二十、关于辟筑飞机场之计划施工及预决算审核监督事项。

第五十二条　第三科之职掌如左〈下〉：

一、关于农蚕茶业之试验、检查、改良、保护事项；

二、关于农地改良及农用器具、种子、肥料之检查、改良并奖励事项；

三、关于林垦渔牧之保护、监督、奖劝事项；

四、关于农业团体之监督考核事项；

五、关于农业推广事项；

六、关于农业经营、农村经济及农业金融之调整改善及调查统计事项；

七、其他与农林有关事项；

八、关于官营矿业之筹设管理及民营矿业之监督、保护、调整、奖进事项；

九、关于国营矿业之核转及登记事项；

十、关于矿业权设定、撤销之核转、登记事项；

十一、关于矿区查勘、矿质考验及小矿业区域之勘定事项；

十二、关于矿区税之征收、转解事项；

十三、关于矿业警察、矿业用地及矿业争议并诉愿事项；

十四、关于地质矿产之调查与统计事项；

十五、其他与地质矿产、矿业有关事项。

第五十三条　各科设科长一人，技正二人至五人，荐任，管理各该科行政及技术事项。第一、二科分三股，第三科分二股。每股设股长一人，技士共十二人，技佐共三人，委任；科员一等七人，二等二十人，三等二十一人，办事员十二人，委任；书记二十二人；分办各事项。

第六节　保安处

第五十四条　保安处设左例各科、室、会、处：一、处长办公室；二、第一科；三、第二科；四、第三科；五、第四科；六、防空科；七、军法室；八、视察室；九、全省保安经费总经理处；十、全省保安经费稽核委员会。

第五十五条　处长办公室之职掌如左〈下〉：

一、关于军事计划事项；

二、关于撰拟机要文电及核阅文稿事项；

三、关于监印、校对、收发、会议记录及文卷保管事项；

四、关于地图之调制、颁发、保管事项；

五、关于全省保安司令交办及不属其他科室事项。

第五十六条　处长办公室设主任秘书一人，秘书二人，上校参谋二人（内上校一人、中校一人），译电员二人，上尉书记二人至三人，办事员七人至九人（内上尉三人，余均中尉），雇员四人至六人，分办办公室一切事项。

第五十七条　第一科之职掌如左〈下〉：

一、关于保安部队之编练、整理、调查、奖惩事项；

二、关于部队作战计划、演习计划及校阅点验事项；

三、关于兵役征集、退伍事项；

四、关于绥靖事项；

五、关于部队兵舰之调遣事项；

六、关于搜集情报、派遣侦探及口令信号事项。

第五十八条　第二科之职掌如左〈下〉：

一、关于关防、钤记、证章、符号、军用证明书等制发保管事项；

二、关于人事登记、任免、考核事项；

三、关于水陆交通及运输事项；

四、关于匪区封锁事项；

五、关于碉堡及其他防御工事之设计事项。

第五十九条　第三科之职掌如左〈下〉：

一、关于保安部队政治训练之设计及实施事项；

二、关于剿匪及保安要政之宣传暨材料搜集、编纂事项；

三、关于保安部队协助地方善后事项；

四、关于保安事务之统计报告；

五、关于保安团队之卫生及伤亡抚恤事项。

第六十条　第四科之职掌如左〈下〉：

一、关于办理保安经费之行政事宜及编造保安经费预算事项；

二、关于保安团体被服、装具、械弹之补充事项；

三、关于保安团队临时费之审定事项；

四、关于保安团队营造修缮及本处庶务事项；

五、关于保安团队犒赏事项；

六、关于自卫枪炮登记、烙印及价发械弹事项。

第六十一条　防空科之职掌如左〈下〉：

一、关于全省防空计划之拟定及实施事项；

二、关于保安队及参加防空各团队之训练及编配事项；

三、关于民众防空防护宣传指导及展览事项；

四、关于防空情报所监视哨队之组织管理事项；

五、关于通信网及警报网之设置与连结事项；

六、关于防空各种建筑及设备之规划、检查、统制与其他防空建设之调查统计及利用事项。

第六十二条　各科设科长一人，上校，管理各该科事务。第一科设股长三人，中校；科员九人至十二人（内少校六人至八人，余均上尉）；办事员三人至六人，中尉；雇员八人至十人。第二科设股长二人，中校；科员八人至十人（内少校五人至七人，余均上尉）；办事员二人至五人，中尉；雇员五人至七人。第三科设股长三人，中校；科员九人至十二人（内少校四人至六人余均上尉）；统计员二人，中尉；办事员六至八人，中尉；雇员六人至九人。第四科设股长三人，中校；科员十人至十二人（内少校六人至八人，余均上尉）；办事员四人至六人，中尉；雇员九人至十二人。防空科设股长三人，中校；科员六人至九人（内少校二人至四人，余为上尉或中尉）；办事员三人至四人，中尉；雇员四人至六人。分办各科事项。

第六十三条　军法室办理军事人犯、盗匪案件之审讯、拟判及一切军法事项。

第六十四条　军法室设主任法官一人，上校；法官六人至八人（内中校二人，余均少校）；书记五人至七人，上尉；办事员一人至二人，中尉；雇员四人至六人。办理军法事项。

第六十五条　视察室办理各保安部队教育成绩，防务分配、经理、卫生、保甲、自卫各情况之视察，及长官交办各事项。

第六十六条　视察室设主任视察一人，上校；视察员十四人至十八人（内中校四人至六人，余均少校）；雇员二人至四人，办理视察事项。视察规则及旅费另定之。

第六十七条　全省保安经费总经理处之职掌如左〈下〉：

一、关于保安经费之查催解拨及出纳保管事项；

二、关于编造决算及收支书表与统计事项；

三、关于收支账据之登记、支付、命令之填发事项；

四、关于保安团队薪饷之监放及经理截旷事项。

第六十八条　全省保安经费总经理处设主任一人，上校，综理全省保安经费收支保管及一切经理事宜；副主任一人，中校，襄理该处一切事务；以下设股长三人，中校；股员二十四人至二十六人（内少校七人至九人，余为上尉或中尉）；审计员十八人，少校或上尉；办事员四人至六人，少尉；司书五人至七人，准尉；分办该处事项。

第六十九条　全省保安经费稽核委员会之职掌如左〈下〉：

一、关于保安经费岁出岁入总决算及各保安团队月支预计算等之稽核事项；

二、关于稽查办理保安经费人员有无侵浮事项。

第七十条　全省保安经费稽核委员会设委员五人至七人，并指定一人为主任委员，办理该会一切事务。以下设助理员十二人至四人（内少校四人至六人，余为少尉或中尉）；办事员四人至六人，少尉；司书四人至六人，准尉；分办该会各事项。

第七十一条　全省保安经费稽核委员会议决事项，应报由保安处长核转全省保安司令察核。其会议规则另定之。

第三章　文书处理

第七十二条　本府对外文书，依规程第四条之规定，概报以省政府名义行之。如事关紧急，处分或不涉及各厅处主管事务者，得以主席名义令行。但各厅、处对于行政院所属主管部、会、署之命令仍得径行呈复，并对其直辖机关及职员在不抵触省令范围内亦得发厅令、处令或布告。

第七十三条　本府一切文书,依规程第五条之规定,概由秘书处总收、总发,分交各主管厅处承办。其收发规则另定之。

第七十四条　本府总收发室收到文电如系紧急或机密者,应先译送主席阅后,始得分送主管厅、处核办。

第七十五条　各厅处承办文件,由各厅、处长核定、盖章,送秘书处复核,呈主席(保安司令)判行。

第七十六条　各厅、处所办文件,如关联两厅处以上者,应会同副署。

第七十七条　秘书处为办事敏活起见,对各厅处所拟文稿,得为文字修正。但关于根本改正者,应签呈主席(保安司令)核定,再交各厅、处长复拟。

第七十八条　秘书处收发文件、交各厅处所办文件,除特别机密事件一时不宜宣布、应由主席及主管厅、处独负其责者外,每日每周应分类摘由统计、列表,呈主席查阅,并互送各厅、处查考。

第七十九条　各厅、处向主席请示事件,概用签呈;各厅、处相互通知或商询事件,用签条;各厅、处内各室、科商办事件,各用其签条行之。

第四章　会计庶务

第八十条　本府及各厅、处会计庶务事项,依规程第七条第二项之规定,由秘书处集中管理购办。但为事实之便利计,得先将印刷、纸张、印红、簿据、笔墨、汽油、薪炭等集中办理。

第八十一条　本府会计年度,遵照预算法之规定,自每年七月一日起,至翌年六月三十日止,为一会计年度。

第八十二条　本府一切经费预算,于每年度开始半年前,由财政厅会同各厅、处长或高级职员,开一预算编审委员会从事编制,经省政府委员会议决后,转呈行政院核准施行。

第八十三条　本府一切经费,由秘书处第二科依照预算所列经费数目按月造具支付预算书,呈由秘书处核转主席核定后,即向财政厅拨款备用。

第八十四条　前条拨款收据,须盖秘书长及科、股长私章。如缺一章,财政厅得拒绝拨付。

第八十五条　财政厅填发支付命令时,应先送经审计委员会核准、签还后,始得转发领款人持向金库领款。

第八十六条　本府各厅、处所用账簿、单据,概照会计规程办理。

第八十七条　本府各厅、处存放银行、商号之款项,其支取时须科、股长盖章,利息无分定期、活期均归省库。

第八十八条　本府各厅、处收支数目,应由各厅、处主管科造具每旬收支对照表,呈报主管长官核阅。

第八十九条　本府每月支出数目,月终由秘书处第二科编造支付计算表、收支对照表、附属表及单据存簿,呈由秘书长核转主席发交审计委员会审核。

各厅、处每届月终,造具前项各表册,送呈主席核交审计委员会审核。

第九十条　每届年度终了,应由秘书处及各厅、处分别编造决算书连同附属表册,仍经前条所列程序办理。

第九十一条　本府各厅、处应用大量物品,除由秘书处以投标方法集中购置、分发各厅处备用外,其余由各厅、处庶务购置者,须取具单据,由出纳员查明物品之种类、数量,交登记员登记、保管员保管,以备取用。

第九十二条　本府各厅、处职员,因公需要物品时,须开具领单,由主管科核发。

第九十三条　本府各厅、处每日购置杂支及物品收发,均须列表,报由股长转报科长查核,月终造表,汇报主管长官核阅。

第九十四条　本府各厅、处每日购置杂支:不满十元者,由庶务股长批准照支;十元以上、五十元以下者,由科长批准;五十元以上者,须由科长转呈厅处长核准。但特定事件经口头或当面呈准,或饬购者,不在此限。

第九十五条　本府各厅、处购置物品应按实报价,不得需索回扣或浮报物价。如查有此项弊端,应依法从严惩处。

第九十六条　本府各厅、处各种印刷,除公报外,一律由财政厅印刷所承办,但其价格应较低于其他印刷公司。

第五章　服务通则
第一节　办公及画到

第九十七条　本府职员均应集合于办公厅办公。但管卷员,及有特别职务不能常在府内办公者,不在此限。

第九十八条　本府办公时间,应遵照省政府委员会之规定办理,但于必要时得延长之。

第九十九条　本府每日办公时间已毕,应办文件一时不能结束者,须妥为收藏。如有遗失,应由主办人员负责。但承办文件如系紧要者,应自行延长时间,俟办理完竣后方能退公。

第一百条　各级职员于办公时间概不接见宾客,但因公接洽者,不在此限。

第一百○一条　各厅处设置签到簿,各级职员每日须于签到簿分午前、午后亲自签到,不得托人代签,并不得迟到、早退。

第一百○二条　前条签到簿,由各厅、处各派值日保管,于开始办公前交出签到,至办公时即送呈主管长官核阅,于退休时再行交出签退。

第一百○三条　本府休假日依国民政府之规定办理,但遇有紧急事项,得由主管长官临时召集办公。

第二节　请假及值日

第一百○四条　职员请假,应填具请假单,呈请各主管厅、处长官核准,发交值日官登记备查。

第一百○五条　请假时间一个月以上者,由各厅、处长转呈□主席核准;一日以上未及一月者,由各厅、处长核准,数小时以至一日者,得由科长核准。

职员请假稍长,其职务须请人代理者,高级人员应先商承各厅、处长派员代理,委任以下人员须经本管长官许可,将其经办事务委托同事代理,始得离去职务。

第一百○六条　各厅处职员请假单,由所属主管长官于每月杪汇存备查,以备考绩时参证之用。

第一百○七条　凡有左列情形之一者,一经查实,立予停职:

一、未经请假，擅离职守逾三日以上者；

二、假满未经续假，并无特别事故逾三日以上者。

第一百〇八条　各厅、处值假、值日，由各主管长官酌派职员、雇员各一人轮流承值，办理临时发生事件，并先期列表通知。

第一百〇九条　值假依通常办公时间进退，值日依通常办公时间延长两小时，但于必要时并须值宿。

第一百一十条　凡值假、值日人员，均须于值日交代簿上盖章，以重交代。

第一百一十一条　值勤内承办事件，值日官须填表，呈报主管长官核阅。

第三节　考勤及奖惩

第一百一十二条　各厅处设置之签到簿，即为考勤之标准。凡职员因事、因病，逾规定时间到府或先行散值者，均分别记于签到簿内。

第一百一十三条　各级职员，如有迟到、早退情事，一次记过，二次罚薪，三次停职。

第一百一十四条　各级职员承办文件，除紧急事务应随到随办外，自接受之日起，最要者，不得逾一日；次要及寻常者，不得逾二日。但须查阅档卷讨论办法或审核及拟办规章表册者，不在此限。

第一百一十五条　职员每日承办事件，每周应填工作表，呈报主管长官考核。各厅、处应按月编造工作月报表，呈请主席察阅。

第一百一十六条　各级职员，对于一切文件、会议记录、统计图表及人员任用，在未经公布以前，不得泄漏。其承办机密要件及收发人员，尤应始终严守秘密，违者从严惩办。

第一百一十七条　各级职员须质朴勤慎，谨守法令，忠于职务，并须常着制服，以期整齐严肃。

第一百一十八条　各厅、处长，按职员工作难易繁简，并照工作表考查成绩，依公务员考绩法，每届一年出具考语，呈报主席核明惩奖，并转咨铨叙部登记。

第一百一十九条　各厅处职员有因公外勤者，事毕应将经办事务详细呈明主管长官核阅,留备考绩时参证之用。

第六章 省政府委员会

第一百二十条　本府于每周星期二、五两日,开省政府委员会二次,特别会必要时召集之。

第一百二十一条　前条委员会,于现行省政府组织法第五条所列事项有议决之权。其会议规则另定之。

第七章 附则

第一百廿二条　各厅、处办事细则,由各厅、处拟定,呈请主席核定施行。

第一百廿三条　本细则如有未尽事宜,得修正之。

第一百廿四条　本细则自咨报内政部转呈行政院核准之日施行。

2. 四川后方国防基本建设大纲(1937年四川省政府制定)

吾国对日抗战,将何所恃以操必胜之券？徒恃前方将士忠勇杀敌,壮烈牺牲,此可以致胜,而不可以必胜。必胜之道将奈何？在使后方对于长期战争,有源源不竭之供给,有坚强不破之力量。先立于不败之地,而后始有胜算可操也。

四川地广物博,据有天险,为后方比较安全、大有可为之地带,国人皆以复兴民族最后之根据地目之。故论其地位之重要,不惟关系长期战争最后之胜负,亦实为国家民族最后生命之所寄托。

吾人今日对于四川,既真切认识其地位,宜迅速增厚其基础。在原有各种建设事业,除增进速度、努力完成外,尤宜应非常时期军需及民生两面之要求,尽量开发其富有之资源,创立或扩大重要之工业,并修筑打通国际路线,及作战需要之铁道,以完成后方重心地之国防基本建设。

能如是,则四川之产业经济交通,不难继今日受敌人摧毁之重要商埠而崛起勃兴。对于长期抗战之贡献,将不仅在兵员陆续之补充,而要在发挥古来所谓天府之国之富力,予国家以最大之供给。此固为支持长期抗战必要之图,亦为缔造新中国基础之良谋也。惟兹事体大,宜集中全国之人力财力以共赴之,绝非四川一省之力量所能担负也。爰本斯义,谨拟基本建设大纲于左〈下〉：

（一）尽量开发五大资源

1.动力资源——煤、石油、水力

煤。四川煤藏量，据中央地质调查所统计，为九十八万七千九百万公吨，占全国第三位。即就四川建设厅年余以来二十余县之调查，其确实可靠者，已有五十一万七千三百余万公吨，现仅年产一百二十万吨左右。即此已知之确藏量，已知之产额，即可供四千三百余年之需。若增掘十倍于今日之量，即年采一千二百万吨，亦可供四百三十余年之用。而全川产煤县份约有七十县之多，则〔且〕陆续发现者，尚不在此数。

石油。我国石油，东三省既陷于寇，陕甘又已知无望，新疆、西康油源亦尚待查测，现今全国可望产油省份，四川实居首位，已由资源委员会于巴县、达县两地，从事钻采，俟获相当成功征候，更应循其油脉发达方向尽量钻采，前途当不可限量。

水力。全川地势，西北高而东南低。全川河流亦多由西北而东南，全川山脉又适多由西而东，故河流坡度本已高峻，而峡谷复东水下流，可作水力利用之水源，逐处皆是。最著者如岷江、雅河、涪江、渠河、马边河、长江上游各流域，皆足供巨大工业之动力需要，至于小规模灌溉及日用所需之动力，则各流域沿河之地，几于逐处皆可供用。

2.金属资源——铁、铜、锑、金、铅与锌

铁。太平洋区域之储铁分布，以中国位居第一。国内储铁丰富之区，除华北外，以长江流域而论，四川又为各省之冠。由夔门以迄于海，各省储量仅三千余万吨，而四川据建设厅二十五年之调查，已得铁矿藏量约六千五百万吨，川边各铁矿区，其藏量尚不在内。现我国钢铁进口总额年约六十万吨，开发四川已查知之铁矿，以含纯铁平均百分之四十计（綦南铁矿区据西部科学院所推算，藏量一千九百余万吨，化验成分百分之五十零），使每年制铁二十万吨，可供一百三十年之开采。

铜。铜荒已为中国一般现象。云南昔以产铜著，兹亦输入外铜。四川已由行营着手调查之彭县铜矿，其藏量在二百万吨左右，会理、炉厂、通安铜矿据可靠之估计,其藏量约有四百三十万吨,含精铜约三十五万余吨。

锑。川省产锑区域,如天全、宝兴均极丰富,应即开采以应军需及民用之需要。

金。全中国年产金十二万两,川康年产占其四分之一。现省政府除对各著名岩金积极整理,及派员再度详勘宁属岩金外,更竭力提倡广事淘取沙金,其产量当可激增。

铅与锌。中国铅锌产地,向以湖南常宁为主,四川之越西、金汤、天全、石柱、会理各县,亦富铅锌矿藏,即会理天宝山锌矿,据建设厅调查推算,亦有二百四十万吨以上之储量。

3. 化学资源——硫、硝、盐

硫。四川磺铁产地,随处皆是,为炼硫磺制硫酸之唯一原料。全川三十余县产硫,其最著者为雅属之天全、宝兴及华蓥山周围,各县总计年产硫磺在三千吨以上。此种原料,可谓取之不竭。

硝。硝石矿在四川尚无发现,虽硝酸钾之量有限,尚可济一时之用,而利用空气液化,以得亚莫尼亚之后,则更可勉强解决硝酸之供给问题。

盐。四川年产盐约六百万担,皆仅供食用。年来因楚岸滞销,颇有剩余。兹以对日抗战,长芦盐田被侵,江浙盐田停产,川盐应大量增加,俾提供下游省份之需要,复利用以作化学资源,供工业及军用之原料。

4. 粮食资源——米、麦、杂粮

全川现有粮食作物面积,约为八千万市亩,年产稻麦、玉米、甘薯等共约一万九千万市石。就原有面积,运用检定品种,防除病虫害等方法,要求治标的急速地增加产量十分之一,即增收一千九百余万市石。更就边区竭力开垦,要求杂粮之增加。复从消费方面,力事撙节,现正联络农本局建设仓库,联络金融界大量储押,当可于抗战期中为相当之贡献。

5. 服装资源——棉花、羊毛与皮革

棉花。四川年产棉花五十余万担,棉田占一百六十余万亩。若尽数种植改良棉,则可产棉花六十六万余担。改良棉开始推广于二十五年,二十七年可达九万亩,二十八年可达五十万亩,二十九年增加棉田至二百五十万亩,可产花一百万担,除三十万担作絮袄使用外,犹可供二十万纱锭之需要。

羊毛与皮革。四川羊毛产量甚微,年仅百余万斤,但华北羊毛市场既遭破坏,应一面利用边区广大牧场,从事繁殖,一面吸收青、甘羊毛,以资利用。至牛羊皮,过去年输出约二百万元,而他方面又有大量熟皮输入,故应尽量自行制造,以资军装需要。

(二)创立或扩充八大工业

1.钢铁部门

重庆已设有小型炼钢厂,惟系收集机器废铁,尚未能利用川产生铁。现建设厅正努力计划土法冶铁之稍加改良,使能制灰口生铁。在不能建立大规模之新式制铁厂时,即应用此等土法改良设备,大量增产,以供扩大现有炼钢厂及一般机用铁之需要。

2.炼铜部门

冶铜之条件,较便于冶铁。行营设立之彭县铜矿局,应设法完成新式设备从事冶炼。若因战争影响,急切无法安装,应改良土法,广为采冶。同时开采会理铜矿,以求产量增加。

3.兵工部门

a.宜酌将他省之兵工厂,移设于四川相当地方。金陵兵工厂已有移设重庆之决定,省府当一切予以协助。

b.利用四川现有军民之修造兵器设备,使最低度能担任小型军火之补充,及军器修理之工作。

4.机器部门

省内小规模之母机设备,尚属完全,应加以扩充,并欢迎上海各厂一部分迁到重庆。使能:

a.增造基本机器;

b.制造一般农业、工业及军需之小型机器;

c.修理汽车;

d.修理飞机;

5.基本化学部门

利用藏量丰富之磺、铁、盐,与可济一时之硝(硝酸钾),谋硫酸、盐酸、硝酸之供给。至盐基类,则由电解食盐以得钠,其量尚不虞匮乏,已联络永利化学公司在自井设一分厂。惟钾之产量,恐不甚丰,盐务局亦正从事筹设钾厂。安莫尼亚则利用空气中之氮,惟非有完全新式设备莫办,但终有可图之道也。有此酸碱之基本原料,而后可应军用化学之需求。

6.水泥部门

重庆已有年产三十万桶之水泥厂。过去全国产量为一百八十万桶,今已大半毁于战争。故对于四川之水泥厂,应尽力扶持,以谋扩大其产量。

7.纺织部门

四川土棉可纺制十二支纱,惟目前产量,即搏节絮袄之消费,所余亦仅敷一万锭之厂用。如待改良棉之推广,又须到二十九年始有大量之希望。但目前因沪汉受战争威胁,鄂陕棉产可转供四川创立纺纱厂之需,一面待四川改良棉之逐年增加,而逐增锭数,前途当有把握。已联金城银行组织嘉陵纺纱厂购买江苏现有纱机运到四川开工纺制,纺织机器单位颇少,四川造机力量,可任仿制,只调派技术人员到川,即可着手规划,以求实现。

8.伐木部门　附设造纸部

四川边区如松、理、茂、汶、天全、宝兴、峨边等县,成材林木非常丰富,宜次第开发。已联铁实、两部及川黔公司在峨边设立伐木公司,计设采伐搬运,则修筑铁道之枕木,造纸需用之木浆,及建筑所用之材料,皆可供给。

四川小纸厂甚多,其原料较丰而产量较多者,厥为乐山与夹江两县,每年所产约一万三千吨,但全属民营,资本颇不充实,制造亦系人工,未用机器,宜由政府予以补助,使其增加生产,倘改用机器,则更当成为一种大产业。

(三)次第修筑三大铁道

1.修筑成昆铁路

企图由昆明接滇越线,增一国际道路,并绕道宁属,开发该区宝藏,并增加铁路之给养,已联铁部派遣测量队着手测量。

2.修筑成宝铁路

企图便利华北作战输运上之需要,并为陕省棉产增一出路,已由铁路部积极进行。

  3.完成成渝铁路

  企图便利长江下游作战输运上之需要,并便利成渝粮食、燃料之交换,现正赶工建设中。

  (四)为实现以上资源、工业、铁道三大项建设,应使四川金融活动,并筹集巨额资金

  1.由中央特定办法,使四川金融活动,达到四川物产得尽量化为活动资金,以应用于生产事业。

  2.欢迎省外金融界及工商业界组织投资团体,大量向四川生产事业投入资金。

  3.派员分赴海外,欢迎侨胞投资。

  (五)为推动本计划之进行,设立统筹机关

  1.设立四川后方国防基本建设统筹委员会。

  2.由中央特派大员会同四川省主席商订组织办法,并主持统筹事宜。

  3.统筹委员会之职责:

  a.统筹本计划各种建设工作之进行步骤。

  b.拟定本计划各种建设工作之具体办法。

  c.调整本计划各种建设工作。

  d.分别建设事项之性质划清中央与地方之权责。

  e.督促视导本计划各种建设工作之进行。

  f.建议本计划以外急要的建设事项。

  (六)为促进本计划之实现与完成,应普及后方国防基本建设运动

  1.提供本计划之进行状况,所有一切材料于中央宣传部及军委会第二部介绍于各省,以促起各方面之赞助。

  2.与全国产业、教育、文化各界,联合造起促成本计划实现之运动。

  3.以左〈下〉列简单口号,为造起四川后方建设运动之目标。

  我们集中全国力量,

  完成四川后方建设,

尽量开发五大资源，

创立扩充八大工业，

修筑完成三大铁道，

充实长期抗战能力。

打倒日本帝国主义！

复兴中华民族！

创造世界和平！

3. 1938年5月24日四川省政府委员会第231次会议记录：议案七——主席交议《整理川政意见书》案①

决议：

一、专员不兼县长，专署数目应酌量核减，详细计划由民政厅拟具后再行提会决定。

二、各区税务督察应否撤销，候厅长返省后再行商决；至全省保安经费，今后概由财政厅统筹统支，所有保安处派出之催收人员一律撤销。

三、各区政务视察员撤销。

四、各校校长仍遵照部章委任，不宜采用聘任制度。

五、各县县预算科目如有流用必要时，须先呈准本府后，始得动支。

六、保安处现存民枪七千余枝，应依照各县缴呈民枪底册数目比例摊还。

七、保安队官兵应如何使专员、县长有有效之弹劾权，以资监督，应由保安处拟具办法，提会讨论。

附：

整理川政意见书

窃自川政统一，于今四年，几经故主席整理爬梳，虽政治途径逐渐修明，施训储材无微不至，然因法令滋章、民生穷困，欲推行之尽利，每扞格而难施。其为国府、省府鉴及明令变更、改善，或计划措施中者，略而不言。仅就数年耳目所及，认为有改进之必要者，条陈于左，以备择采。

---

① 档案原件注：本次会议主席为王缵绪

甲、关于现行官制者

一、取消专员兼县。专员兼县制度，一方在督察辖区行政，一方即以身作则、示范于人，意义原无不善。殊知推行以来，有名无实：贤能者每感兼县之纷繁，不瞬过问属县府；懦者更苦自身之丛脞，无力顾及他人，以致督察行政机关仅为承转公文之用。是宜取消兼县，俾督察任务得以单独行使而不受牵制。

二、取消税务督察处。查税务督察处名称，为防区时代调剂部属之产物，在理论与事实上均无价值可言，徒多层收兑机关操纵各地汇水。是宜毅然取消，移其无用之款，作专员兼县独立之政费；调其有用之人，作兼县独立后之各级官吏；呈其视察职权于各区专署。不糜费、不弃材、不费事，一举三善。

三、取消各区视察员。查视察员制度，用以考核各级官吏之勤惰良否，原无不善。在有政治经验、社会道德者充任，亦可收一时之效。若以躁浮妄愎之徒肩任视察之责，本不知民财教建为何物，因三四月之学习便自命为全才，于是党同伐异、妄加抨击，省府综核定为考语，徒使不肖官吏因缘为奸，贤能员司愤而弃职。颠倒赏罚，埋没人才，莫此为甚。是宜断然取消。即以视察职权付之各区专员，以符督察之名而收指臂之效。且专署内有视察员之设，专署外又有视察员，表面似为严密，不知行政专员即省府派出之高级视察员，不信任此而信任彼，将置督察行政机构于何地？况视察员之表报，半系各县各科之自填，藉以评定成绩，尤为自欺欺人。

四、取消民训工作督察室。查民训工作督察室，由保甲人员指导室变相而来，社训副总队长兼办，按月在地方公款支津贴一百元，统计全省全年约耗费二十万上下。以之督察社训人员，则侵社训总队部之职，以之督察保甲人员，则侵县政府之权；以之接近民众，则远不如区署之便。徒使不肖保甲添一护符机关，无益实际，反滋纷扰。是宜明令取消，以节浮费。

乙、关于吏治者

一、用人宜内外调协。自推行新政以来，管教养卫齐头并进，内官常叹推行不力，外官常苦头绪纷繁，内外扞格，成效用鲜。是宜取注汉宣帝时内外调协之法。省府各厅处科秘调外任县长，各县县长调任科秘，俾外官了解上级出令之意义，内官明了下级推动之困难，互相调剂，随事改善，庶无扞格之弊。

二、用官唯贤，不拘派别。人才难得，自古已然。若仅拘于某派某系或某种训练者，既示人以不广，复遗才之可惜。允宜唯才是用，为官择人，庶几人尽其才，官得其用。

三、有过必惩，废除对调。吾川近年纪纲已整，因篚篚不饬而受惩罚者，亦实繁有徒。但以人事之调整未周，遂不无敷衍因循之弊。有两县县长被控有据而相互调任者，有三县县长被控有据而鼎足调用者。误于人发不宜之言，演成黑暗成风之习。威信不立，何以使民？是宜有过必惩，废除对调，以肃官方而儆官邪。

四、严惩诬告，保障良能。贪墨固宜痛绝，土劣亦应严惩。吾川自防区时代，军阀利用土劣以为剥削人民之工具，遂使土豪劣绅成一特别阶级。遇贪吏，则相互勾结，以鱼肉小民；遇贤宰，则多方把持，以阻挠政令。裁制之法未施，诬告之呈已上。查而不实，曲予优容。土劣之使两得施，官吏之保障无着。不特贤者灰心，亦且失官府威仪。是宜彻查严惩，以儆刁顽而资保障。

丙、关于建教者

一、实行移民垦荒。吾川内地各县，人口繁殖，稍遇荒歉，便多饿殍。而川南之雷马屏，川西之松理懋，川北之通南巴，川东之巫宣城万，土广人稀，急需徙实。是宜预选良牧，先事筹备。迨经营有绪，然后徙内地之贫民，填边荒之隙地，以建万世不朽之大业。

二、各校校长宜聘任。师道立则善人多，古有明训。自校长改为委任职以来，学校变为官署，校长即是吏员，患得钻营，无所不用其极，师道因而败坏，教育随之陵夷。不加振作，民德何堪？况国难教育，尤须以身示范，不有清高之品位，难挽颓靡之学风。是宜建议中央稍更法制，择选名贤，遇以礼数，改为聘任，视同宾师，庶师道可立，善人自富，国运前途，实深利赖。

三、各级学校应多收同等学力及家贫免费生。中国自来聪明才智之士，多出寒素之家。自学堂成立，侈言普及教育，其实高小校以上即无寒士足迹，不啻以国家财力为资本家造人才，于是贫者长贫，富者愈富，阶级悬殊，终非社会之福。是宜建议教部酌予变通，中学以上学校准多收同等学力生，高小以上学校准增加家贫免费额,俾赤贫子弟亦得受高等教育,作育之功,当非浅鲜。

丁、关于财政者

一、实行一年一征。国难紧急,本不应言民困。不过吾川人民因受防区时过量之榨取,早已竭泽无鱼。川政统一后,每年粮税四征,加以保安经费、善后公债、地方附加、保甲经费、救国公债、国难费种种,平均每年在七八征以上。孑余〔遗〕黎民,何复堪此?所以催科虽严,逋欠仍多。昨年春秋两荒,民食草根树皮,而谷米之价不甚高涨者,人民真正无钱故也。是宜呈请中央将四川与各省一体待遇,一年一征,以纾民力而培国本。

二、取消征粮手续费。查手续费之创始,系防区时代奖励聚敛之臣而设,实无异上下分赃。若存其名,贻证史册。况征收官吏征收税款系其天职,薪金有费,办公有费,非请托性质,何缘法外以手续费报酬与其以百分之五奖励有俸给之官吏,何如减百分之五以加惠无衣无食之贫民?况统计全川全年征收官吏所得之手续费,为数实可惊人,以之用于生产建设,成绩必有可观。是宜毅然取消,以节浮滥。

三、县预算额应准流用。自励行预算制度以来,绝对禁止流用。甲项有余,不能用之于乙;应办之事,不能缓办之款。流弊所及,良懦者拘于守法,坐视事务之停顿;狡黠者伪造证据,抵冰抓沙。是迫人相率而入于伪,不如明令规定,只要开支正当,于总预算内准予流用,以顾事实而免作伪。

戊、关于保安者

一、保安队枪弹发还人民自卫。现在保安团队之枪弹,原系各县公私枪弹所集合。此际军队出川抗战,保安队亦将调发,后方治安实赖人民自卫。徒于御寇,适足自杀。是宜将保安团队枪弹分别发还原县。其绥署存余枪支为军队及保安队不屑用者,亦宜分发各县酌加修理,以厚保甲实力而固后防。

二、保安队官兵应予专员县长以有效之弹劾权。自保安队统一于区,而后县长即失其监督指挥权。迨后统一于省,专员兼司令之监督指挥权亦大杀。当兹全面抗战、土匪未尽之时,地方长官如失却指挥团队能力,治安将益不保。是宜与〔予〕专员县长以有效之弹劾权,其不服指挥或不尽职责者,一经弹劾查实，即予依法撤惩，俾有所畏忌而不敢放肆，然后治安得以长保。

三、审办盗匪应迅速，不得拘泥口供。现在各县监狱之未决人犯，以盗匪案为最多。推其原因，良由盗匪一到法庭即坚不供认，虽证据确凿，而法拘于供证相符之例，因之不敢定谳，辗转侦讯，迁延时日。或原告拖累不堪，自请销案，或被告不堪桎梏，病毙狱中。既非明正典刑，何能惩一儆百？其有拒捕格毙报案手续稍欠周到者，并难逃擅杀之罪，以致人民玩法、官吏畏匪，清剿之兵才还，崔苻之盗又起，日甚一日，肃清为难。是宜择取证据主义，不重供言，只要人证物证确凿，即匪徒狡不供认，亦可依法办理，并严责各县县府办理匪案不得迟至若干时期以上，以彰法纪而免有累。

己、关于兵役者

一、社训各级教官宜注重人选。社会军训，为抗战时期救亡图存之基本工作。各级人员必须具有国家民族认识力并军事政治常识，始克胜任。现在负责各员，其学识经验宏富者固多，而滥竽充数者亦不在少数，尤以各县在营模范队毕业者为太差，以之担任基本训练，实无异盲人牵瞎马，欲求成效，戛戛其难。是宜慎重各级教官队长队副人选，严格训练，果真成绩卓著，然后分派训练工作，务使实副其名，方不欺上误国。

二、改善各验编处壮丁待遇。抗战以来，各县选送义勇壮丁，最初激于忠义，人皆踊跃，后人数增加，一部分县长待遇不良，视同奴隶，壮丁因而逃亡。军政部乃责令各级队长分别赔偿损失，意义在责成严密管教以免逃亡。殊知虑及于此而弊兴于彼，队长因为赔累过重，乃预行克扣饷粮，储备将来赔偿。壮丁因每饭不饱，疾病日多，逃亡日众；队长赔累愈多，积累成怒，相待益酷，有过动施非刑，疾病不施医药，死亡抛尸旷野，见者酸鼻，视为畏途。以前慷慨赴难之义民，一变而为避役逃兵之罪犯。各县选送壮丁成至难之事，抗战前途殊深危险。是宜建议军政部严饬各验编处，提高壮丁人格，改善壮丁待遇，务使人乐效死，然后抗战之胜利可操。

4. 四川省施政纲要（1939年12月5日制定）

为使四川克成为民族复兴根据地，为政首要，应从转移地方风气入手，使政府人民明了各人所负责任之重大，立志奋发，努力迈进，先求安定地方，禁除烟毒，进谋增加生产，普及教育。从政人员，应本"少说话多做事"之精神，权衡重轻，先其所急。于作始之时，慎重考虑，计划既定，即以全力赴之，求其实现，不宜多所更易。凡所设施纵未能尽求恰当，但使实惠及民，动机纯正，稍有差失，宜可原宥。本此原则，订为施政纲要如次：

甲　治安与剿匪

一、整顿省县警政，从加强训练、充实设备入手，以增进其维持治安之力量。

二、保安团队，应酌量实际需要，分配于各行政区（每区一大队以上）及其所辖各县（每县一中队以上）。专员兼区保安司令暨县长兼国民兵团长。对所属保安团队，均各有指挥监督行政考核奖惩之全权，并得由区保安副司令、督导大队长及各县国民兵团副团长、督导保安中队长、自卫中队长分负训练责任，使专员、县长对于本区、县保安团队，能灵活使用。

三、一县之匪，由县长在三个月内负责肃清；县与县间容易窜扰之匪，由专员负责清剿，限六个月内完成。为养成地方自卫力量计，应尽量使用区、县团队。本区团队力量不足时，得商请驻军派队协助。

四、仅有零星散匪之县，应使搜剿与缉捕并重，同时严密保甲组织。省政府并应随时派员分赴各县，抽查督导。

乙　禁烟

一、禁烟务须如限完成，并绝对重禁。过去已有之禁烟收入，除用于禁烟设施外，绝对不准移作他用。

二、统一禁烟行政，封锁边区运烟（派宪兵及军队执行），训练戒烟医生及查缉人员，以增进禁政效率。

三、各县烟民实数，应于三个月内调查完毕。每县在规定期限内，应依其区域之广狭、烟民之多寡，设立能容五百人至一千人之戒烟所一处或二处，俾得如期达到戒绝之目的。

四、无论何处，绝对不准私存烟土，偷种烟苗，余毒并应依限彻底肃清；如有寸苗粒种铲除未尽、或私存烟土及制运贩吸毒品者，一经发现，应即依法严惩。

丙　吏治

一、依据法令，切实执行甄审、训练、实习、任用、考核暨奖惩等办法。

二、甄拔下级行政人员，使贤者有上进机会，知所奋勉；其品行端正而能力稍差、有心向上者，抽调训练，使人尽其才。

三、加强县长用人与用钱之权责。

四、特别提高边区县长人选标准及其待遇，并增加其事业经费。

附注：各县县长于地方烟匪确实肃清、本县财政整理著有成绩者，省府应予特奖；地方士绅，能努力协助者，政府应予特别礼重。

丁　地方自治

一、鼓励党员从事地方自治工作，由省党部限期登记，会同省政府甄核选用，依照县各级组织纲要，分任地方自治工作。

二、县各级组织纲要实施程序，依照本府计划办理。

戊　财政金融

一、关于财政方面者，除应确立省县预算、实行会计审计及公库制度、厘定税制、整理财务行政机构、改善纳税手续、考核税改人员外，应以不再增加人民负担为原则。各县因整理增加之收入，应以一部或二分之一作为基本经济建设经费。因此所得之利益，作为扩充教育建设事业之用。

二、关于金融方面者，应与中央各银行合作，建设全省金融网，限一年内完成。除各行政区在专员驻在地，可请中央各银行设立分行外，全省各县区暨重要乡镇，应有本省金融机构设立。

三、关于财务行政及地方金融人才，得委托本省各大学，视实际需要代为训练。会计及审计人才，请由中央训练机关招收川籍学生，训练派用。

附注：为促进建设、增加生产计，对于现有税收税率，在未求得抵补办法前，暂不增减。

己　地政

现已办过土陈地报（原文如此，应为"土地陈报"）县份，应就整理增加之收入，继续办理土地测量；尚未办理陈报县份，除边区贫瘠各县外，统限一年半内完成土地陈报工作,五年内完成土地测量工作。(陈报后,收入增加之县份,若提一年增加之全数或半数,即可开始办理土地测量;测量完毕,土地经过整理,负担平均,更可确定增加收入。)

庚　卫生

一、委托各大学研究本省出产之药材,并大量训练药剂化学人员。

二、筹设边区医院,训练兽医人材,并增加血清制造量。

三、训练卫生行政人员及初级医务人员、各地行业之中医及助产士,使能服务卫生事业与诊治贫民疾病。

辛　经济建设

一、设立生产计划委员会。先就本省必不可少之物品,有赖国外输入者,估计其需要数量,分别设厂自制,务期达到自给之目的,以固抗战基础。此计划委员会,应由教育与建设主管机关切实合作,务使人才之供给,切合事业需要。为防生产过剩,应尽量组织工业合作社,使供求相应。

二、扶助设立消费合作社,以减轻低薪人员之生活负担。

三、就本省现有水道,分别建筑闸坝,以利航运。其主要水道,在三年内,除灌溉利益外,应使终年通航。此项测量划计工作,应于六个月内完成。

四、为便利政令推行,增进行政效率,应于一年内完成全省电话网。(如一时不易普设长途电话,可于偏远县份设置无线电收发报机。)

五、为调剂全省地方金融、扶植农矿工商各业、增进生产、发展经济,应设置四川兴业银行。

壬　教育

一、本政教合作与建教合作之主旨,务使学校造就之人才,切合实际需要。整理办法,先从慎重任免、整饬学风、充实学校设备及督促教员进修入手。

二、划定中等学校学区,根据人口密度与交通情况,作平均分配,并改进其质量。

三、切实推行义务教育及民众教育,提高小学教师待遇。依据县各级组织纲要规定办法,务使每保有一国民学校,每乡(镇)有一中心学校,在三年内务须普遍设立。文化较为落后之边区,教育经费不能自给者,应特予补助。并训练边区工作人员,以应发展边教之需要。

5. 四川省政府、川康绥靖主任公署关于抄发调整省政府与绥靖公署职权原则的训令(1940年4月27日)

四川省政府、川康绥靖主任公署训令

二十九年蓉务人字第293号

令四川省成都市政府。案奉军事委员会、行政院二十九年三月十五日办制防字第六二零号训令开:"调整省政府与绥靖公署职权原则,业经会同订定,应即通饬施行。除分行外,合亟抄发《调整原则》,令仰知照,并转饬所属一体知照。此令。"等因,附抄发《调整省政府与绥靖公署职权原则》一份,奉此。除分令外,合亟抄发《原则》,令仰知照,并转饬所属一体知照。

中华民国二十九年四月二十七日

兼理主席　蒋中正

主任　邓锡侯

副主任　潘文华

调整省政府与绥靖公署职权原则

(一)凡属军事或绥靖范围,如剿匪自卫、构筑工事,与辖境内水陆警察、保安团队以及地方自卫武力之调遣整训、运用,悉由绥靖公署主办。

(二)属于军事或绥靖以外之一般行政事项,如组训民众、清查户口、抚辑流亡、救济难民等事宜,仍归省政府主办(按现行各绥靖公署组织条例,多将此等事件规定于绥靖公署职掌之内)。

(三)地方各级佐治人员、保安团队、水陆警察与自卫组织,其人事经理、考核、抚恤,仍由省政府按向例办理。

(四)绥靖公署直接指挥省政府所属机关(如专员公署及县市政府),以基于军事或绥靖上之急迫情事为限。

(五)绥靖公署对于一般行政事项,认为有施以特殊措置之必要时,应商请省政府办理。

（六）绥靖公署处理主管事项与一般行政有关者，或省政府处理之事项关涉绥靖权责者，应视其事件之性质，事前会商或事后彼此通知。

附：四川省政府关于抄发《川陕鄂边区绥靖主任职掌纲要》的训令（1939年2月7日）

四川省政府训令 二十八年秘一字第01638号

令成都市政府。案奉国民政府军事委员会亨字第四一八四号漾代电开："兹制定《川陕鄂边区绥靖主任职掌纲要》颁布之，除分电外，特电遵照。附《川陕鄂边区绥靖主任职掌纲要》一份。"等因。奉此，除分令外，合行抄发原件，令仰知照，并转饬所属一体知照。此令。

附抄发《川陕鄂边区绥靖主任职掌纲要》一份。

中华民国二十八年二月七日

主席　王缵绪

川陕鄂边区绥靖主任职掌纲要

第一条　为大巴山脉设防及川陕鄂边区绥靖以及民众组训之目的，特设川陕鄂边区绥靖主任（以下简称绥靖主任）。

第二条　绥靖主任直属于军事委员会，并受有关各部之指导。

第三条　绥靖主任由军事委员会特派之，其所掌业务，由第二八集团总司令部人员兼办之，不另组织。

第四条　辖区如左〈下〉：

1.川省以大巴山脉长江岸巫山以北起（巫山不含），经巫溪、城口、万源、开县、开江、宣汉、达县、通江、南江、巴中、广元、昭化、江油、平武、松潘、梁山、大竹等十八县。

2.陕省以汉水南岸镇坪起，经平利、岚皋、镇巴、紫阳、宁羌等六县。

3.鄂省以西河口起，经竹溪至南柳坝止。

第五条　绥靖主任为实行清剿股匪，得于辖区内保安团队、水陆警察有临时指挥调遣之权。对辖区内党务行政机关有指导考核之权,对辖区内驻军,除令定指挥者外,须呈准调遣之。

第六条 职掌如左〈下〉:

1.关于辖区内国防设施事宜。

2.关于辖区内民众组织之督促事宜。

3.关于辖区内盗匪清剿及善后事宜。

4.关于抚辑流亡、救济难民事宜。

5.关于辖区重要建筑物及场库站所之防护事宜。

第七条 本纲要如有未尽事宜,得呈请修正之。

第八条 本纲要自颁布之日施行。

6. 关于新县制实施九大问题及其解决之道的报告(璧山县县政府秘书陈一——1941年1月28日)

报告 于四川省璧山县县政府秘书室 三十年元月二十八日

窃职于抗战前曾在邹平、江宁等地从事县政建设之研究,实验若干年,无时无刻不在谋新县政之实施,战后入川,又从事川省县政工作两年有余。二十九年三月起,更致力于新县制之实施,一年以来,于实干中对新制发现若干问题。兹本行政学术化之立场,一一提出,并根据研究所得,试拟其解决之道。谨草"在新县制实施中所感到的九大问题及其解决之道"一册,报请行政院院长蒋

附呈《新县制实施中所感到的九大问题及其解决之道》一册

璧山县政府秘书 陈一

在新县制实施中所感到的九大问题及其解决之道 陈一

自新县制实施以来,颇称顺利,但在实施中,亦发现若干实际问题。兹站在行政学术化之立场,一一提出,以供从事县政研究及关心地方行政实际问题者之参考:

(1)旧省制旧专员区制未能配合新县制——自新县制施行以来,可称县以下行政机构已较前合理化,县长权力亦能集中,但省与专员区二层行政机

构,仍保旧制,未能与新县制配合施政,以致上级命令不一,妨碍新制推行甚多。如各县实行新制后,县兵役优委会(事实上已改兵役协会)早遵省府合并入动委会,但军管区司令部仍时常饬令该会办理各种兵役任务。省府已规定整编保甲施行日期,而军事机关又令赶速办理,使下级人员无所适从。故地方行政制度之改革,自应整个施行。今新县制已行,专员区制、省制若仍不加改革,则新县制前途问题尚多。笔者对于省区制之改革意见,在廿五年春于江苏从事地方行政工作时,即发表一专册名"管教养卫合一之地方行政论"。(上海生活书店总经售可参阅)今虽经过四五年,但笔者之意见似仍有可行之处。兹再参以抗战以来之行政经验,扼要叙述笔者对改革省制区制之主张于次:(1)新省制本统一机构,集中力量,合署办公,实施管教养卫之原则,将现有之省机关(包括军政及各种委员会)分别调整,合并集中于省政府内,主席(或省长)以下分设秘书、会计两处,民政、财政、教育、建设、军事、地政、社会七厅,其新设之军事、地政、社会三厅,职掌要点,笔者意军事厅掌治安、兵役及军训暨其他有关军事事务及将原有之保安处、军管区司令部及其他以省为单位之军事机关等合并而成;地政厅掌地政,即以现有之地政局、土地陈报处等合并而成;社会厅掌社会运动、社会福利事业、救济人民团体之组织登记、民众训练及组织国民精神总动员新生活运动等,即以现有之物价平准处、动委会、振济会、新运会等合并,并将各厅、处及省党部原管之上项事务划入该厅。新专员区制——原则同新省制,即将专员区同级机关分别调整,合并入行政督察专署内,分设民(兼社)、财(兼地)、地、建、军五科,团管区司令部、区保安司令部等业务即并入军事各科办理,因专署本身即系代表省府督导各县政务之机关。(关于本节另以专文评论)

(2)下级干部缺乏——自实施新制以来,一般关心者,均已提出"人"、"财"为新制中之最困难问题,诚然,但"人"之困难实过于"财",因实行新制,省、县财政划分,中央亦有印花税等补助县方,若再以整理及造产,县财政前途必有可观,如璧山其实行新制后,支出较旧利时增加二三四,二五三元,然仍能收支平衡,三十年度全县总概算更增至一百四十万左右,收支亦仍平衡,其所以能平衡,人力亦占主因,故实施新制中"人"的问题颇有研究之必要。

璧山县实施新制八月以来,上级人员如县府职员等,虽尚无大问题,但区以下之下级干部,实感缺乏。如甄选保长,招考乡镇队副,粮食管理员等职员,国民教育师训班学员等,均经数次办理,实难足额,故今后教育机关,似应着力予新制干部之经常培养。

(3)新力量与旧力量——有新制施行,大批干部(尤其乡镇长)均系甄选合格青年,予以短期训练,分发各乡镇工作,数月以来,见其朝气蓬勃,努力服务,其苦干之精神,确强于过去之联保主任。惟问题之发生,亦即在此。盖青年人能力虽强,但乏"乡望",老年人(指旧联保主任,当然也有少数青年有为者)工作虽不积极,但其号召力较力,故今日之乡村,即有新旧力量的问题。在吾人深知我国之社会,系伦理情谊之社会,欲完全去旧力量,替以新力量,似不可能,故今后补救之道,即在怎样调和新旧力量(当然新旧力量中之缺点应先设法除之),使之完全有利于地方自治之完成(另再专文论述,请参阅梁著《乡村建设理论》一书)。

(4)三位一体与四位一体——三位一体产生于广西省(即该省原行之村卫长、国民基础学校校长、民团队长由一人兼任)。今新县制中之乡镇长、中心学校校长、乡镇国民兵队队长由一人担任,保长、保国民学校校长、保国民兵队队长由一人担任,亦即三位一体制也。此制成效若何?吾人于实施中所感者为:(A)站在人的才能方面,看一人三长,实难得此种富有管教养卫各项技能之全才。有的对教育有研究,而无政治经验;有的对军事颇有基础,而缺乏教育程度。如某县即有原任小学校长数人,因考取乡镇长,经受训后,颇喜于一干乡镇全般工作,但出任不到二月,便以我只能教书,办不了乡镇各项事务,更乏应付环境之能力,请求辞职者。(B)站在行政力量方面,为事权集中而统一,便予施政。(C)站在事业方面,为管教养卫各种事业,颇能因一人领导关系而联合实施,同时普遍的发展。(D)站在经费方面,如因联合办公,费用较为经济。根据以上之分析,吾人认为三位一体制,除人才(乡镇长实一小县长)有此问题外,其他均尚适合,惟目前亦有一部人士主张废改为四位一体。盖管(乡镇保长)教(校长)卫(队长)三位之外,尚缺养(?)的一位,似乎应再加上一主管(养)的什么长,吾人一考实际,如新制中之各级合作事业,及职业训练班暨乡镇经济股保经济干事等,均系养的方面之规定,似不必再于名称上多所计较,如定要加上与其他三位平行而一体之主管养的实施时,笔者意乡镇可增一经济建设所,由乡镇长兼所长,由乡镇公所经济股主任兼副所长,该所主管乡镇合作事业,乡镇农场及工矿事业、水利事业、造产等。

(5)区署向那里去?——区署是"剿匪"区内的产物,曾一度有人主张废去的。在川省为了存废问题,也发生了若干争议。实行新县制后,区署名虽存在,然其性质早非昔日之区署矣。昔日之区署,为县以下之一级。今日之区署为何? 在县各级组织纲要第二十五条规定:区署为县政府之辅佐机关,代表县政府督导各乡镇办理各项行政及自治事务。在四川省各县乡镇公所组织规程第三条规定:乡镇公所直隶于县政府,承县政府之监督指挥,受该管区署之督导,办理本乡镇各项行政及自治事务。可见今日之区署,已是一个县政府之派出所——辅助机关,已非一实级,而为一虚级矣。吾人明悉过去区署之失败,人事关系为主要原因,制度本身尚在其次,今实行新县制后,区署人事已重加调整,训练制度本身亦有改进,其成效如何? 事实告诉吾人,今日之区署发生了一个职权问题。忆本年六月,川省训练团第一期受训之全省区长于工作讨论会中,大多数区长提出这一个问题,更有一部区长请求将这不死不活之区署取销为妥,否则,区长将无法干矣。盖现在之区长不能任免乡镇长(连选荐之权也没有),所以便指挥不动,乡镇长各种工作也难推动,进一步言,目前之区署已落于专署地位,区长已落于专员地位,过去专署与专员所发生之制度与职权问题,亦即今日区署与区长发生之问题。如专员之不能有县长任免(或选荐)权,故县长有时可不听专员命令,而去听民政厅长的话——乡镇长等于小县长,区长等于小专员,民政科长等于小厅长,亦是犯了同样的毛病——(主席同县长,当然握有最后决定权)。然则,区署究竟需要存在否? 县以下督导人员可缺少否? 答曰:现行之区署确不必存在,要存在,便要加强其职权,若区署不存在,县以下之督导人员在乡镇公所未绝。对健全以前尚不可无,且更宜普设此种督导人员。如何设置? 笔者意不难,既不加经费,又不缺乏人选,即采用现行之不设区署之区而设之指导员制,加以改进之。如璧山现有三十四乡镇,原设二、三区署,一区为指导员制,一区仅辖五乡镇，由县政府派一指导员指导之，甚合适而有效。二、三两区之区署，因上项问题而可有可无，若能将现在之二、三区加以改划，以五乡镇为一区，每区设指导员一人督导之，则全县共划七区，共设指导员七人，除第一区已有外，尚需六人，以现在每一区署原有之指导员三人（二区共六人）分充，区长另调职务（实行新制后，人员缺乏之处甚多），区署即行裁撤（但有若干大县面积广大，人口众多之处，仍可设置（相当县府分署）治理之）。照上面缩小区域，增设指导员办法实行后，因指导员为县府之一员，随时来往于县乡间，县府举办一事，除令饬乡镇办理外，只需分令指导员指导或先召开一次指导会议，不必再派人下乡（今日则不然，举办一事，反而还要派人下乡，到区署会同区长督导），工作必能迅速完成。

（6）现有各种委员会是否需要——查县以下各种委员会最多，其主持人员又大部分系县长兼任，大约有一种新兴事业，即有一个委员会，使县长终日忙于开会，但查其内容空虚万分，任何一个会，开会时都是那一批人员，更不易纠正议而不决——决而不行的缺点，所以从事县政——改革者，都主张对各种委员会有调整的必要。中央及川省当局，亦有见及此，故本年实行新制，对于县内各种委员会特规定调整办法，如璧山县遵经将原有各种委员会，作下列之调整：一、将国民经济建设委员会、文献委员会、留学贷费委员会、民众教育委员会、义务教育委员会、禁烟委员会等一律裁撤，其业务由主管科办理；二、将抗敌后援会、优待委员会（即共役协会）并入动员委员会办理；三、将节约建国储金会、检查仇货委员会、评定物价委员会、疏散委员会合并成战时工作委员会，仍分股办事；四、新生活运动委员会、防空支会、航空协会、县仓义仓保管委员会、振济会、粮食管理委员会等继续存在，并加强组织，充实内容，如是似已较前合理，但再进一步论，则又发生"现有之各种委员会是否需要"的问题，及今后是否再需要有许多委员会产生的问题。根据笔者之经验，认为现存之各种委员会亦不需要，应即一律裁撤，其业务由县府主管科办理，及为迅速切实，各委员会原有之经费，可移一部增加县府经费，各主管科酌添一二科员或办事员，承办上项事务，今后更不需再产生若干县长兼理之委员会，如各县之节约建国储金委员会，已早遵令合并入战时工作委员会，目前因最高当局之倡节约建国,省当局忽又分令各县成立了二个组织(一是劝储委员会,一是储金团)。若考其实际是否需要,又发生了战工会与以上二组织职掌问题及犯了上面所论之有一新兴事业,即有一个委员会的毛病,何况节约建国运动久已实行,县中已有此组织。总之,新县制中,已有县参议会(在未成立前,川省有民意咨询委员会之组织),此实最完善之民意机关,并有党政军会报之规定。此又系最有效之各机关合作计划推动执行一切业务之组织,凡地方士绅及一般民众意见之采取,及各机关之联合,早已有办法,现存及今后各种委员会之是否需要,于此可得一答案。

(7)县各级组织关系图与实际关系——县各级组织关系图是新县制体系的根据,非常重要,但自新制实施以来,事实上的各级组织内容及关系,同原图已略有出入。如:A. 自卫及兵役的组织,已非原图所定之壮丁总队—壮丁队联队—壮丁队—保壮丁分队—甲壮丁班制,而是国民兵团—国民兵区队—国民兵乡镇队—国民兵保队—国民兵甲班制;再青年团、妇女队等,已奉令并入国民兵团内。B. 卫生组织,在县仍为卫生院,在区已非卫生所,而系卫生分院,乡镇增设卫生所,保并有卫生员之规定。C. 警察组织,在无警察局之县,于县府内已另设警佐室,此原图并未规定者。区乡镇无变动。D. 县府内已增设有秘书室。再笔者对原图于实施中所得到下列一点意见:A. 每一组织,其县区、乡镇、保甲各级应有一线相通,以示隶属关系;B. 各级事业组织与其主管之行政组织,应有一指导线,如民政科之对卫生院,教育科之对学校图书馆,建设科之农场合作社等;C. 因为有主管某部分行政之关系,其事业组织位置应低于主管行政之组织,如卫生院、中学图书馆等,应低于其主管科。盖省方卫生实验处及省图书馆、省合作事业管理处、省立中学等均属于民政、教育、建设等主管厅。

(8)新县制与国民兵团——国民兵团的前身是自卫总队与义壮常备队,均隶属于县府,一掌自卫壮训,一掌常备兵之经训,其系统甚盼。今合组而为国民兵团,集壮训自卫掌常备兵之组训于一种机构内,自甚合理,而较前进步。所成问题者,即与县府之关系,过去属于县府,今则与县府平行,虽县长兼团长,但与县府各科室已缺联系,尤其军事、民政两科,盖治安系军事科主管,而对自卫力量,及无权指挥,固然可呈请县长兼团长下令指挥,但又必多经手续,然县长公出,秘书代理县务时,问题更困难了,上峰规定,国民兵团团长公出由付团长代理,那末若有匪警,因代理县长职务之秘书无权指挥自卫力量,而要公函平行之国民兵团由代理团长职务之副团长来决定调动部队,则行政效率与效果定变绝大之影响,故国民兵团之仍属县府,是将来必然之合理改进。

(9)新制度与新事业——旧县制的失败,固然在制度机构欠合理,但事业实施之不当,也是重要原因。旧县制下之保甲是成为万能,各方下令所办之事,均向保甲身上推,推到保甲办不动时,便产生了"万方有罪,罪在保甲"的恶果。这种问题是在县以上的解决之道,详第一节。但在县以下各级组织本身上也不是无过的,如有了机关人员而不注重事业之实施,今日完善之新制产生,而若仍忽视事业之实施,有了人,有了机关,有了经费,就算新制完成,那末新制与旧制有何异?乡镇长与联保有何不同?不过换联保处为乡镇公所,把主任改为长而已。故县制之成就如何,在机构建立后,便是在有计划有中心的从事新事业之实施。(完)

[民国]二十九[年]十一[月]二[日]草于璧山白鹤岭

(原件存中国第二历史档案馆)

7. 四川南川巴县等县民关于乡镇保甲征收派款扰害闾阎呈(1941年8月21日)

呈为乡镇保甲征收派款,扰害闾阎,百弊丛生,恳准随粮附征,以省繁扰,而轻民累事:窃人民纳税为应尽之天职,期其公平,于民不扰,即取之稍重,人民决不称怨。从前防区时代,苛税百出,假手保甲经收,畸重畸轻,流弊滋甚,财政紊乱,民怨沸腾。今幸政治统一税捐一致,人民称庆,方喜来苏。殊近日又有由乡镇人员经收各项捐派之发现,如由乡镇保甲经收所谓之米津捐,教员与乡镇保甲之食米费,积谷捐,优待义丁谷巡逻队费、自卫队费、军服费、冬防费等种种名称,多以抽米征谷为目的,而不肖之乡镇人员则藉此题目愈多愈便浮收滥派,在表面认为细征之款,不足介意,而积土成山,实际较之正粮正税加重数倍。盖米谷价值太高,征米一升,较纳币拾元尤重,物价愈高,获利愈厚,利愈厚,流弊愈深而经收者侵蚀之念愈重,舞弊之手段愈巧。其最显著者,莫如每次保甲收款,多不给予收据,使无从质对,收后不录榜张贴,使无从稽核,甚至无底册可查。重收浮派种种弊端,难以枚举,虽政府迭令饬给收据,奈难贯彻实行,间阎被其追收之扰,恨之刺骨,畏之如虎,敢怒而不敢言,每多乡镇人员任事未久,即与人民失和结怨,皆由征款之故,在一般乡镇人员希图征款,有利可图,乃专心研讨征抽渔利之方法,对于推行政令重要之职务废弃,是以年余以来,推行新制,无大效果,皆由于此,以致有贤者不为,为者不贤者之诮。盖乡镇保甲多由受训,而居心受训者,多属家寒无业,图免兵役,受训后即充任乡镇职务,又假以追收款项之权,寒士见财焉能保其清白,况当此生活高涨,纵欲守廉而不得,追收愈甚,与乡人之情感愈失,愈侵蚀,与乡人之结怨愈深。估计四川各县人民与乡镇保甲之诉讼几占十分之六七,下层行政人员不能与人民联为一气,长此以往,前途之危,不寒而栗。且以过去之陈案而论,如南川民廿一二年之自治经费,廿四五年之保甲经费,责由乡镇长经收,至令各悬欠数万,流入中饱,而人民之怨声载道,虽上峰迭令结束,奈清无可清,此种悬案,恐各县都有,非南巴数县独然。然思整理之方,莫如趁此粮税改征实物之际,实行一税制,款无论种类,无问巨细,均统计随粮附征,以昭平允而免繁扰,一次手续而省许多麻烦,扫除许多纠纷,且取之于民,用之于民,有国然后有民,求其取用适宜,纵什一之征,或什二之征,亦无不可,不为中饱,少生流弊,人民决不称怨,极端乐输。如仍由乡镇保甲征取,虽政府体恤人民,恐增民累,奈经手之下级人员,本道德良心者少,多一名称,则多一流弊,欲轻民累,反增民累矣。民等久处田间,深知乡人疾苦,又屡尝保甲人员征收款项之扰害,特本匹夫有责之义,刍荛之见冒昧上陈,欲求人民安业,间阎不扰,于公有济,则非取一税制不可。凡属办理公务事项,所须经费,一律随粮附征,由最高财政机关统筹划拨,以减冗员,以轻担负,嗣后严禁乡镇保甲经收款项,庶政治前途可望刷新,下情如此,理合上达钧厅,如蒙允准,请通令全川遵行。人民幸甚。谨呈

　　国民政府行政院公鉴

四川南川县公民张金　罗宏　黄程　明天锡　彭昌　罗敬宣
巴县公民　李用先　张金之　王良　张德宣　陈吉荣　鲜连辉

（原件存中国第二历史档案馆）

8. 张群报告办理户籍及人事登记困难情形致行政院呈（1943年9月）

四川省政府呈　民四字第27952号　民国三十二年九月□日发

案查前奉钧院三十二年三月仁壹字第五八七六号训令：以各省市办理户籍及人事登记实施程序，业经公布施行，饬自本年七月一日起举办户籍及人事登记等因。当以民四字第一四九四零号呈申述本省困难情形，恳请暂缓举办，仍办户口异动登记在案。同年八月复奉钧院仁字第一五六二四号训令：饬按地方情形及法令规定，先求保甲编组之严密，再赓续举办户籍及人事登记，俾户籍要政，得以次第完成。各等因。自应遵照办理。惟举办户籍及人事登记所适用之各项法规，经详加研究，似觉尚有窒碍难行之处，兹特分别胪陈如次：

一、关于法令事实之不甚切合者

查无论推行何种政令，应以切合事实，简而易行为其主要条件。我国推行户政，为时甚暂，户籍及人事登记非不可行，第就目前事实言之，诚恐行之过早，反使户籍要政发生不良影响，举其要点约有三端：（一）依照户籍及人事登记应行登记之事项，计达二十一种之多，且无论何种登记，均须登记人自行声请，而声请复有一定之时间，一定的处所，我国教育尚未普及，文盲之多，至足惊人，此种精密繁复之户籍法令，实难期其普遍了解，切实奉行。纵使依照户籍法施行细则之规定，警察人员、保甲长及学校员生应予负责协助，但是项人员本身既不健全，且以责非专属，亦难期其尽量协助。（二）户籍及人事登记，不但应行登记事项甚多，而登记程序，尤为繁琐，即受理登记机关，于收到声请书类之后，首须编定号数，注明时期，然后分别本籍、寄籍、暂居户口及登记事项为之登记，或则须记入送交者之姓名处所，或则须记入送交机关之名称，或则须注销原登记，或则须变更原登记，或则须同时登记于数种登记簿，或则须于各种登记簿附记对照号数,偶有差错,即将无法补救。现有各级户政人员,办理程序简捷之户口异动登记,已属错误百出,纠正为难,在户政机构尚未充实,户政人事尚未健全以前,而令其办理项目较多手续较繁之户籍及人事登记,其结果如何,实难逆料。(三)户籍及人事登记,系以乡镇为其管辖区域,如登记事项涉及两管辖区域以上,受理登记之乡镇,除自为登记外,并应将声请书复本及其他关系书类寄交关系乡镇分别登记。此种办法,无论目前所有乡镇尚未十分健全,不克负此重任,且乡镇与乡镇间未尽通邮,此项文件,亦有无从寄达之苦。

二、关于现行法令之尚未完备者

以上系就法令事实之不甚切合者言之,即各种困难事实,得一适当解决,而户籍及人事登记之实施,亦尚有若干相关法令,亟须明令颁行,始能着手,兹举其亟须颁行之重要法令如次:(一)依照各省市办理户籍及人事登记实施程序第十条之规定,关于迁入徙出之人口登记,其办法另订之。查是项登记办法,迄未颁行,如照内政部另一解释在上项办法尚未颁行以前,暂用"剿匪"区内各县户口异动登记办法办理,殊觉是项办法与户籍及人事登记性质既异,办法亦迥不相同,率尔援引,恐将增加实施上之困难。(二)依照各省市办理户籍及人事登记实施程序第四条之规定,保甲已编查完竣者,只办户口调查,户口调查计划另定之。查保甲编查办法所定之立户标准,与户籍法不同,即前者系以同一处所、同一主管人之下共同生活或共同营业或共同办事者为一户,后者系以一家为一户,在保甲编查后,自须另定与户籍法立户标准相同之调查户口办法,俾与户籍及人事登记紧相衔接,而户籍及人事登记,依法最迟应于本年七月一日开始实施,但上项户口调查计划,迄未奉颁到省,如由各省市自行拟订,势将各自为谋,殊有碍于户政之统一。

三、关于既定法令之重复抵触者

奉颁之各种户籍法令,固已极端缜密,但经详加研究,似觉尚有重复抵触之处,举其著者言之:(一)查依据修正户籍法施行细则制定之暂居户口登记办法,其第三条所定之登记事项,计分迁出、徙入、出生、结婚、离婚、死亡六种,出生登记依照户籍法之规定,须在出生地举行,是凡在乡镇辖区内之出生事件,皆应登记,初不论其为本籍、寄籍、暂居人口或流出生与本籍或寄籍人口之出生,须分别办理登记,则又与户籍法之规定抵触。(二)查结婚有结婚、离婚登记之规定,既属暂居户口,当非住所所在地,是同一结婚、离婚,须在暂居地及住所所在地,同时申请登记,亦觉近于重复。如谓仅在暂居地举行登记,而由受理登记之乡镇将申请书复本寄交住所所在地之乡镇,则又与户籍法之规定抵触。其他暂居户口之死亡及迁徙登记,亦有同样情形。(三)查修正户籍法施行细则系户籍法之子法,就理论言之,似不应互相参差。但其内容,彼此歧异之点甚多,如关于登记簿者,在户籍法规定,是项副本应由乡镇缮送监督官署,而施行细则第十六条则规定由县(市)政府自行誊录。关于登记事项关系书类之保存,户籍法规定由监督官署负责,而施行细则则规定由乡镇公所负责。关于转籍登记之声请,户籍法规定应向本籍地户籍主任请求发给转籍证明书,且明定其不得向新籍地为之,施行细则则规定应分别向原籍及移转县(市)或设治局之该管乡(镇)声请为除籍及设籍之登记,其他出入之点,尚不只此。如依后法优于前法之原则,在适用上固应以户籍法施行细则为准,但户籍法施行细则究属子法,似不宜与其母法之户籍法有所差异。

上述各节,谨就推行户政所发生之情形略陈之,非欲对于现行户籍法令有所评论,更非藉口事实困难有所诿卸。窃以为户籍要政,关系国家根本大计,允宜体察法令事实,反复研求,期于至善,庶不至中道更张,致碍进行。兹再就研究所及,谨贡改进意见三点如左〈下〉:

一、统一所有户籍法规

查推行户政不外三种目的:一在获得户口统计数字,以为施政之依据;一在组织民众,以期达到防止奸宄之要求;一在确定属籍证明身份,俾与现行民法之适用相配合。而目前各种户籍法规,因制定机关之不同,遂不免有所偏重。如内政部重在办理户籍及人事登记,但同时感觉保甲编组为不可忽,特配合户籍法制定暂居户口登记办法,复觉本籍、寄籍人口之异动,尚乏控制,又拟制定本籍、寄籍人口迁徙登记办法,其苦心孤诣,有足多者。惟是补苴罅漏,终非良法,似宜根据现行各种户籍法规,通盘检讨,另行厘定统一法规,俾免纷歧。

二、简化户籍法规内容

户政推行所及之范围甚广，而承办人员又属乡镇基层干部，如户籍法规过于繁复，不但一般人民无法了解，即各级承办人员，亦属无所适从，对于户政推行，窒碍极大。就现行户籍法规种类言之，由中央颁行者已达十余种，各省、市自订之单行办法，尚不在内，为使推行尽利起见，实有简化其内容之必要。至简化内容之法，就户籍及人事登记言之，似宜减少项目，户籍登记以设籍登记，以设籍、转籍、除籍三种为限；人事登记，则限于出生、死亡、结婚、离婚四种，另增"其他户口登记表"，举凡不属于上述各种之户籍及人事登记皆属之。同时将暂居户口登记办法、户口异动登记办法及拟订中之本籍寄籍人口迁徙办法一律废止，以免重复抵触。

三、减少户籍及人事登记表簿

户籍及人事登记事项，依照现行户籍法，计为户籍登记四种，人事登记十四种，益以变更更正及变更姓名登记，则为二十一种，似须酌量减少，已如上述。以言现有各种登记表簿，不但内容繁琐，不易填注详实，且表簿过多，所需纸张印刷，亦属相当耗费，衡诸节约之旨，似非所宜，似宜斟酌法令事实，删繁就简，期于易行。

户政为一切施政之基础，亟应积极推行，不容松懈。以此本省自实施县各级组织纲要以来，对于保甲户口之编查及户口异动登记之实施，已尽最大努力。意在先求保甲组织之健全，次求户口查记之确实，然后再度清查户口，改办户籍及人事登记，实事求是，循序渐进。奉令前因，除仍遵照奉颁法令及既定方针努力进行外，特将实施户籍及人事登记研究所得，分别胪陈，仰供采择。是否有当？仁候钧院核示祗遵。谨呈

行政院

兼理四川省政府主席张群

（原件存中国第二历史档案馆）

9. 四川省实施新县制成绩总检讨（1943年 四川省民政厅厅长胡次威）

一、实施新县制之经过

国民政府于民国二十八年九月公布县各级组织纲要，凡十章六十条，是即所谓新县制。

本省实施新县制，始于二十九年三月。先是委员长于二十八年十月兼理省政府主席，即手令本省各县定于二十九年三月一律普遍实施新县制，省府一面拟具实施地方自治方案，呈请委员长核示，一面于二十八年十一月召开第一次全省行政督察专员会议，讨论实施新县制之具体办法，开会经旬，经制定《四川省实施县各级组织纲要注意事项》，明令公布，定期实施。嗣以此项注意事项，颇多未洽，各县县长纷请酌予变通，爰于二十九年一月再开第二次全省行政督察专员会议，并电请中央有关各院部会派员莅蓉指导，开会两周，复经制定《四川省实施县各级组织纲要补充注意事项》公布施行，是为本省实施新县制之张本。

维时中央为培养新县制干部起见，特于陪都设立中央训练团，本省各区行政督察专员及各县县长均先后调入中央训练团党政训练班受训。本省于实施新县制之始，即奉命设立四川省地方行政干部训练委员会，于训练委员会之下设立四川省地方行政干部训练团；各区分设训练班，隶属于训练团，各县分设训练所，隶属于训练委员会。此种办法，是否合理，颇可商榷，分期抽调各级地方行政及自治干部，加以短期训练，盖有治法尤贵有治人，新县制之实施，与干部训练紧相配合，实为事所当然也。

实施新县制之干部，不但为数至夥，且是否得人关系尤大。除人才出于学校，应由各级学校从事教育外，省府复于省城设立地方行政干部甄审委员会，各县分设地方自治干部甄选委员会，明定标准，用资甄拔；必甄选合格，始调入训练机关受训，此又各级干部未经训练以前必不可少之措施焉。

省府制定之《四川省县各级组织纲要注意事项》及《补充注意事项》，曾并呈请中央核示，经合并修正为《四川省县各级组织纲要实施计划》，省府于奉到是项计划后，即据以制定各种有关法规，付之实施。惟是是项计划对于调整县各级组织及健全县各级人事,规定较详,语其内容,仅属于实施新县制之初步工作,尚不能谓其为实施新县制之全貌。适行政院有各省新县制定于三年内完成之指示,省爰根据新县制之要求,参酌本省实际情况,制定《四川省实施县各级组织纲要三年计划大纲》,呈奉中央核准施行。此项计划大纲,计将新县制之实施分为三期,第一期始于二十九年三月迄于三十年六月,第二期始于三十年七月迄于三十一年十二月,第三期始于三十二年一月迄于同年七月。第一期以调整县各级组织,健全县各级人事及清查户口,整理土地为其中心工作,是为地方自治准备时期。第二期以组训民众,完成地方自治必需之事业条件,为其中心工作,是为地方自治培育时期。第三期以成立县各级民意机关为其中心工作,是为地方自治试行时期。至是本省实施新县制,始有一定标准可循,而无虞于陨越矣。

实施新县制,以第二期工作最为繁重,同时奉到委员长手令指定巴县、江北、彭县、华阳为新县制示范县。省府为慎重将事起见,复设立新县制辅导会议,以省政府主席、秘书长、民财教建四厅厅长及专家委员五人组织之,省政府主席为主任委员,一面从事示范县之辅导,一面制定《四川省实施县各级组织纲要第二期中心工作计划》及《四川省民众组训实施办法》公布施行。此亦本省实施新县制过程中所特有之举措也。

本省于实施新县制两年以后,经详加考察,深觉边远贫瘠及情形特殊之县,与腹地各县同时并进,颇感困难,爰申叙理由,呈请中央酌加变通。嗣奉中央核定,准予展缓三年完成新县制者,为马边、峨边、雷波、茂县、理番、懋功、松潘、汶川、靖化等九县;准予展缓二年完成新县制者,为城口、万源、通江、南江、青川、北川、平武等七县及旺苍设治局;准予展缓一年完成新县制者,为沐川、巫溪、巫山、黔江、彭水、秀山等六县。本省现为一百三十七县、两市及两设治局,除上述马边等二十二县及旺苍设治局外,其余各县市局均依照原定计划,于三年内完成新县制之实施。虽工作之成效容有不同者,而于一律普遍实施新县制,则固无所轩轾也。

以上为本省实施新县制之简要经过,以下请述两年半以来实施新县制之成绩。

二、实施新县制之成绩

新县制之内容，至为繁赜，依照中央颁行之《地方自治实施方案》及本省奉令核准之《实施县各级组织纲要三年计划大纲》，举凡编查户口、规定地价、开垦荒地、实行造产、整理财政、健全机构、组训民众、开辟交通、设立学校、推行合作、办理警卫、推进卫生、实施救恤、厉行新生活，均无一而非实施新县制之重要工作。本省实施新县制，仅及两年，上列各项工作，或则尚未开始实行，或则虽已开始实行而成效未彰，即已著有成效之工作，如欲叙述无遗，亦所难能。今请就其荦荦大者，依个人考察所及，略述如左〈下〉。

一、调整县各级组织。在过去县以下之组织，系采县、区、联保、保、甲五级制。实施新县制以后，则采县与乡镇二级制。盖依照新县制之定，各县不必一律分区，即使分区，亦未必一律设署，即使设署，亦仅为县政府之辅助机关，而非县以下之一级。原有保甲，则因新县制之实施，由县以下之阶层一变而为构成乡镇之细胞故也。本省实施新县制之首要工作，即为县以下组织之调整。就县等言，过去系以各县之面积、人口及财政为标准，分为三等；新县制实施以后，则以各县之面积、人口、经济、文化、交通为标准，分为六等。除两市（成都市、自贡市）及两设治局（旺苍设治局、武隆设治局）外，现为一等县者二十六，二等县者三十七，三等县者三十四，四等县者二十八，五等县者九，六等县者三。其次就县政府组织言，过去依各县县等分设三科或四科，除兵役科外，其余皆系以番号名科，第一科主管民政，第二科主管财政，第三科主管教育，第四科主管建设，其系教建合科者，则第三科主管教育及建设。新县制实施以后，则增为五科至八科，县以各科职掌为其科别称谓。所谓五科者，即民政科、财政科、教建科、军事科及粮政科；所谓八科者，即民政科、财政科、教育科、建设科、军事科、社会科、地政科及粮政科。除两市及两设治局外，现设有八科之县二十四，七科之县四十九，六科之县三十五，五科之县二十九。其次就区署言，过去各县共分为四百七十四区，各区均一律设署；新县制实施以后，则设有区署仅一百二十四区，未设区署之区，依照新县制规定，每三乡镇至五乡镇设一县指导员，现有县指导员五百八十七人。其次，就乡镇区划言，过去各县共分为四千五百四十三联保；新县制实施以后，则改联保为乡镇，并就原有区划重加调整。现为乡镇四千四百六十二，就中称乡者四千一百一十八，称镇者三百四十四，且依其所辖保数之多寡分为甲、乙两种（过去联保分为甲、乙、丙、丁四等），盖所以示齐一也。其次，就乡镇公所组织言，过去联保办公处，仅设事务员二人；新县制实施以后，则所有乡镇公所，初设民政文化及经济警卫两股，嗣复分设民政、文化、经济、警卫四股，每股设主任一人，股主任之下设干事、户籍助理干事、事务员及雇员六人至八人。其次，就保甲编组言，过去系以十户为一甲，十甲为一保，全省共编为七十六万七千八百二十四甲，七万四千九百四十七保；新县制实施以后，则保甲编组以十进为原则，六至十五为范围，且依照本省规定，于人口稀少之乡村，尽量采十进制，于人口密集之城镇，尽量采十五进制，现计全省共编为六十七万三千二百七十四甲，六万二千九百零四保。又在过去，保甲长均设有办公处；新县制实施以后，则只有保办公处，而无甲办公处，此又新旧县制不同之点者也。

　　二、健全县各级人事。实施新县制之根本在人，前已言之。惟以言健全人事，必自建立人事制度始。除县以下各级地方行政及自治干部之实习、任用、考核、奖惩、保障具载各种人事法规，无须赘述外，兹仅就甄选及训练两端言之，以见本省健全县以下各级人事之一般。首言甄选，本省为选拔县行政干部起见，特于二十九年一月设立四川省县政人员甄审委员会。此项委员会，以委员十三人组织之，省政府主席为主任委员，直接隶于省政府（现已裁撤甄审委员会，所有甄审事务，由省政府秘书处人事室接办），曾依据《四川省县政人员甄审办法》，举办甄审数次，计先后录取合格县长一百九十一人，佐治人员二百六十九人。此外尚举行教育人员普通考试两次，录取六十三人；会计人员特种考试两次，计录取一百三十人；地政人员普通考试一次，计录取二百七十八人；统计人员普通考试四次，计录取一百六十三人。复于同年五月公布《四川省各县乡镇公所职员甄选任免暂行办法》，同年八月公布《四川省各县保长甄选任免暂行办法》，同年八月公布《四川省各县保长甄选任免暂行办法及甲长选用办法》，令饬各县切实遵办。依照各该办法，乡镇长、副乡镇长、保长、副保长及乡镇公所其他职员甄选，应由县政府设立甄选委员会负责办理；保办公处职员及甲长之甄选，应由乡镇公所负责办理。现全省所有乡镇保甲干部,均经先后甄选合格,依法任用,惟多系就地取材,因人器使,在素质上自未能尽如理想耳。次言训练,就省级言之,自二十九年一月成立四川省地方行政干部训练团以来,除为储备各区训练班之师资办理干部教育队一队,计一百九十四人外,计已先后办理八期,所有学员,多由各县县政府现任秘书、各科科长、县指导员、督学、技士及各区区长抽调而来,每期训练两个月,计共毕业学员三千四百二十二人,就中,计县府秘书、科长、区长、县指导员及督学二千二百五十人,会计人员七十四人,统计人员一百七十三人,合作人员一百一十五人,电讯人员五百六人,民教人员四十四人,政工人员一百零八人,党团人员五百九十九人。现正办理第九期训练,内有三百四十二人(会计人员六十六人在内)系县行政人员特种考试合格人员。训练期间为一年或六个月,其余则为两个月之短期训练。计第九期已办理会计人员一班,训练期间六个月,学业学员六十六人;及办理政工人员一班,训练期间两个月,毕业学员一百三十三人;又办理团务人员一班,训练期间两个月,毕业学员一百二十人。就各行政督察区言之,各区均于二十九年五月先后设立四川省地方行政干部训练团区训练班,依据《四川省地方行政干部训练班训练实施办法》,分期征调各县甄选合格乡镇干部入班受训,每期训练两个月,计共毕业一万一千八百八十二人。就中乡镇长四千五百二十人,副乡镇长二千二百零一人,乡镇公所各股主任及干事五千一百六十一人。次就各县言之,各县均于二十九年八月先后设立地方行政干部训练所,依据《四川省各县地方行政干部训练所组织规程及训练实施办法》,分期征调各该县甄选合格保长副保长入所受训,每期训练一个月,计共毕业四万一千八百零五人。就中保长三万二千四百六十六人,副保长九千三百三十九人。此外,军管区司令部举办之兵役干部训练、乡镇保国民兵队队副训练及教育厅举办之国民教育师资训练,尚未计算在内。至甲长训练,则以人数众多,需费甚巨,除半数县份外,其余各县未能普遍举行。三十一年四月省府为继续健全县以下各级人事起见,特令饬各县每三个月举办乡镇保干部工作讲习会一次,以当前重要工作为其讲习中心,会期定为三日至七日;复分令各行政督察员公署仿照第十二区行政督察专员公署办法,举办乡镇保干部巡回补充训练,由各区专员亲赴各县负责主持。据报已依法办理工作讲习会者，为温江、双流等六十九县；办理巡回训练者，为第二、第三、第五、第八、第九、第十二、第十三及第十五等八行政督察区。

三、确立县自治财政。本省各县在实施新县制以前，县财政之最大收入，厥为田赋附加，其次为公学产，其次为特许费，此外几无财政之可言。自新县制实施以后，依照《县各级组织纲要》所定，县为地方自治团体，为公法人，于是始有独立之财政收入。举其著者，如：（一）田赋附加。此项附加，在田赋未由中央接管及改征实物以前，全省各县共为二百五十四万零七百二十元，在田赋由中央按管及改征实物以后，全省各县三十一年度计为征实总额百分之二十，即谷一百二十万市石，以每市石一百元计算，计为国币一千二百万元。三十二年度计为征实总额百分之二十三强，即谷二百一十万石，以每市石一百五十元计算，计为国币三千一百五十万元。（二）土地陈报溢额田赋。本省土地陈报，自二十七年冬开始办理以来，计先后完成温江、崇宁等一百零五县，据以改订科则者为温江、崇宁等三十二县，因重在平均负担，纵有增益田亩，亦未增加赋额，故在各县现无正附溢额田赋。（三）印花税三成。此项收入，除二十九年度及三十年度系由各县径向直接税局请领，其数额究为若干，尚待调查外，三十一年度则为五十七万三千八百四十七元。（四）营业税百分之二十以上。此项收入，在二十九年度及三十年度因省级财政困难并未照拨，及营业税改归国有以后，三十一年度则提高至百分之三十，全省各县计为三千零六十六万四千二百二十二元。（五）公营业收入。此项收入，惟极少数县份有之，且数额无多，尚非县财政之重要收入。此外，至关重要者，则为公学产、屠宰税、房捐、牙行、特许费及其他新税。省府为确立县自治财政起见，曾于二十九年三月设立四川省各县市财政整理处负责整理，全省各县计分两期进行，以温江等五十九县为第一期，于三十年一月整理完成；以自贡市等七十八县市为第二期，于三十年八月整理完成。以言成果，则颇有可观。就公学产言之，已完成整理工作呈报清丈图册者，八十二县市；各该县市公学产原有田地六十七万一千五百三十九亩，房屋一万六千六百三十一所，租谷一百二十三万五千七百三十一市石；经整理结果，计为田地九十一万三千六百一十三亩,房屋一万七千三百二十七所,租谷一百三十九万五千一百二十石。其次,就屠宰税言之,二十九年度仍照旧案办理,自三十度始全部划为县财政收入,并明定各县除城区及繁盛乡镇直接征收外,其余悉由乡镇公所代收,近且改为一律由县直接征收。全省各县三十年度计为三千四百四十七万八千五百七十三元,三十一年度计为一万万零四百零九万六千六百四十五元。其次,就房捐言之,过去本省各县,征收房捐,并不普遍,自新县制实施以后,始令饬各县次第举办,现已有九十余县列有此项收入,三十年度计为一百二十万零一千一百五十六元,三十一年度计为二百四十七万七千四百三十元。其次,就牙行言之,本省各县三十一年度公营牙行盈余,计为七百二十六万元,现已奉中央令知,取消公营牙行,自三十二年度,此项收入自在取消之列。其次,就特许费言之,此项收入为数颇巨,其征收范围计有斗息、秤息、猪牛羊行息等,征率最高百分之二,初为私营,嗣后一律改为公营,复以各县尚有大宗特产交易亦应征税,遂增列杂项一目,经与斗秤息等切实整理,本省各县二十九年度计为七百万元,三十年度计为一千万元,三十一年度则为二千九百万元。再其次,就其他新税言之,所谓其他新税,即营业牌照税及行为取缔税,此项新税,本省自三十年度起始行开办,现办理新税者已达一百零三县,三十年度计为二十一万元,三十一年度计为四百二十万元。本省各县市自治财政,经切加整理,年有增益,二十九年度预算总额计为七千零一十一万五千零零四元,三十年度计为二万万一千二百八十六万一千五百九十七元,三十一年度计为五万万七千九百一十万三零二十八元。

四、成立县临时参议会。依照本省《实施县各级组织纲要三年计划大纲》,成立各县参议会原为第三期中心工作,且必先开户长会议,再开保民大会,然后依次成立乡镇民代表会及县参议会,加以依照中央规定,乡镇民代表及县参议会均须检验合格,始取得候选人之资格,此项检验手续,颇为繁剧,自非短期间内所可办竣,而本省位居后方,责任綦重,为集思广益,促进县政兴革起见,省府认为有尽先成立县临时参议会,以为准备将来成立县参议会之必要,爰于三十年四月拟具《四川省各县临时参议会组织规程》及《四川省各县临时参议会议事规则》呈请中央核示,经再四申请,始于三十一年四月奉命核准。省府即据以制定各种有关法规及筹备程限，令饬各县于同年八月以前一律成立。此项临时参议会，语其特质，有如下述。参议员名额一二等县定为二十名，三四等县定为十四名，五六等县定为十名，此其一。区域代表占参议员总额十分之七，职业代表占参议员总额十分之三，此其二。参议员之产生，一仿省临时参议会成例，由各县县长征询各该县党部及地方团体意见，提请加倍人数，呈请省府核定，此其三。县临时参议会除听取报告权、询问权、建议权而外，尚有议决县地方年度施政计划、年度概算、处分公学产及有关人民负担事项之权，较省临时参议会之职权广泛而具体，此其四。现本省各县市局，除青川县及武隆、旺苍两设治局外，均已如期成立临时参议会，并已召开第一届第一次大会，经过情形，甚为良好，而尤以协助征实，收效最宏。（自县临时参议会成立以后，将原有之粮食监察委员会一律裁撤，而以监察及督导征实之权，界诸各县临时参议会。）全省一百三十八县市局，共有参议员二千五百八十七人，就中区域代表一千三百六十人，职业代表八百三十七人。候补参议员一千一百一十五人，就中区代表七百九十一人，职业代表一百二十四人。以性别言，参议员区域代表中，计男性一千三百一十七人，女性四十八人；职业代表中，计男性五百七十八人，女性四十九人。候补参议员区域代表中，计男性七百六十六人，女性二十五人；职业代表中，计男性三百零八人，女性一十八人。以年龄言，除不详者外，以三十岁至五十岁为最多，就中计区域代表一千一百二十六人，职业代表四百九十二人，候补区域代表六百五十七人，候补职业代表二百六十一人，皆在三十岁至五十九岁之间，余为二十五岁至二十九岁及六十岁至八十岁以上。以学历言，除不详者外，以国内外中等以上学校毕业者为最多，就中计区域代表一千一百九十人，职业代表五百四十八人，候补区域代表七百二十人，候补职业代表二百七十九人，皆属国内外中等以上学校毕业生。此外尚有出身前清科举者，计参议员九十五人，候补参议员三十四人。可谓极一时之盛者矣。省府为慎重将事起见，除慎选参议员外，复于事前将全省分为成都、南充、剑阁、泸县及重庆五区，分区召开行政会议，各区专员、各县市局长、各县市党部书记长、各县市局临时参议会议长、副议长及秘书均出席参加，由张主席亲临主持，省府各厅处会局主管随行,张主席于正式议会及各种座谈会,对于成立临时参议会之意义、及参议员之时代的使命,反复论列,阐述至详。各县市局临时参议会之有此良好成绩,盖人事所必至,理有固然者矣!

五、清查户口。于本省二十四年川政统一以后,曾奉命编组保甲、清查户口,是为本省民国以来清查户口之第一次。嗣以事属创始,办理未尽精确,复于二十六年,制定《四川省各县保甲整理办法》,就已编查之保甲户口重加整理,是为本省清查户口之第二次。及二十七年一月,委员长重庆行营颁发《整理川黔两省保甲方案》到省,省府复遵照方案规定,斟酌本省府际情形,制定《四川省各县整理保甲施行细则》,于同年四月通饬各县遵办,是为本省清查户口之第三次。自实施新县制以后,再遵照《县各级组织纲要》规定,斟酌本省府际情形,制定《四川省各县整编保甲清查户口实施办法》及有关法规,于二十九年十一月令饬各县于奉到是项办法两个月内办理完竣,是为本省清查户口之第四次。本省各县户口,在此五年以内,先后清查四次,大体已臻确实。良以清查户口,不但为一切施政之根本,且系地方自治开始实行之首要工作,故省府对于此事极为认真。就第四次清查户口言之,经详加规划将实施步骤分为三期,以第一期为准备时期,第二期为实施时期,第三期为整理时期;语其大要,即各县于奉到省令及实施办法后,应在一定期间内翻印成册,分发县属各机关团体,并制发白话文告,广为张贴,复拟定宣传大纲分区、分乡、分保利用各级学校教职员、学生扩大宣传;然后召开编查讲习会,所有区乡镇保甲干部,警察局所官警及各级学校教职员均应出席参加;讲习完毕,即以参加讲习人员任编查员,分甲按户同时开始编查;在编查期内,区长、县指导员、民政科长及县长并应分别下乡巡回督导,省派督导人员亦于是时分赴各县逐级抽查,如有重大错误,即立于督饬纠正,或令其重行清查,以期详确。此项工作,计动员人数达十一万人之多,动支经费达三百万元之巨,历时五月始告完成。此次编查结果,全省各县计七百八十二万九千六百八十三户,五千六百四十三万八千四百九十人,其中男子三千四百一十九万二千零二十九人,女子二千二百二十四万六千四百六十一人,又壮丁五百四十五万一千五百五十一人。省府为谋本省户口进一步之详确起见,复于三十一年三月与国民政府主计处合办彭县、双流、崇宁等三县户口普查,此项普查工作,早经完成,经统计结果,计彭县为七万七千一百八十七户,三十七万五千五百七十七人,较前益增九千零二十七户,二万四千三百九十四人;双流为三万三千五百六十四户,十五万六千五百六十八人,较前增益四千零十一户,六千二百五十一人;崇宁为二万零七百四十一户,九万五千七百人,较前增益二千一百五十七户,六千零七十七人。以此推测,本省各县户口,如能依照户口普查条件,切实普查,当有百分之五之增益。第以人员经费均有困难,除拟续办第一区其余九县户口普查外,全省户口普查尚有待于将来耳。

六、整理土地。本省各县整理土地工作,在实施新县制以前,即已着手办理。其办法有二,一为土地测量,一为土地陈报。前者由省地政局主持,于各县则设置土地清丈办事处自负责办理;后者由省土地陈报处主持,于各县则设置土地陈报办事处负责办理。就土地测量言,在实施新县制以前完成者,为成都、华阳、新都、新津、邛崃等五县之简单清丈;在实施新县制以后完成者,为成都、自贡两市及宜宾、万县两县市区小三角测量图根测量及户地清丈,双流、温江、郫县、新繁、崇宁、成都、华阳、新都、新津等九县小三角测量;现正办理中者,为上述双流等九县图根测量及户地清丈,乐山、泸县、江津、新都、绵阳、内江、灌县、三台、遂宁等九县重要城镇地籍整理。又成都市市区土地登记业已完成,自贡市及宜宾、万县两县市区及双流县土地登记,刻正加紧进行中。就土地陈报言,计已办理五期,第一期为温江等十县,第二期为崇宁等十七县,第三期为璧山等二十三县,第四期为绵阳等十县,第五期为巴中等四十五县,共计一百零五县。就中属于甲种土地陈报者六十九县,属于乙种土地陈报者三十六县。所有工作,均经先后办理完成,并一律于三十一年三月至八月实行复查校对。三十年度据以改订科则按亩征赋者,计邛崃一县,三十一年度据以改订科则按亩征赋者,计温江等八县。现省土地陈报处已改隶省田赋管理处,其未经办理土地陈报之松潘等三十余县,并将赓续举办,限期完成。以言土地整理后之地籍管理,则由各该县县政府设置地政科负责办理,举凡土地推收及土地移转登记,均属于地政科之职权(但现已奉命移归县田赋管理处主管)。现各县设有地政科者,计成都、华阳等二十七县。至地价地税之厘定,依照中央指示,与地籍调查同时进行。计已办理完竣者,为成都市市区地价调查;即将办理完竣者,为自贡市及宜宾、万县两县市区及双流县地价调查;现正办理中者,为温江、郫县、新繁等三县及上述乐山等九县重要城镇地价调查。关于地税征收,拟先由成都市举办,一俟征收规则呈奉中央核定,即可实施。

七、推行国民教育。本省国民教育,素称发达,自实施新县制以后,经遵照《县各级组织纲要》规定,参酌本省实际情形,制定《四川省实施国民教育二年计划》及有关法规,令饬各县切实遵照实施。此项计划,系以二十九年八月至三十年七月为第一年,三十年一月至三十一年七月为第二年,三十一年一月三十二年七月为第三年,盖以教育年度为其起讫也。本省各县国民教育,在政教合一办法下,经两年来之努力,推步至速。首就文盲及学龄儿童言之,二十九年全省失学成人经省府教育厅估计,约为一千八百万人(估计方法,系照教育部规定,按人口百分之三十五计算),除前已扫除文盲约五百万人外,尚有失学成人约一千三百万人。学龄儿童估计约五百万人(估计方法,系照教育部规定,按人口百分之十计算),已入学者约二百万人,失学儿童约三百万人。自推行国民教育以后,迄至三十一年六月至止,共收容失学成人四百三十九万一千四百九十三人,收容学龄儿童三百五十二万零二百三十四人,除前已入学之二百万人外,计增收受教儿童一百五十二万零二百三十四人。次就设置中心学校言之,自廿九年八月起,将全省各县市原有完全小学校改组为乡镇中心学校,未设完小之乡镇,以原有初级小学改组扩充,或另设中心学校,内分小学及民教两部,计三十年上半年(即第一年)共设中心学校三千七百零九校,儿童班五千九百七十一班,学生九十九万零五百二十九人;成人班五千九百七十一班,学生二十七万一千一百六十六人;教师三万二千二百四十九人。三十一年上半年(即第二年)共设中心学校四千四百零一校,已达到每乡镇一校之标准,计儿童班二万九千三百二十六班,学生一百三十万零二千二百八十三人;成人班五千一百二十六班,学生七十万七千一百六十六人;教师四万七千四百五十二人。再次就设置国民学校言之,自二十九年八月起,依照规定,除在中心学校附近之保不设国民学校外,第一年至少每三保设立国民学校一校,第二年至少每三保设立国民学校两校,第三年每保设立国民学校一校。计:三十年以上半年(即第一年)共设国民学校二万七千八百三十八校,儿童班四万八千一百五十班,学生二百零三万三千三百八十一人;成人班二万一千六百零六班,学生八十八万九千三百零八人;教师四万八千一百九十五人。三十一年上半年(第二年)共设国民学校三万四千零九十四校,已达到每三保两校之标准,计:儿童班五万三千九百二十六班,学生二百二十一万七千九百五十一人;成人班三万一千四百一十八班,学生一百零七万一千零九十一人;教师六万六千八百九十八人。

八、建立县各级合作社。本省自二十四年川政统一,始有合作社之组织,经努力推行,发展甚速。及二十九年六月奉到院颁《县各级合作社组织大纲》以后,所有合作组织均须遵照改组,俾与新县制规定相配合。但究应如何改组,则法无明文,办理困难。迄至三十年五月始奉到部(社会部)颁《县各级合作社组社须知及章程准则》,爰据以制定《四川省县各级合作组织实施办法》,令饬各县遵照实施,期于五年内,将县以下各级合作社一律组织完成。除旧制合作社不计外,依照新制成立之合作社,三十年度,计乡镇社十四社,保合作社三十六社,专营合作社八十四社。三十一年度,计乡镇社九十社,社员二万九千六百九十人,保合作社五百六十一社,社员五万六千零一十人,专营合作社二万一千三百四十一社,社员一百二十七万七千三百二十一人,区联社一百八十六社,社员四千六百四十四人,此外尚有因贷款关系未经解散之假登记社五百五十六社,预备社一千四百五十七社。以言合作业务,本省各县旧制合作社,多为信用合作社,新制合作社则采兼营制,其业务范围,包括信用、生产、供给、运销、消费、公用、保险等七种,此为业务上重要之变革。以言合作股金及贷款数额,三十一年度计乡镇社股金七十万零四千三百二十二元,保合作社股金七百万双零四千九百四十六元,区联社股金二十二万九千二百一十五元,贷款累计达一万万二千二百万双零九千九百四十六元,收回累计为四千七百四十六万九千零二十四元,结欠为七千四百五十四万零九百二十二元。

九、兴修水利。本省近年以来,对于兴修水利,提倡进行不遗余力。一般民众以利之所在,亦至感兴奋。除各县利用农隙办理之小型水利工程不计外,以省水利局主办之水利工程言之,计分下列四种。一曰开渠,计共十三处,就中眉山、洪雅、乐山、三台、遂宁、金堂、彰明、峨眉、绵竹各一处,绵阳四处,已全部成者七处,完成百分之九十八者一处,完成百分之九十七者一处,大致完成者一处,完成百分之七十者一处,完成百分之二十者一处,约可灌溉田地二十二万一千二百亩。二曰筑坝,计共二百一十九处,就中新津、丹棱、射洪各一处,西充、潼南、绵阳、金堂、青神各二处,盐亭、茂县、乐至各四处,眉山、璧山各五处,安岳七处,大足九处,武胜二十处,仁寿二十五处,中江二十七处,南充二十八处,岳池六十八处,约可灌溉田地六万四千八百四十七市亩。三曰挖塘,计共二千四百四十七处,就中丹棱、遂宁、中江、绵阳各一处,盐亭三十三处,岳池三十七处,南江六十一处,眉山七十七处,乐至二百六十处,安岳四百四十二处,潼南四百九十九处,仁寿九百八十处,约可灌溉田地二十万零五千九百八十四市亩。四曰其他灌溉工程,计共十七处,所有工程均已全部完成,约可灌溉田地一万二千一百一十三亩。此外,建设厅主办之各县紧急防旱开塘工程尚未计算在内。省府为推行水利工作起见,复于三十一年四月将三十年度田赋征实之省级余粮三十三万石售与粮食部,计得国币三千四百万元,专款存储,拨充水利基金。又于三十一年八月与农民银行再四洽商,订立借款合同一万万一千万元,就中农民银行实借九千九百万元,行政院水利委员会拨借五百万元,省款拨借六百万元,共为一万万一千万元,以为兴修灌县都江堰、邛崃三桥堰、夹江永兴堰、乐江牛头堰、犍为清水溪、华阳沙河铺、乐山野坝堰、梓潼宏仁堰、江油女儿堰、彰明青莲堰、三台大围堰、三台东山六坝、巴县梁滩河、北碚黛湖、内江大小清流、德阳獐子堰、永川堵水坝十七处水利工程之用。此十七处水利工程现已着手进行,预计于三十二年六月至十二月即可完成,其裨益于农田当更深切者也。

十、保护及改良农林牲畜。此项工作系由省农业改进所主持,于各县则设置农业推广所负责办理。二十九年计设农推所者八十县市,三十年无增减,三十一年增设二十五县,现设有农推所者共为一百零五县市。所有业务,可分下列八端言之:(一)森林,计三十年育苗三百四十六万八千六百四十三株,三十一年育苗八百万株,三十年公路植树六十八万三千百七十九株,三十一年公路植树二十三万七千五百五十九株。(二)蚕桑,计三十年推广桑苗一千七百四十余万株,推广蚕种六十九万九十张,三十一年推广桑苗一千七百四十余万株,推广蚕种二十万零三千张。(三)畜牧兽医,内江、三台设有畜牧改良场,合川设有种猪繁殖场,乐山设有养鱼场,成都设有血清制造厂,计有牛瘟血清及猪丹毒菌液等出品二十余种。(四)稻麦,计二十九年推广小麦、豆类一百五十九万亩,三十年推广水稻良种五万五千三百六十九亩,双季计二千五百亩,再生稻十一万五千亩,春荞麦三万五千一百六十八亩,春洋芋三万四千二百零六亩。(五)棉花,计二十九年推广改良棉三百八十余万亩,三十年推广改良棉四十六万亩,三十一年推广改良棉六百余万亩。省府为推进农林畜牧起见,复于三十一年八月与川康兴业公司合组四川农业公司,将一部分农林畜牧业务划归农业公司办理,该公司成立未久,业务尚未开展。

十一、提倡及改良简易工业。省府为提倡及改良简易工业,曾设立四川省工业试验所及四川省棉纺织推广委员会主持其事。工业试验所设立时间较短,现已并入与川康兴业公司合办之四川省机械公司。棉纺织推广委员会亦已撤裁,原有业务并入省农业改进所继续办理。棉纺织推广委员会曾于嘉陵江及涪江流域分别设厂制造纺纱机、织布机及弹花机,并分批训练技术工人,从事于纺织机之推广。在此三年以内,计已推广七七手纺机三万七千零十七部、印度机八部、业精机一百部、手摇独轮机十万部、铁轮机四千余部、游滩机二千余部、放滩机二千余部、改良木机三千余部、棉花机五百余部,并指导成立小规模工厂五十九家、实验社及合作社共三十一社。工业试验所曾罗致专家,利用本省原料从事民生日用必需品之制造,该所计分有机化学组、无机化学(组)、电气化学组、分析化学组及电气机械组。各种出产品均极优良,只以限于经费未能尽量推广耳。

十二、办理警政。本省警政在前清末年已负盛名,自民国成立以还,以川多故,时张时弛,驯至陷于停顿。及实施新县制后,乃遵照院颁警察组织大纲,参酌本省实际情形,拟具具体办法,分年推进。以言建立县各级警察组织,首为扩充县警察局。过去设有警察局者,只万县、宜宾及泸县等三县。二十九年则增设内江、简阳及新都等三县警察局。三十年增设江津、乐山等二十二县警察局。三十一年增设彭县、巴县等九县警察局。以言充实各县警佐室,省府曾明定各县长警在五十名以上者设警佐室,不满五十名者只设警佐,无警察者不设警佐。计二十九年设警佐室者五十四县,只设警佐室者六十三县,无警察者十三县;三十年增设警佐室十二县,除北川一县外,其余各县皆设有警察及警佐。三十一年复增设警佐室十一县。以言设立区警察所,二十九年尚无区警察所之设置,三十年设立区警察所十四所,三十一年增设区警察所四十七所。以言乡镇警察分驻所,二十九年尚无警察分驻所之设置,三十年设立警察分驻所八十五所,三十一年增设警察分驻所一百三十一所。全省各县现有长警二万八千六百四十六人,警官二千六百七十七人。以言推进警察业务,首为自卫队改为警察队。此项工作,自三十年十月开始,现全省各县,除邻水一县外,均已改编完竣。计共有警察队二百一十队,长警一万七千一百一十人,警官一千二百二十八人。各县自卫队改为警察队以后,以运用较为灵活,对于地方治安颇多裨益。以言训练官警,本省曾于二十八年九月设立警察训练所,在此三年内已调训警官十三期,毕业九百二十三人;调训长警九期,毕业四百七十七人;调训警士六期,毕业一千五百五十人。省警察训练所已于三十一年一月与省会警察局警察训练所合并,组织较前充实,现仍继续办理中。以言组训义勇警察及义务警察,本省曾制定《四川省各级警察机关组训义勇警察及义务警察暂行办法》,令饬各县遵照实施,除少数县市外,其组训成绩,尚未显著。于此有应特为提及者,即成立水上警察局及犍乐盐区警察局。查过去本省水上治安,系由川江航务管理处兼办,三十一年奉命裁撤航务管理处,始于同年六月设立水上警察局筹备处,从事水警之建立。筹备期间,业已届满,水上警察局亦于三十一年八月正式成立。计第一期训练水警三百七十一人,已成立成都警察所一所,警察队侦缉队各一队,及乐山、宜宾、泸县三分局,江安等七分驻所。第二期训练水警三百五十八人,已成立内江、合川两分局及赵家镇等五分驻所。及犍为乐山所属之牛华溪、五通桥、竹根滩,均属盐区,地方治安,关关[系]极重,省府特于五通桥设置犍乐盐区警察局,现已开始筹备,预计于三十二年三月即可成立。

十三、组训国民兵队。县及各级国民兵队之组训，系由军管区司令部负责主办，业务推进，颇著成效。关于区、乡镇、保队者，已遵照《县各级组训纲要》之规定组织完成，全省各县现有区队二百二十九队，乡镇队三百六十九队，保队四万四千四百八十四队，甲班四十九万九千六百二十三班。先后训练国民兵四百四十四万八千七百九十九名。关于预备队者，系三十一年三月开始办理，现已成立三百零五队，盖以平时供应地方服役，战时担任补助军事工作为目的者也。在新县制实施以前，尚有常备队甲种中队一百二十七队，乙种中队九十五队，独立分队九十九队；又后备队二百七十六中队，自卫队中分队若干队。新县制实施以后，常备队及后备队均先后奉命停办，自卫队则改为警察队，移归县政府直接管理。

十四、推进卫生。本省卫生工作，过去缺乏基础，二十八年始成立卫生实验处负责推进。及新县制实施以后，经两年来之努力，进步甚速。以言建立县各级卫生机关，首为县卫生院所。依照院颁《县各级卫生组织大纲》规定，应每县设一卫生院，每区或数区设一卫生分院，每乡镇设一卫生所，每保设一卫生员。现全省各县，计设县市卫生院八十一院，区卫生分院十二院，乡镇卫生所十六所，保卫生员三十人。次为县卫生辅导机关。现设中心卫生院三院，公共卫生训练所一所，卫生材料厂一处，传染病院一处，公立医院一处。公立医院系与国立中央大学医学院合办，业务发达，颇有可观。次为县卫生□□机关，现设边区医疗队六队，边区医疗分队两队，于边区各县卫生院所正式成立后即行撤销。以言实施卫生业务，首为医药救济，计各县卫生院所治疗四十八万七千二百二十七人，各边区医疗队治疗八万九千三百三十一人。次为学校卫生，治疗四十一万九千六百四十九人，健康检查十三万七千四百五十一人，缺点矫治二十一万四千二百七十七次。次为妇婴卫生，产前检查一万四千四百次，接生六千四百四十八人，婴儿检查一万双零九十一人，育婴指导一万五千六百三十三次。次为环境卫生，水井改良四百四十二口，消毒一万零三百八十次，厕所改良一千八百八十八所，消毒三万七千一百二十五次；公共场所卫生指导三万双零六十七次。次为防疫，预防注射六十八万九千三百五十五人，种痘六十六万五千二百二十八人。次为卫生教育，候诊谈话五万九千零十三次,集合讲演二千零四十四次,壁报六万一千八百三十一张,散发传单三十二万九千八百六十四张。

十五、调整县界。本省各县疆域颇多凌乱,插花飞地,不一而足,加以面积广狭至相悬殊,小者如新繁仅一百五十一方公里,大者如平武达万六千四百四十方公里,其他边县亦多在一万方公里以上。此种不合理之行政区划,对于自治推行甚感不便。省府爰于新县制实施以后,遵照院颁《省市县勘界条例》及《县行政区域整理办法大纲》,参酌本省实际情形,制定《四川省整理各县插花飞地办法》,令饬各县切实遵办。其实施结果,以言划界,计二十九年核定调整地段四十六处,三十年核定调整地段九十一处,三十一年核定调整地段一百四十八处。以言增设县治,计已由平武析置青川县,由屏山析置沐川县,由广元析置旺苍设治局,由涪陵析置武隆设治局,及三峡实验区改为北碚管理局。业已定案即可设治者,为由松潘析置之兴中设治局及麦桑设治局。尚未定案者则有由巴中析置之江口县,由酉阳、秀山析置之利农县,由通江析置之平溪设治局,由南江析置之焦河设治局,由高县析置之博爱设治局。

以上为本省两年半以求实施新县制之成绩,语为不详,挂漏自多,举如垦殖荒山荒地、修筑县区及乡镇道路、架设电话网、推进建仓积谷、设立救恤机关实施救恤工作及其他福利事业、指导及监督民众团体、推行新生活运动、举行国民月会,均无不次第举办,著有成效。顾以限于篇幅,均从省略。他如自新县制实施后,奉命办理征兵、征实、征工及其他国家行政,又无不成绩斐然,甲于他省,容当著为专文,藉供商榷。

三、实施新县制之检讨

吾人叙述实施新县制之成绩既竟,请更进一步就两年半实施新县之体系,作一自我检讨自我批评。惟于此应为申明者,前节所引材料,悉出自各有关机关之供给,本节所述则以笔者个人体认所得为最多。一孔之见,未见其是,读者进而教之,是所厚幸。本节拟分左〈下〉列三端言之。

(一)实施新县制亟待切实推进之工作。本省自实施新县制以来,业经办理完成及现在推进之工作,已如上述。吾人平情以思,其具有良好成绩者固多,然仍有若干工作,尚待切实推进,且必改变作风,始合于新县制之要求。

首就尚待切实改进者言之。举例以言,如推行国民教育,经教育当局两年来之努力,已办到每乡镇有一中心学校,每三保有国民学校两校,入学儿童及成人,较之未实施新县制以前,已增加一倍以上,在数量上固无间然,然如进一步观察,教师果足胜任乎?教材及一切应有设备果皆充实乎?已入学之儿童及成人果获受教之益乎?如曰未能,则是推行国民教育尚应切加改进也。又如清查户口,自二十四年川政统一以还,已先后办理四次,尤以第四次用力为最多,然如就彭县、双流、崇宁三县普查结果作一估计,各县隐漏户口,当在百分之五以上,此又有待于举办全省户口普查以期彻底改进者也。次就尚须改变作风始合于新县制之要求者言之。举例以言,如整理土地,无论其为土地测量及土地陈报,依照《地方自治开始实行法》、国民政府《建国大纲》及最近院颁《地方自治实施方案》,皆属地方自治重要业务,允宜由县与乡镇自治团体自行举办,省府仅负设计指导及考核之责。顾在事实上,则概由省代谋,人员由省派,经费由省负担,衡诸地方自治之义,似有未洽,此一事也。又如改良农业及提倡畜牧,各县所设之农业推广所,一切秉承于省,几与各县县政府了无关涉,以致业务推行,颇受影响,此又一事也。凡此皆应切实改进以求合于新县制之要求。今且进而论述实施新县制亟应推进之工作。

甲、组训民众。组训民众为实施新县制第二期中心工作,具载省《实施县各级组织纲要三年计划大纲》,兹不赘述。以组训民众为第二期中心工作者,良以实施地方自治,须本于民众之自觉自动,必如何而后自觉自动,则应自组训民众。申言之,即必由民众之自管自教自养自卫,进于自管管人、自教教人、自养养人、自卫卫人,然后始能由纯然之官吏。进于真还之民治。以此省府对于此事极为重视,特设新县制辅导会议,制定《组训民众实施办法》,明令各县切实实施。然以笔者调查所得,本省各县市现正办理此项组训者,惟一示范县之彭县及一非示范县之崇宁,其他各县则皆置而未办。其未办理之理由固多,然以新县制之实施则殊未尽其应尽之能事。至办理组训之法,前颁实施办法规定綦详,语其要义,不外五端。过去各种训练,纷然杂出,殊鲜成效。此次训练,则将公民训练、成人教育、国民兵训练及生计教育镕冶一炉,即所谓四训合一者是也。此其一。训练对象,为年在二十岁以上四十岁以下有恒产及业务之男子，且以户为单位，每户先训练一人。此其二。训练阶段，计分为二，一为基本训练，一为专业训练，前者即自管、自教、自养、自卫之训练，后者即管人、教人、养人、卫人之训练，且必基本训练完毕以后，始进于专业训练。此其三。此项训练，皆利用农隙为之，以两月为期，每户训练一人为度。此其四。所有训练教师、训练教材、训练场所及其他一切设备，均利用中心学校国民学校之已有设施，不必另为筹谋。此其五。此种计划，在省府设计之始，已别具苦心，如各县即此不图，则不但自治无一完成，即在官治，凡所以利用民财民力者，亦将无所措手足，此不能不有待于今后之积极推进也。

乙、推进户政。户政不但为地方自治必要之图，且为一切施政之本，前已言之。顾所谓户政，不仅限清查户口之一端，必也于户口清查完毕以后，赓即办理户口异动登记，庶几一省一邑之户口，得永久保持其正确。以此，省府特于《各县整编保甲清查户口实施办法》规定，各县每一乡镇，于其户口清查完毕之次日起，应即接办户口异动登记。除颁行各种登记办法外，为加强工作效能及督促居户自动呈报起见，复制定《四川各县办理户口异动登记分级考核办法》及《各县居户违反户口异动登记处罚办法》，令饬各县认真执行。第自施行迄今，据报办理此项登记者，已达一百三十九县市，其用力不可谓不勤，然究其实际，则大多虚应故事，有名无实，瞻望前途，不胜惶悚。今者中央已于内政部设立户政司，本省亦于民政厅应设立户政科，各县则早经于县政府设立户籍室，各乡镇设置户籍干事及户籍助理干事，各保由保长兼负户籍责任，各级户政机构已可谓相当周备。且各县户政经费，并不十分拮据，而其所办理，又为保甲户口异动登记，而非户籍及人事登记。前者费省而事简，后者费多而事繁。即此至省至简之事，各县亦多漠然置之，不为认真办理。舍此以外，实无新县制之可言。不但实施新县制如此，即衡之旧县制，古今中外，亦无不以整饬户政为根本必要之图。此推进户政不能不有待于今后之特加努力者也。

丙、建立乡镇。在实施新县制以前，县以下之组织，系采五级制。新县制实施以后，则改为县与乡镇二级制。县以下之组织，既仅为乡镇之一级，如谓县为地方自治之单位，则乡镇不啻为单位；如之单位谓县为建设中华民国之础石,则乡镇不啻为础石之础石。此理至明,无待烦言。顾本省实施新县制已逾两载,新县制惟一依托之乡镇,其组织、人事、财政及业务,果已完全建立乎？籍曰未能,尚有待于今后之努力。今请论述建立乡镇之要点如左〈下〉：

子、建立组织。乡镇为地方自治团体,依照国父遗教及现行法令,有其必不可少之两种机关,一为执行机关,即乡镇公所,一为意思机关(一种议事机关),即乡镇民代表会。即镇公所之乡镇长副,及乡镇民代表会之代表,均出于民选,皆可称为民意机关,但通常则专称乡镇民代表会为民意机关,此之所谓建立组织,即兼指乡镇公所及乡镇民代表会而言。就目前情形言之,以言乡镇公所,不但乡镇长制尚未出于民选,自非新县制所谓民意机关,即现行乡镇公所组织,除少数地方外,均无不分设民政、文化、经济、警卫四股,全部职员计达十余人之多,然夷考其实,果有分设四股之必要乎？各级职员,多属兼任,果已尽其应尽之责任乎？吾人观感所及,第觉其组织庞杂、大而无当、兼职有人、办事无人而已。以言乡镇民代表会,省府已于半年前制定乡镇以下各级意思机关法规,并明定程限,令饬各县切实遵办。据报定于三十一年十二月以前成立乡镇以下各级意思机关者,计达七十二县市,查其内容,仍多敷衍塞责。不但民众不知何故须成立此种意思机关,即在办理此事之各级干部,亦多奉命而行,不悉所以成立之由。为今之计,各县即查照省颁各种法规,细心体会,先分户按甲,依法举行公民宣誓完竣,再依次召开保长会议及保民大会,保民大会具有成效以后,再由各保选举代表成立乡镇代表会。俟乡镇民代表会办有成效,然后依法选举乡镇长副,成立执行机关之乡镇公所。所谓建立组织者,如是而已。其手续固繁,然其事至简,且一切进行办法,详载省颁法令。其成绩之良否,要视其吾人努力之程度如何为断。抑有进者,本省各县市局临时参议会,尚系一种过渡的民意机关,且自县参议员以迄于乡镇民代表均未实行资格检验,吾人均应遵照中央法令,一面从事县参议员及乡镇民代表之检验,一面次第改组各县乡镇民代表会,进而成立县参议会,地方自治机关之工作,于此始告完成。是建立乡镇组织,又不啻将来完成县地方自治之序幕也。

丑、建立人事。目前各县乡镇人事,尚未臻于健全,事实俱在,毋庸为讳。考其所以不克健全之由,其道甚多,最大因素,则在乡镇组织尚未彻底建立,所有乡镇公所人员悉由政府委派,且缺乏民主的监察机关,即乡镇民代表会,以致一般自好之事,多薄乡镇长而不为。加以乡镇长权力过重,政府监督难周,苟非绝对贤良,鲜不擅作威福,为所欲为,坐是乡镇保甲成为怨府,而一般自好之士,更避之若浼,不复措意。政府则以国家行政及自治行政,皆须假手乡镇保甲,势必对于用人行政多所迁就,以是乡镇人事愈不可问。此世之谈乡镇保甲者,不曰为者不贤,即曰贤者不为,谤齮繁兴,非无故也。故以言建立人事,亦必自建立组织始。乡镇组织既已建立,则乡镇长出于民选,向之不愿受政府委派者,今则出诸乡里推戴,或将感于敬恭桑梓为其应尽天职,一经推选,即毅然出任艰巨而谋有以造福乡里也。不宁惟是,乡镇民代表会既已依法成立,不但对于乡镇公所消极的尽其监察之责,且将更进一步对于乡镇事业积极的协助推行。凡兹所言,诚不免于陈义过高,希望过奢,然既欲实施新县制,完成地方自治之建设,舍此以外,别无他道也。

寅、建立财政。乡镇为公法上之法人,自有其独立之财政。与县为法人者同。《县各级组织纲要》特将县财政及乡镇财政定为专章者,即以此也。然所谓乡镇财政,考诸纲要规定,殊为空泛。如所谓依法赋与之收入,在县、乡财政尚未实行划分以前,殆无其事;又如乡镇财产之收入,各乡镇原有财产,自经二十五年由县统收统支以后,已无乡镇财产之可言;又如乡镇公营事业之收入及乡镇民代表会决议征收之收入,前者可谓绝无仅有,后者则以乡镇民代表会尚未成立,摊筹派募,固所常见,然至无所谓合法之决议征收。故以前各乡镇财产,惟一可靠之收入厥为乡镇公所行政经费,悉出于县政府之补助;且在边远贫瘠各县,即此仅有之补助费,亦不克按月发给,更无论于乡镇事业经费矣。吾人以为不欲建立乡镇则已,如欲建立乡镇,则莫重于乡镇财政之建立。建立乡镇财政之法有二。(一)实行划分县、乡财政。县、乡财政应明确划分,此在理论上,固无可议,但在事实上,必须如何划分,始不至影响县财政,尚须切实检讨,俾期兼顾。比者曾就各县财政详为考究,如依某项标准实行划分县、乡财政在现时财政状况下,计有二十余县,不但划分县、乡财政对于县财政毫无影响,且在于划分以后对于县财政反多裨益。此项计划,现正交付审议,一俟审定便付之实施。(二)实行乡镇造产。顷者乡镇造产办法,已由中央颁发到省,省府亦据以制定《四川省各县市乡镇造产实施细则》。各乡镇造产事宜,由乡镇公所组织委员会办理,以林垦公耕为其重要业务,而以分期经营为其进行原则,俾期(甲)由零星荒地之开垦,达到全乡镇野辟民足;(乙)由每户利用隙地分年植树,造成乡镇公共林场;(丙)由每保创设保公田,实行公耕,造成乡镇公共农场;(丁)由提倡农村副业,造成乡镇公共畜牧场;(戊)由提倡家庭手工业,造成乡镇简易工艺厂。且将实行行道树保有制,以其收益,作为全保自治经费之用。(三)清理隐漏公学产。各乡镇原有公学产,虽已由县统筹,然据调查所得,为私人隐漏侵占者仍属不少,并以年湮代远,不易清查,苟能询诸乡老,不难得其端倪,并在检举者之不畏强权,主持其事者之正直无私,方能有所收获耳。凡此所言,仅其大略,建立乡财政之大道,自不限于上述三途。比阅报载,行政院会议已通过《整理自治财政纲要》等五种办法,今后各县既遵循有自,当可痛下功夫,力求所以彻底实行也。

　　卯、建立事业。乡镇应办之事务有二:一为固有事务,即自治事务;一为委托事务,即国家事务。何谓自治事务,一见于《地方自治开始实行法》,再见于国民政府《建国大纲》,最近院颁《地方自治实施方案》规定尤详。自纯理言之,乡镇办理之事务,应以自治事务为主,国家事务为从。顾在事实上各乡镇办理之事务,则多为国家事务,而于自治事务,类多忽视。盖各乡镇习于被动,且国家事务,多属限程计功,遂以为应付功令为其惟一之职责也。加以乡镇组织尚未完全建立,所有国家事务,多以硬性出之。乡镇保甲之成为怨府,此其一因。此有识者所以慨然于推行自治其名,而实行官治其实者也。即就两年来推行自治事务具有成绩之国民教育言之。近且因乡镇中心学校直隶于县政府,中心学校校长又一律改为专任,一若乡镇公所与国民教育无关,期其如前此之努力,殊不可能,良可慨已。窃以为自治事务项目甚多,举凡清查户口、整理土地,以迄于肃清烟赌、实行新生活,无一而非最切要之工作。乡镇人员有限,经费亦属无多,要在考察各地实际需要,而又为一乡一镇人力财力所可为力者,择其一种或数种,明定实施办法,分期完成。即每家多植一树,每甲多养一猪,每保多开一渠,每乡镇多筑一路,无一而非地方自治应有事务，初不待于他求也。至国家事务，又无一而不与抗战建国有关，自应努力将事，俾底于成。然如因事属国家行政，遂弗克顾惜民力，一意孤行，甚且以为能完成此项事务，即属乡镇惟一之职责，则又大误特误。是不可以不翻然改图，力求自见者也。

丁、改进各级合作社。如前所述，本省合作组织颇具规模。惟自《县各级合作组织大纲》及《县各级合作社组织须知》施行以来，举凡合作社之区域、社务及业务，均与原有合作社迥不相同，自非彻底更张，不足以资适应，以此省合作事业管理处特定实施办法，分五年改组完成。查建国首要在民生，推行地方自治亦以养为根本之图，养民之法固多，要以合作组织为其必要方式，国父所谓自治组织即经济组织，即以此也。准是，新县制下之各级合作社，应如何缩短改组限期，如何充实合作内容，如何发展合作业务，关系极巨，不能不有待于今后之努力。惟以言推行合作，窃以为有应注意者数事。各县合作指导组织，不但应纳入县政府组织之内，且须设法建全乡镇公所经济干事，指导乡镇、保合作社之责，由经济干事负之，县合作指导员只负责指导县区合作社联社。盖必如此，始能运用灵活，且不至多所耗费也。此其一。本省过去为统筹合作经（金）融起见，曾于省县分设合作金库，资金来源，由省府与农民银行共同负担，今则省府已退出合作金库，改由农民银行独资经营，且在资内各县合作社，又由中国银行投资，此种合作金融与合作行政，了无关涉办法，是否相宜，实有考虑调整之必要。此其二。合作业务部门至多，过去以信用放款为主，固有问题，即在新县制合作社，概采兼营办法，亦殊空疏。良以四川乃一农业省份，参加合作组织者多属农民，省府为改进及推广农业起见，曾分设主管机关，负责进行各级合作组织，如不克与农业生产、加工、运销紧相配合，则无论独营、兼营，皆将失所依据。此其三。上述三点，如不切加改进，则各级合作组织推行愈力，流弊愈大，此不能不有待于省合作主管机关特加注意者也。

戊、加强自卫。本省各县治安，经锐意整饬，已较前良好，然以言警卫组织，则颇庞杂。就保安团队者言，省有保安团，各专员区有保安大队，各县有保安中队及分队。就警察组织言，各县均设有行政警察数十名至数百名不等。且已有少数县份设置区警察所,及乡镇警察派出所。此外,尚有由自卫队改编之警察队,在现阶段为一种武装警察,亦即保安警察,各县至少为一分队,至多为三中队。就警备组织言,各区多设有警备队,各乡镇则皆设有警备班,所有队员,悉由各保国民兵抽调而来,且有少数县份集中县政府使用,以补警卫力量之不足。准是以言,各县警卫组织,已可谓相当周备而健全。但就实际情形言之,保安团队系属正规军队,以之扑灭股匪则有余,以之清剿零匪则不足。行政警察不但(设)置未能普通,且力量薄弱,以之维持城区治安尚嫌不足,更无论于剿匪。武装警察复以改编未久,尚未十分健全,且在装备上、人事上均有问题,各县能充分用以维持地方治安者,殊不甚多。就个人考察所及,各县唯一可恃之警卫实力,厥为区警备队及乡镇警备班。查其实际,此项组织,问题仍多。如粮饷出于各保自筹,一也。枪弹出于绅户借用,二也。只有勤务而无训练,三也。队员借口服务地方,例不应征兵役,四也。其有不肖区乡镇长引为爪牙,利便私图,地方安宁秩序,遂不可问。窃以为维持地方治安,固有赖于保安团队及警察组织,然在各地并无股匪之现状下,维持治安之法,亦至简易。即严密保甲组织、彻底清查户口,切实办理户口异动登记、实行联保连坐,则内匪虽多,何由隐藏。此其一。同时厉行民枪登记烙印,训练民众,组织民众。并实行联防会哨,一家有警,全甲赴之,一甲有警,全保赴之,甚至一保一乡有警,全乡全区全县赴之,则外匪虽多,从何而入。此其二。如不此之图,而惟事地方武力之无限扩充,不但地方财力有限,有时而穷,且多一地方供养之人,即多一乡里寄生之蠹,人人皆不耕而食,势将无以善其后。此又忧时之士所应特加注意者也。至警备班之组织,在此过渡时期,或有必要,亦应明定办法,严加管教,且必限于冬防时间临时召集,并须与乡镇集训同时并举,以期兼顾。

己、推广卫生。新县制之所谓卫包含警卫与卫生两者而言,本省过去卫生工作,缺乏基础,自新县制实施以后,虽经卫生当局努力推行,然值此抗战期间,不但外国药品机械已无来路,即训练卫生医药人才,亦属缓不济急,坐是推广各级卫生组织,颇受牵制。以个人所见,在此困难情形之下,似不妨别辟蹊径,藉图补救,语其大要,不外四端。(一)保健重于治疗。盖与其多设卫生院所注意疾病治疗,毋宁普及卫生常识,及从事防疫、种痘等事前保健工作,前者费多而效微,后者费省而效大,此凡言卫生者类能道之,固无待于烦言也。(二)事业重于行政。目前各县卫生机关,以药品来源缺乏,颇有事少人多之样,似应裁减人员,以其经费移作购置药品之用。如谓此类人员,不便置之闲散,自不妨挹彼注此,或别组巡回医疗机构,或移以扩充乡镇卫生组织。(三)中西医药并重。我国医药,有其数千年之历史,自属未可厚非,且寸有所长,尺有所短,西医之所短或即中医之所长,似不妨加强中药组织,慎选中医人才,别组教育机关从事培育助长,此不但足以补救目前西医西药之穷,即保存国粹,发扬国粹,亦所应尔者也。(四)推进妇婴卫生。我国妇婴死亡率之大,至足惊人,故推进妇婴卫生实为必要。惟推进之法,似不应专以西法接生为限,据个人所知,我国旧式产婆,几无地无之,所感缺乏者,为新式技术及卫生常识,如能甄录是项产婆,施以短期教育,其裨益于国利民福者,自必甚大。凡兹所陈,或近臆说,然一得之愚,未始不可为推广卫生之一助。

(二)展期完成新县制各县亟待推进工作。如前之所述,本省尚有二十三县局,因地处边陲,或则人力财力均感缺乏,或则地方情形殊非单纯,如求与腹地其他各县齐头并进,实所难能。于是呈奉中央核准,分别展缓一年、两年或三年,完成新县制之实施。但在此展期完成新县制之县局,仅属时间上之缓展,并非置新县制之工作于不顾。各该县局长,如能深知新县制之重要,不因延展限期,有所推诿,固属国家之福。即使确有困难,窃以为对于左〈下〉列各事,亦有提前办理、赶速完成之必要。

甲、发展交通。国父有云,交通为文明之母。其以发展交通列为地方自治开始实行法七大工作之一者,盖以此也。查本省边区各县,因山岭重叠,交通困难,以致文化落后,物资匮乏,甚且凭恃险阻,资为乱阶。此而不图,不但新县制无法推行,即地方安宁,亦将永无保障,故发展边区交通,极为切要。通常所谓交通,不外二端,一曰电讯,二曰道路。就前者言之,省府已于重要各地设置无线电台,所待逐步完成者,则为县与县间之电讯,县与乡镇间、乡镇与乡镇间之电讯(在此电讯器材极端缺乏之际,电讯网之构成自属不易)。就后者言之,省府近年对于十六区之开发,极为重视,已拟定建筑南北干道计划，即可见诸实施。第在其他边区，则付阙如，尚有待于各区各县之自行统筹，利用农隙，逐步推行。庶几大好河山，不致长久等于封镇，其裨益于国计民生者，又不仅一区一县而已也。惟是建筑省道为一事，建筑县道、乡镇道又为一事，即使省道需费过巨，无由着手，而建筑乡镇道路，则县政府及乡镇公所，自应视其力之所及，切实进行。且县、乡道路，非必皆为公路建筑，如能将原有道路，截湾取直，略予展宽，原有桥梁涵洞，征工征料，稍加修葺，则车可方轨，马可并骑，货畅其流，无虞梗阻。且事至简而效宏，各县初不待省府之严加督饬始行办理也。

乙、开垦荒地。边区各县，荒地甚多，据调查所得，本省荒地约可分为九大区域，共有荒地六百二十五万一千二百亩，可垦地约二百一十八万七千九百二十亩，且多为熟荒。以平武、北川两县而论，即有熟荒达三十万亩之多。依照《督垦荒地大纲》所定，公荒应由人民或团体承领开发，私荒应由县政府及垦区管理机关督促荒地所有人复耕或垦殖。省府且于雷、马、屏、峨，北平及东西山分设垦务管理机关，督饬进行。而私人组织之垦殖社团，亦达四十余单位。可见省府对于边区垦务，甚为重视。各县应即懔于宝藏兴焉之义，积极从事荒地垦殖，则利之所在，人争趋之，可无待于多所顾虑也。又据个人所知，前万源县政府曾实行乡镇荒地公垦，以半年来之努力，各乡镇已垦荒地一百亩至五百亩之多，此亦应予特加提及，用资则效者也。

丙、推进国民教育。教育为立国根本，教育不兴，则不但无论办理何事，皆有才难之叹，且地方文化落后，欲期民俗敦厚，亦殊困难。国父以兴学校列为地方自治开始实行方法之一者，盖可深长思之矣。据个人所知，边区各县以雷、马、屏及松、理、茂、懋、靖、汶汉夷杂处，推行国民教育，至感棘手，省府似宜制定边区教育推行办法，逐步施行。私意以为首应注意者，国民教育系属地方自治事业，省府予以统筹规划则可，似无须特在边区设置省立小学及其他文化机关；次为师资，如边区师资，由内地移植，将以不甘辛苦少留即去，似应就地设置师资训练机关，从事培植，俾能久于其任；次为学制，边地情形特殊，不但夷民视学校为畏途，即在汉人子弟，亦多不愿读书，似应对于现行学制酌加变通，以期适应；次为教材，现行教材，用于内地各县，已嫌扞格，边区语言复杂,如一律适用现有教材,且必强其应用汉文,自必更多困难,似应另篇适宜教材,且须汉夷文字同时并用,俟其相习,再谋更张;次为经费,边区各县财力有限,即全部用以办理教育,亦感不胜,似应优予补助,并明定奖励办法,寓补助于奖励之中,庶几款不虚糜,成效克彰。凡此种种,当在教育当局统筹之列,实无待于赘言也。

丁、整饬户政。本省各县户口,早经清查完竣,并已接办户口异动登记,已于前述。考其实际,颇欠确实,尤以边区各县为较差。论者多谓边区各县汉夷杂处,地旷人稀,办理户口清查,殊为不易。个人所见,则与此相反,惟其汉夷杂处,地旷人稀,对于户政推行,更不可忽。国父以清查户口列为地方自治开始实行首要工作,其意实在消极的调查公民以为立机关之张本。盖户政为一切施政之本,以言地方自治,舍此更无他道也。边地各县,允宜特加注意,直起急追。一切实施办法、法令、规定至详,为政不难,力行为难。能否办有成绩,要视各县之认识如何及力行如何以为断。

戊、整理土地。本省边区各县,除一二县份外,不但土地测量未举办,即土地陈报亦未实行。论者多谓边区各县地属不毛,出产无多,加以山峦起伏,地形复杂,对于地政推行,甚感困难。此种谬见,与上述推行户政,正属相同。盖惟其地属不毛,出产无多,有待确定产权,积极开发,且不妨先土地陈报,纵使山峦起伏,地形复杂,亦属无碍。且吾人深信,办理土地陈报各级人员,已具有适当经验,以之推行边地地政,必能以至简至速之法加意推行,事半功倍,可立而待。苟及此不图,须留俟全省土地陈报结束以后,始行举办,则经费无出,人才难得,其结果如何,有非吾人所即可得而知者矣。岁不我与,时节如流,边地各县,曷起图之。

己、办理警卫。本省边地各县,不但汉夷杂处,治理为难,且凡在腹地不克自立之辈,多遁入边地,借资掩护,加以烟毒尚未肃清,烟匪往来,动滋事端。故以言边地治安,要有三患。一曰夷民。汉夷情感未洽,由来已久,夷民捆劫汉人,时有所闻。以言畏威,政府几无威可畏;以言情德,政府亦无德可怀。汉夷相恃,势成僵局。窃以为治边之道无他,惟孔子言忠行笃敬一言,足以蔽之。如何化除汉夷轸域,融为一体,斯则有司之责,不可以不注意也。二曰流氓。查流氓之恃为护符者，厥为哥老，而哥老之得以横行者，厥为纪纲废弛，正气莫伸。窃以为，管教流氓，莫要于抑制哥老；与其抑制哥老，则又莫如整饬政府纲纪，伸张地方正气。如何整饬政府纪纲，伸张地方正气，此又有司之责，未可掉以轻心也。三曰烟匪。自来有烟之地必有匪，有匪之地必有烟，烟匪相结，其势遂甚。但就笔者考察所及，禁烟仍先治匪，烟不禁则匪不尽，匪不尽，则烟更不可禁矣。顾世之谈边地禁烟者，动曰，种烟者夷民，夷民性悍不可制。吾人试平情以思，果种烟皆为夷民乎？人曰，如禁止夷民种烟，则彼辈生活无着。吾人试平情以思，夷民如不种烟，果无生计乎？在禁烟未废弛以前，夷民又何所恃以为生乎？在禁烟废弛以后，边地之骄奢淫佚，盖所不用其极者，汉人乎？抑夷民乎？或又曰，禁止夷民种患。吾人试平情以思，今之以枪弹易烟、以白银易烟者，不啻太阿倒持，授人以柄，将来边患烟，势将引起边之烈，不更甚于今日乎？凡此皆边地之大患。以言办理警卫，则又不仅上述肃清内匪及捍御外匪之法，所可尽其应尽之能事也。

（三）实施新县制应行改进点。笔者对于新县制之推行，已不惮词费，多所编列。今且进而检讨过去，策划将来，就个人体验所得，提供实施新县制今后应行改进各点，以卒本文。

甲、国家事务与自治事务应切实划分，并请明定监督自治之法。个人曾谓新县制体大思精，本末兼赅，不但施诸中国今日而相宜，抑且放之天下后世而皆准。惟是依照《县各级组织纲要》所定，县与乡镇同为自治团体及公法上之人格者，其所办之事务，自以自治事务为主，国家事务为从。换言之，即以固有事务为主，委托事务为从。故在《组织纲要》第八条规定："县设县政府，置县长一人，其职权如左〈下〉：一、受省政府之监督，办理全县自治事项；二、受省政府之指挥，执行中央及省委托事项。前项执行中央及省委托项，应于公文纸上注明之。"又同《纲要》第二十条第一项规定："所有国家事务及省事务之经费，应由国库及省库支给，不得责令县政府就地筹款开支。"法文深切著明，已属了无疑义。且也《地方自治实施方案》，已奉中央明令颁行，何者为自治事务，何者为国家事务，界限至明，不容假借。顾在事实上，国家事务与自治事务，仍属混而不分，驯至自[治]事务，多由中央及省府越俎代庖，甚且所需经费,亦由中央及省府负担,所有人事亦由中央及省府直接支配。此其一。坐是一般浅见者流,遂谓各县现所举办理,皆为国家事务,而非自治事务,不但不为协助,甚且肆意诋毁,必欲根本废置而后快。此其二。长此以往,不但自治事业,无由发展进行,即自治观念,亦终无养成之一日,充其极不过成为官督民办之一种进步的官治,而非真正之民治。此其三。有此三点,吾人主张今后依照《各级组织纲要》及《地方自治实施方案》所定,将国家事务与自治事务截然副[划]分,并于公文纸上注明何者为国家事务、何者为自治事务。如属国家事务,所需经费,应由国库及省库支给。如属自治事务所需经费,则由县库负担,倘有不足,可依法由国库或省库酌予补助。盖必如是,始合于新县制之规定;且必如是,则推行地方自治,责有专属,省府据以考核殿最,始能有所依据也。抑有进者,中央为推行新县制起见,曾设置县政计划委员会,拟订各种实施办法,先后颁发到省者,已达五十余种之多,用力之勤,无出其右。但详查各种法规,对于监督自治之法,独付阙如,似属美中不足,尚待补充。以推行地方自治,无论古今中外,有绝不可少之两种根本法规,一为自治事务之范围,一为自[治]事务之监督。前者,即地方自治实施方案,已奉中央明颁令行,足资依据。后者,则仅散见于各种单行法规,而无可为准据之具体办法,谓为美中不足,似非过言。此不能不有待于中央之详为规划,早赐颁行者也。如地方自治之监督,遵循有自,庶不至如一般论者所云,自治即自主,自治即分治矣。

乙、县级机关骈出、事权纷杂,应重加调整,并请明定裁并之法。依照《县各级组织纲要》所定,县政府之组织,已属相当充实,且鉴于过去滥设机关之弊,特于《纲要》第十四条第二项明定:"县政府组织规程所无之机关,不得设置。"殊自新县制实施以还,就县政府组织而论,已达八科、六室及一部、一处之多。所谓八科者,即民政科、财政科、教育科、建设科、军事科、社会科、地政科及粮政科。所谓六室者,即秘书室、户籍室、警佐室、合作指导室、会计室及统计室。所谓一部者,即国民兵团部。所谓一处者,即地方税收经征处。县政府组织而外,为办理田赋征实,则有田赋管理处。为办理农业推广,则有农业推广所;为办理度量衡检定,则有度量衡检定所。此外奉命设置,或各县自行设置之各种委员会,尚不与焉。机关骈出,则事权纷歧;事权纷歧,则每遇一事,非消极的互相推诿,即积极的彼此争执。行政效率,殆不可问。中央有鉴于此,曾一度于二十九年三月颁发调整原则,令饬各省切实遵行,省府亦据以制定《调整各县地方行政机构及县长兼职办法》明令裁并。无如裁并者少,增设者多,以罗掘俱穷之财政,养此有增无已之冗员,事之不智,无逾于此。惟是究应如何裁并,始于法理、事实,双方兼顾,则事关全局,有赖统筹;而统筹之权,不在地方,而在中央。此又不能不有待于中央明定裁并之法,俾期有所循率也。

丙、县、乡财政应实行划分,并请明定划分之法。如前所述,乡镇既为公法上之法人,自应有其独立之财政收入。第在目前乡镇财政,依照《县各级组织纲要》所定,则殊渺茫。以言乡镇造产,能否顺利推行,固属问题;即能顺利推行,亦非吹糠见米,立著成效。以言清理隐匿公学产,各乡镇公学产有无隐匿,尚不可知;即间有隐匿,亦须相当时日,始能化私为公。以言就地摊筹,则事涉苛扰,有干禁令;即能依法由乡镇民代表会决议征收,吾民能否负荷,亦须考虑。故惟一建立乡镇财政之法,除实行县、乡镇财划分外,固无善于此者也。惟是乡镇财政究应如何划分,始能并顾兼筹,则事关中央立法,省府越权筹谋,实多不便,此不能不有待于中央明定划分县乡财政之法,俾于实行之际不至多所瞻顾也。至吾人一再以划分县、乡财政为言者,盖以乡镇为县以下惟一之基层,且同为地方自治团体,为公法人,如不此之图,则乡镇永难建立,新县制之实施,将等于空中楼阁,无所凭借。若夫财之与政,自属相辅而行,乡镇财政究应如何管理监督,《县各级组织纲要》第四十四条已有设置乡镇财产保管委员会之规定,允宜详定办法,明令施行,当不至如一般论者所云,致启中饱侵蚀之渐者也。其次,乡镇既有其独立之财政收入,应否成一单位概算,抑且纳入县级概算之中,《县各级组织纲要》第四十五条已规定至明,即乡镇财政收入,应由乡镇公所编制概算,呈请县政府审核,编入县概算。此种办法,系于单位概算之中,仍寓由县统筹之意,据此以行,自无虞于困难也。

丁、民众组训应即加紧办理,并请明定四训合一之法。民众组训为完成一切自治条件之动力,其详已于前述,兹不复赘。但欲求费省而事举,则舍四训合一,别无办法。盖同属民众,以言自治则有公民训练,以言教育则有成人教育,以言自卫则有国民兵训练,以言生计则有生计教育。此亦一训练,彼亦一训练,行见无所适从,不堪其扰。复因主管机关不同(公民训练属民政厅主管,成人教育属教育厅主管,国民兵训属军管区司令部主管,生计训练属农业训改进所及合作管理处主管),不但各种训练办法,各不相谋,且各有其应有之人事,及必需之经费。无论办法纷歧,收效甚微;即经费一端,已非地方财力所能负担。所谓费省而事举,舍四训合一办辨别无法者,正以此也。惟是就本省情形言之,此项民众组训,究由何人主办,在民、建两厅关系甚小,所应力求协调者,则为教育厅主办之教育,与军管区司令部主办之国民兵训练;谁为主从,尚待商榷,然此系属训练方式问题。如能多所折中,自易解决。私意以为实行四训合一,事关变更中央法令,究应如何改正现行办法,另颁统一规定,则权在中央,自不能不有待于中央之明定办法,以利推行。抑有进者,中央不为统一规定则已,如为统一规定,则本省所定之民众组训办法,颇可作为立法上之参考。

戊、新县制各级干部应加紧储备,并请明定改善现行教育之法。新县制实施伊始,一般论者有两大困难,首为经费,次为人才。殊于开始实施以后,据实际检验所得,最感困难者,首为人才,次为经费。中央为解决此项困难起见,特与实施新县制同时制定《县各级干部人员训练大纲》,令饬各省于省设立地方[行]政干部训练团,各行政督察区设立地方行政干部训练班,各县设立地方行政干部训练所,分期抽调各县现任各级干部分别入团、入班、入所受训。复于三十年度变更训练团现行办法,改调训为招考,并将两个月之短期训练改为一年制之长期教育。本省训练机关设立最早,训练人数亦颇众多,可谓相当用力者矣。然查其成效,实未能尽如所期。窃以为训练者所以济教育之穷,以之为一时补救之计则可,如以训练为惟一培植人材之法,则希望未免过奢。此勿他。盖人材必出于学校,如学校教育不能与政治需要切实配合,则纵加强训练,亦属劳而无功。故以言县级干部,私意以为应就现行专科以上学校教育切加改正。以言乡镇干部,私意以为应就现行中等学校教育,尤以师范教育彻底更张。改进及更张之法,其道甚多。请就中等学校教育言之，查实施新县制需人最多而最迫切者，莫如乡镇干部。本省中等学校计达四百余校之多，宜乎取之不尽，用之不竭。而夷考其实，则教育自教育，政治自政治，分道扬镳，各不相谋。以此中等学校毕业生，除少数升入专科以上学校者外，大多毕业失业，无事可做。为使学校教育与政治教育紧相配合起见，似不妨改定现行学制，于此四百余校中学中，增设乡镇干部班，凡不能升学而志愿服务乡村者，均可申请入班肄业，授以新县制课程，一年毕业，并明定分发实习办法，俾资历练。而于师范学校，则不必另设乡镇干部班，只须酌减现有学科，改授新县制课程，即可由狭义的师资教育，一变而为整个新县制之干部教育，一举两得，无善于此。惟是变更学制，系属中央职权，又必如何变更，始合实际需要，是又不能不有待于中央之详加审虑，并明定改善现行教育之法者耳。

己、各级人员待遇应酌予提高，并明定改善待遇之法。实施新县制迄来之最大障碍，而为吾人始料所不及者，厥为物价高涨，各级干部以生活困难，至感不安。加以中央待遇较省为优，省级待遇较县级为优，乡镇待遇则又至为菲薄，以致或则见异思迁，或则怠工旷工，甚且经营商业，贿赂公行，政治败坏，于斯已极。为今之计，似应：（一）对于各级人员待遇酌予提高，提高待遇之法，不外一面提高其精神上之待遇，一面提高其物质上之待遇。前者在予各级人员以将来之希望，后者则在予各级人员以现状之满足。满足现状之法，又不在增加薪俸或生活补助费，而在发给日常必用及举办一切应有之福利。至因提高待遇所需之经费，以裁并骈枝机关、淘汰冗员所得，即足敷用，初不至增加国库或县库之额外负担。（二）同属公务人员，其薪俸所入，固不应因服务机关不同而有歧异，则在同一地区，其生活所需，初无差别，故在研究行政管理学者，尝倡为同工同酬之说，窃以为尚须更进一步，有主张同地同工同酬之必要。盖如能同地同工同酬，则甘苦共尝，始能鼓舞群伦，相互自勉也。（三）上述两点，系就一般县级干部言之，至乡镇干部既属自治人员，应否给予报酬，尚有问题。惟查所谓自治人员，以出于选举者为限。无论目前乡镇干部尚未出于选举，即使出于选举，考诸各国成例，亦非毫不给予报酬。私意以为应确立一种吏员制度，即在将来乡镇长副出于民选以后，只给以适当公费,而于其他人员,则认为一种吏员,不但应依法给予报酬,且须相当提高,使能久于其任。凡此均与国家政策有关,固有待于明定办法,俾有准据也。

本文草拟既竣,适读报载总裁在十中全会训词,谆谆以实施新县制及经济建设为言,不禁重有感焉。良以三民主义为我国立国之根本。自八一三事件以还,我国即高举"为民族自由而战"之大纛,与暴日相周旋。未及六年,以国际地位言,我已由次殖民地一跃而为四强之一;以废除不平等条约言,英、美两国且已同时宣布取消在华领事裁判权;即其他一切特权,亦在取消之列。暴日及其他轴心国家,气尽力竭,形将陷于崩溃,最后胜利,指日可期。是我为民族自由而战者,已操左券矣。然此仅为三民主义中民族主义之实现,苟非民权主义与民生主义同时并举,则建国云云,徒托空言。总裁之强调新县制者,即所以谋民权主义之实行,其揭櫫经济建设者,即所以求民生主义之贯彻。盖必实现三民主义,始能完成国家之建设;完成三民主义国家之建设,始能上无愧于总理,下无惭于民国,千年万世永垂无疆之休。本省为复兴民族根据地,且系新县制最先实施之省份。新县制为委员长所手订,暨襄其成者,则今之省政府张主席。委员长兼理川政,开始新县制之实施于前;张主席继主川政,且将完成新县制之实施于后。吾人鉴于历史使命之重大,复有感于时代创造之艰难,三年期限,转瞬即届,宜如何努力迈进,用底于成,是又赖于矢勇矢勤,一德一心,排除万难,力图自见者耳。

(三)西康省施政概况

1. 西康省施政总纲十七条(西康省政府1939年1月1日公布)

(一)为贯彻中央长期抗战之国策,对于政治设施,以安定边陲、组训民众、改进交通、开发资源、完成后方勤务为一切努力之方向。

(二)为使边民倾心向化,并积极参加抗战建国之工作,应同时力谋澄清吏治,厉行法治,发展边地文化与教育,扶植各项生产事业,以提高人民精神生活与物质生活。

(三)为增进行政效率,一面整饬纲纪,严惩贪污,同时设法提高各级行政人员政治认识及工作能力,振起忠勇牺牲、勤劳刻苦之精神。

（四）调整各级行政机构，使集中强化而有弹性，建置严密而运用敏活，俾能适应非常时期之需要。

（五）为充实全省军事政治新干部，应大量吸收省内外优秀青年，予以各项特种训练，以提高其民族意识，强化其战斗技术与精神。

（六）展开全省文化救亡工作，号召各县优秀知识分子回乡服务，以推进乡村经济政治及文化事业。

（七）厉行现代县政建设，并力谋下层行政组织之充实与健全，对于保甲制度及人事运用，加以合理之调整与改进，以期避免积弊而发挥效能。

（八）施行严密合理之粮食统制，以调节民食，供应军需，对于各地建仓积谷，同时加以整饬改进。

（九）改善全省财务行政，廓清征收积弊。并严格实行预决算，确立金库制度及会计稽核制度。

（十）采取各项简易确实之方法，于短期内完成全省土地之整理。

（十一）确立省本位计划经济，以谋全部经济之开发与整理，对于私人之投资及省外产业机关之移转，充分予以便利及保障其安全。

（十二）确认合作制度为农村经济之核心组织，力谋充实其资金，奠定基础，扶助其发展。

（十三）划定若干垦殖区域，拟订方案，筹拨的款，办理大规模移民垦荒，并大量收容战区难民，使参加垦殖。

（十四）全省交通事业，除国营外，应就本省财力所及，尽量设法改进，并以全力保障交通安全，增进运输之效能。

（十五）根据抗战需要及本省特殊情形，改善全省教育机构与内容，注重职业教育及民众教育，以提高人民之文化水准而增进其生活技能。

（十六）为确保安宁，巩固后方，除限期肃清散匪及认真整饬保安团队外，并厉行国民社会军训，充实民众自卫武力，期能协助驻军，维持地方自治，镇压汉奸盗匪。

（十七）对于宁属夷务，另定方案并筹划专款，作积极有效之推进。

2. 完成西康建省之意义及今后施政之中心骨干（刘文辉1939年1月1日在西康省成立大会上的讲话）

文辉自接防西康以来，无日不以完成建省为职志。今日既获实现十年以来之宿愿，又蒙中枢特达之知，拜命第一任省府主席，欣慰感奋之余，更不能不懔然于本身职责之艰巨与来日之大难。兹值除旧布新与继往开来之重大关键，特略述西康建省之经过及其意义，并就国家与地方之需要，提出数项基本切要之工作，作为今后施政之中心骨干，兼为本府同仁今后共同努力之依归。

一、筹议建省之简单经过

西康筹议建省，始自前清末叶。当时清廷鉴于边民携贰，强邻窥伺，康藏危机日趋尖锐，乃命赵尔丰为川滇边务大臣，并特任乃兄尔巽为川督以厚其声援。赵氏既奉命积极经营康藏，遂倡改土归流之议，锐意推进，惨淡经营，先后五六年内，设治三十余县，军功政绩，均有可观。惜过于重视武力，而于康藏民族心理及宗教习惯，未能加于深刻之研讨，结果使藏人力绌而心怨，畏威而不怀德，洎乎革命军兴，清廷颠覆，情势转变，而前功尽泯。

尹昌衡继赵氏之后，经略康藏，历时两年。西征一役，军威远播，迭克名城，渐能规复赵氏时代之旧观。不幸恰值项城当国，醉心帝制，一意媚外，又深忌尹氏之桀骜难驯，卒借故召尹入京，加以禁锢，西征事业遂功败垂成，而边事亦日以败坏。

继尹氏之后者，自张毅、刘锐恒、殷承献、陈遐龄，以迄刘成勋，均以国家多故，又值川局紊乱，军力未能充实，政治复少办法，既无威之可畏，亦无德之可怀。加以不肖官吏虐民好货，致恶感日深，纷纠日甚，疆宇日蹙，危机日迫，外启强邻窥伺之念，内增国家西顾之忧，是为康事极端败坏之时期。盖军阀当国，根本即无心致力边防，遇事放任敷衍，建省计划，更谈不到矣。

自北伐完成，全国底定，中央即开始注重边疆，曾于十七年九月通过西康建省之议。二十四军即于是年，奉命接防西康。斯时汉官所能管辖者，实仅十一县半，丧乱之余，边疆残破，窥伺者益亟，抚治者益难，然犹思于万难之中，力谋整饬。如在军事方面，调整边军，派遣得力部队驻防西康。在经济方面,决定以川济康之原则,所有康省军政事业各费,大部以川款支给。在政治方面,除成都设边务处,康定设西康政务委员会负责主持策划外,并开办边政训练所以培养人才,选派专家到康调查,及发刊杂志书籍,以为探究改善之资。计自民十七年至二十三年,为二十四军接防西康时期。在此期内,因本人主持川政,精神不克专注,一切建树未能俱如所期,至今思之,深自惭疚。惟接防以后,不独未曾丧失寸土,并先后收复邓、德、白、石等七县半,勉成金沙江以东之现局,此则差堪告无罪于国家耳。

　　二十三年二月,中央鉴于西康建省,万难再缓,决议先行设立建省委员会,以从事筹备。二十四年二月,复奉行政院令颁建委会组织条例,是年七月,在雅成立建省委员会。嗣迭经变乱,阻碍丛生,直至二十五年九月,建委会始全部移康,本人则于同年十一月到达康定。目睹当时情形,丧乱之余,疮痍满目,藏军未退,风鹤频惊。乃以安定人心、恢复秩序及和平撤退藏军三事为初步主要工作,幸经军政两方共同努力,不数月间,全部奏效。此后本可渐入和平建设时期,惟环境既较艰苦,财力又苦不支,所赖诸同人刻苦奋斗,淬励图功,计自二十五年下季起至二十六年底止,凡关于救济灾黎、解除民困、整理财政、发展教育、编联保甲、整理团队、举办训练及开办农牧试验场诸端,均不无相当成绩之表现。

　　中央为加速建省之进程,充实建设之力量,复于昨年三月十四日重行改组建委会,并稍增建设经费,人力财力略胜于前,然有关建省之各项根本问题,固尚待解决也。

　　直至昨年四月本人奉领袖电召赴汉,建省问题,始获急转直下。本人此次赴汉,一面系报告川康政情,一面即向最高领袖暨中枢负责各当局陈商西康建省事宜。当时力陈西康建省须先解决三项基本先决问题,即疆域确调整、财政先援助与交通之改进是也。幸蒙最高领袖重视边防,对本人慰勉有加,凡所陈请,均作原则上之确定。嗣即向中枢负责各当局分别商洽,历时半年有余,各项问题均获相当解决。昨年十一月行政院决议西康准予建省,新省府定本年元旦成立;十二月复决定省府主席及各厅委人选。西康建省之法律手续及筹备事宜,至是乃全部完成。

夫以边地一行省之建置，而历时之久，波折之多，手续之繁，有如此者。由此更联想及国家创造之艰难，对于总理及诸先烈奋斗牺牲之伟绩，尤不能不表示虔敬之忱。

二、完成建省之重大意义

西康建省之完成，具有伟大的意义。分析言之，有下述之四点：

（一）历史的意义。西康地处极边，自昔视为瓯脱，数千年来统治者，均不过加以羁縻，始终未形成一行政单位。清末虽着手改流设治，筹划进省，而事属草创，规制未宏，迨国体变更，悉成泡影。民国以还，边政败坏，失地弃民，藩篱日撤，现状尚岌岌难保，遑论其他。本人自拜命边防，早思有所建树，而过去因受环境牵掣，力不从心，所志所事，百无一就，披棘觅路，荏苒十年。今赖中枢之主持，与各方之赞助，乃得于国难深严之日，完成此国家百年大计，为西康历史，创一新纪元。从来论西康者，不曰为四川徼外之地，即曰吐蕃附属之区，有其地而无其名，更无所谓史也。从今以往，经制完成，封疆明确，政治经济文化地位，将渐与内地各行省等量齐观，此其划时代之历史意义，全康僧民，均宜深刻认识也。

（二）国防的意义。边防之经营措置，一得一失之间，其影响辄远及数百年，近亦数十载，大之则为整个国家民族之安危所系，次之亦与近边地带之治乱相关，往事昭示，可为殷鉴。西康控制三边，毗连藏印，为西陲之门户，滇蜀之屏藩，关系国防，至重且巨，自昔已然，于今尤亟。已往之失，既不堪言；未来之图，讵容或缓。今兹之完成建省，正所以强化其组织，充实其力量，严密其建制，提高其军事政治与经济地位，俾克依据国家民族之需要，以致力于国防边防之建设，内促边民之向化，外杜强邻之觊觎，其国防意义尤至为深远。

（三）经济的意义。西康地旷人稀，蕴藏极富，过去因交通未便，匪患未平，省府建制，未臻完善，故资源物产虽极富厚，而开发利用则力有未逮。今兹建省完成，各项基本先决问题亦大体随以解决，经营开发之凭借，已较前优越多多。此后西康各项生产事业，当可由阻塞停滞之阶段，而开始繁荣滋长，不特康民福利可望增进，其于国家民族贡献必多。是则建省之完成，在经济上更有重大意义矣。

（四）政治的意义。自民族抗战揭幕以来,敌骑纵横,山河残破,民族危机,空前严重。短识浅见之士,或不免因此悲观失望,减少自信;边区不逞之徒,更不免散播流言,或乘机煽惑,以摇惑我边民团结内向之诚。今者,中央为坚定最后必胜之信念,表示长期抗战之决心,毅然于群情危疑震撼之日,完成西康建省之大计。且竭最大与最善之努力,以扶持指导新西康之建设。内以提撕激励我边疆官吏军民,使各抖擞精神,恢宏志气,共励其建省建国雪耻复仇之责任;外以吾国力雄厚,国情凝固之姿态,昭示世界各国,使其拭目以期待我最后胜利之到来;且使彼企图乘我之危以分化我民族窥伺我边疆者,为之气夺而却步。此则完成建省最后而最重大之政治意义,不可不明确了解者也。

三、今后施政之中心骨干

完成西康省之经过暨其意义,已如上述。吾人于此,对最高领袖暨中枢负责各当局之高瞻远瞩,重视边陲,应致其敬钦感佩之忱,而于各方朝野名贤之鼓励赞助及舆论声援,亦不胜感激。此后,为报答中央深厚之德意,完成国家深远之寄托,惟有格外兴感奋发,矢忠矢勤,将整个生命贡献于边疆,贡献于国家民族,及时努力迈进,以期有所建树。

至关于今后努力之方向与方针,则省府成立以前,即经拟订本年度施政计划大纲,呈送中央及重庆行营审核。一经核定,即当切实遵照施行,今日似无多谈之必要。且为郑重力行而不在多言,说得好而做得坏,说得多而做得少,皆文辉素所深恶痛绝。不过今日为省政发轫之初,又恰值本年献岁之始,多部门行政事业,经纬万端,似亦不能不趁此提示纲要,确立重心,以为今后指导行动推进工作之鹄的。兹特酌察当前客观情势之需要,并衡量人力财力可能容许之程度,提出当前中心任务六项如次:

一曰厉行经济建设。边区经济建设,与国防同等重要。欲完成国防设施,必先实行经济建设;实行经济建设,正所以强固国防基础。今后西康对国家可能之贡献,实不外此。中枢之督责,人民之期望,与社会之要求,亦皆不外乎此。是以结集人才物力以发展生产,开拓资源,整理地下之蕴藏与地上之特产,无疑应为新省府首要之任务。其施行要点,有如次述:

其一为确立经济计划。厉行建设,而漫无计划,则轻重缓急,失其权衡,本末先后,乱其层次,结果必至紊乱进行之步骤而减少建设之效能。故俟省府成立以后,即拟商订一个三年或五年经济建设计划,内以提高人民物质生活及加速现代化过程,外以消纳过剩资金与人力,并适应长期抗战之需要。

其二为举办移民垦荒。移民垦荒为当前中心事业,在康省各属皆有充分发展之必要与可能,而宁属气候、土壤、物产及人口分布之条件尤称优越。本府未成立前,即经拟定计划预算呈送中央审核,俟核定后,即当组织垦务机关,遴选负责人员,先自宁属八县着手,为积极有效之推进。

其三为发展合作事业。本省生产落后,金融枯窘,亟应发展合作事业,以为推动生产之核心力量,业经成立省农村合作委员会,专司其事。今当更力谋充实其资金,奠定其基础,扶助其发展。

其四为奖励私人投资。本省生产事业期待开发经营者至为繁颐,亟盼省内外有资本者能将其无地投放或投放不妥之资金,转移方向而投之本省,或直接营业,或间接借贷,本府当以全力保障其安全,维护其秩序,并予以各种可能之便利与扶助。

二曰加强民族联系。康省汉夷杂处,划入宁雅两属后,民族尤为繁复,处理不慎,难免纠纷。当此全民族团结御侮之际,巩固民族团结而加强其联系,乃中央深持之国策,尤为本省今后切要之图。其注意要点,有如下述:

其一,应遵照总理之民族政策,确认省内康夷各族之平等权而予以尊重。在政治方面,应使康夷各族与汉人同享平等之权利,同担公民之义务。其确有才能学识或德望崇隆者,当随时甄举延致,使参与本省之政治。在经济方面,应确认康民夷民之生存权而予以法律之保障,非依法律程序,不得侵害其土地、财产、营业及居住迁徙之自由。汉夷间一切贸易交往,均应绝对公平,取缔任何方式之剥削与欺诈。

其二,应尊重康民夷民之固有文化及其宗教习惯。在康族方面,尤当重视其佛教,因康族普遍信佛,而其对于佛教之信奉心,实超过其对于生命财产之爱惜心,一切思想,风俗制度,乃至日常生活,莫不以佛教之学理为背景,此种根深蒂固之潜势力绝对不可忽视。至于猓族,虽无文字与宗教,而特具崇尚勇武,崇尚贞操,崇尚秩序种种良好习惯,亦见其精神方面非无陶冶方法者可比。故今后西康政治,应禁止一切毁僧谤佛之言论与行为,公务人员,应率先凛遵,以身作则。关于汉文汉语之学习,应基于人民之志愿,可奖励而不可强迫。对于各民族固有之文化及美德美俗,应尽量保存,并以善意助其发扬光大。

其三,在汉夷杂处及相互日常生活上,应纠正一般人士"大汉族主义"之谬误观点,提倡以平等友爱互助合作之态度,对待康民夷民。而于一切含有侮辱性轻蔑性之言论与文字,以及一切欺诈凌辱或歧视康民之行为,均应严厉禁止。

三曰发展边地教育。言治康者莫不首先注重文化与教育,以为启牖民智实施同化之先导。惟康省情形特殊,举凡习俗、宗教、语言、文字及生活情趣,均与内地攸殊,即同在省境之内,亦有重大差别之存在。昔赵使经边,五六年内,兴学一百三十余所,其用力不可谓不勤,只以囿于"用夏变夷"之观念,施政方针未免偏激,故鼎革以还,校址鞠为茂草,人民且以入学为当差。是以今后西康教育之发展,在指导方针上,应一面力谋适合抗战之需要,同时尤应不违反"修其教不变其俗,齐其政不易其宜"之原则,酌察环境,因地制宜,俾能适应特殊之需要,而获平衡之发展。其要点如下:

其一,应根据抗战之需要及本省特殊情形,改订学制,并改变课程之内容,废除不合实际需要及违反民族生活情形之学科,而教授适合康地社会与抗战要求之课程。

其二,一般的注重职业教育与民众教育,创办大量之职业学校、补习学校及民众日校、夜校、识字班等,一以增进人民生活知识与技能,一以提高人民文化之水准而加增其国家民族之观念。

其三,应扩大增强各种干部学校,培养大量之干部人才,以适应今后军事、政治、民众运动及边疆事业之需要。

其四,应由省县政府各尽最大最善之努力,赞助康民发展其固有之文化与教育,并多方发动人民创造其自身所需要之学校,由政府给以适当之指导与调整,并在可能范围内予以赞助。必如是而后提高民族文化与民族觉醒之任务,乃可完成;亦必如是,始适合"修其教不变其俗"之指导原则。

四曰加紧组训民众。动员民众以支持长期战争,为全民族当前紧急任务。康人于此,当亦不能自外于国民之天职。惟有不能不郑重声言者,即康省人口衰落,合宁、雅、康三属不过一百八十万人,仅相当于腹地一大县,而疆域辽阔,土地旷弃,方力谋移入战区及腹地过剩之人口,以资蕃衍增殖,是以对于战时人力之贡献,不能不陈情中枢,暂予豁免。然基于固圉防边之远大意义,则此后民众之组织与训练,仍属刻不容缓。其施行要点,有如下述:

其一,关于严密民众之组织,在一般情形下,仍应运用保甲机构,而加以切实有效之整理与改善。同时依法开放及建立各级民众团体,使依照地域与职业两种原则,以形成联合之组织。政府当保障一切抗日救国民众团体之自由,与以适宜之指导调整及扶助。

其二,在特殊情形下,应力谋适应康民夷民生活之习性以建立特种之组织。彼等信仰佛教,聚族而居,在生活上即比较有组织而易团结。政府当因势利导,就以往宗教部落之组织,联结而扩大之,更施行特种训练,以启发其合群协作之习性,强固其国家民族之观念,使平时可协助政府保卫地方,必要时可资以抗御外侮,巩固边防。

其三,关于民众之训练,除在特殊情形下应另定办法外,一般的应以激发民族意识及强固民族团结为共同目标,同时尤注意养成集团生活之习性,增进军事政治之知识与技能,发扬各民族特有之美俗与美德。

五曰改善人民生活。为激发人民抗敌救国之热忱,而提高其参加生产建设之积极性,一切改良人民生活之政策与设施,亦今后政府切要之图。康省屡经丧乱,民生凋敝,期待改善,尤为迫切。本人入康以来,亦曾有所展布,如办理急赈普赈,减免茶课粮税,改善乌拉差徭,裁汰各地苛杂,皆其荦荦大者。只以民困过深,而政府财力过薄,初步解纾,效力未宏。今后除致力生产建设,发展文化与教育,以提高人民精神与物质生活外,同时当在行政方面,采取下述之措施:

其一,扶植正绅,保障良民。对于各地土劣及不肖区保头人之凌虐平民,或运用特殊势力以施行剥削压迫者,政府一经察觉,不惜予以最严厉之惩处与制裁。

其二，改善财务行政，廓清征收积弊。对于财务人员之浮收侵吞及额外需索者，一经发觉，当尽法以惩。同时，禁止一切临时性之地方派款，非奉省府命令，各级地方官吏及区保人员，不得以任何方式及假借任何名义，临时增加人民之担负。

其三，采取严密合理之统制政策，以调节粮食及各项生活必需品。对于奸商奸民居奇操纵及非法抬高物价者，依法予以制裁。

其四，改善各地工人职员及雇农学徒之待遇，并以全省矿工为施行之起点，确认工人农民对雇主地主之契约权，禁止一切非法之剥削与凌虐。

六曰彻底澄清吏治。吏治之整饬与刷新，为推动一切建设事业之先决条件，前述各重要任务之执行，悉当以此为基础。盖省府之职务，惟在策动计划指导监督，而实际政令执行，实有待于地方。地方政治不清明，一切良法美意皆将徒托空言，甚且使不肖吏胥，资以舞弊营私。本省吏治，年来经初步整饬，已渐入常轨，然尚远不足以适应新时代与新环境之要求。其尤须及时整顿者，有下述数点：

其一，慎选贤能之县长，提高其地位与职权，而予以合法之保障。并在可能范围内，增加县行政经费，提高县府之组织而充实其干部，健全下层行政之基础。

其二，为实现廉洁政治，彻底肃清贪污，省府当认真整肃纪纲，严明赏罚，确立法治之精神，对于各级公务人员之贪污渎职查有实据者，当尽法以治，决不稍涉瞻徇。在积极方面，更多方提高公务人员之精神修养及政治认识，养成公忠廉明勤劳刻苦之新风气。

其三，为贯彻"综核名实，信赏必罚"之精神，省府当建立完整而健全之视察制度，分区巡回考核督察，以为省府之耳目喉舌，兼以宣达政情，勤求民隐，使省方德意，能借以深及民间，而地方疾苦，亦不致壅于上闻。

四、结论

以上六事，为本府今后一切行政设施之中心与骨干，亦正文辉与诸同仁今后共同努力之总方向与总目标。目标既定，自当振作精神，群力以赴。惟念各部门暨行政事业，互有密切不可分离之关系，互相辅助，互相策应，则效率既宏，自可事半而功倍；如互相妨碍，互相牵掣，则整个建设力量，将不免为之抵消。故今后除省府实行合署办公外，尤切盼本府同仁集中力量，统一意志，共以整齐严肃之步伐，亲爱和穆之精神，为实现六项中心任务而携手奋斗。所有旧日派系斗争、人事磨擦、意见纷歧之现象，切冀能随岁聿之转易而一举廓清，从此胸次皎然，不留渣滓，此则建设新西康之基本精神条件，不能不为我同仁反复郑重申言之。

其次，西康建省伊始，一切均属简陋朴质，且事事多创少因，处处披榛觅路，斟酌损益，既费周章，措置设施，尤难曲当，期待各方之指导、专家之设计与地方之建议者实至殷切。今日参加典礼者，除国府及行营代表外，尚有中央及各地方各机关各法团来宾，而塔斯社社长罗果夫先生及国内各大报馆名记者远道莅临，尤为难得，切盼能就考察所得多多发挥伟论，贡献意见，以为研究改善之资，任何批评指教，均所欢迎。

最后，尚有不能已于一言者。即西康边防国防建设之胜利完成，当以获得中枢之支持赞助，与邻省之互助合作为先决条件。盖西康本身绝不能离开国家民族之有机关联而孤独存在。就军事观点而言，康藏边防，为四川边防之伸延。就事业观点而言，则康藏之经营，乃中枢整个筹边大计之部分的执行。其成败得失，历来均与中枢政策及川省局势息息相关，如赵季和之略有建树，即由获得国家有力之支持与川省充分之协济；而其卒遭挫折，功败垂成，亦即由国政突变，失所凭依。今者，西康建省完成，且赖中枢之睿断与川方之赞助，得以调整疆域，并减少财政上与交通上之困难，在精神上与物质上，均足使吾人兴感奋发，然距最后之成功，途程尚自遥远，资借尚多缺乏，有赖中枢之支持与邻省之协助者，尚自多多。故今后尤盼我中央及川省当局均能鉴及此种需要，赓续予以支持、信任、辅助、援济，俾得本既定方针与步骤，有从容展布之余裕，获最后成功之可能，此则不仅文辉个人所感激，整个西康与整个国家民族，利赖实宏。

3. 三年来西康新县制之实施（洪孙宜　1943年12月）

（一）本省一般情形

（甲）境域沿革

西康位于中国西南，东接四川，南邻云南，西界西藏，北交甘青。从前所谓西康，即现在康属，东止打箭炉（康定），西迄丹达山，地处荒僻，向未被人重视。逊清雍乾以后，改称川边，归四川管辖，土酋割据，政府不加管理，唯略事羁縻，使之就范，不与政府为难而已。自清末赵季和氏经边，变过去放任政策，厉行改土归流。驯至清室颠覆，而康乱纷起，以致金沙江两岸各地，全为藏人所据。即金沙江东岸之邓、德、白、石等县，亦为藏方占去，后经二十四军接防康属，始将金沙江东岸各县，用兵规复。二十八年正式建省，划四川雅属六县及宁属八县与原康属，成立西康省。然金沙江西岸昌都等十二县，虽云仍隶康省，但迄今仍为藏军所据。完整之康省，则尚有待异日之努力也！

（乙）各属概况

康、宁、雅三属，以其文化交通之不同，情形各异。雅属建治较久，同化较速，除最少数猓番外，其余纯为汉人，风俗习惯，同于内地，一切法令，尚能举行，惟地瘠民贫，人才缺乏，施行新政，亦不无困难耳。至宁属各县，汉人占地，不及四分之一，猓族总数，计约百万以上，汉人固能遵守法令，而猓族生活，仍滞于原始时代，彪悍成性，且以万山重叠，负隅恃险，新政推行，困难尤多。惟有分区分期，逐渐进展。康属位居高寒，地广人稀，在三十万余人口中，藏族即占五分之四，全民精神，囿于宗教，一切政治经济力量，均操诸大喇嘛之手，对于现代科学，了无所闻，新政推行，扞格特多，故本省实施新县制县份，在康属只有康定、泸定两县而已。

（二）本省之县政环境

（甲）天然环境

本省各县自然条件，一般之情形，厥为地广人稀，交通阻滞，因土地与人口尚无精确之调查，据粗疏统计，平均每方公里不及十人。各县除雅、荥、汉、天、芦、西、会等县，人口密度，多在五十人以下外，至于康属之九龙，平均每方公里二人，石渠、邓柯等县尚不足一人。全省除雅属、宁属少数县份外，往往有远至数百里者;[①]由乡镇至所属之保办公处,亦往往有百余里者。岗峦起伏,河川障碍,凡此皆最为施行政令之阻碍,兹将本省各县人口面积及人口密度列表如左〈下〉:

西康省各县人口密度统计表

县别	人口	面积 (平方公里)	人口密度 (每平方公里)
雅安	126890	124531	99.50
荥经	67831	2609.79	25.99
汉源	114909	2351.84	52.26
天全	91159	2766.36	35.48
芦山	32177	311.15	104.12
宝兴	14382	1679.22	8.56
金汤设治局	2678	1410.00	1.90
西昌	153656	7039.90	21.83
会理	218644	5915.09	36.81
冕宁	63896	4100.24	14.86
越西	81115	4924.36	16.44
盐源	63376	7237.72	8.57
盐边	36343	3079.74	11.79
昭觉	59010	6926.58	8.52
宁南	259757	3652.00	7.05
宁东设治局	13001	面积未测	
康定	36014	15500.00	2.35
泸定	24001	2100.00	11.42
丹巴	14311	5900.00	2.94
九龙	13174	6400.00	2.06
道孚	4330	7900.00	0.51
炉霍	6054	5100.00	1.18
甘孜	11437	6400.00	1.79
瞻化	6485	12300.00	1.89
雅江	24862	4900.00	1.00

---

①此句疑有遗漏

续表

县别	人口	面积（平方公里）	人口密度（每平方公里）
定乡	5585	4700.00	0.86
稻城	5284	10400.00	0.51
邓柯①	5108	6600.00	0.76
德格②	12553	10700.00	1.17
石渠	11687	13700.00	0.82
巴安③	10589	6700.00	1.58
理化	10273	20000.00	0.51
得荣	6048	2800.00	2.68
义敦	11781	5400.00	2.18
白玉	12451	6900.00	1.81
泰宁设治局	1412	面积未测	.

①②金沙江西岸未计；③河西七村未计

（乙）人事环境

本省因交通不便，气候多寒，其经济条件，除少数县份外，一般均逊内地。农业经营因人口稀少，气候寒冷，地力未尽，生产微薄，各县三十年度之岁入，除雅安、会理外，无达百万元者，少者仅五千余元。因经济之限制，教育亦随之而落后：截至三十年止，全省大学毕业生不及百人，中等学生不过数千人，已受国民教育之儿童，约数万人耳。识字者占全人口百分之十以下，以致有在小学毕业即任小学教员者。人才缺乏，又为施行新政之最大困难。综上所述，本省县政，受人力财力之限制，组织不免空虚，力量难期强实，间有若干地方，以县境辽阔，交通不便，豪强者纠众集械，弁髦法令，奸巧者夤缘官府，鱼肉乡民；康属之土头喇嘛，宁属之猓㺡，更为顽强。近年来省府以宗教联系，辅助政治，康属虽已渐趋就范，而施行新政为期尚远。总上各端，本省实行新县制，其困难远非各省所能想象，然健全基层组织，整饬政治风尚，加强行政力量，实行新政，又为迫切需要。因之，本省实行新县制，其办法步骤，不能不因地而制宜，就本省可能条件，分区分期，依一定之目标，择经而行，虽不能与他省并驾其〔齐〕驱，然对中央推行新县之主旨，计日累时，当能始终贯彻

也。兹表列各县之田赋征数及县预算之数额,以示省县之经济力量如左〈下〉:

西康省各县(局)田赋征数及县预算一览表

县别		赋额	合计	征实	征借	公粮	县预算
	总计	1367605.58	685787620	332834201	250385000	102570419	5147003.92
宁属	合计	913717.10	473886476	200897643	204501000	68489833	2974922.96
	西昌	268548.90	139469926	59080758	60248000	20141168	845854.59
	德昌	147106.43	77437396	32803414	33451000	11182982	
	会理	263490.81	184295790	37767979	56476000	19761811	1079028.12
	冕宁	93936.59	49185884	20666420	21474000	7045394	442858.33
	越西	66370.83	30254395	14601583	10675000	4977812	259182.15
	盐源	51301.06	27710813	11286233	12577000	3847580	156661.48
	盐边	5785.47	6506720	1272808	4800000	433912	88722.00
	宁南	14628.99	9115552	3218398	4800000	1097174	102616.29
雅属	合计	454434.48	179940171	99975585	45882000	34082586	2617506.77
	雅安	207521.30	85725733	45654686	24507000	15564097	1049763.94
	荥经	56689.70	23802463	12471934	7079000	4251728	277020.88
	汉源	62661.49	18485140	13785528		40699612	719004.25
	天全	77976.96	32212144	17154887	9209000	5848257	279874.70
	芦山	30370.67	12546347	6681547	3587000	2277800	136463.10
	宝兴	19214.56	7168295	4227203	1500000	1441092	55328.90
康属	合计		31960873	31960973			554574.19
	金汤		346992	346992			8303.25
	康定		1886257	1886257			118736.35
	泸定		1446078	1446078			102667.56
	丹巴		1522031	1522031			37057.80
	九龙		988170	988170			37983.40
	甘孜		5244000	5244000			17160.00
	瞻化		2175271	2175217			28129.00
	炉霍		2237478	2237478			36522.00
	道孚		507798	507798			11120.00
	邓柯		1562180	1562180			10980.50

续表

县别		赋额	合计	征实	征借	公粮	县预算
康属	德格		1544008	1544008			27748.00
	白玉		1331550	1331550			15876.83
	巴安		2484832	27484832			38155.00
	理化		1331956	1331956			6745.50
	雅江		691737	691737			11460.00
	得荣		1412840	1412840			8767.00
	定乡		2207317	2207317			10707.00
	稻城		2873708	2873708			6380.00
	义敦		151800	151800			5184.00
	泰宁		304970	304970			14830.00

附注：1.公粮：各县均照赋额每元带征七市升五市合
2.征借：依照各该县赋额及上年度购额与况（原文如此）酌予分配者
3.征实：宁、雅属各县每元摊征二市斗二市石，康属即照算清理后实有粮额计列
4.赋额与公粮额均系根据三十二年度统计数字列入，县预算暂照三十年度预算列入

(三)本省实施新县制要义

本省开府主席刘公自乾，以过去治邈经验，衡酌本省实情，鉴察历代失败，厘定"四力政纲"与"三化政策"，以建设三民主义新西康为最终目的，而新县制实行之成败，关系于三民主义之成败（委员长二十九年亥感侍秘渝手谕），故本省虽在万分困难中，亦遵照总裁训示及《县各级组织纲要》规定，分区分期，逐渐推行。第一步，健全各级组织，以树立行政力量，而利于政令之推行，并集中发展社会之力量，以适应抗战建国之要求。第二步，树立地方自治过渡形式，逐渐推进事业，以奠立真正民治之基础。兹分述如次：

(甲)健全组织

县为自治单位，县府一面受省府指挥，执行法令，一面受省府监督，办理自治，非有健全之组织，不足以赴事功。而县以下负实际行政之级层，又为乡镇。故本省实施新县制之健全组织，作重于充实县政府与乡镇公所两级，而尤以建立健全而有力之乡镇机关为重心。盖乡镇健全，上可以补县政府之空

虚,下可以救保甲能力之不足,其他保甲之编制,人民团体之组织,各级合作社之健全,各级国民兵队之组织与训练,无不秩序进行,以加强行政力量,适应抗战建国之要求。

(乙)树立地方自治过渡形式

民意机关之组织,本应自下而上,兹为适应抗战需要,及灌输民治观念,而加强民族联系起见,第一步,监督举行甲居民会议及保民大会。第二步,汇办乡镇公职候选人之检核,成立乡镇民代表大会。而县参议会,因以检核手续较繁,故仍依照邻省先例,筹备成立县临时参议会,乡镇公职候选人之检核亦同时办理,俟检核完毕,再行依次成立正式民意机关,一方面积极发展国民教育,使人才日增,民治奠立。

兹将本省分年度工作进度列表于左〈下〉：

西康省新县制分区分期实施表

	期别		
	第一期	第二期	第三期
实施县份	雅安	越西	康定
	汉源	冕宁	泸定
	西昌	天全	芦山
	会理	荥经	盐边
		盐源	宁南

西康省实行新县制各县工作进度表

工作完成时期	工作项目
第一年一月至六月	一、健全县政府内部组织。 二、厘正县疆界。凡有犬牙交错或瓯脱飞洒，不便施政者，应分别划定整理。 三、原设有区署者，应依部颁《县政府分区设署规程》之规定，以十五乡至三十乡镇为原则，划定疆界，并健全区署组织。其因县之面积过大，或有特别情形，必须增设区署时，仍准此办理。 四、设县政会议。每两星期举行一次，以后各月仍继续举行。 五、依照《县各级组织纲要》第十八条所列县收入各款，划分整理县财政。但其中土地陈报后，田赋正税溢额，应遵另令划作省收入。 六、依照核定县地方概算，核实开支，按月造报计算，并汇报上年度决算。 七、设立县金库。已成立县银行之县，应照规定设置县库。原有财委会自县库成立之时，即行裁撤。 八、设县行政会议，于三月、九月各举行一次。
第一年七月至十二月	一、设立县地方干部人员训练所，有应行训练之保长、副保长、甲长及保办公处干事、国民学校校长等，在保甲尚未整理以前，得由县政府预算筹备编组保甲，事前需用人员先行甄选送所施以三日至十五日短期练习，以备派遣着手办理。 二、整理训练县警及各种自卫团队，充实武器，维持治安。 三、依照十进原则及本省各县局乡镇划分暂行办法，整理乡镇并划定疆界，将原有联保改为乡镇。 四、改组乡镇公所，充实其人员：1.原有联保办公处改称乡镇公所，联保主任改称乡镇长。2.乡镇公所设乡镇长一人、副乡镇长一人至二人，由乡镇民代表会依照县各级组织纲要第三十一条规定资格选举之；在乡镇民代表会未成立以前，由县政府就合格人员委派充任。3.乡镇公所除设专任户籍干事专办户籍外，分民政、警卫、经济、文化四股，各股设主任一人、干事若干人，由副乡镇长及乡镇中心学校教员分别担任之；若经济不充裕者，各股得合并设置或仅设干事。 五、督饬每乡镇设立中心校一所。 六、派员指导乡镇公所，按保设置国民学校，但(1)附近有乡镇中心学校者，无须另行设置。(2)数保集中在三里以内，户口密集者，可联合二保或三保设置一校，无须每保单独设立。(3)户口分散之保，各甲距离在五里以上时，可添设分校，以副保长充任校长。(4)地方贫瘠、经费无从筹措之保，可暂改良原有私塾，以为代用国民学校，仍由保长兼任校长。 七、督饬各乡镇设立国民兵队部，组训各保国民兵分队。 八、督饬乡镇公所，整理乡镇财政，造具预算呈报，以后并按月造报收支计算。 九、督导乡镇公所，筹设乡镇财产保管委员会。 十、派员指导乡镇公所，依照十进原则整编保甲并划定保界。 十一、派员指导乡镇公所，设置保办公处，并健全其人员：(1)每保设保长、副保长各一人，由保民大会依照《县各级组织纲要》第四十七条规定资格选举之，在保民大会未成立以前，由乡镇公所推定合格人员呈请县政府委派。(2)保办公处，设干事二人至四人，分掌民政、警卫、经济、文化等事务，由副保长及国民学校教员担任之，如经济缺乏时，得仅设干事一人办理。

续表

工作完成时期	工作项目
	十二、督饬区乡镇保甲人员于整编保甲后,继续调查户口,并于编查完竣后,赓即办理户口异动登记及人事登记。
第二年一月至六月	一、训练保长、副保长、国民学校校长及保办公处干部,由县训练机关酌定,每次训练人数分期调集,赓续实施。 二、派员指导乡镇公所,按保组织训练保国民兵队。 三、督促乡镇公所,派员指导保办公处健全甲长人选。 四、训练甲长,由县训机关分别派员至各乡镇适中地点,集合举行之。 五、指导各乡镇公所,举行乡镇务会议。 六、派员指导各乡镇公所,按保举行保民大会。 七、督促各乡镇公所、各保长,指导各甲长,举行户长会议,或甲居民会议。
第二年七月至十二月	一、设置乡镇民代表会。其代表人选,应以曾经依照县参议员及乡镇民代表候选人考试暂行条例之规定,取得候选人资格者为限。 二、督促指导乡镇公所办理乡镇下年度收支概算。 三、编制县地方下年度收支概算。 四、筹设县立农林繁殖场。 五、按地方需要,利用主要产物,筹设县各种工艺厂。 六、利用地方副产物维持手工业并督促加以改良。 七、按县、按区、按乡镇、按保,因时因地,利用当地民力财力从事农林、水利、渔业、畜牧、蚕桑、纺织、小矿业等各种公共副产,以其收益充作办理地方自治事业之用。 八、各县按区乡镇保办理土地陈报,造具临时地籍册。将全县土地,分乡分段,大体规定其地价,并将原有土地赋税加以厘整。 九、各县按区乡镇保,推行合作事业:(1)县级分区设署之区,设合作联合社,每乡镇设中心合作社,每保或联合二保三保设合作社,或合作分社。(2)设立县合作金库。(3)各级合作社,须附设简易农仓库或正式仓库,办理储押,流通金融,调剂民食。(4)发展生产、运销、消费、保险、信用等各种合作事业,并以合作方式从事公共生产。 十、各县按区、乡、镇、保,普及男女成人及儿童之国民教育:(1)确切编查学龄儿童,及失学成年男女人数。(2)学龄儿童入学者,达全数百分之八十以上。(3)失学男女成年人学者,达全数百分之七十以上。
第三年一月至六月	一、成立县参议会。其参议员人选,照乡镇民代表会代表人选之规定。 二、各县按区乡镇保,厉行国民精神总动员,举行国民月会,推进新生活运动,革除旧污染及恶习俗(特别注意禁烟、禁赌、禁游惰及注意清洁、改善卫生),使国民明礼义、知廉耻,以恢复民族固有道德。 三、各县按区乡镇保,训导民众使用四权,实行三民主义,并依照规定举行公民宣誓。 四、各县按区乡镇保,以人民劳力,修筑道路,设备电话、邮信,便利交通:(1)县与毗邻各县间之县道,依规定宽度标准,修筑完成,以与省道衔接。(2)县与乡镇间及乡镇与毗邻乡镇间之乡镇道路,依照规定宽度标准,修筑完成。(3)县与县间、县与乡镇间、及乡镇与乡镇间之电话网,设立完成,并与省长途电话联络。(4)全县养路组织之完成。

续表

工作完成时期	工作项目
	五、各县按区乡镇保，以人民劳力，义务开垦荒地：(1)全县公私所有荒地，调查完竣，造具清册。(2)公有荒地，由各乡镇公所，按其性质分别利用及管理。(3)私有荒地，各由乡镇公所督饬土地所有人，限期施垦，如无力施垦或逾限不垦者，得由县依最低地价征收，转放于需要土地之人民承垦。
第三年七月至十二月	一、各县按区乡镇保办理地方警卫：(1)警保联系办理完成。(2)每乡镇壮丁队、每保壮丁队训练完成。(3)县境内治安良好。 二、各县按区乡镇保，设备公共卫生医药，以促进国民之健康繁育：(1)乡镇公共卫生场所之设置(如菜市场、公共浴场、公共厕所等)。(2)每保设有简便药箱。(3)每个乡镇设有医务所(于必要时得联合数乡镇设立之)。(4)设有区署地方设一卫生所。(5)县至少设一卫生院或卫生所。 三、各县按区乡镇保实施救恤：(1)所有老弱残废、鳏寡孤独、伤病妇儒，无所归宿者，由本地方之乡镇或保，负责收容安置，妥为管理，不使游荡流落。(2)死亡掩埋、疾病医疗等事，无亲属处理者，由保办公处或乡镇公所，负责办理。(3)统一并改善县及乡镇之救济或慈善机关。(4)监督并改善各地寺庙祠宇产业，使兴办各种社会福利事业。 四、各县按区乡镇保，普设仓储，并由县粮管机关，统筹办理，以足民食。 五、各县按区乡镇保，指导民众，改良房屋，以适民居。 六、各县按区乡镇保，设备民众娱乐游息所，以资民乐。

(四)本省实施新县制概况

本省现在所辖者，共计三十三县，四设治局、因受交通及文化低落影响，各地情形，县异区殊，绝不能同时实施，亦有暂时不能实施之县，经权衡缓急先后，自三十年起，分期实施，第一期计雅安、西昌、会理、汉源四县，于三十年一月开始。第二期计天全、盐源、越西、冕宁、荥经五县，于三十一年一月开始。第三期计盐边、芦山、康定、泸定、宁南、宝兴六县，于三十二年一月开始，后以宝兴财力太欠，暂缓实施。各县统限自开始日起，三年完成。兹将实施成绩，分述于左〈下〉：

(甲)县等之厘定

本省依各县面积、人口、经济、文化、交通，将实施新县制十四县分为五等。计：一等县三，雅安、西昌、会理；二等县三，越西、汉源、盐源；三等县五，康定、泸定、冕宁、天全、荥经；四等县二，芦山、盐边；五等县一，宁南。其未实施新制县份，亦照此酌将旧三等县，分改为六等。计：三等县四，甘孜、德格、巴安、理化；四等县七，瞻化、道孚、炉霍、丹巴、雅江、稻城、定乡；五等县五，石渠、邓柯、白玉、得荣、九龙；六等县二，昭觉、义敦，宝兴原亦列入五等。

(乙)县政府之调整

本省县政府组织规程，于三十年十二月呈奉行政院核定，嗣以原拟条文有与本省情形不甚符合，或为中央命令别有变更，于三十二年四月，略加修正。一二等县设民政(地政社会并入)、财政、教育、建设、军事五科；三四等县设民政(地政社会并入)、财政、教建、军事四科；五六等县设民政、财政、教建三科(军事、社会、地政并入民政)，但地政、社会视事务之繁简得独设科办理，其他会计、合作、户政，均设室专办，其未设警局之县，设警佐一人，办理全县警务。其缓期实施新县制各县政府原有第一科即掌理民政科事务，第二科掌理财政科事务，第三科掌理教建事务，至军事、地政、社会各科事务均并入第一科办理。兹将各实施新县制县政府员额、设置，列表比较之：

西康省实施新县制各县县政府员额比较表

职别 县别	县长	秘书	科长	助理秘书	警佐	指导员	技士	技佐	科员	事务员	雇员	警长	政警	公役
一等县	1	1	5	1	1		2		10	10	16	1	30	20
二等县	1	1	5		1		2		8	8	14	1	25	18
三等县	1	1	4		1				6	6	10	1	20	16
四等县	1	1	4		1				5	5	10	1	15	14
五等县	1	1	3		1				4	4	8		15	12
六等县	1	1	3		1				3	3	8		15	12

注：1.有警察局之县不设警佐；2.指导员数，照各县分区之数设置；3.技佐暂不设置。

(丙)县以下各级机构之调整充实

本省各县未实施新县制前，县以下为联保，其在各县分设区署者，计有甘孜之绒坝岔，炉霍之化林坪、磨西，汉源之富林，宝兴之硗碛，越西之大树堡，冕宁之冕山，西昌之普格、德昌、礼州，盐源之盐中，会理之□鱼、摩娑□。自三十年起，分期实施新政后，各新县制县份，均先后依照县各级组织纲要，及本省计划，予以改组并加调整。德昌区析设县治，先划会理上西昌区及西昌之麻粟寨、蔡家沟、连原,与原有区域成立德昌设治局。至会理所属两区,虽皆不及十五乡镇,然以邻近猓区,面积辽阔,增大则管理不易,缩小则人口过少,故均仍其旧。

建设乡镇新秩序,为本省实施新政之重点。故乡镇公所之充实健全,刻不容缓。自实施新县制后,对乡镇公所本身及其细胞组织保办公处,随时调整,终以限于经费,迄未完全依照编制组织。兹略述其梗况:(子)原来设置:1.本省实施新县制之乡镇公所,原设乡镇长、副各一人,股主任二人,户籍干事书记、公役各一人。保长办公处设保长、副保长、干事各一人,乡镇公所月支薪公费二六二元,保办公费月支三十五元。2.未实施新县制之乡镇公所,设乡镇长、干事、公役各一人,保办公处仅设保长一人,乡公所月支一六〇元,保长支办公费十二元。3.康区关外各县之区村公所,设区村长及书记各一人,每保设保长一人。(丑)充实设施:1.实施新县制各县乡镇公所,除原有人员外,增加股主任二人,干事三人。其民政股主任,由乡镇长兼任;警卫股主任,由当地警官兼任(未设警察机构之乡镇由乡镇队附〔副〕兼任);文化股主任,由中心学校校长兼任(其兼任中心学校之乡镇,由中心学校教导主任兼任);经济股主任,则设专人办理;干事三人,由中心学校教员兼任。各保办公处,除民警干事由副保长兼任外,增设文经干事一人,由国民学校校长兼任之;保丁一人,由各甲壮丁轮流派充;经费较原定数增加薪给一倍,公费二倍。2.未施新县制及康属关外各县之乡镇保各级组织,暂不变更,经费酌量增加。

(丁)民意机关之筹备设置

自各民意机关法令颁行以后,本省即着手实施。先饬各县监督举行甲居民会议,由乡公所督饬各保办公处指导办理,除三十二年实施新县制之康定等五县外,其余各新县制县份,均经遵照规定奉行。保民大会亦同。至乡镇民代表大会,因候选人须经试验或检核后,方确定资格,开始选举成立,本省以受高级教育人员较少,一律采检核办法,为减少麻烦计,并决定一律汇转声请检核,分二期办理:第一期雅安等十县,于三十三年一月开始,六月办竣;第二期芦山等四县,于三十三年七月开始,年底办竣;俟检核办竣后,即开始选举，正式成立乡镇民代表大会。县参议会，依法应由乡镇民代表大会选出议员，方得成立，惟以本省在抗战期中，地位重要，县参议会之成立，实为迫切需要，爰照四川先例拟具西康省各县临时参议会组织规程，业经咨请内政部转呈行政院核定。现已着手筹备，决于三十二年四月份内成立。

（戊）县各级干部人员之训练

本省省训团，于三十年六月开始，迄今已办五期。依训练规定，中央设中央训练团，省设省训练团，区设训练班，县设训练所，因本省未设专员，所有区训练班训练对象，一并调入省训团受训，一至四期均为调训，五期考训，现正在训练，尚未结业。兹特将一至四期受训人数统计于左〈下〉：

期别 \ 组别 人数	民甲组	民乙组	财政组	教育组	建设组	军事组	社训班	兵干班	户政班	战干班	保干班	粮政组	青干班	合计
1	60	123	59	66	18	102								428
2	99	131	61	92		134								517
3	51	107	42	60				77	50	30	37			454
4	36	103		54			69	75			49	52	26	464
合计	246	464	162	272	18	236	69	152	50	30	86	52	26	1863

至县训练所训练情形，则以各县受经济影响，不能每县单独如期举办，计至现在止，已办县训之县，计有雅安、冕宁、越西、西昌、汉源、荥经、天全、会理等县，其余各县正在筹备。至已训各县数字，因笔者在康定，全案存雅安，不能列表记出。

（己）自治财政之整理

本省自二十八年成立省府后即将过去之包办财政，改为预算、会计制度，虽未严厉实施，然对各县收支之审核，极为认真。自实施新县制后，各新制县一律成立会计室，办理会计事务；对县财政之收支则特设征收处以专其成；公款公产之清理，则依照财政部颁发整理自治财政纲要草案规定，将本省各县自治财政分三期整理，每期六个月，至三十一年九月份起计，第一期整理者为雅安、荥经、天全、西昌、会理、越西、冕宁等七县，第二期为汉源、芦山、宝兴、盐源、宁南、盐边、康定、泸定、丹巴、道孚、理化、巴安、泰宁等十三县(局)，其余甘孜、炉霍、瞻化、邓柯、德格、白玉、石渠、雅江、金汤、九龙等十县(局)在第三期整理。至义敦、定乡、稻城、得荣、昭觉、宁东等六县(局)则以地方全无收入，暂缓整理。每届整理时，由省府派员前往各县，会同县长切实整理，地方收入均有增加。兹将各县(局)三十年至三十二年地方收入，表列于左〈下〉：

西康省各县(局)三十年、三十一年、三十二年地方预算比较表①

县别	三十年度预数	三十一年度预算数	三十二年度预算数
雅安	1049764.94	1697770.00	5516577.00
荥经	277020.88	840922.00	2991854.00
汉源	719004.25	1479892.00	4911019.00
天全	279874.70	765926.00	2867352.00
芦山	136463.10	354086.00	1451889.00
宝兴	55378.90	250350.00	1147728.00
金汤	8303.25	71507.00	213852.00
西昌	845854.59	1559420.00	6025761.00
会理	1079028.12	3063451.00	8022317.00
越西	259182.15	966813.00	3586455.00
冕宁	442858.33	734322.00	3035871.00
盐源	156661.48	621893.00	240744.00
盐边	88772.00	387358.00	1553843.00
宁南	102616.29	660722.00	1408334.00
康定	118736.35	580557.00	1910485.00
泸定	102667.56	326766.00	1581356.00
九龙	37988.40	110966.00	432184.00
丹巴	37057.80	151752.00	687047.00
道孚	1120.00	91142.00	396408.00
炉霍	36522.00	109237.00	416068.00
甘孜	17160.00	130385.00	532860.00
瞻化	28129.00	80505.00	339977.00
邓柯	10980.00	74110.00	304607.00

①表内预算数单位原缺。

续表

县别	三十年度预数	三十一年度预算数	三十二年度预算数
德格	27748.00	90555.00	368409.00
白玉	15876.83	75403.00	311544.00
石渠	19456.70	78007.00	285148.00
雅江	11460.00	116379.00	407996.00
理化	6745.50	99720.00	409636.00
义敦	5184.00	72615.00	241867.00
巴安	38155.00	155990.00	568200.00
定乡	10707.00	77722.00	295894.00
稻城	6380.00	92945.00	273827.00
得荣	8787.00	81512.00	284659.00
泰宁	14830.00	81863.00	252631.00
昭觉		62843.00	399032.00
宁东		50625.00	301792.00
德昌			1420163.00
合计	6066464.12	16251041.00	57632082.00

注：德昌三十二年始设局

由上表合计，可见本省在三十一年整理后，增加二倍余，第二年整理后又较第一次整理增三倍余；以整理结果，与未整理时相较，增加九倍余。在贫瘠如此的西康，能有此惊人成绩，实出意外，本省实施新县制之成绩亦由此可见。

4. 西康建省五年来之政治经济文化建设述要（张为炯 1944年5月）

西康在抗战期中，完成省治，积极从事于政治经济文化各方面的建设，其所负之使命，至为艰巨，而工作之繁剧，环境之复杂，财力之不足，人口之稀少，较任何边区省份，尤属特殊。言面积，合康、宁、雅三属，有四十五万一千五百二十一方里之广，山谷纵横，雪岭重叠，森林茂密，矿藏殷富。言宗族，大别之则有汉、藏、猓、么些、栗粟、棘人、苗七种之多，在康属尤存残余封建之势力,在宁属复留猓族中之奴隶制度,生活停滞于农牧社会,经济□于发展。言文化,汉人虽略同内地,而文盲较多;藏族之宗教文化虽高,然固蔽塞,自阻其进步;猓族仅有简单文字,聊资特殊阶级之应用。言人口,合三属共有二百万人,而猓族占七八十万尤待同化。言交通,过去多赖牲畜人力,道路未修,无法利用近代交通工具。凡此种种,实为内地各省所未见,边区各省所罕有,治理之难出乎常人意想之外。于此而言建设,其政纲政策之订定,若稍涉凿枘之病,岂惟建设无所依据,亦易蹈历代失败之覆辙。当省府成立时,刘主席即以主持边政十余年之经验,根据三民主义,确订厉行经济建设、改善人民生活、加强民族联系、加紧组训民众、发展边地教育、彻底澄清吏治六项中心任务,为建设新西康之最高目标;复针对特殊环境之需要,提出建省四力政纲、经边三化政策,作为施行之原则。何谓四力政纲？即培养人民组织力,以克服散漫;培养人民知识力,以克服愚昧;培养人民生产力,以克服贫乏;培养人民生存力,以克服脆弱是也。何谓经边三化政策？即以德化代替威服、以同化代替分化、以进化代替羁縻是也。五年以来,一切施政计划,皆本此最高目标与政纲政策,精核拟订而执行之。更从执行计划上,逐年训练各级行政干部,以配合推行,用求行政效率之提高,达到预期之目的。政治建设方面：撮要言之,先后曾调整各县地区,增设设治局及特别模范政治指导区、普通区等,复选择文化较优、财力能胜之十四县,分期实施新县制推动乡镇自治,设立实验乡保,□民意机关;调整宗教,设立康区佛教整理委员会,阐扬佛教文化,设立石渠、理化、甘孜、德格、得荣各县五明学院;搜集史料,编纂省志,设立省通志馆;设置省县户政机构,从事户籍之调查整理;办理地政事业,设置地政机构;扩大卫生室组织,及设立各卫生院所,以保种竞存;整理省县人民团体,加强组训工作,举办社会福利事业,以适应现时需要;整理康区差徭,减轻人民负担;办理边务,组训边民,从事拓殖生产,设置宁属屯垦委员会。经济建设方面：调整科则,整理地方自治财政;设立省县银行,调济金融,繁荣市场;厉行法币政策,推广省县合作业务;发放农贷,修筑雅属周公渠、青衣渠,宁属安宁渠,籍兴水利;改良农牧,培育森林,改良蚕桑。皆所以发达农村经济。兴办毛织、制革、酒精、造纸、化工、材料各工厂,从事技术之改良,品质之增加，以为工业之发达与展布；调查矿藏，开发资源，使地尽其利，物尽其用；完成川康、乐西、西祥、雅荣、康青各公路，整理驿道台站，修复桥梁，使交通便捷，货畅其流。文化建设方面，为提高人民知识，普设省县民众教育馆，办理巡回电化施教；作育地方人才，普设省县各级小学；造就师资，设立省县师范学校；培植专门技术人员，分设农业、工业、商业学校；化导边民，特办边民学校。上述政治、经济、文化三大政策，虽属筚路蓝缕，然经此数年惨淡经营，已随六项中心任务、建省四力政纲、经边三化政策，收其实效而奠定基础，边区赖以久安，国防因以益固。尤以征工、征役、征实、征购四大工作，在数量上，均有难能可贵之事实表现。然此种成果，仅属建设新西康之发轫，今后更有待于吾人之黾勉图功以求完成者也。

5. 六年来之西康省临时参议会（节录）（西康省临时参议会议长　胡恭先　1946年4月3日）[①]

本省于二十八年建制，翌年八月本会成立。盖中枢以一面抗战、一面建国为主旨，集思广益，精诚团结，以求抗战必胜、建国必成。本会成立于国难严重之秋，故其职责，一方在上达民情，恰为政府与人民之间之桥梁，俾上下之间无所睽隔，同时复有倡导民治、建立宪政之使命，举凡省之应兴应革事项，得建议政府有以改进之。本会负荷此种重责。同人夙夜警惕，惧损其职，两届历次大会，既本知无不言言无不尽之旨，殚精竭虑，以期有裨时艰；复于大会闭幕之后，或则分赴各地考察，探讨民瘼之所在，或于驻会委员会详审大会决议案是否彻底执行。深幸中枢与省府，对于本会决议各案，无不竭诚采纳；而本省人民对于纳粮纳税、征兵征工、献金献粮、募债募捐诸项政令，则踊跃输将，慷慨应征，爱国热忱，未尝落后；至于推行县政，努力建设，同为地方应行之事，六年以来，亦有长足之进步，其视建制以前，不啻有霄壤之别。今者本会使命完成，奉命结束，省参议会筹备告竣，开幕在迩，回顾同人努力之迹，似不得无一言为本省人士告，敬将两届历次大会及驻会委员会工作情形，作一概括的检讨，尚望邦人君子有以教之。

---

①编者注：本文原档文内各段落序号错乱，录入时已直接更正。

一、关于省临时参议会两届参议员之动态及其任期

(一)第一届省临时参议会参议员名单及其任期

国民政府于二十九年六月三十日,公布西康省临时参议会参议员名单如次:议长谭其莊,副议长胡恭先,参议员谭其莊、胡恭先、江腾蛟、陈启图、格桑泽仁、余冠琼、杨启周、萧守成、夏仲远、李廷俊、王学禹、刘克全、马德洪、康乃谋、赖秉权、曹善祚、火竹香根、日库、袁品文、麻倾翁,候补参议员张仲篪、陈士林、聂梧高、林仲杰、马士芬、杨仲华、竹萨、骞生德、鲍昂成、杨克举。嗣因参议员杨启周辞职,以张仲篪递补;参议员格桑泽仁辞职,以陈士林递补;议长谭其莊落水身故,以胡恭先为议长、王学禹为副议长,聂梧高递补参议员遗缺。本届自二十九年八月起,至三十二年九月止,共计任期三年又一月。

(二)第二届省临时参议会参议员名单及其任期

本会参议员名额,在第一届时为二十名,本届经本会请求增加名额,经奉国防最高委员会核准,增加五名。三十二年八月二十三日,国民政府公布名单如次:议长胡恭先,副议长谭其蓁,参议员胡恭先、谭其蓁、日库、何伯康、华崇俊、袁品文、李廷俊、夏仲远、王蕙琼、陈士林、黄静渊、高上佑、杨立之、张仲篪、格桑悦希、马士芬、伍□、孙汝坚、龙晴初、毛祥瑞、傅春初、夏克刀登、麻倾翁、火竹香根、万腾蛟,候补参议员张练庵、刘赞廷、刁国桢、马德洪、陈祥麟、余冠琼、杨方叔、戴鹤龄、□洋、马师、张用和、□俊德、格绒、杨章瑞。嗣因参议员日库辞职,以张练庵递补;参议员夏克刀登辞职,以刘赞廷递补;议长谭其莊落水身故,以胡恭先为议长、王学禹为副议长,聂梧高递补参议员遗缺。本届自三十二年九月二十五日起,至三十五年三月三十一日止,共计任期两年六个月又九日。

二、关于第一届历次大会及驻会委员会工作情形〈略〉

三、关于第二届历次大会及驻会委员会工作情形〈略〉

四、西康省临时参议会之成果

〈前略〉

(一)乐西公路事件。该公路为本省南端动脉,于国计民生关系至重。沿线人民,一闻征调,即裹粮赴段,日夜勤劳,无间寒暑。乃督导该公路及其负

责者,恒有假公济私、掉方换段、擅作威福、奴役民工之事,以故民工经年不归,死亡枕藉。本会为民意代表,自难缄默,其间函电往来,奔走呼吁,迄于该路之告成而止。

(二)田赋编额之一再核准。本省土地贫瘠,人口稀少,在建制以前,每年经费胥由川省府补助;自建省后,当局力求自给,整理田赋,酌为增高;在当时缴纳法币,差可勉力支持,然自田赋改征实物后,则无形增加数百倍,人民虽节衣缩食亦未能照额缴纳。本会洞悉人民负担过重,一再呼吁,刘主席悯念斯情,亦迭电陈请,中枢爱民如子,田赋自百万市石减为八十万市石,再减为征三十万市石、购四十万市石,复经刘主席电请中枢核准,征购各为三十万市石,以纾人民痛苦。

(三)宁属夷务积谷之核销。宁属夷务积谷,病民已久,田赋改征实物,如再征收该项积谷,则与中枢法令有抵触之嫌。本会建议省府,请求取消,刘主席即毅然决然,命令禁止再征,实人民之讴歌颂祷也。

(四)乌拉制度之改革。乌拉制度,为康胞所诟病,本会同仁于每次大会均以此为提案中心,刘主席悯念斯情,排除万难厘定办法,力谋逐步改革,刻官价与商价相埒,仅军差尚未能十分提高而已。

(五)土地陈报错误之复查更正。本省土地陈报在办理时,因外勤人员、技术能力薄弱,同时复有滋扰之弊,以致等级亩分为户额等之错误,各县参议会及人民纷纷请愿,请求复查更正。本会历届次大会莫不以此为中心,而驻会委员亦从事调查研讨,再与省府有关机构交换意见,复一再向财、粮两部请求减轻,各田赋总额,几经函电,已允不限制田赋本额,如能禀公办理,自可解吾民之困。

(六)总征工筑路及机场。本省自抗战军兴,中枢锐意开发边省、巩固国防,各种建设无不悉力以视,就中如征工筑路及机场、动员民工至多,如川康、乐西、西祥、康青及雅富诸路,西昌、雅安、营官寨、甘孜及理化诸机场,征调汉康人民累计及二十万人。本会以兹事体大、有关抗建,除协助政府劝告人民踊跃应征,外以洞察民工之痛苦、人民负担之重大,或则请求中枢改善,或则派员赴工段慰问,或则请增加经费,或则控诉舞弊人员,文电盈尺,极尽繁复,经年累月,迄于竣工。

（七）鼓励知识青年从军。本会接奉蒋主席召集全国知识青年从军告谕书,竭尽绵薄,鼓励本省知识青年从军,本会同仁率先命其子弟从军以示提倡,或分别函电各县机关法团亲友,以父勉其子、兄勉其弟、妻勉其夫,应如从戎,以达建国建军之目的,而争取最后光荣之胜利。

（八）促进宪政之完成。本会虽为民意机关,而实为过渡时期中之机构。本会以本省新建,宪政基础薄弱,一方催促政府加速完成各县实施新县制,一方劝告各县公正士绅努力地方自治。同时,政府对于新县制之实施、各级民意机构之完成,亦尽其最大之努力,用能扶摇直上,追纵腹省。各县纷纷成立临时参议会,更有多数县份速即完成县参议会,近来选出省参议员,准于日内正式成立省参议会,渐趋宪政途径、实现民主政治,为期不远矣。又,本会在过去选举参政员时亦曾创立楷模,对于人选,衡量至再,公忠体国,未敢徇私。

（九）夷务问题之建议。宁属夷族,危害至深,祸及千年,人民遭其荼毒,无日无之。其恶横强悍,实难笔书。本会历次考察,怵目惊心,建议政府,应速谋挽救之道。无如凶焰弥漫,已成燎原,若不讲求治本之道,不惟宁属糜烂,本省政治亦受绝大阻碍。本会同仁自惭力薄,无法挽救厄难,惟望政府洞察症结,对症下药,俾百万苍生得有苏息之日,则无任馨香祷祝者也。

（十）西康大学校筹备。中枢自民国三十一年度起,每年向本省宁、雅各县征购黄谷,三年后分期偿还,三十四年为偿还期。各方对于中枢偿还之黄谷如何使用方对于省民有利,在二届二次大会时,由参议员提议,主张作为创办西康大学经费,经大会通过,并征得各县同意,送请省府执行。省府至表赞同,设立西康大学筹备委员会,刘主席文辉为主任委员,教育厅厅长程其保及余为副主任委员,并纲维省内外有关人士十余人为委员,复推举余为经费保管委员会主任委员、谭其蓁为副主任委员,建设厅厅长刘贻燕为校舍建筑委员会主任委员,谭其蓁为图书仪器采购委员会委员,周馥昌为筹备委员会主任秘书,筹委会设于本会。此事虽非本会职权范围,然由本会决议之要案,其中负责者又多为会内人员,责重事繁,恐稍陨越,如拨粮、售粮、收牧、存款、购书、规划校舍等等事项,悉采公开,决于每月报账,以示大公。年余以来,身心疲劳,事与愿违,至感不安。同时,本会顾念本省各级中学缺乏图书仪器,提议拨款购置,□充实其内容,俾大学招生时得查优良之学子,经筹委会可决,先行购置中学生文库五十部,分配各县各级中学,由余自蓉运雅,托人分配矣;至于仪器一项,本一教育部科学制造所订购若干套,将订立合同时,会战争结束,全国复员,遂致中缀。关于康大之能否成立、经费保管等情形另有报告,无庸述及。〈后略〉

三十五年四月三日

附:第一届西康省临时参议会参议员名单(1940年6月30日行政院公布)

职别	姓名	别号	性别	年龄	籍贯	备注
议长	谭其莊	创之	男	59	荥经	
副议长	胡恭先	礼安	男	40	西昌	
参议员	江腾蛟		男	33	仁寿	寄籍康定
	陈启图	东府	男	64	绵竹	寄籍康定
	陈士林		男	30	汉源	格桑泽仁因病辞职,经行政院核准由其递补
	余冠群①	恨钿	男	49	会理	
	张仲簏	应奎	男	41	西昌	杨启周辞职,经行政院核准由其递补
	萧守成		男	46	汉源	
	夏仲远		男	38	雅安	
	李廷俊	升三	男	54	雅安	
	王学禹	祗承	男	54	雅安	
	刘克全	子才	男	61	汉源	
	马德洪	惟馨	男	54	天全	
	康乃谋	绍哲	男	52	会理	
	赖秉权	执中	男	47	越西	
	曹善祚	锡胤	男	35	盐源	
	火竹香根		男	35	理塘	
	日库		男	53	雅江	
	袁品文	其衡	男	40	泸定	

① 原文如此,又作"余冠琼"

续表

职别	姓名	别号	性别	年龄	籍贯	备注
	麻倾翁		男	51	道孚	
候补参议员	张仲篪					
	陈士林					
	聂梧高					
	林仲杰					
	马士芬					
	杨仲华					
	竹萨					
	骞升德[1]					
	包昂武[2]					
	杨克举					

[1] 原文如此,又作"骞生德"
[2] 原文如此,又作"鲍昂成"

第二章
中国共产党推动的四川抗日救亡运动

一、中国共产党领导和影响的群众组织

1. 中国共产党成为抗日救亡团体的领导核心[①]

抗战初期,党组织加强了对四川抗日救亡运动的领导,从三个方面逐步成为抗日救亡团体的领导核心:其一,在四川党组织恢复之前,主要是分散在各地的共产党员及其自发建立的秘密团体,在全面抗战爆发后迅速公开活动,在抗日救亡运动中起到了带头作用。其二,党组织在恢复和重建阶段,把推动抗日救亡运动作为一项中心任务,并且通过群众性抗日救亡运动发现和培养积极分子入党,在抗日救亡团体中成立党的组织,形成了党的领导核心。四川省工委成立后,通过学委、文委、妇委直接领导了成都和各地抗日救亡运动的开展。其三,党中央和长江局采取措施,推动了四川抗日救亡运动的深入发展。

七七事变之前,分散在各地的共产党员在与上级党组织失去联系的情况下,自觉地建立起联系群众的秘密抗日救亡团体。正如后来省工委向党中央报告四川工作时所说:"四川工作条件好,各地皆有自发的群众组织"。全面抗战爆发后,成都、重庆、宜宾、南充、自贡、泸州、万县等地的秘密组织,迅速行动起来,声援华北抗战,在全省的抗日救亡运动中从两个方面起到了带头作用:一是促进了新的抗日救亡团体的大量涌现;二是开展声势浩大的群众运动,推动川军出川抗战。

1937年春天,成都"民先"队员的骨干成立了"天明歌咏团",其宗旨是"用歌声唤醒睡梦中的人们","要从黑夜一直唱到天明"。"天明歌咏团"成立时只有10多人,后来发展到300多人,负责人陈克琴、陈伯林都是共产党员。七七事变的当天下午,"天明歌咏团"以高度政治敏感和快速行动,高举团旗,走上

[①] 编者注:本文摘自中共四川省委党史研究室著《中国共产党四川历史》,中央文献出版社,2009年12月第一版

街头,高唱《义勇军进行曲》、《枪口对外》、《大路歌》等抗日歌曲上街游行,声援华北守军奋起抗敌,成为全省乃至全国行动最快的群众性抗日救亡团体。

7月8日,著名文化人士、共产党员车耀先和韩天石等人在全面抗战爆发前成立的"成都各界救国联合会"发起,召开援助平津抗战市民大会,参加大会的各界民众达3万多人。大会发布了《为日军进攻平津宣言》,指出:"民族解放的战争已经发动,四万万五千万人生死存亡,要在这一次抗战中决定。"这是成都也是全省最先响应全国抗战的一次群众性抗日动员大会。"成都各界救国联合会"公开活动之后,著名民主人士张澜等人建议立即成立全省性的抗日救亡组织。车耀先两次召集执委扩大会,作出了将"成都各界救国联合会"改组为"四川民众华北抗战后援会"(简称"华抗")的决定,推举张澜为会长,由韩天石具体负责。

在秘密团体公开活动和全国抗战爆发新形势的推动下,国民党四川省党部准备成立全省统一的抗日救亡团体,并向"华抗"会长张澜提出了共同成立"四川各界抗敌后援会"的要求。7月17日,"华抗"负责人韩天石等同国民党四川省党部书记曹叔实谈判,就共同开展抗日救亡运动达成协议:共同组织"四川省各界抗敌后援会"(简称"省抗"),由张澜任主任;"华抗"领导成员进入"省抗",其下属组织机构不变;办公地点设在国民党省党部大院内。21日,"四川各界抗敌后援会"举行成立大会,向全国发出通电,呼吁全国人民总动员,"冀以倾国之师,大雪积年之恨,敌忾同仇,曷胜奋勉"。此后,由"成都市妇女华北抗战后援会"改名的"四川省妇女抗敌后援会"也并入"省抗"之中,使这一省级抗日救亡组织更加壮大。

参加"省抗"的除了国民党省党部的代表以外,还有四川实力派的代表。韩天石等"民先"队员虽然不是以公开的共产党员身份参加"省抗",但由于他们的努力,基本上掌握了"省抗"的中下层组织,起到了一定的核心作用,实现了中共中央提出的"迅速地、切实地组织统一战线,以扩大救亡运动"的要求,成为国共合作抗日民族统一战线在四川形成的一个重要标志。

"省抗"的成立,在全川起到了示范作用。四川各地各界以"省抗"为例纷纷成立抗日救亡团体,掀起了抗日救亡运动的新高潮。成都文化界知名人士张澜、李璜、王干青、车耀先、刘披云等发起组织中苏文化协会四川分会、中苏文化协会成都分会，有会员446人，黄季陆任会长，车耀先等任理事。一批由北平、上海、天津等地转学到四川大学的学生，一些共产党员和"民先"队员，也开始在校内校外组建抗日救亡团体。成都学生抗敌宣传团、大众抗敌宣传团、大众壁报社、工人抗敌宣传团、少年抗敌宣传团、星芒抗敌宣传团、成都市回教抗敌后援会、群力社、四川妇女界抗日军人家属救济会、四川妇女战地服务团、成都市工人抗日工作团、成都市记者抗敌后援会、四川大学学生抗敌后援会等十多个抗日救亡团体相继成立。

重庆各界救国联合会在总干事漆鲁鱼的主持下，以秘密与公开相结合的方式开展活动，逐步发展成为重庆抗日救亡运动的核心，先后成立了重庆青年职业互助会、重庆各界抗敌后援会、重庆职业青年救国联合会、重庆妇女界救国联合会、重庆文化界救国联合会、重庆学生界救国联合会等下属组织，并在救国会骨干中大力发展党员，建立党的组织，直接领导和推动重庆抗日救亡运动更大规模地开展起来。

从重庆反省院出狱的共产党员万敬修、廖寒非在宜宾组织的秘密读书会、信义互助储蓄会，开始公开活动。以廖寒非为主笔的《边疆新闻》[①]于七七事变的第二天印发《紧急号外》，及时报道了日军大举进攻华北，中国军队奋起抗战的消息，并发表社论和评论。报社还把收音机安放在门口，供群众收听抗战消息。

四川其他地区的抗日救亡组织纷纷成立。南充成立了南充国难教育实施促进会，乐山组织了四川省抗敌后援会犍乐盐场大会，三台县成立了抗日总动员委员会，宜宾等地成立了对日经济绝交委员会、检举仇货（即日货）委员会等抗日组织，开展了群众性的抵制日货运动。温江、德阳、大竹等地相继建立了抗敌后援会或相类似的抗日救亡团体。据统计，全省有120个市、县成立了抗敌后援会。

党中央和长江局为了推动四川抗日救亡运动的深入发展，除了在方针政策上的指导而外，还采取了以下三项具体措施：

[①]《边疆新闻》是宜宾地方报纸，1937年4月由共产党员廖寒非接办并担任主笔。

一是成立四川青年救国联合会。1937年9月,由中共中央青年委员会负责人冯文彬指派川籍青年张黎群、肖泽宽带着西北青年救国会的政治纲领和组织章程,从延安回到四川,联络进步青年30人,在成都秘密成立了四川青年救国联合会,以后发展为大众抗敌宣传团和救亡抗敌宣传团。1938年2月,四川青年救国联合会划归省工委学委领导,发展成为在全国很有影响的学生抗日救亡团体。3月,省工委接到长江局学委关于派代表参加全国学生救国联合会第二次代表大会的通知后,立即派学委委员张文澄率领四川代表组到汉口出席。代表组向大会提出实施抗战教育、要求开放学生救亡言论、结社自由等8项提案。会议期间,他们同大会代表一起,受到周恩来、王明、郭沫若等负责人接见。会后,成都学生运动按全国学联二大会议精神和二大对成都学生要求实现成都学生大团结、扩大宣传工作、开展救护工作的方向,积极开展工作,使成都学生救亡运动成为全国学生抗日救亡运动中的一支生力军。1938年7月,国民参政会第一届大会在武汉召开。四川青年救国联合会、成都文化界救亡协会等16个抗日群众团体,向大会提出联合建议书,要求国民党政府全面改革政治、军事、经济、文化,广泛吸收各抗日政党及无党派人士参加抗日政权,正式确定抗日党派的合法地位,开放民主运动,严禁压抑民众救亡和解散民众抗日团体之行为,同时改善人民的生活等。这个联合建议书的提出,对推动抗日救亡运动的发展起了积极的作用。

二是响应英国伦敦援华大会。1938年2月12日,国际反侵略大会在英国伦敦召开援华大会,长江局指示省工委组织四川各抗日救亡团体积极响应,开展大规模反侵略宣传活动,把抗日救亡运动和国际反法西斯斗争紧密地联系在一起。13日,成都各界民众3万多人在少城公园集会,反对日本法西斯侵略中国,会后举行火炬游行。与此同时,重庆、梁山等地也举行了反侵略集会和游行示威。万县举办"反侵略宣传周",100多个抗日救亡团体于2月27日组织了有2万多人参加的火炬游行,连和尚、道士都加入了游行行列。

三是欢迎世界学联代表。1938年5月,世界学联代表访问中国,周恩来、王明、秦邦宪、吴玉章等代表中共中央和八路军在武汉举行盛大茶会,欢迎世界学联代表团。6月,经过长江局的介绍,世界学联代表柯乐满等4人访问成都。省工委组织各抗日救亡团体在蜀一电影院举行欢迎大会。世界学联代表介绍了欧洲反法西斯运动情况,成都学生界、妇女界代表在会上介绍了成都地区抗日救亡运动开展情况和经验,表示了战胜日本帝国主义侵略的信心,以争取国际力量的支持和同情,扩大反法西斯统一战线。

2.成都"民先"的抗日救亡活动①

1936年2月,为贯彻执行共青团中央《为抗日救国告全国各校学生和各界青年同胞宣言》的指示精神,中华民族解放先锋队在北京宣告成立,并迅速向全国发展。它类似改造后的团组织,是青年抗日救国运动的重要领导力量之一。

成都大川饭店事件的爆发,激起了成都地区抗日救国组织纷纷建立,特别是青年和学生们先后秘密组织起抗日救国团体,进行抗日宣传活动。成都的中华民族解放先锋队(简称"成都民先"),就是在这种条件下应运而生的。

成都的"民先"队是受北京党组织和"民先"总部直接领导的,它是共产党员、北京"民先"队的韩天石和王广义(周毅然)等到成都后,联合四川大学、省立成都师范等校的进步学生建立起来的。韩天石是北京大学物理系学生,一二九运动的领导骨干,平津学生南下宣传团第一团团长,北京"民先"总队18个筹备委员之一,入党后就被组织派到学联会工作,后因在反对国民党迫害爱国学生的"三三一抬棺游行"中暴露身份,被学校开除,还遭到军警追捕,处境危险;王广义是山东大学物理系学生,1930年加入中国共产党,因组织同学参加一二九爱国运动,被山东当局"押解出境"后到达北京,找到党组织,在北京从事群众工作。1936年暑假,四川大学向全国扩大招生,中共北京市委指示韩天石和王广义报考四川大学,开辟四川党的工作,建立四川的"民先"队。临行前,他俩邀约了10余名同学共同赴川,其中的大多数是"民先"队员。

韩天石和王广义等人川,顺利考入成都的四川大学理学院,即开始联络

---

① 本文摘自中共四川省委党史研究室著《中国共产党四川历史》,中央文献出版社,2009年12月第一版

进步同学。当时,四川大学的进步学生已建立了一些小组织,周海文、胡绩伟、彭文龙等团结一部分倾向进步的同学组织了时事座谈会、读书会、社会调查小组等,大家经常阅读《大众生活》等进步书刊,关心国内外形势,议论青年学生的历史责任等。他们通过北平来的同学万骥结识了韩天石和王广义。由于彼此思想接近,有共同语言,因而一见如故。韩天石介绍了北平一二·九运动的经过和经验,以及"民先"队的性质和任务等,并联系成都的情况谈了在学生中开展救亡活动的意见。不久,四川大学学生涂万鹏以及省立师范学校学生彭为果等人,也参加了他们的活动。大家经常聚在一起分析抗日形势,研究一二·九运动的经验教训,讨论如何在成都打开抗日救国运动的局面。经过讨论,大家一致认为,应该像北平学生那样,建立组织,形成核心,开展宣传,团结广大同学和社会青年共同开展救亡活动。经过在各校的串联,韩天石、王广义、周海文、胡绩伟等联系了四川大学、省立师范等校的进步学生16人作为发起人,于1936年10月初在四川大学文学院秘密召开了"中华民族解放先锋队成都部队"成立大会。会上,根据北平"民先"总部的宣言、工作纲要、斗争纲领、组织系统和规约,制订了成都"民先"的斗争纲领和工作纲要,研究了当前的工作任务和斗争策略,选举产生了由韩天石等五人组成的队部委员会,韩天石任队长,王广义、周海文分管组织(王广义还兼管秘书和交通工作),胡绩伟、涂万鹏分管宣传。会议还决定以北京"民先"总队队歌为成都"民先"队歌。会后,韩天石与全国"民先"总队部取得联系并接受其领导;"民先"总队部给成都"民先"送来文件和指示。

　　成都"民先"成立后,按照章程,开始在各校学生中发展队员,在四川大学、省立师范、华美女中、协进中学等大中专学生中,发展一批进步学生入队,如四川大学的邓照明、熊复、黄昌运、汤幼言等,省立师范的彭为商(彭塞)、郭永江,成都县中的郭自澄等。这些队员都是各校读书会、壁报社等群众组织的骨干分子。成都"民先"成立后还指派王广义和胡绩伟分工编印《民先汇报》和《M.S》周报("民先"汉语拉丁化缩写)等油印刊物,供队员传阅,了解"民先"队的性质、任务、纲领,了解党的抗日民族统一战线方针和传播马克思主义哲学、政治经济学等基本知识,提高大家的政治思想觉悟。与此同时,成都"民先"还积极开展抗日救国活动,组织学生参加援绥抗战活动,带领学生上街宣传、讲演、募捐、义卖,组织学生参加声援上海"七君子"大会等。

在成都"民先"建立并开展活动的同时,一些失去组织联系的党员和从外地来成都的进步学生,也在青年学生中活动,筹备建立抗日进步团体。在反对日本设领事馆的"大川饭店"事件中,党员饶孟文结识了天府中学学生侯方岳、省立师范学校学生张显仪等人,开始帮助他们学习政治理论,提高觉悟,并筹划建立一个进步团体。9月下旬,在饶孟文的指导下,侯方岳、张显仪联合蒋桂锐、叶兆麒、戴碧湘等各自领导的"申之社"、"业余读书会"、"进社"等9个规模小又分散的小团体共30余人,合并发起成立抗日进步团体"海燕社",寓意要像海燕一样,不畏狂风巨浪,在抗日救亡运动中英勇搏击。"海燕社"由侯方岳、蒋桂锐等负责日常工作,成为成都地区成立较早且人数较多的学生进步救亡团体之一。

1936年暑期,在上海读书因参加救亡活动而暴露的四川学生张黎群在全国学联的帮助下回到四川大学借读。张黎群返回成都后,邀约原来熟悉的一些同学,按照全国学联的章程,建立了"成都学生救国联合会"(简称"学联"),主要在中学生中发展会员、开展救亡活动。

为了发动和组织广大的学生投入抗日救亡运动,成都"民先"、海燕社和成都"学联"彼此加强了联系与合作。成都"民先"和海燕社都派人加入"学联",彭文龙、涂万鹏等成都"民先"队员和海燕社骨干叶兆麒,分别负责"学联"的总务、宣传和组织工作,吸收"学联"中的积极分子加入成都"民先"。以后,成都"民先"的不少活动都以"学联"的名义开展,使之成为广泛团结全市大中学生开展救亡运动的统一战线团体。"民先"的一些主要领导人也进入"学联"并成为"学联"的领导人,这使"学联"的性质和政治方向都发生了根本性的改变,这时的"学联"自然成为领导成都大中学生开展救国活动的核心组织。

同时,成都"民先"还与在成都失去组织联系的党员车耀先加强了联系与合作。一二·九运动以后,车耀先曾联络成都部分军政和文化界人士,发起组织过"成都各界救国联合会"(简称"各救会"),但人数较少、影响有限。为了把"各救会"建成包括社会各界更为广泛的抗日民族统一战线,成都"民先"与车耀先共同发起,联合四川大学、注音字母促进会、力文社、时代青年、市商会、三八读书会、邮务工会、成都人力车工会、华美女中、省立成都师范、成都戏剧协社等组成重建"成都各界救国联合会"筹备会。筹备会于1936年10月18日在春熙路青年会礼堂召开,大会由车耀先主持,成都"民先"负责人以四川大学学生的身份,同部分社会团体及救亡组织和学生代表共50余人参加。11月初,在车耀先支持下,韩天石、王路宾、胡绩伟、周海文等"民先"成都队员创办的抗日救亡刊物《活路》旬刊正式出版,编辑部就设在车耀先开办的"努力餐"饭馆楼上的家里。《活路》出版后先后发表了《日本帝国主义侵华政策剖析》、《日本侵略中国会适可而止吗?》、《不需唤起民众?》、《武器是万能的吗?》、《关于中国目前的形势和任务》等文章,转载了冯玉祥《我们如何才能自主》,以及《全欧华侨抗日救国会代电》等文章,分析国际国内形势,揭露日寇阴谋,抨击投降言论,宣传党的抗日民族统一战线方针,要求政府停止内战,一致对外,呼吁全国人民团结合作,力御外侮。《活路》只出版了三期,于12月6日被国民党当局以未获准立案为由强令停刊。

成都"民先"等与成都各救亡团体紧密合作,在成都掀起了广泛的抗日救亡活动。1936年11月,国民党爱国将领傅作义部在绥远打败了日伪军的联合进攻,取得了收复百灵庙的胜利,全国人民掀起援绥运动。成都"民先"在四川大学发起成立了"绥东抗敌后援会"。海燕社在侯方岳的带领下,在闹市的春熙路以及影剧院等地开展宣传活动,并于11月12日这一天,发动学生把全天的伙食费捐献给绥远抗日将士。11月23日,上海发生了国民党当局逮捕全国救国会领袖沈钧儒等七君子入狱的事件,引起了全国人民的抗议。成都"民先"以活路社的名义,同海燕社、力文社等团体联络,在春熙路青年会礼堂召开了成都各界声援救上海七君子、抗议国民党政府镇压抗日救亡运动的集会。会上,车耀先强烈谴责了国民党镇压爱国运动、逮捕七君子的行为,各团体也要求当局立即释放七君子,停止对群众抗日救亡运动的镇压。这次大会虽然由于国民党复兴社派人到会场捣乱被迫中途停止,但进一步激起了群众对国民党当局的不满和抗议。

1936年12月12日,西安事变发生,全国时局发生重大转折。成都"民先"队从收音机里得知张学良、杨虎城发动"兵谏"逼蒋抗日的消息后,立即召开主要领导人会议,讨论了事件的性质和应采取的方针,并以"学联"的名义发表对时局的《宣言》,支持张、杨的八项主张,赞扬张、杨的爱国义举。印制的《宣言》由"学联"成员带往各校和成都主要街道散发、张贴,立即引起全市人民的强烈反响。这是"民先"队员进入"学联"领导层后进行的第一次公开的重大行动,激发出了群众的爱国热情。国民党四川省党部为此惊呼:没有估计到成都共产党还有这么大的力量,并立即拼凑起"学生救亡除奸团",以此名义攻击"学联"宣传"赤化",企图用诽谤来抵消"学联"和《宣言》的影响。然而,事与愿违,他们的反对却推动了"学联"在群众中的影响,使"学联"更进一步发展壮大起来。

西安事变后,成都"民先"进入较快发展时期,队员很快达到100多人,在各大学和中等学校都有相当的实力,建立起了区队、中队和支队组织。成都"民先"队不仅通过"学联"团结起了各大中学校的爱国进步势力,而且还往成都各阶层的抗日救国组织中渗透,努力促进成都各阶层救国力量的联合。1937年3月,成都36个救国团体召开大会,宣布成立"成都各界救国联合会"(简称"各救会"),"民先"的负责人韩天石、康乃尔、周海文等被选入7人组成的常委会。同时,以"民先"队员组成和参加领导的妇女救国联合会、文化界救国联合会等组织也相继建立起来,这些救国组织为"各救会"的下级组织。

在"民先"的领导下,各种救国组织互相配合,形成了一股巨大的抗日救国力量。特别是青年学生,在"民先"的组织下,利用节假日,到街头巷尾、茶馆、酒楼、影院、戏院开展抗日救国的宣传活动,一些学生还奔赴郊外场镇,深入到农民中去讲演,开展歌咏、话报剧等生动活泼的宣传。当五卅惨案12周年纪念日来到时,"各救会"在成都中山公园召开了纪念大会。大会由"学联"具体负责组织工作,"民先队"的骨干成员彭文龙担任大会主席,会上响亮地喊出了"继承五卅的光荣传统,立刻对日抗战"的口号,会后按照预先确定的路线举行了游行。这次大会表现了各界群众抗日救国的迫切要求,推动了成都地区抗日运动的进一步发展。

成都"民先"在创建和大发展时,都十分注重报刊的宣传作用。早在"民先"创建初期,"民先"就在共产党员车耀先的支持下,由韩天石主持创办了抗日救国刊物《活路》旬刊,但《活路》旬刊很快遭到当局查封。之后,车耀先愤而创办了《大声周刊》,该刊的编辑工作全由"民先"队的干部负责,他们经常以笔名在《大声周刊》上发表文章,宣传抗日救国,宣传党的抗日民族统一战线政策和全面抗战的路线。抗日战争全面爆发后,成都"民先"队又创办了《星芒》周报和《抗日先锋》刊物,继续宣传党的主张,教育和动员广大群众起来进行伟大的抗日民族解放战争。

随着四川抗日救国形势的不断发展,为了统一步调,增强力量,成都的"民先"与"海燕社"这两大青年抗日救国组织的合并提上日程,成都"民先"队和"海燕社"的领导人达成一致合并意愿。1937年5月底,成都的"民先"和"海燕社"正式合并,采用全国有影响的"中华民族解放先锋队"为合并后的名称,在"民先"队内部建立起中共小组。合并后的"民先"队组织仍然按照队纲严把进入关,由于基础好,队员很快就发展到200多人,组织的发展对象和地区也扩展到全川的范围,先后在广安、灌县、三台、罗江、乐山、荣昌、宜宾等县建立了"民先"组织,在书店的店员中、印刷厂的工人中、自行车修理工人和小学教师中,也都有"民先"队员。至此,成都"民先"基本上把成都地区的学生运动、青年运动统一起来了,对全川的抗日救亡运动发挥了重要的指导作用。

3. 四川自贡抗敌后援会成立宣言(1937年7月21日)

自九一八国耻演成以来,日本帝国主义侵略日亟,东北半壁,形成残破,扶持儿皇,僭号称帝,怂恿殷逆,组府冀东,武力走私,毒化华北。复欲深窥内地,非法设领成都。现更大势演兵,无端轰我宛平,咄咄逼人,处处挑衅。远如华北之新要求,近如汕头之殴警案,莫不令人发指,疾首痛心!

此次卢沟桥开衅之初,经我政府提出抗议,彼愿撤退肇事之兵,殊料阿蛮善诈,媚言诳我当局,阴谋加强在华兵力,甲车列列,继续开来,飞机炸弹威胁上空,似此狼子野心,早于人神之怒。幸我守土将士,誓愿竭尽孤忠,作北道之干城,靖边疆之狼虎,浴血杀贼,存亡共土。我自贡市廿万民众,虽偏处西陲,而国家兴亡,责亦共乎匹夫,乃于斯时组织自贡市抗敌后援会,自愿枕戈仗剑,歼彼顽虏,敌忾同仇,沉舟破釜,拥护中央之国策,保持领土之完整,作前敌将士之后援,不受任何环境而气馁,以倭奴之血,膏我白刃,以倭奴之肉,饷我饿哺,不收复失地,何颜以见先烈! 不踏平三岛,誓不反身回顾。谨此敬告国人,尚望赐以方略,共起御侮,群策群力,王相车辅,俾奠国基于磐石,□倭患于永平,则党国甚幸,本会甚幸。

1. 卢沟桥事件是日本帝国主义者破坏东亚和平的暴行!
2. 卢沟桥事件是日本帝国主义者欲灭亡中国的初步!
3. 卢沟桥事件是日本帝国主义者对中国能否抗战之最后测验!
4. 卢沟桥事件是日本帝国主义者夺取华北之最后试探!
5. 全市民众一致在党国唯一领袖指导之下团结起来共御外侮!
6. 全市民众一致在党国唯一领袖指导之下团结起来收回东北失地!
7. 全市民众在此最后关头应巩固自卫阵线!
8. 全市民众在此最后关头应在攘外不忘安内原则之下肃清□□汉奸。
9. 全市民众在此最后关头应在中央策动之下援助守土将士!
10. 三民主义万岁!

4. 四川各界抗敌后援会关于成立大会的通电(1937年7月23日)

(1)就成立事通电全国

各省市(衔略)均鉴:吾国内忧方靖,外患频生,暴日侵凌,有加无已。近来芦〔卢〕宛之变,举国兴悲。天下兴亡匹夫有责,凡我同志,应抱爱护党国之革命热诚,拥护领袖之四大伟论,同心同德,磨砺以须。现在本省已于七月十七日成立各界抗敌后援会,一俟全国总动员之日,定当事先效命,救亡图存,冀以倾国之师,大雪积年之恨,敌忾同仇,曷胜奋勉。特先电达,不尽鄙忱。四川各界抗敌后援会叩。皖。印。

(2)电呈蒋委员长

南京。蒋委员长钧鉴:此次芦〔卢〕宛事变,寇犯平津,举国同心,图存御侮。远领伟论,至佩尽忱。敌忾同仇,自当奋勉。现在本省已成立抗敌后援会,发各界民众,无不披发缨冠,枕戈待命。谨先电呈,伏维爱察。四川各界抗敌后援会叩。

(3) 电呈川康绥靖主任公署主任刘湘

急。成都。川康绥靖主任公署刘主任钧鉴:寒秘电悉,钧座忧国忠谋,请缨杀敌,和平绝望,洞见机光,谠论尽筹,极深钦仰。本会爱国不敢后人,现正加紧工作,扩大宣传,誓为抗敌后援。于中央整个计划之下,共赴国难,危亡迫切,宁惜牺牲。特此电呈,不胜悲愤。四川省各界抗敌后援会叩。漾。印。

(4) 通电声援宋哲元

急。北平。宋委员长明轩勋鉴:强寇入室,窥我堂奥,贵部捍卫守土,浴血奋斗,艰苦支持,动在在典□凡在国人,闻风兴起。敝等集合全川志士,誓为后盾。特电奉慰,敬祈炤察,并盼捷音。四川省抗敌后援会叩。鹄。印。

5. 四川各界抗敌后援会通电各省市一致对日经济绝交(1937年8月1日)

急。天津、北平、上海、广州、福州、汉口、南京及各省市县抗日后援会鉴:日寇侵凌,邦交绝〔决〕裂,举国民众,愤慨同深。此间虽在西陲,抗战何敢独后。昨经本会决议,厉行全川经济绝交,各商现存仇货集中拍卖,严禁今后贩运。惟抵制仇货,首在杜绝来源,务须各地同时检查,执行始能彻底。特此电请贵会,对于上项工作,务采一致行动,倘有仇货经过,立予扣留。如已私运过境,事后发觉者,希即立电通知,以便俟其入口时,设法处理。抗敌前途,实深利赖。四川省各界抗敌后援会叩。

6. 四川民众华北抗战后援会呈请中央立刻对日宣战通电(1937年8月1日)

(1) 致南京国民政府

南京。林主席、蒋委员长钧鉴:日寇进攻平津,意在灭亡中国。凡有血气,莫不愤慨。值此最后关头,务恳立刻对日宣战,全国动员,驱除丑虏,收复失地。川七千五百万众,誓不与敌共生存。临电屏营,无任待命之至。四川民众华北抗战后援会叩。东。

(2)致四川省当局

重庆顾主任、成都刘主席钧鉴:暴日强占平津,意在灭亡中国。凡我川民,莫不愤慨。际此危急存亡之秋,万恳立即出动川康军队,驱逐丑虏,收复失地。全四川七千五百万民众,当以赤血静候驱策。四川民众华北抗战后援会叩。东。

7. 四川省各界抗敌后援会宣传队组织规则(1937年8月1日)

一、本规则根据本会第一次扩大宣传会议决议案订定之。

二、本队以唤起民众意识激发抗敌情绪为目的。

三、本队定名为四川省各界抗敌后援会宣传队。

四、本会〔队〕以各中级以上学校军事教育团体及民众团体为组织单位,其组织办法如下:

a.每单位组织组数至少在五组以上;

b.每组人数至少五人;

c.每组设领队一人由各单位指定之,每单位设总领队一人,由各单位之领导人担任之(如无学校之领队,由各学校指定学生担任;各学校之总领队,由各学校之训育主任、教导主任、军事教官,童军训练员担任)。

五、本会〔队〕隶属于本会宣传组、受宣传组负责人员之指导。

六、本队自成立之日起实行工作至本会任务完毕时宣布解散。

七、本队宣传工作之分配由本会宣传组临时通知。

八、本规则有未尽事宜得随时提请增订。

九、本规则由常务会议通过后宣布执行。

8. 中央社关于四川各界抗敌后援会召集成都市民大会的报导（1937年8月8日）

（中央社）四川各界抗敌后援会成都市民大会，昨（七）日上午八时，在少城公园公共体育场举行。到会者省府代主席嵇祖佑，主席团周遂初、曹叔实、陈紫舆、冷曝东、韩任民、陈炳光……暨民众约十万余人，……全市下半旗，停止娱乐，各机关放假一日，商店停业半日，以示抗日决心。兹将各情分志于后：

大会提案

一、请中央立即发动全民族对日抗战案；

二、厉行对日经济绝交案；

三、请中央保全领土收复失地案；

四、肃清汉奸巩固国防案；

五、请四川各军出师抗敌案；

六、请政府武装民众强化后援案；

七、电唁佟副军长赵师长家属案。

9. 四川省抗敌后援会为检送标语致四川省会警察局函（1937年8月9日）

径启者：查近日本市各街发现反动标语，甚有假借本会名义，妄拟各种另有企图之标语者，似此行为殊足淆乱观听，破坏抗日工作。兹为便于取缔起见，特将本会印制之二十五项标语检送一份，即希贵局查照后，对于非本会印发之标语一律查禁为荷。此致省会警察局。

附：标语

1.日寇是屠杀我们同胞的仇人，我们与他誓不两立。

2.抱牺牲一切的决心，与日寇作殊死战。

3.抗战而死是无上的光荣。

4.决心抗战到底，胜利终属我们。

5.我们要在抗战中求生存，不要在妥协下求苟安。

6.抗敌是民族的生路,屈服是民族的坟墓。

7.与其苟且偷生,不如慷慨战死。

8.我们万众一心,是敌人所最怕的。

9.谨守秩序,即是增加抗日力量。

10.服从纪律,誓死抗战。

11.沉着准备应战,闻胜勿骄,闻败勿馁。

12.沉着准备应战,临危勿乱,授命勿避。

13.不决心抗战,便是甘心亡国。

14.甘心做亡国奴和汉奸的人,是全国民众的公敌。

15.放弃国家寸土,即是千古罪人。

16.保全领土,收复失地。

17.肃清汉奸,巩固后防。

18.厉行对日经济绝交。

19.购买日货,便是以金钱援助敌人。

20.贩卖日货,就是通敌,就是汉奸。

21.全国同胞应在蒋委员长领导下努力抗战。

22.拥护刘主席领导全省军民在蒋委员长指挥下共赴国难。

23.拥护蒋委员长实行整个抗敌计划。

24.中国国民党万岁!

25.中华民国万岁!

10. 国立四川大学抗敌后援会成立大会纪闻（1937年8月14日）

此间,国立四川大学全体教职员及学生等。鉴于暴日节节进逼,强占我平津,轰炸我上海,大有鲸吞我国之概,乃遵四川省各界抗敌后援会简章第十五条之规定组织国立四川大学抗敌后援会。于今日（十四日）上午九时在该校文学院大礼堂开成立大会。到会员生约数百余人,行礼如仪后,一致推定张真如校长为主席,报告开会宗旨。略谓全国上下应本蒋委员长汪院长庐山谈话之宗旨,集中力量,一致抗敌。现四川各界已有抗敌后援会之组织,更来函促本校组织分会。并指示注意之点(一)学校不能有两个抗敌后援会之组织,(二)须依分会组织简章组织之,(三)应由本校员生共同组织,(四)应在学校当局指导之下活动云云。

次由孟寿椿秘书长报告筹备经过:略谓本会经过数日筹备后,于今日宣告成立甚属幸事,本人起草本会简章,纯系根据抗敌后援会分会章程所拟,实以员生共同组织,员生平等为原则。又本会成立前学生早有四川大学学生抗敌后援会之组织,于宣传方面工作,不遗余力,甚堪嘉许。但今后本校既有全体师生所组织之正式抗敌后援会,则以前学生方面所组织之抗敌后援会即应告一结束,俾能集中精力为整个团体,做全体一致的爱国工作。随即通过章程推选职员。计选出执行委员二十七人。内中除校长,秘书长,各院院长,学生生活指导委员会主任为当然执行委员外,当场票选傅养恬、张雨耕、谭其蓁、熊子俊、黄宪章、李炳英、龚曼华七人为教职员代表。文学院学生代表为卢良弼、郭伯均、张伯齐、康乃尔四人。理学院学生代表为黄昌运、邓照明、顾葆良三人,农学院学生代表为刘成璧、陈天鉴、罗耀武三人。法学院学生代表为王玉琳、张越武、杨昭伦三人。旋复选出李炳英、熊子俊、黄宪章三人为教职员代表中之常务委员。康乃尔、王玉琳、顾葆良、刘成璧为学生代表中之常务委员。闻该会组织既经完备立即积极进行一切爱国工作云。

11. 四川省各界抗敌后援会根绝仇货委员会组织章程(1937年8月24日)

第一条 本章程依据四川省抗敌后援会总章第　章第　条之规定制行之。

第二条 本委员会设于省抗敌会内,对外不能单独行文及直接负责。

第三条 本委员会之权责如下:

1. 登记仇货事项。

2. 拍卖仇货事项。

第四条 本委员会以左列机关人员组织之:

1. 四川省抗敌后援会三人至五人。

2. 省党部一人。

3. 省政府一人。

4. 省防私会一人。

5. 警察局一人。

6. 警备部一人。

7. 市商会一人。

8. 与日货有关之同业工会互推三人至五人。

前项各委员由各机关团体推出后,由四川省抗敌后援会聘任之。

第五条　本委员会设主任委员一人,副主任委员二人,干事若干人办理一切会务。

第六条　本委员会为办事便利时得用雇员。

第七条　本委员会办事细则另行之。

第八条　本章程有未尽善处,得随时报请四川省抗敌后援会修正之。

第九条　本章程自四川省抗敌后援会核准后施行。

12. 四川省抗敌后援会为抗敌话剧宣传周事宜致四川省会警察局函(1937年8月27日)

径启者:本会抗敌话剧宣传周已定于九月一日起至九月六日止借大光明影戏院举行,并就全市范围分为西南东北四区。九月一日欢迎西区市民参观,九月二日欢迎南区市民参观,九月三日欢迎东区市民参观,九月四日欢迎北区市民参观,九月五、六两日欢迎各机关学校团体人员参观。兹送上入场券八千八百张,请即分发西南东北市民,此项票数系准大光明影院容量酌配(该院仅容二千人座位)祈贵局按此标准分别转发为荷。此致省会警察局。

13. 四川省抗敌后援会呼吁全面抗战快邮代电(1937年8月28日)

各省县市抗敌后援会各机关各法团各学校各报馆钧鉴:

顷上国民政府军事委员会一电,文曰:国民政府军事委员会钧鉴:日寇鸱张,贪得无厌,已侵我冀北,复扰我华南。七月七之芦〔卢〕变既兴,八一四〔三〕之沪变旋启。彼居刀俎,我为鱼肉。蹂躏我土地,杀戮我黎民。盖日帝国主义者,早已妄自尊大,眼底无人,视我大中华民国诚次殖民地之弗若也。幸我前方将士,毅勇忠贞,沥泪挥戈,浴血抗战。平津之牺牲可歌,沪上之鏖斗尤壮。气吞牛斗,声震山河。跳梁丑虏,溃不成军,息鼓卷旗,窜如鼠狗。闻鸣镝而破胆,见华纛以屈膝。此正我国人雪耻扬眉之秋,亦我后方民众鼓舞待命之日也。方将歼敌海滨,还矢陵庙,而英政府忽有终止上海战事之提议,主张中日军队共同退出上海四周之地,而以上海为中立区。远电飞来,曷胜惊异。查我国为最爱和平之邦,亦为最能自卫之国。曩者,日本欺我仁柔,常加凌逼,我所以忍尤含垢者,非仅在爱护中日之邦交,且欲维持东亚与世界之和平。乃彼丧心病狂,得寸进尺,时至今日,实已忍无可忍,不得不出于自卫之一涂〔途〕,盖不自卫不足以自存,不与〔予〕打击者(者是衍文)不足以敛日军阀之野心,且不足以保障世界之和平,更不足以彰人类之正义。且欲破坏东亚和平者惟一日本,影响旅华外侨之安宁者亦惟一日本。今英政府不联络各国以制裁破坏和平之日本,不强制日军立刻退出沪境,而欲我自卫国军与破坏和平之日军一同退出我自己领土之上海,夫岂谓平?英政府此项建议或发动于爱护和平之基点,然终止双方战事之要求,不在日军肇衅气焰万丈之时,而在日军惨败垂头丧气之后,此我国人所不大解者一也。夫上海领土领空,主权属我,昔者日本因常挟其强盗手段所夺得之不平等条约及由此不平等条约连带之日租界,以为祸乱我国家民族之根据。即单就上海日租界而论之,一·二八之役,日军攻我,则以之为军事根据地,既败,则以之为掩护地。此次事变,日军攻我,又以之为军事根据地,既败,又欲以之为掩护地。日军敢于如是者,恃其所谓不平等条约卵翼下之租借耳。故沈阳"九·一八"事变发生而上海"一·二八"挑衅踵至,芦〔卢〕桥七月事件发生而上海八一四〔三〕之扰乱沓来。事隔六年,如出一辙。故我国为防止日本今后之扰乱计,与夫保障东亚及世界之和平计,上海日租界之收回,乃属今日当然应有之举。且我军乘胜追奔,势如破竹,方将直抵黄龙,尽收失地,上海一日租界之收回尤属我胜利当然之结果。然者英政府欲画上海为中立区之谓何,此我国人所大不解者二也。伏望我政府对此建议坚决拒绝,对日军事贯彻始终。庶百年之积耻得湔,千万之忠魂有慰。全川民众,誓作后援。迫切陈词,屏营待命。四川省抗敌后援会叩。养。印。等语。除径呈外,特此电闻。希即一致主张为幸。四川省抗敌后援会叩。漾。印。

附:标　语

一、欢送出川抗敌将士驱逐敌人出境!

二、欢送出川抗敌将士完成民族复兴大业!

三、欢送出川抗敌将士争取军人无上光荣!

四、欢送出川抗敌将士奋勇杀敌!

五、欢送出川抗敌将士取得最后胜利归来!

六、全川民众誓为出川抗敌将士后盾!

七、欢送出川抗敌将士为国争光!

八、欢送出川抗敌将士雪耻复仇!

九、欢送出川抗敌将士努力民族解放战争!

十、欢送出川抗敌将士保卫祖国!

十一、欢送出川抗敌将士收复失地!

14. 四川省抗敌后援会总章(1937年8月)

第一章　总　纲

第一条　本会定名为四川省抗敌后援会。

第二条　本会以唤起民众,动员民众,在中央领导下抵抗敌人,保全领土主权完整为宗旨。

第三条　本会刊木质图记一颗,文曰:四川省抗敌后援会图记。

第四条　本会会址设成都。

第二章　会　员

第五条　凡中华民国国民不分性别、年龄,赞同本会宗旨者均得加入本会,但须经会员二人介绍,备具入会手续,始得为本会会员。

第六条　本会会员有选举本会各级代表,充任本会各级职员之权利。

第七条　本会会员有担任本会工作,服从本会决议,遵守本会纪律之义务。

第三章　组　织

第八条　本会按照全川区域及各种业别,分别组织分会或支会,但在同一区域同一业别内不得有同性质之组织。

第九条　本会组织分为下列三级:

1. 省区范围——省抗敌会

2. 市、县区范围——市县分会

3. 乡、镇区范围——乡镇支会

第十条　各种业别支会均应受当地区域分会之管辖。

第十一条　本会基本组织为支会,各支会斟酌情形得分别组织下列各种工作团队。

1. 侦查　2. 讲演　3. 歌咏　4. 戏剧　5. 交通　6. 运输　7. 救护　8. 工程　9. 消防　10. 纠察　11. 炊浣　12. 生产队　13. 义勇队

省会及市县分会为工作便利敏速起见,得直接指挥各种工作团队或组织直属各种工作团队。

第十二条　本会以各级代表大会或会员大会为最高权力机关,在代表大会或会员大会闭幕期间,以各级执行委员会及监察委员会分别行使其职权。

1. 省代表大会——省执监委员会

2. 市县代表大会——市县执监委员会

3. 乡镇代表大会或会员大会——乡镇执监委员会

各级代表大会或会员大会之组织章程另订之

第十三条　各级执监委员会互推常务委员若干人,分负本会一切任务。

第十四条　遵照中央提示意旨,执行委员会常务委员中指定党政军三方面代表各一人为主任常务委员,处理一切日常事务并对常委会执监会代表大会或会员大会负完全责任。

第四章　省抗敌后援会

第十五条　省抗敌后援会设执行委员会及监察委员会,负本会执行及监察任务。

第十六条　省执行委员会及省监察委员会由省代表大会选举执行委员七十一人,监察委员三十五人组织之。但省党部代表三人,省政府二人,绥靖署二人,为当然执行委员。

第十七条　省执行委员会互推常务委员二十三人,组织常务委员会代表执行委员会行使职权,省监察委员会互推常务委员十一人,组织常务委员会代表监察委员会行使职权。

第十八条　省执行委员会常务委员会之主要任务如下:

1. 召开省代表大会及省执行委员会。

2. 执行省代表大会及执行委员会所交付之各项决议。

3. 执行党政军高级机关所指示之各项工作。

4. 指导各分支会之工作。

5. 提供党政军高级机关有关抗敌之各种方案。

6. 接受分支会及会员之一切报告及提议。

7. 募集本会经费。

8. 执行本会纪律。

9. 处理日常工作及临时事件。

10. 其他。

第十九条　省执行委员会常务委员会设主任、常务委员三人,照第二〔三〕章十四条之规定办理之。

第二十条　本会设下列各室组会办理本会一切事务。

1. 秘书室设主任秘书一人,秘书二人至五人,承主任常务委员之命,办理一切文电并综核各组文电计划等事宜。

2. 总务组办理一切庶务、会计、交际等事宜。

3. 组织组办理一切组织事宜。

4. 宣传组办理一切宣传事宜。

5. 调查组办理调查及检举汉奸仇货等一切特务事宜。

6. 根绝仇货委员会办理登记仇货并拍卖仇货事宜。

7. 其他特种委员会。

第二十一条　本会各组设组长一人，副组长二人至三人，干事若干人。各会设主任委员一人，副主任委员二人至三人，委员干事各若干人，承主任常务委员之命，办理应办事务并受主任秘书之指导。

主任秘书、秘书、组长、副组长，由主任常务聘任之，并报常务委员会备查。各组干事由各组长荐请主任常务委员聘任之。

因事实之需要得酌用雇员。

第二十二条　省监察委员会常务委员会互推主任常务委员一人，处理一切日常事务。

第二十三条　省执监委员会常务委员会及各室组会办事细则另订之。

第五章　市县分会

第二十四条　本会市县分会设执行委员会及监察委员会，分别执行及监察市、县分会一切事务。

第二十五条　市、县执监委员会由市、县代表大会选举执行委员三十五人、监察委员十七人组织之，但县党部代表二人，县政府代表二人，驻军代表一人或二人为当然执行委员。

第二十六条　市、县分会执行委员会互推常务委员十三人，组织常务委员会代表执行委员会行使职权。市、县分会监察委员会互推常务委员七人，组织常务委员会代表监察委员会行使职权。

第二十七条　市、县分会执行委员会常务委员会之主要任务如下：

1. 召开市、县代表大会及市、县执行委员会。

2. 执行市、县代表大会及执行委员会所交付各项决议。

3. 执行省抗敌会所指示之各项工作。

4. 执行党政军高级机关所指示之各项工作。

5. 指导各支会之工作。

6. 提供各该市、县内党政军高级机关有关抗敌之各种方案。

7. 接受支会及会员之一切报告及提议。

8. 执行本会纪律。

9. 处理日常工作及临时事件。

10. 其他。

第二十八条 市、县分会执行委员会常务委员会,设主任常务委员三人,照第三章第十四条之规定办理之。

第二十九条 市、县分会设下列各室组会,办理本会一切事务。

1. 秘书室设主任秘书一人,秘书二人至三人,承主任常务委员之命,办理一切文电并综核各组文电计划等事宜。

2. 总务组办理一切庶务、会计、交际等事宜。

3. 组织组办理一切组织事宜。

4. 宣传组办理一切宣传事宜。

5. 调查组办理调查及检举汉奸仇货一切特务事宜。

6. 根绝仇货委员会办理仇货登记并拍卖仇货事宜。

第三十条 各组设组长一人,副组长二人至三人,干事若干人。各会设主任委员一人,副主任委员二人至三人,干事各若干人,承主任常务委员之命,办理应办事务并受主任秘书之指导。

主任秘书、组长、副组长,由主任常务委员聘任之,并报常务委员会备查,各组干事由各组长荐请主任常务委员聘任之。

因事实之需要得酌用雇员。

第三十一条 市、县分会监察委员会常务委员会互推主任常务委员一人,处理一切日常事务。

第三十二条 市、县执监委员会常务委员会及各室组会办事,细则另订之。

第六章 乡镇支会

第三十三条 本会乡镇支会,设执行委员会执行乡镇抗敌工作。

第三十四条 乡镇支会执行委员会,由乡镇代表大会或会员大会选举执行委员十七人组织之。但联保主任、联队附,为当然执行委员,若有党部区署驻军,则党政军代表各一人为当然执行委员。

第三十五条　本会乡镇支会执行委员会设常务委员会，互推常务委员七人组织常务委员会代表执行委员会行使职权。

第三十六条　乡镇支会执行委员会常务委员会之主要任务如下：

1. 召开乡镇代表大会或会员大会及乡镇执行委员会。

2. 执行乡镇代表大会或会员大会及执行委员会所交付之各项决议案。

3. 执行上级会所指定之各项工作。

4. 提供乡镇内党政军高级机关有关抗敌之各种方法。

5. 接受下级组织及会员之一切报告及提议。

6. 征求会员。

7. 编组会员。

8. 征收会费。

9. 斟酌情形组织各种工作团队。

10. 领导各种工作团队实行工作。

11. 执行本会纪律。

12. 填写各种工作报告。

13. 其他。

第三十七条　乡镇支会设常务委员三人，照第三章第十四条之规定办理之。

第三十八条　乡镇支会设下列各组办理一切事务。

1. 总务组办理一切文电、庶务、会计、交际等事宜。

2. 组织组办理一切组织事宜。

3. 宣传组办理一切宣传事宜。

4. 调查组办理调查汉奸根绝仇货及一切特务事宜。

第三十九条　各组设组长一人，副组长二人，干事若干人，受主任委员之指挥，办理各项工作。组长、副组长、干事均由主任常务委员聘任之。

第四十条　乡镇执行委员会常务委员会及各组办事细则另订之。

第七章　业别支会

第四十一条　业别种列举如下：

1. 职业团体　农人、工人、商人等所组织之团体属之。

2. 自由职业团体　医师、律师、会计师、制药师、教师、新闻记者等新组织之团体属之。

3. 文化团体　各级学校、各种学会、各种研究会等团体属之。

4. 公益团体　各种谋社会公益之团体如各地同乡会、同学会等属之。

5. 慈善团体　各种宗教团体，红十字会、慈善会、救济会等属之。

6. 妇女团体　凡属妇女所组织之团体属之。

7. 军政团体　凡在乡或现役军人及各机关公务员所组织之团属之。

第四十二条　前条所列举之各种业别、团体，均得遵照本总章组织支会。

第四十三条　凡各业别团体所组织之支会，其系统照第三章第十条的规定办理之。

第四十四条　各业别团体所组织之支会，以该会会员代表大会或会员大会为最高权力机关。

第四十五条　各业别团体所组织之支会设执行委员会，执行一切抗敌工作。

第四十六条　执行委员会由各该支会会员代表大会或会员大会，选举执行委员九人至十七人组织之。

第四十七条　执行委员会之下得设常务委员会代表执行委员会行使职权。常务委员会由执行委员会互推常务委员三人至九人组织之。

第四十八条　常务委员会设主任常务委员一人至三人，处理日常事务。

第四十九条　常务委员会下应视团体之大小、工作之繁简，酌设各室组，遵照本总章第六章第三十八条之规定组织之。

第五十条　各业别团体所组织之支会，如因会员过多，得分组编制并遵照本总章第三章第十一条之规定分别组织各种工作团队。

第五十一条　凡工作范围在一县市以上之业别团体及公私立大学，得遵照本总章第五章之规定组织分会，直隶省会。

第五十二条　各业别团体支会，简章应分别拟具呈报查核。

第八章　工作团队

第五十三条　各支会应就地方情况、会员技能与兴趣,将所有会员分别编入各种工作团队。

第五十四条　工作团队之种类及名称,照第三章第十一条之规定办理之,各种团队之组织系统及办事细则另订之。

第五十五条　工作团队设团长、队长一人,并视其工作之繁简及范围之大小,酌设团附、队附一人及指导员若干人。

第五十六条　工作团队之各级职员,由编入各该队之会员推选,并报请乡镇支会核委之。

第五十七条　凡具主体性之工作团队,组织办法另订之。

第九章　会　议

第五十八条　本会各级代表大会或会员大会开会期间如下：

1. 省代表大会:每半年一次。

2. 分会代表大会:每三月一次。

3. 支会代表大会或会员大会:每月一次。

第五十九条　各业别支会代表大会或会员大会,照第五十八条第三项之规定办理之。

第六十条　本会各级执行委员会开会期间如下：

1. 省执行委员会:每月一次。

2. 分会执行委员会:每半月一次。

3. 支会执行委员会:每周一次。

第六十一条　各业别支会执行委员会开会期间照第六十条第一项之规定办理之。

第六十二条　本会各级常务委员会开会期间如下：

1. 省常务委员会:每二周一次。

2. 分会常务委员会:每周一次。

3. 支会常务委员会:每三日一次。

第六十三条　各业别支会常务委员会开会期间,照第六十二条第三项之规定办理之。

第六十四条　本会各种各级会议,于必要时得召集临时会议。

第十章　经　费

第六十五条　本会会员入会时,应缴纳入会金二仙,贫苦者得免予缴纳。

第六十六条　本会经费分下列数种:

1. 会员入会金。

2. 会员特别捐。

3. 会员所得捐。

4. 呈请党政军三方筹拨。

5. 事业费得呈准党政军三方举行特别募捐。

第六十七条　前条二、三项经费非经呈准,省会不得自行征收。

第十一章　纪　律

第六十八条　本会会员不得有下列不忠于中华民国之行为:

1. 私通敌人危害民国者。

2. 供给敌人情报粮秣枪械及其他物质资源者。

3. 造谣生事聚众骚乱者。

4. 屯〔囤〕积仇货贩卖推销者。

5. 窝藏乱人汉奸者。

6. 其他不忠实于中华民国之行为者。

第六十九条　凡有上列情形一经发觉,立即呈报主管机关严惩之。

本会会员应守下列规则:

1. 按时出席会议。

2. 服从一切决议。

3. 执行一切工作。

第七十条　本会会员有违犯纪律情事,应受下列处分:

1. 警告。

2. 撤消〔销〕职务。

3. 开除会籍。

4. 呈请行政及司法机关依法惩办。

第七十一条　本会会员之处分,由该管支会决议,经分会批准呈报省会备查。

第十二章　附　则

第七十二条　成都市区域组织及业别组织,直隶于省会。

第七十三条　本总章体系内各项单行章程及办事细则另订之。

第七十四条　本总章如有未尽事宜,得由代表大会或执行委员会提出增改之。

第七十五条　本总章由省抗敌会呈请党政军高级机关备案施行。

15. 四川省抗敌后援会为呈欢送川军出川抗日办法函(1937年9月3日)

径启者:川军出川抗敌,本会特组欢送会,其办法如下:

一、时间:九月五日九时举行。

二、地点:少城公园大光明电影院。

三、名称:定名为四川省各界民众欢送出川抗敌将士大会。

四、参加单位:1.各机关学校首长及高级人员;2.军人团体派代表二人;3.各学校教职员代表二人;4.各学校学生代表五人;5.各训练班教职员学生代表十人至二十人;6.各业别团体代表二人;7.成都市各联保正副主任;8.各报馆通讯社代表二人。

五、大会主席团:1.省党部2.省政府3.绥靖署4.省抗敌会5.市政府6.市商会7.四川大学8.华西大学9.行营办事处10.军分校11.新闻学会12.尹仲锡、方鹤斋、刘豫波、陈益庭、肖静轩、周奉池、赖德祥、尹硕权、王治易、唐宗尧、邵明叔、刘禹九。

六、招待人员:1.省党部朱云皋2.人民团体指导委员会袁守信3.省政府王伯兴4.绥靖署马剑青5.市商会王斐然6.学校易光谦7.本会主任常务委员及各组组长。

七、被欢送将士:出征将士自司令长官及各军师旅团营连排长。

八、由警备部维持会场秩序。

九、各学校组宣传队沿街宣传。

所有以上四点相应函达,请烦查照为荷。此致。

附:标语

一、欢送出川抗敌将士驱逐敌人出境!

二、欢送出川抗敌将士完成民族复兴大业!

三、欢送出川抗敌将士争取军人无上光荣!

四、欢送出川抗敌将士奋勇杀敌!

五、欢送出川抗敌将士取得最后胜利归来!

六、全川民众誓为出川抗敌将士后盾!

七、欢送出川抗敌将士为国争光!

八、欢送出川抗敌将士雪耻复仇!

九、欢送出川抗敌将士努力民族解放战争!

十、欢送出川抗敌将士保卫祖国!

十一、欢送出川抗敌将士收复失地!

16. 国立四川大学抗敌后援会唤起民众共同抗日致成都市政府函(1937年9月29日)

径启者:日寇猖獗,侵略不已,自卢沟桥事变发生,我政府感和平之绝望,不得不起而自卫,以争取民族之生存。惟是长期抗战,地无分南北,人无分老幼,均应一德一心各竭其力,共救危亡。际兹紧急关头,一般民众,允宜施以高速组训,以赴事机。盖民族之意识与夫敌人之暴行,倘吾民众,有深切之认识,则抗敌之情绪与决心,自必加强。欲求上下一心,同仇敌忾,势当加紧社会教育工作,唤起民众,共同奋斗,以期延续民族生命。贵府主持本市教育,荩筹所及,当早洞鉴,敝会情殷抗敌敢贡刍言,敬祈衡裁,如于推行社教进程中,倘有相需之处,敝会当竭绵力,勉为襄助也。特此函达,请烦查照。为荷! 此致成都市政府。

17. 四川各界抗敌后援会自贡分会成立致四川省盐务管理局的公函(1937年10月18日)

径启者:本年七月八日暴日侵犯宛卢,自贡市各界团体民众于七月二十一日响应各方,自动组织成立四川自贡市各界抗敌后援会,适进行间,旋奉自贡市党务指导委员会第二五八二号令略开以按照本市县分会简章从速组织,并将成立经过及重要职员等造册具报。等因。遵于八月二十四日按照简章规定各项改组,定名为四川省抗敌后援会自贡市分会,并确定四川盐务管理局局长缪秋杰、自贡市党部杨则时、自贡市特种警察局局长余冠琼为本会主任、常务委员,通过简章三十条正式成立,组织一切。除将办理情形分别呈报外,相应造具本会人事表,检同组织简章随函送请贵局,查照为荷。此致四川省盐务管理局。

附:人事表组织简章各壹纸

主任委员　缪秋杰　杨则时　余冠琼

18. 川康绥靖公署四川省政府指令印发仇货《调查证》训令(1937年11月11日)

总字第1078号　　令四川省会警察局

案据四川省抗敌后援会呈称:窃本会调查仇货检举汉奸工作,刻已积极推进,兹为防杜流弊,策应事机起见,特由会制订调查证,以备本会工作人员使用,并为有特殊事件发生时,请求军警宪兵及保甲人员协助之证据。除分呈四川省党部备案外,理合检呈该证式样二份备文赍请钧署府、俯予鉴核,转饬所属各部队各治安机关一体遵照。以后遇有本会工作人员持证请求时,即予尽量协助,以利推行。是否有当,伏候指令祇遵;再此项证据,本会系于必要时始交付工作人员,极为慎重,工作完毕,立予撤回,以杜流弊,合并呈明。等情。据此,除以呈及调查证式样均悉。准予分令市政府,警察局,警备司令部及宪兵大队部查照协助,以利工作。此令。等语。指令印发并分令外,合行抄发原赍调查证式样一纸,令仰该局即便查照,遇有该会工作人员持证请求协助时,务予尽量协助,以利进行为要。此令。

计抄发调查证式样一纸

四川省抗敌后援会			例条						
主任常务委员调查组组长	调查证	第　号	一、此证为本后援会专以调查仇货汉奸之用	一、持此证调查仇货时，须同当地保甲及军警宪一同检查，以昭慎重	一、凡本市商号，对待有此证者，不论何时何地，均应接受其调查，不得借词拒绝	一、持证调查仇货时，不得有不合法行为	一、此证不得假借他人	一、此证如有遗失时，应立请大会注销，以免发生意外之虞	一、在必要时，得持证请求军警宪协助	中华民国二十六年　月　日制

19. 国立四川大学抗敌后援会各组人员表（1937年12月31日）

组织组：正组长龚曼华，副组长门启昌、贺运森。干事：樊锡芳、赵城、罗终、杨枢荣、周镜之、李应潜、陈星炳、杨长福、甘贞信、芍世□、文学淑、孙相敬、秦承先、刘献镁、王彦立、张邦永、龚唆先、张问之、王大明、吉基祥。

宣传组：正组长吕平章，副组长周畅富、周述贤。干事：王企澄、吴鼎南、傅养恬、蔺大常、陈□飞、刘询、李家英、李锦华、郭伯筠、任敏华、陈伯生、邱正爵、曾庆龄、李培荣、陈嘉会、唐步祺、谭俊明、宋仲堪、鲜于善、沈文英、周韵松、王国华、夏宏端、罗玉阶、朱文虎、邓翰臣、刘人西、梁荣璧、陈立群、余如南、邱光姜、叶玉荃、邵泽民、张文廉、喻厚高。

总务组：正组长熊子骏，副组长李健行、李懋昭。干事：朱育万、谢子和、唐仲侯、向文侯、张笃周、曹增荣、钟佩鎔、周远鹄、李光荣、蓝为霖、刘默容、刘观涟、李发第、许廷星、喻厚高。

调查组：正组长黄学慎，副组长邱汉生、胡达文。干事：张慕渠、刁星耀、张锡久、陈贞繁、王文芳、周声鸣、余守先、张文廉、陈光祖、何叔度、陈育生、阚思常、曹金和、陈昌志、陈册贤、李蘅芳、曾懋修、张大仁。

出版委员会：主任朱院长光潜，副主任张惠昌、廖春圃。委员：刘成壁、吴天墀、郑异材、邱觉心、孙琪华、陈嘉会、陈怀容、王成德、徐竞存、喻季姜、陈亨如、张垂诚、赵启先、徐鹤群、池文华、魏辅南、李耀星。

20. 四川省各界抗敌后援会宣传周工作分配表(1937年)

单位名称	组数	担任街道
省立成都中学	5	总府街、新街、春熙东北路、纱帽街。
省立成都师范	12	拱背桥、下莲池街、教练所街、东岳庙街、磨子街、搅扒街、红石柱街、东升街、龙王庙街。
省立高级职校	5	拐枣树街、冻青树街、暑袜北街、忠烈祠街、鼓楼街。
成属联合中学	5	文庙前街、南大街、横陕西街、南门三巷子、南门二巷子。
叙属联合中学	5	梓橦桥街、华兴街、福兴街。
成都县立中学	5	青龙街、骡马市、东玉龙街、打铜街、东城根北段。
华阳县立中学	5	梨花街、转轮街、盐道街、城守东大街、光华街、向阳街、烟袋巷。
天府中学	5	成平街、东通顺街、方正街、马镇街、书院街、昭忠祠街、桂王桥街。
建国中学	5	西御河沿街、东御河沿街、上陛街、后子门、代书省、玉带桥街、梵音寺街。
大同中学	5	学道街、走马街、督院街、打金街、藩库街、藩暑街、棉花街。
成公男生部	5	宁夏街、东二道街、小北街、苦竹林街、王家塘、守经街、过街楼街。
成公女生部	5	娘娘庙街、商业街、东城根中街、长顺中街、实业街、泡桐树街、支矶石街。
协进中学	10	西门大街、长顺下街、西二道街、三道街、槐树街、马棚街。
蜀华中学	10	三桥南北街、陕西街、染房街、文庙后街、上南大街、红照壁街。
华西协合高中	5	中南大街、纯化街、指挥街、金字街、新桂街、浆洗街、簧门街、大悲寺、洗面桥。
志诚高商职校	5	庆云东南西北街、桂王桥街、燕鲁公所、塘坎街、五世同堂街。
南薰中学	5	北门大街、文殊院街、东西珠市街、酱园公所、通顺街、灶君庙街、青果市街。
高琦中学	5	文庙前街、孟家巷、上池北正街、马道街。
树德中学	5	商业场、昌福馆、太平街、华新街、锦华街、大小科甲巷。
成城中学	5	西胜街、西城根街、长顺上街、东胜街、将军街、东城根街、小南街、金河街。
培英中学	5	西御河边街、马道街、字库街、金家坝街。
大成中学	5	老关庙、铜丝街、玉泉街、德盛街、忠烈祠街。
民新中学	5	白家塘街、红石柱街、金马街、楞庆街、白云寺、仁凤里上街。
济川中学	5	盐市口、南新街、中东大街、青石桥街、老半边街、新半边街。
三英中学	5	东城根街、永兴街、牌坊巷。
华西大学	5	外南大街、小天竺街及南门外附城各街。
四川大学	10	少城公园、中城公园、提督街、西御街、东御街、祠堂街、外东九眼桥望江楼、南较场、文庙西街。
敬业中学	5	锦江街、方池街、包家巷、金河街、君平街。
教导总队 学员队 市商会	5	总府街、春熙路、东大街、商业场。

续表

单位名称	组数	担任街道
协合女师	5	隆兴街、岳府街、桂王桥南街、双栅子街、慈惠堂街、三倒拐、纯阳观。
华美女中	5	育婴堂街、贵州馆街、桂王桥北街、桂王桥街。
益州中学	5	老玉沙街、新玉沙街、成平街、童子街。
离山中学	5	下东大街、大慈寺、和尚街。
荫堂中学	5	外西大街、西门外附城一带。
复兴艺术职业校		编入本会宣传组漫画股。
中华女中	5	狮马路、横通顺街、马道街、鏊华寺。
蓉城女中	5	德盛街、北巷子、鼓楼北二街北三街。
省成女师	8	横陕西街、汪家拐、文庙后街、孟家巷、陕西街、红照壁、南大街。
省立成都女中	6	东马棚街、东城根上街、红墙巷、东门街、羊市街、顺城街。

21. 四川省政府转饬调查"民先队"下乡宣传情形密令（1938年1月26日）

秘字第一一五〇号　　令成都市政府

顷奉军事委员会委员长行营敬战奇电开：据密报，成都民先总队部本月十三日通知一部份队员下乡宣传，其通知单略称：现在我们发动了一个下乡宣传工作，意义一是教育我们自己，二是达到组织的任务，希望参加并遵守时间。集合地点盐道街四一号，交通符号手执红纸卷，集合时间十六日晨八时，工作时间九时半至十二时，等情。是日，究竟有无上项情事发生？省府有无发觉？该项队员下乡宣传情形如何？有无越轨言论及行动？地方官如何开导处理？应详查具复，以后并希随时注意为要。等因。奉此，合行令仰该府遵照，即便按照电示各节，详查明确，克日呈复，以凭转报为要。此令。

22. 成都市督察室杜正中密查"民先"组织情形呈（1938年3月3日）

窃职奉命密查成都民先总队部组织情形何如，有无越轨言论及行动一案，遵即前往各方探查。兹将所有得悉该队之情形条呈如次：

一、名称——中华民族解放先锋队成都总部。

二、成立时间——民国二十五年六月。

三、组织——总队部下设若干区分队,每队队员约十余人。

四、负责人——韩天石(现住川大理学院)。周海文(现赴西安)等。

五、工作地点——成都附近乡镇及附近各县乡镇。

六、宣传品——现检出有民先汇报一本,抗日先锋刊物第一期至第四期各一份(共出四期)呈阅。

七、查盐道街四十一号并无集合开会情事。惟查去年十二月以前,星芒周报社曾租该房作为社址,现该社已迁移本市祠堂街。

八、现在情形——查该队分子现已漫散,并据该队负责人云称:决于短期内宣布解散其组织。

所有奉派密查民先总队部情形理合据实呈报鉴核。谨呈督察员郑。

23. 成都市政府调查"民先成都总队"活动情形呈(1938年3月14日)

案奉钧府秘字二十七年一月二十六日发第一一五〇号密令,饬查报成都民先总队部于一月十六日,有无在盐道街集合队员及下乡宣传情事,以凭呈复。等因。奉此,当经派员多方秘密调查,兹据报称:"该队名称为中华民族解放先锋成都总队部,于民国二十五年六月成立,其内容组织,系总队部下设若干区分队,每队队员约十余人,负责人为韩天石(现住四川大学理学院)、周海文等。工作地点多在成都附近各县及乡镇,其宣传品有民先汇报及抗日先锋刊物。据盐道街该管警署、保甲人员暨同院附近各居民声称:上月十六日,并未见有人在该处集合。并据该队负责人称:决于短期内解散其组织。等语。前来。查该队组织及所发刊物,均未依法呈经本府核准有案。核阅刊物内容,大致以宣传抗日为主旨,其工作地点,多在本市辖区以外,有无越轨行动,无从揣测,除饬随时严密注意外,所有查明情形,理合检同原刊物五份,具文密呈钧府俯赐鉴核,指令祗遵。谨呈四川省政府。

24. 国立四川大学抗敌后援会简章(1938年3月25日)

第一条　本会遵照四川省各界抗敌后援会简章第十五条组织分会之规

定制定本简章

第二条　本会定名为国立四川大学抗敌后援会并自刊木质图记一颗以资信守

第三条　本会以唤起民众动员民众拥护中央抗敌保土为宗旨

第四条　本会会址设于国立四川大学内

第五条　凡属四川大学教职员及学生均为本会会员

第六条　本会以会员大会为最高机关会员大会会议规则另定之

第七条　本会设执行委员会处理本会一切事务由本会会员大会推选三十人组织之其名额之分配如左〈下〉

一、校长

二、秘书长

三、各院院长

四、生活指导委员会主任以上为当然执行委员

五、教职员代表七人

六、学生代表共十六人文法理农各院各四人

执行委员任期为一学期于每学期开学后一月内改选之除教职员所选委员外不得连选连任

第八条　本会执行委员会互选常委九人组织常务委员会处理日常事务

其名额之分配如左〈下〉

一、校长秘书长为当然常务委员

二、教职员代表三人

三、学生代表四人

第九条　本会常务委员会设主任常务委员三人除校长为当然主任常务委员外余由教职员及学生常委中各推定一人对常务委员会负责进行本会会务

第十条　本会设下列各组每组设正组长一人副组长二人干事若干人由主任常务委员提经常务委员会函请担任之其职务如左〈下〉：

一、总务组　办理一切文电庶务事宜

二、组织组　办理一切组织事宜

三、宣传组　办理一切宣传事宜

四、调查组　办理调查联络检举汉奸清查仇货及一切特务事宜

第十一条　本会会议分下列三种

一、会员大会于每期至少举行常会一次,在开学后一月内举行之必要时得召集临时大会

二、执行委员会每月举行一次由常务委员会召集之

三、常务委员会每周举行一次由主任常务委员召集之

第十二条　本会经费来源分会费及临时费二种

一、会员会费　学生会员缴会费二角,教职员会员缴会费五角至一元

二、临时费　遇必要时临时筹募之

第十三条　本会为适应特种需要得成立各种特种委员会,其规章另定之

第十四条　本简章经会员大会通过施行,如有未尽事宜得由常委会提出,会员大会修改之

25. 国民党成都市人民团体临时指委会为成都市文化界救亡协会会员大会致四川省会警察局公函(1938年3月26日)

案查本市原有"成都市文化界救亡协会"前因违反法规,经奉四川省党部饬令转予解散停止活动,并由该会先后呈报遵令结束暂停工作各在案。兹查有少数分子仍假该会名义从事活动,并具文呈报定期三月二十七日午后一时,假少城公园本市社训总队地址举行会员大会,似此故违法令,蓄意叵测,除指令不准其召开会议,并严禁活动外,用特函达贵局,请烦查照,严禁该会擅自召开任何会议,并希见复为荷。此致四川省会警察局。

26. 四川省会警察局制止成都市文化界救亡协会会员大会开会训令(1938年3月27日)

政字第282号　　令西区分局长沈光虎

二十七年三月二十六日案准中国国民党成都市人民团体临时指导委员

会未列字第二七九号公函开：案查本市原有成都市文化界救亡协会，前因违反法规云云。为荷。等由。准此，合行令仰该分局长即便遵照，迅予派警前往少城公园社训总队地址制止举行，毋稍延误。仍将遵办情形报查为要。此令。

27. 成都市警察局西区分局报告制止成都市文化界救亡协会会员大会情形呈（1938年3月28日）

本年三月二十七日，案奉钧局同年月日政字第二八二号训令，为准成都市人民团体临时指导委员会函，以本市文化救亡协会违法开会，请严禁该会擅自召开任何会议，转令派警前往制止举行，仍将遵办情形报查一案。等因。奉此。遵派分局巡官罗维权率同长警前往制止，据回报称：本日午前十二时许，即有该会份子三五聚集，意图到社训总队部开会。经长警等告知奉令制止举行，该等态度颇为不怿，在外徘徊良久，前后共来约四十余人，间有少数偶语，词意偏激，经巡官长警等严密监视，始悻悻散去。等情。前来。理合报请钧局俯赐查核令遵。谨呈局长钧鉴。

28. 四川省会警察局为严禁成都市文化界救亡协会召开会议致国民党市人民团体指委会公函（1938年3月29日）

二十七年三月二十七日，案准贵会未列字第二七九号公函，为成都市文化界救亡协会早经明令停止活动，兹复违法召开会员大会，蓄意叵测，应不准行一案。嘱即查照，严禁该会擅自召开任何会议，并希见复为荷。等由。准此。本局当即转令西区分局遵照派员率警前往少城公园社训总队地址，制止举行。去后，兹据西区分局呈复称：本年三月二十七日，奉令制止文化界救亡协会违法开会，遵派巡官罗继权率同长警前往制止。据回报：本日午前十二时许，即有该会分子三五聚集，意图到社训总队部开会，经长警等告知奉令制止举行，该等态度颇为不怿，在外徘徊良久，前后共来约四十余人，间有少数偶语，词意偏激，经巡官长警等严密监视，始悻悻散去。理合报请鉴核令遵。等情。据此，除指令外，准函前由，相应函复，请烦查照为荷。此致中国国民党成都市人民团体临时指导委员会。

29. 国立四川大学抗敌后援会刊布敦促川军出川抗日与川军将领来往电文(1938年4月26日)

本会依照本届第一次常务委员会议决,于本月养日分电川康绥靖主任公署邓主任晋康,第二十九集团军王总司令治易,第三十集团军王总司令方舟暨留川各师旅长,请其迅速出兵加入会战,歼彼倭寇,收复河山去讫,兹准邓主任王总司令复电,均允立即出兵应援,特将电文露布如后:

(1)本会去电

川康绥靖公署邓主任晋康,第二十九集团军王总司令治易,第三十集团军王总司令方舟暨留川各军师旅长勋鉴:抗战发生,于今九月,牺牲壮裂〔烈〕,艰苦备尝。前敌后方,益臻联系,曲直显判,盈竭斯分。沂水台庄频传大捷,最后胜利已兆先机。当民族决战之会,正川人报国之秋,在昔张虞败金,辉生巴蜀,近顷王饶效死,光被梓桑。吾川地处后防复兴根据,资源接济,应献国家。诸公职司捍卫民族干域,忠勇懋昭,宁能多让。虽明知请缨投袂,川军夙具决心,援晋取京,中枢早颁大计。第念兵贵神速,所争者时;先声夺人,所利者势诚宜藉各线胜利,敌气已夺之际,克日出兵,加入会战。我阮得势得时,敌当愈竭愈溃,胜负之数,无待蓍龟。时乎不再急起直追,万世之功,伫待饮至。掬诚敦促,尚乞垂鉴。国立四川大学抗敌后援会叩。养。

(2)邓主任复电

秘字第七七一号。成都。国立四川大学抗敌后援会:养电奉悉。台庄献捷,略挫凶锋,顽寇未清,应援敢后,日内准备就绪,即当仰承枢命,共竟全功也。知注特复。邓锡侯绥秘宥。

(3)王总司令复电

参字第一号。成都。国立四川大学抗敌后援会公鉴:养电奉悉。国难方亟,前线战事正殷,绪分属军人,职在捍卫,驰驱奔赴,曷敢后人,业经严饬所部克日集中,待命出动, 以赴事机,刻正积极向指定地行进中。秉承勖励,弥深淬奋,特电布复即祈朗登。王瓒绪叩。未总秘印。

30. 四川省党部等阻挠川浙等省人民组织文化抗敌救亡团体有关文电（1938年4—6月）

1)四川省党部密电（4月15日）

汉口中央党部武汉办事处钧鉴：密。近据人民阵线分子请组织团体，如文化救亡等会，察其用意实藉以为活动之掩护，自应密加阻止。闻中央刻改定人民团体组织原则中，拟在组织原则未确定前，对此项团体令暂缓组织。当否恳电示遵。四川省党部叩。删。印。

2)金祖懋签注（5月20日）

查此项团体另有政治背景，本党既不能以党团作用使其完全接受本党领导，自应设法阻止其活动，而免分散民族抗战之力量。本案拟（一）令暂缓组织，候本部依据临全代会及四中全会决议案修正法规后，再行核办；（二）如党部不愿居妨害他党活动之名，则拟准其组织，严密监视其行动，如发现有危害民族国家利益时，即通知政府以行政力量裁判之。如何请核示。

金祖懋五月二十

（原件存中国第二历史档案馆）

31. 国立四川大学抗敌后援会理学院办事处战时民众常识讲习班计划书（1938年5月12日）

一、宗旨　本处为普及民众常识增强抗战力量特遵照常委会决议案开办战时民众常识讲习班

二、班名　国立四川大学抗敌后援会理院战时民众常识讲习班（请大会发木质图记一个）

三、班址　设本校理院大礼堂

四、名额　三十人至八十人暂设一班

五、讲习期间　一月（五月十六日起六月十五日止）每日讲授二小时（午后七钟至九钟）

六、教员　由本处各职员分担或聘请热心公务同学兼任，但纯系义务职

七、办理人　由本处各股办事员会同主任筹划并由总务股负执行责任

八、招生期间　五月十一日起二十三日止

九、招生方法　十二岁以上，男女兼收，除张贴广告外，分别笺邀附近保甲长茶话（五月十三日），请其代为鼓吹，俾多收听众

十、开课日间　五月十六日

十一、课程标准及管教办法　拟仿照皇城讲习班，以资划一

十二、讲义　本期时间太逼，印刷不及，请大会向皇城讲习班索取各科讲义各一百份，转给来处以资散发听众应用

十三、电灯茶水　借用学校茶叶，由大会供给

十四、笔墨纸张及杂费由大会供给

十五、本计划书送请常委会核准施用

32. 成都市学生抗敌协会筹备会为召开成立大会致警察局长函（1938年6月23日）

径启者：谨订于廿六日（星期日）午后二时，假少城公园社训总队部开成立大会，以求达到集中力量，统一意志，争取抗战最后胜利。素稔钧座对学生抗敌工作热心领导，届时敬乞莅临指导为感。谨呈周局长极莹钧鉴。

33. 成都市警察局西区分局报告成都市学生抗敌协会成立大会情形呈（1938年6月27日）

六月二十五日准行政科电话：二十六日午后二时，成都市学生抗敌协会在少城公园音乐室开成立大会，嘱派员届时前往秘密察视。等由。准此。遵派本分局巡官皮维新前往。据回报称：该会于午后二点三十分开会，到达约百余人，省府及各报馆学校均派有代表参加。该会宗旨系组合党政机关各学校秉承最高领袖指挥，一致拥护抗战。开会时先由省府代表谈话，继由陈静珊师长及各代表等谈话，至四钟许散会，尚无异状，等情。前来。理合具文报请钧局俯赐鉴核备查令遵。谨呈局长钧鉴。

34. 国立四川大学抗敌后援会赴嘉峨服务团出发前向报馆送登稿（1938年8月1日）

川大夏令服务团出发

此间国立四川大学遵令实行夏令服务，由抗敌后援会主持办理，顷已组织就绪，定于八月二日出发，前赴嘉峨一带工作，计时两周。今晨由该会宣传组组长贺运升特约全部工作人员谈话，即席宣布：奉准派定魏辅南、邓纯眉分任正副团长，徐治安司会计以及其他职员名单。并谓此次工作至为辛苦，但宣传大纲亟宜预定，会计力求确实。经过详情，尤盼随时报查云。

右〈上〉稿敬乞惠发此致△△报馆　　四川大学抗敌会谨启

35. 成都市警察局西区分局报告文化界救亡协会等十三团体欢迎前线抗战将士开会情形呈（1938年8月1日）

二十七年七月三十日午后五时，奉钧座发下川康绥靖主任公署四川省政府秘秘字第八六一一号训令一件，饬严行制止文化界救亡协会等十三团体，于本月三十一日，在新又新戏院开欢迎前线抗战将士大会一案，等因。奉此，遵即召集该院经理人马维农及该团代表车耀先到分局晓喻，并于戏院门首悬牌禁止在案。殊至三十一日午前七时二十分，各该团团员纷纷至戏院门首，时值车耀先约同师长陈静珊，陈书农乘汽车川4079号亦至，该车耀先率同各团员至公园外坝旗台开会。是时，职由电话报督察处及姚秘书，并派便衣警长蒋钟麒，警士向成语前往侦察去讫，兹据该长警回报称：本日午前七时二十分，奉钧座面谕，饬往少城公园调查各抗敌救亡团体欢迎前方归来将士，计到有师长陈静珊、陈书农在少城讲演台向各团体讲话，兹记原词如次：（略）今天承各界盛意欢迎，实不敢当，抗战杀敌是军人应尽天职，不过观在前方战士在艰苦奋斗中与倭寇周旋，对于胜利很有把握，虽失一城一地，算不了一回事，我们是抱定长期抗战，希望后方做救亡工作的同志们，要领导民众加强民众的自信心，团结起来，站在一条线上，共起图存，一致抗战，我相信最后胜利终属我们等语。后由车耀先演说，由团体举代表向省党部面陈要求立案。当时有省党部代表田继良演说：各救亡团体于法不合，对于立案现正起草中等语。跟即散会,三五散走。在途中闻有到牛市口开会之说,报请核示,等情。前来。除立即电知外东分局查禁外,理合将经过情形具文呈复钧局鉴核示遵。谨呈局长钧鉴。

36. 内江县兴华救亡歌剧社举行成立大会的公函(1938年8月9日)

径启者:本社筹组依法先后呈奉中国国民党内江县党务指导委员会民字第225号、内江县政府教字第10153号指令,即依核准之章则第五及第七条规定,于八月十六日召开大会,推选负责人员及各指导员,并定于八月廿一日午前　钟在本县电影院开成立大会,记录各在卷。(后略)

附:四川省内江县兴华救亡歌剧社组织章则

1.名称:本社定名为"四川省内江县兴华救亡歌剧社"。

2.宗旨:本社于服膺中国国民党三民主义暨抗战建国纲领并信仰最高领袖之原则下,联合地方所有爱国同志,从事一切救国宣传工作,以唤醒同胞共同担任复兴国家、解放民族之伟大任务为宗旨。

3.社员:凡为中国国民,品性纯正,热心救亡,未受过刑事处分,确能遵守本社章则议决案,经社员三人介绍,提交干事会通过,照章缴纳基金者,得为本社社员。

4.组织系统:本社设正、副社长各一人,下设干事会及剧务委员会,干事会内设干事七人,剧务会内设委员五人,均遵照社章及各项议决案综理本社一切事务。

5.指导委员会:为救亡工作严重,由大会聘请地方党政机关名流硕望为指导员,组织指导委员会,指导本社一切。

6.组织限制:抗战获得最后胜利、中华民国完全独立自由时,本社宣告解散。

7.职员任用:本社正、副社长及剧务委员会委员由全体大会选任,干事会各干事由正、副社长遴选,提交大会通过之。

8.职员任期:本社正、副社长暨剧务委员会各剧务委员、干事会各干事由大会选出,如经社员三分之二因其怠职或不法提出改选或自行辞职,得由大会通过改选之。

9.对外名义:本社对外一切事务均以"四川省内江县兴华救亡歌剧社"名义负之。

10.会期:本社定两星期内举行全体大会一次,讨论一切推进事宜,由干事会通告召集。如遇有特别事故,由正、副社长出名,或半数以上之社员请求,得临时召集之。

11.社址:本社社址暂定内江大北街敦睦小学校内。

12.本社干事会及剧务委员会组织大纲暨本会工作方案,均分别另文订定之。

13.本章则经全体大会通过后,并呈请党政机构核准备案后实行。

14.本章则如有未尽事宜,得随时召集大会修改之。

37. 国民党省执行委员会为制止成都市学生抗敌协会召开会议致四川省会警察局公函(1938年12月8日)

查成都市学生抗敌协会于昨日(七日),向本会呈请为纪念"一二·九"恳请领导开会,并请假本会大礼堂为开会地点等情。到会。查该协会既未经成都市人民团体临时指导委员会许可组织,复未呈准成都市政府核准备案,似此非法活动殊属不合,当经以呈悉。查该会组织,本会无案可稽。复查"一二·九"定为纪念日,未奉中央明文规定,所请领导开会之处,未便准行等语,批答在案。兹复据该协会函称:业经呈请党政机关核准举行,订于本月九日午前十时,假皇城保育院开纪念大会。等情。到会。查该协会非法组织,已属不合,复冒称业经呈请党政机关核准举行,尤属捏造事实。所请举行"一二·九"纪念大会之处,自应予以制止,以重法令。除分函外,相应函请贵局请烦查照,饬属届时前往制止开会,并解散其组织,用绝根源而揭乱萌,是为至荷。此致四川省会警察局。

38. 四川省政府制止召开"一二·九"纪念会并勒令解散"学抗"的训令（1938年12月8日）

秘壹字第13897号　　　令省会警察局

案准中国国民党四川省执行委员会，本年十二月八日社诚字九五号公函开：

"查成都市学生抗敌协会，于昨日（七日）向本会呈请为纪念'一二·九'，恳请领导开会，并请假本会大礼堂为开会地点等情，到会。查该协会既未经成都市人民团体临时指导委员会许可组织，复未呈准成都市政府核准备案，似此非法活动，殊属不合，当经以呈悉。查该会组织本会无案可稽，复查'一二·九'定为纪念日，未奉中央明文规定，所请领导开会之处，未便准行等语，批答在案。兹复据该协会函称业经呈请党政机关核准举行，订于本月九日午前十时，假皇城保育院开纪念大会等情。到会。查该协会非法组织已属不合，复冒称业经呈请党政机关核准举行，尤属捏造事实，所请举行'一二·九'纪念大会之处，自应予以制止，以重法令。除分函外，相应函请贵府请烦查照，饬属届时前往制止开会，并解散其组织，用绝根源而遏乱萌，是为至荷。"等由。到府。除分令成都市政府外，合行令仰该局遵照办理，具报查核为要。此令。

39. 督察员侯德新报告制止成都市学生抗敌协会开会经过情形呈（1938年12月9日）

窃员奉派制止成都市学生抗敌协会开会一案，遵即前往开会地点皇城保育院大礼堂，并会同南区分局张局员等，此外又有市府派来杜特夫，共同制止该会开会。首晤该会主持人喻厚高、周曼如、胡朝芝等数人，略述奉政府明令，前来制止开会等语，原该会未经核准，有违法令。当时由该会主持人，向到场男女学生等二百余人，宣示今日之会不准举行理由，是本会未经核准，政府派来治安机关人员劝止，所以今天不必举行，以遵从政府功令，经过一段宣告，均无异言，结果甚为圆满，各自散去。当时并未发生事故，复将该会到场签名册，主持人名单，宣言各一份携来，仅将制止情形，理合报请督察长转呈局长鉴核。附签名册,名单,宣言各一份。

(附)件之一

   划到簿

   姬长城　　　齐鲁大学

   朝阳大学　　　八十人

   战时学生　　　二十余人

   李尚白　　　齐大

   李　矢　　　华大

   星芒宣传团

   ……

   主持人名列后

   喻厚高　　　川大学生

   周曼如　　　金陵女大学生

   胡朝芝　　　川大学生

   王天微　　　川大学生

   任振华　　　朝大学生

   陈光腾　　　协进中学

   叶霞翟　　　光华学生

   屈　克　　　协进

   其他有

   朝大教授　　　邓初铭

   金大教授　　　马振民

   文艺界　　　肖　君

(附)件之二

   成都学生抗敌协会为一二·九三周年纪念宣言

亲爱的同学们,亲爱的同胞们:

  今天,一个光荣的伟大的划时代的日子来到了——"一二·九"中国学生节!

今天,祖国的原野上正燃烧着神圣的抗战烽火,中华民族的解放战争正达到极端困难的日子。但是我们坚信着独立自由幸福的新中国,一定要实现在重重困难的后面。今天每个中华儿女正为着神圣的民族解放而血战,但是,我们永远不能忘记,三年前的今天,整个中华民族正处在日寇汉奸横行阴暗的铁牢中,当日在日寇汉奸的"中日亲善""共同防共""工业日本农业中国"……等口号掩护下,冀东傀儡组织出现在祖国的北方平原!白面汉奸,结队成群,强奸"民意",要求"自治",竟游行于北平市上!整个华北在动荡!整个中华民族在动荡!

同学们,同胞们:就是三年前的今天,北平学生站起来了,从大刀水龙,冰天雪地中,站起来了,提出:"对内和平对外抗战""反对华北共同防共""武装保卫华北""打倒日本帝国主义"的正义呼声;通过了"反对一切伪组织,伪自治"的全国通电。不顾一切压迫,挺身直起,表示不愿做亡国奴的真正民意,它——伟大的"一二·九",是全国学生站起来的日子;是中华民族复生的日子;是全世界人道正义复活的日子。

我们回顾着昔日的光荣,面向着今天抗战的难关,我们应该承继"一二·九"的历史意义,发挥新"一二·九"的伟大精神,我们知道:

"一二·九"是反对"中日亲善",反对"共同防共"反对"华北自治"的反妥协示威;三年后的今日——新的"一二·九",坚持抗战,反对一切妥协,是新的任务。蒋委员长说:"中途妥协,就是整个的投降。"

"一二·九"是主张"对内和平对外抗战","各党各派合作抗日"的,"一二·九"在和平统一坚持抗战的事业上起了先锋作用,那么为了要争取最后胜利,保证最后胜利,提早最后胜利,巩固抗日民族统一阵线,扩大抗日民族统一阵线,就是今天最迫切最紧急的任务。

"一二·九"是产生在日寇汉奸的双重压迫之下,在重重的困难中,为了民族解放而血战的日子新"一二·九"的今天,也正是抗战万分困难的时候,忍痛吃苦,克服困难,渡过难关,争取最后胜利是新的任务。

"一二·九"产生在祖国四分五裂的时代,然而今天全国统一了。有了各党各派全国民众所共同求其实现的三民主义和抗战建国纲领,有了共同拥护的国民政府,有了共同拥护的领袖——蒋委员长,因此,新一二·九的任务,要彻底实现三民主义和抗战建国纲领,要诚心诚意地拥护政府拥护领袖,才算是中国的良好学生。

"一二·九"时代全国学生,许多还在醉生梦死,在今天全国学生,快要结成一道抗日巨流,因此,团结全国学生青年,参加神圣抗战,是我们的天职。

同学们,同胞们:我们处在地大物博、财富人多的四川,今日的成都已成为抗战后防的重心,亲爱的同学们,快高举起"一二·九"的抗日大旗,整齐步伐,英勇前进,并且高呼:

纪念"一二·九"要加强学生的团结。

纪念"一二·九"要努力抗战建国工作。

纪念"一二·九"要实现改良青年学生的学习。

纪念"一二·九"要师生合作到底。

纪念"一二·九"要接受教育当局及学校当局的指导。

纪念"一二·九"要拥护国民政府长期抗战国策。

纪念"一二·九"要坚决拥护蒋委员长抗战到底。

打倒日本帝国主义!

中华民国万岁!

中华民族解放万岁!

40. 成都市警察局南区分局报告制止成都市学生抗敌协会开会情形呈(1938年12月10日)

本月九日案据本分局行政局员张先聘签呈称:"窃职昨后六时接来警察局督察处黄淑楷督察员电称:现有成都市学生抗敌协会为"一二·九"学生节,将于明日前十时,在皇城保育院大礼堂开纪念会,省党部未得该会具报有案,务派得力官警,会同本处侯德新督察员先时前往制止,免滋不测等语。职当于本日(即九日)午前八时三十分,率同东御街分所巡官何伯仲及该所休班长警十余名前往该地时,侯督察员及市政[府]杜科员亦先后到达,当即同向该院院长郭凤鸣接洽,并声明来意,继由郭院长介绍该会负责人周曼如、喻厚高,复向该负责人交涉。据该负责人称：本会经省党部刘科长面准等语。查所称系口头无稽，力为劝止，时该到会人员尽大中学生及教职员等约百人以上，内有主席团团员王天薇，胡朝之，任振华，屈克，叶霞辉等五人，以当时人数齐集，一再要求，乃准推举临时主席胡朝之女士，更纪念会为学术讲演会，由教员叶某，马先明，邓初明等递次讨论学术，约一小时即行闭会星散，职亦率同官警返局。理合将制止情形签请鉴核。谨呈。等情。据此，查据签呈各节，理合转报钧局鉴核备查示遵。谨呈局长钧鉴。

41. 四川省会警察局关于制止成都市学生抗敌协会开会情形致省党部执委会函（1938年12月22日）

十二月八日案准贵会社诚字第九五号公函，以成都市学生抗敌协会订于本月九日假皇城保育院召开纪念"一二·九"学生节大会，未经核准有案，自应予以制止，以重法令，嘱即查饬属届时前往制止开会，并解散其组织，用绝根源而遏乱萌。等由。准此，当经令饬南区分局，派员会同本局督察员侯德新前往制止，去后兹据南区分局呈复称云云。谨呈。等情。据此，经本局复查属实。除呈报省府备查，并指令外相应据情函达，请烦查照为荷。此致中国国民党四川省执行委员会。

42. 四川大学抗敌后援会工作报告（1938年）

本会在卢沟桥事变后，上海战争开始的第二天（八月十四）成立的。当时在假期仅由留校的师生组成，成立后的工作如下：

（1）第一次乡村宣传是八月二十八日出发的。当时分两队分头出发宣传：第一队到温江、郫县；第二队到新都、新繁。出发后五天均为大雨，全体宣传人员在雨中工作了五天返校情绪至为热烈。此次工作后的结论：①老百姓是会真正爱国的，而且爱国的情绪很热烈；②只要知识分子能以诚恳的态度、刻苦的精神去深入民间，老百姓是会被唤起的；③做爱国工作，不仅是尽了救国的责任，而且教育了自己，教育了老百姓。

（2）参加九月五日"欢送出川将士大会"。本会认为此次川军出川杀敌为国效劳,本会至少应以精神的鼓励。故赠旗十六面并组[织]献旗团二十余人前往献旗,献旗团[并]持旗沿街游行,影响市民很大。

(3)参加"九一八纪念成都市民大会"。是日,到本校教职员约百人,同学四五百人,校工七八十人。总队长孟秘书长。游行时沿途高呼口号,齐唱救亡歌曲,是日,本会队伍广大强壮,而情绪也极为热烈。

(4)迎新会。虽未以本会名义出面号召,而本会以全力支持,借以谋新旧师生之融洽集中川大之抗敌力量。

(5)捐制棉衣运动:①全体女同学参加集体缝制工作,一部分男同学协助,在六天之内完成一千零七十五件,当即送前方;②收集破旧棉衣数百件,赠送战区难民。此次工作结论:a.安慰前方战士及难民,以尽后方民众的责任;b.集体工作可以提[高]工作热情及工作效率;c.前方工作,后方民众为战士缝棉衣,可以使前后方打成一片,增加民族之团结力及亲切力。

(6)第二次乡村宣传。赴德阳唤醒了德阳市民,感动了德阳官员,此次工作结论:小县份无知老百姓最易受汉奸言论影响,乡村宣传工作实为切迫需要。

(7)汉奸理论检讨工作:分院开会检讨,情形尚好。①检讨汉奸理论,是肃清汉奸的基本工作;②检讨汉奸理论,是使非汉奸而受汉奸言论影响者不致误入歪路;③检讨汉奸理论,是使抗敌意志坚强。

(8)掀起援战肃清汉奸运动。当时南北前方军事失利,而一般亲日汉奸乘机活动,意图鼓动停战,投降日本。本会认为至为重要,乃响应蒋委[员]长之坚强不妥协主张,发动援战肃清汉奸运动。并请要求省抗敌会,召开成都市民援战肃清汉奸大会。

(9)救济某工程工人。联合各学校举行并组"成都市各大中学抗敌后援会救济某项工程工人委员会"。除宣传外,并已赠送稻草三万斤。

(10)游艺募捐大会。全为集乡村宣传经费而举办,现正积极进行。

(11)话剧团。演抗敌话剧,经常到各处表演。

(12)歌咏团。除随时宣传外,并于每星期六晚至广播电台播音宣传。

43. 国民党成都市人民团体临时指导委员会转饬注意"民先队"等活动函（1939年1月11日）

案奉中国国民党四川省执行委员会有日代电开：案准军委会政治部机字第一〇五五号代电倾据密报：共产党之蚁社、民族解放先锋队、青年救国团等三团体，在武汉自经明令解散后，虽仍暗中活动，但武汉人口疏散工作无法推行。现该三团体联合决议：除少数留汉活动外，余各分派至河南、湖南、安徽、浙江、上海、重庆、宜昌及各乡村活动等语。除分电外，用特电请查照，严密注意并饬属为荷。等由。准此，电饬该会随时严密侦察该乡村有无该党外围组织之蚁社、民族解放先锋队、青年救国团等分子活动，仍将办理情形具报备核为要。等因。奉此，除遵办并分函外，相应函达贵局，即希查照，严密注意为荷。此致四川省会警察局。

44. 四川省旅外剧人抗敌演出队为筹集下乡宣传经费举行公演致成都市府呈（1939年2月15日）

呈为筹集乡村宣传经费举行公演呈请鉴核事。窃本队于去年五月呈准省府赴川东南各县乡村，从事抗敌宣传，惟时七月，迄十二月底返蓉，随即准备赴川西北工作，曾奉省府及动员委员会批准，各发给露封训令一纸，通令各县予以协助在案。兹于出发之际，拟筹集工作经费，特邀请留省剧人协助公演国防名剧《塞上风云》一次，其收入所得，作为本队乡村宣传工作费用，是否之处，用特具文呈请钧府鉴核示遵。谨呈成都市政府。

四川省旅外剧人抗敌演剧队　理事长　王肇禋
队长　吴　雪

45. 四川省政府保安处查禁"群力抗敌宣传社"致警察局函（1939年2月23日）

奉主席兼全省保安司令发下准中国国民党四川省执行委员会函复，查明群力抗敌宣传社（少城锦江街第三十八号）未经核准有案，系属非法组织之团体，请严予取缔一案，经本处签奉主席批谕"由该处函知警察局严行取缔群力社"等因。相应函请贵局烦为查照办理为荷。此致四川省会警察局。

46. 吴天嘏、闻化鱼等筹组内江抗敌剧团的呈（1940年1月16日）

窃二期抗战中，宣传工作尤见重要，天嘏等鉴于内江抗战戏剧沉寂已久，特集聚过去"血潮剧团"、"三一三救亡话剧社"、"兴华救亡剧社"同人及新来热心救亡工作同志，合组"内江抗敌剧团"。经第一次发起人会议推定天嘏等九人为筹备委员，互推天嘏为筹备主任。复经第一次筹备会决议，请谢县长明霄担任本团团长，并于成立后，敦聘党政长官及地方名流，担任本团顾问。并定于一月二十日午前十钟假县党部举行成立大会。〈后略〉

附：内江县抗敌剧团简章草案

名称：定名为内江抗敌剧团。

宗旨：本团以团结爱好戏剧人士在党政领导之下，为抗战建国大计负起宣传任务为宗旨。

团址：暂设内江禁烟委员会内。

团员：凡思想纯正、体魄健全、有正当职业、无不良嗜好、热心爱国、饶有戏剧趣味者，不论籍贯、性别、年龄，经团员二人以上之介绍，提出常务干事会通过得为本团团员。

团费：团员入团时应缴纳左〈下〉列各费：

1. 基金：五角（入团缴）。

2. 常金：壹角（按月缴）。

3. 特别捐金：数目不定，自动捐助。

本团团员如不缴清所认缴之费，经催告后逾两个月者，即认为自动退出。

义务：本团团员有遵守团章、交纳团费、爱护本团、助其发展、担任职务、互相协助之义务。

权力〔利〕：本团团员得享受选举权、被选举权、建议权、纠举权及本团出版物权。

戒条：本团团员如犯左〈下〉列戒条，得由团长命令或干事会议决取消其团员资格。

一、损害本团名誉及权利者。

二、妨碍或颇〔破〕坏本团团务者。

三、不履行本团公决事件者。

组织：本团最高权力组织为团员大会。本团设团长一人，负本团对内对外一切总责。设副团长二人，协助团长办理团内外事务。下设四部：1.总务：下分人事、文书、交际、会计、事务、保管六组。2.戏剧：下分平剧、话剧、杂剧三组。3.宣传：下分出版、演讲二组。4.歌咏：下分指挥、伴奏二组。

各部主任由团员大会推举之；各组组长由干事会就团员内选举之。本团得聘地方党政名流为顾问。

会议：全体大会三月一次，由团长召集之。临时大会不定，经团员三分之一的请求，得由团长召集之。干事会每月一次，由团员召集之。遇紧要事得召开临时会议。各部会议由各部主任随时召集之。

经费：本团经费由左〈下〉列各项受〔收〕益支配之：

一、团员基金。

二、团员常金。

三、公演收入。

四、团员乐捐。

五、其他。

附则：本章程经全体大会通过呈县党部、县政府核准后施行。如有未尽处，得由全体大会修正呈准后施行。

47. 成都民先简史及工作总结（1945年7月）

一、成都民先简史

一九三六年夏天，四川大学在全国各地扩大招生，一部因参加"一二·九"运动被学校当局开除的北方学生，如北京大学的韩天石、山东大学的王广义（周毅然）等，便转学到川大。他们一是共产党员（王），一是青年团员（韩）（原文如此，指韩天石，应为共产党员——编者），是当时北方学生救亡运动的积极分子和领导人。在他们离开北平的时候,北平民先总部给了他们在四川发展民先的任务。

在同一个时期,一部分思想上倾向共产主义的本地学生,如华西大学的胡绩伟、省立成都师范的涂万鹏(王果夫)、周海文(周韧)等,也考进川大法学院。他们在全国汹涌澎湃的救亡高潮的推动和鼓舞之下,很想做一些实际的救亡工作,并且已经组织了时事座谈会,筹备出版刊物。开学以后,胡等因景仰北平"一二·九"学生运动,想了解那个运动的详细情形,认识了同系(政经系)一个北平来的同学万骥,于是万遂介绍他们与韩天石、王广义二人见面。由于彼此的思想接近,目标一致,便很快熟识起来。胡等将成都的一般情形及他们的活动和计划告诉韩主〔王〕,并约韩参加他们的时事座谈会。不久,韩天石向胡等提议组织成都民先。此时,成都救亡运动比较沉寂,而不少进步青年苦无一种组织,想干工作又不知从何着手。成都民先把这些青年组织起来,并以作为进一步推动成都救亡运动的骨干和核心,是完全必要的、适合时宜的。因此,韩的提议立刻受到热烈的赞同,当即决定进行筹备工作,由大家分头约集可靠的朋友以为基本队员。三六年的十月间,在川大学院召开民先成立大会。当时只有队员十六人,大会选举了韩天石、王广义、涂万鹏、胡绩伟、周海文五人组织民先的领导机关——队部。最初的队部并无明确分工,但实际上韩天石成了民先的主要的领导人。队部成立后,跟〔赓〕即决定在各大中学校发展队员,建立民先在各校的基层组织——小队,并以小队为核心,展开该校的救亡活动,如:组织读书会,出墙报等。"双十二"事变爆发,民先用成都学联名义,发表宣言,拥护张、杨八大主张。三七年春夏之交,成都民先队员发展至百人左右,成都各主要学校都有了民先队员,其中又以川大、省师、华西为最多。为加强队部领导,先后吸收了彭文龙(彭涛)、康乃尔二人参加队部。

这些时候,成都的救亡团体,因鉴于彼此在行动中步调不一致,而在组织上互相掺杂,形成客观上争夺群众的现象,开始酝酿统一运动。比如:民先与另一进步青年的秘密组织海燕社,它们在政治上的目标相同,而组织上早已有许多海燕社员参加了民先,合并起来,可以避免不协调的现象,统一工作步调,增强救亡的力量。因此两个团体于六月(三七年)间推派代表谈判合并的具体条件,几经磋商,最后决定:①海燕社员参加民先必须经过选择;②民先队部改组,吸收"海燕"方面领导人参加新队部。"七七"事变前不久,海燕遂正式并入民先,海燕方面经过选择后参加民先的约五十人。民先队部改组,新队部由韩天石(不在)、周海文、胡绩伟、康乃尔、彭文龙、蒋慕岳(蒋桂锐)、饶孟文(饶世俊)、肖玲(吴一铿)、涂万鹏九人(也可能十一人)组成。这时民先队员总数达一百六十人左右。外县也有少数队员和组织(如罗江)。韩天石、王广义二人在六月间即在民先队部改组前不久,赴上海考察,趁机去北方找党的关系,并与民先总队部讨论成都民先工作。

这里附带叙述一下海燕社的历史:一九三六年秋冬之间,成都天府中学等校学生侯泰阶、叶兆麒等组织四川学联,因名不符实,旋即改名为海燕社,想作为推动成都救亡运动的骨干和核心,成都学联即在其领导下成立的。嗣后,与民先接触,许多社员甚至负责人如叶兆麒(史太洛)等相继加入了民先,海燕社员所余无几。乃于一九三七年春改组"海燕",合并九个小团体成为新的海燕社,负责人为侯泰阶、饶孟文、蒋慕岳、叶兆麒等,将工作对象主要转向工人、店员、小职员和士兵,与民先合并时共有社员八九十人。

抗战爆发后,中国的政治形势起了根本的变化,成都的抗日救亡运动急剧地开展起来。民先在这个时期为扩大自己的活动,决定逐渐争取公开,因此出版了《抗日先锋》,公开发售,并决定将队员分散到各种群众团体中去活动。但是,客观的形势虽然很好,民先的队员虽然积极地参加了各种抗日工作,而民先队员在数量上并无显著的发展,领导呈现无力和松懈,组织逐渐涣散,其在救亡运动中所起作用,反不如抗战以前。

十月,韩天石从北方归来,带回了民先总队部的决定,于是召开民先代表大会,由韩天石传达民先总队部的决定,并讨论今后的工作。最后大会选举了韩天石、周海文、胡绩伟、涂万鹏、康乃尔、蒋慕岳、肖玲(后由周曼如代)七人组织成都民先总队部,并推韩为总队长。但是,这一次的改组,并没有稍微克服了民先领导上松懈和组织涣散的现象。

不久,韩天石提议解散民先,理由是:民先是一种进步青年的组织,它不适合于抗战新形势下组织更广泛的群众,加以救亡运动的蓬勃开展,需要这批进步的积极分子分散到各种群众团体中去领导,因此再没有保存民先这种比较狭小的组织形式之必要。队部根〔赓〕即召集活动分子会议讨论,绝大多数队员都同意解散,只有个别反对的。到三七年底,四川省工委成立,得到党的允许,民先便正式宣告解散了。

成都民先从成立到解散为时一年零两个月,队员最多时有一百八十人左右。其成都〔分〕在与海燕合并前,差不多全是青年学生,合并以后,才有了一部分职业青年和工人。全体队员中,当时只有少数几个党员(韩、王、侯、饶)与党没有联系,其余都是纯洁青年,其中大部分除积极从事救亡工作外,思想上或多或少〔地〕倾向于共产主义。所以,在三八年初四川省工委成立以后,这些民先队员大都陆续入了党,有不少成了党的干部。内奸与破坏分子,当时未发现。

民先的组织系统为:总队部——区队——分队——小队。各级领导机关由队员大会或代表大会民主选举。有比较慎重的入队手续和经常的组织生活。参加民先须有队员一人介绍,经小队讨论通过后,由上级批准。各小队及各级领导机关,每周举行会议一次,上级派人出席领导。会议内容有:政治分析,工作报告和讨论,自我批评(自我批评始终做得很差)。这种组织生活在抗战前差不多没有间断过,而在抗战后就一天一天松懈了。

民先成立后,除在各校从事救亡活动外,对于成都的一切救亡活动,莫不积极参加和支持。三六年冬成立的成都秘密学联,会员绝大部分是民先队员;三七年春成立的成都各界救国联合会及其领导的下乡宣传和五卅纪念大会,民先同样的积极参加和支持;抗战爆发后成立的华北抗战后援会,妇女抗敌后援会,以及其他许多群众救亡团体,民先队员都在其中积极工作并起着一定的领导作用。

民先为扩大抗日救亡宣传起见,在其成立后,跟〔赓〕即出版了《活路旬刊》,主张全国不分阶级、党派、信仰、种族,一致团结,停止内战,立即对日作战,反对国民党丧权辱国的不抵抗主义和对人民抗日救亡活动的压迫行为。这个刊物只出了三期,即遭国民党省党部的查禁。"双十二"事变后不几天,在民先的推动和全力支持下,车耀先同志主办的《大声周刊》出版了。它的编辑委员会几乎全为民先队部负责人(周海文、韩天石、涂万鹏、胡绩伟、彭文龙、熊复,只有薛特恩一人不是民先)。这个刊物遭受国民党的压迫,曾三次停刊,两次改名(《大生》和《图存》),颇受当时广大群众的欢迎,在成都和四川起了较大的作用和影响。抗战后,民先还出版过《抗日先锋》、《星芒周刊》,主编过《四川日报》的几个副刊。为了加强内部的教育,民先队部曾编辑了一本小册子《民先汇报》(内有民先工作纲领,论联合战线等文章)和一份内部刊物"M.S.周报"。

民先从成立那一天起,就与北平民先总队部有联系,并作为它的地方队部之一,指示、报告、书报、刊物,经常往还不断。成都民先的纲领就是根据北平民先的纲领略加修改制订而成。

三七年五月,北平学联代表杨蕴青偕肖玲抵蓉,携有北平民先总队部的指示和介绍信。民先在南门外于家花园开了一个盛大的欢迎会欢迎他们。六月,韩天石出川考察,趁机到太原民先总队部报告了成都民先的状况,参加了总部的会议和讨论。回蓉后,又在成都民先代表大会上传达总队部的决定。队员转移,互相介绍关系,亦有数起。

关于成都民先简略的历史组织和工作概况,就是这样。

[附证]

关于民先的历史,在这次召集座谈会时,因时间太久,各人记忆稍有出入,上述系根据大多数人的意见写成。为慎重起见,又将会后各人(仅一部分)所写材料,订为一册附上(未见此材料——编者),以供参考。

二、成都民先工作总结

经过了在延熟习〔悉〕成都民先情况的同志作了研究以后,我们对民先各方面的问题作以下的认识:

成都民先的一生——

成都人民特别是学生青年受了"一二·九"的影响,在三六年上季,成都的救亡运动便潜在〔地〕生存着,自八月二十四日成都人民反对日人设领的示威运动以后,成都救亡运动愈益开展了,救亡小团体亦逐渐开始形成。然广大青年尚无组织,即进步之救亡青年亦多未组织起来,已有之小团体既小而且涣散。

我四川党经三四—三五年之大破坏已被摧残殆尽,仅有个别党员的活动,群众中已无基础。在三六年秋,刚从外省来川之韩天石、王广义二同志之提议,与四川大学及中学之进步分子胡绩伟、涂万鹏、周海文等筹组民先,因为它可以团结和组织而且已经团结了和组织了有组织的和无组织的进步青年;它可以推动和提高而且已经推动了和提高了一些中间和落后的青年,起了推动和领导救亡运动的作用,相当的补救了党在青年进步或加入组织、在学生中和一部分职业青年中组织薄弱的缺陷。所以说民先之组成是必要的。

在三七年底的主客观情况已起了这样变化:成都已有了党的统一领导,群众中已有了党的工作,许多救亡中的积极分子和民先队员参加了党,全国抗战形成,广大群众需要而且要求有自己的组织。而民先这样进步青年组织既不能用这一形式去组织广大的各种各样青年,又不能继续起骨干或领导作用,前一任务应让位于各种各样为群众所欢喜所需要的组织,后一任务应让位于党和党员,因而民先有解散之必要。因此,也就应该说民先的解散是正确的,它适合于中央后指示的用各种各样的形式去组织青年的方针。然而民先之解散是有其重要错误的,没有把队员先安排好再行解散,没有在队内进行解散的教育,以致在解散前表现了异常涣散,解散后又未去管,有少数队员失掉了联系,而原海燕社之一部则分裂出去成立了青年救国团,此皆在解散中所取步骤不当的结果。

关于民先的历史是这样的:韩天石和王广义(周毅然)在北平时一为团员一为党员,在去川前曾受总队部之命在川组织民先。去川后直至三八年春都有经常联系,但韩、王的党团关系未转到,彼等乃于三七年夏去北方寻找组织关系,韩去太原与北方局接上党的关系,并报告了民先工作。韩回蓉后,于十一月党的关系转至成都,韩、王向党报告了民先工作,民先之解散即得到省工委的批准的。胡绩伟、涂万鹏、周海文在民先成立以前曾组织一时事座谈会,已做了一些救亡活动,在思想上倾向共产党,有入党要求。因韩、王未与党接上关系,未能吸收他们入党,及至韩、王与党接上关系以后,即介绍胡、涂二同志入党。从胡、涂、周的历史和工作上都可以证明他们当时是进步的,对民先是有功绩的。因此,从民先的来源及领导成分上都可以说民先是在党领导下的、抗日的、进步的青年团体,是民先总队的地方组织。

三七年夏民先与另一进步的青年团体海燕社之一部合并,名称仍为民先,吸收海燕社负责人饶孟文、蒋桂锐参加队部。从海燕社的组织和工作上看,是一个进步团体。当时饶为失掉关系的党员,蒋为一个积极工作的救亡分子,因此民先与海燕社合并和吸收饶、蒋参加领导并不能影响上述之民先性质。

康乃尔、彭文龙(彭涛)、周曼如(周楠)、肖玲(吴一铿)曾一时参加了队部,这都是由总队部决定的,他们对民先是有或多或少功绩的。他们在民先中并未起主要的领导作用。

因此,我们认为民先的性质是:它是一个在党领导下的、抗日的、进步的青年组织。

民先曾规定它带半军事性,这是错的。实际它并没有任何军事气味,而且也不需要带这一性质,徒使统治者更加注意,和中间群众离开。其所以有如此规定者,乃是由于总队部有这一规定,便不分地区的教条的搬了来,而未视其需要与效果,看起来很吓人,实际上并无其事,因此说这一规定是错了。

下面我们来看看民先怎样执行党的方针和政策。

总方针——

在检讨成都民先的方针时应分为两个阶段:一是抗战前,一是抗战后。首先来说抗战前的:成都民先成立后,未另搞一套什么纲领,它的纲领是全部抄自北平民先和学联的(除其仅适用于华北特殊情况者外)。其总的方向也就是党的总方向——"对内和平,对日抗战"。因此在民先成立不久,在双十二后便以成都学联的名义发表和平抗日的主张,反对汪精卫和何应钦的内战阴谋。在其主办和支持下的《活路》和《大声》经常不断反映其对每一事件的态度,争取人民的救国自由。在此方针下,它猛烈批评了国民党的不抵抗主义、亡国论、长期准备论,主张团结全国人民立即对日作战。利用中央和地方的矛盾,开展人民的救亡运动,反对国民党对救亡运动的镇压。三七年五卅大会及援助七君子运动便是最好的例证。它推动与支持了成都的救亡运动和团体,团结和组织了一批进步分子为救亡中的骨干。从民先对这些基本问题——对抗战、对国民党、对地方、对群众运动等的处理上是正确的。因此,应说民先在这一时期的总方向也基本上是正确的。

但这一时期民先仍有其重大错误:它未根据四川的特殊情况提出具体的动员群众和组织群众的口号。对国民党与其他势力的矛盾未能利用,对地方之反动的一面则很少给以批评。对群众运动是:未能使已组织起来的知识青年与工农群众相结合,进而组织工农;队员有脱离一般群众的倾向,使民先陷于一部分的进步青年的狭隘圈子里。

抗战爆发以后,民先的领导同志对这一巨大变化,掌握不住自己方向了,认为我们久已希望的,要求的抗战现在已经实现了,现在的任务已不再是向政府要求什么,而是如何支持政府,响应它的号召,如何使自己并组织群众参加战时宣传动员工作。认为帮助政府做战时动员就是自己的最大的甚至唯一的任务。认为只是自己并发动大家去帮助政府抗战,抗日即会得到胜利,这就叫做全面抗战。而未认识到国民党的抗战是片面抗战,是不要人民的抗战,如不修改其政策,即人民支持,它也不会胜利,而且人民无法,也不会支持它。因此,民先对国民党的片面抗战,对政府只有拥护。在此对中央和地方的矛盾不再去扩大加以利用,而是调和其矛盾,责备地方不遵〔尊〕重中央命令派兵出川;而主张在政府领导下进行救亡工作,只要能做宣传和动员工作就对了;因此也就不再去扩大自己的队伍,加强自己的组织,健全自己的领导,而认为只要大家能做救亡工作就好了,以致形成内部涣散,领导无力,甚至没有领导的现象。上下都在忙于动员工作,至于做什么,怎样去做,却没有人讨论和指示,因此也就放过了千载难逢的抗战初期这个机会。民先队员和其他救亡团体虽然未放过机会参加公开合法的省抗敌后援会,可以允许自己放手组织群众,两三个月中,自己的队伍不但没有扩大反而愈加涣散,群众基础也未增加,只落得"轰轰烈烈,空空洞洞","百般忙碌,所得无几"。其所以产生如此结果者,除上述之领导思想为其主因外,更加之当时之总队部放弃领导责任,与海燕社合并后之队部中不够团结,以及其浮夸不实之作风的结果。

因此,我们应该说这一时期民先的总方针是错误的,但亦有其成绩,如它能由战前之半秘密的工作转入公开合法的工作,决定参加省抗敌后援会,造成了成都的抗日热潮,进行了抗日宣传等。然而这是异常不够的,我们空过了这个好机会,"抬了轿子未得钱"。因此在国民党区就是形势开展时,一面需要大刀阔斧扩大宣传,但同时也应用一点一滴的办法切切实实把群众组织起来在我党领导之下。

做了什么,做[得]如何——

在三六年秋,民先集合了一部分北平来蓉的学生和一部分当地的进步学生,并进而吸收了有组织的和尚、无组织的进步学生之参加。仅经半年之发展,便已形成了一百数十人的一个队伍,成为成都最大的一个进步的青年组织。由于救亡运动是处在秘密环境下,它保持了北平民先吸收队员的条件(思想左倾,并积极参加救亡工作的),它相当慎重[地]吸收它的队员,相当地保持了组织的秘密,防止奸细分子之混入。由于领导上注意队员的组织生活,并在组织中进行了抗日的和同情共产主义的教育,使队员增加了思想上和组织上的锻炼,为党准备了一些干部,造成以后发展党员的基础(民先中百分之七十一—八十已入了党)。成都救亡小团体相当多,重复以致力量不集中,无力和不够团结,海燕社就是合并了九个小团体才形成一个八九十社员的团体。三七年六月,海燕社以其五十余社员合并于民先,则使民先拥有百八十余人,相当的统一了救亡运动,相当的集中了救亡的力量,使民先增加了新的成分——工人和职业青年。

但另一方面,由于民先在成立前未在进步青年中经较广泛之酝酿,而成立后又未能广泛[地]去团结群众,领导成分只限于川大学生,未能及时吸收各方面之群众领袖参加领导。与海燕社合并后,只是吸收其工人参加队部,直至三七年十月才开第一次代表大会,实行改造。更未向四川各地发展组织,因此使民先在发展上未得到应有之迅速和广大,减低了领导力量和团结程度。民先队员在群众中多半是很活动的,有其群众基础的,及至其加入民先以后,他们便相当[地]脱离了原来的同学和朋友,而忙于民先的工作,善于接近自己的同志。但领导上没有能及时[地]指出这一点,纠正这一偏向,使他们与群众相结合,提高他们并吸收他们加入民先,以致造成民先对群众脱离,对进步分子有关门主义的现象。在与海燕社合并前后,未能在队内强调的深入的进行统一的教育,克服以前的不团结不统一的现象;未能在合并后加强领导,运用这个更大的力量组织更多的群众;未能在增加新的成分之后注意开展工人和职业青年的工作。这些便形成民先在组织工作上的错误和弱点。

其次,民先经过他的组织和刊物——M.S.周报、《民先汇报》以及进步书报的学习,对内进行教育它的队员,使他们逐渐的同情,走向或坚定其相信共产主义。它举办或支持了一些刊物如《活路》、《大声》、《图存》、《大生》、《星芒通讯》、《星芒周刊》、《抗日先锋》以及报纸上的副刊。特别是《大声》和《星芒周刊》销数很广,影响很大,在地方刊物中算是好的一种。它不但宣传了抗日,使青年走向进步,同情共产主义,而且尽了一些组织作用,有几处党的组织就是利用读者关系发展起来的(如嘉定)。然而所有这些教育和宣传工作之共同的缺点,是抄袭上海一些进步读物的东西,没有根据四川的特殊情况提出具体的问题并解决这些问题。它多半是犯了形式主义和教条主义的毛病,着重对时局的分析而轻视了对生活具体问题上的教育。

这便是民先所做的宣传和教育工作。

民先支持了各界救国会、学生联合会等,在校内外用文化、娱乐、体育、艺术等方式团结了一批青年,但为数不多,范围小,成分单纯,与广大群众联系不够。它把救亡工作看成最重要的甚至唯一的工作。它曾利用中央与地方的矛盾发展了独立的救亡运动,如各界救国会的成立,三七年五卅纪念会便是最好的例子。就是民先的本身也是利用这一点而发展起来的,合法和非法都用,没有依靠或企图依靠那一方面。在成都所进行的每一次大的救亡活动(非官办的)它都是一个主要的支柱。它在救亡工作[中]有它不小的成绩。然而对组织广大中间青年却表现了它的弱点。在七七抗战后只注意利用公开合法做救亡工作,只去响应政府的号召,而放弃了组织自己的群众,人民的独立的救亡运动。以致虽然经过省抗这一好的时机,而所获的成绩极少,没有能组织一定数量的人民在我党领导之下,对地方只去批评其不肯派兵出川抗日的一面,而忘记了国民党想乘机消灭异己的一面,忘记了利用其矛盾发展自己的根本道理。

民先所做的大概就是如此。

民先的今昔观——

成都民先是在我党领导下产生和发展起来的,它吸引和团结了一批纯洁的,积极的,有了革命思想或欢迎革命思想的青年。在今天其中虽有少数已经开了小差或落伍了,甚至个别的叛变了革命,但当时民先是保持着它的纯洁性的。它仅在学生中做了第一步工作,将他们组织并提高一步,而未去更进一步做更为重要的工作——克服知识青年的弱点使其与工农相结合。一方面使民先未能获得广大的群众基础,一方面仍将学生特有弱点带到党里来。空泛、浮夸、英雄主义的作风未能受到批评,甚至在入党很久,已成为党的重要干部以后仍有不少是保有这样作风的。因此,为了能很好[地]改造知识青年,当其在一开始革命时,一面保持其对革命的纯洁性和热情,并立即加强其为人民服务,与工农相结合,实事求是的教育,鼓励比较有这样精神的青年,发动大家向其学习。然而在民先中这样的同志是被认为能力弱,不被重视的,应引以为诫〔戒〕。

民先队员是由群众中来的,是提高了的群众,然而他们却往往看不起群众,他们与同志相结合而却不与群众相结合,而领导上应使他们仍然回到群众中去,用提高了的群众再去提高群众。然而民先在领导上却忽视了这一点。

对民先工作的意见就是如此。

48. 对"民先队"之根本救济办法

一、积极办法

该民先队即缺乏理论,自应设法在理论方面,作积极之□□。

(1)由学校当局负责介绍总裁及党国先进□□□□国之言论,以统一其思想,集中其意志;

(2)由中央宣传部、中央组织部、中央青年团部、教育部秘密派员至民先队分子所在学校,对民先分子恺切晓谕,在抗战救国工作中,全国人民应一致信仰三民主义,服从总裁,不应再有派别之分,并指示中央之方针;

　　(3)由学校当局对民先分子予以特殊训练,察其感化后,介绍入团入党;

　　(4)由校中本党忠实干练分子,多与民先分子接近,利用种种机会以开导之。

　　二、消极办法

　　(1)由学校当局查明民先分子,择其首要而活动确有证据者,予以除名;

　　(2)如该民先分子在除名后,仍图在校活动,由党部设法予以严厉之制裁。

二、统战工作

1. 中国共产党联合社会各界推动川军出川抗战的经过[①]

　　党中央对四川实力派的统战工作,是在早期兵运工作和军事统战工作的基础上进行的。第一次国共合作时期,中国共产党就与四川实力派有过较为密切的接触。朱德、刘伯承、陈毅等都在四川军阀部队中做过兵运工作。中国工农红军在长征途中,加强了对四川实力派的军事统战工作。最突出的是朱德总司令。他利用和四川军阀的同乡、故交、旧部关系,接连给川军二十军军长杨森、二十八军军长邓锡侯、二十九军军长孙震等川军将领写信,宣传红军北上抗日的目的意义和党的统战政策,晓以"国难当头,应停止内战,一致抗日"的民族大义,呼吁川军担当起抗日的责任,为国家的独立、民族的生存而战斗,恳切指出"四川抗日军人,必须坚为联合",与红军结成统一战线才有出路,否则只会落得兔死狗烹的下场。为了与川军"联盟救国,共赴国难",信中

[①] 本文摘自中共四川省委党史研究室著《中国共产党四川历史》,中央文献出版社,2009年12月第一版

还提出了愿与川军结成抗日民族统一战线的三项条件,即:(一)立即停止进攻红军和苏区;(二)立即允许人民群众有言论、出版、集会、结社的自由;(三)立即武装民众,作抗日救国的后备队。朱德特别重视做川军总司令、四川省主席刘湘的统战工作,于1936年8月7日专门写信给刘湘,指出在国难艰辛、民族存亡的紧急关头,凡是黄帝子孙都不愿做亡国奴,都希望能够团结抗日,争取民族独立。朱德在信中从刘湘当时处境考虑,提出因为蒋介石监视严密,共产党和刘湘应该建立爱国友谊关系,互不侵犯,保存实力。朱德代表中国工农红军对川军将领所做的军事统战工作,既为红军长征开辟了前进道路,减少战斗损失,顺利北上抗日,又为建立抗日民族统一战线打下了基础。

1934年4月20日,由中国共产党提出,经宋庆龄、何香凝等1779人签名的《中国人民对日作战的基本纲领》发表了。上海党组织为了向四川实力派宣传宋庆龄等人的抗日主张,争取四川实力派支持中国共产党的抗日主张,配合中国工农红军北上抗日,先派吕一峰回川做策反和情报工作,后派黄子谷回川协助吕一峰工作,敦促刘湘支持中国共产党联合抗日的主张,积极作好抗日准备,支持抗日宣传。刘湘为其所动,派张斯可到泰山会晤冯玉祥,请教应付时局方略,请求派人帮助整训部队。冯玉祥欣然应允,派川人高兴亚、汪道余(导予)、李荫枫3人回川协助刘湘。高兴亚在北平遇到郭秉彝,邀其一同返川。刘湘对这4人的到来,表示热烈欢迎,悉数委以重任。

1935年夏,张曙时在重庆了解到刘湘和蒋介石的矛盾加深,刘湘在省府迁址的问题上陷于进退两难的处境。中央势力入川后,蒋介石逼迫刘湘将省府迁往成都,而刘湘的财产和商业皆在重庆,很不情愿,但迫于蒋介石的权势,敢怒而不敢言。张曙时认为,这正是帮助刘湘的好时机,可以利用他对蒋介石的不满情绪,争取他站到抗日反蒋的立场上来。于是,授意傅春吾给刘湘写信,说明日本决心要灭亡中国,国际形势即将发生变化,中国的抗日战争一定要兴起,希望刘湘准备做民族英雄,团结抗日的势力,反对妥协投降,并采取具体措施。建议刘湘"确立新时代的伟大计划,才有光明前途。从军事、政治、财政、外交、民众等方面来一个新的布置,以抗日为中心号召,造成四川为中国抗日政治的中心",为此,不要留恋重庆,应该"把省府迁到成都,脱离中央势力的压迫,与四川各军联络起来,共同保卫四川",这样,"提出停止内战一致抗日的主张,才可得全国人民的同情与响应"。刘湘对这封信极为重视,派其亲信甘绩镛找到傅春吾,表示十分感谢,要求傅春吾以后要"常常赐教"。

恰在这时,刘湘的老师、开明人士张表方(张澜)也来到重庆。张曙时早与张澜相识,二人对当前局势、刘湘的处境和前途看法基本相同。经过张澜的工作,刘湘痛下决心,很快将省府迁到成都,以脱离蒋介石的压迫。张曙时为了抓紧做刘湘的统战工作,通过共产党员吕一峰、蔡翼公和陈克琴等人的努力,前往成都到民本体专当教员,以公开合法身份做党的上层统战工作,并联系老党员,发展新党员,恢复和发展党的组织,开展群众性抗日救亡运动。

1936年秋,蒋介石命刘湘到南京接受"剿共"和"整军"指令。党组织为了利用蒋介石与刘湘之间控制与反控制的矛盾,派秘密党员王昆仑(时任国民政府立法委员)会见刘湘。王昆仑根据中共建立抗日民族统一战线的方针,在南京同刘湘分析国内外形势,指出蒋介石对日采取不抵抗政策,借反共消灭非嫡系势力,是一箭双雕的阴谋。刘湘对王昆仑的谈话深信不疑,邀请王昆仑入川做客。刘湘回到成都后,王昆仑即赶赴成都,再次和刘湘面谈,强调若不与中共合作促蒋抗日,则刘湘本人与国家均无前途。王昆仑还通过地下党组织介绍冯雪峰入川与刘湘会谈,直接和刘湘建立联系。

党组织通过多方面的工作,使刘湘逐渐改变了"怕共产党比怕蒋介石还厉害"的思想观念。特别是在西安事变发生后,刘湘得知共产党以国家大局为重,抛弃历年和蒋介石的积怨,主张和平解决西安事变,颇为惊异,赞叹共产党真能深明"外御其侮"的大义,从而对党的抗日民族统一战线有了进一步认识,产生了联共抗日的合作意愿,先派叶雨苍,后又派王干青为代表,去延安与中共商谈双方合作事项。

1937年3月,张曙时从成都到重庆,取道武汉,转赴延安,向毛泽东、周恩来、张闻天等中央领导汇报四川上层统战工作。中央认为,与刘湘联合抗日的条件基本成熟,决定以张云逸为代表,在桂林和川、桂实力派签订联合抗日的军事协定。6月,刘湘派张斯可、刘亚休作代表去桂林,会见中共驻桂林代表张云逸,以及桂系李宗仁、白崇禧,经三方会谈,达成了《红(军)、桂(广西)、

(四)川军事协定》。协定的主要内容是团结一致,共同抗日,如果蒋介石不抗日,仍要打内战,就联合起来反蒋。根据这个协定,互派代表,加强联系。张斯可代表刘湘邀请张云逸到四川工作。6月26日,张云逸致电向中央请示。毛泽东回电,要求张云逸留在桂林不动,另派李一氓作代表入川。在刘湘这里,经傅春吾、张斯可、乔毅夫等高级幕僚的推荐,决定派王干青作代表常驻延安,中共代表李一氓也很快到成都工作,实现了中共与刘湘的经常性联络。

1937年7月14日,毛泽东致电尚在桂林的张云逸,根据全面抗战爆发后的形势变化,提出了新的要求。电报强调说:我方代表团正与蒋氏商协抗日方针,为坚定蒋抗日决心,各方应表示诚意,拥护蒋氏及南京抗日政策,不可有牵制意。电报指出:四川整军计划,应照刘主席已指示的方针去做,不可发生波折。毛泽东的电报预示着统一战线策略有新的变化,四川上层统战工作将要有大的发展。

9月24日,中共代表罗世文到达成都,给刘湘带去了毛泽东给刘湘写的亲笔信和刘湘派驻延安的代表王干青写的介绍信。罗世文还带去了朱德、刘伯承等八路军高级将领分别给刘湘、刘文辉、邓锡侯、潘文华、杨森等川军将领写的信,加强了对四川实力派的统战工作。

罗世文到成都后,担任川康绥靖公署顾问,和刘湘指定的张斯可、高兴亚、蔡军帜等官员接头,住在绥署顾问蔡军帜的家中,以此为活动基地,开展上层统战工作。罗世文通过刘湘的高级顾问郭秉彝、王干青等介绍了一些中共地下党员到刘湘部队中工作,掌握了保安处的组织和通讯、联络,暗中训练特工人员和情报人员,指导刘湘的土宪兵同蒋介石的宪兵、特务作斗争。毛泽东在给刘湘的亲笔信中,提出要在延安建一个图书馆,但缺少经费,希望得到刘湘的帮助。罗世文递交了毛泽东的信函之后,刘湘立即批了"帮助五万元",以表示合作诚意。后来,刘湘还资助八路军一笔经费,购买了大量试验器材、布匹、药品等急需物资运往陕北。

12月,中央派邹风平等到成都,和先期回川的张曙时、罗世文一起,筹建中共四川省工作委员会,推动了上层统战工作的开展。在省工委领导下,罗世文以八路军驻成都代表的身份,从事上层统战工作;张曙时以中央特派员身份从事秘密工作，在省工委内部分工管统战工作，负责统战部。他通过郭秉彝等继续和刘湘及其上层幕僚保持联系，开展统战工作。在此前后，宜宾党组织开展对宜宾行政区督察专员冷寅东的统战工作。而国民党中将参军长，宜宾人吕超，在共产党团结抗日政策的感召下，也秘密派人从宜宾持他的团结抗战亲笔信到延安，吕超的代表受到毛泽东的亲切接见，毛泽东复函给吕超，指出："团结为第一义，此物此志，当与先生同之也。"

上层统战工作的加强，使党和四川实力派的关系前进了一大步，改善了开展抗日救亡活动的社会环境。12月20日，张曙时向中央报告四川政局、党派活动、民众运动和党的组织工作时说，在四川政局方面，刘湘对西南桂系的联合，对共产党表示友好，对民众运动极力支持，四川呈现出一派开明趋势。

川军出川抗战，是上层统战工作的开展和群众性抗日救亡运动推动的结果，也是川军广大将士出于对日本帝国主义侵略的民族义愤和由此而激发的爱国热忱使然。

1937年7月6日，国民政府军事委员会在重庆召开川康整军会议。会议主要有三项议题：一、川军裁减十分之二；二、川军国有化，团长以上军官由中央直接委派；三、川军军饷每月由军政部派员点名发放。蒋介石企图通过整军削弱或侵吞川军，使四川实力派为之胆寒。会议进行到第二天，卢沟桥事变爆发。何应钦在会上宣布了卢沟桥事变的消息，与会川军将领个个情绪激昂，纷纷请缨，要求出川抗日。

整军会议的召开，全面抗战的爆发，促使刘湘下定决心联共抗日。在他看来，面对蒋介石兼并步伐的加剧，与其坐以待毙，不如率川军出川抗战。这样，既能提高自己的政治地位，又能以川军出川抗战来抵挡蒋介石的整军决议，保存实力。7月10日，刘湘致电蒋介石，代表川军将领请缨抗敌，同时通电全国，请一致抗日。14日，刘湘又通电各省军政首长，指出日军侵略绝非一省一部之问题，主张全国总动员，拼与一决，望全国上下同德一心，在全国整个计划之下，共赴国难。27日，蒋介石复电刘湘假意赞赏刘湘的忠诚，催促刘湘整编完毕立即开赴前线。嗣后，国民政府军事委员会任命刘湘为第七战区司令长官，指定的战区在平汉铁路线上，长官部初定设在河南许昌。

8月7日,刘湘去南京出席国防会议,成都各界有5000余人前往机场送行。各界抗敌后援会代表向刘湘呈递了抗战请愿书,刘湘当即表示竭诚接受,并发表书面谈话表示一定不辜负各界和民众的希望,一定抗战到底、杀身成仁、以身许国。12日,刘湘在南京最高国防会议上慷慨陈词,力主进行全面持久的抗日战争,并表示要以四川雄厚的人力物力贡献国家,可以为抗战出兵30万,提供壮丁500万,供给粮食若干万石。会后,出席最高国防会议的中共代表周恩来、朱德、叶剑英到刘湘寓所,相互亲切交谈。周恩来等对刘湘的爱国热情表示赞赏,并就互派代表加强联系问题进行了磋商。8月中旬,刘湘到南京开完最高国防会议之后,回川组建第七战区作战部队。经过与邓锡侯、刘文辉、孙震、李家钰协商,确定第一批出川部队由绥署直辖的唐式遵、潘文华、王缵绪3个军各出2个师,邓锡侯、孙震各出2个师,李家钰出2个师,杨森出2个师,共计14个师,组成两个集团军,分东路和北路开赴抗日前线。26日,由川康绥靖公署顾问、国民军训会副主任、中共党员张秀熟起草的《告四川各界人士书》,经中共组织同意后,交与刘湘认可,在《华西日报》全文发表。这个《告四川各界人士书》,实际上成了刘湘率领川军出川抗战的宣言书。

首批出川的川军包括:第二十二集团军由第四十一、四十五、四十七3个军编成,向北从川陕大道转赴晋东晋北前线;第二十三集团军,由第二十一、二十三军编成,向东开赴平汉前线。与此同时,国民政府电令驻防贵州西部的杨森第二十军直接开赴上海前线参战,以后配属一个军,组成第二十七军集团军;又将第二十三集团军中未首批出川的第四十四军抽调出来,另由川中加编第六十七军,合编为第二十九集团军,向鄂东前线增援;以后,又从四川保安部队中抽出8个保安旅,编为两个军,组成第三十集团军,调往湘赣抗日前线;从第二十二集团军中抽出第四十七军,另配一个军,合编为第三十六集团军,开赴晋南太行前线作战。全面抗战八年中,先后出川参加抗日的部队,共7个集团军、12个军、27个师,总兵力302.5万余人。

9月1日,作为先头部队的刘湘的第十三旅以及第一四八师,先后走水路乘轮船沿长江东下出川。6日,驻防德阳的第四十一军以第七二七团为先头部队,沿川陕公路北上,经西安转赴山西前线抗日。19日,驻防西昌的李家钰的第47军开拔,经成都沿川陕公路北上。其他参战川军部队也相继分批出川。川军出川抗战经费460万元,国民党中央指定由四川自筹。刘湘令省财政厅长兼二路预备军经理处长刘航琛赴渝筹集,刘于9月15日如数筹足,分别拨发给各开拔部队。11月20日,刘湘奉命由成都经陕西飞抵南京,开始筹组第七战区长官司令部。

抗战前期,川军第二十二、二十九、三十六集团军主要在长江以北参加北战场作战;第二十三、二十七、三十集团军及第二十六师,主要在长江以南参加南战场作战。抗战后期,第二十九集团军奉调由长江北岸转入长江南岸第六战区作战。川军参加了淞沪会战、太原会战、广德和泗安会战、徐州会战、武汉会战、中条山战役、三次长沙会战等许多重要战役,有力地打击了敌人,保卫了国土。

川军出川后,军队建制被蒋介石以种种理由进行分割,参战部队与日军浴血奋战,却得不到应有的军需补给,处于极其艰难的境地。共产党和共产党领导的八路军、新四军和抗日群众,给予了无私的支援,体现了共同抗日的战友之谊。

2. 中国共产党与四川上层人士稳定川军留川部队的作用[①]

蒋介石对出川抗战的川军并不信任,不断强化川军中的政训机构,在川军连、营单位都派有政训员,团部设政训室,师以上设政训处,并加派联络参谋。这些机构和人员在川军中进行特务活动,专门考查监视各级干部的思想、行动,随时向战区长官部报告黑名单,然后,在战争中借机予以撤换、宰割。顾祝同就曾以作战不力为名,一次解除了第二十三集团军27名师、旅、团长的职务。尤其使刘湘不寒而栗的是,蒋介石将邓锡侯、孙震两部调归第二战区阎锡山指挥,将李家钰部调归第一战区蒋鼎文指挥,剥夺了刘湘对邓锡侯、孙震、李家钰三部川军六个师的指挥权,并免去了刘湘第二十三集团军总司令兼职,任命该集团军副总司令为总司令,而如此大事,刘湘事先一无所

[①] 本文摘自中共四川省委党史研究室著《中国共产党四川历史》,中央文献出版社,2009年12月第一版

知。正当刘湘有苦难言之时,蒋介石又命令刘湘率军防守南京外围。这时,中国军队在上海同日军打了3个多月的阵地战,以落后的装备同日本的飞机坦克相拼,损失惨重,已不可能组织相当的兵力保卫南京。刘湘感到这是蒋介石在借刀杀人,存心要消灭他的部队,精神受到沉重的打击,遂一病不起。刘湘生病期间,中共代表董必武、民主人士和社会贤达张澜、沈均儒等,都曾到医院慰问,并畅谈抗日大计。王昆仑也曾到医院同刘湘谈及国民党的宪兵特务与八路军后勤人员及宣传人员发生摩擦的情况。1938年1月20日,刘湘气病交加,死于汉口万国医院。2月15日,成都举行盛大追悼会。当天,毛泽东在发给王干青的一份电文中称"刘公新丧,国家失一栋梁,川军失一主帅",表示对刘湘的沉痛哀悼。

刘湘刚一去世,蒋介石于当晚召集孔祥熙、何应钦、张群、陈诚、康泽等在武昌开会,谋划如何以刘湘之死为契机,完全控制四川,下令撤销第七战区司令长官部,理由是司令长官既死,该战区自当裁撤,并打算撤销由四川地方实力派主掌的川康绥靖公署。蒋介石以为,刘湘死了,四川群龙无首,正是他全面控制四川的好机会。21日,他明令撤销第七战区和七战区司令长官部,任命张群为四川省主席,在汉口各报发表治川方针。消息传到四川,舆论大哗。这时,独撑危局的却是由中共组织暗中领导的"武德励进会"。

原来刘湘生前对蒋介石势力进入四川控制和瓦解川军,深以为虑,不得不想办法对抗:在行政方面,改组省政府时,尽量任用自己的亲信,如省府秘书长邓汉祥、财政厅长刘航琛、民政厅长甘绩镛、总参议钟体乾、川军参谋长傅常等,都是他的亲信幕僚;在军队方面,扩大他原来就有的"武德学友会"。"武德学友会"是刘湘仿效蒋介石组织黄埔同学会的方法,成立的一个松散组织,刘湘自任会长,聘高兴亚为高等顾问,汪导予、李荫枫、郭秉彝为顾问,委张龄九为秘书处长,郭秉彝为副处长和总干事,主持日常工作。汪导予、高兴亚、李荫枫受冯玉祥之托,同往四川动员刘湘出川抗战,被刘湘聘为高级顾问,帮助刘湘整饬部队,创办第二十一军教导队和川康绥靖主任公署军官研究班,对在峨眉军训团受过训的军官进行抗日教育,培训抗日骨干,健全和扩大"武德学友会"组织。"武德学友会"在各地设联络站,各地部队中设联络员进行联系。如：肖中鼎在万县任四川第九行政区保安副司令，同时兼任"武德学友会"万县联络站联络员。与此同时，"武德学友会"内部还建立了秘密核心组织"武德励进会"（核心社），刘湘任会长，傅常任副会长，四川省政府高级顾问张志和、余中英、陈离等均参与其事，绥署顾问蔡军帜为实际负责人。

1937年冬，张曙时、周俊烈等通过清理党员，恢复和发展党组织，开始在"武德励进会"发展党员，建立党的支部，专做地方部队中、上层的统战工作。党组织通过"武德励进会"的副秘书长郭秉彝、宣传科长田一平、顾问叶雨苍等党员和其他地下支部的活动，形成了"武德励进会"实际上的领导。张曙时曾向中央报告刘湘的基础势力建筑在核心社。周恩来指示，"武德学友会"和"武德励进会"应当保存，可以使它成为广泛团结朋友的中心，利用它的影响所带来的心理上和情绪上的积极因素为党做工作，不仅如此，还要占领报刊阵地，利用它隐蔽地宣传共产党的团结抗日的主张，揭露蒋介石破坏团结抗日的阴谋。"武德学友会"掌握了四川省政府的机关报《华西日报》，并创办了《武德月刊》，宣传抗日救亡，对部队进行爱国主义思想教育。

刘湘去世后，面对国民党蒋介石制造的混乱局面，中共地下组织领导"武德励进会"，通过"武德学友会"，为稳定川军留川部队和四川局势，主要办成了以下三件事：

（一）联络刘文辉、邓锡侯两部力量，共同抵制张群主川。蒋介石任命其亲信张群为四川省主席的消息传到四川后，"武德学友会"马上召开紧急会议，作出了3项决议：(1)举王陵基为代理会长，主持"武德学友会"的全面工作；(2)会议宣布，没有"武德励进会"的命令，所有部队不准调动；(3)立即与邓锡侯、刘文辉联络，团结全川实力派，反对张群入主四川，要求蒋介石收回成命。会后，刘湘生前高级幕僚张斯可即专程会见刘文辉第二十四军驻蓉代表，邀请刘文辉速往成都，共图大计。1月25日，王陵基、潘文华、钟体乾、张再、乔毅夫以及郭昌明等师旅长数十人联名通电拒绝张群来川。蒋介石见留在后方的川军部队结成一体，不甘屈服，只得改变主意。1月29日，国民政府宣布：在新任四川省主席未到任以前，省政暂由省府秘书长邓汉祥代理，川康绥靖主任，暂由总参议钟体乾代理。随后又陆续宣布：邓锡侯为川康绥靖公署主任；潘文华为副主任兼二十八集团军总司令（该部在大巴山布防）；王缵绪为二十九集团军总司令（该集团军留川部队得开赴鄂东北）；王陵基为三十集团军总司令，克日出川抗战。嗣后，令王缵绪代理四川省主席。至此川事暂告一段落，打乱了蒋介石完全控制川政的企图。

（二）迫使王缵绪下台。四川局势的变化，引起了党中央的特别关注。朱德出面给王缵绪写信，勉励他坚持团结抗日，为巩固和扩大抗日统一战线，为抗战建国大业奋斗到底。但王缵绪不顾四川同僚的反对，投入到蒋介石的怀抱而不能自拔。"武德励进会"按照党的意图，决定赶王缵绪下台。1939年8月5日，成都发生"倒王事件"。刘文辉、邓锡侯、潘文华手下的七个师长联名发出通电，列举王缵绪十大罪状，要求蒋介石撤去王缵绪的省主席职务。与此同时，调动军队，摆出了以武力驱逐王缵绪的态势。蒋介石得知此事，十分震怒，立即令王缵绪以出川抗战为名辞去代理省主席职务。这时，张群本想借此机会入主四川，但仍然受到四川实力派的反对。蒋介石见时机尚不成熟，只好自己亲兼四川省主席一职，由成都行辕主任贺国光以省政府秘书长的身份代行其职权。"倒王"成功，增强了四川实力派的内部团结。

（三）保卫抗日宣传阵地《华西日报》。《华西日报》是刘湘创办的四川省政府机关报，实际上是中共组织掌握的抗日宣传阵地。蒋介石及其代理人贺国光早有霸占《华西日报》的企图，于1940年2月，指使其特务机关"复兴社"出面强行"接收"。"武德学友会"为了保卫这一重要宣传阵地，同"复兴社"巧妙周旋，由邓汉祥、彭光汉、刘树成等组成《华西日报》董事会，在"复兴社"还没来得及动手之前，即派武装士兵强行接收。"复兴社"无计可施，"接收"失败。"武德励进会"通过"武德学友会"作出的努力，团结了川军留川将领，稳定了四川后方局势，为巩固和发展抗日统一战线，进一步争取四川实力派创造了条件。

3. 中国共产党对刘文辉的统战工作[①]

党在开展对刘湘的统战工作的同时，也展开了对刘文辉的统战工作。

[①] 本文摘自中共四川省委党史研究室著《中国共产党四川历史》，中央文献出版社，2009年12月第一版

1937年9月，毛泽东在延安接见原川军将领张志和。张志和曾经长期在川军任职，在刘文辉司令部当过参谋，当过第二十四军暂编第一师副师长兼第二混成旅旅长，又在土地革命时期担任过中共四川省委军委委员。毛泽东认为他是做四川实力派统战工作的合适人选，要他利用在四川的地位和关系，去策动四川实力派支持抗日。张志和返川后，回到刘文辉部下任职，1938年4月，任第三十集团军参谋长，8月兼三十集团军战地军官训练团副团长，后加入中国民主政团同盟任中央委员，作为刘文辉的军师和助手，成为中国共产党联系四川实力派的桥梁。

1938年8月，国民党CC系头子陈立夫在汉口对刘文辉进行严密控制，企图隔断刘文辉与共产党的接触。周恩来得知此事，立即指示刘文辉派驻汉口的代表邹趣涛（"中国青年记者协会"武汉总会负责人，中共地下党员）转告刘文辉：要以国家民族利益为重，依靠群众团结一致，把抗战进行到底。这是中华民族唯一的出路，川、康地方实力派应当走这条路，希望人称"多宝道人"的刘文辉能"变多宝为一宝"，在抗日民族统一战线的旗帜下作出贡献。周恩来还告诉他，中共中央决定派吴玉章为代表，先与刘文辉洽谈。此后不久，按事先商定的方式，吴玉章会晤刘文辉，商讨如何救亡图存，向他阐明了中共中央关于《为动员一切力量争取抗战胜利而斗争》的精神，详细分析了当前的形势，指明抗战前景。临走时，还送了一套党报《新华日报》合订本和社论集给刘文辉，供他全面了解共产党的方针政策。这次会晤，使刘文辉逐渐有了亲共倾向，他表示："今天领教，顿开茅塞，以后我一定按照尊意去努力。"

10月，中共长江中央局领导成员、中共参政员董必武、林伯渠从延安赴重庆出席国民参政会第一届第二次会议，途经成都时，在方正街晤见刘文辉，向他介绍了中国共产党的抗日救国方针和抗日民族统一战线政策，以及团结地方力量，坚持抗日，反对蒋介石妥协投降的主张。刘文辉表示拥护中共抗日方针，对蒋介石有所戒备。次年5月，中共两老在重庆曾家岩潘文华的住所，再次和刘文辉晤谈，向他分析了国内外形势，阐释了抗战必胜、妥协必败的道理。刘文辉后来回忆说："尔后我对抗战胜利的信念能够坚定下来，这次晤谈是有很大影响的。"

1939年1月,西康建省,刘文辉任西康省主席。此时的刘文辉,既与四川各实力派达成了共识,又与中共接上了关系,更加坚定了反对蒋介石控制的信念。西康建省,蒋介石即设行辕于西昌,以监视刘文辉。蒋介石对四川实力派实行分化瓦解,四川完全为蒋控制,而西康由于刘文辉的反控制,成为蒋介石难以插手的省份。

1941年,刘文辉会同中共地下党员与民盟、民革中的知识分子及其他进步人士,成立了秘密政治团体唯民社,刘文辉被推为会长。唯民社的宗旨是:全民团结,坚持抗日,反对独裁,实行民主。为了宣传全民抗日,唯民社先后创办、开设了《唯民周刊》、《青年园地》等进步刊物和"文治出版社"、"大学书店",提倡民主,反对独裁。通过唯民社,刘文辉一方面表现出对进步活动的支持,另一方面也受到进步思想的影响和教育。1944年冬,经中国民主同盟主席张澜介绍,刘文辉和潘文华先后参加中国民主同盟,成为秘密盟员。随后,刘文辉还被推选为民盟中央委员。从此,张澜便根据形势的变化和刘文辉、邓锡侯以及潘文华等各个时期的思想发展的具体情况,对他们进行争取工作。抗战胜利的前夕,张澜还捎信给刘文辉,要他坚定革命信心,抛弃对蒋介石的依赖。西南民盟负责人潘大逵也经常和邓锡侯讨论国内形势和抗战前途,分析民主与独裁、个人出路等问题。潘大逵的意见得到邓锡侯首肯,有时甚至为之动容。

1942年2月,周恩来经过以四川民盟负责人身份出现的张志和的引见,在重庆机房街民主人士吴晋航家中,第一次会见了刘文辉。他对刘文辉重申当前全国人民的要求是坚持抗日、反对投降,坚持团结、反对分裂,坚持进步、反对倒退,而关键又在于坚持民主、反对独裁;并向刘文辉表示,在反对蒋介石法西斯统治的斗争中,共产党愿意同国民党民主派合作,尤其希望西南地方的民主力量能同共产党密切联系,具体配合,大胆行动起来。这次会晤,使刘文辉同共产党的关系,由一般的联系开始进入实际联合的阶段。同年4月,中共中央南方局草拟出了八路军与刘文辉二十四军抗日合作协定共十条。内容大致是:两军合作,抗战到底;设立电台,互通情报;不在刘文辉的部队发展中共组织;联合抗蒋,相互支援等等。这些条款既尊重刘文辉的利益,又解除了他的思想顾虑,所以,刘文辉当即表示愿遵守协定行事。7月下旬,受周恩来的直接指派,王少春等三名中共党员携带电台到雅安,帮助刘文辉建立了与延安的直接联系。王少春每逢收到明码电报,都抄送一份给刘文辉,还请刘转给成都、重庆的军政朋友暗中传阅。

共产党设在雅安的秘密电台被军统特务发现后,军统局头子戴笠直接给军统雅安组组长徐伯威打了电报,令他立即查明答复,同时派特务前来侦破。正在他们想要进行侦察和干扰之际,刘文辉接到报告,立即派兵没收了军统的电台。王少春得知这个消息后,连夜做了对付意外的准备,好在刘文辉态度鲜明,来了个矢口否认,搜查的特务见刘文辉态度强硬,只好作罢。可隔了不久,国民党特务机关又派在二十四军任政训处长的丁国宝搞了部电台来侦破,此事被王少春侦听到后,便立即问刘文辉是怎么回事。刘文辉赶紧采取措施,派人没收了这部电台,并把丁国宝撵出了雅安。

此后,中共中央还派华岗作代表,到西康做统战工作,受到刘文辉等人的热情接待。

4. 中国共产党对邓锡侯与潘文华的统战工作①

抗战初期,邓锡侯即与中共建立了联系。1938年3月,周恩来在汉口八路军办事处会见了刚刚从河南前线到达武汉的邓锡侯。周恩来向邓锡侯分析了抗日形势,阐明了中共的抗日主张和统一战线政策,希望川军能同八路军、新四军协同作战。邓锡侯回到前线后,对新四军给予了武器弹药方面的帮助。邓锡侯回川任四川行营副主任、川康绥靖公署主任后,进一步加强了同中共的联系,先后会见了董必武、林伯渠、吴玉章、张友渔,与中共建立了友好合作关系。1940年成都的抢米事件中,邓锡侯将国民党特务准备逮捕中共党员杨伯恺的消息透露出来,使杨伯恺得以及时脱险。1944年豫湘桂战役后,日军占领贵州独山,大后方吃紧,蒋介石有放弃西南甚至投降日本的可能。为了团结一切力量共同抗日,保卫大西南,周恩来亲自为邓锡侯分析形

---

①本文摘自中共四川省委党史研究室著《中国共产党四川历史》,中央文献出版社,2009年12月第一版

势,鼓励他坚持抗战。同时又派张友渔作为党的秘密代表去做邓锡侯的工作,一是为他分析国际形势;二是分析抗日战争的形势;三是给他指出日本内部存在的严重矛盾和危机;四是进一步阐明共产党的统一战线政策。告诉四川地方实力派做好思想准备:如果蒋介石投降,就坚决反对;如果蒋介石向西北撤,西南应当"自保",只要坚持抗战,是能得到共产党的支援的。通过这些工作,共产党提出的"西南自保",在四川地方实力派中发生了很大影响。尤其是邓锡侯曾在一次省参议会上大讲各地要搞民众自卫,弄得省政府主席张群十分不安,在确信他没有什么进一步的行动时,方才放下心来。

1940年5月下旬,周恩来自延安返重庆,途经成都时,通过郭秉彝联系,与潘文华作了短暂的交谈。周恩来首先介绍了国内外形势,然后分析了地方势力与国民党中央势力的矛盾,希望他们能认清抗战前途和自身命运,通过川康朋友自身的团结,去促进西南地方民主力量的团结,共同反对蒋介石消极抗日、压制民主、排斥异己的政策,并表明共产党是会在政治上给予支持的。这次交谈使潘文华与中共的关系更为密切。党组织向潘文华部派出了工作人员,还在潘文华所部驻地设立了电台。刘湘死后,潘文华率刘湘旧部守川南,继续抵制蒋介石对川军的分化。蒋介石用调虎离山计,委任潘文华为川陕鄂边绥靖公署主任,要潘将部队移驻阆中。潘文华暗中与中共川康特委取得联系,接受中共川康特委的建议,只带部分部队到阆中县,而将川陕鄂边公署的牌子挂在成都,一切公事都在成都解决。由于潘文华的部队中有不少共产党员,国民党中央派到川陕鄂边绥靖署的政治部主任要求潘文华逮捕共产党员,潘置之不理,还帮助党的同志转移。1940年,成都发生"抢米事件"以后,国民党反动派公开镇压抗日力量,要借潘文华、邓锡侯之手枪毙8人,但邓、潘虚以应对。1940年6月,蒋介石下令要邓锡侯逮捕川康共产党员300多人,邓只抓了无关紧要的嫌疑分子一二十人,敷衍了事。

从抗战初期党和刘湘建立联系起,到进一步争取刘文辉、邓锡侯、潘文华,四川党组织的统战工作取得了显著的成效。

5. 川康特委关于任务策略的报告（1939年11月25日）

〈上略〉

坚持抗战，反对妥协，加紧反对汪派思想上政治上斗争，反对汪派联系到反对一切妥协投降倾向斗争，加紧抗战中两条战线争斗。在抗战派与妥协派争斗中，团结中央方面，巩固团结反对分裂，正确区别三民主义与共产主义关系，从思想上巩固团结，保留六中全会对国共合作方式建议，继续不在国民党军队中发展组织，正确认识国共合作前途，利用一切矛盾打击反共。

争取进步，反对倒退，利用一切矛盾推动进步，打击倒退，推进宪政，改善民生。

〈下略〉

6. 四川省政府注意陕北抗大学生来川活动密令（1940年5月21日）

四川省政府　密令　二十九年秘一字第6707号

令第一区行政督察专员公署

案准

中国国民党中央执行委员会社会部五月二日机动字三七八号密函开：

"据报：'陕北抗大选定学生一百二十名来蓉渝内地，书法佳者投考各机关录事，否则谋充传令兵及传递公文文工友'等，经查是项阴谋，各机关亟须一致防范，除分函外，相应函请查照注意并转饬设在蓉渝两地所属各机关一体注意为荷"等由。准此除分令外，合行令仰知照，并转饬所属各县政府一体注意为要！

此令

中华民国二十九年五月廿一日

兼理主席蒋中正

7. 四川省政府抄中共鼓动川省政潮情形的密电（1940年7月2日）

四川省政府密令二十九年秘字第8881号

案准令第一区行政督察专员公署

军委会办公厅六月办四渝（三）字六八三九号齐代电开：

兹抄送中共鼓动川省政潮情形请查照参考为荷。等由。准此。除分别函令外，合将原件照抄令发，仰即遵照参考注意为要！此令。

附抄发原件一份。

兼理主席蒋中正

照抄共党鼓动四川省政潮情形

甲、关于援用外力鼓动川省政潮者：

一、促使省参议会建议中央恢复团练制度。该党因鉴于往昔不事培养民众武力文非计，乃积极发动组织各县请愿代表团，提请省参议会议员建议中央恢复团练制度，以便派遣党徒潜迹掌握，使为该党运用，以迹其赤化川省大毒计。

二、煽使政府撤销保安处之组织。该党鉴于党徒之活动随时受保安队之鉴，观权威不便决，煽动各县之组织请愿代表团请参议会建议政府停发保安处经费，企图逐步撤销保安处组织，以消灭该党活动之障碍。闻省参议会已予斟酌办理云。

三、鼓动政府成立省县民众自卫局。除消极的□使省参议会建议中央恢复团练制度，以培养地方武力外，并积极的鼓动政府当□成立省县民众自卫局，领导运用地方武力设能如愿以偿，则即发动党徒潜伏组织掌握实权，以为将来反动之良好助力。

四、煽使民众请求发还民枪。一面煽使民众请求政府当□发还民枪，以充实民众武力，一面更发动党徒分赴各地组训民众，企图取得合法手续，以领导地方武力。

五、发动该党政工人员窃据保甲力量。□该党复承政府调整政治基层机构时，发动大批经训练完成之政工人员潜入保甲组织，以便掌握现正精密规划选择人才中。

乙、关于运用该党力量以翼造成不安局面：

一、组织春荒暴动委员会。由该党川省领导分子熊一飞等组织春荒暴动委员会，蓉市共分十区，区辖二至四中队不等，每中队辖三至五小队，每小队有队员二十人，以车夫、苦力、手工业工人、小商人、学生为骨干，藉词改善人民生活，乘米价高涨实施暴动。

二、组织哥老分子一面流言政府庸昧，挑拨哥老分子对政府之感情；一面发动党徒参加哥老组织，锐意整顿并施以训练，使成武装力量，俾为该党利用，现已收相当成效。

三、图谋窃取蓉市民教保教，该党近来乘青年党在民教战教减势时，发动大批党徒潜入保干合一训练班活动，并介绍该党分子充当教员，企图把持蓉市之政治基层机构及教育事业。

四、发动党徒参加本党及三青团。乘本党及青年团征求党团员之际，积极发动党徒千余人参加本党及三青团，从中分化本党组织及能力，刺探秘密，必要时并拟加以破坏。

五、组织暗杀团加害党政领袖，以造成恐怖局面。该党鉴于此次春荒暴动之失败，遭受重大损失，为自卫并消灭异己，计已呈经该党中央批准组织暗杀团，暂设成都、重庆、雅安三队，各队配以人枪各二十。成都队长为该党成都特务机关主任熊一飞，重庆为前该党旷继勋部政治部主任邓智，雅安队暂以聘青年党大□客罗治平担任专事暗杀团当地重要人员。

六、勾结匪类。该党以摧残农村经济建设，破坏国家金融，垄断物价等手段，造成不安定局面。一面勾结王三、肖克、倪占成及大汉等股匪，扰乱后方治安，使川省政治陷入混乱状态。然后从中布置，使各匪类成为红军后备队，以作揭竿造乱之武力，前驱现各匪组织内，均有政治部之设置，尽量注射赤化毒素云。

七、挑拨非川人与川人间之感情。尽量挑拨客籍旅侨与川人间之情感，使川人发动排外运动，以造成敌对形势，破坏精诚团结。

八、助长工潮。以改善工人生活为口号，发动各工厂工人、筑路民工罢工,并兼施暴动,破坏生产及交通,危害抗战建国,现更大肆宣传,企图赤化全国工人。

九、企图掌握边区政教大权。该党鉴于各地活动艰苦,拟转攫边区政教,培养边区势力。现正积极运动省参议会,建议政府慎重边区政教人选,俾便发动未经暴露分子潜迹活动。

十、联络川中名士。请求参议会要求兼理主席不时来蓉主政,该党熟知兼理主席宽大为怀,救援用外力,请求分身,主政蓉城,以便包围,遂其要挟窃用政权之阴谋。

8. 川康特委关于统战工作的报告书(1940年8月20日)

〈上略〉

一九三五年张老(曙时同志)受上海中央特科的委派到四川作上层联络及情报工作,当时他即同刘甫澄部个别干部及四川落伍的军人政客有个别的关系与往来。一九三七年时,一直到一九三七年时,西安事变后,统战局势展开,张老所作的上层工作亦随之展开,并开始建立党的组织。一九三七年十二月时他所领导的上层分子已有同志四十余人,除将文化人青年同志划归川省工作委员会共十三个党[员]外,他所领导的上层同志尚有二十余人。〈下略〉

其次是掩护下层组织的活动。如办学校、办报纸、刊物、杂志,成立各种团体的合法手续,介绍同志到目的场所安顿职业,办理生产事业等,两年来所助于党的工作是很多。

〈下略〉

9. 四川省政府令各机关县市严防共产党发展组织电文(1941年8月3日)

军事委员会委员长蒋八月引川侍六字四二五零号东代电开:

"密据报云云,希即注意"等因。奉此。除分别函令外,合行密令,仰遵照并饬属,严密注意,切实防制为要。此令。

重庆军事委员会快邮代电

四川省政府张主席勋鉴密"据报成都奸伪近召开会议,决定利用团体关系及名义发展外围,扩大组织,并继续进行上层分子与陆军个别争取工作。尤注意争取帮会、神社、戏班、车夫、饥民、娼妓等,此项工作限三月内完成。而于利用高等妓女之各种路线,以刺探我方情报,诱惑我军政人员及派员进入饥民群,鼓动暴乱,两端更定为目前重要工作。等情。希即注意"。中正引川侍六。

中华民国三十年八月一日发

10. 四川省政府严密防范延安特务混入军队拉拢军官等情密令（1942年3月13日）

四川省政府　密令三十一年秘字第03730号

行政科4217令省会警察局

案奉

行政院本年二月二十八日机字四一二四号密令开:"据密报'延安奸伪近日召开秘密会议,决定于本月中旬派大批特务人员混入我军,拉拢连长以上长官,借机宣传煽惑及刺探军情。又疑在专署县政府等机关最少潜入工作人员二人,暗中盗窃文件及密侦消息'等情。据此除分令外,合行密令知照,仰即转饬所属一体严密防范为要。此令"等因。奉此。除分令外,合行令仰遵照,密饬所属一体遵照。对于所属工作人员随时注意,详加查考有无报称情事,一面严密防范,勿任乘间潜入,致滋隐患为要!

此令

中华民国三十一年三月十三日
兼理主席张群

三、救亡宣传活动和民主运动

（一）抗日救亡刊物与宣传活动

1. 成都邮检所检送陈劲秋致胡绩伟信函原文呈（1937年2月28日）

发信人及地址：自流井陈劲秋

收信人及地址：成都四川大学法学院胡绩伟

邮递种类：平信

发信时间：二十五〔六〕年二月二十四日

检获时间：二月二十八

绩伟：

第五号《大声》已行拜读，嘱觅书局代售一层，今已拜托兴华书局（即昔日之广汉书局）代售。不过该号条件是，售得若干份后，始算若干份之帐，不能先出款及先订若干。如你们认为可时，可按期寄来，[以]后书发送单上为若干份，倘该号收得后，有遗失等情，当为负赔偿责任。设未售罄，亦为有作退权利。我因不明个情，特此函复。请为自裁。若认为可时，我想可先发数份尝试，倘销路不差，然后再添寄来好吧。仅此敬颂。

2. 四川省会警察局侦缉队调查胡绩伟及《力文》《大声》等刊情形呈（1937年3月15日）

窃职顷奉发下邮电检查所交来川大法学院胡绩伟致自流井陈劲秋函一件，饬查具报。等因。遵查《大声》刊物即《力文》刊物化身，过去当西安变起，《力文》刊文上载有《关于巩固抗日力量问题》论一篇，言论反动，经省府明令停刊后，即改名《大声》，继续出版，其编辑、发下、住址等，除已于该刊物上著名外，胡绩伟等实与然。查胡绩伟系川大法一年级生，与周海文、涂万鹏三人同寝室。更有史学系二年级之康乃尔(住留清院)、韩天石(农一年级住理学院)、彭文龙(数一年级住文院西院)等,与胡绩伟均同声气,大约均属于"人民阵线"者。该项刊物,据查其印制完整后,即由各个人分散介售,其祠堂街努力餐挂牌发行所亦留有一部,不久曾有人向彭文龙处购得少数。更查去岁陕变中,此间发出学生会传单者,亦该刊物中人所为。第彼辈此日仅做文字工作,尚未见有若何反动行为。仅将查得情形具报鉴核。谨呈代局长周。

3. 张曙时给中央的报告(1937年12月20日)

〈上略〉

自去年冬在我们领导及影响下的如学生、妇女、新闻记者、文化界、业余等三十几个单位团体,发起组织各界救国联合会,即继续不断地救国工作在开展着。这在上层刘湘方面是主张抗日而予民众救国运动以便利,下层群众在各省救国运动澎勃的浪潮所波动,一般热情分子,在顺利环境条件下,逐渐增加起来,左派刊物如《大声》、《救国周刊》及我们所出的《新时代》、《建设晚报》,皆先后出来了,以民族统一阵线、抗日救国的政治为号召,刘湘又在推动之下,坚持抗日救国立场。在这种上下层配合与联系作用上,影响是很大。同时,重庆方面的救国联合会也发动起来,重庆虽在行营压迫下比较困难,而在领导人的技术上运用得法,尚未遭受什么意外。一直到春天,川军改编时期,国府与党部令禁各地救国运动,曾有一度的压迫,我刊物禁止出版,法西斯方面还主张捕救国分子,可是,在刘主张抗日的作用上,不久也就支持下去。

自我秋月返川后,适他们以抗敌后援会的组织来分裂救国运动,想用党政军统制来统制民众。我们在民族统一阵线及和平合法公开的原则下,群众一致参加抗敌后援会去争取工作,以工作来代替他们统制。救国会活动,暂时保留作推动机关,以后援会为工作工具,取得公开合法的基础。一切下层各部门的工作,虽然他们党政军在领导地位,左倾群众[已]在中下层执行救国的任务了。抗敌后援会上层内部计划的人,我们群众与同志皆打入去推展实际工作,在这工作中普遍发展起来到每个城市住户,皆在推展组织,乡村中也在扩大宣传。而具体的组织上,如歌咏队、妇女抗敌会、各学校抗敌会、记者会,各区指导组[织]国防剧团、文化救亡协会、救护班以及雨后春笋班〔般〕的救亡刊如《星芒》、《救亡》、《青年文艺》、《文化界》、《妇女呼声》、《现代教育》,国防剧社、国防教育促进会等。另外,在这种救亡运动开展中,如民族先锋队、各学校的读书会、座谈会、小组会等等接近我们领导的群众组织,也就增加了。抗敌会出版的《国难三日刊》,也由我们同志与民众在编辑而收很大的效果。

〈下略〉

4. 成都市政府李仲耕调查《星芒》周报社情形签呈二件(1938年2—3月)

1) 二月七日呈

窃职奉派密查盐道街四十一号秘密集合青年图谋组织下乡宣传工作一案。遵即于一月廿九日午前九钟,会同当地保甲人员及该管警所巡长任泽民、警士杨志超前往查询得悉:该处四十一号系一独院,门口系一成衣匠韩成周,客师学徒均忠守本职无甚嫌疑。院内附一号杨玉坚系电务人员,庄重本朴。附二号余双发经营丝业有年,忠厚老成。附三号张介侯年近五十,素悉医业,远近咸知。附四号王炳舟肄业川大,于去年十二月即返故里,早在出事之前。且此四户住所狭窄,不能容十人以上共坐一室,此种集合当不能发生于此。后院即该房主陈白宁,该民毕业艺专。伊父经营绸缎业,妻氏系中学生,弟焕兮尚属童年。据该民称:伊处曾借作《星芒》周报之通讯社,现已迁去,来往宾客不过为少数同学,并无其他行动。职复向附近居民探询,一月十六日并无有集合开会等项事件发生。陈嘱该管警所暨保甲人员随时严密注意侦查外,所有奉派查询情形理合签呈科长核转市长鉴核。

2) 三月四日呈

窃职奉派调查《星芒》周报社是否对盐道街四十一号秘密集合有关一案,遵即于三月一日前往祠堂街《星芒》周报社查询,据该社负责人蒋〔江〕慕〔牧〕岳、蒋桂锐称:《星芒》周报社去年曾租用陈白宁住房作为社址,后因来往不便,即于十二月下旬迁移祠堂街营业,后因该报销路不广,折本过多,已告停刊。至于以前所出刊物，现已无存。复查本市各书店亦已售毕，无法考究其言论如何，对于此案是否有关，亦无从查考。所有奉派情形，理合签呈科长核转市长鉴核。

5.《时事新刊》社登记申请书（1938年3月）

名称：《时事新刊》。类别：新闻。刊期：日刊。社务组织：采董事会制，下设社长并分设编辑、经理两部。资本数目：一万元。经济状况：由董事会筹集。发行所名称：时事新刊社。地址：南打金街七十七号。印刷所名称：新新印刷公司。地址：忠烈祠南街一号。发行人张雪崖，营山，四十三岁，国立北京大学毕业，曾任前二十八军秘书长及茂县县长，现任二十二集团军总部秘书，会府任家巷二十三号。编辑人：汪迪光，乐山，三十二岁，中国大学毕业，曾任重庆《商务日报》编辑，南打金街七十七号；张国隆，巴县，四十五岁，国立北平法政大学毕业，曾任北平《世界日报》编辑，庆云东新街四十三号；周家珍，广安，三十六岁，中国公学毕业，曾任松理茂督署秘书，桂王桥西街五十一号；向时杰，南充，四十九岁，清华大学毕业，曾任茂县县政府秘书，锦江街五号；王均臣，雅安，四十七岁，交通大学毕业，曾任中央大学助教，鼓楼南街九号。附注：站在三民主义立场，以宣传国难唤起救亡为立旨。内容分时事、评论、副刊等。

6.《成都战时学生旬刊》社登记申请书（1938年5月）

名称：《成都战时学生》旬刊。类别：杂志。刊期：旬刊。社务组织：本社共设社务编辑印行研究及文化服务。资本数目：三百元。经济状况：资本由社员三十负担，经费由此开支。发行所名称：《战时学生旬刊社》发行所。地址：祠堂街九十六号。印刷所名称：新新印刷局。地址：玉石街。发行人肖愉，自流井，二十五岁，上海法学院毕业，上海《群立杂志》发行人，江汉路原一百七十四号。编辑人：黄天杰，眉州，二十四岁，四川大学修业，《大夏学报》编辑，宽巷子十七号；王玉琳，富顺，二十六岁，四川大学修业，曾任自流井蜀光中学教员，四川大学法学院；刘栚，成都，二十六岁，四川大学修业，江苏农民银行月报编辑,四川大学文学院;谢庆笙,乐山,二十六岁,四川大学修业,四川大学文学院。附注:本刊宗旨:以讨论学生生活读书及研究战时工作为目的。书刊内容为短评、时事、分析专题、各科顾问、生活园地、文艺六栏。

中国国民党成都市人民团体临时指导委员会,成都市政府考查意见:查表列各项属实。

7. 中统局关于重庆文化救国团体及共产党人活动情况的通报（1939年8月3日）

溯自七七事变以迄国民参政会在渝开会后,一般共产党徒均纷纷先后来渝,从事大规模之活动,如把持救国团体、文化团体及吸收青年学生与工人等,以事宣传煽动。自"五三"敌机狂炸本市区后,该党亦多随民众而移往四乡活动,其昔之对象,如"青运"方面之中国学生总会,因五月书店(该会原设该店四楼)之迁移及各校之疏散而迁往北碚,文化方面则随书店而散入各市镇,工运方面亦以印刷工人等之迁移而移动。至向以一般浅识小市民为对象之平民法律指导所(沈钧儒领导)今已门庭冷落。但共党之全盘工作,并非完全停滞及分散,至城外及各邻县积极活动,树立基础。兹将其最近在渝活动概况,查报如左〈下〉:

一、共产党在渝之一般活动方法

查共产党在渝之活动对象系专门注意吸收青年学生及工人,本市沙坪坝因中央大学、重庆大学、南开大学等均设于此,俨然成为文化区,故学联会在此设有分会,担任吸收青年之任务。青年职业互助社亦由城内迁化龙桥工作,白沙因设有大学先修班,江津因川东师范、重庆女师在此,故均有共党秘密活动。民族剧团自出发合川、遂宁等地流动公演,共党之宣传亦随而深入各地,至一般尚留市内之团体,以人员分散不易召集,故一切活动较为困难,惟富于宣传与煽动性之壁报,则普及市内,并有利用电力厂汽车带至郊外张贴,吸收乡民。另外更积极煽惑青年印刷工人,如重庆各印刷业及各报社排字工人,其思想左倾者占大多数。在文化界则由《新华日报》领导,利用生活书店、战时书报供应所等外围团体从事活动,大量售卖赤色书籍,以麻醉青年,在政治上则利用周恩来、郭沫若、邹韬奋、柳湜等之政治关系,与人民阵线派及武汉华北宣传队、华北同学工作队等,以救亡名义相号召,吸收一般徘徊歧路之青年,在言论上则曲解主义,谬放厥词,如对三民主义及国民精神总动员之解释,左倾刊物上每多作歪曲之理论(六月二十一日《新华日报》华北版——重庆出版——社评《挣扎论》,即暗中攻击本党);在军事上,则以第十八集团军办事处及各共党要员私人关系为主体,吸收各部队之下级干部,但活动力尚微小,此外并常派人加入我三民主义青年团各机关活动。

二、共产党在渝活动之基干机关

查中共中央于本年五月派有党代表何克全由延安来渝指导渝市下列基干组织,加紧"中学"(中国共产主义青年团)及"大学"(中国共产党)之工作活动。

(一)《新华日报》社社址设西三街二号,负责人社长潘梓年,总编辑华西园。该社发行有《群众》周刊一种,专门宣传共产主义理论及夸大颂扬第八路军战绩,以煽惑现代青年心理。该报前因军委会令归并重庆《联合日报》停刊,现已于八月十三日复刊。查该报除总社址设于市区外,并在化龙桥正街一六五号设有营业部分售所一处,为共党在成渝公路一带较重要之活动机关,职员十余人,由易继光、周曼清负责。除与第十八集团军驻渝办事处相呼应外,并大量推销《新华日报》华北版(查《新华日报》华北版,近在本市各军警机关已奉军委会令查禁)及各种共党出版之赤色书籍。又小龙坎亦有《新华日报》发行站一处,亦系共党活动机关。但除化龙桥、小龙坎二处外,其在沿成渝路一带之最活跃机关当推该报沙坪坝代派处。该处设于沙坪坝生活书店内,负责人系生活书店经理李某(李系共党中较重要人物)前在汉口成立之赤色团体作青年运动最力之中国学生联合会及中国共产党重庆区委组织,亦均设于内。在共党要人现任军委会政治部副部长之周恩来氏,未离渝以前,每星期往返此间数次,是征其重要性之甚也。

(二)第十八集团军驻渝办事处。处址设在成渝公路红岩嘴复旦中学附近,处长钱之光(浙江人),但实际负责人为共党中央要人董必武(董现任国民参政会参政员)。兹将处内重要职员(活动有力党员)开列于下:科长刘恕,科员刘士杰,副官刘露、李吉大、史维然、陈维志、牟爱牧、钱士良、董献之,文书边爱莲(女)等,其活动对象除担任一部分青年学生运动外,则多半从事军队下级干部运动。

(三)董必武私人住宅。董系鄂人,为共党中央要员,现为参政员,住距化龙桥半里之红岩嘴三十三号,妻何氏,不详其名。共党要人中如史乃展、邓颖超(周恩来之妻)、秦邦宪、吴玉章、潘梓年之辈,均时在其住宅内聚集谈话,并就近指挥沿成渝路一带干部人员活动。

三、渝市共产党基本外围团体调查表

团体名称	领导人或负责人	原住地及新迁地址	近来活动概况	备考
中国学生救国联合会	郑代巩、程全楚、杨永栋、邹曦	原住米花街五月书店四楼,迁北培支店四楼	该会文件由生活书店收转,郑代巩常在该地活动,并常到沙坪坝各大学活动	
中华木刻界抗敌协会	冯换、酆中铁	由东口楼六十四号迁至公园路十八号	最近工作沉寂	
自强读书会	冯兰瑞、刘景钟等	原设本市青年会少年部内,现仍未迁移		已并入青年会少年部内
战时书报供应所	钱俊瑞、邹韬奋	原设王爷石堡四号,近迁至通远门外罗家湾二十一号	现仅出壁报,其他活动沉寂	
书世界同人联谊会	张国钧	现仍住曹家巷二十八号	轰炸后无公开活动	
七七少年剧团	罗时惠	原住巴蜀中学,迁入菜园坝树德小学	近来较沉寂,无多活动	

四、本市共党之普通外围团体

团体名称	领导或负责人	原住地及新迁地址	近来活动概况	备考
民族剧团	彭盛保	原住朝阳门十六号后院,因流动演剧,相抵遂宁	自出发合川移动演剧,现已至遂宁,作甚热烈,开幕前报告时,势多左倾	
七七宣传队	程远女士	仍住白象街七号	近来作演剧活动	
中航歌咏队	华斌	仍住上南区马路一八二号	除仍吸收该公司以外之青年妇女外,无其他活动	

续表

团体名称	领导或负责人	原住地及新迁地址	近来活动概况	备考
一二九剧团	王德硕、郑代巩	原为秘密活动,无固定地址	自成立后只注意思想训练,不注意艺术研究,故尚未演出即陷于停顿	现已解散
青年歌咏研究社	罗昌友	原设青年会少年部内		现已并入青年会少年部
戚继光中年团	王俊生、方义学等	原设青年会少年部内		现已并入青年会少年部
民众歌咏会	舒稷、杨仲尧、汪敏、苏文海等	原设青年会少年部内		现已并入青年会少年部
青年职业互助会	桂化之、李济安、杨永栋、周日辛等	原设一牌坊十九号,现迁至化龙桥六十二号	出壁报、组织剧团,以作宣传工作	
铁血少年团	李德宏、陶牟	原设青年会少年部内		
中国平民法律指导所	沈钧儒、牟布希、徐焕章等	仍设青年会内	除有共党秘密文件指导机关之嫌疑外,无大活动	

五、共党分子参入之团体(在本市内)

团体名称	领导人或负责人	原住地及新迁地址	近来活动概况	备考
怒吼剧社	唐合生、傅伦、黎明、李淑耀、余克稷、康庄	原住铁板街中央通讯社内,轰炸后迁入电力厂宿舍及川康银行二楼	现正积极推进工作,城内由唐傅等召集,城外由李黎召集	轰炸后损失器具计四百多元
华北同学会工作队	王世槐、郑代巩、黎明诺、张瑞芳	先借住市党部,后迁至市商会内,六月六日迁至府街抗敌会战时服务团二楼	除壁报仍照常出版外,其他工作停顿	该团系以抗敌后援会慰劳组之战时服务为掩护

附记:查中国文艺协会重要分子舒舍予(老舍)、宋之的、陈纪滢、罗荪、赵清阁均为著名左翼作家,最近老舍等数十人组织文艺协会慰劳团已赴北战场劳军,彼辈此行恐与延安

中共中央发生其他作用。

（原件存中国第二历史档案馆）

8.《通俗文艺》登记申请书（1939年8月23日）

名称：通俗文艺。类别：新闻纸。刊期：五日刊。社务组织，内分编辑、发行、经理三部。资本数目：六千元。经济状况：由总会按日寄来。发行所名称：中华全国文艺界抗敌协会总会及成都分会。地址：布后街。印刷所名称：华西日报印刷所。地址：五世同堂街。发行人：周文，西康荥经，三十一岁，上海艺专毕业，著作六年，现任捷报编辑，成都东门外望江楼。编辑人：苏子涵，成都，三十三岁，四川公立外国语专门学校毕业，现任军委会后方勤务职员，小南街永庆巷七号；谭弛，渠县，二十八岁，上海中国公学毕业，曾任上海天下日报编辑，布后街文协成都分会；朱孟引，丰都，三十岁，上海光华大学毕业，曾任内江乡村师范教员，九思巷十三号；水草平，荣县，三十岁，上海沪江大学毕业，曾任荣县县立中学教员，外西花牌坊谢家宅内；胡之芳，自流井，三十一岁，成都华西大学毕业，曾任成都高琦中学教员，布后街文协成都分会；江伦，重庆，三十岁，上海大夏大学毕业，北平青年文艺编辑，布后街文协成都分会。

附注：本刊为中华全国文艺界抗敌协会总会及成都分会合办，以通俗文艺社形式宣传民众努力抗战建国为宗旨。内分唱词、小说、歌谣、常识、通讯、时事浅说、漫画等栏。

中国国民党四川省成都市执行委员会，成都市政府考查意见：查所填各项属实。

9.《时事新刊》社为请求资助致成都市政府呈（1939年10月14日）

窃本刊在"普及时事知识，扩大国难宣传"之最高原则下，于去年六月创刊。发行年余，以其小型而具大报之内容，晚刊而兼日报之特点，新闻倾重解说，刊费特别低廉，故能于短时期内，使销数最高越九千份以上。嗣以敌机袭扰，市民疏散，销数锐减三千余份。同时百物奇昂，开支增大，因而收支不敷甚剧。最近复自备印刷,发展业务,期完成扩大国难宣传之责任,但以经济困难,凡百掣肘。窃查钧府对于文化事业,向即热心扶助文化事业,补助费预算列有专款。本市出版物如《笔阵》及《通俗五日刊》等,均经惠予资助。兹特呈请钧府按月补助国币二百元,藉资开展,而尽抗战建国之任务。是否有当,理合具文恳予鉴核示遵。谨呈成都市政府。

10. 军委会办公厅关于执行《新华日报》违检案件处理步骤方案与战时新闻检查局往来文电(1940年2月)

1)军委办公厅致新闻检查局代电(2月9日)

国民政府军事委员会办公厅快邮代电　办四渝字第1512号

本会战时新闻检查局陈局长空如勋鉴:极密。兹奉谕抄送《新华日报违检案件处理步骤方案》,请查照办理见复为荷。军事委员会办公厅。办四(三)佳。印。附《新华日报违检案件处理步骤方案》乙件。

中华民国二十九年二月九日

《新华日报》违检案件处理步骤方案

一、该报违检,近已严重警告一次,如再违检,即再予严重警告,连续二次(并前一次共三次)即予以一日至七日之定期停刊处分。

二、该报过去不遵检扣,常将检扣消息刊出,今后似应常派宪兵监视,如将检扣消息刊出,即将印出之报纸全部扣押。

三、复刊后(执行定期停刊处分后)如再违检,仍再予严重警告,连续至三次,即斟酌当时情形,予以再停刊或永久停刊处分。如处以永久停刊处分,由战新检局呈请宣传部注销其登记,并缴销登记证。

四、为顾虑对苏外交及予中共以过甚之刺激,该报永久停刊后,得准许其另行办一报纸,但须另换名称,依法申请登记。

附注:

甲、处理步骤(一)、(二)两项,可继续循环执行,至必要时始将第三项之永久停刊处分呈准执行。

乙、查《战时新闻违检惩罚办法》规定:(一)忠告、(二)警告、(三)严重警告、(四)定期停刊、(五)永久停刊五种。本可视其情节之轻重,分别予以各项惩罚。兹拟用渐进步骤,一以示郑重,一以冀其改革,不作违检之记载。

丙、本办法如奉准采用,即由军委会新闻局召集有关机关,商讨检查技术之改进与增强航空邮政之检查。(因该报近将版纸分寄成都、桂林、西安,翻印至数万份,迄未查出其寄递之方法也。)

2)战时新闻检查局复电(2月11日)

本会办公厅熊代主任赐鉴:办四渝字第一五一二号佳代电及附件均奉悉。《新华日报》在上年间违检情事颇多,本局除按照每次案情之轻重,科以应得之处分外,关于九月二十八日为求取得时效起见,曾援用方案内第二项,派宪兵监视,遇有检扣消息刊出,即将印出之报纸全部扣押。本年来,该报又屡违检,经予警告、严重警告各一次。嗣后该报如续有重大违检案情发生,自当采用渐进步骤之原则,实施方案第一项所规定初步办法处理。至附注(丙)项检查技术之改进与增强航邮之检查一节,前者如检工人员素质之提高,检查之力求简速正确等,本局正着手计划实行中。至后者虽非本局管辖,亦遵召集有关机关开会商讨。敬电奉复,并附奉《新华日报违检处理统计表》一份,统祈转呈鉴核为荷。战时新闻检查局局长陈焯叩。真。印。

抄附《新华日报》违检处理统计表

年	月	日	违检情形	处理办法
二十八	七	十	继续发行七七特刊,多次且不遵删改	严重警告
	八	廿一	不遵缓登、免登、删改,且常不将稿件送检	警告
	九	十三	八月份内迭有违检情事,奉令予以警告	严重警告
	九	廿八	刊载陈绍禹《目前国内外形势与参政会第四次大会的成绩》一文,不妥	扣押报纸
	十	二十	刊载《中国共产党领袖毛泽东同中央社等记者谈话》一文,未遵缓登	停刊一日
	十一	九	所登稿件,标题未妥	警告
	十一	十三	关于六中全会之短评,内容不妥	警告
	十一	十四	被删字句,均留空白	通知注意
	十二	十三	军事新闻之标题未遵军委新闻组删改	警告

续表

年	月	日	违检情形	处理办法
二十九	一	十一	登载朱彭总副司令电慰白求恩家属	警告
	二	一	一月二十七日记载不妥,三十一日社论不妥,二月一日标题不妥,且沿用谬误名词	严重警告
	二	四	标题欠妥	令知渝检所注意检扣,并转知该报改正
	二	八	擅改标题	
	二	十三	刊登不妥稿件	
	二	十三	标题错误	

（原件存中国第二历史档案馆）

11.《新华日报》社为各地方当局阻挠破坏发行事致国民党中央宣传部函件(1940年3月4日)

敬启者：窃敝报前径呈请层峰通令所属，保障合法发行，当蒙分别批准各在案。乃查各地方在民国政令范围之下，仍不顾国家威信，擅作威福，滥用职权，非法妨害合法发行权利。谨将妨害发行事件，列表呈送大部，请为彻查，主持公道。国家纪纲，政府威信，实利赖之。敬致

中宣部

《新华日报》

中华民国二十九年三月四日

抄附各地非法妨害发行表

年	日期	省区	地方	妨害情形	妨害者	所持理由
二十八	十一月十日	湖南	沅陵	邮电检查员擅行没收十月报纸共二十天	邮电检查员	不予解释
二十八	十二月十日	福建	江镜	十一月份报纸到两天，余全被扣留	邮电检查员	不予解释
二十八	十一月十二日	湖北	罗田	从九月份起订户所订新华日报及群众皆被扣留共三个月	邮电检查员	不予解释
二十八	十二月一日	湖北	恩施	报纸被没收	邮电检查员	不明

续表

年	日期	省区	地方	妨害情形	妨害者	所持理由
二十九	一月一日	贵州	安顺	报纸被没收	邮电检查员	不明
二十九	一月四日	贵州	遵义	自上年十一月起两个月报纸俱被没收	邮电检查员	不明
二十九	一年十一日	贵州	正安	报纸全月被扣留	邮电检查员	不明
二十九	二月二日	贵州	遵义	报纸全部被扣留	邮电检查员	不明
二十九	一月三日	陕西	西安	报纸全部扣留	新闻检查所	不明
二十八	十二月二日	陕西	洋县	报纸全部被扣	邮电检查所	不明
二十八	九月十日	陕西	咸林	报纸被没收	地方党部扣留	不明
二十八	十二月十六日	云南	昆明	报纸被没收	邮电检查员	不明
二十九	一月四日	云南	昆明	报纸全被没收	邮电检查员	不明
二十八	十一月五日	云南	昆明	报纸被扣	邮电检查员	不明
二十九	一月七日	四川	涪陵	报纸被扣留	邮电检查员	不明
二十九	一月八日	四川	开县	报纸被没收	邮电检查员	不明
二十九	一月十四日	四川	万县	报纸、群众被没收	邮电检查员	不明
二十九	一月廿四日	四川	蒲江	地方党政逮捕本报订户非刑逼供	地方党政机关	不明
二十九	一月廿四日	四川	松坎	没收报纸、群众	邮电检查员	不明
二十九	二月九日	四川	阆中	没收报纸	邮电检查员	不明
二十九	二月十日	四川	宜山	没收报纸	邮电检查员	不明
二十八	十一月七日	四川	资中	哲学选辑及报纸皆被没收	邮电检查员	不明
二十八	十二月八日	四川	云阳	没收报纸	邮电检查员	不明
二十八	十二月十五日	四川	宜宾	没收报纸	邮电检查员	不明
二十八	十二月十七日	四川	江北	没收报纸	重庆邮电检查员	不明
二十八	十二月一日	四川	巴东	没收报纸	地方邮电检查机关	不明
二十八	十二月卅日	四川	綦江	没收报纸	邮电检查员	不明
二十九	二月一日	四川	达县	没收报纸	邮电检查员	不明

（原件存中国第二历史档案馆）

12. 四川省政府饬知查禁《时事新刊社》密令(1940年3月28日)

密编字第五号　　令成都市政府

案据代理四川省会警察局局长唐毅密呈:"本年三月十九日,奉成都行辕主任贺条令开:时事新刊与扰乱后防案件有关,着即查封具报。随复电谕于查封时并严密施行检查。各等因。奉此。遵即派督察员葛润身、于育根、钱兆丰,警察队长方季容,侦缉队长汤悟等会同前往执行,查获文件多起,并将重要职员王震东、陈敬希、张绍成三人暨工人二十一名带局。当将遵办情形连同王震东等三人暨重要文件先后呈复行辕讯究,工人二十一名取保候质外,所有奉令查封暨遵办情形,理合呈报钧府核鉴指令祗遵。"等情。前来。除指令并咨请内政部注销该社登记外,合行令仰知照。此令。

兼理主席蒋中正

13. 四川省政府追缴《时事新刊》社登记证训令(1940年4月27日)

秘编字第36号　　令成都市政府

案查查封时事新刊一案,前经本府密令饬知,并咨请内政部注销该社登记去讫。顷准咨复:"案准贵省政府二十九年三月二十八日秘编字第一号咨请注销时事新刊登记。等由。准此,除注销外,相应复请查照追缴该刊登记证,转部核销为荷。"等由。准此,合行令仰该府遵照,迅将时事新刊社登记证追缴来府,以凭送部核销为要。此令。

兼理主席蒋中正

14. 生活书店总经理徐伯昕要求撤封成都、桂林、贵阳及昆明等地书店呈(1941年2月15—28日)

1)徐伯昕致行政院呈(2月15日)

呈为请求迅予撤销查封成都、桂林两地生活书店命令,准予继续营业,以利抗战事:窃属店曾于民国二十四年十二月二十八日向实业部注册备案,持有设字第八七六〇号营业执照在案。所有出版书刊均经中央图书杂志审查委员会审查通过。自抗战爆发以来,属店对于抗战国策之宣传与前方精神食粮之供应,尤竭尽心力,莫敢懈怠。凡遇党政当局有所号召,无不竭诚响应,不敢后人。凡此种种,均足以证明属店为一恪遵法令、努力抗战文化工作之正当商业机关,理应获得法律之保障。证于最近,接获成都生活书店负责方面来电,述及该店已于本月七日遭到四川省会警察局明令查封;后接桂林生活书店负责方面来电,述及桂林警备司令部限令该店于本月底以前停止营业等情,不胜骇异。窃该店等并未发售任何违禁书刊,又无其他任何违法情事,今兹特遭无故查封或勒令限期停业,似与中央保障正当商业之原旨显有不合,素仰钧院公正明断,爱护文化事业不遗余力,敬恳转饬成都、桂林两地负责机关,迅予撤销查封及限期停业之命令,准予该店继续营业,以保障正当商业,而利抗战,不胜屏营待命之至。谨呈

行政院院长 蒋

具呈人:生活书店总经理

徐伯昕 印

中华民国三十年二月十五日

2)徐伯昕再致行政院呈(2月28日)

呈为请求迅予撤销查封成都、桂林、贵阳及昆明四地生活书店命令,准予继续营业,以利抗战文化事:窃属店曾于三十年二月十五日呈请钧院分令四川、广西两地省政府,迅予查明撤销查封生活书店及限期停业之命,准予继续营业,以利大后方之抗战文化。当蒙钧院于同月二十一日赐复勇陆字第三三一号钧示内开:"已分交四川、广西两省政府核办"。等因,按此事尚未得有合理解决,讵料昆明、贵阳两地分店突又于二月二十日及二十一日先后被封,不胜骇异。窃该店等发售之图书杂志均经当地审查许可,对于中央颁布法令亦无不严格遵守,而今在毫无违法根据之情况下,竟平白遭此处分,似与政府保障正当商业、维护文化事业之原旨显有不合,素仰钧院公正明断,爱护文化事业不遗余力,敬恳迅赐转饬成都、桂林、贵阳、昆明四地有关机关立予撤销查封及限期停业之命令,准予各该店继续营业。俾正当商业机关能获得合法保

障,俾恪遵法令之文化事业机关,不致含冤沉没,而对国家民族能作继续之贡献,不胜屏营待命之至。谨呈

行政院院长　蒋

具呈人:生活书店总经理

徐伯昕印

15. 军委会办公厅关于抵制《新华日报》发行量猛增办法与国民党中央宣传部往来函电(1941年2—3月)

1)军委会办公厅致中央宣传部代电(2月11日)

军事委员会办公厅快邮代电　办四渝礼字第560号

中央宣传部鉴:密。据报:《新华日报》目前之销数,日达一万五千份,已与《大公报》之销数成相等数字。查其原因:(一)各报报业联合会自三十年起决议报费加价,该报切并遵行,仍暗地贬价倾销;(二)发价低廉,派报处乐于代销,尤其对工友、学生,订价尤廉;(三)公营工厂工人因直接订阅该报为厂方取缔,乃变相以工人宿舍为送报地点,订户更多。等语。除分电社会部外,请查照注意为荷。军事委员会办公厅。渝。办四(尤)礼汇。

收文日期30／2／12

2)社会部办公厅笺呈

请第二科商洽工运督导团签注意见,除防止工友订阅该报外,同时会商中宣部决定对策,务使该报销数量逐渐减少,党报及同情于本党之销数量逐渐增加,以利宣传。

原件务送工运督导室办后即送还本科。

代　印

二月十二日

3)中央宣传部致军委会办公厅函(3月5日)

准贵厅三十年二月十一日办四渝礼字第五六〇号代电,为《新华日报》推销情形,函请查照注意。等由。准此。查关于本案事件,经本部策动,重庆市党部于元月六日邀请本部及青年团中央团部与《中央日报》、《扫荡报》等共同

研讨协助党报发行,抵制《新华日报》办法,记录在卷。查该谈话会记录讨论决定事项,计:(一)对于各报贩,施以精神训练及个别谈话,由市党部及青年团谕支团部负责拟订办法施行;(二)由《中央》、《扫荡》两报制发号外,其数量由各报自行酌定;(三)《中央》、《扫荡》两报主管发行人员,对各报贩之态度须和平,并经常予以感情上之联络;(四)《中央》、《扫荡》两报,每晨提前赶印快报一千份,尽先交本市派报工会发售;(五)限令《新华日报》提高报价,每份零售一角五分,以与本市篇幅相等之报纸价格相同;(六)《中央》、《扫荡》两报允给派报工会之救济费(《中央》三百元、《扫荡》二百元)即予拨给;(七)报贩之福利事业,由渝市党部商承主管,即日统筹,分别举办;(八)由市党部制发介绍证,凡党员及工人持证向《中央》、《扫荡》两报订阅报纸者,予以特别折扣。以上讨论决定事项八项,除由本部嘱渝市党部切实督导实施,并将实施情形随时报部备查,并饬令《中央日报》对记录中之(二)、(三)、(四)、(六)、(八)等项,务须依照办理,并将办理情形随时报部备查,并由本部及中央秘书处帮助市党部办理报贩福利事业费各五百元外,相应录案密为函复,即希查照为荷。

此致

军委会办公厅

中华民国三十年三月五日

(原件存中国第二历史档案馆)

16. 国民党中央图审会与四川省政府为查封生活书店、《新华日报》书刊部及读书生活出版社事致行政院呈(1941年3月5日)

中央图审会致行政院呈(3月5日)

中央图书杂志审查委员会密呈　公发字第〇四五号

案据四川省图书杂志审查委员会二月灰总第三三号代电称:"本市生活书店、《新华日报》书刊部、读书生活出版社,为发售反动书刊已于二月八日查封"等情。到会。当以案情重大,经于二月六日电饬迅将查封原委具报去后。兹据该会二月二十四日总字第二二号呈称:"查本市生活书店、读书生活出版社成都分社、《新华日报》川西北总分销处书刊部,自成立迄今,散布违禁书刊几无日无之。除去年七月以前不计外,自去年七月起,仅就本会检查全市书店出版品而言,先后在生活书店于七月二十三日查得《抗战形势论》、《论目前国际形势》与《中国抗战》、《现代中国杂志》、《抗战一周年》等十四种。九月十日查得《抗战中的中国民族问题》、《文艺思潮小史》、《产业革命讲话》、《社会主义讲话》等七种。十一月二十八日查得《实践与理论》、《叶剑英言论集》、《哲学选辑》、《全民抗战》等六种。十二月二十日查得《抗战的前奏》、《农村组织讲话》、《抗战中的中国民族问题》等九种。一月十日查得《抗战形势论》、《论目前国际形势与中国抗战》、《抗战一周年》等六种。二月六日查得《组织工作读本》等八种。在读书生活出版社成都分社于九月十日查得《抗战的前奏》等六种。十月二十九日查得《新中国的诞生》、《扬子前线》、《实践与理论》、《转变期间的中国》、《叶剑英言论集》等十三种。十一月二十八日查得《胜利的报告》、《文艺思潮小史》等四种。一月十日查得《坚持河北抗战与巩固团结》等五种。在新华日报川西北总分销处书刊部于七月二十三日查得《五台山下》、《在文化线上》、《十年来的中国共产党》、《抗战军队中的政治工作》、《中国红军的生活》、《坚持河北抗战与巩固团结》、《论抗日救国统一战线》等九种。九月二十日查得《五月的延安》、《叶剑英言论集》、《中国人民的英勇抗战的两周年》、《生活在延安》、《在文化线上》、《中国青年斗争》、《为独立自由幸福的中国而斗争》等九种。十月十二日查得《叶剑英言论集》、《抗日根据地的冀察边区》、《抗大动态》、《前线通讯》、《中国青年》等六种。一月十日查得《西北特区抗战动员记》、《生活在延安》、《坚持河北抗战与巩固团结》等四种。凡此诸书,皆多以立论偏激,分化团结。或曲解三民主义;或鼓吹阶级斗争,强调阶级对立;或攻击国军,诋毁政府;或言论不确,影响国防;或颠倒事实,淆惑人心;或鼓吹割裂整个国家民族之反动行为,以破坏全国之统一,此皆经取缔有案者。至故不送审之书刊,而其内容亦如上述,违反修正抗战期间图书杂志审查标准者,则不胜枚举。本会迭次检查警告,仍不悛改,甚至朝令禁止散布,夕又公然发行,此种行为不特故意蔑视法令,而实属违背全国人民所共守之抗战建国纲领,若不再予严厉之处分,将何以齐一国民之思想,保障抗战之胜利。本会职司检查,为维护法令计,势难再予宽容,爰于本月八日函请四川省会警察局将上列各该书店分别查封。当在生活书店查得违禁、经通令取缔之书刊:《组织工作读本》、《文艺思潮小史》、《社会主义讲话》、《科学的哲学》、《新哲学的人生观》、《帝国主义》等十余种,违反规定故不送审,内容诸多荒谬之书刊四十六种。在读书生活出版社成都分社查得违禁、经通令取缔之书刊:《组织工作读本》、《抗战中新人生观的创造》、《中国历史》、《新中国的诞生》、《抗日民族统一战线教程》四种,违反规定,故不送审,内容诸多荒谬之书刊二十一种。在《新华日报》川西北总分销处书刊部查得违禁、经通令取缔之书刊:《坚持河北抗战与巩固团结》、《帝国主义》、《抗战与新启蒙运动》七种,违反规定故不送审内容诸多荒谬之书刊九种。除将上述各书分别没收扣押外,其他各种书刊,均予发还,惟各该书店既迭次藐视法令,应予从严取缔,复经本会第二五次常务会议议决,对本市生活书店、读书生活出版社成都分社、《新华日报》川西北总分销处书刊部一律予以停止营业之处分,并已函请四川省会警察局执行在案。至《新华日报》川西北总分销处书刊部虽已予停止营业之处分,固与报纸无关,但书刊部为该报分销处所主办,且同在一处,似此派报为名,散布违禁书刊是实之派报处,应恳钧会转请新闻事业主管机关,依法制裁,所有取缔本市生活书店、读书生活出版社成都分社、《新华日报》川西北总分销处书刊部各缘由,除分函各机关备查外,理合具文呈请钧会俯予鉴核备查,指令祗遵"。等情。据此,除分呈中央宣传部外,理合具文呈祈鉴核备案,实为公便。谨呈

行政院

中央图书杂志审查委员会主任潘公展

中华民国三十年三月五日

17. 战时新闻检查局一九四三年检扣《新华日报》稿件统计图表（1944年1月）

（最机密）

《新华日报》三十二年检扣稿件统计图表及说明

《新华日报》为中共机关报，其发言论，大都别具用心。自民国三十年以来，关于该报遵检、违检情形，本局于年度终了后即将全年检扣资料分别其性质，综合研究，藉明中共之宣传动向，俾便本党宣传政策采取适宜之应付。兹将三十二年度所检扣该报不妥稿件，研究统计绘具图表，并与三十一年度之研究结果，加以比较，附具说明如后：

一、每月检扣稿件分类表中，标题前括弧内之数字为检扣日期；标题后括弧内有（删）字者为内容不妥而被删改之稿件，其无（删）字者，即为全文不妥之稿件，标题后括弧A、B、C、D、E等项，为不妥稿件性质之分类。

二、每月违检情形表中，不妥文句类别栏内：（A）表示指摘或攻击本党及军政当局者；（B）表示中共自我宣传，如理论、政绩、战功之夸张，或国际间发生重大事件作偏袒之论断者；（C）表示暴露我前后方弱点，如经济、政治、社会、教育及文化各方面；（D）表示违反中央外交政策及有碍盟邦交者；（E）表示其他内容不妥，如代敌张目等或临时奉谕检扣，以及不属A、B、C、D各项者。

三、就本年度该报送检之不妥稿件，其数量以性质分类所得，以E项文字最多，C项文字次之，B项文字又次之，A项文字更次之，D项文字最少。

四、就本年度所检扣之不妥稿件总数为五百七十件，遵检稿件为五百零三件，违检稿件为六十七件。分析内容，以十一月份为最多，大抵因受国际局势演变之所致也。

五、在本年度内，该报言论动向大致如下：

甲、关于内政方面

（一）对于中央所施行新政策，大都抱责难或怀疑态度，如限政、粮政、役政等，均加以诘责或攻击。利用各种文字（如文艺作品、短评、通讯等）极力鼓吹"宪政"、"民主"、"科学"、"自由"、"团结"等口号，表面似是正面写作，而暗中影射政府为不民主、不科学、不自由及不团结，实施宪政缺乏诚意，类于逊清之筹备立宪。对新闻检查、图书审查制度，抨击不遗余力。（二）极力代一般公教人员、工人、妇女职业问题呼吁，过分描写公教人员生活困难情形，主张调整工人生活和待遇，强调妇女职业问题之严重，推其用心，乃在以其巧好之口,争取公教人员、工人及妇女对中共之同情。(三)报导各地灾情,惨重过甚,如豫灾、皖灾,要求政府设法救济,极尽挑拨政府与人民之情感。(四)标榜中共伪组织"精兵简政"政策及其盘踞地"民选"情形优异。

乙、关于军事方面

(一)制造通讯稿件夸张其军事成就。(二)否认其所豢养军队违法乱纪,袭击国军,杀害人民,并反唇相讥政府为"诬陷",系有意"破坏团结"。

丙、关于外交方面

(一)对于国际动态,不一定及时评论,惟中共对其"祖国苏联"之态度,常作过分之推崇。如最近德黑兰之罗、邱、史三领袖会议,彼则认为重于开罗之蒋、罗、邱三领袖会议,歪曲事实,莫此为甚,自外生存,昭然若揭。(二)该报认为欧洲战场重于远东战场,故国内及太平洋战事远不如苏德战争之重要。(三)对苏联解散第三国际一事,该报认为各国共产党均已培养成熟,能独立战斗,无须第三国际加以扶植,故尔解散。(四)苏波纠纷之内幕,该报认为系英美在后面煽动,曾作专文叙述,言词偏激。

六、遵检违检稿件统计图中第一线,表示检扣稿件总数,第二线表示遵检稿件数,第三线表示违检稿件数。吾人之新检之理想境界,为第一与第二线相结合,则第三线自不存在,但因该报既代表中共发言,亦必保其相当限度之要求,故检查权力所及,只能使第三线降低而不能使其完全消灭。

七、就三十一年度及三十二年遵检违检稿件比较图研究之,其中违检稿件与检扣稿件总数之比,三十一年度为25.2%,而三十二年度则为11.8%,可见该报违检情形,已因本局检扣之权力与特予注意,渐见减少。三十二年度似较三十一年度略为进步矣。

三十二年度《新华日报》遵检违检稿件统计表

月份	检扣稿件总数	遵检稿件数	违检稿件数
一月	36	29	7
二月	47	33	14
三月	60	57	3

续表

月份	检扣稿件总数	遵检稿件数	违检稿件数
四月	39	31	8
五月	29	26	3
六月	34	33	1
七月	67	67	0
八月	51	50	1
九月	53	53	0
十月	37	37	0
十一月	87	62	25
十二月	30	25	5
总计	570	503	67

三十二年度《新华日报》遵检违检稿件分类统计表

稿件种类	A	B	C	D	E	备考
遵检稿件	96	105	117	30	119	
违检稿件	15	2	13	9	24	本项未送检而内容无碍之稿件四篇尚未计入

说明：(A)表示指摘或攻击本党及军政当局者。

(B)表示奸党自我宣传，如理论、政绩及战功等的夸张。

(C)表示暴露我前后方弱点者(包括经济、政治、社会、教育及文化等)。

(D)表示反中央外交政策及有碍邦交者。

(E)表示其他内容不妥者，如临时奉谕检扣和代敌人张目者，以及不属于A、B、C、D各项之稿件。

三十一年及三十二年度《新华日报》遵检违检稿件数目比较表

年份	A不妥稿件总数	B遵检稿件数	C违检稿件数	B占A之百分比	C占A之百分比
三十一年	501	375	126	74.8%	25.2%
三十二年	570	503	67	88.2%	11.8%

三十二年一月份《新华日报》违检情形表

星期	日期	标 题	不妥文句类型					违检种类	处分	备考
			A	B	C	D	E			
	3	新年琐语（报道舞会）					√	未遵删	函促注意	
	4	本报华北通讯					√	未遵删	函促注意	
	4	沙磁点滴					√	未遵删	函促注意	
	8	以血还血，以牙还牙				√		未遵删	函促注意	
	10	本报特译（评美孤立派）				√		未遵删	函促注意	
	29	成都近闻（舞场情形）			√			未遵删	函促注意	
	30	张维先来渝代表请愿反对修筑洞庭湖内院					√	未遵免	函促注意	
总 计		7			1	2	4			

本月不妥稿件计三十六篇：1. 遵检者二十九篇；2. 违检者七篇。

三十二年一月份本局检扣而未能刊出之《新华日报》不妥稿件分类表

A指摘或攻击本党及军政当局者	B奸党自我宣传者（理论、战绩、战功）	C暴露我前后方弱点者（经济、教育、社会、文化）	D违背中央外交政策及有碍邦交者	E其他（临时奉谕检扣和代敌人张目及不属A、B、C、D各项者）
（8）姑息和情面（删）（指出贪污太多） （9）太行区粉碎敌扫荡的主要经验（删）（指责国军准备不足） （15）请制止军车撞人（指责军人蛮横） （18）限价第三日（删）（指责限价缺点） （22）限价零讯（暴露限政弱点） （28）谈古书问题（攻击教育当局） 共六篇		（7）论大后方农民生活 （8）我的公务员生活 （11）东南西北（删）（暴露行政弱点） （19）武□近讯（暴露教育弱点） （22）上沱之武剧（工人与学生冲突） （23）一个工人的生活（暴露工人生活困苦） （25）劳动者的呼声（暴露工人生活困苦） （29）饥饿的土地（暴露豫灾惨事） 共八篇	（12）中英美关系的新纪元（删）（挑拨我友感情） （13）美驻华大使有调换说 （14）新约与新人（删）（对新约不满） （20）收复东北锦绣山河（删） 共四篇	（2）熊式辉返国 （3）美国的责任（与我国先肃清太平洋再及欧洲之旨趣不合） （4）梁寒操即赴新主持中训团新疆分团 （6）我们要见太阳（挑拨阶级感情） （8）开发西康的先决条件（删） （22）法人在越北构筑坚强防线 （22）敌在滇边蠢动 （22）熊式辉将返国（以上四则均中央社参考消息） （24）荣誉军人服装破旧 （28）要求改善荣誉军人的待遇 共十一篇

18. 战时新闻检查局一九四四年一至六月检扣《新华日报》稿件报告书(1944年7月)

说　明　　　（机密）

《新华日报》为中共机关报，其所报道，所发言论，大都别具用心。过去三年中，本局对该报检扣情形，每年度终了后，综合研究，编为专册，藉明中共之宣传动向，为我应付之参考。而为恢宏参考价值起见，自本年度起，复缩短时间，改为每半年办理一次。兹将本年一至六月份该报扣稿内容与违检情形，分目别类，制成报告，并附具说明如下：

一、分类表中标题之前、记要表中标题之上之数字，为检扣日期，分类表标题后括弧内有"删"字者，为内容不妥而被删改之稿件，其无"删"字者，即为全文不妥之稿件。各表中甲、乙、丙、丁、戊等项为不妥稿件之分类。甲、表示其指摘或攻击本党及军政当局者；乙、表示其自我宣传者；丙、表示其暴露我前后方弱点者；丁、表示其违背外交国策及有碍邦交者；戊、表示临时奉谕检扣者。

二、此半年内该报送检之不妥稿件，以性质言，甲、丙两类为最多，各约占百分之四十，乙类次之，约占百分之十二，戊类又次之，约占百分之六，丁类最少，约占百分之二。于以见彼党之一贯的宣传伎俩，在悉力企图引起国人对中央之恶感，争取国人对彼党之同情。以时日言，五、六两月份为最多，各约占百分之三十至四十，一月份为最少，仅约占百分之八，不妥稿件，大有与时俱增之势。

三、就此半年违检情形观之，所扣稿件总数为五百零四件，其中遵检者三百七十六件，约占百分之七十五，违检者一百二十八件，约占百分之二十五。再回溯去年情形，去年一年中，不妥稿件只五百七十件，其中遵检者达五百零三件，约占百分之八十九，违检者仅六十七件，约占百分之十一。两者相较，足见彼党企图遂行阴谋之日趋积极。其所如此者，殆外而见少数友邦人士有注视我内政之趋向，内而见一部分国人发出民主自由之呼声，遂有恃而不恐耳。

四、此半年内该报言论动向大致如下：

(一)内政方面

(1)对我中央一切措施,由影射讥刺进而为公开抨击,而尤并力于民主、宪政等问题之渲染与中伤,谓吏治不清,团结不固,士气不扬,动员不力,均由不民主之过。甚至谓工业萧条、商人痛苦,亦由不民主所致,而诬本党欺骗国人,无实行民主之诚心。(2)对役政、粮政、教育及基层政治之弱点,与公务人员、壮丁、农工之疾苦,均作过分之宣传,以挑拨官民之间、劳资之间之恶感。(3)对其"边区",则捏造种种事实,如农业如何发达,生活如何富裕,军队如何爱民,战果如何辉煌,欲以争取国人之赞同与拥戴。

(二)军事方面

(1)一面夸张彼军战功,一面指摘国军作战之不力,并藉豫湘战局,诬我政府无真准备反攻之诚意,无阻止敌寇进攻之决心,甚至大呼"快从滇西出击",欲以引起英人之不快;(2)对陕、甘国军之调动,作不实之报道,诬指国军有包围"边区"之意。

(三)外交方面

〈略〉

《新华日报》检扣稿件及违检稿件统计表
(1944年1—6月)

月份	检扣稿件 分类件数	小计数	违检稿件 分类件数	小计数	违检百分率
一月	甲类15 乙类2 丙类18 丁类2 戊类5	42	甲类3 乙类 丙类 丁类1 戊类	4	9.5%
二月	甲类38 乙类12 丙类26 丁类2 戊类7	86	甲类7 乙类2 丙类1 丁类4 戊类3	17	19.8%
三月	甲类24 乙类8 丙类21 丁类2 戊类4	59	甲类4 乙类5 丙类 丁类1 戊类	10	16.9%

续表

月份	检扣稿件 分类件数	检扣稿件 小计数	违检稿件 分类件数	违检稿件 小计数	违检百分率
四月	甲类25 乙类7 丙类40 丁类2 戊类10	84	甲类12 乙类6 丙类10 丁类4 戊类5	37	44%
五月	甲类45 乙类19 丙类54 丁类 戊类1	119	甲类9 乙类7 丙类7 丁类1 戊类3	27	23.4%
六月	甲类55 乙类10 丙类42 丁类2 戊类5	114	甲类14 乙类8 丙类7 丁类2 戊类2	33	28.9%
合计		504		128	注：违检百分率按检扣稿件件数列计

（原件存中国第二历史档案馆）

19. 重庆新闻检查处检扣《新华日报》刊发应放弃一党专政与组织联合政府等稿件的有关文件（1944年10月）

1）重庆新闻检查处呈文（10月3日）

军事委员会战时新闻检查局重庆检查处　容字第四四三三号

查《新华日报》连日均有不妥消息违检刊出，昨晚（二日）送检稿件内又有"外国记者眼中的重庆"一文，公然鼓吹"应放弃一党专政，组织联合政府"，实属荒谬之至。当将此稿检扣，深恐该报阳奉阴违，复经派检查员裘槐堂同志前往该报馆监视排印，讵该报先时将该项文稿排竣，裘同志当请其换版另排，该报坚予拒绝，并故作铲版痕迹，照常出报，显系故违狡猾，别具用心。裘同志予此不得不作紧急处置，当即会同该报馆附近宪警机关将该报（三日）出版之报纸扣留二千余份，携返报告。职仍恐该报印刷份数不止此数，为防止流布各地，淆惑听闻，经分别函电各有关机关，迅将本日《新华日报》没收及扣

邮,以杜流传,而遏乱萌,所有扣留该报经过,理合检同该报一份,具文呈报,仰祈鉴核备查。谨呈

  局长 贺

  副局长 李

  附呈十月三日新华日报一份〈略〉

重庆新闻检查处兼代处长 黄香山

副处长 吴鲸波

中华民国三十三年十月三日

2)军委会新检局致国民党中央党部代电(10月14日)

  中央党部秘书处长吴钧鉴:顷据重庆新闻检查处本年酉江呈以《新华日报》最近屡有不妥稿件违检刊出,昨(二日)晚又以"外国记者眼中的重庆"一文送检,经核该文内容公开要求本党放弃一党专政,组织联合政府,立论荒谬,且经美国报载,如再转为刊布,至足眩惑人心,当经决定予以检扣,惟恐该报仍然违检刊出;又军事委员会发言人对英首相演辞之解释,亦恐该报颠倒是非,擅加不利之标题,遂派检查员前往该报,监视排印。讵知该报已将爱金声译文预先排就,仅略事铲版,照常付印,令其撤除另换,坚不允诺,而军委会发言人之新闻则仅刊邱吉尔之言辞。本处据报后经用电话指示采行紧急措施。通知化龙桥宪警机关于该报出口处扣留该项违检报纸二千余份,继虑该报当日发行份数不止此数,复经分电各宪警机关及邮电检查所协助扣发,以杜留传,理合检同被扣《新华日报》一份,报请核示祗遵等情。附呈报纸一份。据此。查《新华日报》最近数月,一再违检刊登重大不妥稿件,中襄初为顾全大局,除书面报告或令主编人员来局面予告诫外,未予以定期停刊之处分,乃自上月三十日以后,该报迭作召开国事会议及成立各党派联合政府之荒谬主张,迹其用心实系阴谋颠覆政府,以遂其私。故经严饬重庆新闻检查处对于此项稿件,从严检扣。兹据前情,除分别呈电各有关机关外,理合检同本月三日被扣之《新华日报》一份,电请察照。李〇〇叩。酉。

中华民国三十三年十月 日

3)军委会新检局致蒋介石呈(10月6日)

案据重庆新闻检查处本年十月三日呈　以《新华日报》最近屡有不妥稿件违检刊出,昨(二日)晚又以《外国记者眼中的重庆》一文送检,经核该文内容公然要求本党放弃一党专政,组织联合政府,立论荒谬,至足眩惑人心,当经决定予以检扣。惟恐该报仍然违检刊出,遂于深夜派员前往该报监视排印,讵知该报已将该文排就,又仅略事铲版,照常付印,虽经勒令撤换,另换稿件,亦概抗不遵命。同时该报对我军事发言人就英相邱吉尔战局报告涉及中国部分所发表之声明,竟予删略不载,转为仍刊邱吉尔原词。本处据报上项种种情节,乃不得不采行紧急措施,一面会同化龙桥宪警于该社出口各路线截留该项违检报纸二千余份,继虑该报当日发行份数不止此数,复经分电各宪警机关及邮电检查所一律协助扣发,以杜流传,是否有当,理合检同三日被扣之《新华日报》一份,呈请核示祗遵等情。附呈报纸一份。据此,查《新华日报》最近数月一再违检刊登重大不妥稿件,本局初为顾全大局,尊重该报立场,除予以书面警告或面诫编辑人员外,不愿轻予停刊处分。乃自上月二十日以后,该报迭作召开国事会议及成立各党派联合政府之荒谬主张,迹其用心,实系阴谋颠覆政府,以遂其私,故经严饬重庆新闻检查处对于此类稿件,从严检扣。据呈前情,除增调本局高级职员加强该处工作以期遏制奸党阴谋外,理合检同本月三日被扣之新华日报一份,呈请鉴核。谨呈

委员长　蒋

附呈十月三日新华日报一份〈略〉

中华民国三十三年十月六日

4)军委会新检局致重庆宪兵司令部函(10月7日)

查奸党阴谋颠覆政府,一再利用《新华日报》,鼓吹召开"国事会议"及成立"各党派联合政府"等荒谬主张,虽迭经本局所属重庆新闻检查处予以检扣,无如该报狡黠成性,对于稿件删扣部分,初略事铲版,以示遵检,近直不顾法令,违检刊登,淆乱听闻,莫此为甚。本局为贯彻检政,取缔该项荒谬言论起见,已饬重庆新闻检查处每晨三时左右派员(同上校平祖源、同中校朱啸云、上尉裴槐堂三人轮值)携带证明文件,前往该报监视排版,即请贵部、局查照转饬化龙桥宪兵队、警察分局于该处监版人员到队、局请求协助时,随时派

兵、警协助,并予保护,至纫公谊,并请惠复为荷!此致

宪兵司令部

重庆市警察局

军事委员会战时新闻检查局
中华民国三十三年十月七日

(原件存中国第二历史档案馆)

20. 李中襄为对《新华日报》采取派员监版印刷事致蒋介石呈（1945年2月13日）

据重庆新闻检查处本日(十三日)报告称：本市《新华日报》于今晨六时,以《陪都妇女界发表对时局的主张》一稿送检,内容纯系捏词攻击政府,响应奸党荒谬主张。本处当以该报送检太迟,恐其故态复萌,于送检之时提前出版,除将原稿检扣免登外,并立即派员赶往该报,监视排版。比行至中途,即见该报两自行车报纸急驶前来,经予扣阅,始悉该报已将前项扣稿用大字标题刊发首栏显著地位。当将该两车报纸全数扣存本处,并分别通知各有关机关予以扣报、扣邮各在案。复查昨日本市《大公报》、《新蜀报》亦曾送检此稿件,均能遵免,乃该报竟故意违检,自应依法予以处分。惟是此稿来源,系由妇女界春节联欢会会后所发表,列名者有冯夫人及参政员刘王立明,暨各报著名女记者,如《大公报》彭子冈、《新民报》浦熙修、《国民公报》黄彬、《商务日报》梁柯平等多人。何以治安机关对此荒谬主张竟不制止？若谓任何集会均可公开发表攻击政府之宣言,而独禁止报纸公开刊载,似亦不免矛盾。长期分歧,不独本处执行业务倍感困难,即检政威信亦将扫地以尽。再,上月二十五及二十六日该报连续违检后,本处遵谕迭次派员到该报监版,均被拒绝。似此无法无理,本处实已无法应付,究竟如何处理？敬乞核示。等情。据此,查该报迭次故意违检,情节重大,前曾专案报告,奉代参谋总长、钧座批示：每晚派人监印。等因。经转令重庆新闻检查处切实遵照办理有案。兹据报告前情,除指复仍应切实地管制,如感必要,仍应派员监版外,理合具文转呈监核。谨呈

委员长蒋

附呈《新华日报》一份〈略〉

职 李中襄 谨呈

中华民国三十四年二月十三日

（原件存中国第二历史档案馆）

21. 军统局关于派员参加压制《新华日报》函（1945年3月12日）

国民政府军委员会调查统计局笺函　斗计组渝〇一六〇号

案奉本会渝办一会字第三五一〇〇号电令开："本会调查统计局勋鉴：战时新闻检查局二月二十二日报告，以中共包藏祸心，其机关报《新华日报》一再刊发反动稿件，亟待加强管理，以杜反动宣传，拟由重庆新闻检查处联合本市军警、中统局、军统局各派干员二人参加等情。除电复准予照办并分行外，特电仰遵照办理为要。军委会丑（俭）渝办一会印"等因。奉此，兹遵遴派赵震华、徐云龙两同志参加担任此项工作，除呈复外，相应函介前来报到，即请查照办理并见复为荷！此致

战时新闻检查局

军事委员会调查统计局　启

三月十二日

（原件存中国第二历史档案馆）

（二）坚持抗战，推动民主运动

1. 承德芳关于四川中江县农民暴动情形报告（1938年12月12日）

自新都事件发生后，风声所播，影响各县，中江由兵役田赋问题激起民怨，蠢蠢欲动，其初虽无显明之征兆，但明弛暗紧，似有一触即发之势。职在十一月份月报上，已将此种趋势扼要陈明矣。

事变自十二月五日起，迄十一日止，经过七昼夜，波及十一区十余乡场。

暴民陆续聚集县城,城内武器甚感缺乏。城郊诸高地又先后为暴民所占,电线断,话报皆不通,后经冒险修理,得通三台,闭城困守,粮缺水断,人心惶惶,夜不安枕。职自接得事变消息后,当将库仓图记、印信、重要单据集中妥藏,并将库存现金恳托福音堂英国女教士MissEddev代为保管。八日电通,即电奉达,十日省保安队许团由双流开到,形势方为安定,当又电达。库仓始终安谧,毫无损失,至经过详情谨陈明如次。

1. 事变起因

一、县区长官、联保主任,平时压迫乡民过甚;

二、征丁不公平,征贫免富,营私舞弊,勒索肥私;

三、已征壮丁在营受到待遇太苦,衣不得暖,食不得饱,来信向家中诉苦,父母妻子因而伤感者;

四、催粮过急,地主串同粮柜虐待贫佃,法峻刑酷,激动民怨;

五、优待出征壮丁之办法不见兑现;

六、汉奸土匪乘机煽动发生事变。

2. 事变经过情形

十二月五日,永泰场联保办公处为暴民捣毁,电城告急。廖育群县长当即驰往,设法处置。到场不久,未及发言,即为妇孺老少壮丁所围,砖石乱飞,意欲置该县长于死地,幸由杰兴乡联保主任派武装壮丁赶到,抢救始得脱险。但所派壮丁二十余名,大半为暴民所杀,暴民即移恨于杰兴乡联保主任,蜂拥而来,当将联保办公处捣毁,并赴私宅破坏,杀伤眷属。五日下午,距永泰场发生事变仅二小时,迴水铺又山坡鸣锣,群众麇集,捣毁联保办公处,焚烧私宅,杀伤眷属。以上各场联保主任幸均于事变时脱身来城,得免于难。六日中午,县政府召集紧急会议,城门皆闭,会议结果,决定对暴民设法宣抚,采和平手段解决事变,一面急电省府请兵来县震慑。城中随即开始肃奸工作,清查户口,将全城治安交由国民自卫总队负责。但人少械劣,更缺弹药,形势颇为可虑,晚间戒严。七日上午,职约同士绅二人赴东门外宣抚,状况似甚平静。七日为废历十三,适逢场期,深恐暴徒混入城中发生意外,即向彼等劝告停止赶场,返家静待,各安生业,勿受奸人愚惑,彼等亦唯唯而返。下午一时返城，甫坐定，北山枪声甚密，人声鼎沸，知有异，登高瞭望，则群众蚁集嘈嚷不止，相持约二小时，人渐溃散，此时县陆续接到各场告急电话，告急之后，电话即中断不通，显见电线已为暴徒折断。县府所派出之便衣侦探，亦报得各种惊人之情报，全市铺门紧闭，困坐于愁城之中。七日晚，日间冲散之群众又在城外滋扰，将南山场联保办公处及主任私宅烧毁，派去弹压壮丁鸣枪射击，暴徒即还击，双方皆有死伤。八日早往观捕获暴徒四十余人，然则所谓暴徒者，皆老弱妇孺，壮丁极少，形容枯槁，饥寒交迫，交谈之余，俱云彼等之来皆受他人威胁不得已而加入行列，摇旗呐喊，以壮声势，如彼等不如此，则暴徒必烧毁其住宅云云，可谓无辜可怜之尤。继问彼等有无主使主事之人，皆答不知，有无条件口号，则一、不抽丁，二、不完粮，三、打倒公务人员云云，可见平时县政保甲人员之作威作福致起民众仇视也。九日，城中弹药将尽，援兵未到，人心更形恐慌。晚间，县府大门堆置石条，准备巷战，众意县府如此荒唐，应受严厉之制裁。十日上午，广汉县长杜能来电，知省军可于今日到达县城，人心方见稳定，但地方士绅因不满廖县长平日行动，联名分电行营、绥署、省府，检举罪状。廖闻讯惊倒，痛哭流涕，夺枪自杀，但枪仍为他人夺回。士绅睹状益见作恶心虚，随即集议作进一步的行动。下午三时，省保安第二十团许团到，全城尚见镇定。随许团长同来者有省府新委县长肖烈百，宜宾人，绥署少将参议、省府顾问，军管区总务科长，出身军伍，过去未任县长。许团到后，众意暴徒必闻风而逃，事变必能随之平息，但事实则不然，暴徒明知许团之来，反而变本加厉，人聚愈众，枪声愈密，城中因兵力雄厚，有恃无恐，连日失眠之人亦泰然于枪声中安息矣。十一日午，新旧县长交卸，联名召集会议，地方著名士绅均到，贡献处置事变意见，决定抚重于剿，并成立宣抚委员会，会中各士绅列举过去积弊，并指斥廖不应以此事视同匪案，向上峰呈报。人民暴动必有缘因，即使受他人之利用，亦为贪官污吏所造成之机会云云。廖又痛哭流涕，全场报以一笑，窘态毕露，当非昔日所能预料也。会议时许团长并未参加，下午三时许，许团长返始悉事态已趋明朗，许团长已亲自向暴民发表谈话，暴民亦推举代表二人进城陈述一切真相。又为一白代表云：事变起，廖县长来永泰场时惟不清查事实公平处置，反而庇护联保主任，斥余等为汉奸，余等心有不甘，即采断然手段，〈下残〉(1)抽丁不依公平原则，富者单丁不抽，贫者单丁强抽，要挟勒索，舞弊肥私，有人作证，有数可稽；(2)税局催粮偏袒，地主欺压佃民，动辄拘押，不顾民隐；(3)各保积谷皆用老斗量，□□单位甚大，而优待出征壮丁时所发积谷，则以市斗量发（中江一老斗等于市斗二斗六升七），且杂有秕糠，欺骗忠良；(4)出征壮丁在遂宁受训，初秋送去衣着单薄，现已冬令，仍未领有棉衣，饮食不饱，父母妻子非常悲痛云云。许团长当负责表示可以改善现状，一场风波始现平息曙光。

3.事变地点

详附图，情况不明之处，据发稿时传闻所得，亦多罹难。〈略〉

4.损失情形

一、生命：死区员一人，自卫队壮丁十四人，失踪自卫队壮丁十八名，死联保主任保长眷属二十余人，暴动民众死一百余人，双方伤数不详。

二、财产：联保办公处房屋、主任私宅、镇场积谷、农民房屋，估计约有六万余元。

5.善后办法

县宣抚委员会业已成立，委员除各机关法团首长外，其他多系当地士绅，并于各场设立分会，以各该场之士绅为宣抚工作人员，并以驻军为武力后盾，宣抚会内分四组：（一）总务组，（二）安抚组，（三）宣传组，（四）调查组，即日开始工作。职亦参□宣抚委员之一，惟就大势而言，此次事变，人的问题大于事的问题，群众既知廖已卸责，且县中又驻二团以上之兵力，显见政府处置之决心，彼等自亦知难而退，此可于最先暴众拒不选出代表，而十一日即有代表入城发言点证之事实上，保甲人员之急需调整，亦为一般人所公认之迫切要求也，至以后政令如何推动，原状如何恢复，虽非短时期内所能奏效，但亦不是绝对困难。

6.事变性质分析

此次事变最初纯系农民暴动，烧杀均系泄愤行为，惟所烧所杀均以保甲人员为对象，但自七日以后，暴民枪枝骤增，显见已有土匪混杂在内。彼等动作非常老练，队旗号音俱全，且以县城为占领目标，意欲劫夺财物，故事态演变进程如次:(一)由单纯的农民暴动,进而成复杂的汉奸阴谋和土匪的骚扰;(二)最先是出于农民自动,最后则农民欲罢不能,为有枪的土匪所挟持,被驱为动乱的先锋。

7.事变对库仓业务之影响

此次事变对库仓业务上之影响颇大,但好在农民平时对库仓感情甚洽,即事变以后,职出城宣抚,彼等亦尚对职表示友好态度。至到期放款,一至城乡交通复原,即可陆续收回,连日事定各场合作社来电询问能否进城缴送还款,彼等一再说明决不损失信用。事变中,有无社员参加,尚不得而知,虽各社员负责人加以否认,但此事恐所难免,详情待职日内下乡查明再陈。合作社储押资金放款:一区郭家沟信社据云无损失,未接确报,圣寿寺信社尚未进仓;二区牟家楼龙龟桥谢家坝未得确息,但上述各仓均在乡下,谅无问题,牟家沟已进仓,尚未贷款,大堰塘(中兴)尚未进仓,详情续陈。

敬呈

主任徐

职承德芳　谨上

(原件存中国第二历史档案馆)

2. 四川省执委会检送南充丝业公司制丝厂工潮概述及处理经过函(1940年8月6日)

中国国民党四川省执行委员会公函　社礼字第二六一四号

民国廿九年八月六日

案准贵部利组字第四三七〇号公函:为对处理南充工潮案,业经本部会同军事委员会及经济部商决四项办法,嘱查照办见后,等由。遵令自应照办。惟查本会奉文时,南充早已发生第二次工潮,同时本会业已商同川康绥靖主任公署及四川省政府各特派高级职员会同前往,妥为处理,去讫。准函。除当即转函绥署省府查照外,并抄同原函转知本会特派南充代表何委员培荣遵照办理在案,嗣据何委员函送"南充丝业公司制丝厂工潮概述及处理之经过"前来,相应随函送请贵部查核见后为荷。此致

中央社会部
　　附送南充丝业公司制丝厂工潮概述及处理之经过一份
　　　　　　　　　　　　　　　　主任委员黄季陆

南充丝业公司制丝厂工潮概述及处理之经过

一、工潮发生之原因

　　1.厂方之一再延工

　　南充丝业公司都井镇第二制丝厂,因修理锅炉机械,于六月初旬宣布暂时停工,并规定中旬复工,但至限期厂以缺乏燃料,虽迭经工人要求,仍等牵延,因滋工人之愤懑。

　　2.公司之招募艺徒及女工

　　该公司第四制丝厂于去年七月间即召有艺徒二百余名,女工百余名,厂内三百七十七部车位均经分配无余,二厂工人深恐二厂当局如法炮制影响职业,同时因二厂一再延工,积疑更浓,遂径向丝业公司南充办事处要求在四厂工作,乃酿成争执。

　　3.工人声势之嚣张

　　自去秋抢茧风潮之后,政府当局以其生产数额之多寡,关系国家岁收甚巨,故对于工人恒未宽私,盖欲以怀柔方式感化之;而使努力于生产事业,争取国防贸易之权益也,何如工人识浅,不明政府当局之苦心所在,犹存政府无奈我何之心理,遇事争冲,因迭有工潮之发生。

　　4.流痞之弄工人

　　南充县流痞李孝三等,以目击工人之愚昧足资利用,以增其在县内之地位,乃于工人向厂方要求复工时,乘机自任工人代表,鼓动工人作非分之要求,遇有不遂即出而反对,甚更聚众骚扰秩序,殴辱职员,该厂工潮之扩大,该李孝三实不能辞其咎。

　　5.厂方处置之失当

　　工潮既起,循经厂方对工潮之处理应力求平允,以服众心,而汹汹工潮庶几迎及而来,无如厂长头脑顽固不明事理,动辄以高压手段开除工人,而其开除工人又漫无标准,全视其喜怒而定,于是工人骚然,工潮由之扩大。

6.厂方之忽视工人福利

工厂之能否发展,产量之能否激增,品质之能否优良,要视劳资协调程度之深浅而定,质言之,即以劳资双方互遵福利之程度之深浅而定产额之多寡,品质之优逊,与夫工厂之发达与否。而该厂则不然,对于工人之福利,除供膳宿外,余如教育、卫生等项从未顾及,而工人之于工厂,以其福利无所保障,对于厂方之利益亦从不尊重,因形成对峙局势,遇有不怿,即生事端,该厂工潮迭出不穷,此其因素之一。

二、工潮之经过

1.第一次工潮(三月十五日起至五月止)

该公司第二制丝厂于二月初旬以修理机件,宣告暂时停工,并规定于中旬开工。及时工人纷纷进厂准备开工,惟厂方因内部机件尚未修复,宣布延期一旬开工,逮期满,工人为维持生活计,要求即予复工,而厂方复以原料缺乏又宣告延期时,工人以厂方屡告延期复工,未予履行,颇疑厂方有意播弄。证注四厂招收艺徒女工,疑云更为滞积,乃相率入城要求工会派由工人代表江直廷向该公司经理交涉,即日复工,但未获果。于是工人大哗,于三月十五日集结数百人,径趋平城街四厂,请求在四厂复工,并声请四厂原工人迁送二厂。当该公司经理熊子昌反复宣布延期复工经由,并允为维持工人生活计,决将二厂提前复工,所缺燃料专电渝方设法救济,至在四厂工作一项,以车位业经分配,未便更换,若果欲变动,则无异置四厂工人失业于不顾,似觉不忍。正申言间突有自称工人代表李孝三者,鸣哨厉曰:我们要在四厂作工,现在快到食堂去吃饭吧。顿时秩序纷然,并将四厂原有工人卧床竟行强据,复将夜饭强食,计六十余桌。赓即以电话报告专员公署,不久即派社会科陈科长、张警佐前往,复召集工人开导,但卧床不理,该科长等亲到卧室向工人开导。彼时工人等称:"我们不能作主,现在代表等已走了,明天再向他们说罢。"陈知无法,只向工人说:"你们要守秩序,不要乱动,我明天再来向你们说话。"即去。是晚,天雨较寒,四厂原有工人因床位被占,仅由公司给与口包作被盖不能御寒,至夜半冷醒,全体旧有工人欲向该工等争斗,当由该公司负责人尽为开导制止,乃告无事。三月十六日晨六时许,四厂之外宿女工数十人来厂作工,因厂占据不能开工,该工等强迫女工加入团体,不准一人外出,彼时即来有去岁劫茧犯规被开除之女工王德元、叶素芳等,即向女工煽动,并强迫一致行动。七时许陈科长、张警佐复到该公司向该工等一再开导,仍不理。当时严禁公司收发信电及人员工役出入,顾形势紧张,陈科长见于开导无效,乃电话报告于陈专员,陈专员即下紧急命令于国民自卫队青团附率一分队前往该公司维持秩序,另令总工会主席秦起藩前往开导制止。团附亲率驰到后,即将工人守门人解除。彼时陈海清仍坚持守卫,几起冲突,工人始将守门撤退,交通暂时恢复。不久秦主席即到该公司,在办公室询明经过情形,当即声称即叫他们解散,复暗向工人曰:"你们举十余代表来开会。"即去。是日,时而断绝交通,时而恢复,如是者几次。是日工人已增至七十余桌,午后专署即出牌告贴于厂门,兹抄录其牌告如次:

　　查南充县一部分工人聚集在丝公司,无理滋闹,不服调处,殊属不合,各地再有奸人煽动,图谋不轨情事发现。该工人等愚昧无知,受奸人利用,致扰乱后方治安,影响抗战,而不自觉实可悯,本司令维护治安有责,不愿不教而杀,特此再剀晓谕,作最后之警告,仰遵下列三点切实照办:(一)限该聚众工人等于即日午后全部解散;(二)该众工人等原属第二厂者,即日回第二厂,原属四厂者即日回四厂,遵照规章,照常工作;(三)原不在各厂作工工人及曾被开除工人或原非工人参加煽动者,一律听候总工会领导,整队到总工会登记遣散,准推代表或以书面申叙理由,听候核示。上列三点仰各禀准,如敢故违,决严拿首要,依军法从事。切切此告。

兼司令陈开泗

　　三月十七日上午,仍如昨状。陈专员命总工会将不属于二厂工人由总工会派员带至工会,属于二厂丝工即留于四厂内。十一时许,总工会主席秦起藩即到该公司将工人带去一百五六十人,陈专员跟即到总工会点名。彼时仅存一百几名,全系二厂丝工,当即开导后,交自卫队护送至二厂,陈专员复至四厂,即集合留四厂工人仅二百余名,即据册点名。点至半数(约一百廿余名)开导后并询问"愿否到二厂作工",均齐声答复"愿去",即派国民兵团杨分队长树清率兵一班护送至都井坝二厂。甫至平城街十字口,忽有暴徒数十人预伏于街口之茶馆内将馆内桌凳拆毁,或手持柴块,向护送兵冲出,殴击杨分队长并士兵四名(重伤一名,三日后即死)夺去步枪四支。当时杨分队长将殴打人中之李孝三一名扭至四厂,面禀专员,专员正亲点其余工人名册,勿见杨分队长头部满血,又见工人涌回嘶闹,大呼打死专员。专员气极,将扭回之李孝三竹棍二下。于是厂外工人欲拥进打专员,厂内工人即直向专员进攻。彼时自卫队中队长王志道见工人暴动,专员有生命危险,为保护计,即命士兵向天开枪示威,专员乘机乃离工人包围圈中而至四厂办公室,然仍不能脱险,乃密命工役越墙而至专署报信。专署李秘书跟即命知保安团杨副司令派孙副官率兵一分队驰往四厂,至平城门十字口,工人阻进,并将孙副官殴击耳光。孙为奉命令系保护专员计,不暇顾及打人之工人,直奔四厂。专员复命人越墙拍电报告省府,一面持片请主席秦起藩速来制止。工役至秦寓时,见秦与工人代表开会,秦见专员名片,即向来人说:"我晓得,我会来。"但至深夜亦未去。时半夜大雨忽至,专员即派副官、张警佐向厂外围攻之工人交涉:"今天夜已深了,天又下雨,现在在总工会备有招待请到总工会去,明天再说。"大部分工人乃散,小部分即到总工会,然有一部分工人聚于十字街口,作候击专员状。王中队长乃将步哨布置十字街口,专员与杨副司令、孙巡官等另由小巷绕道回专署。三月十八日拂晓,复聚集各帮工人约二千余人,于平城街十字街仪凤街各持柴块木棍猛攻四厂,正危急时,县府教科科长范佐丞,总工会主席秦起藩,缫丝业工会理事何海东、邱书五,防空哨长文济川,县党部李书记长亚东,国民兵团青团副等到达四厂向工人宣布举代表数人到厂会议商决条件。兹将由范科长所拟之条件抄录于后:

(1)二、四厂原工人即日编组(十人一组),到四厂暂住,由丝公司尽量安插于四厂工作,其余安插于二厂,先用女工,后用男工,缓用学徒。

(2)缫丝工会会员之失业者,即日到总工会登记,经核定后,转报党部送丝公司录用。

(3)工人待遇俟入厂后,由劳资双方请总工会、党部、县府会商解决。

(4)受伤工友之需药及抚恤,俟受伤者送入医院诊疗后视伤势之轻重酌量拨给。

(5)工人保障办法，由党政厂工共商办法施行。

(6)工人入厂后，厂内秩序及治安由各组长负责，如有事故发生，以组长是问。

条件拟成后，遍觅公司熊经理盖章，该经理以条件不合理，不合法，又恐受威胁被迫盖章，乃越城墙而至乡间隐避。因觅熊子昌不得，乃迫丝公司低级高锡康将公司号章印，高以责任重大，不敢承诺，秦起藩等乃到商会晤侯副经理庆五，请彼签字盖章，彼以职权关系，亦推谢未盖(此条件现存专署内)。斯时工人全体拥入四厂，除毁损饭碗百余桌外，幸余无大损失。又工人吼称将打专署，专署即将机枪卫兵各门层层布置，工人惧怕未敢去。

十九日，丝公司南充办事处职员以进出其自由，乃将办事处迁至大北街四川省蚕业推广委员会南充区办事处办公，四厂职员除少部分留守外，余均星散。

二十日，工人除盘踞四厂外，复派十余人至商会向侯副经理索钱，侯与同去专署门前乃散去。又该办事处副经理庆五接渝总公司皓电跟即报告于兼县长。兹将原文抄录如下：

顷奉总公司皓电开：饬本处第二制丝厂即日开工，第四制丝厂机件损坏，急待修理，暂缓开工，等因。奉此。遵即转饬第二制丝厂职员。跟速准备一切，特恳钧座转饬第二制丝厂缫丝工即日到二厂登记，办理手续，以便开工。

谨呈　南充县兼县长陈

南充县府批示："报告悉。已据情转令南充县总工会转饬该工人等知照也。此令。"

廿一日，经公司南充办事处报告，兼县长云第二厂已准备就绪，定于廿四日开工，并请饬各工人离开四厂，以便修理。

廿三日，南充县府及县党部召集总工会及该公司副经理会商，决定办法如次：

(1)二厂工人先回二厂工作，其余工人如有失业者，先由总工会登记之后，交由党政方面审核后再交丝业公司负责安插。

(2)关于工人工作保障问题,俟工人入厂工作后,将厂规交地方党政机关工商团体及士绅酌予修正,呈报核准后施行,在过渡时期,以公司原有厂规为准。

廿四日,以工人仍聚于四厂,以是二厂仍未开工。

廿五日,总工会派江直廷到四厂向工人说:"现二厂已定期开工,应前往工作,如将来条件不得结果再行停工。"工人仍纷纷自去。斯时,前被开除女工王德元上前阻止,谓你们男工完全下去,恐怕我们女工力量单薄,请留一部分同驻四厂,于是男工百余人仍驻四厂。

廿六日,茧子已煮,本可开工,以工人须照自定之十人分组办法编组,厂方欲照工人技术优劣方法编组,争执未决,遂未开工。

二十七日,编车位问题仍未解决,丝公司报请县府处理。廿八日,县府令总工会派江直廷前往开导,仍暂照技术方法分组,俟开工后再由总工会编组。廿九日各工人分办保证书,工厂准备开工事宜,留驻四厂之百余男工到二厂。卅一日,编置车位。四月一日晨七时,开工。十五日,工人以时届发放工资之期,要求按日计工,发给工资。惟厂方以混乱期中,难于结算,未如所请,因酿冲突,幸经党政各方折冲,准予支借,一场风波始告平息。秒日又发生同样事件,正求调解间,忽奉军委会电令饬当地党政机关会商解决。其内容如:a.惩治工潮首要分子,b.解散总工会,c.增加工人工资,d.保障工人。

地方党政各方于奉到电令后,当即会商,经决定办法如下:a.遵即惩治工潮首要分子,但不以牵连为原则;b.实行改组工会;c.遵会议增加工资,呈准省府按原额增加六成。但以工人要求过奢,厂方允准过吝,经数度折冲,呈准胡郭两厅转呈省府增至七成。

自开工起,每日进退工作时间不遵厂规规定,即技术之指导与管理亦为忽视,任所欲为。此第一次工潮之梗概也。

2. 第二次工潮(五月秒至六月七日)

五月秒日,工人以不明厂方发放工资之计算方法,纷纷向厂方解释,并予核对。因厂方借词推诿,未予受理,引起工人之不满,而怒碎窗框上玻璃,撕破帐〔账〕簿,发生争执。翌日厂方因愤工人之肇事,将认有滋事嫌疑之工人三十余名一并开除,并颁发出入证,以限制工人之出入,欲藉以遏止事态之扩大。但当日有少数工人因劳资发生冲突,驰往党政机关陈述经过,申请保护,余者留厂工作,静候取决。其留厂工作工人之一部,以驰往党政机关陈述经过之工人未发出入证,即将其所得者遗之,以便其出入,讵于放工时,门警索验出入证,而无法对词,又发生冲突。据厂方云,时适有永安联保邓主任者,率领壮丁队办理清乡,行经该厂门首,瞥见警工争执,入来排解,不意为一工人以卸下之牌告作武器,击中腰部,触发所佩连枪之装弹,致误伤工人一名。于是,工人大哗,群起质难,并声言缴械。遂于紊乱中缴得邓主任随弁所佩连枪两支,但据当地政府声称,该永安联保主任入厂弹压,实系厂方所请求,并无缴械情事。按当日情况引证,两方申述,后说似较真实。邓主任见势大恶,即遁入厂内办公室暂避。讵工人犹尾随之,欲肇事端,而永安联保壮丁队队丁及厂警员见事已临危,未遑顾及其他,竟开枪示威,藉退工人,不意伤及工人四名,致事态更形扩大。是日午夜,丝公司职员陈继光、熊子昌等以事态突形严重,急趋专署陈述经过,请求派兵弹压。当令县府专饬壮丁队后撤,以安工人之危心。殊该队队长以一丁被囚,抗拒命令,当轴见势大危,乃派队前往,迫使壮丁后撤,并行保护厂内职工,秩序渐靖。同晚,厂内因发现沟内血迹淋漓,及工人房内血席两条,疑有谋害行为,乃据情报请县府依法侦查并处决,县府得报后,当即派员侦查,并将血席及沟内血泥携回化验,检验结果,血席之血确系人血,而沟内血泥之血因历时已久,不辨究为人血抑为猪血,且无其他端倪,遂曳疑案。惟据各方意见,谓按当时情况揣想恐系误会,盖援旧例,厂方于是须宰猪设肉遗食工人,以为犒劳,故于沟内遗有猪血,而疑者则误认为人血,其工人房内所遗血席,或系当时负伤工人之创血,错认为被害者之血迹。因是两疑,职工双方各执偏见,指认被害者为职内工,但时经旬余,迄未明被害者究为谁属,质诸职工亦不能确言被害者姓氏,但无尸属之追究显非谋害血案。于昨取各方陈述后,当经会议决定着县府依法侦查,以明事之真像〔相〕,而判负责。三日,该厂职员林维栋为工人所房,指为谋害案之主犯,吊打迫供,厥状颇惨。四日,该厂职员王文元晋城勾当私事,行经十字街口,为工人所获,护至总工会私刑拷打,幸经党部李书记长、新九师胡副官长、县府陈科长之镇压,未至要害,力为保护该王文元之生命。计由李、胡、陈三人亲送县府暂押,以避凶焰。同晚,该公司经理熊子昌行经兵役训练班门首,为工人所见。避趋围挡,意图肇事,幸熊氏事前发觉,避入兵役训练班,幸免意外。五日起,工人自动编组,举组长,受工会之指导,秩序始稍平复。此第二次工潮始末之梗要也。

三、处理经过

职等于八日受命处理南充丝业公司制丝厂工潮后,当即驰车前往,于翌晨抵达县境。当即征询当地党政军工人代表丝业公司负责人及绅民众等对于工潮之意见,及令陈述之经过,并即详密审查案情,检讨各方所推供之意见,拟具解决之方案,分别于十一日下午六时,十五日上午二时召集当地党政军当轴负责人,举行解决工潮联席会议当经决定如下:

1.第一次会议记录

省区县党政军代表为解决南充丝业公司工厂工潮联席会议记录

日期:六月十一日下午六时

地点:南充蚕业改良场

出席者:胡志超 赵云霖 李亚东 李才贵

　　　　曾晴初 唐锦伯 陈开泗 刘式民

　　　　余拱辰 文泽锐 雷鸿堃 何培荣

　　　　鲜炽贤 陈诠

临时主席:何培荣

记录:陈诠

开会如仪

甲、报告事项:(略)

乙、讨论事项:南充丝业公司工潮应如何解决案。

决议:

一、关于目前应即解决事项:

1.厂方的:

a.责令厂方从速另派厂长或负责人到厂负责。

b.厂方奉令复工,应从速召集职员开工,至厂内秩序及职工之安全,暂由县府派队维持,在过渡时期中由专署县府党部责令工人代表协助厂方维持秩序,其期间之长短由专署斟酌办理。

c.责令厂方遵照前次核定增加工资办法,依期结算发放,并于每次发放工资时附具按日计算细账,以便查对。

d.责令厂方担负职工之医药费,其有残废者,酌给体恤金,恤金全数目由党政双方核定之。

2.工方的:

a.责令工方应立即切实服从党政军之命令入厂复工,并应接受厂方之管理与技术之指导。

b.责令工人切实遵守秩序,努力生产。

c.工人如有问题,应先向工厂请求解决,如无结果,应按级呈报工会转呈党政军当局听候解决,不得再事聚众滋扰混乱秩序。

3.党政军当局的:

a.关于此次工潮被开除工人,由专署县府党部负责查明真象〔相〕,分别办理。

b.由县府派遣请愿警代替护厂队,担任护厂工作。

二、关于善后事项:

1.厂方的:

a.切实遵守厂规。

b.切实保障工人福利,其办法由当地党政军机关会同厂方议定之。

2.工方的:

a.绝对尊重厂方利益。

b.绝对服从厂规。

3.当地党政军的:

a.由陈专员定期召集治安有关机关负责人商决治安方案实施,以维地方安宁。

b.由李书记长商同县府拟具改组工会办法向主管机关呈准切实办理。

c.由县党部会县府切实丝厂工人,使受工会之管理与指导,从事生产事业,并随时施以党化教育。

d.由陈专员召集当地党政军机关速组防奸肃反委员会,布置防奸肃反工作。

e.由陈专员负责筹组劳资仲裁委员会,主持今后劳资仲裁事宜。

省区县党政军代表为解决南充生丝公司工厂工潮第二次联席会议记录

日期:六月十五日下午二时

地点:蚕丝改良场

出席者:文泽锐　胡志超　雷鸿堃　曾晴初
　　　　唐锦伯　何培荣　李亚东　余拱辰
　　　　鲜炽贤　陈诠

临时主席:雷鸿堃

记录:陈诠

开会如仪

甲、报告事项:(略)

乙、讨论事项:

(一)被开除工人(廿二人)应如何安插案。决议:由省方代表责令公司在南充区设法安插。

(二)厂长处置失当应如何惩处案。决议:厂长处置失当,应明白宣布撤换。

(三)应如何惩办第二次工潮开枪分子案。决议:1.由地方政府查明论处;2.负伤职工之医药抚恤依前议办理。

(四)鼓动工潮殴伤官兵抢劫枪械首要分子李孝三应如何惩办案。决议:工潮肇事首要李孝三,由新编九师二旅县府负责密捕,交由保安队解省究办。

丙、散会:

并分别于十日、十四日、十六日召集职工及工人组长训示处理本案经过,及省方党政军当局对丝公司职工之殷望,历数小时始竣事。

(原件存中国第二历史档案馆)

3. 盐务总局关于调查川东川北各场盐工动态及预防工人罢工办法报告密呈(1940年10月30日)

密呈 渝盐一二九三

前奉文下委员长蒋侍秘渝字第二二三四号巳尤代电内开："川东川北盐工风潮隐患堪虞，应令负责人员切实详报处理，切勿任令作应酬敷衍公事。"并奉批："令缪总办严密办理具报。"各等因。奉此。遵经密电川东川北两分局严密查察，随时妥慎处理，防患未然，并一面选派缉私督察员龚怡、丁宝裕二员前往川东，杨静波前往川北，严密调查，详细具报，并妥拟预防办法呈核各在案。兹据该督察员等先后呈送调查报告前来。查核所陈调查情形，尚属详尽，所拟防止办法，亦不无可采，除将原报告分别抄发川东川北两分局密存参考，并饬拟安定盐工防止风潮办法呈核外，理合照录报告书二份，备文呈遵，敬迄鉴赐核转，实为公便。再查川南各场关于盐工福利事项，早经设立盐工管理所积极办理，最近本局并径令饬川康局拟定划一办法，以便全川各区同时举办，将来如有成效，再行推广于云南等产区，以期普遍安定盐民生活，预防工潮，容俟办法规定后，再行呈核合并陈明。谨呈

部长

次长

附抄呈 调查川东各场盐工动态及预防办法暨场务情况报告书一份

调查三台绵阳两场盐工动向及三台某党活动情形报告书一份

盐务总局总办缪、会办罗

调查三台绵阳两场盐工动向及三台某党活动报告书

案奉总局渝鹾字第一二九号训令内开："据报川北各场有人拟利用盐工暗中煽惑，以期酝酿工潮情事。当此加紧增产时期，设有工潮发生影响大局极巨，兹派员即日密赴该区各场实地严密调查，究竟有无前项情形，详细具报，并妥拟预防办法呈核，合行令遵照并将启程日期报查。"等因。奉此。自应遵办，除将出发步骤以巧电呈报总局备核外，兹谨将遵查三台、绵阳两场盐工动向某党活动情形分陈如次：

一、三台绵阳两场盐工生活情形及其动向：查三台绵阳两场盐业工人据估计，三台有一万人，绵阳有五千余人，分锉井、烧盐、车水及小工四种，其占盐工成分，锉工约百分二十，烧盐工约百分二十，车水工约百分五十，小工约百分十，锉井、烧盐工均为男子，车水工近因乡村壮丁被征入伍，多改用妇女与童工。工资极低微，除伙食由井灶主供给外，计烧盐工过去每月仅三四元，车水工二三元，小工多无工资，即给工资亦不过一二元，锉井工均为包工制，其工资由来包锉井人发给，为数甚少，至多亦只三四元，妇女童工工资更少，每月不过一二元。因其工资有限，不足赡养家庭，故其生活极为贫苦。近来百物昂贵，盐工生活无法维持，遂相继以停工怠工手段向灶户要求增加工资。始也灶户多拒接受，继经官厅之劝告及因乡村人工缺乏，灶户情愿让步，将工资提高，故率未酿成严重风潮。现各盐工工资连伙食计算每月约四五十元，虽为数仍微，少数盐工如车水工人仍有怠工者，然短期间之劳资纠纷当可减少。至盐工之要求加资，多为生活所迫而自发，并未发现有反动分子于中煽惑，惟三台、绵阳两盐场盐工，每井灶均有一首领名曰揽子，其在盐工中占代表地位，可以左右盐工动向。近来各地盐工之要求增加工资，大半为其领导，盐工之要求组织团体亦系彼辈代表，此种分子甚不可漠视也。又车水工人之怠工亦极易为反动分子所利用，亦设法防止也。

三台绵阳两场盐工均有相当团结，促其成者为迷信，因盐工均信仰华光菩萨，故其形势上虽无组织，而所实际以所祀之神相同，彼此均有呼应，现因要求加资之需要，均有要求正当组织之倾向，此种要求虽未得到官厅准许，然由此可见盐工已渐走向有组织之行动。要求组织之发生，据闻射洪场马宗沟汪某所策动，汪某过去为某党分子，后因遭大破坏而销声匿迹，现是否又与某党发生关系，虽尚不知，然此说果确，则其别有企图想亦不成问题矣。

二、三台某党活动情形：查三台过去为某党活动之中心，而其基础之树立赵伯先确寓有力，然自大破坏后，分子星散，或转变，或退出，组织即根本瓦解，赵伯先被说服自首未成亦即潜逃宜昌，悬壶行医矣。赵氏返来后，担任三台师资训练所所长，虽在言论上不无不满现实之处，然行动方面亦未取有何表示，故某氏称其为某党三台领袖，似有未确。三台某党新活动之建立，似始于廿六、廿七年间,其领袖为谁,尚未查出,惟前三台场署职员王志先之住处确为一重要机关,所有某党文件与报纸之传布收发均由王氏任之,故其来往人士极为复杂。据其邻居谈东北大学、潼高中县初中之学生出入其门者甚多,并于深夜常有人在其住处集合,其妻亦为某党分子,并当日向其邻居宣传邪说,劝其邻居加入某党。惟此人于成都抢米案破露后,即携妻潜逃,未能予以拘捕,殊为可惜也。新近周恩来由延安来渝,带来之陕大受训学生三台散布亦有已在乐安铺地方发现一姓段者,惟以该处无法存身,已赴成都,县党部为侦查其究竟,已派一忠实同志尾随而往。此外东大、潼中及教部第五服务团闻均有某党分子潜伏,然以线索难寻,正在设法侦查中。某党活动路线近侧重于建立最下层基础,其方式极为秘密,侦查极不易,惟为了解其究竟,职已与县党部机关领袖取得密切联系,并由于县党部之联络各县消息亦可互通矣。

奉此前因,除继续查报外,理合将上述情形具文呈请钧处核转总局查核。谨呈

缉私督察处

督察员杨静波(印)

调查川东各场盐工动态及预防办法暨场务情形报告书

窃奉钧座本年六月三十日渝鹾字第一二九号训令开:"据报川东各场有人拟利用盐工暗中煽惑,以期酝酿工潮情形,当此加紧增产时期,设有工潮发生,影响大局极巨,兹派该员等即日密赴该区各场实地严密调查,究竟有无前项,详细具报,并妥拟预防办法,呈核,除分令外,合行令仰遵照,并将启程日期报查。此令。情事等因。奉此。遵于七月七日离渝,搭轮赴涪陵,转赴各场详查,经于七月五日具报在案。惟查异党组织及活动素极秘密,非事前对于彼辈活动情形调查有素、侦查关系布置周密者,无从知其概略。各县党政机关对防止异党工作素极注意,职等为求彻底明了川东各场县异党活动情况,以便防范计,每至一县,即先访党政当局,探询一切,兹已历赴万县、忠县、云阳、奉节、开县各场县,详细调查完毕,于八月十九日返渝,除大宁场因地处

川东边区,路途太远,适有方督员有章奉川东令赴该场调查其他案件,为节省公家旅费计,已由职等面托顺便调查该场有无异党活动外,兹将职等已到各场调查得情形及预防之布置分呈报于后:

一、调查情形

1.万县方面:经分访县党部、驻县宪兵营及军政部驻万第三十五补充兵训练处政治部,藉悉川东一带之异党组织系统为:中共中央南方局之下有四川省委,省委下有川东特委,特委下有万县、开达、石彭等中心县委,中心县委下有县委及特支部等,其活动地点多在学校及报馆,活动对象多为教职员及学生。川东巡视员刘孟伉常往来于万县、云阳、开县、奉节一带,川东各县异党活动多为刘孟伉指挥,云安场工人甚多,刘孟伉亦常赴该场活动,似有煽惑盐工罢工捣乱妨害制盐及该场治安之阴谋。万县共党主要分子为鲁济舟(曾充川东晚报社长、国华中学校长、国本小学董事长兼校长)、牟仲宇(共党万县负责人)、方仲华、李大坤、孙慕萍(常在万州报及川东晚报作文化宣传)、李治华、常健若等(均国民小学教员),现鲁济舟、牟仲宇等已秘密捕获监禁,报馆及国华、国本等学校兹经改组或封闭,关于川东各盐场方面尚未据获犯供述有煽惑盐工罢工捣乱之事实,惟刘孟伉迄未捕获,复访第七行政督察专员闵永濂,据谈:彼于六月间曾与国民参政员褚辅臣先生赴云安场巡视,该场盐工虽常有要求增加工资之举动,尚未查有被异党煽惑之事实等语。外训处政治部主任许克环、闵专员等对于防止异党分子活动工作均极注意,关于盐场方面异党活动之阴谋,据许主任克环称:曾已三次向军委会报告,职等亦分别拜托其维护川东各盐场方面治安,彼等均欣然应允矣。

2.云阳方面:该县情形复杂,异党分子亦多,民国二十四年曾发生共产暴动事实,当时该县图书馆长谭林、县党部委员袁方伯、城区小学校长温作民、龙坝乡团总赵伟等均为共党分子,二十四年一月十九日,首由赵伟率龙坝乡团丁二十余人进城,会同城内共党谭林、温作民、袁方伯及城区学校教职员并流氓五六十人于下午五时在该县网球场开会,决定是晚十时武装进攻城内各机关,温作民任总指挥。赵伟率团丁先攻团练局,劫夺枪枝,局长马仲楹精射击,当共匪击毙门卫冲入局内时,马局长手持短枪倚局内大树抵抗,连毙共匪多人，匪即溃退，嗣捕获参加暴动受伤之共党赵伟之弟赵雨，供出上情，方知为共党暴动，此经县府将首从各犯一一通缉有案，此即云阳所谓共党浩变经过。二十六年抗战军兴，中央容共抗日，该县被通缉之共党分子温作民、赵伟、谭林等即陆续返县，近来故态复萌，复于二十七年成立共党云阳县委，仍由温作民、袁方伯、余晓东等负领导责任，常开会于城外西平中学，城内设第一特支部，由城区小学教员韦奚成任组织，温作民住云阳折口子，常往来于城乡间。余晓东现在小江联保办公处充书记，韦奚成南川人，现已返南川合溪场原籍，袁方伯住云阳场，赵伟回县后充龙坝乡铁厂经理，此人为哥老会重要分子，本年五月因开云边境神匪起事案，被驻云保安第六团逮捕，现已押解万县讯究，另有青年共党盛超群，系西北红军抗日大学毕业，已经县府捕获，准其自新，现在重庆受训。云安盐场方面据三民主义青年团云阳区队负责人胡耀文云：共党仅有煽惑盐工捣乱盐场之阴谋，尚无煽惑及盐工参加异党组织之事实。云安场有河南河北两小学，以前河南校长魏秉权、河北校长周世庐及教员多人，均有共党嫌疑，作共党活动宣传甚力，本年上期均经县府撤换，现任河南校长陈玉璋为三民主义青年团员，河北校长陈砺亦为国民党员，性均纯正，教职员亦多更换，共党活动因亦停止。惟共党川东巡视员刘孟伉与盐场灶户郭莘仲有戚谊，刘至盐场即住郭莘仲家，以前河南小学校长魏秉权为郭之女婿，魏之参加共党活动系受到刘孟伉之指挥，刘孟伉名贞健，化名郭启明，奉节青溪场人，年四十余岁，善书画，兼为金石家，开、万各县社会关系甚多，故常往来于其间，作共党活动，并在重庆曾充红十字会编辑，近因第九区专员公署及云阳县府均欲逮捕，又已逃赴重庆，闻住朝天门安达公司，亦即共党在渝机关之一。郭莘仲为重财轻义之灶户，与刘孟伉性情不同，闻并无加入共党之事实。该场盐工计有灶工二千余人，泄水工一千余人，零工一千余人，担盐工人约七百余人，运煤工人二百余人，煤矿工人约三千人，共计约八千人左右，制盐方面之灶井及零工约四千人，组有井灶产业工会，理事九人，由全体工人选举，受县党部及场署指导监督，另有工人代表二十五人，代表全体工人向工会负责。职等曾在场分别召集灶户代表、工会理事及工人代表等谈话，并向地方联保党部及士绅各方面详为调查，尚无向盐工方面发展组织及盐工有受共党煽惑酝酿工潮之事实。工会理事长张知白为该场公正绅士，亦证明工会及工人并无受人煽惑及参加共党活动之事实。惟该场于七月十一日早晨四时曾发生罢工风潮，先由大井泄水工人三十人开始，次即波及傍边之浣泉井，但不到一小时，即经工会理事蒲耀国、李明高等出面制止，恢复工作。事后经场署将为首倡罢工之工人赖兴才、李武员、李锦禄、蔡良材、郑绪南五名捕获，经场署及职等严加讯问，均称此次罢工并无作用，因在工会未成立之前，常于五八腊各节有局部停工要求，灶户增加工资之习惯，此次系效以往故辙，由一二人倡率，以米价每斗已涨至三十元，希图增加工资，初不知现在罢工之严重性，故经理事蒲耀国等出面制止，不到一点钟即行复工，被捕各人均表示悔悟，要求宽恕等语。查该场工资七月一日曾加一次，现在灶工每名每月工资达五六十元，井工每小时工资七角，每名每天可泄水四小时多至五小时不等，每名每月可得八九十元或百余元不等之工资，工价已超过川东任何各场之上，米价虽比他处较贵，但尚未至不能维持生活之程度，当此抗战增产期间，为防止效尤影响增产计，自不能以其无作用即不予置究，此经场署将捕各犯移送云阳县司法处惩办，以资儆戒。职等从各方面侦查此次罢工确系无意识之举动，尚无被人煽惑之情事，倘系被人煽惑，或系有计划之行为，则必系全场井灶工人一致行动，似不至先由一井开始，然后率及他井，尤不至经公会理事一呼而即自行复工之容易也。惟其袁方伯、魏秉权等尚潜伏该场，而现任西北抗日大学延安分校校长龙高轩亦为云安场人，潜滋暗长，不无隐患，云阳县长梁敬民对于异党活动表面虽愿意防止，惟实际方面不肯认真。县党部书记长杨秩东，当职等抵云阳时，因事下乡未晤，据云此人与参加浩变及现在潜伏云阳之共党分子大多均有友谊，不肯破除情面，其侄婿胡刍仁赴西北抗大读书，杨曾为之饯行，且闻以前尚有介绍青年赴西北抗大受训情形。如此灰色人才，领导一县党务，欲求防止异党活动，无异缘木求鱼。三民主义青年团云阳区队负责人胡耀文颇忠实，对于云阳异党活动调查甚详。关于盐场方面之防止异党活动办法除已在县城面嘱盐场驻县监运办事处温监运员与胡耀文发生关系外，并已面托胡耀文将盐场方面之异党活动消息，随时通知监运处，以便转知场署制止，彼等均已慨然承诺。场内方面除已嘱托当地联保主任、区分部书记经常注意调查盐工之动态,监视共党袁方伯、魏秉权等之行动,遇有盐工无理要挟或共党向盐工煽惑捣乱时请其随时通知场署制止外,并经职等:(1)召集灶户代表谈话,将共党在抗战期间对民族国家之阴谋,在后方捣乱生产机关之诡计详为晓示,责成其转知全体灶户,以后对于盐工言论行动应切实注意监视,如有倡率罢工或共党煽惑及作共党活动之事实发生,因工人为灶户所招雇,责成监视较为容易。(2)召集工会理事及工人代表至场署谈话,嘱其以后对于全体工人应严密管理,工人有正当要求,如因生活太高有增加工资之必要时,须先向工会请求转请场署解决,绝对不许任意要挟随便罢工,对于工人平日言论行动,工会及代表应经常注意考查,倘有过激分子及有受人煽惑罢工及其他妨害盐场秩序情事,工会及代表均应随时向场署报告,否则工会理事及代表连带负责。(3)除已口头严切责成外,并已商请场署对工会下一严切训令,将工会应注意事项逐一指明,责成其担负监视工人言行及考查报告之责。(4)场署职员谢云龙、朱杰均系三民主义青年团团员,忠实活泼,尚属有为之青年,已经职等会同场长责成除日常工作外,并担任盐场调查工作,嘱其经常与工会、地方联保及区分部书记、学校教员联络,调查盐工一切动态,并严密监视住场共党袁方伯、魏秉权等之行动。(5)税警第三区部已雇操兴鹏、郭林二人专门担负密查责任,职等亦已嘱其特别注意盐工之言行及共党在场活动情形。(6)嘱各方面多注意共党刘孟伉之行踪,如再来盐场,即由场署商请联保主任逮捕押送县府,因县府已奉专员公署令捕有案。(7)场长崔一萍精明干练,已商请以后盐工有轨外行动,即将其逮捕,移交县政府,依照非常时期维持治安紧急办法治罪。以上各项如能切实执行,云安盐场治安以后无问题矣。

3.忠县方面:该县县长浦殿钦及县党部书记长谢锡九对于防止异党活动工作尚称积极,以前该县国民团副团长范相涛,县立初中教员邓晨曦均有异党嫌疑,现均去职。本年一月有邓晶三者,涪陵人,曾住该县国民兵团副团长范相涛处甚久,在县组织读书会、学术研究会、青年实验团等团体,吸引青年,专作异党活动,经党部会同县府逮捕说服自新,各项左倾团体亦经解散,县城已无异党活动情形。盐场方面涂井、澄井两处灶工与井工共计不过四百人,水工且多兼营他业,并非以挑卤水为常业,井灶工人均为灶户零星雇用,人数不多,又无工会等等之组织。据县党部书记长云:两场盐工尚未发现有被人煽惑及参加异党活动之情事。职等在涂、灒两井实地调查,结果亦复相同,惟涂驻井税警第三十二队分队长李驹佩确有异党嫌疑,忠县党部在邮局检获原充该分队班长现调川北南部税警游缉三中队二小队班长罗俊卿致李分队长信件一封,满纸异党语气(原信附呈)。职等在灒井时据该场长张笙仲及场署职员称:该分队长平日言论极为左倾,如订新华日报,经常阅读共党刊物,常与税警在其住房内开小组会议,向士兵宣传共党主义,以八路军游击战术作训练税警军事教材,在涂井组抗敌剧团,领导税警参加演剧,宣传共产主义,本年六月该场盐工要求增加工资,其申请书即为该分队长代为递入场署,并称工人生活如何痛苦,倘不增加工资恐有罢工之虑,语带要挟。经场署召集灶工开会,增加工资,方得寝事。本年五月,有隆昌人廖某在该分队长处住一星期,颇似共党派来指示工作者,三十二队队长何树葆及涂井居民赵最和、陈之顺等所订之新华日报,均为该分队长介绍等语。似此该分队长确系共党分子无疑,职等在涂井时曾召该分队长谈话,劝其将参加共党实际情况明白申述,准其自新,并保障其职务,乃该员坚不承允,自系受异党麻醉已深,无法挽救,职等抵万县后,即商准川东盐务管理分局,将该分队官兵调至万县以期企图说服。经在万以删电呈报钧座在案。不料川东局派税警三个分队前往接防时,该分队长李驹佩即于接防税警抵涂井之前一日(七月十八日),率一部税警畏亏潜逃,仅余税警五名带来万县,编入税警训练。李驹佩率警潜逃,殊为不法,已由川东局通缉归案法办矣。至涂、灒两井之以后防止异党活动办法,除已面嘱两井场务负责人经常注意考查盐工动态外,并已责成灶户严切监视盐工言行,倘以后盐工发生罢工及被人煽惑情事,灶户应连带负责。忠县盐场分署职员王重熙为三民主义青年团员,行为尚佳,已嘱其经常注意调查盐工动态,如有轨外行动,随时由场署制止。忠县党部书记长亦经职等面托,以后如有盐场工人及税警方面异党活动之情报,请其随时通知场署,以便制止,彼亦慨然承诺矣。

4.奉节方面:奉节党政军各方面对于异党活动工作甚为注意,异党奉节特支部亦经破获,计捕获县委书记江克钦、组织吴耕历、宣传黄泽国及总负责人王夔均属学校教职学生之列,现被捕各人除王夔态度不明、尚押县府外,其余均已准其自新开释。盐场方面工人不多,灶工井工及运炭工人共计不过一千人,且该场只有半年开煎半年停工,井灶工人均已星散,评议公所职员亦以避免空袭移往乡间,无法召集谈话。据县党部书记长罗玉泽及县长易元明称:据捕获之共党自首报告,对于盐工方面尚无煽惑情事,惟驻忠县税警第三十二队第一班现调驻奉节班长陈大玉颇有共党嫌疑。职等在涂井时,即查得该班长与李驹佩时常通讯,故抵奉节后即首先检该班长书信,在其箱内检出共党刊物十余种及与税警结盟书帖多份。据驻奉节税警三十四队队长邓劲称:该班长言论甚为左倾,对其他税警称,该班兄弟均曾与队长拜过把,遇事有队长负责,并以哥老会名义在奉节吸收会员,三十四队税警被其吸引加入哥老会者闻有十余人之多,奉节警备司令部班长士兵亦有被其吸收加入哥老会者,是否受共党利用,以哥老会名义作掩护而发展组织,不得而知。等情。此经职等召该班长至场署谈话,多方鞠讯反复劝谕,均不承认有参加共党情事,搜出书籍称系该班已革税警罗煜所有,系队上寄来,发展哥老会员亦不承认。等情。查该班长系高小毕业,文化程度尚高,询其对共党主义之见解,则又推拒一切不懂,性情狡猾,实属无法感化,此将其看押三十四队队部,返万县时已商准川东盐务管理局将其开革,免滋蔓延。该班尚有税警陈保、周武安二名与该班长交情甚密,亦有共嫌,惟无证据。今后防止盐场异党活动办法,除已面嘱场署将来开煎时责成灶户负责监视盐工言行、指定专人负责考查盐工动态外,并已与县党部书记长罗玉泽切实联络,如发现有共党在盐场方面有活动时,随时通知场署拘送县府法办,因党部对于调查工作甚为重视,对异党活动尤特别注意也。

5.开县方面:该县县党部书记长肖洪九对于防止异党活动特别认真,平日派有同志打入异党担任内线工作,故对该县异党活动情形极为明了,惟该县长冯均逸为一官场老吏,对其他政务尚属认真,对异党活动不愿卖力制止,免惹麻烦,藉图见好于异党,以致党部方面对共党仅能侦查其活动情形,而无法制止。该县共党有一特支部组织,总负责人为秦朝亨,现充小学教员,其余黄楠材、许寅宾、刘仿韩、陈长德等，均为活动较力之分子，大都为该县学校教职员。温汤井盐场方面，据担任共党组织现已向县党部自首之共党张四维报告，共党尚无在盐场活动之事实，盐场井灶工人及零工并抬盐运炭工等，总数不及千人，井灶工均系灶户招雇，并无工会之组织，工资亦系灶户与工人自由议定，亦无任意要挟停工情事。职等在场除召集评议公所评议员及灶户代表谈话，嘱其切实注意盐工言行，遇有轨外行动，立即随时报告场署制止外，并与当地区党部、区分部书记及镇长陆德明等切实联络，请其注意异党活动及盐工之行动，帮同维持盐场治安，以利生产。驻场税警亦经召集官长谈话，嘱其严切注意部属及盐工方面之异党活动，该场范围内尚小，以后尚不致有意外问题发生。

　　总上所述，为川东各县异党活动一般情形及职等在各盐场布置之防止经过，根据调查结果，川东各县异党活动对象多为学校教职员、学生及少数失意青年，各盐场方面除云安场盐工有工会组织外（系局部的，已入会者不到二千人，其余尚未加入工会），其余各场工人均系灶户零星雇用，漫无组织，且工人知识皆低，除要钱外大多不懂其他事务，与异党分子不接近，机关亦少，故尚无被人煽惑妨害盐场税警之事实。惟杜渐防微，免滋后患起见，自应该认真防范。税警方面，各队均系独立驻防，队长对于士兵政治训练极少注意，意志薄弱之官兵，难免不有被煽惑者，如驻忠县之三十二分队分队长李驹佩率一部分之畏亏潜逃，即其明证，亦应严加防止，以免后患。盐务机关招考员司亦宜特别注意以防异党混入，兹一并拟具防止办法如下：

　　二、防止办法

　　甲、盐场方面

　　1.由场署责成灶户加紧管理盐工，各灶户应经常考察其所雇盐工之言行，如有过激分子无故要挟，倡率罢工者，应指明报告场署，倘以后发生工潮及其他扰乱盐场秩序妨害食盐生产情事，灶户隐瞒不报告，应与其所雇工连带负责。

　　2.有工会组织之盐场，除责成灶户管理外，并由场署责成工会严密管理其会员工人，如有正当要求，应由工会依合法手续向场署请示办理，倘有任意罢工或被人煽惑妨害盐场秩序者,灶户与工会理事及工人三方面均应连带负责。

3.凡有工会组织之盐场,其工会领导权应由场署把握,不能放弃,已有工会负责人不受场署领导者,应设法取缔,务使每一工会均能由场署指挥,以免被人利用妨碍场务。

4.每一盐场设精明干练之调查员一二人,小场得指派职员兼充,专门调查盐场盐工动态及其他有关盐务办法事宜,如有不良分子混入盐场或煽惑盐工滋事者随时报告场署制止之。

5.切实注意盐民盐工之生活及其有关盐民盐工福利事宜,如盐民生活过于痛苦,盐工工资确实不能维持当地最低生活者,场署应设法改善或协同灶户酌予增加工资,其他盐民盐工之医药卫生及教育等项,亦应设法注重,盐民盐工较多之大场,应酌设医务所及工人子弟学校,使盐民盐工能安心工作,不致受人煽惑或利用。

6.每一大场应经常派驻督察员一人,联络当地党政机关,协同推进场务,有工会者,并指导工会监视工人思想言行,藉以防止异党活动事宜。

乙、盐务机关方面

1.盐务总局应成立税警特别党部,各省成立税警区党部,派督察员兼任各级党部书记。经常担任各级税警官兵政治训练及考察各级盐务人员及税警官兵思想言行事宜,并尽量征求本机关职员参加国民党(因机关成立特别党部与章则不符,税警虽属总局之一部,究为部队编制,且全国税警不下数万人,本机关低级员司亦众,不有党部领导,其思想难免不被人煽惑,走入歧途,税警特别党部名为税警而设立,实际即可认为本机关党务领导机关)。

2.责成各级税警长官加紧士兵政治训练,并随时考察所属官兵思想言行,以后如发现官兵有参加异党活动情事,其主管直接长官应连带负责。

3.本机关各级主管人员应经常注意考察所属职员思想言行,如有员司参加异党活动者应即向上级机关举发。

4.派驻各区督察员,应经常与驻区党政机关联系,注意调查盐务人员及税警官兵之思想言行,如发现有参加异党活动者,应即向上级检举。

5.驻忠县𥔲井税警第三十二队队长何树葆,平日对于所属官兵,不加管束,致该队分队长李驹佩及一部分士兵参加异党,畏亏潜逃,殊属□□,且该队队长亦订阅新华日报,涂、瞀两井税警时相往来,而驻奉节之该队第一班班长陈大玉并称被搜出之共党书籍系队上寄来,虽系分班独立驻防,然亦不能推诿职责,除该队第一分队长李驹佩已率一部分潜逃,驻奉节之该队第一班班长陈大玉已商请川东局将其开革,拟请免于置议外,队长何树葆拟请调充他职,该队士兵全数调税警训练所,施以严格训练后,分散编队,原有三十二分队另行组编,以资整顿而免蔓延。

（原件存中国第二历史档案馆）

4. 顾建中等关于郑俊德调查川北乐至简阳河边三场盐工情形及防止工人罢工办法报告呈(1940年12月7日)

查川北各场盐工有被人煽惑酝酿工潮情事,前经令饬督察员杨静波、郑俊德分头调查,嗣据杨督察员将调查三台、绵阳、射洪、蓬溪、西充、南阆、盐亭等场情形,并拟具预防办法呈报到处,业经签请鉴核转呈在案。兹据郑督察员呈送调查乐至、简阳、河边三场盐工情形报告书,请予核转前来查核内容尚称翔实,所拟预防办法亦颇扼要,理合抄同原报告书签请钧座鉴核转呈,实为公便,谨呈总、会办

附抄原报告书一件

缉私督察处督察长顾建中
副督察长李熙元
副督察长陈省方

乐至简阳河边场盐工调查报告

一、概说

查乐至场所辖产盐区域民风纯朴,其盐工均为当地土著农民,颇能忍苦耐劳,故该场生活程度虽高,而盐工工资反较他场为低,同时,全县尚未迁有工厂或学校,外来人士不易久留,该县人口四十余万,每月配征兵额仅三百余名,壮丁抽调未至严重阶段,盐工补充较易。简阳场为较大县份,人口约有一

百廿余万,每月兵役配额一千余名,情形较乐至复杂,但全场仅辖三垣又一分仓,共计炉户卅余家,已登记盐工六百余人,以全县人口及兵役配额比较,关于盐工补充亦无特别困难,惟据查该县三星场地方有曾受县训曾充区长之卿云为有名共党,常藉哥老会关系四乡活动,后被人侦知密报县党部,该卿云已闻风逃走,此案曾报省党部有案,足见该县尚有潜伏危机,然盐工为数无多,俱散居各地,似未成为该党活动对象。该县与资阳、乐至、中江、金堂交界各地,近有匪徒潜滋,且已于资阳、乐至边境发生抢劫情事。至河边场(昔为蓬遂场)所辖盐区,系在中江、三台、遂宁乐至几县交界之间,交通梗塞,文化落后,但因地界数县,常有甲县壮丁逃役乙县,补充盐工特别容易,不过分子较为复杂而已。在本年上季,该场工人曾有几次大规模之加薪运动,经各方分别加薪抚慰,旋仍照常工作,其所含有政治意义尚不明显,值此生活必需各物日见飞涨之际,各场盐工现有工资实不足以维持生计,倘不早加改良,一经奸人从中煽动,则其为患殊堪顾虑。爰将简阳、乐至、河边三场盐工状况、反动活动情形及防止工潮办法分陈于后。

河边场之盐工约分管事、灶匠、井匠、搬水匠、汲水匠及锉井工人六种,乐至仅有经理、汲水夫、灶匠(煎盐)、井工(包括邦车)四种,至简阳场盐工则分经理、括灶、烧盐、打杂、堆柴、火房、山匠(锉井匠)、筒匠、赶车、挑水、担炭等十一种之多,考其盐工种类不同原因,大都缘于厂情各殊故也。

二、盐工待遇

乐至厂井灶经理月薪约廿元,汲水夫每月工资七八元,修井匠月薪十五、六元,帮车约五、六元(系计时),煎盐分掌火、帮火,掌火匠每月工资约廿元,帮火十一二元,锉井工人每月工资约十元,概由灶户供给食宿。简阳场井灶经理及山匠月薪廿余元,赶车约十元,烧盐、打杂、括灶、堆柴、火房、筒匠、挑水、担炭等工人月薪各约十四五元,其食宿均由灶户供给。至河边场之盐工待遇则与简阳不同,除膳宿例由灶户供给外,管事及掌火匠每日约得工资一元,灶匠与汲水匠每日各有工资八角,井匠每日工资六角,搬水匠每日工资三角,锉井工人每日工资四角,此简乐河三场近来盐工待遇情形也。

三、盐工工作时间及其生活状况

简乐二场之经理与河边场之管事,均系灶主设以监督井灶汲煎各工作及登记售盐账目或采买制盐所需器材,其工作时间无定。简阳场除烧盐匠以每月煎盐时间而定其工作时间外,其他工每日约工作六小时,河边场各种盐工工作时间每日约八小时,乐至场煎盐工工作时间以煎盐时间之长短而定工作时间之多寡,殊难固定,其他修井工人每日八小时,锉井工人每日工作十小时,汲水夫每日工作九小时,该三场因交通不便,工商业均不发达,人民几全部业农,尤以佃农最夥。佃农当中缺乏资本租佃、田土无多、生产有限、人口浩繁、不能自给自足者,即迫充盐工,盐工家属既为贫苦佃农,盐工又系该项佃农中之生活被迫者,则其生活之不能给足部分胥赖盐工救济矣。抗战以还,百物飞涨十余倍乃至三十余倍,其中以生活必需品价格增涨特甚,盐工待遇既如〈三〉项所述以微薄有限之工资,应付无限上涨之物价,自不能维持其举家生计。此为三场盐工生活普遍现象,若不设法改善,恐从此沦于饥饿线下,演成重大社会问题矣。

四、盐工数量

河边场井灶管事三百十四名,灶匠一千零六十四名,掌火匠三百零六名,井匠八百五十名,搬车匠一千一百六十四名,汲水匠一千一百四十八名,锉井匠四百三十二名,共计五千二百六十八名。乐至场已登记者计五千七百余人,添雇增产工人计约二千余人(现在办理登记中),共约七千余人,经理人占百分之五,锉井工占百分之十,修井工占百分之廿,煎盐工占百分之十五,汲水工占百分之五十。简阳场已登记者四百七十余人,添雇增产工人约二百零五人(现正在办理登记),共约六百八十二人,经理占百分之六,烧盐匠占百分之十五,汲水工占百分之五十。简阳场已登记者四百七十七人,添雇增产工人约二百零五人(现在正办理登记),共约六百八十二人,经理占百分之六,烧盐匠占百分之十五,筒匠占百分之十二,山匠占百分之廿,赶车占百分之十二,挑水及担炭各占百分之十,伙房占百分之五,堆柴打杂占百分之十。

五、役政与盐工

大凡体力劳动工作必须年富力强者,方可为之,当兵与当盐工皆体力劳动也,壮丁非十八岁以上四十五岁以内之男子不合格,盐工亦非兵役年龄之男子不为功,是役政与盐工虽业务各异,而其需要条件则无不同,倘盐工多雇一名,壮丁即减少一人,壮丁多征一名,盐工即减少一人,值此抗战时期,壮丁为兵员补充源泉,盐工系食盐生产之直接分子,而产盐关系国课民生至重且大,两者同属当前要政。所以军财两部早经明定盐工缓役在案,川北分局每于召开场务会议时亦必须注意及之。盐工与役政既如是其重要而有密切相关,则随时随地皆有互为影响之可能,假令办理役政人员不顾及盐工缓役,盐场机关与役政人员不谋合作,其结果必致互相牵制,两无成效,表现反之,则役鹾两政必相率踏上正轨也。所幸简乐两场与各该地办理役政人员尚称妥恰,皆能兼筹并顾,现在乐至每月配征兵额三百廿名,缓役盐工七千余人,简阳每月配征兵额一千零八十名,缓役盐工共计六百八十二人,均经会同保甲册保。惟河边场灶户因办理增产间有争雇盐工情事,盐工亦有因此见异思迁者,时将姓名更换,在从前曾经发给缓役证章及登记照像之盐工,现在彼迁此就,姓名多不符合,兵役机关即认为有规避兵役分子,得以估拉,灶户对于盐工又无证件为保障,将来诚恐影响缓役,此项应请上峰施以善后办法俾利增产。

六、防止工潮办法

综上各情形,盐工在此各物高涨中,生活正有入不敷出的苦痛感觉,而又以役征办理未善,加之反动者乘机煽惑,形成了盐工雏形式的呐喊和反抗也,将来趋于扩大的有形的实际表现,这种形成是必然的,无可否认的;因此为消患于无形,必须予它以适当和有效的防止处置,兹就考查所得拟具办法如后:

1. 改善盐工待遇。川北盐工在抗战以前,原以物价与盐价率取它最低的工资代价,那时盐工以所得最低代价还可勉强维持他的最低生活,自民族自卫抗战发生以后,各物无节制的高涨,而盐工的工资仍然非常低廉,即有增加亦属有限,终究是赶不上畸形高涨的物价,以致盐工每月所得的代价(七八元至廿元)当然不能供给他的家小生活,因此除部分盐工自怨命薄的守旧工作,一部分盐工不改业即乘机作他的生活斗争,因之易受利诱和煽惑,形成了演绎式的无形与有形——怠工——停工——罢工等的生活斗争形式(如河边场盐工对灶户要求加给工资是),如此求增产期□□效非以盐工的待遇改善为前提不可。但盐工的待遇因循束缚,并无若何的奢望,如能仍随物价与盐价率加以增给,能使它在可能范围勉能维持他的最低生活就不会有若何严重事体发生。

2.切实保障盐工缓役。兵役为现时要政,固不待言,但盐工为后方制盐之直接工人,其重要性亦与兵役相等,所以军财两部商订盐工缓役办法,以便双方兼顾。但盐工因生活高压关系变动甚大,故甲月登记盐工至乙月又有变动,以致主持兵役机关及保甲人员常估拉盐工情事发生,而奸人亦最易利用此种机会,尽其挑拨离间之能事,以致蹉役双方发生困难。故欲切实保障盐工缓役,则必先改良盐工生活待遇,务使其安心供职,不能随时异动,以免给兵役以口实,至关改善盐工待遇办法,因川北分局已拟有具体办法呈报,总局有案,兹不赘述,是保障盐工缓役亦应先从安定盐工生活着手,藉免蹉役两政同受其困也。

3.防止工潮及反动活动办法。关于防止工潮办法,职于代理射洪场长任内曾有专案提出川北盐务会议,兹将该原案附呈,兹拟具补充办法于后。

为建议防止盐工风潮详密切实办法提请讨论案

标题:发展细胞组织加强监视活动

查射洪井灶散漫,盐工众多,而聚散无定,尤以近值抗战严重期间,生活高涨,盐工生活日趋艰苦,又兼以本年农作物欠丰,而未来生活之高涨自属意料中事,故盐工处此困苦环境中,最易受异党分子及一切奸人之鼓动与利用,如不切实有效防范,实足以影响盐产及后方治安。

理由:盐工生活及其环境既如上述,但一般盐工率皆知识浅陋,除于待遇上有时合理之要求外,平时大都自怨命薄,尚无虑其有其他行动,但一经奸人之鼓动利用以后,则其危险性必非常之大,不但足以妨碍盐产,且足以影响抗战后方之安宁,故极应发展内外线细胞组织,以期监视严密,并能藉细胞网之关系而获得可靠之情报,以为缉捕之根据,则盐工风潮自可消患于无形,而一切奸人均将无法施展其捣乱社会秩序伎俩矣。

办法:盐场与当地党政机关应加强联络,并同时推动如下之办法:

(一)关于外线细胞者(亦称眼线)

（甲）由党部负责发动全县党员严密注视奸人踪迹及其活动范围与所在地，并于甲地发现可疑人物时，应立即注视其去向，并以最迅速之方法通知可疑人物所在地之党员，该地党员接获此项通知后亦应同时兼〔监〕视其行动，如此辗转通知，使奸计不售，且免奸人脱网。

（乙）由党部或县府发动并领导各地之哥老会员，使其注意奸人之活动，因此项分子散布极广，无地无之，监视办法可参照甲项。

以上两端，应商同县府党部，开联席会议取得联络，协同办理。

（丙）由盐场署训练灶户，切实注意工人行动，并严禁灶户虐待盐工，致伤主雇情感，如灶户发现某灶盐工有可疑行动时立即密报场务所主任及登记员注意监视。以上办法由场署办理。

（二）关于内线细胞者

（甲）于盐区井灶比较集中地，责由灶户选择可靠盐工若干人（人数不定以能监视其盐工为度）加以政治及技术训练后，使其能从工人实际生活中得以获知奸人之活动范围及活动方法等，但此项训练纯熟之内线细胞，亦应参加奸人所召集之会议谈话或其他活动，一则免奸人疑心，一则可获得可靠情报，以为防范缉捕之根据。但此项细胞须个别领导，使细胞与细胞均不知道彼此关系，以收互相监视之效，而免不稳细胞供给不正确之消息或泄漏秘密。

（乙）除上项内细胞外，仍应随时训练忠实可靠工人参加监视，盖可以防止过去细胞网有无腐化或不忠实情事发生。

以上两项应由场署于奉准后单独负责，令由各场务所主任及灶工登记员负责办理，场长负督办之责。

附注：查此项细胞组织，确为有效之防止盐工风潮办法，不过初次实行比较困难，但俟组织就绪后，而又领导得宜，则一切奸人活动均可防止，一切奸计均可予严重之打击，不过关于内线细胞最好每月能酌给津贴二三元，使其能努力工作，而收组织之实效。上项所述津贴，拟责令盐垣在盈余项下按月支给，具报场署备查（上项提案业于出席三台川北盐务会议时专案提出）。

附补充办法于后：

1.各垣盐工登记员（或盐工管理员）薪工公费由垣开支，至收买细胞之少数费用亦应由垣负担。

2.各场署主管人员因公务繁忙且署内亦缺乏技术人员,拟于各场署之承审员由本机关函请司法院酌派曾受法训之党方司法人员十名,分派各场,一面司承审职务,一面即可领导组训各垣盐工登记员,以便责有专司,但现在生活过高,此项人员最少需给以月薪一百廿元始能勉敷生活费用。

3.凡关于各场承审员所领导之监视盐工工作除应秉承各场主管员之指挥监督外,在分局方面应径由局长室领导,俾期迅速秘密,以利事机,必要时局长室亦可设此项人员一名,直接秉承局长意旨,专负指导联络之责任。

4.在各场所在各县党务方面亦应由本机关函请党方立予增派特务工作人员,恢复特务工作,以期各方兼顾,而收监视之宏效。

(原件存中国第二历史档案馆)

5. 蒋介石孔祥熙关于防止川东川北盐业工人罢工的电令(1940年6月—1941年3月)

1)蒋介石致孔祥熙密电(1940年6月11日)

国民政府军事委员会代电侍密渝字第二二三四号

中华民国二十九年六月十一日

财政部孔兼部长勋鉴:养盐渝丙第二九三一七号代电悉。川东川北盐工风潮,据中所知,隐患堪虞,应令负责人员切实详报处理,切勿任令作应酬敷衍公事为盼。中正。巳尤侍秘谕。

2)孔祥熙致盐务总局令(1941年3月22日)

财政部密指令　渝盐丙字第37184号

民国三十年三月廿二日

令盐务总局

艳六代电暨各呈及附件均悉,兹分别指示如次:

(一)据转陈关于奉令注意川北川东盐场工潮一案办理情形并录呈该总局派员调查川东川北各场盐工状况报告书暨川东局呈复遵办各节,查核尚属详晰。其川东区之云阳、大宁两场盐工既属比较复杂,川北区之三台、射洪、蓬溪、南阆、盐亭等场亦有异党活动情事，虽酝酿工潮未至扩大，均已处理平息，然此种动向至堪重视，应由该总局转饬川东川北各局，对于各该场盐工务应随时密切注意，并与当地党政机关切取连〔联〕系，妥慎防范。至防范详细办法，查附赍之调查川东各场盐工动态及预防办法暨场务情形报告书内关于防止办法中盐场方面第一款责成灶户考察盐工之言行报告场署，第二款由场署把握工会领导权，第四款每场精明干练之调查员一二人，小场得指派人员兼充专门调查员工动态及其他有关盐务不法事宜，及附赍该总局督察员郑俊德建议防止盐工风潮办法内发展细胞组织，加强监视活动各办法，均尚具有见地，应即责由所属川区务局场各就当地情形，参酌上项办法，妥切办理，以期消患无形。又防止工潮办法，除严密防范外，应先从安定盐工生活着手，而安定盐工生活，应以就合理原则下提高盐工工资最为切要，应即饬由各场对于盐工工资务须考察当地物价情形随时酌予提高，俾使盐工生活得以安定，不致为奸人煽惑利用，其提高工资之数目，仍应由场报经管理局核明呈部查核。

（二）关于管理盐工办法，应从组织训练入手，近已由部咨商社会部筹设盐业特种工会加以严密组训，俟商有具体办法再行饬遵。

（三）关于盐工福利事宜，务宜积极进行，川北方面前据川北分局呈拟具体办法到部，业经核明指令遵照，并令知该总局有案既据饬由川康局并案核拟划一办法，应再饬催赶速具体拟专案呈部凭核定施行。

（四）据报川东分局对于该总局抄发之调查川东各场盐工动态及预防办法暨场务情形报告书所陈该分局安定盐工、预防工潮、整顿场务及整训税警各项办法，查核尚无不合，应予备案，其加强各场署组织机构一项，据拟另案办理，应仍将办理情形详报查核。

以上各节统仰遵照办理。此令。

部长　孔祥熙

（原件存中国第二历史档案馆）

6. 王伯臣等关于四川犍为盐场工人罢工电呈(1941年2—3月)

1)王伯臣等代电(2月21日)

急。财政部盐务总局代总办刘钧鉴:犍场直接盐工于去年秋季呈准犍为县党部成立金山镇制盐产业工会后,即有该会负责人邓树林、袁邦佐、易泽周、刘仲权、钱少云、林桂生、姚安卿等代表要求增加工价□□继又请求按照盐价比例增加,钧已会同犍为场署予以准行在案。最近该工会代表等复有藉口米价高涨,要求工价倍加,虽经会同犍为场署予以圆满解决。该代表等仍予扬言否认,且于本日勒令四区金山镇各灶工人全体罢工,并胁迫一、二、三、五、六区工人停工集队游行请愿,高呼口号,随复砍篾塞井,任意冲撞殴打员工,捣毁什物,几经弹压竟置不闻,一切行动均有组织,至今犹未解散。事态非常严重,显系不肖分子从中煽惑主动,企图递演事变,若不予以有效制裁,一旦事态扩大,影响盐产,妨碍治安,关系极大,除分电外,特电恳钧局根据军委会二十九年四月二十日所颁保护盐场布告,迅赐处治以杜乱源,而维生产。临电引导伏候示遵。犍为盐场商联合办事处主任王伯臣、王方蕃、张权叩。马申。印。

2)宋惠华签呈(2月22日)

据犍为场长金贵岩面称:犍场井灶工人因要求增加工资,于马晚集众千余人至场署请愿,当时因人数众多,秩序混乱,至挤坏场署门前岗亭,后经多方谕解,并经税警团小炮连协助维持秩序,始行退去。养日午前复来,经当地三民主义青年团犍为县代表,区署镇所向工人磋商,尚未解决,并因当地区署及各法团以此案关系地方治安甚大,深恐发生惨变,当即请驻竹根滩陆军第十七师派兵一连协助弹压,等语。查腊关场价早已核定令行,其中井灶工资一项已按当时生活程度情形予以核增,现该井灶工人等要求追加腊关一二月份工资,如予合理之要求,自应加以考虑,惟似此聚众捣乱已出常规,殊属不合,为顾全盐务威信起见,经职局会同当地机关责以大义,劝谕先行复工,再依法推举代表商讨是否应行增加工资问题,该井灶工人等已接受,于本晚八时退回各灶区复工。除最后解决详情再行呈报外,理合先行签请鉴核。谨呈

总办缪、会办罗

五通桥盐务分局长宋惠华　谨签

3)宋惠华签呈(2月25日)

窃查关于犍场井灶工人因要求增加工资聚众要挟并有一部分灶工强迫全体井灶工人罢工一案,业将处理情形签呈鉴核在案。兹据该场场商办事处王主任伯臣等面称:二十四日晚,当地各机关法团代表等井灶工人代表等磋商增加工资数目,该井灶工人代表等最后要求数目须每月按倍增加,核与公家所准一二月份各加四成及二月份再由公家津贴四成之数相差过巨,似此情形显系另有背景。该井灶代表于行前并声明二十五日恐仍将罢工,各机关法团代表等深恐二十五日又复发生罢工情事,乃提议二十五日十二时再行继续讨论,各等语。查该井灶工人代表等,初则要求加倍工资,继则声明仍将罢工,意颇叵测,似属别有用心,难保不无奸人从中鼓动,如果发生暴动,后患不堪设想,职局自应慎静应付,并面谕该主任仍本本局体恤盐工宗旨,努力和平解决。如果其意实在争论工资多寡,确无其他作用,不妨善言劝谕、酌纳其请以免发生暴动,影响地方盐务。去后,职局诚恐该井灶工人另有企图,本日十二时如果仍无结果,深堪患忧,为未雨绸缪以防暴动起见,拟请钧局俯赐饬令税警团派队分驻各地扼要地点,保护盐场,以遏乱萌,所有各扼地点分驻兵力数目,另附清单一纸是否有当,理合签请钧局鉴核示遵实为公便。谨呈

总办缪、会办罗

附呈分驻地点兵力单一纸

五通桥盐务管理局局长宋惠华　谨签

三十年二月二十五日

税警一团分驻犍场各扼要地点兵力清单

第一区:瓦沱,青龙咀,　　　共一排;

第二区:杨柳湾,　　　　　　一排;

第三区:柑子桥,　　　　　　一排;

第三区:鲞草滩,　　　　　　一连;

第四区:金山寺,顺河街　　　共一营;

第五区:灰山井,　　　　　　一连;

第六区:红豆坡,　　　　　　一排;

先家沟，　　　　　　　　共一排；
花篮街一带。　　　　　　一连。

4）宋惠华签呈（2月27日）

案查关于犍场盐工要求增加工资一案，节经职局先后签报并奉钧局指令有案。兹查由场商补发各盐工一二两月份工资四成及由公家津贴二月份各盐工四成办法，业经盐工代表签字就范，已获结果，除电报川康局鉴核外，理合照录电稿随文附呈，仰祈鉴核。谨呈

总办缪、会办罗

计录呈电稿一件

五通桥盐务管理分局长宋惠华　谨签
三十年二月廿七日

照录电稿一件

筦自井（六九二）号卤密第（六四九）养二电计邀钧察。敬日晚盐工代表仍要求工资按月增加一倍，否则有日复将罢工。似此恐非要求加薪之单纯问题，为免扩大并充分准备藉图应付而维后方生产起见，当约其候有日午刻解决。职局旋有将核准一二月份盐工工资，由场商补发四成，二月份因物价较高，由公家核给津贴四成，以示体恤，各盐工不得再事妄求，倘有不肖希图破坏后方生产，即予拘拿严办，届时该良善盐工应安心工作，勿相惊扰，剀切布告。一面报请总局转饬税警总团分布各要隘戒备。工人见布告多表感激，盖即采恩威并施之术，旋工人代表至即责以立照布告规定办法办理，否则显有企图，即予扣留，直至晚十时，该盐工代表始签字就范，宥感两日，工人亦均照旧工作。可见已获得结果，除详情另备代电陈报并分呈总局外，谨先电陈，伏乞鉴核。桥（感四）。印。

5）盐务总局驻桥办事处电（3月3日）

万急。重庆总会办钧鉴：蹉总务〈312〉号，渝总〈425〉号电奉悉。查犍场工潮业已解决，迭经以科〈2346〉暨〈2366〉号两电转报在案。在本案解决之后，据宋局长将当时办理情形签呈前来，正核转间，奉电前因，除指令该分局此案续办情形可呈由川康局转呈外，理合将原签呈随电文单抄呈核。桥处

叩。肴一盐务总局驻桥办事处。

抄呈桥分局原签暨附件及本局醝总务第六一六号密令

签呈

安奉钧局本年二月二十五日醝总务第六一六号密令：关于犍场场商办事处电陈邓树林等煽惑工人罢工一案，饬即查明妥办报核，等因。奉此。查此案职局曾据该办事处径电暨犍场场署转呈到局，职局第一二二〇号签报情形系据犍为场长金贵岩二月二十二日面报，该场商办事处原电系二月二十一日发出，故其情形各有不同。近据场商办事处主任王伯臣等到局面称：工人代表声明二十五日恐仍罢工，等情。职局为遏乱萌计，曾经开具分驻各地兵力单，签请钧局核示并布告各井灶工人等应各安生业，遵照本布告所定办法办理，不得听信煽惑，自踏非法，如有不肖分子从中鼓动，法令所在，决不姑容。分别张贴犍乐两场区各在案。奉令前因，正拟呈复，间复据犍为场署第三四七号呈报：井灶工人要求加价罢工暨复工情形前来，除俟加价问题解决再行续报并代电管理局鉴核外，理合照录犍署第三四七号原呈一件，并布告原文备文转呈仰祈鉴核。

再二十五日井灶工人并未继续罢工，据报该工人代表等已遵照职局布告规定办法办理，是否属实，所有详情容俟据犍署呈到即转查核合并陈明。

正在缮录间，续据犍为场署本年二十六日犍字第三四七号呈称：查职场井灶工人复工后，至本月二十四日午前十二点钟，因加资问题工人要求过奢，解决无效，有重行罢工举动。当以形势紧张，经电请钧局迅速派武装税警赴金山寺镇压，用资防范在案，是日午后，由税警总团开拔一营到场，并奉钧局颁发布告张贴晓谕，工人气焰稍戢，未敢罢工。晚间复由五通镇长王海门、三民主义青年团团长吴学贵等进行调解，与工人代表袁再谟等会同商议，订定条件：所有一二两月应加工资津贴悉遵布告规定数目办理，并负责不再发生罢工及其他问题。所有解决工人要求加资情形理合抄同原条件一份具文呈请钧局鉴核备查。等情。附抄原条件一份。据此查该代表等既遵职局布告办理，尚无不合，除俟续报增加工资情形到局再转呈外，理合照录原条件一并呈鉴核。谨呈

盐务总局总办、会办

计录呈犍署第三四七号原呈一件布告文一件原条件一件

职宋惠华谨签　二月二十八日

抄呈犍为盐场公署原呈一件（犍字第三四七号　民国三十年二月廿四日发）

案查前据金山寺井灶工人代表邓树林、刘相恒、刘仲全二月十四日报告称："工人等前以工价太少请求增加薪资一案，旋奉场商办事处公函加给二成半，闻命之下，如丧魂魄，因为现刻百物高涨，以米价来说，每斗值银一百元，工人等最高工资不过三十一元，仅买米三升，兹加二成半，总不到四十元，买米不到四升，家间数口不等以此工价何能维持，只得恳请场长大量增加工价，以救燃眉之急，万一不蒙垂念，工人等数万老小立即成为饿殍，薰眼折臂自经之状，场长可得而见；啼饥号寒之哭声，场长可得而闻也。将来如到此种地步，既工人等救饥救寒之不暇，更有何力担任制盐及汲卤之工作，惟有改业另谋生路，而已当此生机将断，用特陈明苦情，恳请场长作主，从优加薪，沾感无暨。"等情。据此当以事关生产及工人生活，爰令场商办事处以本年井灶工人工资准照腊关核定工价增加，并批示知照在案。该代表等于十五日自向场商办事处要求加资时，职参加该处塔炉会议，当即商定一二月份工人工资各加四成，并剀切晓谕该代表等转知各工遵照规定，体念时艰，安心工作，勿得过事要求滋生事端，并令行金山寺制盐产业公会知照。二十日，该代表等复面呈井灶各愿接受一二两月份增加四成之价一案，请示办法，等情。到署。当以场署对于井灶工人生活至为关切，一二两月份准暂加四成，所有三月份工资应造具各工工资数目清册送署再行核定，并再令场商办事处遵照。殊二十一日金山寺稽查处稽查员朱进先回署面报：该处工人以加价不遂，有数灶工人已行罢工，等语。同时麇集工人数百于场署门外，势同要挟，亦未举派代表，职即躬亲向各工训话，言明官厅对于工人生活之注视，及规定此次加成之理由，并准一月份加给四成，二月份加价八成，以示体恤。该工等抗不接受，延至傍晚，欲拥入场署，经税警鸣枪威吓，始行散去。复饬令朱稽查员转谕各灶主，立即召回工人，照常复工，以重盐产，倘该灶主任其停顿，所短产额，应即照数赔税,如工人仍未复业,有意捣乱,即开具名单呈署核办去讫。不意该工等欲壑难填,复鼓动各地工人于廿一日响应罢工,并击毁永和灶盐锅四口,工人一人受伤,协和灶五口,管事工人各一人受伤;志成灶一口;仁义、明远两灶各二口,复先后据灰山井顺和街两稽查处及护运三十三小队呈报罢工情形,请设法解决前来。正核办,该工等复于廿一日陆续蚁聚场署附近,职以事态扩大,当即预行加派税警妥为弹压,以免肇事,并以事关生产及后防治安,经请示钧局,并趋赴访犍为县第四区署刘区长,又电请县府派来张代表及五通、金山两镇镇长共商维持治安办法,同时,各法团并请驻军十七师步兵一连驻扎两河口阻挡金山寺赴桥工人,以免扰乱秩序。经多方晓以救国大义,及抗战时期后方生产关系之大,每个国民均应忍苦耐劳,努力工作,以达抗战建国之目的,应即先行复工再筹妥善办法,并经场商办事处会商结果,由制盐产业公会易书记转谕各工人立即复业,再予解决工资问题。该工等已全体遵照于廿三日复工,照常生产,静待解决。惟此事变先由金山寺发动,再波及各区,自应严加裁判,以安盐场。遂鼓动罢工及晓谕复工情形报请钧局鉴核备查。谨呈

五通桥管理分局局长宋

场长　金贵岩

民国三十二年二月二十五日

解决各井灶工人要求加薪条件

1.本条件由各井灶代表袁再谟、杨德之、王世荣(以下简称代表)协同负责,调解人王海门、杨谋鳌、陈绍卿共同商榷订定之。

2.所有三十年一、二两月应加工资津贴悉遵照五通桥盐务管理分局布告规定数目照给。

3.各井灶工人自经复工后,倘中途再发生罢工或其他问题,应由各代表负责。

4.本条件经双方签名盖章后,即发生效力。

5.本条件共缮三张,由双方各执一张外,以一张呈报盐务官厅备查。

各井灶工人代表　袁再谟　押

　　　　　　　　　　　杨德之　押
　　　　　　　　　　　王世荣　押
　　　　　负责调解人　王海门　章
　　　　　　　　　　　杨谋鳌　代
　　　　　　　　　　　陈绍卿　章
　　　　　　　中华民国三十年二月二十五日
川东盐务管理局五通桥分局布告
　　查此次犍场盐业工人要求增加工资，始经犍为场长召集工人代表暨场商办事处负责人等议决，本年一二两月份各按各类工人原支工资照加成，旋据工人代表报告，各类盐工以生活高涨，二月份增加工资数目四成不足维系，请求再予核增等情。又经犍为场长复行召集有关各方议决，二月份除增加工资四成外，再由公家核给津贴四成，合共八成，以示体恤，而资维系。上项拟议情形迭据犍为场长报告前来。本局以近来生活增高尚属实情，而所议一二月份各按各类盐工原支工资各加四成，二月份再予津贴四成，亦极妥协，而乐场情形相同，应并先行暂准候报上峰核夺。准查。现值抗战紧急时期，后方治安关系巨大，而川省各盐场增产济销重大使命，虽因生活增高，盐工无不痛苦，然公家对于盐工既已优予体恤，各类盐工允宜共体时艰，勉力以赴，本局深悉盐工素称良善，经自此次核加工资，另给津贴之后，各类盐工务须努力工作，以尽职责，倘有不肖之徒从中煽惑，意图捣乱，则法令所在，自当严拿究办，决不姑容。倘或执迷不悟，一意盲从，则我良善盐工宁不悔之已晚？用特剀切布告，仰各类盐工安心守职，勿听邪言，免贻伊戚是为至要。此布
　　　　　　　　　　　　　　　局长　宋惠华
　　　　　　　中华民国三十年二月二十五日
6)王伯臣等呈(3月3日)
　　犍为盐场场商联合办事处呈(场一四九号　民国三十年三月三日)
　　查此次犍场金山镇制盐产业工会要求增加工资、不遵解决、敢于纠众勒胁、全体罢工二日游行捣毁一案：前经职处电呈后，一面即秉承盐务长官迅筹解决之意旨，请当地首长积极调处，不惜牺牲，尽量忍痛，结果虽以解决，暗潮

究未平静,若不追原祸首予以惩戒,后患何堪设想?夙稔钧局关怀治安,注意生产,用将经过详情及应请求彻究之点胪呈鉴核如后:

查犍场盐工素性驯良,开厂于兹,向无他异,仅据父老传闻逊清中叶有少数不肖分子组织蚩尤神会,造成局部罢工一次,旋经嘉定府尹格毙数人,予以解决,从此相安无事,日见融洽。殊去秋有本地地痞易泽周、袁再模、刘仲权等,假藉现行人民组织法令,向犍为县党部呈准立案,在金山镇成立"制盐产业工会"号召盐工强制入会,假公营私,勒索会费。当时只以事关法定组织,未便提出阻止,讵料包藏祸心,别有作用,于二十九年九月廿六日鼓动金山镇工人局部罢工,即由该区灶商自动增加工资六成,事以平息。继于一月十九日,该会又以米价高涨,请求追加工价,当以请求尚属合法,原则概予接受,惟盐务系属统制,考核向由官厅,爰即据情转请场署核示,旋奉指令,准予一二两月各追加成,讵知贪欲无厌,得寸进尺,竟于本月二十一日勒令全场罢工,集队游行,高呼口号,包围场署,任意冲撞。随复纠众分向各区井灶,胁迫停工,毁锅放水,砍篾塞井,朋殴员工,无所不至,气势汹汹,不可相违。几经劝导,置若罔闻,延及深夜,犹向职处负责人住宅冲撞叫骂,寻衅不休,一时风声鹤唳,全厂骚然。直至次日,始由五通、金山两镇长及第四区署青年团等代向当日领队首领约集谈判,往返磋商,随议随变,旋允复翻,辗转交涉,始行解决,所有一二两月工资既须按官定四成价格一体照加外,且须由官厅在一月份津贴四成,各灶灶主再在一月份津贴四成,两月各方八成,职处尊重最高当局注重后防生产至意,及顾全国税民食盐起见,不惜牺牲,忍痛接受,始由该会指命全场复工,此即事变经过详情也。

窃以现值抗战紧急关头,而盐务在统制之下,凡我场商均应仰体上行法令,努力生产,无敢稍渝。该产业工会既为盐工代表,应如何督率领导切取劳资合作,相互协调,共济时艰,始为合理,纵有若何请求,亦应采取正当途径,寻求合理解决,抑或请由盐务长官及该管直辖之犍为县党部主持商榷,庶与现行人民团体组织法令两相符合。否则弁髦法令,作俑生枝,短产误食,病民害国,关系何等重大!溯自该工会成立以来请求加价已达数次,官厅既准行,场商亦无不接受,而此次结果追加四成津贴,四成之解决原已超越各盐工最初愿望,于情于理根本无罢工理由,其所以不顾一切为所欲为,实由该工会少数分子之别有企图,借题发挥,爰有愚弄无知,指使罢工,鼓动工潮,造成事变之举。此种非法行动,即在平时及从前散商自由时代,已为法律所不容许,何况现值非常时期,所有盐场生产及后防治安均为最高当局所注视,岂容此等败类盲动支使致碍国家大计,伏读二十九年四月二十日我委员长颁布保护盐场通令,对于妨碍盐场扰乱盐场因而影响盐场生产者,准由当地盐务行政机关依法拿办,以昭炯戒。足见该产业工会此次非法鼓动事变,尤为现行战时法令之所不容许,其理由至明。矧夫本场范围至为辽阔,不特本身井灶星罗棋布,即外来各大工厂亦复所在多有,各类工人统计不下数十万,若不请予制裁,因此影响波及,则将来万一不幸再有同样事件发生,其妨害国防工业者尤非浅鲜。故以盐务生产及国防工业两点而言,对于该产业工会此项非法行动,已有不能不予以彻究之必要,抑尤有进者,该会发动事变后,竟敢遣派代表,分头结组领队指导,且有暗派便衣多人携带武器尾随保护,一切行动极有条理,以平素夙号善良缺乏智识之下层盐工,而竟敢于如此行动,毫无顾惮者实原各代表之含有其他工作,早有秘密活动用敢如是嚣张。故以后防治安一点而言尤非请求予以彻究不为功。是以管见所及,于今后善后事宜有切盼迅赐实行者四:

一、请求彻底改组该产业工会:因该会既为少数不肖分子所操纵,若不予以芟夷尽净,革故鼎新,则隐患所存,力量依然,星火燎原,终成大患,此应请迅赐实行者一。

二、请求迅赐依法惩办首要:查本场盐工在逊清中叶所构成立局部罢工,亦原少数乱党煽惑而成,事后解决亦由嘉定府尹格毙首要始行平清,复辙犹存,前车可见,且此次倡乱各首要分子至为复杂,查其平常行动多已超出轨外,往往伴迹团体藉端生事,鼓动煽惑,惟恐不乱,当此国家多事之秋,犍场为后防工业重镇,牵动一发害及全身,祸水不除后患何堪设想,此应迅速赐实行者二。

三、请求令饬犍为县党部今后准设民众团体时事前应加考核组织,事后尤应监督训练,免贻后患,查该产业工会自核准成立后,犍为党部即未闻问,任其滋长,致伏祸端。值此抗战期中,人民集会结社固为现行法令所容许,但组织训练实为党务机关应有权责,此次犍为县党部对于该产业工会之行动,事前既未监督,事后尤无处置,探本溯源,责无旁贷,若不请求转令知照促其特予注意,则今后相率效尤何以惩前毖后,此应请赐实行者三。

四、请求优恤场商以示弥补:此次盐工事变,即就盐产一项而论亦已损失叁拾余万,而灶器材之损毁,员工被殴之医药与夫直接间接其他项之一切损失,尤属实有不赀,当此场商遭遇物价狂涨及核价不□成本至再亏折之际,不予弥补,实难维系,此应请迅赐实行者四。

以上各节是否有当,理合具文呈请钧局俯赐察核迅示祗遵。谨呈
财政部盐务总局代理总办刘

主任　王伯臣
王方蕃
张仲权

7)川康盐务管理局五通桥分局代电(3月26日)

盐务总局总会钧鉴:本年三月蹉总务第六三零号篠代电及附件均奉悉。查犍场场商联合办事处请求彻究勒胁全体罢工祸首,以维生产一案,曾据径呈前来,刻正设法查办,容俟办理结果,再呈由川康局转呈察核。谨复。桥分局叩。寝。印。

(原件存中国第二历史档案馆)

7. 四川大学学生散发的倒孔运动特号外(1942年1月)

香港电讯:本港将沦入敌手时,蒋委员长曾派遣驱逐机一架护送民航机数架来港,拟营救留港各界要人、党国元老。飞机抵埠时,被孔夫人全家把持,禁止他人上机,仅民航部某次长多方要求,飞机师又以拒绝驾驶为迫,始得上机。此次我方人物力损失空前,政府要员被俘者计有:陈济棠、郭泰祺、王宠惠、王正廷、顾维钧(传言已往南京)等,文化界名人被惨杀者如:邹韬奋被斫杀,茅盾被俘,高宗武、陶希圣被剥皮,闻名的历史学家李君亦跃海自杀。香港是文化人的都城,政府要员的集议地,这次杀的杀,跃海的跃海,无

一生还者,造成入骨的血债。

重庆电讯:我政府派机营救留港要员归来抵渝时,全市欢腾,前往机场欢迎,但下机者仅孔夫人及其二小姐、老妈子头、洋狗十余条、箱子十余口而已,激起市民公愤。又因近来查抄屯集米面日用品等,多为孔祥熙氏所营,实难尽掩其恶行。我奔走国事的外交大员郭泰祺等,竟不如一条洋狗耶!

大公报为我国公正直言的报纸,该报纸社论为文畅论痛击,在舆论激昂愤慨之下,孔氏竟以高价收购。是日报纸有高至三百元之巨价,打破中外报纸之新纪元,一面派人至各邮局检查当日报纸外流,企图掩尽天下人之口。

昆明电讯:孔氏全家乘机飞渝消息传到昆明,全市民心激动,联大、云大、昆华等大中学生五千余人讨孔示威大游行,一致决议组织讨孔行动委员会,并通电全国积极发动讨孔运动。

短评:竟不料我们抗战营垒中到今天还[存]在此种×××出卖国家民族的败类,而且又是所谓赫赫的××××官居极品的"显官"们所干出的勾当,他们利用××囤集居奇,操纵物价,劫取外汇,一手将我们千百万人×××推入水深火热的苦境中,这古今"卑污"之大成的行动,对我们艰苦持久的抗战是多么狠心的腰击啊!目前的纸币滥发和可怕的通货膨胀,这就是孔夫人的德政,孔夫人的杰作,抗战难道是为制造他们发财的机会吗?不,决不。我们已忍痛受穷这样久,为祖国的自由与解放,为着神圣抗战,我们要站起来高呼:五年来抗战是我们成千成万同胞血泪身躯的堆积而成的,兑换来的,绝不许任何人利用它作为出卖国家民族发国难财饱私囊的幌子。我们要拥护蒋委员长抗战到底并改善人民生活,打倒囤集居奇,操纵物价,买卖外汇,牺牲政府要员、党国元老、文化战士的孔祥熙、宋霭龄之辈狐群狗党,要求贤明政府严惩孔祥熙,没收其全部财产并用行动来讨灭孔贼,响应昆明市联大、云大号召的讨孔行动委员会,争取抗战民族解放战争的胜利。

严惩民族的罪人

民生社印　一九四二年一月十七日

朋友,你常常看报吗?你是不是想在报纸上看到许多你不知道的消息哩?可是实得其反,你完全为报纸骗了,在这里我可以告诉你一段前几天街头巷尾的号外：重庆专电：香港失守前，蒋委员长派驱逐机一队，保护民航机数架至港迎接中央委员返渝。谁知抵机场后，全为孔祥熙夫人把持，不准任何人上机，仅中航部次长经多番请求，始得上机。安然抵渝后，重庆上下欢腾，中央派员至机场欢迎由港受难返渝之要人。留下机者却仅孔夫人、孔二小姐、中航部次长一人，孔夫人之皮箱十余口，孔夫人之黄狗十余只，孔夫人之奶妈、大司傅××等人，留港之郭泰祺、顾维钧、王宠惠、陈济棠、王正廷、茅盾均已被俘至南京，高宗武、陶希圣被剥皮，邹韬奋被砍死。此消息传至重庆后，举国震怒。大公报为我国言论正确、大公无私之出版界，社评上曾载及此项消息，而孔氏欲想遮天下之耳目，特令其爪牙到处收买，每张出三百元，并扣发至各地之大公报（三十年十二月廿二日版），希逃避公论与国家法网。

你看了觉得痛心还是灰心哩？我们固然可惜许多为国家出力的这一班名人或被俘或被杀，我们固然可惜他们用国家有价值的力量去运输他们私人的物品，而我们更痛心的是政府不但不判处他们的罪恶，至却视如无事。似这样而引起的后果，我们敢断言定使现在正在为国家出力的人们感到灰心而失去斗志。朋友，你可以自己反省一下，现在你的事不管是否于国家有益，我敢断言，你一定是希望你的事业有所成就，而且你知道你的事业是与抗战胜利有关联的。可是现在呢？我们知道，不制裁这万恶的人，我们的胜利是永无达到的一天，那么还做什么事业呢？还有什么希望呢？所以我们为了自己，为了国家，我们是应当督促政府对这万恶财阀加以制裁！朋友，如果你想不做亡国奴，你说你拿出力量罢，为了国家，你难道怕他势力而不报么？假若你不敢，那么你就准备做顺民，或回到沦陷区里去[做]顺民好了！

朋友，你愿意做倒孔的运动吗？那么下面的事，你可以尽你的力量去做：

一、向不知道这事的人告诉他这事的真相及严重性；

二、不听信一切孔家爪牙们为孔家辩说的艳词；

三、在你们所在的团体尽量力做倒孔的工作及成立倒孔会；

四、不做妨碍倒孔会的一切直接间接的事。

倒孔会

（原件存中国第二历史档案馆）

8. 中统局关于青年党张澜等在蓉言论的情报（1943年11月5日）

成都十一月五日电

成都记者联谊会于十一月一日在新新新闻报社敦请李璜、张澜作学术讲演，题目为《研究实施党政问题》，当时曾公布不得在报端发表或作笔记，谨将李璜及张澜言论择录如下：

（一）李璜谓：此次出席国民参政会，曾提出四项意见如下：

（1）言论自由问题。认为目前言论不自由，较专制时代尤甚，实为新闻界之耻，亦当前政治之黑暗。（2）集会结社自由问题。目前除国民党活动外，其他各党派活动均遭禁止，应即开放。（3）党派问题。党派纠纷应即停止，并使各党派平等发展，否则只有动干戈。（4）宪法问题。认为五五草案颇不合理，应由各党派共同拟定，并希蒋主席以元首地位不欺国人，以实现国民党与各党派一律平等之诺言。

（二）张澜言词颇为激昂，攻击本党最烈。谓：蒋主席现受党人包围，毫无主张，善良民意，均被抹杀，故此次不愿出席国民参政会。对五五宪法草案，以中国为三民主义共和国，认系标榜苏联国体，对本党之主持政权拟定宪草之不民主作风表示愤激，并曾提议主张：(1)停止学校党化教育；(2)不强制公务员入党；(3)禁止军队党化；(4)取消特务机关。又称：国际人士如邱吉尔、威尔基、赛珍珠、美国各女作家，洞察中国为非民主国家，故邱吉尔曾有战后拒绝中国参加议和权利之言论，实因国民党为法西斯化之作风。最后，主张以和平方式争取民主，需牺牲一部分人，张愿为最先牺牲之一人云。

9. 中统局关于四川生丝公司第一制造厂女工罢工情形函（1944年1月）

1）中统局函（1月22日）

中国国民党中央执行委员会调查统计局公函

渝情字第1014号

中华民国二十九年一月二十二日

兹有关于渝市生丝公司女工罢工报告一件相应抄同原报告，函请查照参考为荷。此致

中央社会部谷部长

附抄原报告一件

局长　朱家骅
副局长　徐恩曾

渝市生丝公司女工罢工

重庆一月十六日讯：四川生丝公司第一制造厂于本月十一日女工部分突然宣告罢工，按该厂女工共计四百余名，平时受厂方压迫，已屡次要求厂方平等待遇，增加工资，如何厂方均置之不理，并有种种剥削，如遇空袭停工扣资、迟到罚金等，故一般女工处此生活困苦厂方压迫下，乃于十一日商得女工同意，实行罢工，并推举代表吴泽玉、孙德辉等五人向厂方提出要求。其条件四项如下：（一）增加工资；（二）不扣空袭时工资；（三）奖罚严明；（四）改良卫生设备。现厂方尚未答复，闻该厂厂长陈世禄认为一般女工均属穷人，不能长久罢工，态度颇为倔强云。

2）严晋轩调查报告（1月24日）

奉派调查四川生丝第一厂罢工事。遵于十时出发，会同市党部代表欧阳有方同志前往磁器口。当即到达该厂时，全厂机声轧轧秩序井然，随作厂方询问，由该厂事务组主任邓公彦接见，据谈如下：（一）罢工事出于本月十一日下午，原因坐操工人误会厂方发给立操工人双工问题而起，当经渝市第三十区分部书记陈独生（前曾担任渝市民运工作）会同宪警当局出面调处，旋即平息，并于次日（十二日）复工寝事。查立操工人系应用新式机械，工人系来自长江下游，技术较高，故每日工资较坐操工稍高四五分钱，此乃事实，但发给立操工双工一节则绝无其事。厂方决不能厚此薄彼，可请调查；（二）关于工资问题，查本厂缫丝工人平均每日每人工资六角，高下各以五分钱为度，此次坐操工人要求增加至八角，厂方以兹事体大，因生丝公司所属养蚕制种等单位计有三十余个，应俟调查统计后，在统筹核定可能数目方可施行，据个人观察，此事虽不能如工人之愿如偿，但厂方已准备于旧历明年正月实行，其数约

增至七八角之间大致尚可办到;(三)关于空袭时扣除工资一节,系随事实而定,如上午已开工,遇有警报,以半工计算,下午亦类推,但不论上下午解除警报后,尚有二三小时,可厂方规定工人仍须返厂继续工作,所谓扣除工资者,系对工人于解除警报后尚有余时不返厂工作者行之;(四)奖罚问题实为增进工人技术及发达生产的一种手段,厂方系按照缫丝折扣大小及匀度如何决定增减其工资数量以分计。例如:1. 折扣:凡同一茧种,若平均以茧五担可缫丝一担,而某工人以四斤缫丝一斤则应奖,某工人以六斤缫丝一斤则应罚;2. 匀度将工人所缫之丝摇入黑板上检验其粗细是否匀适,评定分数决定奖罚;(五)关于本厂卫生设备,莫不随时注意及之,查立操工因来自外省,本厂备有木质架床供给住宿,各部分工作场所亦甚整洁,现拟增辟防空洞一处,正交涉中。至此刘君即陪同职等分往各工场参观一遍,除随即告以刘君应改善之处外,所得印象佳,工人尚能安心工作,设备大致完善,本拟召集吴泽玉、孙德辉等工人代表谈话,职以事寝息,为免生枝节计,暂可作罢,欧阳同志亦以为然。辞出后,曾访渝市三十区分部书记陈独生同志,未遇乃再访问邻近第四联保办公处,承负责人江心之君接谈如下:此次生丝厂工潮事解决尚速,经陈独生书记出面调处后,于次日即告平息。查该厂陈厂长为人尚厚,闻此次坐操工人要求平等待遇,发给双工事系坐操工人操诸太急,因厂方虽有发给立操工人双工之议,但尚未实行,而坐操工人已力起力争,则厂方自可隐没否认。等语。事后职乃面托欧阳同志转知陈独生同志,应将本案处理经过具报市党部转送本部备核,当经同意,综上调查所得,大致已无问题,此后关于1. 增加工资问题,2. 空袭时扣除工资(应规定施行细则)俟市党部查复再核。本件拟存,查是否有当,理合将调查经过情形报请核示。

职　严晋轩　谨呈

（原件存中国第二历史档案馆）

10. 复兴商业公司等关于南充县猪鬃厂工人要求提高工资进行罢工电(1944年9—10月)

1)复兴商业公司致贸易委员会代电(9月7日)

复兴商业公司代电 渝易业〈卅三〉字第一一一〇号

中华民国卅三年九月七日

贸易委员会钧鉴：案据四川畜产公司本年九月一日复字第三三二六八号函称：敬启者：顷据敝南充办事处函称：南充猪鬃厂工人要求增加工资百分之百不遂，发生全体怠工，敝处已于八月十八日将怠工事实具报南充县府，恳予制止，并盼严饬工人赔偿怠工伙食。嗣于廿四日蒙县府召该工会常务理事林伯丛面饬转谕该会员等克日复工，不服者指名具报，以便拘惩。殊南充工人竟不顾法令，更变本加厉，全体停工，并谓要求不遂，将发生暴动。等语。敝处为提防未然起见，除联合同业具报县府电述停工情形，恳予制止，严饬复工外，特此函呈请迅呈全国动员委员会并贸易委员会电南充县府严饬该工人等克日复工，以免影响生产，而利外销，等情。查工人罢工，妨害生产，除由敝公司联合同业具函同业公会转请全国动委会电令南充县府转饬复工外，诚恐旷日持久，仍不工作，自必影响贵公司合约鬃交期，拟视将来停工之久，暂保留交鬃期间之伸缩，特函奉达，即乞察照，并请转呈贸易委员会电南充县府迅饬复工赐复为荷。等情。查该公司本年度订售本公司猪鬃七千担，已据交到者仅二千九百余担。亟待制交，以供外销。据函前情，除复准转呈核办外，理合据情转呈鉴核办理。复兴商业公司总经理席德柄公出协理余绍光代（0907）。

2）南充县政府致贸易委员会代电（10月5日）

南充县政府快邮代电　社字第四四八号

中华民国卅年十月五日

重庆财政部贸易委员会鉴：准卅三出二字第六九七四号代电称：以据报本县猪鬃工人要求增加工资不遂，将发生暴动，转嘱设法制止并饬令克日复工见复，等因。查本县猪鬃工人为要求增加工资怠工事件，经将肇事者首要法办，各厂工人已严饬于本月十七日正常复工矣。相应电复，烦查照为荷。南充县长张鸿士。社申西微。印。

（原件存中国第二历史档案馆）

11. 关于抗议国民党特务警察迫害成都市立中学学生有关文件（1944年11月）

1）成都市中全体同学告同胞书

敬爱的同学们,父老兄弟姐妹们！我们都是一群从十二三岁到十八九岁的男孩子和女孩子,我们用自己的热泪,代表着被刺刀刺倒在血泊中受害的同学,代表着躺在病院里呻吟的重伤同学,向你们宣布本校空前的惨案的真象〔相〕,向你们请求正义公道的裁判,想你们该是愿意听完我们的哭诉,更会向我们伸出诚挚的声援的手吧！

很久以来,我们市中就混进了少数特殊学生,他们很少上课堂听课,因为读书并不是他们的目的,玩手枪、调戏女同学、欺侮男同学、监视教职员,就是他们的唯一目的,破坏校规,目无师长,鱼肉同学,无不出自他们的手笔。学校当局对他们从来就只能采取放任态度,而有特殊背景负责管制学生思想行动的军训教官,则更是从旁加以主使和鼓励,最近他们更是飞扬跋扈,闹得学校不安宁了。

若要说明这次惨案的原委,就不得不先叙述那般特殊学生,这一学期来在学校的一些非法行动。

最初有新班女同学的一位哥哥来校,替她请归宿假,当时管理先生正在查问中,就被这群特殊学生不分清红皂白,将这位女同学的哥哥痛打了一顿。事后校方对他们行凶的行为,提出稍加惩戒,不料他们不服气,反把牌告撕毁了。以后又因为开关电灯这点小事情,他们竟殴伤了保管职员李家福,校方即刻召开训导会议,照章开除了三个主凶的学籍。可是这几个特殊学生,反而又拉拢少数同学撕毁牌告,并且鼓励和逼迫高一班全体同学离校,要挟学校收回成命。政府是站在支持这些特殊学生方面,下令学校准予他们复学。他们回校以后,更加骄横,任意胡为。开始就公然割断女学生部电线,使得全体女同学不能自习。以后教员在升旗时劝他们不要捣乱秩序,反被他们当面痛骂了一顿。又每在晚上有空袭警报时,他们两三成群,在女同学群中横冲直闯,用些最下流的言词侮辱她们。紧急警报时,他们滥抽纸烟,绝不遵守防空规则,对于新班同学的壁报,也随便加以撕毁,专门向一般同学打麻烦,寻岔子。在饭厅里,又破坏伙食公约,同学起来质问,他们反而大肆威风,把质问他们的同学痛打一顿,这不是无法无天吗?这样横暴下去,学校的教育如何能够进行,学生的学习如何能够进行,同学和教员的安全如何能够保障呢?身历其境的我们,除非木石,谁不愤慨填胸,谁不痛心疾首呢?为了我们的学习自由和安全,大家一致的向学校当局提出抗议,要求立即开除这些捣乱为目的的特殊学生。学校当局开始接受同学们的请求,但在政府的压迫下马上又改变了论调,并声言说:"你们再闹下去将遭受武力镇压。"听到这个消息以后,我们的痛苦和感情几乎使自己失去了呼吸的能力,许多小同学都痛哭起来。我们百思而不能自解的是,为什么有背景的学生、三民主义青年团团员就可以不守法,犯了法又为什么不准惩罚呢?因此我们又向省教育厅请愿,向成都余市长中英请愿,要求政府保障我们学习的自由和身体的安全。

但是我们所得到的回答,却是血淋淋的屠杀和镇压。十月三十一日下午五时,省警察局长兼成都特务头子——方超亲率黄衣警士一千二百余名,荷枪实弹,并携有轻重机枪,真是如临大敌的把本校包围得水泄不通。同学们深感此种威力的非法,就群起质问方超根据什么法律,以武力来干涉学校内部事情,有这么多的武装力量,应该用到前线去打敌人,为什么用来对付我们几百手无寸铁的青年孩子。方超恼羞成怒,立即下令警察向数百徒手青年孩子冲锋。警察们以刺刀枪托直扑过来,逢人便打,见爬墙的便一刺刀挑下来,见奔逃的便一枪托揍上去,一时惨痛的呼号震天,淋漓的鲜血遍地。最可怜的是初中的小同学和女生,他们看到枪刀一起都吓得卧倒下来,警察们、特务们则狼心狗肺的从他们的身上践踏过去。像如此的残忍野蛮,就是铁石心肠的人们也不忍心正面去观看和听闻,而我们这一群心灵脆弱尚在发育的孩子,亲身遭遇到了这种惨境,内心的创痛又怎能够用言语形容呢?警察们特务们在打杀之余,更乘此混乱的局面,将学生手上的戒指、手表、袋里的法币、钱物搜掠一空。尤其使我们痛心的是他们干了像日寇侮辱我们同胞一样的勾当,最卑鄙的污辱了毫无抵抗能力的女生,警察们、特务们在"胜利"归去的言笑中,竟扬言自得:"今天把女学生摩'安逸'了,真当打牙祭。"这次本校惨案的结果,我们同学中受伤的有谭静涵、张长林、王周琼、隆之芳、刘文蕙等三十余人,受重伤的达十余人,其中一女生因伤重要害,生命已危在旦夕。惨案发生以后,政府不但不惩办凶手,反而再派大批宪警特务人员会同军训教官,非法逮捕学生四十余人,缚以手铐而去。四十几位同学被拘禁,在潮湿无光的土牢里,达三天之久,三天水米不沾,受寒挨饿,无法睡眠,后经社会各界抗议,才予保释。现在方超为了推掉自己应受的惩处,便一口咬定说我们是"异党分子"。政府当局则无理的发出布告,说市中同学再不改过顺从,当一律送远征军,这种是非颠倒,黑白不分的暴政,真是叫我们哭诉无地,申冤无门呀。

全国同学们,同胞们:我们向你们恳求公正的裁判,究竟我们这群青年孩子犯了什么滔天大罪,值得政府用刀枪来屠杀我们,值得用脚镣手铐来折磨我们,值得用送远征军来威胁我们,值得给我们戴上异党分子的罪名。当诸位父母抚爱着自己的儿女的时候,当诸位兄弟姐妹们在互相亲热和贴体的时候,听到我们这群不幸的孩子们,遭受惨绝人寰的残害,想到我们的女同学、男同学,在刺刀的面前遭受蹂躏的惨景,也会惊骇得哑口无言,为我们一洒同情之泪吧。我们相信全国一切有良心有血气的正义人士,一定不会坐视旁观,在教育机关化为屠场,任人身自由保障法令变成废纸,任青年孩子们不能安心读书,任警察特务到处横行,而不出来抗议的吧。现在成都的各大中学校同学已一致奋起,实行罢课,并于本月九日组成各校请愿团,向省政府请愿,在十一日举行了大规模的抗议游行示威,参加的人数达万余人,参加的学校有川大、华大、光大、金大、金女大、燕大、中大、齐鲁等八个大学及二十几个中学。各学校都发出了向全国同学和同胞呼吁的通电宣言,这种伟大的同情精神,使我们流着感激的眼泪,这证明民意尚在,正义尚存,但我们今天仍在强暴迫害之中,我们急迫的等待着各地同学和全国父老兄弟姐妹们的有力援助。支持我们能够达到以下几点最低限度的要求:

一、要求政府立即向社会公布市中惨案的真象〔相〕。

二、要求政府立即将直接制造惨案的凶手方超、余中英撤职严办。

三、要求政府对被难受伤同学给予抚恤和医治!

四、要求政府保证以后不再用武力压迫屠杀学生,不再以暴力摧残教育。

五、要求开除不守校规欺压师长专门监视迫害同学的特殊学生。

六、要求政府撤销专门管制学生思想行动助成此次惨案的军训教官。

七、要求政府取消对学生思想活动的管制与镇压政策,保证教育机关的纯洁,保证我们学习的自由和免除恐怖的自由。

八、要求政府认真保障人权,认真保障人身自由,反对任意屠杀和逮捕。

成都市中全体男女同学同叩

2) 为成都市立中学同学被警察殴辱事金陵大学维护正义者特向各界申诉(11月7日)

这惨痛的呼声,完全是激于我们由衷的同情。我们不忍眼见那一群天真无邪的弟妹们在暴力的摧残下牺牲,我们更由此感到一种沉重的压迫,即人身的无保障,自由的被剥夺,所以在良心的驱策下,我们要向各界人士呼吁:"请看,这惨无人寰的新闻。"

事实是这样:市中当局对学生的处罚失当,致引起了全体学生的公愤。于此,孰是孰非我们且不具论,我们只觉得年青的孩子总难免没有过失,而这些过失总不是滔天的大罪,校轴果若贤明,殷殷劝导,孩子们一时感情的冲动自可救平。而该校当轴竟将这一群无辜的孩子视若蛇蝎,转请层峰,大兴围剿之师。当由省警局局长躬率黄衣警士千余名,轻重机枪剑戟毕陈,真是浩浩荡荡如临大敌。就这样市中被这一支队伍包围得水泄不通。同学们深觉此种威胁非法,乃群起而质问,言行之间难免有失常轨,该局长深感其尊严已被损伤,盛怒之下,于是下令僚属开始其伟大的屠杀暴行。一时哭喊之声震天,该局长却在保镖的护卫之下扬长而去,成都警察向已〔以〕欺侮弱小著称,故其攻击对象多为初中小娃儿与女生,你们想,在这种惊恐的场面下,不动武他(她)们也会吓得瘫软,何况警察们荷枪实弹以刺刀枪托向他(她)们攻击呢?所以刀枪一起,这班孩子们都吓得仆倒下来,不被打得头破血流,也被践踏不堪了。警察们得意忘形地打着,见爬墙的便一刺刀挑下来,见奔逃的就一枪托揍上去,真是将学生们打得落花流水,好不威风。此还在其次,这班狼心狗肺的东西竟更做出如此卑鄙无聊的事情来。他们打得热闹之余,乘此混乱之际,将学生们手上的金戒、手表、袋内的法币、钱物搜掠一空,并以最难见人的姿态任意侮辱毫无抵抗能力的女生,其卑污可知。综上暴行,即我们最痛恨的倭寇也不过如是,真不知他们为什么这样忍心,这样无人性?该局长既下过了"攻击令",便一直没有下过"休战令",直待这班警士们打得精疲力竭了,财物便便了,戏弄也够了,才自动休息下来,而呻吟呼号于地上者,计达二三十人之多,轻伤尚不在内。此时该局长也打驾回銮了,并会同军训教官非法逮捕学生四十余名,缚以手铐而去。该四十余学生被拘禁在潮湿无光的土牢里,达三天之久,可怜他们三天水米不沾,无法睡眠。你们想,这种苦难,一个未成年的孩子怎经受得起;所以后来虽云局长老爷开恩,将他们释放了,而他们的健康却已遭受了巨大的损害。

这惨绝人寰的新闻,照理该立刻引起社会广泛的关心,可是事实上这消息一直被隐埋着,所以我们深切恳请各界人士注意,当此政府号召智识青年从军,而智识青年也正踊跃从军的当儿,竟有一批人在做着屠杀智识青年的工作,这批人不是倭寇,而是政府的官员,请问这政府将引起如何一种不良的恶果。当此政府宣布保障人身自由的时候,竟有一批人在非法逮捕,非法杀人,非法谋财,而且恣意地戏弄女生,这批人非他,而是维持治安、执行法律的警察们,请问,这对政府的威信是怎样一种致命的打击。

所以为了同情这群真纯无邪的弟妹们,我们已一面募捐慰问,一面向各界呼吁:"请给他们更多有力有效的援助。"

更为了维护政府的号召与法令,尊严与威信,我们要向政府当局请命:"惩凶!惩凶!惩这破坏政府法令与威信,残杀青年学生的元凶!并保证以后再无此类事件发生。"

十一月七日

3)成都文化界慰问市中同学书

对你们所遭受的迫害与侮辱,我们表示无比的愤怒,你们这年青的一代,未来国家的主人翁,中国文化的继承者,你们今日所遭受的不仅是教育界的奇耻大辱,而且将在抗战史上留下一个永不可磨灭的污点。

我们文化工作者,除对于这一次蹂躏人权的丑恶暴行向全社会人士提出控诉外,更向你们谨致最高友情的慰问。

叶圣陶等五十二人

(原件存中国第二历史档案馆)

12. 郑忠华抄送成都学运情报密函(1944年12月11日)

敬密启者:兹抄送共产党等鼓动学潮经过情形情报一件,请查照注意为荷。此致

教育部

附抄一件

郑忠华 敬启

卅三、十二、十一

渝市宪兵司令部情报十一月十八日:据蓉市十一月十一日消息,成都此次发生学潮,由于青年党、共产党、中国民主同盟分子鼓动,企图乘机争取群众,打击政府,并藉此一以对张主席制止组织"国事座谈会、民主政治研究会"之表示不满,一以破坏青年从军运动(青年党之主旨),及奠定今后活动基础(共产之目的),同时亦欲藉此推倒方超、余中英以竞取警局及市政府之权位。十一日晚,四川、金陵、华西、燕京、光华诸大学及敬业济川省立成都各中学等,结集三千余人游行示威,张贴标语,散发传单,并群呼枪毙方超、余中英。十二日晨,亦有部份省立成中游行示威,张贴标语,并闻曾经分别派遣代表往乐山武大、昆明联大及重庆等校活动。查此项学潮曾达至沸点,嗣即渐次低降,因青年党与共产党互争领导权,卒为共产(以少胜多)所夺取,故青年党表示放弃参加此一次运动。同时,政府方面亦经相当圆满之答复予各代表,兼以党团中坚分子,遵照上级指示,组织团体,阐发正义、利害是非、国家危机等,正言针对若辈盲动分子,作正面打击,并散发传单张贴标语,使其力量分散,宣传效力减低,预料今后此一事态不致有扩大之趋势。兹将此次学潮幕后之党派首领及各大学代表姓名列举于下:

1.青年党:张表芳、李璜、杨叔明,该党特工头目即为此次鼓动学潮扩大之主使人。

2.共产党:黄宪章(康省训团特约讲师)、杨伯阶(华西日报总编辑)、袁铭

（金大学生等）。

3.中国民主同盟四川支部经于本月五日在蓉成立，由张澜以重庆总部理事主席选出李璜、杨叔明、杨伯阶、黄宪章等九人为理事，现正商议推行工作中。

4.各大学代表：袁铭（金大）、贾唯英（华大）、吴成臣（华大）、李中（燕大）、郭文年（川大）、达汛清（川大）、郭如强（光大）等，中学部以敬业中学（青年党办）居多数（袁铭、贾唯英系共产分子）。

（原件存中国第二历史档案馆）

四、部分川籍中共党员的抗日活动

1. 车耀先申办《先声周刊》的申请书和登记表（1937年8月9日）

申请书

具申请书人先声周刊社兹因发行《先声周刊》，特遵出版法第七条之规定，填具登记表申请登记，谨呈四川省政府转内政部

具申请人 先声周刊社

负责人 车耀先

中华民国二十六年八月九日

新闻纸 杂志 登记表

1	名称		先声周刊		
2	有无关于党义党务或政治事项之登载				
3	刊期		七日	4	首次发行之年月日	
5	发行所	名称	先声周刊社		
		地址	成都祠堂街176号		

续表

6	印刷所	名称	新新印刷公司			
		地址	成都会府南街			
7	发行人及编辑人姓名年龄及住址	姓名	车耀先			
		别号	以字行			
		职别	发行编辑			
		年龄	四十三岁			
		住址	成都祠堂街努力餐			
8	备考					

说明：1. 此表应由申请登记者照填二份，随附于申请书后一，并呈送以备份存；

2. 填第二项有无关于党义党务事项之登载时，应参照出版法施行细则第二条之规定；

3. 第三项系指日刊、周刊、旬刊、月刊等类；

4. 第七项内职别一目系指属于发行人或各版编辑人。

内政部 中央党部宣传部制

2. 川康绥靖公署为传讯黄宪章、康乃尔致川大校长公函（1937年12月7日）

径启者：案奉委员长行营支俊渝电，饬将黄宪章、康乃尔等传案讯办等因。除已将黄宪章传获外，相应函请贵校查照，将学生康乃尔交由本署军法官刘纯麒带署查讯，并请将教授黄宪章在校平日文稿信函等件并交带回为荷。此致国立四川大学校长张。

3. 教育部查明康乃尔等代电（1937年12月7日）

成都。国立四川大学张校长：奉渝行营蒋委员长电节开：密。据报：上月俭日川大教授黄宪章及该校学生康乌〔乃〕尔等，率学生七十人，自称系抗敌后援会救济机场工人委员会代表，赴成都凤凰山飞机场向工人宣传，悉含挑拨性质，以致民工逃去数千。除电饬川府署查明属实，将黄宪章等传案讯办具报外，希即查照，饬即到案。等因。此案详情如何，应由该校查明电复，并嘱黄教授负责处理。教育部。湘。虞。

4. 教育部武汉办事处查处凤凰山事件致四川大学公函(1937年12月8日)

径启者:顷准行政院秘书长魏函转四川省政府电开:四川大学经济学教授黄宪章及学生康乃尔等,率领学生七十人到成都凤凰山飞机场向工人宣传,悉含挑拨性质,民工无识,被其煽动逃去数千人等由。究竟此事实情如何,奉渝函达查照,迅予详报,并希严密防范为荷。此致国立四川大学。

5. 四川大学孟寿椿等七十六人为请释黄宪章致校长函(1937年12月15日)

真如先生道鉴:本大学教授黄宪章先生近被绥署逮捕,据报章所载,谓有煽惑民工之嫌疑。究竟因何获咎,自难臆测。惟黄先生自二十四年下期即任本校教授,两年以来勤慎奉职,言论行动尚无逾越轨范之处。今秋日寇进犯,本校在省抗敌后援会指导之下组织抗敌后援会,黄先生被推选为常务委员,以职责关系,常参加救国工作。前月十六日,省立成都女子中学校抗敌后援支会致函本校抗敌后援会称:外北飞机场为抗敌后方重要工作之一,动员工人多至二万数千,辛勤操作,劳苦异常,而衣不暖体,食不果腹,疾病死亡频有所闻。似此情形,殊堪悯恻,请一致设法慰劳,并转请大会建议省府改良工人待遇,俾得增进效率等语。旋即由成都各大中学校发起慰劳修筑飞机场工人,参加者达三十余校,定于十一月二十八日组队前往慰劳。黄先生受省抗敌后援会所辖干部宣传队第二大队之请求,同往指导工作。当日在场所作两次演说,黄先生及其队员均有明白之纪录,并有当日在场之学生王彦立等五十余人,负责证明决无煽动工人之言论。倘黄先生果以此事见疑,实至屈抑。现强敌压境,正应激励民众共起救国之时,今忽以爱国之言动被鼓煽之罪名,观听骤摇,滋人疑畏,应即设法申明真象〔相〕,俾黄先生早复自由,用彰公道。先生高瞻远瞩,谅早鉴及,是用敷陈情,实切望转请当局迅将黄先生礼释，以安黉舍，无任企盼。专此。敬颂时祺。

6. 四川大学参加机场慰劳的学生为请释黄宪章致校长函
（1937年12月16日）

窃见报载川大教授黄宪章、学生康乃尔以煽动成都某项工程工人罪名，被国民政府军事委员会重庆行营令饬川康绥靖公署讯办等语。阅读之余，不胜骇异。缘黄宪章教授与康乃尔同学，平日爱护国家，坚决抗日之言行，时表曝于社会，已为人所熟知。今忽受煽动工人之嫌，不知究何所指？倘系据新编社所记某教授之片段言辞，因而致疑，则此事经过生等实亲闻睹，谨将事实为钧座缕晰陈之：缘本年十一月廿八日，生等参加成都市各大中学抗敌后援会救济某项工程工人委员会慰劳民工之慰劳队，于是日午前九时由校出发，十一时到达工程地点，已有四川抗敌后援会之干部宣传队第二大队群集工场门外，据云已到一时余矣。因知系工作时间，不便进入宣传与慰劳，同鹄候于场外约达两小时之久。到场之后，所有一切登录手续早经完备。斯时，工人午餐及休息时间亦将到达，而工程处尚推引导之职员未至，拒不令人。在工程处或因职员午餐未毕无人引导，自系实情，而各队队员则以伫待已久，情颇焦躁，不免偶露怨言。适黄教授事先曾受省抗敌后援会干部宣传第二大队临时之请求，到场指导工作，见此情形，即婉词交涉。虽承口允，但迟延许久，始导入内。康同学任慰劳队队长，负配发慰劳品物之责，繁冗忙碌，不但无作讲演之暇晷，且亦无与任何人作谈话之余裕，黄教授入场后，先后被导至工区作两次讲演，生王玉琳（系干宣队队员）、赵德勋及监工徐某均在侧，所有演说悉系慰勉工人努力工作，救国救己之言辞，从无一语意存鼓煽。在场内仅一时许即行退去。此当日经过之实情也。后见新编社所记某教授之演说，悉系掇拾只词片语，截断前后文义，与当时讲演词意义完全背驰，显系颠倒黑白，有意诬陷，正拟依据实情请予更正。而拘讯黄教授、康同学之消息，突喧腾于报章，且谓二千余名之逃工即由黄、康煽动之所致。夫黄、康在场不过一小时许，言语行动万目共睹，一则宣扬救国勤工之谠言，一则配发慰劳民工之品物，任何解说决不能证其含有诱致民工逃散之因素。今乃联为一谈，以救国之言行蒙煽惑之重咎,值此强敌压境,正赖上下一心共济艰危之际,而开此救国受过之例,一二人之屈抑其事虽微,而使民众视听淆混,无所适从,以自献其才力,则影响抗敌救亡工作非细故也。况此事本由各校抗敌后援会联合举办,当集议之初,即申明协助政府慰劳民工,以谋增进工作效率,期早日完成国防建设之意。黄、康之参与工作,一则为团体所邀请,一则出于热心爱国之至诚,率循本旨,未有逾越。果有何嫌,竟至蒙咎?生等再四思维,以为或系当时到场等候为时过久,人多言杂,不无冲犯之处,因而引起主事者之愤怒,竟综前后逃工之数蔽罪一二宣慰之人,以自卸其责。行营注重工程,虚实皆加澈究,烛照隐微,自属正当。然其事之经过情形,以暨真伪曲直,想已在洞察之中。而生等之所为喋喋者,盖以其事,亲见亲闻,未忍于此危急存亡之秋,而令人民有救国路塞之感。当局无辨别冤抑之据,是以不避怨尤,冒昧陈词,伏恳钧座转陈当局,按据实情予以申雪,并请先行省释,俾复自由,以正观听,而慰群望,生等不胜感祷之至。谨呈国立四川大学校长张。

〔附〕曾参加十一月廿八日慰劳某项工程工人川大学生名单:

文学院:张嶷、王世焕、程天赋、卢良弼、赵德勋、车荫宗、张伯齐、江序丰、吴德让、余涧南、杨曙曦、胡朝芝、刘念和、李光荣、李树芳、杨镜如、李思敬、刘成治、孙琪华、熊复、胡道南、缪光钦、彭寿章、郭先泽、胡家和、邱觉心、晏东英、王文芳、常蓁。

法学院:王彦立、任崇实、张越武、王大民、张希钦、李侠平、徐天语、刘纯煆、晏凤麟、韩则民、黄亚时、陈天碧、杨汇川、张宇高、尹志麒、黄天杰、蒋汇泽、陈光炜、夏德功、严铣、万骥、周禧、王肇烈、林文聪、李子俊、范道淮、龙腾霄、谢贻谋、陈立群、李增煌。

7. 四川大学校长张真如致教育部代电稿(1937年12月16日)

长沙。(武汉办事处)教育部钧鉴:虞、印。代电祗悉。查教授黄宪章于二十四年度下期,经任前校长聘任为注册课主任兼法学院教授。本年七月解去注册课主任改聘为法学院专任教授。历年以来,勤慎奉职未逾轨范。近于鱼日,突被川康绥靖公署拘去。据称:系奉重庆行营命令,谓黄教授有煽动民工嫌疑。正查询间,适本校院长魏嗣銮、朱光潜、曾天宇、曾省,秘书长孟寿椿、教授叶麟等七十七人联名函称:黄教授自二十四年下期即任本校教授云云。实至屈抑,应即设法申明真象〔相〕,并转请当局礼释,用安黉舍,等语。又报,参加慰劳之学生,亦有同样之呈辞。查:慰劳民工确系成都各大中学校之抗敌会所共同组织。黄教授之参加,系由四川省抗敌会所辖干部宣传队第二大队所敦请,据诸教授职员所称:黄教授当时并无越轨之言行。究竟民工逃散是否与黄教授当时言论有关,川康绥署当在侦察中。惟当日并未发生其他事端。近来校内学生亦安静如恒。此案刻既由川康绥署讯办,拟俟办理结束,另文详报。至学生康乃尔,已于鱼日以前离校,迄今未返。特先电陈,敬请祈衡鉴。代理国立四川大学校长张。叩筱。

8. 四川省政府转饬处理凤凰山事件公函(1938年1月5日)

案准川康绥靖主任公署二十六年十二月二十八日法字第七二八〇号公函开:案查前准贵府二十六年十二月五日秘字第八六七〇号公函开:查本府前据成都凤凰山飞机场工程处长何北衡先后签呈称:川大教授黄宪章及该校学生康乃尔等率领学生七十人到场向工人宣传,语含挑拨,暨民工被其煽动连日逃去数千人等语当经电呈军事委员会委员长行营、行政院请求处理。兹奉委员长行营支俊渝印电开:成都刘主席府密。已电令川康绥署查明属实,传案讯办具报,并电教育部查照,饬即到案矣。等因。奉此。相应抄同该处长原签及本府原电,送请贵署查照办理,并希赐复为荷。此致。等由。附抄发原签呈一件、原电一件。准此。当经本署分别查传,除康乃尔卒未回校无从传讯外,仅将黄宪章传获到案。讯据供称:"宣传系出爱国热诚,别无其他用意"等语。复又派员多方调查,综合各方查得情形观察,黄宪章煽惑民工一层虽不能积极证明,惟当日学生颇多,其中不无措词失当之处,黄宪章居于领导地位,事先未予善示机宜,以致发生误会,影响工程,亦难脱身事外,赓于删日将查讯情形电呈行营查核。兹奉(2010)俊谕电开:"黄宪章应酌予申诫取保开释,仰即遵照具报。"等因。奉此。本署遵于本月二十二日午刻将黄宪章交由四川大学孟秘书长寿椿保释去讫,并电复行营在案,相应将办理此案经过情形函请贵府查照,并希转知四川大学为荷。此致。等由。到府。相应函达贵校请烦查照为荷。此致国立四川大学。

9. 张露萍写给亲人的信(1938年2月5日)

俊姊:

今天在同志处得到了三毛钱,马上又不睡觉的来给你的信。现在已是二〔月〕五号了,离我们到毕〔业〕的时间也只有三个礼拜了。在毕业后的工作,我还没有一定,"前方""后方",家里是希望我回川,可是,一个走上革命道上的人,什么事情也得理智来支配。为了这样,我的毕业出路是以工作为前题〔提〕。不过四川的可能也有相当的大,因为民先队部—四川的—来信,要我回来,因为那儿正需要人工作。现在我最需要一些钱来买好书,给你们寄回来,这里的书真太好了,□只愁没有事〔时〕间看。

这儿有几张照片,是我们参加冬令营时拍的,寄给你哈,希望你放大给我寄来,每张都要,更寄给妈妈她们哈。这儿的雪和冰真好玩极了,我们每天都有半小时的滑冰运动,就是毛主席也和我们一块滑,他的夫人真好极了,□□更不错,常常带着我们溜冰。她很欢喜四川人,她说四川人勇敢、聪明、□情。在这儿的同志对四川人特别的敬爱,我真高兴极了。我的工作也特别感到高兴!我什么都大变了,尝受的都是有身〔生〕以来第一次。

我的手生冻疮比四川时加两三倍,可是还可以写几个潦草的字。一天忙得来上厕所的时间也没有,真是气人□!真是兴奋极了!

快到我站夜哨的时间了。

敬致　抗战胜利

敬礼

你的小妹　敬上

五号夜十时

10. 王达非等申办《国难三日刊》的登记申请书（1938年4月18日）

名称：国难三日刊。类别：新闻纸。刊期：三日刊内容分四版。社务组织：依本社简章组织之。资本数目：七千元。经济状况：由董事私人筹集。发行所名称：本社发行处。地址：成都王家坝二十七号。印刷所名称：新新印刷公司。地址：成都忠烈祠南街第三号。发行人刘东父，双流、三十四岁，四川国学专门毕业，川康绥靖公署秘书处处长，成都纯化街九十四号。编辑：赵普炬，辽宁、三十二岁，北京大学卒业，川康绥靖公署顾问，文庙后街卅号；王达非，峨嵋，卅岁，北京大学卒业，历任四川各报编辑，桂王桥东街三十六号。

中国国民党成都市人民团体临时指导委员会、成都市政府考查意见：查所列各项属实。

11. 车耀先写《大声周刊》停刊词（1938年8月13日）

本刊自去年一月十五日创始以来，即本"对内和平，对外抗战"大声急呼；中间虽几经挫折而对原来主张仍一贯不变。及至去年十一月五日奉到四川省政府"姑准复刊"指令，正式复刊以还，又本"巩固团结，抗战到底"唤起民众。对于抗日战争，虽然无多大贡献；而于救亡运动亦不无小补；究竟何负于国家何碍于当道？？

本刊前后共出六十一期，约一百数十万言。自信：无一字出乎三民主义范围，无一字离开民族国家利益，即每期呈阅之党政机关，亦从无一字之指摘，不知何故，屡受处分。而破坏民族统一战线与专事挑拨谩骂不谈抗战建国之刊物，皆核准发行，对于热心爱国努力救亡之本刊反几次查禁。不□我党政诸公是否悉将各刊披阅比较？是否根据三民主义原则与抗战建国纲领为可否发行之批准标准？若只以无稽之谭〔谈〕门户之见作为取舍，则何以临事？何以服人？

本刊之创始与复刊，省政府均有指令；中途发生查禁，党部递有呈文。呈文至今未批，指令当然有效。今忽勒令停刊，使人莫名其妙，言论自由？言论自由！

今后仍本救亡天职,大声呈请复刊。与其无理服从,何若据理力争。爱国同胞,其助我乎。

12. 四川省会警察局检送四川大学慰劳飞机场工人的重要教职员学生姓名册呈(1938年8月16日)

廿七年八月十九日案奉钧府教廿七年八月十八日发第二四八五三号训令,为据国立四川大学法学院借读生陈继光呈以该院人民阵线分子时作反动宣传一案,饬即遵照严密注意,详审侦查,如果获有反动实据,应即依法究办,以消隐患。仍将遵办情形报查为要。等因。奉此,遵即派员密查,据复:遵查川大借读生陈继光检举该校人民阵线分子情形分陈如下:(1)查川大在一年以前云云,又该校学生刻均在南较场受集训,故对学生方面考查稍难。理合谨将奉查情形,连同川大参加飞机场煽惑工人之重要教职员学生姓名表一并签请钧座核转示遵等情。前来。经职复查,所称各情除由刺探得来,无甚显证,但究有人传说,似惟□谬,除再随时探查外,理合据情备文,呈请钧府俯赐查核,指令祗遵。谨呈四川省政府主席王。

附呈川大参加飞机场煽惑工人重要教职员姓名册一份

川大参加飞机场煽惑工人人名

×黄宪章　教授。×康乃尔　留青院三号,南充左庆巷。×张宣　别号羊角,家住祠堂街一五六号。黄中孚　教授。×韩天石　因奉命赴陕读抗日大学,旋中止,现已返学,由沪归来,带有大批款项。阚思常,女,绰号钢丝床。

文学院学生

江序丰　余涧南　郭伯钧　杨曙曦　缪(名不详)

法学院

×杨汇生　女生院。张越武　×王玉琳,西院一三号。王大铭　杨昭伦　女生院。张大文　赖骥　张常,高西院八号。张洪德　刘仲甫　吴星海　孙德甫　周海文　林文聪,西院一六号。古基祥,东院二号。

法三年级经济组

徐天语,东院一四号,家住老古巷。任崇实,借读生。王彦立　蒋汇川

杨女士（名不详）

理学院学生

王广义 汤幼言 邓照民 黄昌运 李侠萍，女绰号航空母舰

以上有"×"者系参加首要

13. 张露萍写给亲人的信（1938年）

〈上缺〉

（三）给我们的飞机好极了，可以载一百二十人，可以载坦克车，并且给我们很多新武器，真是好极了！

我们在这里进的是陕北公学，两月可以毕业。关于陕北公学内容是好极了，但是为了时间和工作的关系，我不能写，只有请父亲在《四川日报》《新新新闻》《国难三日刊》上面去看，因为这些都详细地载得有，同时你可以问问大孃或者她也知道，所有一切费用都是。

（四）学校供给，而且在两月毕业交□□，随便你到那〔哪〕里去工作（前方或后方），我是决定回家，因为我们知道，前方和后方是一样的，尤其是四川更重要，因为它是复兴中华民族的根据地。为了这样我是决定回来，请双亲勿念。

这里很冷，虽然是个京城，除了房子和交通便利而外，人是少得很，生活成〔程〕度也很高，纯全是吃面。〈下略〉

注：原件残缺，时间为编者判断。

14. 车耀先写《大声一年》（1938年）

一、"大声"的产生

二十五年十月，因愤广田三原则之逼我太甚，乃响应山西救国大同盟及北平名流主张，发起成都各界救亡联合会，嗣以不蒙各方谅解，遂被迫解散。可是，我以为虽不能起而行，亦当坐而言，于是竭力帮助几位青年朋友，出版抗日的《活路旬刊》，三期后因立案未准停办。至此遂感觉非坦白地先征求党政双方的同意不能发刊。乃于十二月五日持立案呈文面会党部省府登记刊

物之负责人,说明创办《大声周刊》原委,及对内和平,对外抗战之旨,当承赞助,允予维持,未奉批示,惊人的双十二事件就发生了。在此事件中,成都的学生界,表现了进一步的关怀时局。但一般的说来,辨别力较弱,易犯盲从的毛病。更觉得有出版讨论时事问题的刊物之必要。十二月三十一日,奉到省府批准好指令之后,到去年一月十五日大声周刊在黄光辉董事帮助四十元之下,公然就与读者见面了。

二、出版后的反应

或许声音太大的缘故,惊动了党政军民,民之中的农工商学;朋友,非朋友;识者,非识者;口头的,文字的;劝告,警告;威赫,恐怖自然也有,赞成和佩服,勉励和安慰,一天数起,或数十起,反应之大而且速,据说这是办刊物最成功的事,这与其说《大声》的成功,不如说钳制舆论的失败;与其说"大声大胆",不如说"少见多怪"。

三、厄运来了

因为人力财力的不够,好容易才拖到四月十七日出版的十三期。然而在"消息当论多不正确"的查封主语之时,毫无强迫的已销售到四千余份……于五月八日更名《大生》与读者见面。

四、《大声》的伪装

面目虽然不同,声音却是一样,主张既是一贯,订户又续读刊。于是信用增加,身价百倍,谁知好事多磨,在六月五日刚出的第五期的晚上,复以"更名出版,言论更为荒谬"等词二次查封。在一般读者的鼓励和援助之下,七月九日又更名《图存》出现于复兴根据地的同胞眼前。七月二十四日发行第三期时,平津正被日寇的铁蹄践踏,飞机大炮的轰炸,各方纷请抗战,领袖亦发表宣言。《大声》的主张,可谓实现。所以,这回无罪,只是"未经批准,违法出版"着即查封。

五、三变还原

对了,全面抗战展开了!不该坐而言,应该起而行了!上前线呢?不良于行,而且没人敢要,做后援工作呢?恐怕发生问题,抗敌会停止工作了。参加文救呢?有人说不退出便是汉奸。虽然受了良心的驱使,格言的激励,非行动不可,可是行不得也么哥,动不得也奈何?……

怎么办呢?只有恢复《大声》,聊当消散傀儡的醇酒美人罢了!由"大声复活我复活"的幻想,而理想,而成事实……从十一月五日复刊号起,到今天已经十一星期了。

15. 四川省政府转饬调查车耀先在蓉活动情形密令(1939年1月7日)

字第0066号令成都省会警察局

案准中国国民党中央执行委员会秘书处本年一月十二日发渝俭文字第七四号密函开:

据报共党车耀先在蓉活动情形:(一)车与薛特恩(前共党成都市委书记,为理发工人出身。)等所主办之《星芒周刊》停刊后,现又创办《新生周报》,社址设祠堂街努力餐馆内。(二)组织抗敌歌咏团,下分抗一、抗二、抗三三大队,尽量吸收成都各阶层中之优秀分子。惟车本人对歌咏本属外行,故主要负责人为新由陕北抗大归来之学生张鹏举等语。除分函外,特此密达,即希查照,密切注意。等由。准此,除分令成都市政府、警备部知照外,合行令仰该局遵照,即便遴派干练精细人员,严密注意侦查该共党行动,并将其活动情形随时详密具报,以凭核办为要。此令。

16. 车耀先之妻报告其夫被逮捕情形呈(1940年3月17日)

窃氏夫车耀先,年四十六岁,大邑县人,住祠堂街一六三号,开设努力餐楼生理。突于昨夜十二时,被无符号无证件携带短枪之十余人,破门入室,不说原由,禁止馆内人等行动,四处搜查箱柜后,估将氏夫拉去,不知去向。氏以该等既无证件符号,又无保甲军警同路,若谓政府逮捕人民,决不致毫无手续,当即驰报西区警察局,奉喻赓即予以清查,仍将被拉经过情形具报备案等因。除分报外,谨将经过情形具报钩府,恳予彻查究竟,以重人命而维治安,不胜迫切待命之至。谨呈成都市政府。

车黄体先呈

三月十七日午前六时

于祠堂街努力餐楼

17. 四川省政府为查明车耀先被捕情形密令（1940年3月19日）

秘一字第3096号　　令成都市政府

案据成都市祠堂街民妇车黄体先三月十七日报告一件内称：窃氏夫车耀先，年四十六岁，大邑县人，住祠堂街一六三号，开设努力餐楼生理。突于昨夜十二时，被无符号无证件携带短枪之十余人，破门入室，不说原由，禁止馆内人等行动，四处搜查箱柜后，估将氏夫拉去，不知去向。氏以该等既无证件符号，又无保甲军警同路，若谓政府逮捕人民，决不至毫无手续，当即驰报西区警察局，奉谕跟即予以清查，仍将被拉经过情形具报备案等因。除分报外，谨将经过情形具报钧府，恳予彻查究竟，以重人命而维治安，不胜迫切待命之至。等情。据此，除批示并分令外，合行令仰遵照查明办理具报，勿延为要。此令。

兼理主席　蒋中正

18. 成都市少城镇镇长报告车耀先被捕情形呈（1940年4月1日）

案奉钧府保教字第零六一九号训令，饬职迅予查明车耀先被捕情形，呈复报转。等因。奉悉之后，遵即查询该管保长余志成，当据答称：三月十六日夜十二时，突有无符号无证件携带短枪之便衣十余人，到达祠堂街努力餐馆将车耀先拉去。事先保甲方面未接任何通知，故来逮捕之人，究系何机关派出，以及拉到何处，均以事出夜半，附近街民大多均在睡梦中，故无从查悉等语。查该保长所称各情，经职多方探询，均尚属实。兹据前情，理合具文呈请钧府核转备查，实为公便。谨呈成都市政府市长杨。

第三区少城镇镇长余鹤轩

副镇长卓勋成